Geschichte und Geschehen

Michael Sauer (Herausgeber)

Rolf Brütting
Michael Epkenhans
Martin Krön
Peter Offergeld
Michael Sauer
Helge Schröder
Martin Thunich
Hartmann Wunderer

Ernst Klett Verlag

Stuttgart · Leipzig

Umschlagbild, oben: DDR Grenzsoldat auf der Berliner Mauer, laif (Thomas Ebert), Köln; **unten**: Vorrückende deutsche Kradeinheit auf einer Rückzugsstraße der französischen Streitkräfte, Fotografie 12.06.1940, BPK (Harren), Berlin.

1. Auflage   1 ^{7} | 21

Alle Drucke dieser Auflage sind unverändert und können im Unterricht nebeneinander verwendet werden.
Die letzte Zahl bezeichnet das Jahr des Druckes.

Herausgeber: Prof. Dr. Michael Sauer
Autorinnen und Autoren: Dr. Rolf Brütting: S. 242–247, 284–292; Prof. Dr. Michael Epkenhans: S. 10–33, 78–93; Dr. Martin Krön: S. 76–77, 94–109; Dr. Peter Offergeld: S. 58–75; Prof. Dr. Michael Sauer: S. 266–267; Dr. Helge Schröder: S. 168–218, 220–241; Martin Thunich: S. 34–57, 219, 248–245, 250–265, 268–283, 293; Dr. Hartmann Wunderer: S. 110–167

Redaktion: form&inhalt verlagsservice Martin H. Bredol, Marburg
Herstellung: Kerstin Heisch
Bildassistenz: Katja Schnürpel

Gestaltung: kognito Visuelle Gestaltung, Berlin
Umschlaggestaltung: kognito Visuelle Gestaltung, Berlin
Illustration: Lutz-Erich Müller, Leipzig
Kartografien: Kartografisches Büro Borleis & Weis, Leipzig
CD-Programmierung: KREAKTOR, Hannover
Satz: Medienbüro Schaltwarte, Leipzig
Reproduktion: Meyle+Müller GmbH+Co. KG, Pforzheim
Druck: Himmer GmbH Druckerei, Augsburg

Printed in Germany
ISBN 978-3-12-443140-0

Einleitung

Liebe Schülerin, lieber Schüler,

der vierte Band deines Geschichtsbuches liegt nun vor dir und will dich wieder ein Jahr lang durch den Geschichtsunterricht begleiten. Sicher hast du schon einmal darin geblättert. Dann wird dir aufgefallen sein, dass auch in diesem Band neben den Texten viele farbige Abbildungen, Karten und Schaubilder abgedruckt sind. Das wird dir helfen, konkrete Vorstellungen über die Vergangenheit zu gewinnen, historische Ereignisse besser zu verstehen und diese fachkundig zu beurteilen.

Im Mittelpunkt des Abschlussbandes von Geschichte und Geschehen stehen solche historischen Sachverhalte, die das 20. Jahrhundert entscheidend geprägt und für das 21. Jahrhundert die Weichen gestellt haben.

- Du wirst erfahren, wie der Erste Weltkrieg verlief, wie sich nach diesem Krieg die Kräfteverhältnisse veränderten und zwei neue Weltmächte die internationale Bühne betraten – die USA und die Sowjetunion.
- Du wirst dich damit beschäftigen, wie die Deutschen einen demokratischen Staat aus der Taufe hoben und die Demokratie schließlich doch scheiterte.
- Du wirst dich damit auseinandersetzen müssen, wie die Nationalsozialisten eine Diktatur errichteten, in der von Deutschen zahllose schreckliche Verbrechen begangen wurden und an deren Ende Millionen Tote und ein verwüstetes Europa zurückblieben. Dir werden aber auch mutige Männer und Frauen begegnen, die ihr Leben im Kampf gegen dieses mörderische Regime gaben.
- Du kannst erfahren, wie nach dem Zweiten Weltkrieg zwischen den demokratischen Staaten des Westens und den Staaten des Ostblocks ein neuer Konflikt entstand und wie dieser schließlich friedlich gelöst wurde.
- Du wirst dich damit beschäftigen, wie die Deutschen nach dem Zweiten Weltkrieg unter den Bedingungen des Kalten Krieges zwei Staaten aufbauten, wie sich die Bundesrepublik und die DDR entwickelten und am Ende wieder eins wurden.

Beim Durchblättern deines Geschichtsbuches wirst du auch gesehen haben, dass eine CD-ROM dazugehört. Dort findest du Material, mit dem du üben und dein Wissen anwenden kannst, z. B. Bilder, Quellentexte, dynamische Karten, Filme usw.

Auch im Internet wurden unter der Adresse www.klett.de/online wieder viele Informationen und Materialien zusammengestellt, die dir das Lernen erleichtern sollen. Du kannst z. B. anhand von Leseproben in die deutsche Geschichte eintauchen oder Zeugnisse über das Schicksal der europäischen Juden auswerten. Lass dich einfach überraschen. Es ist bestimmt für jeden etwas dabei.

Viel Freude und Erfolg beim Entdecken der Geschichte wünschen dir

die Autorinnen und Autoren

7 Deutschland nach 1945 218

So arbeitest du mit diesem Buch

Auf dieser Doppelseite möchten wir dir kurz die unterschiedlichen Seiten und Elemente von Geschichte und Geschehen vorstellen. Dir begegnen im Buch ganz unterschiedliche Medien: Bilder, Karten, Grafiken und Texte stehen beispielhaft für die unterschiedlichen Wege, auf denen man etwas über die Geschichte erfahren kann.

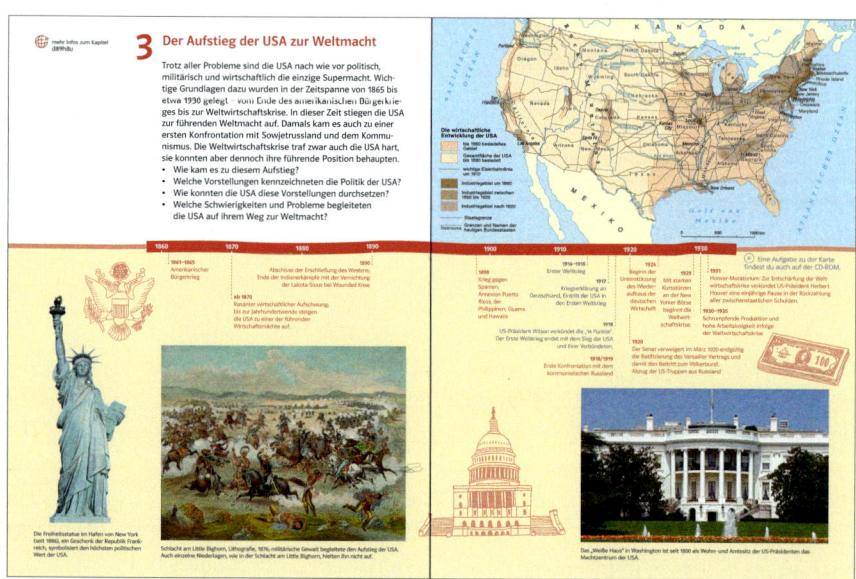

Das Buch umfasst sieben Themeneinheiten. Jede beginnt mit einer **Orientierungsseite**. Ein kurzer Text führt in das Thema ein und nennt Fragen, die du am Schluss der Themeneinheit beantworten kannst. Eine Zeitleiste hilft dir, das Thema in die Zeit einzuordnen. Rot sind die wichtigsten Daten der Themeneinheit vermerkt. Bereits behandelte wichtige Daten sind schwarz vermerkt. Du siehst so auf den ersten Blick, was früher, was später oder was gleichzeitig war.

Auf jeder Orientierungsseite befindet sich eine Karte, damit du das Thema geografisch einordnen kannst.

Bilder sollen dein Interesse wecken und erste Ausblicke auf das Thema geben.

Die **Verfassertexte** haben Schulbuchautoren – meist Lehrerinnen und Lehrer – für dich geschrieben. Die Texte informieren dich zusammenhängend über das jeweilige Thema des Kapitels. Sie sind in kleinere Abschnitte gegliedert. Damit du sie zielgerichtet lesen kannst, schlagen die Verfasser Aufgaben vor.

Auch zum Erschließen von Bildern werden Aufgaben vorgeschlagen. Diese Aufgaben sind durch ein Symbol gekennzeichnet:

✑ X:

Unbekannte Begriffe werden in der Randspalte erklärt. Wenn du gezielt nach bestimmten Begriffen suchst, kannst du den Anhang des Buches benutzen.

Ebenfalls im Anhang findest du Hinweise zum Lösen der Aufgaben.

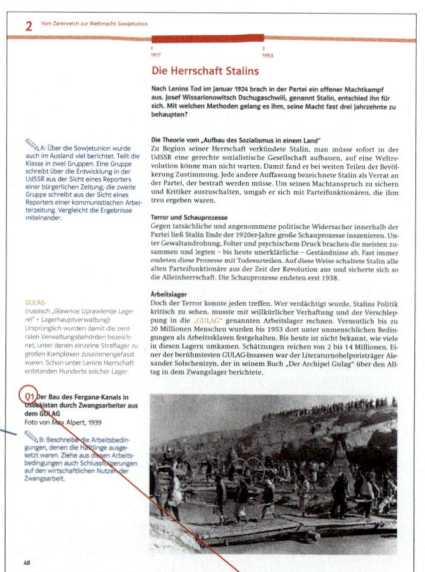

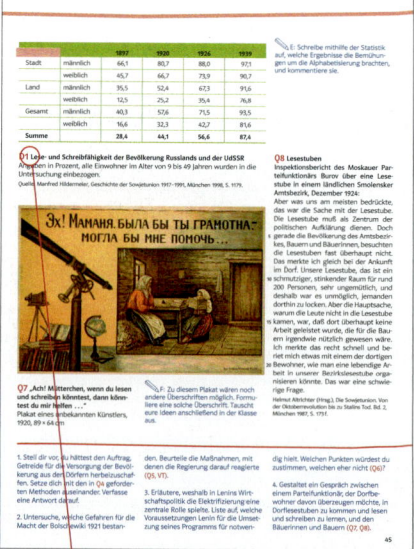

Du findest im Buch viele unterschiedliche Materialien. Mit einem Q sind Quellen (Texte, Bilder) gekennzeichnet, die aus der Zeit, um die es im Kapitel geht, erhalten geblieben sind. Später entstandene Texte und Bilder sind mit

einem D (Darstellung) gekennzeichnet. Quellen und Darstellungen sind in jedem Kapitel durchnummeriert.

Am Ende eines jeden Kapitels stehen Aufgaben, mit denen du prüfen kannst, was du gelernt hast.

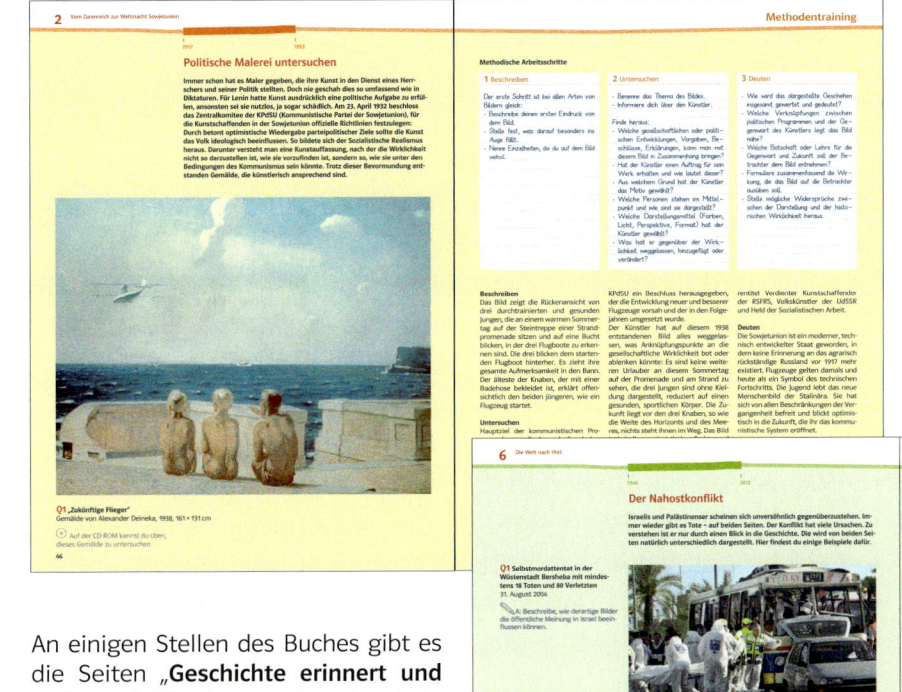

Unter der Überschrift **„Methodentraining"** wird in jeder Themeneinheit eine Methode vorgestellt. Auf diesen Doppelseiten wird dir vorgeführt, wie du ein bestimmtes Material (Texte, Schaubilder Karten, Bilder usw.) auswerten kannst. Die methodischen Arbeitsschritte findest du im Anhang des Buches wieder.

An einigen Stellen des Buches gibt es die Seiten **„Geschichte erinnert und gedeutet"**. Hier kannst du sehen, wie Menschen aus späterer Zeit die Geschichte darstellen und deuten – oft ganz unterschiedlich.

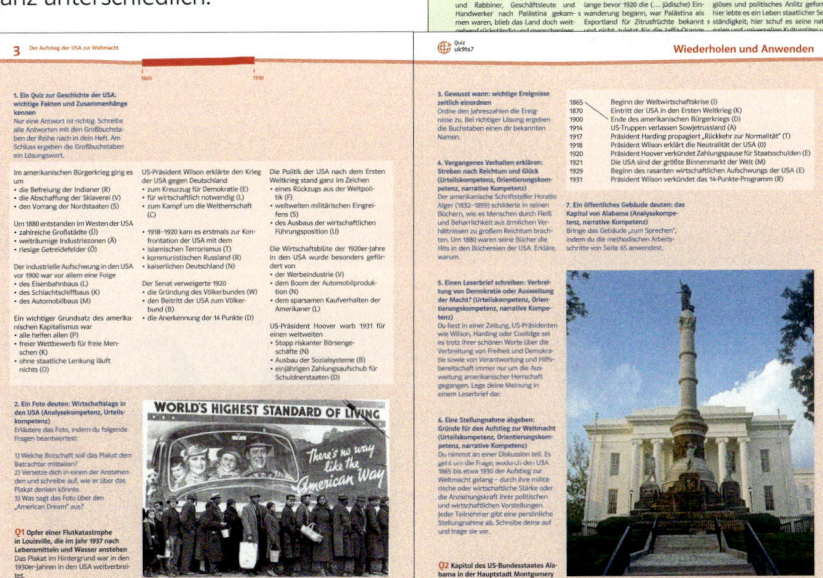

Am Schluss einer jeden Themeneinheit steht die Doppelseite **„Wiederholen und Anwenden"**. Hier kannst du an verschiedenen Aufgaben üben und testen, was du gelernt hast.

Kleine Symbole helfen dir, dich im Buch leichter zurechtzufinden:

Hier findest du Literaturtipps zum Weiterlesen.

Das Zeichen bedeutet, dass du weiter hinten im Buch mehr dazu erfährst.

Dieses Zeichen sagt dir, dass du weiter vorn im Buch noch einmal nachlesen und wiederholen kannst.

Das Zeichen verweist auf Übungen auf der CD-ROM.

Auf einigen Seiten im Buch findest du Geschichte-und-Geschehen-Codes. Diese führen dich zu weiteren Informationen, Materialien oder Übungen im Internet. Gib den Code einfach in das Suchfeld auf www.klett.de ein.

1 Der Erste Weltkrieg: Urkatastrophe des 20. Jahrhunderts

In den vier Jahren, die der Erste Weltkrieg dauerte, wurden weite Teile Europas verwüstet. Viel stärker als alle Kriege zuvor erfasste dieser Krieg Wirtschaft und Gesellschaft der beteiligten Staaten. An seinem Ende stellte sich die Landkarte Europas gänzlich anders dar: Einige alte Reiche waren im Strudel von Kriegsniederlage und Revolution untergegangen, andere – Besiegte wie Sieger – auf viele Jahre geschwächt. Zugleich hatten die USA die Bühne der Weltpolitik betreten.

- Was waren die Ursachen des Ersten Weltkrieges?
- Welche Kriegsziele verfolgten die verfeindeten Staaten?
- Welche Auswirkungen hatte der Krieg auf die Menschen?
- Warum brach das Deutsche Kaiserreich 1918 zusammen?
- Wie sah die Nachkriegsordnung in Europa aus?

1914		1915	1916
28. Juni 1914 Ermordung des österreichisch-ungarischen Thronfolgers Franz Ferdinand	**1. August 1914** Deutschland erklärt Russland den Krieg. Weitere Kriegserklärungen folgen.	**1915/1916** Italien (Mai 1915) und Rumänien (August 1916) treten an der Seite der Ententemächte, Bulgarien (September 1915) an der Seite der Mittelmächte in den Krieg ein.	**1916** Schlachten bei Verdun und an der Somme
28. Juli 1914 Österreich-Ungarn erklärt Serbien den Krieg.	**Oktober 1914** Das Osmanische Reich tritt an der Seite der Mittelmächte in den Krieg ein.		

„Europa trauert", Schweizer Postkarte 1914

Wilhelm II. als Aasgeier; französische Karikatur nach dem Einmarsch deutscher Truppen in das neutrale Belgien im August 1914, Paris, Sammlung Jean-Pierre Verney

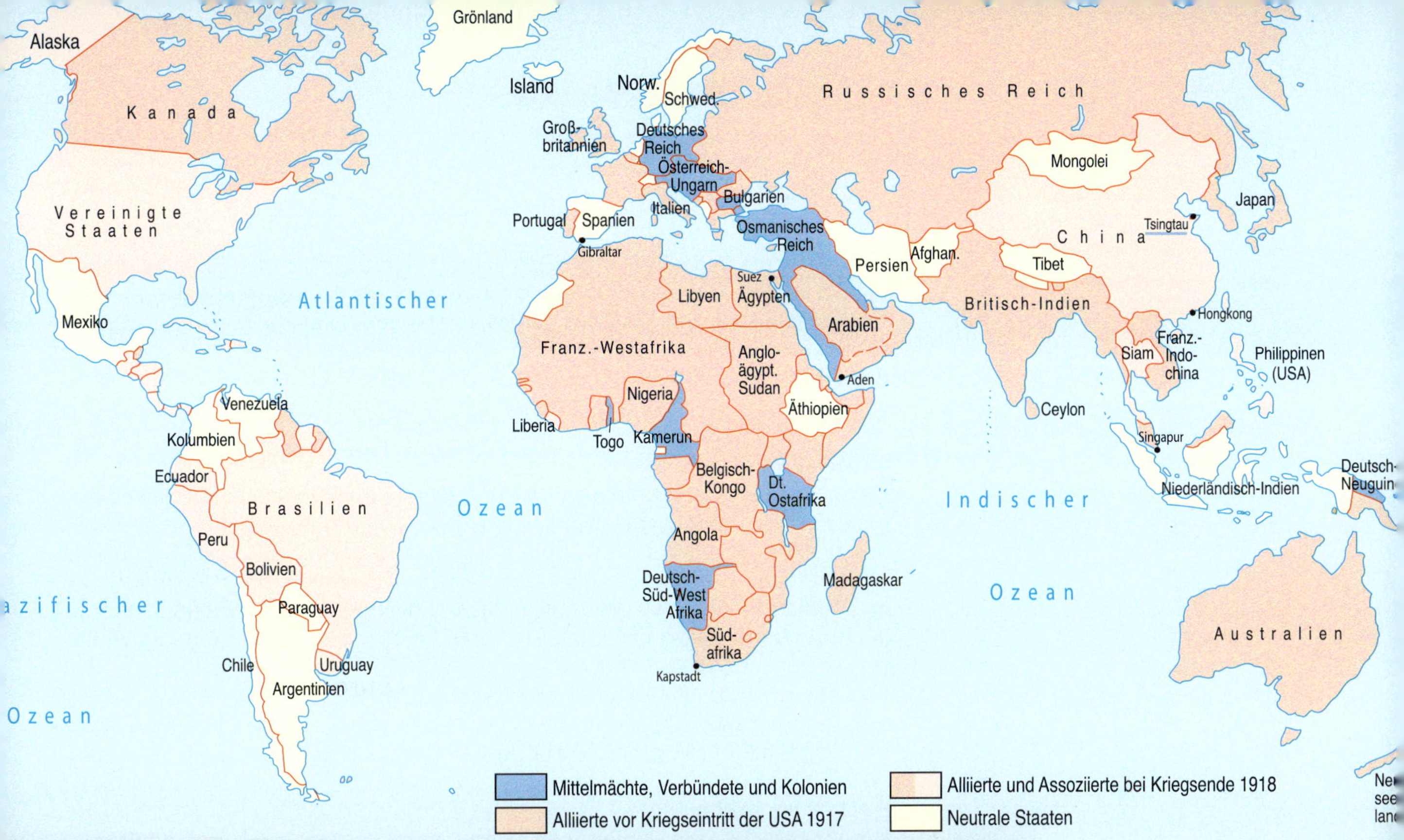

Map labels

Alaska · Grönland · Island · Norw. · Schwed. · Russisches Reich

Kanada · Großbritannien · Deutsches Reich · Österreich-Ungarn · Bulgarien · Italien · Mongolei · Japan

Vereinigte Staaten · Portugal · Spanien · Gibraltar · Osmanisches Reich · Suez · Ägypten · Persien · Afghan. · China · Tibet · Tsingtau

Mexiko · Libyen · Arabien · Britisch-Indien · Hongkong · Franz.-Indochina · Philippinen (USA)

Venezuela · Franz.-Westafrika · Nigeria · Anglo-ägypt. Sudan · Äthiopien · Siam · Ceylon

Kolumbien · Liberia · Togo · Kamerun · Aden · Singapur · Niederländisch-Indien · Deutsch-Neuguin.

Ecuador · Brasilien · Belgisch-Kongo · Dt. Ostafrika

Peru · Angola · Madagaskar · Indischer Ozean

Bolivien · Deutsch-Süd-West Afrika

Paraguay · Süd-afrika · Australien

Chile · Uruguay · Argentinien · Kapstadt

Atlantischer Ozean · Pazifischer Ozean · Indischer Ozean · Neuseeland

Legende

- Mittelmächte, Verbündete und Kolonien
- Alliierte vor Kriegseintritt der USA 1917
- Alliierte und Assoziierte bei Kriegsende 1918
- Neutrale Staaten

Zeitleiste

1917 — 1918 — 1919

Februar 1917
Beginn des uneingeschränkten U-Boot-Krieges

April 1917
Kriegseintritt der USA auf der Seite der Entente

Februar/März 1917
Revolution in Russland; der Zar tritt ab.

Oktober/November 1917
Die Bolschewiki übernehmen in Russland die Macht.

8. Januar 1918
14-Punkte-Programm des US-Präsidenten Wilson

März 1918
Frieden von Brest-Litowsk zwischen dem Deutschen Reich und Sowjetrussland; Beginn der deutschen Frühjahrsoffensive

September bis November 1918
Mit den Kapitulationen Bulgariens, des Osmanischen Reiches, Österreich-Ungarns und des Deutschen Reiches endet der Erste Weltkrieg.

28. Juni 1919
Unterzeichnung des Friedensvertrags von Versailles

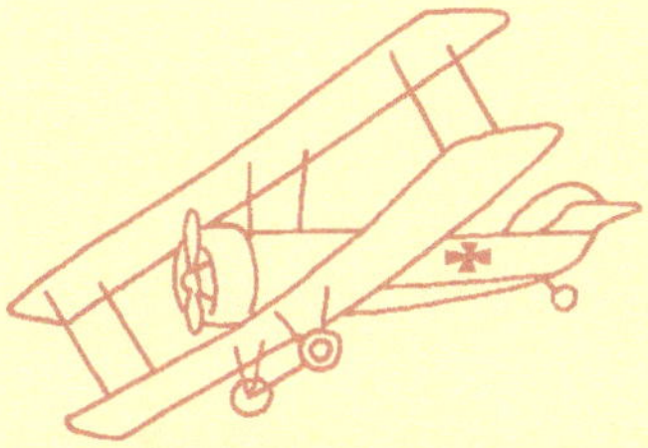

Deutscher und französischer Gefallener nebeneinander im Schützengraben an der Westfront bei Combles an der Somme, 1916

Deutsches Plakat zu den im Versailler Vertrag festgelegten Gebietsabtretungen und Reparationen; Farblithografie, 1919

I
1914

I
1918

Der Balkan – ein „Pulverfass" für Europa?

Der „nationale Gedanke" hatte im 19. Jahrhundert auch die Menschen auf dem Balkan erfasst. Wie die Deutschen strebten auch sie danach, ihre Völker in Nationalstaaten zu vereinen. Doch daraus entstanden Konflikte, in die auch die Großmächte mit einbezogen wurden. Wie wollte man diese Konflikte lösen und den Frieden bewahren?

A: Warum bezeichneten Zeitgenossen den Balkan als ein „Pulverfass"? Schreibe einen Kommentar für eine Zeitung.

Nationale Bestrebungen

Die Völker der Balkanhalbinsel wohnten teilweise weit über die jeweiligen Staatsgrenzen hinweg verstreut. Ein großer Teil von ihnen lebte im Osmanischen Reich. Diese Völker wollten die türkische Herrschaft abschütteln und eigene Staaten gründen. Aber auch die Großmächte stellten Ansprüche an das Osmanische Reich. Der Nationalismus der Balkanvölker richtete sich jedoch nicht nur gegen das Osmanische Reich, sondern auch gegen Österreich-Ungarn. Seit 1878 herrschte die Donaumonarchie, zu der bereits Kroatien und Slowenien gehörten, auch über Bosnien und die Herzegowina. Serbien wollte nun zum Beispiel alle Serben in einem Großserbischen Reich vereinen. Dazu sollten auch die von Serben bewohnten Gebiete in Österreich-Ungarn gehören.

Entsteht ein „Weltbrand"?

Um ihre Macht- und Gebietsansprüche durchzusetzen, kämpften die Balkanstaaten 1912/13 sowohl gegen das Osmanische Reich als auch gegeneinander. Nur mit großer Mühe gelang es den europäischen Großmächten, diese Balkankriege mit Friedensverträgen zu beenden. Von einer Entspannung auf dem Balkan konnte dennoch keine Rede sein: Österreich betrachtete die großserbische Bewegung weiterhin als ernsthafte Bedrohung für seinen Vielvölkerstaat. Es lehnte alle serbischen Gebietsforderungen ab. Serbien konnte jedoch auf die Unterstützung Russlands hoffen, denn das Zarenreich betrachtete sich als Beschützer aller slawischen Völker, also auch der Serben. Die Folge davon waren Spannungen zwischen Russland und Österreich-Ungarn. Auch die anderen, zum Teil neu entstandenen Balkanstaaten besaßen mächtige Verbündete. Der kleinste Konflikt konnte so zu einem „Weltbrand" führen.

D1 Der Balkan 1908–1913

B: Erläutere, wie sich die Grenzen auf dem Balkan veränderten.

Q1 „Der Brand am Balkan – Der vereinigten europäischen Feuerwehr gelang es leider nicht, den Brand zu löschen"

Karikatur von Thomas Theodor Heine aus der Zeitschrift „Simplicissimus", vom 28. Oktober 1912.
An der Pumpe stehen der englische Löwe, der österreichisch-ungarische Doppeladler, der gallische Hahn, der russische Bär und der deutsche Adler; die Personen im Hintergrund stellen die Balkanvölker dar.

✎ C: Beschreibe die Karikatur. Erkläre, was der Zeichner damit aussagt.

Q2 Österreichs Haltung gegenüber Serbien

Der österreichische Generalstabschef formuliert am 20. Januar 1913:
Die Entwicklung eines selbständigen großserbischen Staates ist eine eminente Gefahr für die Monarchie, sie liegt darin: daß (…) die Slawen der
5 Monarchie (…) ihren Hort in diesem neuen, von Rußland unterstützten Staatswesen suchen, daß vor allem die Serben der Monarchie die Angliederung an dasselbe anstreben werden;
10 damit droht der Monarchie der Verlust der wichtigsten Gebiete für ihre Großmachtstellung und ihr wirtschaftliches Gedeihen. (…) Eingekeilt zwischen Rußland, dann einem mächtig
15 gewordenen Serbien und Montenegro und einem auf die Dauer kaum verläßlichen Italien wird die Monarchie zur politischen Ohnmacht und damit zum sicheren Niedergang verurteilt sein.
20 (…) Die Monarchie muß durch eine militärische Kraftäußerung ihr Prestige, besser gesagt ihre politische Geltung, wiederherstellen. (…) Es ist (…) auch für Deutschland nur von Vorteil, wenn
25 die Kraftprobe zwischen Dreibund und Tripel-Entente möglichst bald zum Austrag kommt.

Franz Conrad v. Hötzendorff, Aus meiner Dienstzeit 1906–1918, Bd. 3, Wien 1922, S. 12 f.

Q3 Serbien und die „zweite Türkei"

Die serbische Zeitung „Piemont" schreibt am 8. Oktober 1913, dem Jahrestag der Annexion Bosniens und der Herzegowina durch Österreich:
Den Schmerz, der an diesem Tage dem serbischen Volke zugefügt wurde, wird das serbische Volk noch durch Jahrzehnte fühlen. (…) Das Volk legt das
5 Gelübde ab, Rache zu üben, um durch einen heroischen Schritt zur Freiheit zu gelangen. Serbische Soldaten (…) legen heute das Gelübde ab, daß sie gegen die „zweite Türkei" ebenso vor-
10 gehen werden, wie sie (…) gegen die Balkan-Türkei vorgegangen sind. (…) Der Tag der Rache naht. Eine Türkei verschwand. Der gute serbische Gott wird geben, daß auch die „zweite Türkei" ver-
15 schwindet.

Wolfgang Kleinknecht/Herbert Krieger (Hrsg.), Materialien für den Geschichtsunterricht in den mittleren Klassen, Bd. 5, Frankfurt am Main 1965, S. 140.

---

1. Vergleicht die Haltung des österreichischen Generalstabschefs und des Vertreters eines „Groß-Serbien". Diskutiert mögliche Lösungen (Q2, Q3).

2. Halte auf Grundlage der Informationen, die du in einem Lexikon recherchierst, ein Referat über die Geschichte eines Balkanstaates.

3. Schreibe aus der Sicht eines um den Frieden besorgten Lesers einen Brief an die serbische Zeitung „Piemont" (Q3).

1914   1918

Europa im Juli 1914 – wie ein „Weltbrand" entsteht

„In Europa gehen die Lichter aus. Wir werden es nicht mehr erleben, wenn sie wieder angehen", sagte der englische Außenminister am Abend des 4. August 1914. Warum sagte er das und was meinte er damit?

Q1 Das Attentat von Sarajevo
Pressezeichnung von Felix Schwormstädt (Ausschnitt) vom 30. Juni 1914, ein Foto von dem Ereignis existiert nicht.
Am 28. Juni 1914 ermordete der serbische Nationalist Gavrilo Princip in Sarajevo den österreichisch-ungarischen Thronfolger Erzherzog Franz Ferdinand und dessen Frau. Damit wollte er die Unterdrückung der bosnischen Serben durch Österreich rächen.

✎ A: Schreibe einen Zeitungskommentar zu der Zeichnung.

✎ B: Erkläre, warum Reichskanzler Bethmann Hollweg einen „Weltbrand" fürchtete.

Ultimatum
Aufforderung, etwas innerhalb einer bestimmten Frist und ohne Widerrede zu tun

Krieg statt Diplomatie
Das Attentat von Sarajevo war für die Regierung in Wien ein geeigneter Anlass, mit Serbien abzurechnen. Bei diesem Vorhaben konnte sie sich auf die Unterstützung des Deutschen Reiches verlassen. Der deutsche Reichskanzler Bethmann Hollweg war sich darüber im Klaren, dass ein begrenzter Krieg einen „Weltbrand" auslösen könnte. Er hoffte aber, dass die russische Regierung Serbien dieses Mal nicht unterstützen würde. Sollte dies aber dennoch geschehen, war er bereit, an der Seite Österreichs Krieg zu führen. Er vertraute dabei auf die Zusagen der militärischen Führung, einen Krieg gewinnen zu können.

Ein „Weltbrand" entsteht
Am 23. Juli stellte die Regierung in Wien Serbien ein unannehmbares Ultimatum. Serbien war zwar zu großem Entgegenkommen bereit, lehnte es aber ab, dass österreichische Beamte bei der Untersuchung des Attentats in Serbien tätig wurden. Daraufhin erklärte Österreich am 28. Juli Serbien den Krieg. Als Russland zu dessen Unterstützung seine Armee mobilisierte, machte Deutschland ebenfalls mobil. Englische Versuche, durch gemeinsame Vermittlung zwischen den Großmächten den Frieden zu erhalten, lehnte die Regierung in Berlin ab. Am 1. August erklärte sie zunächst dem Zarenreich, dann auch Frankreich den Krieg. Als deutsche Truppen am 4. August in das neutrale Belgien einmarschierten, um von dort aus Frankreich militärisch schneller zu besiegen, trat auch Großbritannien in den Krieg ein. Der „Weltbrand" hatte begonnen.

Q2 Abrechnung mit Serbien

Der österreichische Ministerpräsident Stürgkh erläutert am 7. Juli 1914 die Politik seiner Regierung:

Die Besprechungen in Berlin hätten zu einem sehr befriedigenden Resultate geführt, indem sowohl Kaiser Wilhelm als Herr von Bethmann Hollweg uns für
5 den Fall einer kriegerischen Komplikation mit Serbien die unbedingte Unterstützung Deutschlands mit allem Nachdrucke zugesichert hätten. (…) Er sei sich klar darüber, daß ein Waffengang
10 mit Serbien den Krieg mit Rußland zur Folge haben könnte. Rußland treibe aber gegenwärtig eine Politik, die, auf lange Sicht berechnet, den Zusammenschluß der Balkanstaaten, inbegriffen
15 Rumänien, zum Zwecke hat, um dieselben sodann im geeignet scheinenden Momente gegen die Monarchie ausspielen zu können. Er sei der Ansicht, (…) daß unsere Situation sich einer
20 solchen Politik gegenüber immer mehr verschlechtern müsse (…). Die logische Folge, die sich aus dem Gesagten ergebe, wäre, unseren Gegnern zuvorzukommen und durch eine rechtzeitige
25 Abrechnung mit Serbien den bereits in vollem Gange befindlichen Entwicklungsprozeß aufzuhalten, was später zu tun nicht mehr möglich sein würde.

Winfried Baumgart (Hrsg.), Die Julikrise und der Ausbruch des Ersten Weltkrieges 1914, Darmstadt 1983, S. 66.

Q3 „Wir dürfen nicht kneifen"

Am 18. Juli 1914 erläutert der deutsche Staatssekretär des Auswärtigen Amtes, Jagow, dem deutschen Botschafter in London die Politik der Regierung:

Österreichs Erhaltung, und zwar eines möglichst starken Österreichs, ist für uns aus inneren und äußeren Gründen eine Notwendigkeit. (…) Wir müssen se-
5 hen, den Konflikt zwischen Österreich und Serbien zu lokalisieren. Ob dies ge-

lingen kann, wird zunächst von Rußland und in zweiter Linie von dem mäßigenden Einfluß seiner Ententebrüder ab-
10 hängen. (…) In einigen Jahren wird Rußland nach aller kompetenten Annahme schlagfertig sein. Dann erdrückt es uns durch die Zahl seiner Soldaten, dann hat es seine Ostseeflotte und seine strate-
15 gischen Bahnen gebaut. Unsere Gruppe wird inzwischen immer schwächer. (…) Ich will keinen Präventivkrieg, aber wenn der Kampf sich bietet, dürfen wir nicht kneifen. Ich hoffe und glaube auch
20 heute noch, daß der Konflikt sich lokalisieren läßt. Englands Haltung wird dabei von großer Bedeutung sein.

Winfried Baumgart (Hrsg.), Die Julikrise und der Ausbruch des Ersten Weltkrieges 1914, Darmstadt 1983, S. 100 f.

Q4 Diplomatie

Am 27. Juli 1914 warnt der deutsche Botschafter in London, Max Fürst von Lichnowsky, nach einem Gespräch mit dem englischen Außenminister:

Die britische Regierung (…) sieht in der Erhaltung des europäischen Friedens auf Grundlage des Gleichgewichts der Gruppen ihr vornehmstes
5 Interesse. (…) Der Eindruck greift hier immer mehr Platz (…), daß die ganze serbische Frage sich auf eine Kraftprobe zwischen Dreibund und Dreiverband (Triple-Entente) zuspitzt. Sollte
10 daher die Absicht Österreichs den gegenwärtigen Anlaß zu benutzen, um Serbien niederzuwerfen (…) immer offenkundiger in Erscheinung treten, so wird England, dessen bin ich gewiß,
15 sich unbedingt auf Seite Frankreichs und Rußlands stellen, um zu zeigen, daß es nicht gewillt ist eine moralische oder gar militärische Niederlage seiner Gruppe zu dulden. Kommt es unter die-
20 sen Umständen zum Krieg, so werden wir England gegen uns haben.

Immanuel Geiss (Hrsg.), Juli 1914, München 1980, S. 235.

In aufgedrungener Notwehr mit reinem Gewissen und reiner Hand
4. Aug. ergreifen wir das Schwert! 1914

Q5 Bildpostkarte 1914

Q6 Diplomatie

Der russische Außenminister Sergej Sasonow sagt am 8. August 1914 vor dem Parlament:

Durch innere Unruhen zerrissen suchte Österreich einen Schlag zu führen, der gleichzeitig seine Kraft beweisen und uns demütigen sollte. Dafür mußte Ser-
5 bien herhalten (…), mit dem uns die Bande der Geschichte sowie gemeinsame Abstammung und Glauben vereinigen. Sie kennen die Umstände, unter welchen das Ultimatum an Serbien
10 gerichtet wurde. Hätte sich Serbien diesen Bedingungen unterzogen, so wäre es Österreichs Vasall geworden. Ein gleichgültiges Verhalten unsererseits hätte die Aufgabe unserer jahrhun-
15 dertealten Rolle als Beschützer der Balkanstaaten bedeutet.

Berliner Monatshefte 8 (1930), S. 7670.

---

1. Schreibe einen Lexikoneintrag zum Stichwort „Julikrise".

2. Führt ein Streitgespräch über die Gründe, an einem Krieg teilzunehmen.

3. Beschreibe die Lage und die Motive der verschiedenen Staaten für eine Kriegsteilnahme (Q2–Q4, Q6).

4. Wähle einen der an den Entscheidungen beteiligten Politiker aus und

setze dich mit seiner Haltung zum Krieg auseinander (Q2–Q4, Q6).

5. Beschreibe die Haltung des Kaisers und kommentiere seinen Ausspruch (Q5).

1914   1918

Wer war für den Ausbruch des Ersten Weltkrieges verantwortlich?

Die Frage „Wer war schuld an dem Ausbruch des Krieges?" spielt bei Konflikten immer eine große Rolle. Je nachdem, wie die Antwort ausfällt, lassen sich daraus Ansprüche auf die Wiedergutmachung von Schäden ableiten. So war das auch, als sich die Alliierten nach ihrem Sieg in Versailles trafen, um einen Friedensvertrag mit Deutschland zu beschließen. In diesem Versailler Vertrag von 1919 heißt es im Artikel 231: „Die alliierten und assoziierten [mit diesen verbündeten] Regierungen erklären, und Deutschland erkennt an, daß Deutschland und seine Verbündeten als Urheber für alle Verluste und Schäden verantwortlich sind, die die alliierten und assoziierten Regierungen und ihre Staatsangehörigen infolge des ihnen durch Angriff Deutschlands und seiner Verbündeten aufgezwungenen Krieges erlitten haben."

Die deutsche Regierung wie auch die große Mehrheit der Bevölkerung hatten diesen „Schuldartikel" als große Ungerechtigkeit empfunden und jegliche Schuld von sich gewiesen. Bis heute wird die sogenannte Kriegsschuldfrage diskutiert. Welche Antworten geben Historiker darauf?

Die Anstifter des Weltkrieges
vor dem Weltgericht

Q1 Deutsche Postkarte aus den ersten Jahren des Weltkrieges

1 Italien mit dem zerrissenen Dreibundvertrag
2 Frankreich
3 Ministerpräsident Pasič von Serbien
4 König Georg V. von England
5 König Albert von Belgien
6 Großfürst Nikolai Nikolajewitsch
7 Zar Nikolaus II.
8 brennende Bombe von Sarajevo
9 Lüge, Hass, Rachsucht, Verleumdung
10 Erzengel Michael, der Beschützer Deutschlands und seiner Verbündeten
11 Kaiser Franz Joseph I.
12 Kaiser Wilhelm II.
13 Germania

D1 Der Historiker Wolfgang J. Mommsen schreibt 2003:

(…) Unbestreitbar ist, daß die deutsche Reichsleitung unter dem Einfluß der von höchsten militärischen Kreisen vorgetragenen Ansicht stand, daß die sich
5 fortlaufend verschlechternde militärische Gesamtsituation der Mittelmächte am besten durch einen Präventivkrieg gegen Frankreich und Rußland stabilisiert würde, solange ein solcher noch
10 mit Aussicht auf einen militärischen Sieg geführt werden könne. Demgemäß hatte die Reichsleitung den allseits erwarteten österreichisch-ungarischen Waffengang gegen Serbien zum An-
15 laß für eine großangelegte diplomatische Offensive nehmen wollen, die bei einem günstigen Ausgang zum Zerfall des Bündnisses Frankreichs mit Rußland führen würde. Eine solche Sprengung
20 des gegnerischen Bündnisses erschien um so notwendiger, als sich dessen endgültige Verfestigung durch ein Hinzutreten Großbritanniens im Frühjahr 1914 abzuzeichnen schien. Sollte hingegen,
25 im ungünstigen Falle, ein europäischer Krieg ausgelöst werden, den man früher oder später ohnehin erwartete, konnte dieser nach Ansicht der Militärs zum damaligen Zeitpunkt noch siegreich für
30 die Mittelmächte entschieden werden. Die deutsche Reichsleitung stand dabei unter dem Druck einer seit Jahren nationalistisch aufgeladenen öffentlichen Meinung, die greifbare Erfolge auf welt-
35 politischem Gebiete forderte und es aller Voraussicht nach nicht hinnehmen würde, wenn die deutsche Politik die sich aus der (…) „dritten Balkankrise" ergebenden mächtepolitischen Chan-
40 cen nicht genutzt hätte.

Wolfgang J. Mommsen, Deutschland, in: Enzyklopädie Erster Weltkrieg, hrsg. von Gerhard Hirschfeld u. a., Paderborn 2003, S. 16.

D2 Der Historiker Konrad Canis 2011:

Im Grunde sahen sich alle Seiten gleichsam unter einem Zwang gefangen: Österreich konnte Serbien nicht weiter wachsen lassen, Deutschland Österreich nicht fallen lassen, Russland wegen seiner fundamentalen Interessen im Nahen Osten nicht Serbien, Frankreich nicht Russland und England nicht diese beiden Partner. Der sowohl selbst
10 als auch fremdauferlegte und besorgte Zwang zum Handeln, motiviert noch durch die bündnis- und ententepolitischen Verpflichtungen, war es, der die Mächte zur Offensive drängte (…).
15 Der Krieg war von deutsch-österreichischer Seite ein Präventivkrieg (…): nicht, wie im herkömmlichen Sinne, um einem akut bevorstehenden Angriff eines Gegners zuvorzukommen,
20 sondern um eine langfristig als bedrohlich erkannte Gefahr zu unterbrechen (…). Bethmann Hollweg hat sich (…) den Argumenten des Militärs, dem Risiko des großen Krieges nicht auszu-
25 weichen, angeschlossen (…). Russland hat dem großen Krieg den Weg eröffnet, als es Serbien beisprang, weil es sein eigenes Interesse auf dem Balkan auch mit Blick auf das Fern-
30 ziel gebot. Es war allerdings ein Eroberungsziel, das nicht aus Interesse der Sicherheit legitim (= gerechtfertigt) war wie die österreichisch-deutsche Intention (= Absicht).

Konrad Canis, Der Weg in den Abgrund. Deutsche Außenpolitik 1902–1914, Paderborn 2011, S. 684 f.

Q2 „Gegen den Drachen"
Aus der französischen Zeitschrift „Le Petit Journal" vom 10. September 1914

✎ A: Erläutere die französische Sicht zur Kriegsschuldfrage.

---

1. Untersuche die Aussage der Postkarte Q1. Versetze dich in die Lage jeweils eines deutschen und eines französischen Zeitgenossen und versuche, die Wirkung der Postkarte auf diese Personen zu beschreiben.

2. Analysiere die Texte D1 und D2. Suche dabei nach Gemeinsamkeiten und Unterschieden, liste diese auf. Diskutiert die Aussagen der beiden Historiker in der Klasse.

3. Vergleiche die Bilder und Texte der Historiker mit dem, was du in den vorangegangen Kapiteln über die Vorgeschichte des Kriegsausbruchs gelernt hast. Schreibe deine Meinung zur Kriegsschuldfrage auf.

I
1914

I
1918

Jubel, Kriegsziele und Massentod

Viele Fotos aus den ersten Kriegstagen erwecken den Eindruck, als hätten die Menschen überall in Europa über den Ausbruch des Krieges gejubelt. Doch auch Angst machte sich breit: Was erwartete die Soldaten in diesem Krieg?

Q1 Jubelnde Freiwillige in Berlin „Unter den Linden"
Foto, Anfang August 1914
Es jubelten längst nicht alle, aber Fotos von denjenigen, die nicht jubelten, gibt es kaum.

✎ A: Überlege, was die abgebildeten Männer über den Krieg dachten. Formuliere Sprechblasen für die in der ersten Reihe Laufenden.

✎ B: Schreibe für eine Zeitung einen Bericht über den Verlauf des Krieges. Nimm auch die Karte D1 auf Seite 21 zu Hilfe.

Materialschlachten
Kriegshandlungen, bei denen riesige Mengen von Munition und Kriegsgerät eingesetzt werden

Alliierte
„Alliieren" kommt aus dem Französischen und bedeutet „sich verbünden". Als Alliierte werden die gegen Deutschland verbündeten Kriegsgegner bezeichnet.

Warum war der Krieg nicht aufzuhalten?
Nach den Kriegserklärungen Anfang August 1914 war der „Weltbrand" nicht mehr zu stoppen. Denn viele Staatsmänner und Generäle in allen kriegführenden Staaten betrachteten den Krieg als willkommene Gelegenheit, das eigene Land auf Kosten des Gegners zu vergrößern oder diesen zur Zahlung einer hohen Kriegsentschädigung zu zwingen. Je länger der Krieg dauerte und je mehr Opfer er forderte, umso schwieriger wurde es, ihn durch Verhandlungen zu beenden. Denn alle hielten verbissen an ihren Kriegszielen fest.

Der Krieg kommt zum Stehen
Viele Menschen hatten geglaubt, der Krieg wäre schnell vorüber. Doch schon nach wenigen Wochen scheiterte der deutsche Vormarsch vor Paris. Danach erstarrte die Front im Westen. Keine Armee konnte größere Gebiete gewinnen. Stattdessen zeigte sich, dass Industrialisierung und Technik die Kriegführung völlig verändert hatten: Neue Waffen wie Maschinengewehre, Giftgas und Flammenwerfer, Panzer und Flugzeuge brachten unerwartete Schrecken hervor und machten den Soldaten in den Schützengräben das Leben zur Hölle. In grausamen Materialschlachten versuchten die Generäle, die Entscheidung zu erzwingen. Bei sinnlosen Angriffen opferten sie bei Verdun und an der Somme allein 1916 eine Million deutsche und gegnerische Soldaten. Im Osten errangen deutsche Truppen zunächst Erfolge. Aber auch dort kam die Front schließlich zum Stehen. Erst nach dem Zusammenbruch des Zarenreiches 1917 eroberten die Deutschen weite Teile Russlands.

Krieg auf den Meeren
Um kriegswichtige Rohstofflieferungen zu verhindern, sperrte England die Seehandelswege nach Deutschland. Daraufhin ordnete die Reichsleitung den rücksichtslosen Unterseebootkrieg gegen alle Handelsschiffe an. Damit sollte auch der Nachschub an Waffen und Lebensmitteln für die gegnerischen Truppen unterbunden werden. Der erhoffte Erfolg blieb jedoch aus. Stattdessen traten 1917 die USA in den Krieg ein und stärkten damit die Alliierten.

Q2 Stimmen zu Kriegsbeginn

„Unsere Sache ist gerecht" – ein Gutsbesitzer aus Ostwestfalen schreibt Mitte August 1914 seinem Sohn an die Front:
Mein lieber, guter Hermann!
Welche Wendung durch Gottes Fügung ist eingetreten, seit ich Dir zuletzt am Sonntag, den 26. Juli ausführlich nach
5 Lockstedt schrieb. Wenn auch schon damals die Kriegsgewitterwolken sich auftürmten, so hoffte man doch allgemein, daß man noch zu einer friedlichen Lösung kommen würde, ja, groß
10 war unsere Hoffnung, ja noch als wir am 1. August nachmittags (…) (zusammen)saßen. Nun ist schon seit 14 Tagen der grausame Krieg über uns hereingebrochen und Du (…) hast gewiß schon
15 allerlei Schreckliches erlebt und Dich hoffentlich schon etwas an die Strapazen, Entbehrungen und die Greueltaten einer Schlacht gewöhnt. (…) Nach allen Nachrichten ist es aber gut, daß
20 der Krieg jetzt, wo man bestimmt annehmen darf, daß unsere Feinde noch nicht ganz gerüstet sind, ausgebrochen ist, denn er war nach kurzer Zeit unausbleiblich. Betrübt ist es, wie alles über
25 Deutschland herfällt, aber unsere Sache ist gerecht und wir dürfen zuversichtlich hoffen, daß uns der liebe Gott zum Siege verhilft.

Heinz-Ulrich Kammeier, Der Landkreis Lübbecke und der 1. Weltkrieg. Alltagserfahrungen in einem ländlichen Raum Ostwestfalens, Rahden/ Westf. 1998, S. 247.

Über die Abfahrt aus Paris Anfang August 1914 berichtet ein französischer Offizier:
Um 6 Uhr morgens dampfte der Zug, ohne irgendein Signal, langsam aus dem Bahnhof. In diesem Augenblick stieg ganz spontan – wie ein schwe-
5 lendes Feuer, das plötzlich in prasselnden Flammen auflodert – ein gewaltiger Schrei auf und tausend Kehlen stimmten die Marseillaise an. Alle Männer standen an den Zugfenstern und
10 winkten mit ihren Käppis. Vom Gleis, von den Bahnsteigen und den Nachbarzügen winkten die Menschenmassen zurück (…). Auf jedem Bahnhof, hinter jeder Schranke und an jedem
15 Fenster entlang der Bahnstrecke standen zahllose Menschen. Überall ertönten Rufe „Vive la France! Vive l'armee!" (Es lebe Frankreich! Es lebe die Armee!) dabei winkten die Menschen mit ihren
20 Taschentüchern und Hüten. Die Frauen warfen uns Kusshände zu und überhäuften unseren Transport mit Blumen. Die jungen Männer riefen: „Au revoir! A bientôt!" (Auf Wiedersehen! Bis bald!)

John Keegan, Der Erste Weltkrieg. Eine europäische Tragödie, übers. v. Heidi und Karl Nicolai, München 2000, S. 114.

„Gebet der deutschen Frau 1914" in einer großen Berliner Zeitung im August 1914 von Martha Lewertoff:
Nun streift den Goldring von der Hand,
Als Deutsche Euch zu weisen,
Die Ehe binde nun ein Band,
Ein schlichtes Band von Eisen!

5 Denn eisern ist die Not der Zeit,
Was soll uns Putz am Kleide?
Zu Opfern sind wir gern bereit –
Fort, fort mit dem Geschmeide!

Mit tapferm Mut und stolzem Sinn
10 Im Feld stehn unsre Söhne,
Wir geben freudig alles hin,
Wir weinen keine Träne.

Für unser heißgeliebtes Land
Woll'n leben wir und sterben,
15 Zum Schwure heben wir die Hand:
Du brichst niemals in Scherben.

Ein Siegesmorgen flammt heran!
Fort mit dem Leid, der Trauer.
Wir kämpfen bis zum letzten Mann,
20 Wir stehn wie eine Mauer.

Hoch fliegt, mein Deutschland, dein Panier,
Es lodern die Flammenzeichen –
Gott schütze dich, Kaiser, so beten wir,
25 Gott schütze die deutschen Eichen!

Berliner Geschichtswerkstatt, August 1914. Ein Volk zieht in den Krieg, Berlin 1989, S. 237.

Q3 „Das neue Europa"
Italienische Postkarte, undatiert
1915 tritt Italien aus dem Dreibund aus und an der Seite der Alliierten in den Krieg ein.

✎ C: Erkläre, wie das „neue Europa" aus italienischer Sicht aussehen sollte.

1914   1918

Q4 Die deutschen Kriegsziele

Aus dem geheimen „Septemberprogramm" vom 9. September 1914:

Das allgemeine Ziel des Krieges: Sicherung des Deutschen Reiches nach West und Ost auf erdenkliche Zeit. Zu diesem Zweck muß Frankreich so geschwächt [5] werden, daß es als Großmacht nicht neu erstehen kann, Rußland von der deutschen Grenze nach Möglichkeit abgedrängt und seine Herrschaft über die nichtrussischen Vasallenvölker ge- [10] brochen werden. Die Ziele des Krieges im Einzelnen:

1. Frankreich. Von den militärischen Stellen zu beurteilen, ob die Abtretung von Belfort, des Westabhangs der Vogesen, [15] die Schleifung der Festungen und die Abtretung des Küstenstrichs von Dünkirchen bis Boulogne zu fordern ist. (…)

2. Belgien. Angliederung von Lüttich und Verviers an Preußen (…). Jeden- [20] falls muß ganz Belgien, wenn es auch als Staat äußerlich bestehen bleibt, zu einem Vasallenstaat herabsinken, in etwa militärisch wichtigen Hafenplätzen ein Besatzungsrecht zugestehen, [25] seine Küste militärisch zur Verfügung stellen, wirtschaftlich zu einer deutschen Provinz werden. (…)

3. Luxemburg wird deutscher Bundesstaat (…).

4. Es ist zu erreichen die Gründung eines [30] mitteleuropäischen Wirtschaftsverbandes. (…) Dieser Verband (…) muß die wirtschaftliche Vorherrschaft Deutschlands über Mitteleuropa stabilisieren.

Werner Basler, Deutschlands Annexionspolitik in Polen und im Baltikum 1914–1918, Berlin 1962, S. 383 f.

Q5 Alliierte Kriegsziele

Der russische Botschafter berichtet im September 1914:

Für sich suche Frankreich in Europa keine Gebietserwerbungen, natürlich mit Ausnahme der Rückgabe Elsaß-Lothringens. In Afrika strebe es ebenfalls nach keinen neuen Erwerbungen (…). Sodann [5] sei das Hauptziel Frankreichs – und darin seien alle drei verbündeten Mächte völlig solidarisch – die Vernichtung des Deutschen Reiches und die möglichste Schwächung der militärischen und po- [10] litischen Macht Preußens. (…) England werde wahrscheinlich die Wiederherstellung eines selbständigen Hannovers verlangen, und dem würden sich natürlich weder Rußland noch Frankreich wider- [15] setzen. (…) England suche ebenfalls keine Eroberung in Europa, werde aber kolonialen Zuwachs auf Kosten Deutschlands verlangen, wogegen Frankreich nichts einzuwenden habe. Was Rußland [20] betreffe, so seien seine territorialen Forderungen in großen Zügen festgesetzt, und es verstehe sich von selbst, daß Frankreich im voraus mit ihnen einverstanden sei. Außerdem werde Rußland [25] natürlich die Freiheit der Meerengen und genügende Garantien in dieser Hinsicht fordern, und hier werde Rußland volle Unterstützung bei Frankreich finden, das in dieser Frage für uns nützliche Einwir- [30] kung auf England ausüben könne, (…).

Wolfgang J. Mommsen, Imperialismus. Seine geistigen, politischen und wirtschaftlichen Grundlagen. Ein Quellen- und Arbeitsbuch, Hamburg 1977, S. 238.

11 Verdun – Une vue sur la Meuse prise de la rue Mazel

Q6 Schlacht um Verdun (Februar bis Dezember 1916)

Die Schlacht war eine der verlustreichsten des Ersten Weltkrieges. In der „Hölle von Verdun" wurden etwa 29 Millionen Granaten eingesetzt; die deutsche Armee hatte etwa 337 000, die französische etwa 377 000 Gefallene, Vermisste, Verwundete und Gefangene zu beklagen.

Bild oben: skelettierter Leichnam eines Gefallenen, Foto 1916
Bild unten: Zerstörungen in der Stadt Verdun, Fotopostkarte 1916

✎ D: Informiere dich in einem Lexikon über die Hintergründe der Schlacht.

D1 Der Erste Weltkrieg 1914–1918

Legende:
- Staaten der Entente und Verbündete
- zu Beginn des Krieges neutrale Staaten, später zur Entente (mit Zeitangabe des Kriegseintritts)
- Mittelmächte und Verbündete
- neutrale Staaten

- ——— Staatsgrenzen zu Beginn des Krieges
- ——— 8.1916 Hauptfrontverlauf mit Zeitangabe
- ➤ Landung amerikanischer Truppen 1917
- ········· Frontverlauf am Kriegsende

Kartenbeschriftungen:
NORWEGEN, SCHWEDEN, Finnland, Christiania, Stockholm, Petrograd, Moskau, Estland, Livland, Kurland, Riga, Litauen, Minsk, RUSSLAND, IRLAND, GROSS-BRITANNIEN, London, Nordsee, NIEDER-LANDE, BELGIEN, LUX., Berlin, DEUTSCHLAND, Warschau, Kiew, Ukraine, Paris, FRANKREICH, SCHWEIZ, Wien, ÖSTERREICH-UNGARN, Galizien, Budapest, Bessarabien, Odessa, ITALIEN, Marseille, Korsika, Rom, MONTENEGRO, SERBIEN, Belgrad, Bukarest, RUMÄNIEN, BULGARIEN, Sofia, Schwarzes Meer, Georgien, Tiflis, Armenien, PERSIEN, PORTUGAL, Madrid, SPANIEN, Lissabon, Balearen, Sardinien, Sizilien, ALBANIEN, GRIECHENLAND, Athen, Istanbul, (OSMANISCHES REICH) TÜRKEI, Mesopotamien, Syrien, Gibraltar (britisch), Malta (brit.), Rhodos, Kreta, Zypern (brit.), Jerusalem, MAROKKO (franz.), ALGERIEN (franz.), TUNESIEN (franz.), LIBYEN (ital.), Ägypten (brit.), Kairo, ARABIEN 1917, Atlantischer Ozean, Ostsee, Kaspisches Meer

Flüsse/Gebiete: Tajo, Ebro, Rhône, Loire, Seine, Rhein, Elbe, Weichsel, Donau, Po, Dnjepr, Dnjestr, Don, Wolga, Oka, Kama, Ural, Düna, Njemen, Tigris, Euphrat

Zeitangaben auf der Karte: 8.–10.14, 4.15, 12.15, 12.15–12.17, bis Herbst 1918, (Waffenstillstand 1917), 4.1915, 8.–10.1915, 9.1916, 12.17, 12.1916, 5.15–8.17, 7.18, 10.1915, 5.1915, 12.2 1917, 9.1914, 12.1915–9.1918, 6.1917, 1915, 11.1914, –7.1918, 6.18, 6.18, 1.1915, 8.1915, 8.1916–12.1917, 12.17, 12.1917

E: Erkläre, warum der Krieg als Weltkrieg bezeichnet wird.

Auf der CD-ROM findest du eine dynamische Karte.

Q7 Französische Soldaten in einem Schützengraben

Um sich vor den Angriffen zu schützen, legten die Soldaten Gräben an. Das gesamte Frontgebiet war von 12 000 km langen Gräben durchzogen.

F: Überlege, was es für die Soldaten bedeutete, wenn sie tagelang im Schützengraben ausharren mussten.

---

1. Versuche, die Begeisterung der Menschen bei Kriegsausbruch zu erklären (Q1, Q2).

2. Schreibe einen Zeitungskommentar zu den Kriegszielen der Deutschen und der Alliierten (Q3–Q5).

3. Erkläre, welche Auswirkungen die Industrialisierung auf die Kriegsführung hatte (VT, Q7).

I
1914

I
1918

Feldpostbriefe auswerten

Du hast schon gelernt, Textquellen auszuwerten. Eine besondere Form davon sind Feldpostbriefe. Briefe waren für Soldaten die einzige Möglichkeit, während ihrer langen Abwesenheit mit ihren Familien oder Freunden in Kontakt zu bleiben. Seit dem 18. Jahrhundert gab es eigens dafür eingerichtete Poststellen, die Feldpostämter. Feldpostbriefe wurden zwar von den Militärbehörden zensiert, dennoch bilden sie eine wichtige Quelle, um Näheres über die Stimmung an der Front oder in der Heimat zu erfahren.

Q1 Postkarte aus dem Jahr 1915

A: Erläutere, welche Absichten mit der Herstellung solcher Karten verfolgt wurden. Beachte auch, welches Bild vom Krieg hier zum Ausdruck kommt.

Q2 Feldpostbrief eines Soldaten an der Westfront
Der Absender schreibt im Dezember 1915 an seine ehemaligen Arbeitskollegen des Hamburger Staatsarchivs:
Wenn die in der Heimat Zurückgebliebenen so die Zeichnungen u[nd] Briefe sehen, die zum Teil aus der Front kommen, auch von mir, dann müssen sie wohl
5 manchmal denken, daß wir hier ein fröhliches Leben führen. Lassen Sie sich alle gesagt sein, daß sich hinter diesen Äußerungen des Humors u[nd] der Lebenslust oft eine furchtbare Tragik verbirgt.
10 Es liegen sich die Gegner so dicht gegenüber, daß man diesen Stellungskrieg als Würgen bezeichnen kann; und kommen wir aus Lebensgefahr zurück in die einigermaßen sichere Bude, dann tritt
15 bei dem gesunden jungen Menschen der Rückschlag ein: Eben schwebte er in furchtbarer Gefahr – jetzt ringt sein Lebensmut sich siegreich durch u[nd] äußert sich bisweilen in übertriebener
20 Lustigkeit. (...) Wenn die in der Heimat dieses Bild allein sähen, so müßten sie glauben, wir führten ein beschauliches Leben. Nur schade, daß die Krieger nicht nach Hause schreiben, daß bei dem vie-
25 len Regen die Gräben einstürzen und der Dreck über die Stiefel bis an die Hüften geht, schade, daß sie nicht einmal das Geheul einer wenn auch nur kleinen Granate nach Hause schicken kön-
30 nen für diejenigen, die hinterm Biertisch sitzen und in den Kaffeehäusern Reden halten.

Bernd Ulrich/Benjamin Ziemann (Hrsg.), Frontalltag im Ersten Weltkrieg. Wahn und Wirklichkeit, Frankfurt am Main 1994, S. 53.

Beschreiben
Der Soldat schreibt in seinem Brief an seine früheren Arbeitskollegen, dass seine Erlebnisse an der Front völlig anders sind, als man es oft in Feldpostbriefen liest und auf mitgeschickten Fotos sieht. Er beschreibt kurz, wie die Wirklichkeit aussieht. Diese Schilderungen beziehen sich auf die Westfront im Dezember 1915.

Untersuchen
Der Brief wurde zu einer Zeit geschrieben, als die Front im Westen längst erstarrt war. Was der Absender mitteilt, entspricht den Tatsachen, die wir auch aus anderen Augenzeugenberichten und aus historischen Sachbüchern kennen. Als einfacher Soldat war er täglich den Gefahren ausgesetzt und so sind seine Aussagen auch glaubwürdig. An seiner Wortwahl kann man Angst und Entsetzen erkennen, denn er spricht offen von Lebensgefahr und bezeichnet die Kriegsführung als „Würgen". Mit seinem Brief bezweckt der Schreiber sicher, dass zu Hause die Wahrheit über den Krieg bekannt wird. Er glaubt, dass in der Heimat darüber falsche Vorstellungen bestehen. Das wird besonders in den beiden letzten Sätzen deutlich. Zugleich erklärt der Schreiber, warum die Soldaten in ihren Briefen und auf den (gestellten) Fotos mitunter so übermütig wirken: Sie können oft das Grauen nur mit übertriebenem Humor ertragen.

Methodische Arbeitsschritte

1 Beschreiben

Wie bei anderen Textquellen musst du zuerst folgende Fragen beantworten:
- Wann und wo wurde der Brief geschrieben?
- Wer ist der Absender und an wen hat er geschrieben?
- Was teilt der Verfasser in dem Brief mit?

2 Untersuchen

- Finde heraus, in welcher Situation der Brief geschrieben wurde. (Hierfür benötigst du oft Zusatzinformationen, z.B. welchen Verlauf nahm der Krieg zu der Zeit, in der der Brief verfasst wurde.)
- Überlege, was den Verfasser/die Verfasserin veranlasst haben könnte, den Brief zu schreiben.
- Versuche, Näheres über den Verfasser herauszubekommen, z.B. seinen Dienstgrad.
- Unterscheide, bei welchen Aussagen es sich um Tatsachen, bei welchen um Meinungen handelt.
- Finde heraus, welche Gefühle und welches Bild vom Krieg in dem Brief zum Ausdruck kommen. Welche sprachlichen Mittel hat der Verfasser dafür gewählt?

3 Deuten

- Formuliere, welche Wirkung der Brief auf den Empfänger erzielen könnte.
- Erkläre, was der Brief über die Stimmung an der Front oder zu Hause aussagt.
- Überprüfe, ob die Aussagen des Briefes mit der Berichterstattung durch die Militärführung oder durch Regierungsstellen übereinstimmen.
- Versuche zu begründen, warum es möglicherweise Abweichungen, aber auch Übereinstimmungen gibt.
- Stelle Vermutungen darüber an, welchen Sinn der Schreiber in dem Krieg sah.

Deuten

Solche Feldpostbriefe haben zu Hause sicher vielen die Augen geöffnet über die Schrecken dieses Krieges. Vermutlich glaubten sie nun nicht mehr den Berichten über die strahlenden Helden an der Front, die man in den Zeitungen lesen konnte. Andererseits lösten solche Briefe bestimmt auch Angst um die Angehörigen aus. Das könnte auch der [5] Grund dafür gewesen sein, dass viele Soldaten die Wahrheit verschwiegen. Solche Briefe werden sicher auch dazu beigetragen haben, dass sich anfängliche Kriegsbegeisterung in Entsetzen [10] und auch Wut gegen die Regierung umwandelte.

Q3 Feldpostbrief eines Offiziers an der Ostfront

Arthur Graf von der Groeben verfasst [15] den Brief am 25. April 1915 in Sadowa (Galizien):

Lieber Vater!
Auf den Zusammenstoß mit dem Feinde freue ich mich, das darf ich Dir [20] ohne Übertreibung wirklich sagen. Und es übertrifft meine kühnsten Erwartungen, daß ich eine Truppe führen darf. – Gott gebe, daß ich es zum Nutzen unseres Vaterlandes tun werde. Ich hoffe, [25] Euch wiederzusehen mit dem freudigen Gefühl, endlich einmal mich nützlich erwiesen zu haben; sollte ich Euch, Dich und Mutter, nicht wiedersehen können, so hoffe ich, daß ihr meiner denken dürft als eines Mitgliedes unserer Familie, das wenigstens zuletzt ihren Traditionen gefolgt ist. Ich bin in meinem ganzen Leben nie so glücklich gewesen wie jetzt, und ich danke Dir, lieber Vater, und ich danke es auch Mutter, daß ich vor allem an Eurem Beispiel gelernt habe, daß Eure Erziehung mich doch letzten Endes dazu befähigt hat, ein preußischer Soldat und Offizier zu werden. Ich bitte Dich, falls es mir nicht mehr möglich ist, alle Verwandten zu grüßen.

Paul Witkop, Kriegsbriefe gefallener Studenten, München 1928, S. 85.

---

1. Werte den Brief Q3 nach den methodischen Arbeitsschritten aus. Vergleiche das Ergebnis mit der Auswertung des Briefes Q2.

2. Versetze dich in die Lage der Empfänger der Briefe Q2 und Q3. Verfasse jeweils einen Antwortbrief.

3. Diskutiere mit deinen Klassenkameraden und -kameradinnen, warum Kriegsbriefe eine wichtige Quelle sind, aber auch, wo deren Grenzen liegen.

1914　　　　　　　　1918

1918 – „ein Ende mit Schrecken"

Nach der anfänglichen Kriegsbegeisterung sehnten die Menschen das Ende des Krieges herbei. „Besser ein Ende mit Schrecken als ein Schrecken ohne Ende", dachten viele. Wie kam es zu diesem Sinneswandel?

✎ A: Liste Gründe für den Wandel in der Stimmung in Deutschland auf. Halte auf dieser Grundlage eine Rede gegen die Fortführung des Krieges.

Totaler Krieg

Alle Bereiche von Staat, Gesellschaft und Wirtschaft werden in den Krieg einbezogen, um den Sieg zu erringen. Nicht nur der Soldat an der Front, sondern auch die Zivilbevölkerung in der Heimat muss dabei mithelfen.

Sein Leben weihte er dem Vaterland.

Q1 Postkarte, Januar 1918

✎ B: Die Unterschrift „Gefallen" wurde in „Sein Leben weihte er dem Vaterland" geändert. Finde eine Erklärung dafür.

Der Kriegsalltag zu Hause

Mit jedem Tag des Krieges breiteten sich Enttäuschung, Trauer und Not aus. Fast jede Familie hatte den Tod eines oder mehrerer Söhne, des Bruders oder des Ehemanns zu beklagen. Viele Frauen mussten zunehmend anstrengende Tätigkeiten in Rüstungsbetrieben und in anderen „Männerberufen" übernehmen. Kinder sammelten Obstkerne und Kaninchenfelle, Altmetalle und Frauenhaar. Diese Materialien ersetzten wichtige Rohstoffe, die wegen der englischen Blockade nicht mehr eingeführt werden konnten. Seife, Leder und andere Güter des täglichen Bedarfs waren dennoch bald Mangelwaren. Für fehlende Lebensmittel gab es hingegen kaum Ersatz. Viele Menschen hungerten daher seit 1916/17, fast 700 000 starben an Unterernährung.

Dieser totale Krieg zermürbte die Menschen zunehmend. Hinzu kam die Verbitterung über die Regierung, die unwillig und unfähig schien, die ausweglose Lage zu verbessern. Auch auf versprochene politische Reformen hatten die Menschen vergebens gehofft. Seit 1916/17 kam es daher zu immer mehr Massenprotesten nicht nur für Frieden und Brot, sondern auch gegen die bestehende politische Ordnung.

Die Niederlage steht bevor

Nach dem Sieg über Russland wollte die Oberste Heeresleitung im Frühjahr 1918 auch im Westen einen entscheidenden Sieg erringen. Diese neue Offensive war jedoch erfolglos. Seit dem Sommer 1918 mussten sich die deutschen Truppen vor den überlegenen Alliierten immer weiter aus Frankreich und Belgien zurückziehen. Sie waren kriegsmüde und wollten nicht mehr kämpfen. Die Verbündeten, Österreich-Ungarn, Bulgarien und das Osmanische Reich, standen ebenfalls am Rande der Niederlage und baten um Frieden. Ende September forderte die militärische Führung daher die Reichsleitung zum baldigen Abschluss eines Waffenstillstands und zu politischen Reformen auf.

Das Ende des Krieges

Anfang Oktober 1918 wurde die deutsche Regierung umgebildet. Sie nahm Verhandlungen mit den Alliierten über einen Waffenstillstand auf. Der Versuch der Marineführung, die Flotte noch einmal einzusetzen, löste eine Meuterei aus. Die entwickelte sich schnell zu einer Revolution. Am 9. November wurde Deutschland eine Republik. Zwei Tage später unterzeichnete eine deutsche Delegation den Waffenstillstandsvertrag. Der Erste Weltkrieg war zu Ende.

Eine Katastrophe für Europa

Der Erste Weltkrieg war eine Katastrophe für Europa: Das Deutsche Reich hatte 1,8 Millionen, Russland 1,7 Millionen, Frankreich 1,4 Millionen, Österreich-Ungarn 1,2 Millionen und Großbritannien 1 Million tote Soldaten zu beklagen. Mehr als 20 Millionen waren im Laufe der Kämpfe verwundet, teilweise für den Rest ihres Lebens verkrüppelt worden. Große Landstriche waren verwüstet. In Frankreich und Belgien waren allein 350 000 Häuser zerstört. Hinzu kamen die Veränderungen der politischen Landkarte Europas vor allem auf dem Balkan und im Osten. Die großen Kaiserreiche Russland, Deutschland, Österreich-Ungarn sowie das Osmanische Reich waren verschwunden. Neue Nationalstaaten traten an ihre Stelle. Zugleich begann damit aber auch ein Jahrhundert der Instabilität und der Revolutionen. Der Eintritt der USA in den Krieg zeigte zudem, das Europa seine führende Rolle in der Welt verloren hatte.

Q2 Die Spannungen wachsen

Der Chronist eines westfälischen Dorfes berichtet 1916/1917:

Klagebriefe aus der Front ließen die Stimmung sinken. (…) Die politischen Parteien waren sich in den Zielen über
5 das Kriegsende nicht mehr einig. Das wirkte sich ungünstig auch in unserm Dorfe aus. Hie die Kriegsverlängerer, wie der Pfarrer und sein Anhang bezeichnet wurde, dort die Kriegsmü-
10 den, wie man die Anhänger des sofortigen Kriegsendes nannte. Was erreicht werden sollte durch die gewaltsamen Versuche bzw. durch das Friedensangebot, wurde nicht erreicht. Das Jahr ging zuende, ohne daß die Friedensglo-
15 cken erklangen. (…) Die Ausweitung der Kriegsschauplätze ließ bange Ahnungen immer mehr Platz greifen. Die Sehnsucht nach Frieden [wurde] immer deutlicher! Der Pfarrer ging durch
20 die Gemeinde, sprach den Gliedern Mut zu und wünschte Unterschriften, durch die sich die Unterschreibenden gegen einen Frieden ohne Sieg entschieden. Das brachte weitere Spannungen in die
25 Gemeinschaft.

Heinz-Ulrich Kammeier, Der Landkreis Lübbecke und der 1. Weltkrieg. Alltagserfahrungen in einem ländlichen Raum Ostwestfalens, Rahden/ Westf. 1998, S. 264.

Q4 Das Leid in einer Familie

Die 17-jährige Amalie Ebert, Tochter des SPD-Vorsitzenden Friedrich Ebert, schreibt in ihr Tagebuch:

10. Dezember 1916
Weihnachten steht vor der Tür, es wird ein trauriges Weihnachten werden.
Mutter wünscht, wenn nur erst die Fest-
5 tage vorüber wären. Ich wollte heimlich mit Karl einen Baum kaufen und ihn dann Heiligabend in die Stube stellen. Wenn unsere lieben Eltern dann am Weihnachtsmorgen mit traurigen Ge-
10 danken in die Stube treten, wo Jahre hindurch alle ihre Lieben zu dem Fest der Freude und der Liebe vereint waren, um zu beglücken und um beglückt zu werden, dann sollen sie sich an diesem
15 Bäumchen erfreuen. Ich fragte unsere liebe Mutter heute noch einmal, ob sie denn keinen Baum haben möchte, der Baum sei doch gerade das Rührende und Erhebende an dem Fest, da lehnte
20 sie ganz entschieden ab. Mit Tränen in

Q3 Gefallene deutsche Soldaten in einem Schützengraben an der Westfront, ohne Datum

C: Das englische Foto durfte während des Krieges nicht veröffentlicht werden. Suche eine Erklärung dafür.

den Augen antwortete sie mir: Ich will kein Fest. (…)

3. Januar 1917
(…) Weihnachten war niemand von
25 unseren Feldgrauen [Heinrich Ebert, 19, und Georg Ebert, 20 Jahre alt] auf Urlaub. Unsere lieben Eltern haben doch ein Bäumchen gekauft, und es war ganz schön an den Festtagen. Neujahr
30 waren wir auch allein. (…) Um 12 Uhr, als wir draußen Geschrei und Gejohle hörten, unterbrachen wir das [Karten] spiel. Meine Mutter weinte bitterlich, und Vater versuchte sie zu trösten. (…)
35 12. Februar 1917
Nach langer, langer Zeit habe ich in der Schule geweint. An drei Tagen hintereinander. Heinrich ist am 26. [Januar] schwer verwundet worden. Ein Granat-
40 splitter drang in den Rücken und verletzte die Lunge. Nun liegt er so mutterseelenallein in der weiten Ferne, vielleicht bei unsäglichen Schmerzen. Das hat mich so furchtbar bedrückt,
45 daß ich förmlich krank wurde (…).

15. Februar 1917
Heute morgen erhielten wir ein Telegramm. Ich beachtete es gar nicht und legte es fort. Da stand meine Mutter
50 auf. Plötzlich hörte ich einen Schrei; sie hat das Telegramm geöffnet. Unser gu-

ter Heinrich ist gestorben. Ich kann es nicht glauben, ich kann nicht weinen, denn ich begreife das Wort gestorben
55 nicht. Da sehe ich ihn vor mir, wie er so gutmütig lächelt, ich sehe ihn, wie er zum letzten Male mit uns ging und so herzlich froh war. Wenn ich nun denke, er liegt mit gefalteten Händen unter
60 Blumen in seinem Bett, so kann ich mir sein liebes Gesicht nicht vorstellen. Im Geiste sehe ich, wie man den Sarg hinabsenkt in die kahle Erde, aber daß er, der liebste meiner Brüder, darin liegen
65 soll, dieser Gedanke ist zu gewaltig. Ich kann ihn nicht bezwingen. Es rinnen mir die Tränen, aber mein Herz hat sich diesem Geschick noch nicht erschlossen. Noch steht es fern von mir. Warum
70 soll er gestorben sein. Er, der keinem Menschen etwas zuleide getan hat; der so sprühte vor jugendlicher Lebenskraft. Wer weiß, was er sich vorgenommen hatte. (…) Schon lange Wochen
75 freuten wir uns auf die Wiederkehr. Es sollte so schön werden. Wir wollten ihn pflegen und mit Liebe umgeben. Und er selbst schrieb: Liebe Mutter! Es wird schon wieder werden, nur Kopf hoch!

Walter Mühlhausen, Friedrich Ebert und seine Familie. Private Briefe 1909–1924, München 1992, S. 95 ff.

Q5 „Dies alles macht mich völlig hoffnungslos"

Die Frau eines Soldaten bittet 1917 um offizielle Unterstützung:

Meine älteste Tochter Sophie, 15 Jahre alt, ist lungenkrank, muß aber, um nur einigermaßen durchzukommen, mitarbeiten und verdient wöchentlich 9 M.
5 Einen Antrag auf Zuweisung von mehr Fett, Eier und Fleisch für meine Tochter habe ich nicht gestellt, weil ich die Ausgaben hierfür nicht bestreiten kann.
(…) Durch die mangelhafte Ernährung
10 und das unaufhörliche Mitarbeiten trotz meines großen Haushaltes (5 Kinder) bin ich nun vollständig entkräftet und bettlägerig krank und werde auch wohl nie wieder Erwerbsarbeit treiben kön-
15 nen. Meine traurige Lage ermöglicht es nicht, Arzt und Apotheke selbst zu bezahlen. Ferner ist es mir nicht möglich, die gekauften 20 Zentner Kohlen sowie 40 Mark Rest von den gekauften Kar-
20 toffeln bezahlen zu können. Infolge der Schweineseuche mußte ich 2 Schweine schlachten, wovon mir wegen der Hitze ein großer Teil verdorben ist. Mittel zum Ankauf eines neuen Schweins habe ich
25 nicht. Dies alles macht mich völlig hoffnungslos, dazu der stete Gedanke, daß mein Mann immer in Lebensgefahr ist und ein Verschulden unsererseits nicht vorliegt.

Heinz-Ulrich Kammeier, Der Landkreis Lübbecke und der 1. Weltkrieg. Alltagserfahrungen in einem ländlichen Raum Ostwestfalens, Rahden/Westf. 1998, S. 29.

Q7 Friede um jeden Preis

Auszug aus einem Bericht der Postüberwachungsstelle der 6. Armee vom 4. September 1918:

Kriegsmüdigkeit und Gedrücktheit ist allgemein. Die Briefschreiber haben sich mit der nackten Tatsache: „Wir können nicht siegen" abgefunden und
5 knüpfen daran sogar zum Teil die Anschauung, daß Deutschland unterliegen müsse. Eine gewisse Anzahl mahnt wohl zum Durchhalten, und manche Zeilen zeugen neben den vielen Stim-
10 men des Mißmuts und der Unzufriedenheit von Königstreue und unveränderter Liebe zum Vaterlande, das aller Opfer wert sei. Die Ziffer der Briefeschreiber, die dem Vaterland offen den
15 Tod wünschen, ist indes nicht viel geringer. Sie sagen: „Durch etwaige weitere Erfolge Deutschlands könne der Krieg nur verlängert werden, durch eine Niederlage hätten wir den ersehnten Frie-
20 den!" (…) der Mann steht fast durchgehend auf dem Standpunkt: „Ich drücke mich vor der Front, so gut ich kann!"

Bernd Ulrich, Benjamin Ziemann (Hrsg.), Frontalltag im Ersten Weltkrieg. Wahn und Wirklichkeit. Quellen und Dokumente, Frankfurt am Main 1994, S. 203 f.

Q6 Plakat aus dem Jahr 1915

D: Drei Frauen unterhalten sich über das Plakat. Die erste hat fünf Kinder zu ernähren. Die zweite berichtet über die schlechte Ausrüstung der Soldaten. Die dritte hat gerade ihren Sohn an der Front verloren. Spielt diese Szene nach.

Q8 Der sozialdemokratische Reichstagsabgeordnete Gustav Noske spricht Anfang November 1918 in Kiel zu meuternden Matrosen.

✎ E: Berichte darüber wie ein Reporter für eine Sondersendung im Fernsehen. Du hast 90 Sekunden Zeit.

Q9 Ist der Krieg noch zu gewinnen? Oberst von Thaer schreibt nach einem Gespräch mit General Ludendorff vom 1. Oktober 1918 in sein Tagebuch:
Furchtbar und entsetzlich! Es ist so! In der Tat! Als wir versammelt waren, trat Ludendorff in unsere Mitte, sein Gesicht von tiefstem Kummer erfüllt, bleich,
5 aber mit hoch erhobenem Haupt. Eine wahrhaft schöne germanische Heldengestalt! Ich mußte an Siegfried denken mit der tödlichen Wunde im Rücken von Hagens Speer. Er sagte ungefähr
10 Folgendes: Er sei verpflichtet uns zu sagen, daß unsere militärische Lage furchtbar ernst sei. Täglich könne unsere Westfront durchbrochen werden. Er habe darüber in den letzten Tagen
15 S(eine)r M(ajestät) zu berichten gehabt. Zum 1. Mal sei der O(bersten) H(eeres) l(eitung) von S(eine)r M(ajestät) bzw. vom Reichskanzler die Frage vorgelegt worden, was sie und das Heer noch zu
20 leisten im Stande seien. Er habe im Einvernehmen mit dem Generalfeldmarschall geantwortet: „Die O.H.L. und das deutsche Heer seien am Ende; der Krieg sei nicht nur nicht mehr zu gewinnen,
25 vielmehr stehe die endgültige Niederlage wohl unvermeidlich bevor. Bulgarien sei abgefallen. Österreich und die Türkei am Ende ihrer Kräfte, würden wohl bald folgen. Unsere eigene Ar-
30 mee sei leider schon schwer verseucht durch das Gift spartakistisch-sozialistischer Ideen. Auf die Truppen sei kein Verlaß mehr. (…) Er habe sich nie gescheut, von der Truppe Äußerstes zu
35 verlangen. Aber nachdem er jetzt klar erkenne, daß die Fortsetzung des Krieges nutzlos sei, stehe er nun auf dem Standpunkte, daß schnellstens Schluß gemacht werden müsse um nicht noch
40 unnötigerweise gerade noch die tapfersten Leute zu opfern, die noch treu und kampffähig seien. (…) Es sei ein schrecklicher Augenblick für den Feldmarschall und für ihn gewesen, die-
45 ses S(eine)r M(ajestät) und dem Kanzler melden zu müssen. Der Letztere, Graf Hertling, habe in würdiger Weise S(eine)r M(ajestät) erklärt, er müsse daraufhin sofort sein Amt niederle-
50 gen." (…) Exc(ellenz) Ludendorff fügte hinzu: „Zur Zeit haben wir also keinen Kanzler. Wer es wird, steht noch aus. Ich habe aber S(eine) M(ajestät) gebeten, jetzt auch diejenigen Kreise an die
55 Regierung zu bringen, denen wir es in der Hauptsache zu danken haben, daß wir so weit gekommen sind. Wir werden also diese Herren jetzt in die Ministerien einziehen sehen. Die sollen nun
60 den Frieden schließen, der jetzt so geschlossen werden muß. Sie sollen die Suppe jetzt essen, die sie uns eingebrockt haben!"

Siegfried A. Kaehler (Hrsg.), Albrecht v. Thaer, Generalstabsdienst an der Front und in der O.H.L., Göttingen 1958, S. 234 f.

✎ F: Notiere, wen Oberst von Thaer hauptsächlich für die deutsche Kriegsniederlage verantwortlich macht. Schreibe auf der Grundlage deiner Kenntnis des Kriegsverlaufs eine Entgegnung auf seine Behauptung.

---

1. Beschreibe die Auswirkungen des Krieges auf den Alltag der Menschen (VT, Q2, Q4, Q5 und Q7).

2. Untersuche Q1, Q4 und Q5 und erkläre, warum die Propaganda für eine Fortsetzung des Krieges wirkungslos war.

3. Erkläre aus der Sicht eines Soldaten, der begeistert in den Krieg gezogen war, warum sich deine Stimmung gewandelt hat (VT, Q2–Q7).

4. Stelle die Ergebnisse des Ersten Weltkrieges zusammen (VT).

5. Der Krieg wird oft als „Urkatastrophe des 20. Jahrhunderts" bezeichnet. Erläutere diese Einschätzung.

6. Vielerorts wurden nach dem Krieg Denkmäler für die gefallenen Soldaten aufgestellt. Sucht ein solches Denkmal auf und untersucht es mithilfe der methodischen Arbeitsschritte (S. 306).

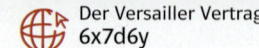
1914   1918

Vertrag von Versailles – Friede mit fatalen Folgen

Eine Belastung ersten Ranges für die junge Weimarer Demokratie stellte der Friedensvertrag von Versailles dar. Zwar zog der Vertrag einen Schlussstrich unter den Ersten Weltkrieg, doch innenpolitisch erwiesen sich die Vertragsbestimmungen als ständiger Anlass für Auseinandersetzungen. Warum war das so?

✎ A: Fasse die wesentlichen Bestimmungen des Versailler Vertrages zusammen und kommentiere die Reaktion der deutschen Bevölkerung auf den Vertrag.

Reparationen
Wiedergutmachung für angerichtete Schäden in Form von Geldzahlungen oder Sachleistungen

Q1 Unterzeichnung des Friedensvertrages von Versailles
Gemälde des Briten William Orpen (Ausschnitt), um 1925
1 Außenminister Hermann Müller (SPD), 2 Verkehrsminister Johannes Bell (Zentrum), 3 US-Präsident Wilson, 4 der französische Ministerpräsident Clemenceau, 5 der britische Premierminister Lloyd George

✎ B: Beschreibe die Szene und suche nach einer Erklärung dafür, warum die Unterzeichnung in diesem französischen Schloss stattfand. Berichte über das Ereignis aus der Sicht eines Deutschen und eines Franzosen.

Der Friedensvertrag von Versailles

Im Januar 1919 trafen sich die alliierten Siegermächte im französischen Versailles, um einen Friedensvertrag auszuarbeiten. Dabei verfolgten sie unterschiedliche Interessen. Während Frankreich seinen Nachbarn Deutschland so weit wie möglich geschwächt sehen wollte, waren Großbritannien und die USA an Stabilität auf dem Kontinent interessiert. Sie fürchteten ansonsten eine Ausweitung des sowjetischen Kommunismus. Gemeinsam verfolgten die Siegerstaaten die Absicht, einen möglichst dauerhaften Frieden zu schaffen. Im Ergebnis führten die Friedensbestimmungen zu einer Schwächung des Deutschen Reiches. Es hatte im Norden, im Osten und im Westen jene Gebiete abzutreten, in denen nationale Minderheiten – Dänen, Polen sowie Elsässer – lebten. Dadurch verlor Deutschland nicht nur einen Teil der Bevölkerung, sondern auch wichtige Anbauflächen, Rohstoffvorkommen und Industriestandorte. Zudem sollte Deutschland auf sämtliche Kolonien verzichten. Die Stärke der Reichswehr dufte nicht mehr als 100 000 Mann im Heer und 15 000 Mann in der Marine betragen. Dem neu gegründeten Völkerbund, der Konflikte in Zukunft friedlich regeln sollte, durfte Deutschland zunächst nicht beitreten.

Hinzu kamen Reparationen für die während der Kämpfe verursachten Schäden. Diesen Schadensersatz sollten die Deutschen in Form von Warenlieferungen leisten: Lokomotiven, Schiffe, Maschinen, aber auch Kohle oder Holz. Außerdem hatte Deutschland eine noch zu bestimmende Summe an Geld zu zahlen. Begründet wurden diese Reparationsforderungen mit dem Artikel 231 des Vertrages: Dieser schrieb fest, dass Deutschland und seine Verbündeten allein am Kriegsausbruch schuld gewesen seien.

Entrüstete Reaktionen in Deutschland

In Deutschland lösten die Bestimmungen einen Sturm der Entrüstung aus. Die Gebietsverluste und die Reparationsforderungen empfand die Bevölkerung als hart und schmachvoll. Vor allem aber der „Kriegsschuldartikel" kränkte das Nationalgefühl vieler Deutscher. Da die Deutschen von den Friedensverhandlungen ausgeschlossen worden waren, betrachteten die meisten den Vertrag als „Diktat". Alle Versuche, dessen Bestimmungen zu ändern, scheiterten. Die deutsche Regierung stand vor der Wahl, den Vertrag anzunehmen oder einen Einmarsch alliierter Truppen zu riskieren. Nach hitzigen Diskussionen unterzeichnete die Regierung am 28. Juni 1919 schließlich den Vertrag.

Nationalitätenprobleme

Ein weiteres wichtiges Ergebnis der Friedensverträge nach dem Ersten Weltkrieg war die Neuordnung Europas. Teils wurden aus der „Erbmasse" einstiger
Großreiche wie Österreich-Ungarn, dem Russischen oder dem Osmanischen
Reich bestehende Staaten wie Italien, Serbien, Griechenland oder Rumänien
vergrößert, teils entstanden andere neu, so Polen, die Tschechoslowakei, Syrien
und der Irak. Die Motive dafür waren vielfältig. So sollten z. B. nationale Minderheiten in ihrer eigentlichen Heimat leben können oder andere wie Polen,
Tschechen und Slowaken endlich einen eigenen Staat erhalten. Was auf den
ersten Blick gerecht schien, brachte bald erhebliche Probleme mit sich, da es in
Ost- und Südosteuropa viele national gemischte Regionen gab. Deshalb lebten
in den neuen Staaten nun andere Minderheiten, z. B. Deutsche, Österreicher
oder Ungarn, Griechen und Türken, die sich ungerecht behandelt fühlten. Nur
in wenigen Fällen konnten sie über ihr Schicksal in Volksabstimmungen selbst
entscheiden. Konflikte zwischen nationalen Minderheiten und neuen Regierungen trugen dazu bei, dass diese Staaten im Innern wenig stabil waren. Zusätzlich ergriffen die „Mutterländer" für ihre jeweiligen Minderheiten Partei.

Der Völkerbund

Der Frieden sollte mithilfe einer internationalen Organisation, dem Völkerbund, dauerhaft gesichert werden. Ihm sollten bei Gründung, mit Ausnahme
der besiegten, alle Nationen beitreten. Seine Satzung sah vor, Konflikte durch
Debatten im Völkerbundsrat, Schiedsverfahren oder Urteile des Internationalen Gerichtshofes beizulegen. Gegen Mitglieder, die Kriege unter Verletzung
der Satzung eröffneten, sollten Sanktionen (= Strafen) verhängt werden. Die
Erwartungen, die in ihn gesetzt wurden, hat der Völkerbund nicht erfüllt. Dafür gab es mehrere Ursachen: So traten die Vereinigten Staaten dem Gremium
nicht bei, Deutschland und die UdSSR wurden erst später Mitglied und Länder wie Frankreich oder Großbritannien verfolgten im Völkerbund vorrangig
ihre eigenen Interessen. Hinzu kam, dass der Völkerbund über keine Mittel
verfügte, die von ihm verhängten Sanktionen durchzusetzen.

Friedensverträge

Völkerrechtlich fand der Erste Weltkrieg
seinen Abschluss in mehreren Friedensverträgen, von denen der Vertrag von
Versailles mit Deutschland nur einer
war. Man nennt sie auch „Pariser Vorort-
verträge". Dazu gehören der Vertrag von
Saint-Germain-en-Laye mit Österreich,
der Vertrag von Trianon mit Ungarn, der
Vertrag von Neuilly-sur-Seine mit Bulgarien und der Vertrag von Sèvres mit
dem Osmanischen Reich.

Näheres zu den Gründen der
USA, den Völkerbundsvertrag nicht zu
ratifizieren, erfährst du auf den Seiten
67 und 70.

C: Erstelle anhand der Karte eine
Liste der abgetretenen Gebiete.

D1 Der Friedensvertrag von Versailles

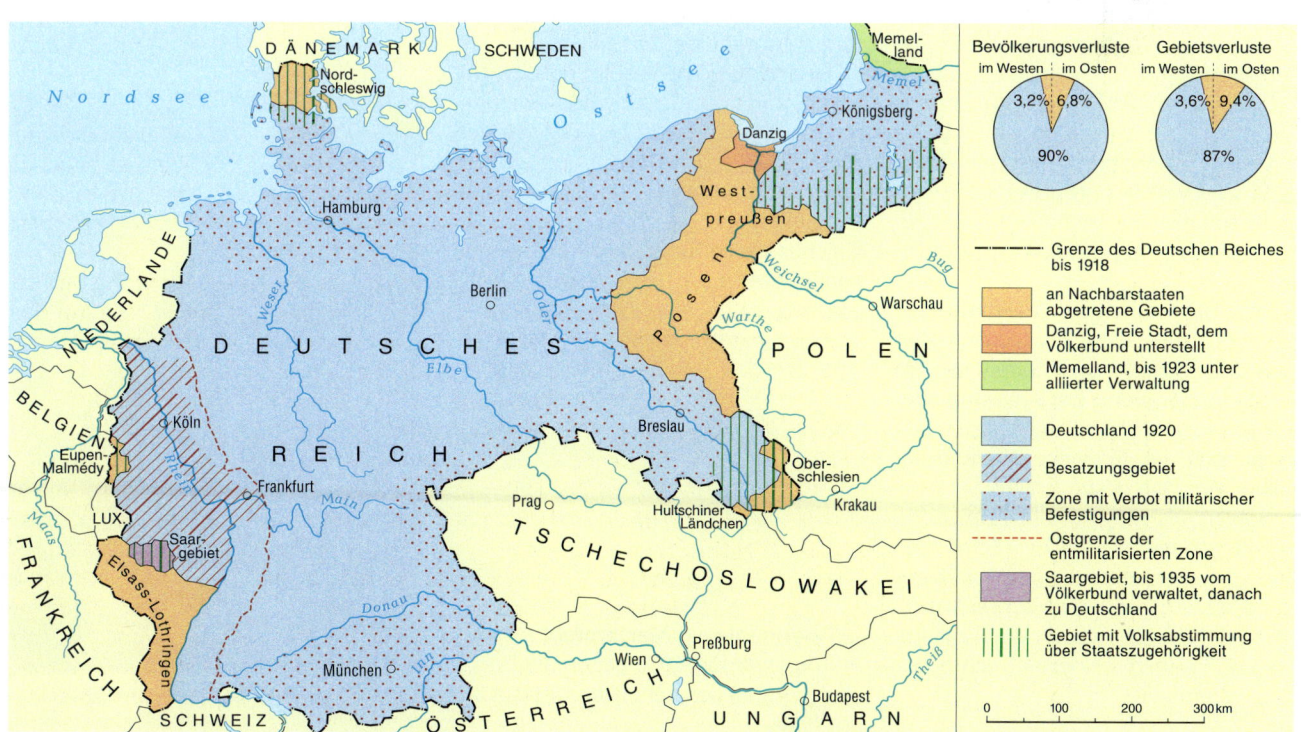

Q2 Das 14-Punkte-Programm

Am 8. Januar 1918 stellt US-Präsident Wilson in einer Rede vor dem Kongress sein Programm für einen dauerhaften Frieden vor:

Wir traten in diesen Krieg ein, da Rechtsverletzungen vorgekommen waren, die uns aufs Tiefste kränkten und unserm Volk das Leben zu einer Unmöglichkeit
5 gestalteten, bevor sie nicht wiedergutgemacht waren und die Welt ein für allemal gegen deren Wiederholung gesichert war. Wir beanspruchten daher in diesem Kriege nichts Besonderes für
10 uns selbst. Die Welt muss nur tauglich und sicher gemacht werden, um in ihr leben zu können; und besonders muss sie für jede friedliebende Nation gleich der unseren sicher gemacht werden,
15 die ihr eigenes Leben zu leben, ihre eigenen Einrichtungen zu bestimmen wünscht. Gerechtigkeit und faires Handeln der anderen Völker der Welt müssen gegen Gewalt und selbstsüchtigen
20 Angriffsgeist gesichert werden. Sämtliche Völker sind in Wahrheit Genossen in diesem Interesse, und wir unsererseits erkennen mit äußerster Klarheit, dass, wenn anderen keine Gerechtig-
25 keit gewährt wird, sie auch uns nicht gewährt werden kann. Das Programm des Weltfriedens ist daher unser Programm, und dieses Programm, das einzig mögliche Programm, wie wir es se-
30 hen, lautet:

1. Öffentliche Friedensverträge, öffentlich beschlossen, nach denen es keine privaten internationalen Abmachungen irgendwelcher Art geben darf. Viel-
35 mehr soll die Diplomatie stets frei sein und vor aller Öffentlichkeit sich abspielen.

2. Absolute Freiheit der Schifffahrt auf der See außerhalb der territorialen
40 Gewässer sowohl im Frieden wie im Kriege, außer wenn die See ganz oder teilweise auf Grund internationalen Vorgehens zur Erzwingung internationaler Verträge gesperrt wird.
45 3. Soweit als möglich die Aufhebung sämtlicher wirtschaftlicher Schranken und die Festsetzung gleichmäßiger Handelsbedingungen zwischen sämtlichen Nationen, die dem Frieden zustim-
50 men und sich zu seiner Aufrechterhaltung vereinigen.

4. Angemessene Garantien, gegeben und genommen, dass die nationalen Rüstungen auf den niedrigsten Grad,
55 der mit der inneren Sicherheit vereinbar ist, herabgesetzt werden. (…)

6. Die Räumung des gesamten russischen Gebietes (…).
60 7. Belgien (…) muss, ohne jeden Versuch, die Souveränität, derer es sich gleich allen anderen freien Nationen erfreut, zu beschränken, geräumt und wiederhergestellt werden. (…)
65 8. Das gesamte französische Gebiet muss befreit und die verwüsteten Teile wiederhergestellt werden. Ebenso müsste das Frankreich durch Preußen 1871 in Sachen Elsass-Lothringen an-
70 getane Unrecht, das den Weltfrieden nahezu fünfzig Jahre bedroht hat, berichtigt werden, um dem Frieden im Interesse aller wieder Sicherheit zu verleihen.
75 (…)

13. Ein unabhängiger polnischer Staat sollte errichtet werden, der die von unbestreitbar polnischer Bevölkerung bewohnten Gebiete umfassen soll, dem
80 ein freier und sicherer Zugang zum Meere gewährleistet werden sollte und dessen politische und ökonomische Unabhängigkeit sowie dessen territoriale Integrität durch internationalen Ver-
85 trag garantiert werden sollen.

14. Eine allgemeine Gesellschaft der Nationen muss auf Grund eines besonderen Bundesvertrages gebildet werden zum Zwecke der Gewährung gegen-
90 seitiger Garantien für politische Unabhängigkeit und territoriale Integrität in gleicher Weise für die großen und kleinen Staaten. (…)

Rüdiger vom Bruch, Deutsche Geschichte in Quellen und Darstellung, Bd. 8, Stuttgart 2000, S. 452–455.

Q3 Demonstranten fordern am 18. Mai 1919 die Verwirklichung des 14-Punkte-Programms Wilsons.

✏ D: Nenne mögliche Gründe dafür, dass entscheidende Teile des 14-Punkte-Programms auf den Friedenskonferenzen nicht umgesetzt wurden. Berücksichtige auch die Entscheidung der OHL zur Frühjahrsoffensive 1918 (S. 24) und den Frieden von Brest-Litowsk (S. 42).

Q4 Germania am Marterpfahl

Propagandapostkarte gegen die Bestimmungen des Versailler Vertrages, um 1920

Q5 Wozu noch das Leben?

Tagebuchaufzeichnung des Berliner Fabrikanten Oskar Münsterberg vom 8. Mai 1919:

Heute ist der schwärzeste Tag des Krieges, die Friedensbedingungen von Versailles! Alle Lebenslust versagt, das Herz stockt. Das „vae victis" [Wehe den Besieg-
5 ten!] in grausamster, brutalster Gestalt verkünden die siegreichen Feinde.

Es scheint, als ob ein Entrinnen vor dem Zusammenbruch unmöglich ist –
10 mit dem Frieden durch die Feinde, ohne Frieden durch den Bolschewismus. Innen und außen lauern die Feinde des Staates. Der lange Krieg hat die tierischen Instinkte des Egoismus bei den Feinden und bei den Proletariern der ei-
15 genen Heimat entfacht.

Wo sind die schönen Reden von Humanität und Recht! Wo sind die Wilsonpunkte, nach deren Anerkennung vom Feind und von uns der Waffenstillstand
20 geschlossen wurde! Soll alles Betrug gewesen sein? Soll jedes Recht und jeder Glaube schwinden?

Das kann nicht das Ende sein. Vorläufig steht es nur auf dem Papier und das
25 Leben geht ruhig weiter, aber langsam, von Jahr zu Jahr steigend, entsprechend dem Aufbrauch der alten Vorräte, wird Sorge und Not einziehen, wird das ganze Volk verarmen und verzweifeln.
30 Nein, das kann noch nicht das Ende des militärisch im Felde unbesiegten Staates sein! Der Bogen ist überspannt, aber woher kommt die Rettung? Welche Wirkung würde die Ablehnung er-
35 zielen? Neue Revolution bei uns oder bei den Anderen. Nirgends scheint ein Lichtstrahl, nur schwarze Wolken! Wozu noch das Leben?

Zit. nach: www.dhm.de/lemo/forum/kollektives_gedaechtnis/035/index.html (13. Februar 2012).

Q6 Abwendung weiteren Leids

Gustav Bauer (SPD), damaliger Präsident des Reichsministeriums und zukünftiger Reichskanzler, in der Debatte der Nationalversammlung über den Friedensvertragsentwurf am 22. Juni 1919:

Die Reichregierung kann es nur zu gut verstehen, wenn angesichts der Frie-
5 densbedingungen unserer Gegner eine helle Empörung den einzelnen wie die Gesamtheit fortreißt, und daß sich diese Empörung Luft machen muß. Aber wenn ich bei der Übernahme meines schweren Amtes eine Bitte aussprechen dart, sie ist es die: lassen Sie
10 Annahme und Ablehnung des Vertrages nicht zur Parteisache werden! (…) Denn die Ablehnung wäre keine Abwendung des Vertrages. (Sehr richtig! bei den Sozialdemokraten.) Ein Nein
15 wäre nur eine kurze Hinausschiebung des Ja. (Sehr richtig! bei den Sozialdemokraten.) Unsere Widerstandskraft ist gebrochen; ein Mittel der Abwendung gibt es nicht. (…)
20 Wenn sie (die Regierung) dennoch unter Vorbehalt unterzeichnet, so betont sie, dass sie der Gewalt weicht, in dem Entschluss, dem unsagbar leidenden deutschen Volk einen neuen Krieg, die
25 Zerreißung seiner nationalen Einheit durch weitere Besetzung deutschen Gebietes, entsetzliche Hungersnot für Frauen und Kinder und unbarmherzige längere Zurückhaltung der Kriegsge-
30 fangenen zu ersparen. (…) Die Regierung der deutschen republik verpflichtet sich, die Deutschland auferlegten
35 Friedensbedingungen zu erfüllen. (…) Die auferlegten Bedingungen übersteigen das Maß dessen, was Deutschland tatsächlich leisten kann.

Zit. nach: www.reichstagsprotokolle.de/Blatt2_wv_bsb00000011_00386.html (8. März 2012)

D2 Ein Kompromiss

Der Versailler Vertrag war ein Kompromiss, urteilt der Historiker Eberhard Kolb (2009):

Bei der Beurteilung des Versailler Vertrags im historischen Rückblick müssen heute vor allem zwei Gesichts-
5 punkte hervorgehoben werden, die im Deutschland der Zwischenkriegszeit angesichts der nahezu einmütigen, emotionsgeladenen Ablehnung des „Diktatfriedens" nicht ausreichend be-
10 rücksichtigt wurden, sehr zum Schaden der deutschen Politik. Erstens: Gewiß ist zuzugeben, daß das Vertragswerk eine extreme Belastung für die junge Demokratie darstellte, und es kann be-
zweifelt werden, ob die Sieger sehr klug
15 handelten, wenn sie die Folgen der Niederlage gerade jenen deutschen Politikern und Parteien aufbürdeten, die sich zu Wilsons Ideen einer Völkerverständigung bekannten. (…) Der Vertrag be-
20 saß tatsächlich einen Kompromißcharakter, er war zwar nicht jener milde „Wilson-Friede", den man in Deutschland erträumt hatte – und den Wilson in dieser Form gar nicht beabsichtigte:
25 „Der ‚Betrug' Wilsons war in Wirklichkeit der Selbstbetrug der Deutschen über den tatsächlichen Ausgang des Krieges"; aber er war auch nicht ein „karthagischer Friede", wie ihn einflußreiche
30 Politiker und große Teile der öffentlichen Meinung in den Siegerstaaten forderten. Zweitens: Trotz des Versailler Vertrags behielt das Deutsche Reich den Status einer europäischen Groß-
35 macht und besaß auf längere Sicht die Möglichkeit, wieder einen aktivem Part in der europäischen Politik zu spielen, sogar mit größerer außenpolitischer Bewegungsfreiheit als vor 1914. (…)

Eberhard Kolb, Die Weimarer Republik, München 2009, S. 36.

---

1. Fasse die Ergebnisse des Versailler Friedensvertrages in einem Lexikonartikel zusammen. Berücksichtige dabei auch die 14 Punkte Wilsons (VT, Q2).

2. Verfasse eine kritische Antwort auf den Tagebucheintrag von Oskar Münsterberg (Q5). Berücksichtige auch den VT sowie Q6 und D2.

3. Veranstaltet ein Rollenspiel: Zwei von euch erhalten die Propagandapostkarte (Q4) zugeschickt und diskutieren darüber aus unterschiedlicher Perspektive.

4. Halte ein Kurzreferat über den Völkerbund. Informiere dich mithilfe von Lexika.

5. Schreibe einen Zeitungsartikel über „nationale Minderheiten" in Europa nach dem Ersten Weltkrieg am Beispiel eines Landes deiner Wahl. Informiere dich dafür im Internet bzw. in historischen Handbüchern.

1914   1918

1. Begriffe und Sachverhalte erklären: der Erste Weltkrieg (Urteilskompetenz)
Übertrage die nebenstehenden Begriffe bzw. Sachverhalte in dein Heft und verfasse dazu jeweils eine kurze Erklärung.

- Vielvölkerstaat
- Unterseebootkrieg
- Versailler Vertrag
- Schlacht um Verdun
- Julikrise
- Neuordnung Europas
- Feldposbrief
- totaler Krieg
- Völkerbund
- englische Blockade
- Weltbrand

2. Einen Aufruf auswerten: Ansprache Wilhelms II. zu Beginn des Ersten Weltkrieges. Diese Ansprache wurde überall im Deutschen Kaiserreich als Anschlag veröffentlicht. (Analysekompetenz, narrative Kompetenz)
Schreibe einen Zeitungskommentar zum Aufruf Q1.

3. Einen Aufruf verfassen: gegen die Fortführung des Krieges (Urteilskompetenz, narrative Kompetenz)
Stell dir vor, du bist als Soldat seit vier Jahren im Krieg und willst, dass dieser zu Ende geht. Verfasse einen Aufruf und begründe, warum die Verantwortlichen den Krieg beenden sollten.

Aufruf an das deutsche Volk!

Seit der Reichsgründung ist es durch 43 Jahre mein und meiner Vorfahren heißes Bemühen gewesen, der Welt den Frieden zu erhalten und im Frieden unsere kraftvolle Entwicklung zu fördern. Aber die Gegner neiden uns den Erfolg unserer Arbeit. Alle offenkundige und heimliche Feindschaft von Ost und West, von jenseits der See, haben wir bisher ertragen im Bewußtsein unserer Verantwortung und Kraft. Nun aber will man uns demütigen. Man verlangt, daß wir mit verschränkten Armen zusehen, wie unsere Feinde sich zu tückischem Ueberfall rüsten. Man will nicht dulden, daß wir in entschlossener Treue zu unserem Bundesgenossen stehen, der um sein Ansehen als Großmacht kämpft und mit dessen Erniedrigung auch unsere Macht und Ehre verloren ist. So muß denn das Schwert entscheiden. Mitten im Frieden überfällt uns der Feind. Darum zu den Waffen! Jedes Schwanken, jedes Zögern würde ein Verrat am Vaterlande sein. Um Sein oder Nichtsein unseres Reiches handelt es sich, das unsere Väter sich neu gründeten, um Sein oder Nichtsein deutscher Macht und deutschen Wesens. Wir werden uns wehren bis zum letzten Hauch von Mann und Roß, und wir werden diesen Kampf bestehen auch gegen eine Welt von Feinden. Noch nie ward Deutschland überwunden, wenn es einig war. Vorwärts mit Gott, der mit uns sein wird, wie er mit unseren Vätern war!

Berlin, Schloß, den 6. August 1914.

(gez.)

Q1 Aufruf Kaiser Wilhelms II. vom 6. August 1914

4. Einen Forschungstext bewerten: (Analysekompetenz, Urteilskompetenz, narrative Kompetenz)
John Röhl setzt sich in D1 damit auseinander, wie der Erste Weltkrieg seiner Ansicht nach hätte vermieden werden können. Schreibe einen Kommentar zu seiner Einschätzung.

D1 Der englische Historiker John Röhl schreibt 1987:
(…) Was hätte geschehen sollen, was gemacht werden können, um die unsäglichen Katastrophen, die ins Haus standen, zu vermeiden? Die Antwort ist zunächst verblüffend, sie lautet: gar nichts. Wenn Deutschland 1914 nicht für den Krieg optiert [= sich entscheiden] hätte, wäre auch kein Krieg gekommen, denn Österreich-Ungarn hätte ihn ohne deutsche Unterstützung bestimmt nicht gewagt, und die drei Entente-Mächte hätten die Mittelmächte weder dann noch in drei Jahren (oder gar noch später) angegriffen. Das deutsche Kaiserreich hätte seinen beispiellosen wirtschaftlichen, wissenschaftlichen und kulturellen Aufstieg fortgesetzt und wäre bald ganz von selbst, ohne Krieg, zur natürlichen Vormacht Europas herangewachsen. (…) Eine Verständigung mit dem englischen Weltreich wäre bis zuletzt zu haben gewesen. Noch im Frühjahr 1912 hatte der englische Verteidigungsminister Lord Haldane in aller Form ein Abkommen mit Deutschland angeboten. Der Preis? Berlin sollte den strategisch ohnehin gänzlich sinnlosen Schlachtflottenbau verlangsamen (nicht einstellen) und zusichern, daß es von sich aus Frankreich oder Rußland nicht angreifen würde. Reichskanzler Bethmann Hollweg, der „verantwortliche Leiter" der deutschen Politik und „erster Berater der Krone", wollte annehmen. Er wurde auch in dieser lebenswichtigen Frage übergangen.

John C. G. Röhl, Kaiser, Hof und Staat. Wilhelm II. und die deutsche Politik, München 1987, S. 14 f.

5. Einen Feldpostbrief auswerten: Post aus der Heimat (Analysekompetenz, Urteilskompetenz, narrative Kompetenz)

Werte den Brief mithilfe der methodischen Arbeitsschritte S. 23 aus. Versetze dich in die Lage der Absenderin, die den Brief zurückbekam, und schreibe einen Tagebucheintrag.

Q2 Feldpostbrief an Georg Ebert, den Sohn des SPD-Vorsitzenden Friedrich Ebert, von seiner Tante
(Der Brief kam zurück mit dem Vermerk „† auf dem Felde der Ehre".)
Heidelberg, 13. Mai 1917
Lieber Georg
Deine liebe Karte v. 4. habe ich gestern erhalten u. sehe daraus, daß Du wirklich in Feindesland bist. es freut mich daß es
5 Dir noch gut geht u. wünsche, daß Du alles gut vorüber bringst, so daß wir zusammen den Frieden in Hdlbg. [Heidelberg] feiern können. Du schreibst von dem schönen Frühling, bei uns ist er
10 auch seit Mai eingezogen u. wie herrlich! ich kann mich an einen so schönen u. herrlichen Frühling, wie diesen gar nicht erinnern, ist er doch so ganz anders wie die anderen, glaube mir, es
15 steckt mehr darin, es ist wie ein Friedensbote. Fritz hat mir gestern auch einen Brief geschickt, er schreibt genau wie Du über das herrliche Frühlingser-
wachen, auch ihm geht es noch gut u.
20 er hofft auch, daß wir ein Wiedersehen in Hdlbg. feiern können. Uns geht es gut, wir sind gesund und munter, Frieda steht jetzt vor dem 2ten Examen u. wird dann jedenfalls von hier wegkommen.
25 Laß es Dir gut gehen und freue Dich auf das schöne Wiedersehen in Heidelberg (…)

Stiftung Reichspräsident-Friedrich-Ebert-Gedenkstätte, Archiv

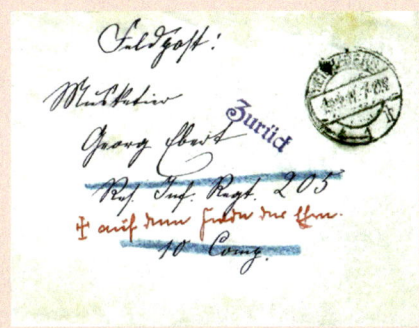

Q3 Deutsches Propagandaplakat aus dem Jahr 1918
Die Aufschrift lautet: „So säh' es aus in deutschen Landen, käm der Franzose an den Rhein".

6. Ein Propagandaplakat auswerten: deutsche Propaganda für die Fortsetzung des Krieges (Analysekompetenz, Urteilskompetenz, narrative Kompetenz)

Wende dabei die Schritte zur Analyse von politischen Plakaten an (S. 87). Überlege, welches Ziel die Regierung verfolgt haben könnte, als sie dieses Plakat Anfang 1918 in Auftrag gab.

mehr Infos zum Kapitel
um4ym6

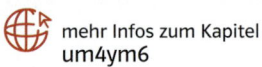

2 Vom Zarenreich zur Weltmacht Sowjetunion

Russland erlebte im Ersten Weltkrieg – im Jahr 1917 – zwei Revolutionen. Die Revolution im Oktober 1917 hat die Geschichte des 20. Jahrhunderts über sieben Jahrzehnte hinweg ganz entscheidend mitbestimmt. Viele glaubten, in Russland beginne eine glückliche und gerechte Zukunft, andere warnten von Anfang an vor einer Diktatur, die das Volk in Elend und Verderben führen werde.

- Was ging den revolutionären Umwälzungen voraus?
- Wie setzten die neuen Machthaber ihren Herrschaftsanspruch durch?
- Was waren die Merkmale des neuen Staates?
- Warum waren viele Menschen von diesem neuen Staat fasziniert?

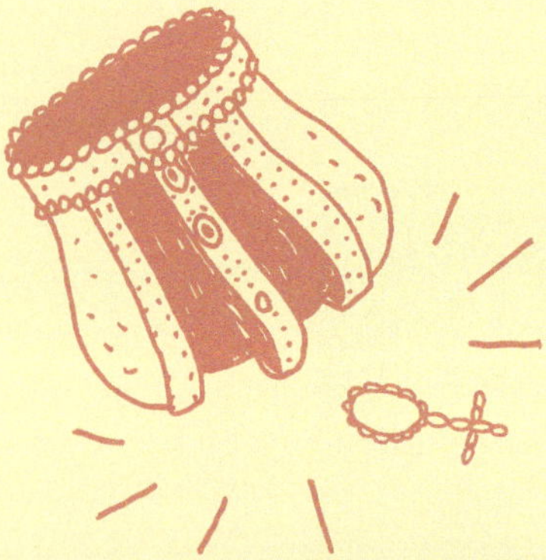

1914–1918
Erster Weltkrieg

März (nach altem Kalender Februar) 1917
Der Zar dankt ab.

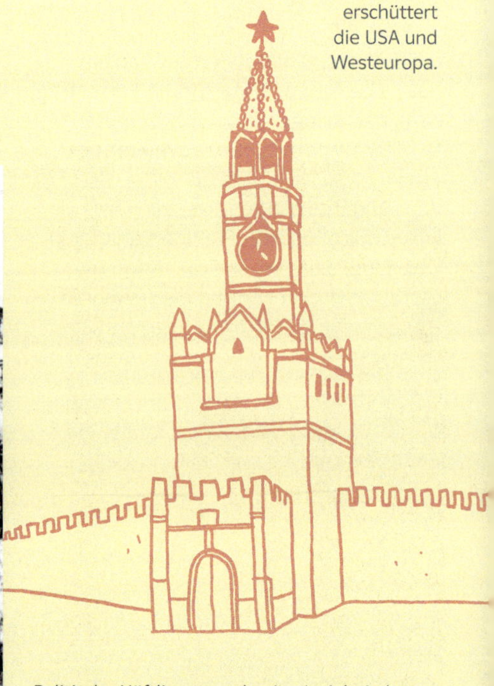

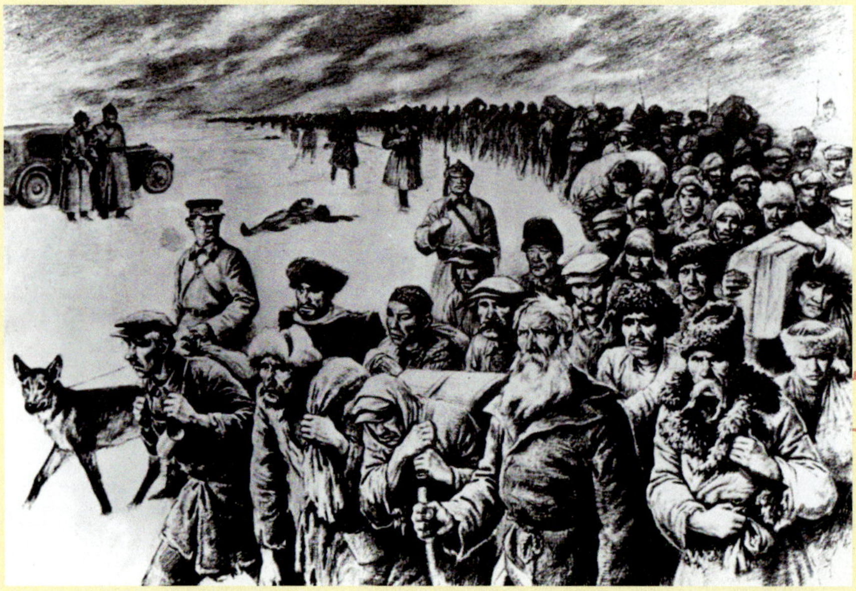

November (nach altem Kalender Oktober) 1917
Die Bolschewiki übernehmen die Macht.

1918–1921
Bürgerkrieg

Dezember 1922
Gründung der UdSSR

18. Januar 1924
Lenin stirbt, Stalin übernimmt die Macht.

1928
Der erste Fünfjahresplan tritt in Kraft.

1929
Die Weltwirtschaftskrise erschüttert die USA und Westeuropa.

Politische Häftlinge werden in ein Arbeitslager gebracht. Zeichnung von Serge Korolkoff, der selbst Gefangener war

Die Sowjetunion 1922

0   500   1000 km

— Grenze der UdSSR

Russische Föderative Sozialistische Sowjetrepublik (RSFSR)

in die RSFSR eingegliederte Gebiete

Gebiet der Transkaukasischen SFSR

1 Georgische SSR
2 Armenische SSR
3 Aserbaidshanische SSR
4 Abchasische ASSR
5 Adsharische ASSR
6 Südossetisches AG
7 AG Nachitschewan

8 ASSR Krim
9 AG der Tscherkessen (Adyke)
10 AG der Karatschai-Tscherkessen
11 AG der Kabardiner-Balkaren
12 ASSR Bergrepublik
13 AG der Tschetschenen
14 Dagestanische ASSR
15 AG der Kalmyken
16 AK der Wolgadeutschen
17 AG der Tschuwaschen
18 AG der Mari
19 AG der Wotjaken
20 Tatarische ASSR
21 Baschkirische ASSR
22 AG der Burjat-Mongolen (Fernost)
23 AG der Burjat-Mongolen (Sibirien)

AK   = Arbeitskommune
AG   = Autonomes Gebiet
ASSR = Autonome Sozialistische Sowjetrepublik
SSR = Sozialistische Sowjetrepublik
SV   = Sozialistische Volksrepublik

1930   **1940**   **1950**

1930er-Jahre
Stalin auf dem Höhepunkt seiner Macht

1939
Abschluss des Hitler-Stalin-Paktes

1936–1938
Moskauer Schauprozesse

1941–1945
Die UdSSR kämpft im Zweiten Weltkrieg gegen Deutschland.

5. März 1953
Tod Stalins

Biologieunterricht in einer zweiten Klasse einer Moskauer Schule, Foto von Michail Gratschow, 1930er-Jahre

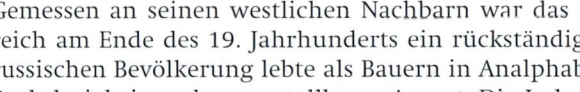

1917   1953

Das Ende der Zarenherrschaft

Russland befand sich 1917 im vierten Kriegsjahr. Die anfängliche Kriegsbegeisterung war nach militärischen Misserfolgen und dem Tod von Millionen Bauernsöhnen rasch verflogen. Unruhen und Proteste gegen die Zarenherrschaft nahmen immer größere Ausmaße an. War eine Revolution noch aufzuhalten?

A: Stell dir vor, du bist 1905 Berater des Zaren. Schreibe auf, was du ihm empfiehlst, um die Zarenherrschaft zu festigen. Warne ihn auch vor möglichen Folgen, wenn er deine Ratschläge nicht befolgt.

Russland – ein Agrarstaat

Gemessen an seinen westlichen Nachbarn war das riesige russische Zarenreich am Ende des 19. Jahrhunderts ein rückständiger Staat. Die Masse der russischen Bevölkerung lebte als Bauern in Analphabetentum, Aberglauben, Rechtlosigkeit und unvorstellbarer Armut. Die Industrialisierung steckte in den Anfängen, war mit ausländischen Krediten finanziert und beschränkte sich vor allem auf die beiden Städte Petersburg und Moskau. Dort bildeten sich demzufolge auch eine Arbeiterschaft und ein liberales Bürgertum heraus.

Erschütterungen der Zarenherrschaft

Fortschrittliche Adelige, Studenten und Bürger forderten seit der zweiten Hälfte des 19. Jahrhunderts die Einschränkung der Zarenmacht durch ein gewähltes Parlament und demokratische Rechte für das Volk. Die Herrscher ließen alle Gegner verfolgen und meistens in die Verbannung nach Sibirien schicken. Im Jahr 1905 machten in Petersburg 140 000 Arbeiter, Frauen und Kinder in einer friedlichen Demonstration auf ihre Armut und Rechtlosigkeit aufmerksam. Als das Militär auf die unbewaffnete Menge schoss, folgten landesweit Streiks und Aufstände. Der Zar versuchte durch Reformversprechen weitere Proteste zu unterdrücken. Er gestand bürgerliche Grundrechte und -freiheiten zu, erlaubte politische Parteien und versprach die Wahl eines Parlaments. Die Umsetzung erfolgte aber nur schleppend und halbherzig.

Februarrevolution

Der Name leitet sich von dem in Russland bis Februar 1918 gültigen julianischen Kalender ab. Er blieb um 13 Tage hinter dem im übrigen Europa geltenden gregorianischen Kalender zurück. Nach dem julianischen Kalender brach die Revolution am 23. Februar aus, nach dem gregorianischen am 8. März.

Duma

Bezeichnung für das russische Parlament. Die erste Duma wurde 1906 gewählt.

Die **Februarrevolution** 1917

In den Kriegsjahren wuchs die Unzufriedenheit. Engpässe traten nicht nur in der Industrie, sondern vor allem bei der Versorgung der Zivilbevölkerung mit Lebensmitteln und Gütern des täglichen Bedarfs auf. Auch in der Duma stieg der Unmut und die Mehrheit der Abgeordneten schloss sich 1915 parteiübergreifend zusammen und forderte weitgehende Veränderungen im politischen System. Streiks und Demonstrationen griffen von der Hauptstadt Petrograd auf das ganze Land über. Im Februar 1917 befanden sich 200 000 Arbeiter im Ausstand. Als sich die Soldaten weigerten, auf die Aufständischen zu schießen, und zu ihnen überliefen, war das Ende der Zarenherrschaft gekommen. Am 2. März 1917 unterzeichnete Zar Nikolaus II. die Abdankungsurkunde. Russland war Republik geworden.

Q1 Die Verhaftung des Propagandisten
Gemälde von Ilja Repin, 1878,
Tretjakow-Galerie Moskau

B: Beschreibe mithilfe des Textes die dargestellte Szene. Formuliere, was die Hauptpersonen sagen und wie sich die Umstehenden äußern.

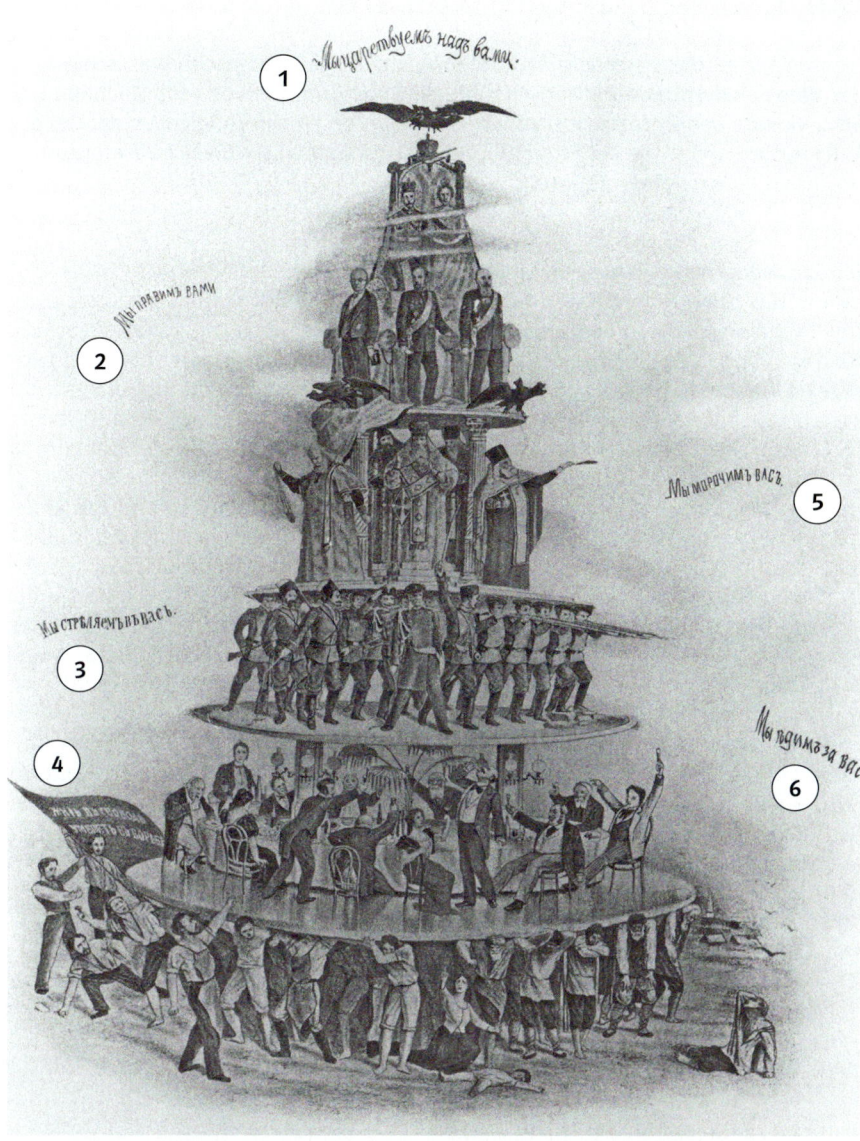

Мандаствуемъ надъ вами.

Мы правимъ вами

Мы стрѣляемъ въ насъ.

Мы морочимъ васъ.

Мы ѣдимъ за вас

Q3 Kann der Staat gerettet werden?

Sergei J. Graf Witte war zunächst Finanzminister und 1905/06 russischer Ministerpräsident. Aus dem Bericht an den Zaren vom 22. Oktober 1905:

Die momentane Freiheitsbewegung ist nicht neueren Datums. Sie wurzelt in Jahrhunderten russischer Geschichte.
(…) „Freiheit" muß ein Schlagwort der
5 Regierung werden. Es gibt keine andere Möglichkeit für die Rettung des Staates. Der Marsch des Fortschritts in der Geschichte läßt sich nicht aufhalten. Der Gedanke bürgerlicher Frei-
10 heit wird siegen – wenn nicht durch Reformen, dann durch eine Revolution. Sollte letzterer Fall eintreten, so würde der Traum von der Freiheit nur aus der Asche der zerstörten tausendjährigen
15 russischen Vergangenheit emporsteigen können. (…) Die Greuel dieser russischen Insurrektion (= Aufstand) werden möglicherweise alles bisher in der Geschichte Bekannte übersteigen.
20 Eine eventuelle Intervention von außen könnte das Land zerstückeln. (…) Der Versuch, die Ideale eines theoretischen Sozialismus zu verwirklichen – (es wird ihnen nicht gelingen, aber der
25 Versuch wird gemacht werden) – wird die Familie zerstören, die Kirche und die Grundlage aller Rechtsbegriffe vernichten. Die Regierung muß bereit sein, nach konstitutionellen Richtlinien vor-
30 zugehen. Die Regierung muß sich aufrichtig und offen für das Wohl des Landes einsetzen und darf nicht versuchen, die eine oder die andere Art der Regierung vorzuziehen. Entweder muß sich
35 die Regierung an die Spitze der Bewegung, die das Land ergriffen hat, stellen, oder sie muß es den elementaren Kräften, die es in Stücke reißen werden, überlassen.

Wolfgang Lautemann/Manfred Schlenke (Hrsg.), Geschichte in Quellen, Bd. 5, München 1980, S. 670.

Q2 Russlands Gesellschaft

Im Ausland veröffentlichtes Flugblatt der „Union russischer Sozialisten", um 1900
(1) Wir herrschen über euch. (2) Wir lenken euch. (3) Wir schießen auf euch. (4) Leben in Freiheit – Sterben im Kampf. (5) Wir streuen euch Sand in die Augen. (6) Wir essen für euch.
Die hier nicht lesbare Unterzeile des Flugblatts lautet: „Es wird eine Zeit kommen, wo das Volk sich erheben wird, und es wird seine Ausbeuter auseinanderjagen."

✎ C: Erläutere mithilfe des Flugblatts die gesellschaftliche Situation im russischen Zarenreich.

◎ Du kannst zur Lösung auch die CD-ROM benutzen.

1. Stelle die Maßnahmen zusammen, die nach Auffassung des russischen Ministerpräsidenten das Land vor einer Revolution bewahren könnten (Q3).

2. Beurteile die Chancen auf Umsetzung der Forderungen aus Q3 vor dem Hintergrund der in Q2 dargestellten gesellschaftlichen Situation.

1917   1953

Die bolschewistische Oktoberrevolution

Als im Februar das verhasste Zarenregime hinweggefegt worden war, schien der Weg zu einer parlamentarischen Regierungsform offen zu sein. Doch nur acht Monate später folgte eine weitere Revolution. Warum? Reichten der Bevölkerung die Ergebnisse der Februarrevolution nicht aus? Und welche Resultate brachte die Oktoberrevolution?

✎ **A:** Zeichne eine Zeitleiste unter der Überschrift „Von der Februar- zur Oktoberrevolution" in dein Heft. Beurteile abschließend, was die revolutionären Ereignisse hinsichtlich einer Demokratisierung Russlands gebracht hatten.

Die Provisorische Regierung und ihre ersten Maßnahmen

Einen Tag nach der Abdankung des Zaren bildete die Duma eine zehnköpfige Provisorische Regierung. Fast alle Minister entstammten dem bürgerlich-liberalen Flügel der Duma. Die neue Regierung verkündete bürgerliche Grundrechte wie Rede-, Presse-, Vereins- und Versammlungsfreiheit. Sie schaffte die zaristische Polizei ab, gewährte das Streikrecht und ließ politische Gefangene frei. Aber sie fühlte sich nicht dazu berechtigt, eine bestimmte Staatsform einzuführen oder eine tief greifende Boden- und Wirtschaftsreform vorzunehmen. Nach ihren demokratischen Vorstellungen durfte solche Entscheidungen nur eine frei gewählte verfassunggebende Versammlung fällen. Deswegen sollten möglichst bald Wahlen durchgeführt werden. Die Provisorische Regierung entschied auch, die Kämpfe im Ersten Weltkrieg an der Seite der Westalliierten fortzusetzen, obwohl die Mehrheit der russischen Bevölkerung des Krieges überdrüssig war. Damit blieben auch all die Versorgungsprobleme bestehen, die bereits zum Sturz des Zaren geführt hatten.

Eine Doppelherrschaft bildet sich heraus

Neben der Provisorischen Regierung bildeten sich überall im Land sogenannte Sowjets als Interessenvertreter der Arbeiter, Soldaten und Bauern heraus. Die Regierung tolerierte sie, denn sie wusste, dass sie nicht ohne die Zustimmung der revolutionären Massen bestehen konnte. Überregionale Bedeutung kam dem Petrograder Sowjet zu, der die Rolle einer zentralen Vertretung aller Sowjets übernahm und sich so zum Gegenspieler der Regierung entwickelte. Die Sowjets vertraten die Forderungen nach der sofortigen Beendigung des Krieges und einer Bodenreform durch Enteignung der Großgrundbesitzer.

Sowjet
(russisch: Rat)
Die Abgeordneten der Sowjets wurden meist in offener Abstimmung gewählt. Sie waren der Versammlung, die sie entsendet hatte, verantwortlich und konnten jederzeit wieder abberufen werden.

Q1 Versammlung patriotischer Invaliden im Taurischen Palast in Petrograd
Foto, 16. April 1917
Auf der Versammlung wird die Fortsetzung des Krieges gefordert. Auf dem Plakat ganz links ist die Parole „Nieder mit Lenin" zu lesen.

✎ **B:** Die Teilnehmer der Versammlung scheinen einer Rede zuzuhören. Versetze dich in die Lage des Redners und verfasse einen entsprechenden Text.

Q2 Lenin bei seiner Ankunft aus dem Schweizer Exil in Petrograd am 3. April 1917

C: Nikolai, ein Anhänger Lenins, hat seinen Freund Boris zu Lenins Empfang mitgenommen. Nikolai sagt begeistert: „Du wirst sehen, jetzt wird alles besser …" Boris ist eher skeptisch. Schreibe ein solches Gespräch auf.

Die Bolschewiki greifen ein

In dieser Situation kehrte der Revolutionär Wladimir Iljitsch Uljanow, genannt Lenin, aus seinem Schweizer Exil nach Russland zurück. Er war der führende Kopf der Bolschewiki, einer kleinen, straff organisierten Partei von Berufsrevolutionären. Sie verfolgte im Gegensatz zu den Menschewiki das Ziel, auf revolutionärem Wege eine sozialistische Wirtschafts- und Gesellschaftsordnung einzuführen. Wachsende Versorgungsschwierigkeiten, Niederlagen an der Front und der damit verbundene Autoritätsverlust der Provisorischen Regierung verhalfen den Bolschewiki zu größerem Zulauf. Seit September 1917 hatten die Bolschewiki im Moskauer und Petrograder Sowjet die Mehrheit hinter sich.

Die Oktoberrevolution

Das war für Lenin das Signal, die Machtfrage ein für alle Mal zu Gunsten der Bolschewiki zu klären. In der Nacht zum 6. November 1917 (nach dem julianischen Kalender 25. Oktober) putschten bewaffnete bolschewistische Arbeiter, besetzten die wichtigen Punkte in der Hauptstadt und verhafteten die Provisorische Regierung. Die Regierungsgewalt übernahm der „Rat der Volkskommissare", dem Lenin vorstand. Dieser Rat erließ sogleich ein Dekret, das den Krieg beenden sollte, sowie ein Dekret über die Enteignung der Großgrundbesitzer und die Verteilung von Grund und Boden an die Bauern, das zugleich alle bereits vollzogenen Enteignungen legalisierte. Es folgte das Versprechen, in den Fabriken die „Arbeiterkontrolle" einzuführen und alle Völker Russlands gleichzustellen.

Auflösung der verfassunggebenden Versammlung

Im November wurde eine verfassunggebende Versammlung gewählt. Die Bolschewiki errangen dabei nur ein knappes Viertel der Sitze. Am 18. Januar 1918 trat das Parlament zusammen. Doch schon am darauffolgenden Tag trieben bewaffnete Bolschewiki die Versammlung gewaltsam auseinander, ohne dass sich im Lande breiter Protest erhob. Mit den Dekreten über den Frieden sowie über Grund und Boden hatten die Bolschewiki wichtige Forderungen der Arbeiter, Bauern und Soldaten erfüllt. Viele befürchteten, dass ein Nationalparlament diese Errungenschaften zurücknehmen könnte.

Bolschewiki, Menschewiki
(russisch „bolschinstwo" = die Mehrheit; „menschinstwo" = die Minderheit)
Die Parteien gingen aus der Russischen Sozialdemokratischen Arbeiterpartei hervor. Auf einem Parteitag 1903 spaltete sich die Partei in die radikalen Bolschewiki und die Menschewiki, die auf Reformen und demokratische Umgestaltung setzten. Dabei waren die Radikalen knapp in der Mehrheit.

Q3 „Der Bolschewik"
Gemälde von Boris M. Kustodjew, 1920, 141 × 101 cm, Tretjakow-Galerie Moskau

D: Deute, wie der Künstler die Machtergreifung der Bolschewiki interpretiert.

Q4 Die Kriegsfrage
Aus einer Proklamation der Provisorischen Regierung vom 6. März 1917:
Die Regierung wird alle Anstrengungen machen, unsere Armee mit allem Nötigen zu versorgen, um den Krieg zu einem siegreichen Ende zu bringen. Die
5 Regierung wird die Bündnisse, die uns mit anderen Mächten verbinden, als geheiligt ansehen und unerschütterlich die mit den Alliierten getroffenen Vereinbarungen ausführen.

Horst Linke, Die russischen Revolutionen 1905/1917. Zusammenbruch der zaristischen Herrschaft und Machtergreifung der Bolschewiki, Stuttgart 1991, S. 58.

Q5 Die Landfrage
Aus einer Proklamation der Provisorischen Regierung vom 19. März 1917:
Das erste und dringlichste Problem ist die Landfrage. (…) Es gibt keinen Zweifel, daß sie auf die Tagesordnung der Konstituierenden Versammlung
5 gesetzt wird. Die Landfrage kann nicht durch willkürliche Inbesitznahme gelöst werden. Gewalt und Raub sind die schlimmsten und gefährlichsten Mittel im Bereich der ökonomischen Be-
10 ziehungen.

Horst Linke, Die russischen Revolutionen 1905/1917. Zusammenbruch der zaristischen Herrschaft und Machtergreifung der Bolschewiki, Stuttgart 1991, S. 58.

Q6 Das Vorgehen der Bolschewiki
Am 7. April 1917 veröffentlicht Lenin in der Zeitung „Prawda" („Die Wahrheit") seine Vorstellungen von der Machtübernahme. Dieser Text wird unter der Bezeichnung „Aprilthesen" bekannt:
1. In unserer Stellung zum Krieg (…) sind auch die geringsten Zugeständnisse an die „revolutionäre Vaterlandsverteidigung" unzulässig. (…)
5 2. Die Eigenart der gegenwärtigen Lage in Rußland besteht im Übergang von der ersten Etappe der Revolution, die (…) der Bourgeoisie die Macht gab, zur zweiten Etappe der Revolution, die
10 die Macht in die Hände des Proletariats und der ärmsten Schichten des Bauerntums legen muß. (…)
3. Keinerlei Unterstützung der Provisorischen Regierung (…).

Q7 Wladimir Iljitsch Lenin
Geboren 1870 in Simbirsk, gestorben 1924 in Gorki bei Moskau
Er wandte sich revolutionären Ideen zu, nachdem sein Bruder 1887 wegen eines auf den Zaren geplanten Attentats hingerichtet worden war.

15 5. Keine parlamentarische Republik (…) sondern eine Republik der Sowjets (…) im ganzen Lande, von unten bis oben. Abschaffung der Polizei, der Armee und der Beamtenschaft. Entlohnung aller
20 Beamten, die durchweg wählbar und jederzeit absetzbar sein müssen, nicht über den Durchschnittslohn eines guten Arbeiters hinaus.
6. (…) Im Agrarprogramm (…) Konfis-
25 kation (Beschlagnahmung) aller Gutsbesitzerländereien. Nationalisierung des gesamten Bodens im Lande; die Verfügungsgewalt über den Boden liegt in den Händen der örtlichen Sowjets der
30 Landarbeiter und Bauerndeputierten.

Wladimir Iljitsch Lenin, Werke, Band 24, Berlin 1959, S. 1 ff.

Q8 Demokratie oder Diktatur des Proletariats?
Lenin über die Methode der Machtergreifung durch das Proletariat:
Nur Schufte und Idioten können sich einbilden, daß das Proletariat erst die Majorität haben muß durch Wahlen, die unter dem Bourgeoisie-Joch statt-
5 finden, unter dem Joch der Lohnsklaverei, und nur dann versuchen kann, die Macht an sich zu reißen. (…) Nachdem das Proletariat genügend starke politische und militärische „Stoßtruppen"
10 gesammelt hat, muß es die Bourgeoisie stürzen und ihr die Staatsgewalt entreißen, um sie ihren eigenen Klasseninteressen dienstbar zu machen. Die Opportunisten reden dem Volk ein, daß es
15 zuerst eine Majorität gewinnen müsse mit Hilfe des allgemeinen Wahlrechts; nachdem es diese Majorität gewonnen habe, müsse es die Staatsgewalt übernehmen und schließlich auf Grund die-
20 ser „folgerechten" (oder „reinen", wie man heutzutage sagt) Demokratie sich anschicken den Sozialismus zu organisieren. Wir dagegen behaupten, daß das Proletariat erst die Bourgeoisie
25 stürzen und die Macht an sich reißen und dann die Macht, das heißt die Diktatur des Proletariats als Instrument seiner Klasse so gebrauchen muß, daß es die Sympathie der Majorität der
30 Werktätigen für sich gewinnt.

Wolfgang Lautemann/Manfred Schlenke (Hrsg.), Geschichte in Quellen, Weltkriege und Revolutionen 1914-1945, München, 3. Aufl. 1979, S. 85 f.

◎ Mit dieser Quelle kannst du auch auf der CD-ROM arbeiten.

Q9 Sowjetrepublik oder bürgerlicher Parlamentarismus?
Aus dem Dekret über die Auflösung der Konstituierenden Versammlung, 19. Januar 1918:
Die Russische Revolution hat von ihrem Anbeginn an die Sowjets der Arbeiter, Soldaten und Bauerndeputier-
5 ten geschaffen als Massenorganisation aller werktätigen und ausgebeuteten Klassen, als die Organisation, die allein imstande ist, den Kampf dieser Klassen für ihre völlige politische (…) und
10 wirtschaftliche Befreiung zu leiten. Im Laufe der ganzen ersten Periode der Russischen Revolution mehrten sich die Sowjets, wuchsen und erstarkten, überwanden auf Grund der eigenen Er-
15 fahrungen die Illusionen des Paktierens mit der Bourgeoisie, erkannten, daß die Formen des bürgerlich demokratischen Parlamentarismus trügerisch sind, und zogen praktisch die Schlußfolgerung,
20 daß die Befreiung der unterdrückten Klassen unmöglich ist ohne den Bruch mit diesen Formen und mit allen Kompromissen. Ein solcher Bruch war die Oktoberrevolution, die die ganze Macht
25 in die Hände der Sowjets legte. Die Konstituierende Versammlung, gewählt auf Grund von Kandidatenlisten, die vor der Oktoberrevolution aufgestellt worden waren, brachte das alte politische Kräfteverhältnis zum Aus-
30 druck. (…) Die werktätigen Klassen mußten sich auf Grund der eigenen Erfahrung davon überzeugen, daß (…) nur Klasseninstitutionen (wie es die Sowjets sind) imstande sind, den Wi-
35 derstand der besitzenden Klassen zu brechen und das Fundament der sozialistischen Gesellschaft zu legen.
Jeder Verzicht auf die uneingeschränkte Macht der Sowjets, auf die vom Volke
40 eroberte Sowjetrepublik zugunsten des bürgerlichen Parlamentarismus und der Konstituierenden Versammlung wäre jetzt ein Schritt rückwärts, würde den Zusammenbruch der gan-
45 zen Oktoberrevolution der Arbeiter und Bauern bedeuten. (…) Die Konstituierende Versammlung wird aufgelöst.

Helmut Altrichter (Hrsg.), Die Sowjetunion. Von der Oktoberrevolution bis zu Stalins Tod, Bd. 1, München 1986, S. 29 ff.

---

1. Stelle die politischen Ziele und das Vorgehen der Provisorischen Regierung und der Bolschewiki gegenüber (Q4–Q6, Q8, Q9, VT).

2. Schreibe eine Gegenargumentation zu Lenins Behauptung, dass nur „Schufte und Idioten" fordern, das Proletariat müsse zunächst die Mehrheit durch Wahlen erringen (Q8).

3. Erläutere, warum die Bolschewiki die verfassunggebende Versammlung auflösten (Q9).

1917   1953

Die Parteidiktatur der Bolschewisten

Nachdem die radikale Minderheit der Bolschewiki unter Lenins Führung die Macht an sich gerissen hatte, war noch keineswegs sicher, ob sich die neue Regierung lange an der Macht halten würde. Wie gelang es den Bolschewiki, ihre Gegner auszuschalten und ihre Macht auszubauen?

✎ **A:** Trage in eine Tabelle ein, mit welchen Maßnahmen die Bolschewiki ihre Macht ausbauten. Unterscheide nach politischen, militärischen und wirtschaftlichen Maßnahmen.

Festigung der Macht

Um ihre Macht abzusichern, wurde auf Lenins Geheiß Anfang Dezember 1917 eine politische Geheimpolizei, die Tscheka, gegründet, die sich zum wichtigsten Instrument des bolschewistischen Terrors und der Unterdrückung entwickelte. Die Tscheka hatte weitgehend freie Hand für unkontrollierte Verhaftungen und Erschießungen und unterhielt eigene Gefängnisse und Konzentrationslager. Bis 1922 sollen ihr eine Viertelmillion Menschen zum Opfer gefallen sein. Ein Kommando der Tscheka ermordete im Juli 1918 bei Jekaterinenburg den ehemaligen Zaren und seine gesamte Familie.

Weil sich die Bolschewisten nicht sicher waren, wie lange sie im Petersburger Sowjet die Mehrheit behalten würden, entzog sich der Rat der Volkskommissare der Kontrolle dieser Versammlung: Im März 1918 verlegten die Bolschewiki den Regierungssitz nach Moskau, während der Sowjet weiterhin in Petersburg zusammentrat. Ein weiterer Schritt zur Ausschaltung jeglicher innerparteilicher Opposition war das im März 1921 erlassene Verbot, innerhalb der Partei eine andere Meinung als die der Parteiführung zu vertreten.

Der Bürgerkrieg

Ihr Friedensversprechen lösten die Bolschewisten ein. Am 3. März 1918 schlossen sie in Brest-Litowsk mit den Mittelmächten unter Führung Deutschlands einen Frieden, in dem sie große Gebietsverluste akzeptierten. Gleichzeitig wurden die Streitkräfte umgebildet und in „Rote Armee" umbenannt. Zarentreue Offiziere wurden entfernt. Die Armee diente nun den Bolschewisten zum Schutz gegen innere und äußere Gegner. Bald nach der Machtübernahme Lenins schlossen sich die Gegner der Bolschewisten zur sogenannten „Weißen Armee" zusammen. Es kam zu einem mehrjährigen und von beiden Seiten erbittert geführtem Bürgerkrieg. Obwohl die „Weiße Armee" zeitweise von den Ententemächten unterstützt wurde, siegte 1921 die Rote Armee über die Regierungsgegner. Entscheidend für den Ausgang des Bürgerkrieges war die Haltung der russischen Bauern. Die Revolution hatte ihren uralten Traum vom eigenen Stück Land verwirklicht und die meisten fürchteten eine Rückkehr der alten Gutsbesitzer mehr als die Herrschaft der Bolschewisten.

Q1 „Mein Sohn! Geh und rette die Heimat!"
Plakat eines unbekannten Künstlers, 1920, 57 × 43,5 cm

✎ **B:** Untersuche, welche Mittel der Künstler einsetzt, um die Männer für die Rote Armee zu gewinnen.

Q2 „Das Ende – Lenin und Trotzki wieder ins Exil?"
Die hier nicht sichtbare Unterschrift lautet: „Es wird Zeit, dass wir uns in Sicherheit bringen, bevor sie uns noch unsere Reisekoffer auffressen."
Karikatur von Wilhelm Schulz aus der deutschen Zeitschrift „Simplicissimus", 1921
Trotzki war Volkskommissar für Kriegswesen und leitete den Aufbau der Roten Armee.

✎ C: Verfasse einen Kommentar für den „Simplicissimus", der sich auf die von Wilhelm Schulz karikierten Verhältnisse in Sowjetrussland bezieht. Nimm auch den Text zu Hilfe.

Lenins Wirtschaftspolitik

Nach dem Bürgerkrieg betrug die Industrieproduktion nur noch ein Drittel des Vorkriegsstandes. Die Landwirtschaft war zerrüttet und im Winter 1921/22 überzog eine Hungersnot das Land. Mehr als zwei Millionen Russen verhungerten. In dieser Situation beschloss der X. Parteikongress der Kommunistischen Partei 1921 eine neue Wirtschaftspolitik. Unter den Bedingungen des Bürgerkriegs mussten nahezu alle Produkte an staatliche Stellen abgeliefert werden und wurden zentral verteilt. Jetzt erhielten die Bauern das Recht, überschüssige Produkte auf dem freien Markt zu verkaufen. Das Kleinhandwerk durfte in Betrieben bis zu 20 Mann auf eigene Rechnung produzieren. Andererseits blieb die Verstaatlichung der Großbetriebe und Banken sowie die staatliche Planung und Lenkung der Wirtschaft weiterhin bestehen. Diese „Neue Ökonomische Politik" (russ. NEP) bedeutete keineswegs eine Kehrtwendung zur Marktwirtschaft, sondern gönnte der Wirtschaft lediglich eine Erholungspause. Lenins Ziel war, Russland schnell zu einem Industriestaat zu entwickeln.

Gründung der UdSSR

Nach dem Bürgerkrieg gelang es den Bolschewiki, durch umfangreiche Zugeständnisse die Vielzahl unterschiedlichster Völker an Sowjetrussland zu binden. Nicht russische Völker sollten in ihren Sowjetrepubliken ihre inneren Angelegenheiten selbst regeln. Ende 1922 schlossen sich die Russische Sozialistische Föderative Sowjetrepublik (RSFSR), das eigentliche russische Kernland, sowie die ukrainische, die weißrussische und die transkaukasische Sowjetrepublik zur Union der Sozialistischen Sowjetrepubliken (UdSSR) zusammen. Bis 1936 stieg die Zahl auf elf, nach dem Zweiten Weltkrieg auf fünfzehn Sowjetrepubliken an.

Q3 „Denke an die Hungernden"
Plakat von Simakov, 1921, 59 × 74 cm

D: Beschreibe, welche Reaktion das Plakat bei der russischen Bevölkerung auslösen könnte.

Q4 „Kampf um Getreide"
Aus einem Aufruf an die Petersburger Arbeiter vom 21. Mai 1918:
Genossen Arbeiter, wenn man bei der Dorfbourgeoisie Brot nicht mit den üblichen Mitteln erhalten kann, muß man es eben mit Gewalt nehmen. Ein
5 Kampf ums Brot tut not. Und wir rufen Euch auf zu diesem Kampf.
Meldet Euch für die Versorgungsabteilungen, die vom Versorgungskommissariat aufgestellt werden! Waffen und
10 Hilfsmittel wird man Euch geben! Andere Maßnahmen gegen die ausgestreckte Knochenhand des Hungers, die schnelle positive Resultate zeitigen könnten, gibt es nicht.
15 Ihr habt den Sieg über Gutsbesitzer und Großbourgeoisie davongetragen. Um diesen Sieg zu Ende zu bringen, ist es nötig, über die mittlere und die Kleinbourgeoisie zu siegen, über die dörfli-
20 chen Kulaken (Bauern mittlerer Größe). Dieser Sieg kann nur unter großen und beharrlichen Anstrengungen errungen werden. Aber welche Schwierigkeiten sich auch immer beim neuen Kampf in

25 den Weg stellen, es ist nicht möglich, auf ihn zu verzichten.
Kampf um Getreide bedeutet jetzt Kampf gegen die Konterrevolution, bedeutet Kampf um die Sowjetmacht, um
30 den Sozialismus.
Erinnert Euch daran, Arbeiter des Roten Petersburg, und beginnt unverzüglich, ohne zu schwanken, den erbarmungslosen Kampf gegen die dörflichen Kula-
35 ken ums Brot.
Unterschrift: Lenin, Cjurupa.

Helmut Altrichter (Hrsg.), Die Sowjetunion. Von der Oktoberrevolution bis zu Stalins Tod, Bd. 2, München 1987, S. 59 f.

Q5 Die Versorgungslage 1921
Ein russischer Sozialdemokrat (Menschewist) erinnert sich an die Stimmung im Frühjahr 1921:
Die Versorgungslage verschlechterte sich (…) von Tag zu Tag. (…) Die Arbeiter hungerten. Es hungerten auch die Rotarmisten. (…)
5 In Fabriken und Betrieben erhob sich dumpfe Unruhe. Die Arbeiter versammelten sich zur Besprechung der Lage. (…) Die Kommunisten, die in Fabriken und Betrieben auftraten, wollte man
10 nicht hören. Auf den Straßen holte man sie aus Automobilen. Einigen drohte man Prügel an. Im letzten Drittel des Februar nahm die Bewegung die Form eines Generalstreiks an. Die bolsche-
15 wistische Presse war sorgsam bemüht, die Bewegung anfangs totzuschweigen, danach ihr tatsächliches Ausmaß und ihren Charakter zu verbergen.

F. Dan, Dva goda skitanij (1919/21), Berlin 1922, S. 104 ff.: Zit nach: Helmut Altrichter (Hrsg.), Die Sowjetunion. Von der Oktoberrevolution bis zu Stalins Tod, Bd. 2, München 1987, S. 124 ff.

Q6 Lenins Modernisierungsprogramm
Aus einer Rede Lenins auf dem 8. Gesamtrussischen Sowjetkongress am 22. Dezember 1920:
Solange wir in einem kleinbäuerlichen Lande leben, besteht für den Kapitalismus in Rußland eine festere ökonomische Basis als für den Kommunismus.
5 Das darf man nicht vergessen. Jeder, der das Leben auf dem Lande aufmerksam beobachtet und es mit dem Leben in der Stadt verglichen hat, weiß,

daß wir den Kapitalismus nicht mit den
10 Wurzeln ausgerottet und dem inneren Feind das Fundament, den Boden nicht entzogen haben. Dieser Feind behauptet sich dank dem Kleinbetrieb, und um ihm den Boden zu entziehen, gibt es
15 nur ein Mittel: die Wirtschaft des Landes, auch die Landwirtschaft, auf eine neue technische Grundlage, auf die technische Grundlage der modernen Großproduktion, zu stellen. Eine sol-
20 che Grundlage bildet nur die Elektrizität. Kommunismus – das ist Sowjetmacht plus Elektrifizierung des ganzen Landes. Sonst wird das Land ein kleinbäuerliches Land bleiben, und das müs-
25 sen wir klar erkennen. Wir sind schwächer als der Kapitalismus, nicht nur im Weltmaßstab, sondern auch im Innern unseres Landes. Das ist allbekannt. Wir haben das erkannt, und wir werden es
30 dahin bringen, daß die wirtschaftliche Grundlage aus einer kleinbäuerlichen zu einer großindustriellen wird. Erst dann, wenn das Land elektrifiziert ist, wenn die Industrie, die Landwirtschaft
35 und das Verkehrswesen eine moderne großindustrielle technische Grundlage erhalten, erst dann werden wir endgültig gesiegt haben.
(…) Man muß jedoch wissen und darf
40 nicht vergessen, daß die Elektrifizierung nicht mit Analphabeten durchzuführen ist. (…) Wir brauchen Menschen, die nicht nur des Lesens und Schreibens kundig sind, sondern kultu-
45 rell hochstehende, politisch bewußte, gebildete Werktätige; es ist notwendig, daß die Mehrheit der Bauern eine bestimmte Vorstellung von den Aufgaben hat, vor denen wir stehen. Dieses Pro-
50 gramm der Partei muß das wichtigste Lehrbuch werden, das in allen Schulen eingeführt werden sollte. (…) Wir müssen es dahin bringen, daß jede Fabrik, jedes Kraftwerk zu einer Stätte
55 der Aufklärung wird, und wenn Rußland sich mit einem dichten Netz von elektrischen Kraftwerken und mächtigen technischen Anlagen bedeckt haben wird, dann wird unser kommunis-
60 tischer Wirtschaftsaufbau zum Vorbild für das kommende sozialistische Europa und Asien werden.

Helmut Altrichter (Hrsg.), Die Sowjetunion. Von der Oktoberrevolution bis zu Stalins Tod, Bd. 2, München 1987, S. 109 f.

		1897	1920	1926	1939
Stadt	männlich	66,1	80,7	88,0	97,1
	weiblich	45,7	66,7	73,9	90,7
Land	männlich	35,5	52,4	67,3	91,6
	weiblich	12,5	25,2	35,4	76,8
Gesamt	männlich	40,3	57,6	71,5	93,5
	weiblich	16,6	32,3	42,7	81,6
Summe		**28,4**	**44,1**	**56,6**	**87,4**

D1 **Lese- und Schreibfähigkeit der Bevölkerung Russlands und der UdSSR**
Angaben in Prozent, alle Einwohner im Alter von 9 bis 49 Jahren wurden in die Untersuchung einbezogen.
Quelle: Manfred Hildermeier, Geschichte der Sowjetunion 1917–1991, München 1998, S. 1179.

✎ E: Schreibe mithilfe der Statistik auf, welche Ergebnisse die Bemühungen um die Alphabetisierung brachten, und kommentiere sie.

Q7 „Ach! Mütterchen, wenn du lesen und schreiben könntest, dann könntest du mir helfen …"
Plakat eines unbekannten Künstlers, 1920, 89 × 64 cm

✎ F: Zu diesem Plakat wären noch andere Überschriften möglich. Formuliere eine solche Überschrift. Tauscht eure Ideen anschließend in der Klasse aus.

Q8 **Lesestuben**
Inspektionsbericht des Moskauer Parteifunktionärs Burov über eine Lesestube in einem ländlichen Smolensker Amtsbezirk, Dezember 1924:
Aber was uns am meisten bedrückte, das war die Sache mit der Lesestube. Die Lesestube muß als Zentrum der politischen Aufklärung dienen. Doch
5 gerade die Bevölkerung des Amtsbezirkes, Bauern und Bäuerinnen, besuchten die Lesestuben fast überhaupt nicht. Das merkte ich gleich bei der Ankunft im Dorf. Unsere Lesestube, das ist ein
10 schmutziger, stinkender Raum für rund 200 Personen, sehr ungemütlich, und deshalb war es unmöglich, jemanden dorthin zu locken. Aber die Hauptsache, warum die Leute nicht in die Lesestube
15 kamen, war, daß dort überhaupt keine Arbeit geleistet wurde, die für die Bauern irgendwie nützlich gewesen wäre. Ich merkte das recht schnell und beriet mich etwas mit einem der dortigen
20 Bewohner, wie man eine lebendige Arbeit in unserer Bezirkslesestube organisieren könnte. Das war eine schwierige Frage.
Helmut Altrichter (Hrsg.), Die Sowjetunion. Von der Oktoberrevolution bis zu Stalins Tod. Bd. 2, München 1987, S. 173 f.

1. Stell dir vor, du hättest den Auftrag, Getreide für die Versorgung der Bevölkerung aus den Dörfern herbeizuschaffen. Setze dich mit den in Q4 geforderten Methoden auseinander. Verfasse eine Antwort darauf.

2. Untersuche, welche Gefahren für die Macht der Bolschewiki 1921 bestan-

den. Beurteile die Maßnahmen, mit denen die Regierung darauf reagierte (Q5, VT).

3. Erläutere, weshalb in Lenins Wirtschaftspolitik die Elektrifizierung eine zentrale Rolle spielte. Liste auf, welche Voraussetzungen Lenin für die Umsetzung seines Programms für notwen-

dig hielt. Welchen Punkten würdest du zustimmen, welchen eher nicht (Q6)?

4. Gestaltet ein Gespräch zwischen einem Parteifunktionär, der Dorfbewohner davon überzeugen möchte, in Dorflesestuben zu kommen und lesen und schreiben zu lernen, und den Bäuerinnen und Bauern (Q7, Q8).

1917   1953

Politische Malerei untersuchen

Immer schon hat es Maler gegeben, die ihre Kunst in den Dienst eines Herrschers und seiner Politik stellten. Doch nie geschah dies so umfassend wie in Diktaturen. Für Lenin hatte Kunst ausdrücklich eine politische Aufgabe zu erfüllen, ansonsten sei sie nutzlos, ja sogar schädlich. Am 23. April 1932 beschloss das Zentralkomitee der KPdSU (Kommunistische Partei der Sowjetunion), für die Kunstschaffenden in der Sowjetunion offizielle Richtlinien festzulegen: Durch betont optimistische Wiedergabe parteipolitischer Ziele sollte die Kunst das Volk ideologisch beeinflussen. So bildete sich der Sozialistische Realismus heraus. Darunter versteht man eine Kunstauffassung, nach der die Wirklichkeit nicht so darzustellen ist, wie sie vorzufinden ist, sondern so, wie sie unter den Bedingungen des Kommunismus sein könnte. Trotz dieser Bevormundung entstanden Gemälde, die künstlerisch ansprechend sind.

Q1 „Zukünftige Flieger"
Gemälde von Alexander Deineka, 1938, 161 × 131 cm

Auf der CD-ROM kannst du üben,
dieses Gemälde zu untersuchen.

Methodische Arbeitsschritte

1 Beschreiben

Der erste Schritt ist bei allen Arten von Bildern gleich:
- Beschreibe deinen ersten Eindruck von dem Bild.
- Stelle fest, was darauf besonders ins Auge fällt.
- Nenne Einzelheiten, die du auf dem Bild siehst.

2 Untersuchen

- Benenne das Thema des Bildes.
- Informiere dich über den Künstler.

Finde heraus:
- Welche gesellschaftlichen oder politischen Entwicklungen, Vorgaben, Beschlüsse, Erklärungen, kann man mit diesem Bild in Zusammenhang bringen?
- Hat der Künstler einen Auftrag für sein Werk erhalten und wie lautet dieser?
- Aus welchem Grund hat der Künstler das Motiv gewählt?
- Welche Personen stehen im Mittelpunkt und wie sind sie dargestellt?
- Welche Darstellungsmittel (Farben, Licht, Perspektive, Format) hat der Künstler gewählt?
- Was hat er gegenüber der Wirklichkeit weggelassen, hinzugefügt oder verändert?

3 Deuten

- Wie wird das dargestellte Geschehen insgesamt gewertet und gedeutet?
- Welche Verknüpfungen zwischen politischen Programmen und der Gegenwart des Künstlers legt das Bild nahe?
- Welche Botschaft oder Lehre für die Gegenwart und Zukunft soll der Betrachter dem Bild entnehmen?
- Formuliere zusammenfassend die Wirkung, die das Bild auf die Betrachter ausüben soll.
- Stelle mögliche Widersprüche zwischen der Darstellung und der historischen Wirklichkeit heraus.

Beschreiben

Das Bild zeigt die Rückenansicht von drei durchtrainierten und gesunden Jungen, die an einem warmen Sommertag auf der Steintreppe einer Strandpromenade sitzen und auf eine Bucht blicken, in der drei Flugboote zu erkennen sind. Die drei blicken dem startenden Flugboot hinterher. Es zieht ihre gesamte Aufmerksamkeit in den Bann. Der älteste der Knaben, der mit einer Badehose bekleidet ist, erklärt offensichtlich den beiden jüngeren, wie ein Flugzeug startet.

Untersuchen

Hauptziel der kommunistischen Propaganda war die Jugend, die als begeisterungsfähig für das neue System eingeschätzt wurde. Stalin trieb die industrielle und technische Entwicklung der UdSSR mit aller Energie voran. Im Juli 1929 wurde vom Zentralkomitee der KPdSU ein Beschluss herausgegeben, der die Entwicklung neuer und besserer Flugzeuge vorsah und der in den Folgejahren umgesetzt wurde.

Der Künstler hat auf diesem 1938 entstandenen Bild alles weggelassen, was Anknüpfungspunkte an die gesellschaftliche Wirklichkeit bot oder ablenken könnte: Es sind keine weiteren Urlauber an diesem Sommertag auf der Promenade und am Strand zu sehen, die drei Jungen sind ohne Kleidung dargestellt, reduziert auf einen gesunden, sportlichen Körper. Die Zukunft liegt vor den drei Knaben, so wie die Weite des Horizonts und des Meeres, nichts steht ihnen im Weg. Das Bild ist in hellen, optimistischen Farben und mit klaren, eindeutigen Linien gestaltet.

Der Künstler Alexander Deineka (1899–1969) erhielt zahlreiche Auszeichnungen, u. a. den Leninpreis und den Ehrentitel Verdienter Kunstschaffender der RSFRS, Volkskünstler der UdSSR und Held der Sozialistischen Arbeit.

Deuten

Die Sowjetunion ist ein moderner, technisch entwickelter Staat geworden, in dem keine Erinnerung an das agrarisch rückständige Russland vor 1917 mehr existiert. Flugzeuge gelten damals und heute als ein Symbol des technischen Fortschritts. Die Jugend lebt das neue Menschenbild der Stalinära. Sie hat sich von allen Beschränkungen der Vergangenheit befreit und blickt optimistisch in die Zukunft, die ihr das kommunistische System eröffnet.

---

1. Erläutere, warum das Bild Q1 der Kunstrichtung des Sozialistischen Realismus zugerechnet wird.

2. Vergleiche Q1 mit Kustodjews Gemälde „Der Bolschewik" auf S. 40. Wodurch unterscheiden sich die Bilder?

1917   1953

Die Herrschaft Stalins

Nach Lenins Tod im Januar 1924 brach in der Partei ein offener Machtkampf aus. Josef Wissarionowitsch Dschugaschwili, genannt Stalin, entschied ihn für sich. Mit welchen Methoden gelang es ihm, seine Macht fast drei Jahrzehnte zu behaupten?

A: Über die Sowjetunion wurde auch im Ausland viel berichtet. Teilt die Klasse in zwei Gruppen. Eine Gruppe schreibt über die Entwicklung in der UdSSR aus der Sicht eines Reporters einer bürgerlichen Zeitung; die zweite Gruppe schreibt aus der Sicht eines Reporters einer kommunistischen Arbeiterzeitung. Vergleicht die Ergebnisse miteinander.

Die Theorie vom „Aufbau des Sozialismus in einem Land"

Zu Beginn seiner Herrschaft verkündete Stalin, man müsse sofort in der UdSSR eine gerechte sozialistische Gesellschaft aufbauen, auf eine Weltrevolution könne man nicht warten. Damit fand er bei weiten Teilen der Bevölkerung Zustimmung. Jede andere Auffassung bezeichnete Stalin als Verrat an der Partei, der bestraft werden müsse. Um seinen Machtanspruch zu sichern und Kritiker auszuschalten, umgab er sich mit Parteifunktionären, die ihm treu ergeben waren.

Terror und Schauprozesse

Gegen tatsächliche und angenommene politische Widersacher innerhalb der Partei ließ Stalin Ende der 1920er-Jahre große Schauprozesse inszenieren. Unter Gewaltandrohung, Folter und psychischem Druck brachen die meisten zusammen und legten – bis heute unerklärliche – Geständnisse ab. Fast immer endeten diese Prozesse mit Todesurteilen. Auf diese Weise schaltete Stalin alle alten Parteifunktionäre aus der Zeit der Revolution aus und sicherte sich so die Alleinherrschaft. Die Schauprozesse endeten erst 1938.

GULAG

(russisch „Glawnoe Uprawlenije Lagerei" = Lagerhauptverwaltung) Ursprünglich wurden damit die zentralen Verwaltungsbehörden bezeichnet, unter denen einzelne Straflager zu großen Komplexen zusammengefasst waren. Schon unter Lenins Herrschaft entstanden Hunderte solcher Lager.

Arbeitslager

Doch der Terror konnte jeden treffen. Wer verdächtigt wurde, Stalins Politik kritisch zu sehen, musste mit willkürlicher Verhaftung und der Verschleppung in die „GULAG" genannten Arbeitslager rechnen. Vermutlich bis zu 20 Millionen Menschen wurden bis 1953 dort unter unmenschlichen Bedingungen als Arbeitssklaven festgehalten. Bis heute ist nicht bekannt, wie viele in diesen Lagern umkamen. Schätzungen reichen von 2 bis 14 Millionen. Einer der berühmtesten GULAG-Insassen war der Literaturnobelpreisträger Alexander Solschenizyn, der in seinem Buch „Der Archipel Gulag" über den Alltag in dem Zwangslager berichtete.

Q1 Der Bau des Fergana-Kanals in Usbekistan durch Zwangsarbeiter aus dem GULAG
Foto von Max Alpert, 1939

B: Beschreibe die Arbeitsbedingungen, denen die Häftlinge ausgesetzt waren. Ziehe aus diesen Arbeitsbedingungen auch Schlussfolgerungen auf den wirtschaftlichen Nutzen der Zwangsarbeit.

Die Industrialisierung

Im Rahmen der Neuen Ökonomischen Politik hatte sich die Wirtschaft wieder ein wenig erholt. Gleichzeitig wurde deutlich, dass sowohl die Bauern als auch die Unternehmer im Klein- und Mittelgewerbe motiviert wurden, wenn sie selbstbestimmt und gewinnbringend produzieren konnten. Das passte aber gar nicht zu der kommunistischen Vorstellung, dass sämtliche Produktionsmittel verstaatlicht werden müssten, um die „kapitalistische Ausbeutung" abzuschaffen. Deswegen ordnete Stalin an, zunächst die Industrie und dann die gesamte Wirtschaft einer zentralen Planung und Lenkung unterzuordnen. Am 1. Oktober 1928 trat der erste Fünfjahresplan in Kraft. Der Ausbau der Schwerindustrie bekam Vorrang vor der Konsumgüterindustrie. Es entstanden riesige Großprojekte wie der Dnjepr-Staudamm und das neue Stahlzentrum in der 1929 gegründeten Stadt Magnitogorsk im Südural. Diese Großprojekte galten als Symbol für den sozialistischen Aufbau. Sie lockten Arbeitskräfte aus allen Teilen des Landes an. Wer gut und schnell arbeitete, fand viel Anerkennung. Wer die Normen nicht schaffte, musste mit Strafen rechnen. Im westlichen Ausland fand das Modell einer Industrialisierung ohne Kapitalisten vor allem in linken Kreisen Anhänger. Sie sahen darin ihr Ideal einer sozial gerechten Gesellschaft verwirklicht.

Zwangskollektivierung

Hatten die Bauern in der Oktoberrevolution Boden zugeteilt bekommen, so sollten sie diese Äcker nun in Genossenschaften (Kolchosen) einbringen und gemeinsam unter einer zentralen Planung und Leitung bearbeiten. Daneben wurden auf ehemals privatem Land Staatsgüter (Sowchosen) eingerichtet. Durch diese Kollektivierung wurden aus selbstständigen Bauern bezahlte Lohnarbeiter. Es waren zunächst überwiegend die armen und mittellosen Bauern, die in die Kolchosen eintraten, weil sie so eine Chance sahen, ihre materielle Lage zu verbessern. Bauern, die es zu einem bescheidenen Besitz gebracht hatten, zogen es vor, auch weiterhin als Einzelbauern zu wirtschaften. Sie wurden von den Kommunisten abfällig als „Kulaken" bezeichnet und bekämpft. Wer nicht freiwillig in eine Kolchose eintrat, wurde enteignet und in unwirtliche Gegenden oder Straflager deportiert. Auch vor Mord schreckten die verantwortlichen Funktionäre nicht zurück. Seit Ende 1929 forderte Stalin die rücksichtslose Vernichtung der „Kulaken". Vorsichtige Schätzungen gehen heute von 500 000 bis 600 000 ermordeten Kulaken aus.

Q2 „Getreidebeschaffung ist Klassenkampf. Mit roten Wagenzügen über den Kulaken"
Plakat eines unbekannten Künstlers, 1930
Auf dem Transparent steht: „Alles Brotgetreide für den Staat und die Kooperativen".

C: Schreibe die Aussagen auf, die mit dem Plakat beabsichtigt waren.

1917   1953

Die neue stalinistische Elite

Stalin wollte vor allem die Jugend für seine Politik gewinnen. Außerdem wurden für die ehrgeizigen Ziele junge, gut ausgebildete Fachleute benötigt. Damit eröffneten sich den Jugendlichen aus den bis dahin unteren Schichten neue Bildungs- und Aufstiegschancen. Viele dankten Stalin dies durch uneingeschränkte Loyalität. So wuchs eine neue Sowjetintelligenz heran, die vor allem stark ingenieurtechnisch und naturwissenschaftlich geprägt war. Daneben war die Ausbildung an Schulen, Hochschulen und Universitäten in hohem Maß politisch-ideologisch durchdrungen.

Das sozialistische Frauen- und Familienbild

Frauen erhielten die formale rechtliche Gleichstellung, die Scheidung wurde erleichtert, die Abtreibung wurde vorübergehend legalisiert. Weil nach Welt- und Bürgerkrieg, Zwangskollektivierung, Deportation und Hungersnot vor allem männliche Arbeitskräfte fehlten, wurden Frauen gedrängt, sich in den Arbeitsprozess einzugliedern. Die vorbildliche Sowjetbürgerin sollte sich nicht nur äußerlich für die sozialistische Sache engagieren, sondern auch aufopfernde Mutter sein. Im Regelfall lief das auf eine Mehrfachbelastung hinaus. Tagsüber standen die Frauen an derselben Werkbank wie die Männer, mussten aber nach dem Arbeitstag noch den Haushalt besorgen. In den politischen Führungsorganen waren Frauen kaum vertreten.

Personenkult

Neben dem Terror trug ein fast grenzenloser Personenkult zum Machterhalt Stalins bei. Mit den Feiern zu Stalins 50. Geburtstag im Jahr 1929 begann der Personenkult. Stalin erhielt offiziell den Titel „Führer". Er galt als unfehlbar und allwissend. Jeder noch so kleine Erfolg in der Wirtschaft wurde seiner angeblichen Genialität zugeschrieben. Besonders der Sieg der Sowjetunion über Hitler-Deutschland im Zweiten Weltkrieg wurde Stalins militärischer Führung angerechnet. Erst nach seinem Tode 1953 distanzierten sich die Kommunisten von den schlimmsten Auswüchsen des Personenkults und Terrors. Die Grundlagen des von Lenin und Stalin geschaffenen Systems und das Machtmonopol der Kommunistischen Partei wurden jedoch bis in die 1980er-Jahre nicht infrage gestellt.

Über den Zweiten Weltkrieg erfährst du Genaueres auf den Seiten 146–153, 160–163.

Q3 „Danke unserem lieben Stalin für die glückliche Kindheit!"
Plakat von N. N. Vatolina, 1939, 89 × 60 cm

D: Beschreibe, welche Eindrücke mit diesem Plakat vermittelt werden sollten.

Q4 Prozess gegen angebliche Wirtschaftsverbrecher
Foto, 1932
Die Angeklagten hören ihr Todesurteil.

✎ E: Versetze dich in die Lage eines westlichen Prozessbeobachters und schreibe einen kurzen Pressebericht.

Q5 Stalinistischer Terror

Der Schriftsteller Lew Kopelew, der selbst viele Jahre in einem Straflager verbracht hatte, berichtet 1979:

Wir glaubten, wir hätten die klassenlose Gesellschaft bereits vollendet. In Frankreich und Spanien entstanden Volksfronten. Die UdSSR trat in den Völ-
5 kerbund ein. (…) Aber gleichzeitig begannen die Massenverhaftungen. Jede Nacht wurden Hunderte, Tausende immer neuer „Volksfeinde" ergriffen. Die Züge mit den Häftlingswaggons roll-
10 ten (…) nach Norden, nach Fernost. Die riesigen Gebiete der Taiga und der Tundra gehörten zum Machtbereich des geheimen Reiches GULAG, zwei- oder dreimal so groß wie Europa; in allen
15 Städten waren die Gefängnisse überfüllt mit Menschen aus allen Schichten und Völkern. Hunger, Prügel, Folter, Erschießungen aufgrund von Urteilen einer irgendwo weit entfernt tagenden
20 „Troika" (Dreiergremium von Beamten des Volkskommissariats für innere Angelegenheiten [NKWD], das ohne Gerichtsverhandlung Fernurteile fällte) gehörten zum Alltag; ebenso wie die
25 Massen trauernder, verweinter Frauen an den Gefängnistoren, in den „Auskunftbüros" des NKWD. (…) Und tagtäglich wurden in den Zeitungen, auf Versammlungen und Kundgebungen
30 wie rasend die „entlarvten Feinde" beschimpft, die „Helfershelfer" und alle „mit ihnen Verbundenen", und jedes Mal gestand irgendjemand reuig, daß er so „nicht erkannt", daß er „versäumt"
35 habe, und immer hysterischer, immer aufdringlicher wurden die Appelle zur Wachsamkeit.

Lew Kopelew, Und schuf mir einen Götzen. Lehrjahre eines Kommunisten, Hamburg 1979, S. 151f., übers. von Heinz Dieter Mendel und Hedwig Pross.

Q6 Im Gefängnis

Die Historikerin Olga Dimitriewna, die wegen „konterrevolutionärer Tätigkeit" verhaftet worden war, berichtet über ihre Erlebnisse als Gefangene 1923 bis 1932:

Im August 1926 kam man eines Abends mich und die zwei anderen „politischen" Frauen holen, um uns in die Gefängniskanzlei zu bringen, wo bereits an-
5 dere „Politische" versammelt waren, zusammen 29 Männer und 3 Frauen. Eine G.P.U.-Abteilung erwartete uns mit all den Vorbereitungen, die vor der Exekution üblich sind. (…) Wir marschierten
10 ab in der festen Überzeugung, daß es in den Tod ginge. Man ließ uns durch die Stadt gehen und gegen Mitternacht kamen wir bei der G.P.U. (ge-
heime Staatspolizei) an, wo man uns
15 sofort einsperrte, die zwei Frauen und mich in ein ganz kleines Zimmerchen, die 29 Männer in ein anderes, etwas größeres Zimmer. Dann absolute Stille. Wir bereiteten uns, jeder auf seine Art,
20 auf den Tod vor. Inzwischen waren wir sehr erstaunt, die Nacht verstreichen zu sehen, ohne daß man uns holen kam. Den nächsten Tag brachte uns ein Soldat einen Teller Suppe und erklärte uns,
25 daß wir eigentlich nicht auf der Liste derer stünden, die Essen bekommen sollten, inzwischen gebe er uns aber die Soldatensuppe. Es war nun klar, daß die Hinrichtung auf die nächste Nacht
30 verlegt worden war. Wir warteten also diese Nacht ab, aber vergebens. Und so ging dies noch eine ganze Woche fort, während der wir jede Nacht die Hinrichtungskompanie erwarteten. (…)
35 Am neunten Tag kam man eine der Frauen und mich und noch siebzehn Männer holen. Ohne irgendeine Aufklärung brachte man uns in das Gefängnis zurück. (…)
40 Im Gefängnis erfuhren wir bald den wahren Grund für diesen eigenartigen Gang zum Schafott. Man hatte alle politischen Gefangenen an einen sicheren Ort bringen wollen, da man in
45 Irkutsk die Ankunft einer deutschen Arbeiterdelegation erwartete, der man nach Moskau auch Sibirien zeigen wollte. Unter anderem ließ man sie nämlich auch einige Verbannungsorte
50 sehen, natürlich mit der nötigen Inszenierung, um ihnen zu beweisen, daß diese nur für wirkliche Verbrecher da wären.

Olga Dimitriewna, 18 Jahre Sowjetherrschaft, Wien 1936, S. 21f., aus dem Holländischen übers. von Herbert Lechner.

1917   1953

D1 Produktionsziffern der UdSSR bzw. Russlands 1913–1940 (in Mio. Tonnen)

	1913	1920	1925/ 1926	1940
Erdöl	9,2	3,8	8,5	31,1
Stein-kohle	29,8	8,4	25,6	165,9
Eisen-erz	9,2	0,2	3,3	29,9
Roh-eisen	4,2	0,1	2,2	14,9
Stahl	4,2			18,3

Angaben zusammengestellt nach: Hans Raupach, Geschichte der Sowjetwirtschaft, Reinbek 1964.

Q7 Der erste Fünfjahresplan

Aus Stalins Bericht über die Ergebnisse des ersten Fünfjahresplans, Januar 1933:

Die Wiederherstellung und Entwicklung der Schwerindustrie ist aber, besonders in einem so rückständigen und armen Lande, wie es unser Land zu Be-
5 ginn des Fünfjahrplans war, die schwierigste Sache, denn die Schwerindustrie erfordert bekanntlich gewaltige finanzielle Aufwendungen und das Vorhandensein eines gewissen Minimums an
10 erfahrenen technischen Kräften, ohne die, allgemein gesprochen, die Wiederherstellung der Schwerindustrie unmöglich ist. (…) Man sagt uns, all das sei recht schön, es seien viele neue Be-
15 triebe gebaut und die Grundlagen der Industrialisierung geschaffen worden. Es wäre jedoch weitaus besser gewesen, auf die Politik der Industrialisierung, auf die Politik der Erweiterung
20 der Erzeugung von Produktionsmitteln zu verzichten oder wenigstens diese Aufgabe in den Hintergrund zu rücken, um mehr Kattun (= Baumwollstoff), Schuhe, Kleider und andere Massen-
25 bedarfsartikel herzustellen. Es sind tatsächlich weniger Massenbedarfsartikel erzeugt worden, als benötigt werden, und das schafft gewisse Schwierigkeiten. Aber man muß wissen und sich Re-
30 chenschaft darüber ablegen, wohin uns eine Politik, die die Industrialisierungsaufgaben in den Hintergrund rückt, geführt hätte (…). Wir hätten dann weder eine Traktorenindustrie noch eine Auto-
35 mobilindustrie, hätten keine einigermaßen bedeutende Eisenhüttenindustrie, wir hätten kein Metall für den Maschinenbau und stünden der mit moderner Technik ausgerüsteten kapitalistischen
40 Umwelt wehrlos gegenüber.

Josef W. Stalin, Werke, Bd. 13, Berlin 1951, S. 116.

Q8 Arbeiter in Magnitogorsk

Foto, um 1930
Im Hintergrund fordern Plakate dazu auf, das Arbeitstempo zu erhöhen. So heißt es auf dem rechten Poster: „Im Bestarbeitertempo mit Volldampf für den Fünfjahresplan in vier Jahren!"

🖉 F: Versetze dich in die abgebildeten Arbeiter und formuliere, was sie über die Plakate dachten, die in dem Pausenraum angebracht worden waren.

Q9 Das neue Frauen- und Familienideal

Der Amerikaner John Scott verließ 1932 die USA, um beim Aufbau des Kommunismus in der Stadt Magnitogorsk mitzuarbeiten. Er schreibt über sein Familienleben:

Mascha und ich lebten ein arbeitsames, glückliches und einfaches Leben. Im Herbst 1935 trat jedoch ein Ereignis ein, das unser Dasein bedeutend komplizierter machte. Unsere erste Tochter
5 wurde geboren. Keiner von uns wusste, wie man einen Säugling behandelt, und, was noch mehr ins Gewicht fiel, wir waren beide ungeheuer an unserer
10 Arbeit interessiert. Es gelang uns, ein ideales Mädchen zu finden, das sich unseres etwas verwahrlosten Haushaltes annahm, so dass alles schließlich wie am Schnürchen ging. (…)
15 Einige Monate nach Elkas Geburt legte Mascha das Abschlussexamen ab und erhielt einen Platz als Mathematiklehrerin. (…) Sie unterrichtete im Durchschnitt fünf Stunden am Tag und erhielt
20 ein Monatsgehalt von 500 Rubel, ungefähr gerade so viel, wie ich verdiente. Sie fühlte sich sehr wohl in ihrer Arbeit und hatte gute Erfolge. (…) Mascha war typisch für eine ganze Generation
25 junger Sowjetfrauen, die die umfassenden Ausbildungsmöglichkeiten, die ihnen geboten wurden, ausnutzten und gebildete Berufsfrauen wurden, während ihre Eltern nur gerade lesen und
30 schreiben konnten. Diese Gruppe (…) war unter dem Schlagwort „Gleiche Möglichkeiten für Männer und Frauen" geformt worden. Sie waren in den zwanziger Jahren mit Propaganda über
35 die Beseitigung der bürgerlichen Familie als Institution überschüttet worden. Mit Kochen, Abwaschen und Nähen wollten sie sich so wenig wie möglich befassen.

John Scott, Jenseits des Ural. Die Kraftquellen der Sowjetunion, Stockholm 1944, S. 155 f.

Q10
„Zum Studium, zur Werkbank, zum gesellschaftlichen Leben – das Netz aus Kinderkrippen und Kantinen für die Allgemeinheit werden wir weiter auswerfen – wir werden Millionen Frauen für die Teilnahme am sozialistischen Aufbau freimachen"
Plakat von Iodygin, 1933

G: Beschreibe das Plakat und arbeite die Merkmale des neuen Frauen- und Familienbildes heraus.

1. Lange Zeit wurde behauptet, die junge Sowjetunion hätte sich gegen Feinde der neuen Gesellschaft verteidigen müssen. Nimm zu dieser These anhand von D5 und Q6 Stellung.

2. Werte D1 und Q7 hinsichtlich der Ergebnisse der Industrialisierung aus.

3. Antworte aus der Sicht eines Arbeiters oder einer Bäuerin auf Stalins Ausführungen zur Industrialisierung (Q7).

4. Erläutere die sowjetische Familienpolitik. Nimm Stellung, ob sie als ein Grundstein der Emanzipation bezeichnet werden kann (VT, Q9).

1917   1953

Wie legitimieren die Bolschewiki ihre Herrschaft?

Auch Diktatoren möchten den Anschein erwecken, sie hätten ihre Macht auf demokratischem Weg errungen. Welches Verhältnis zur Demokratie hatten die Bolschewiki? Und wie versuchten sie, den demokratischen Schein zu wahren?

Q1 Abstimmung über den Zusammenschluss der Bauern in einer Kolchose
Foto von 1929

✎ A: Formuliere einige Gedanken, die die Menschen auf dem Bild vermutlich hatten. Betrachte dazu Haltung und Gesichtsausdruck der Fotografierten.

◉ Du kannst die Aufgabe mithilfe der CD-ROM lösen.

D1 Wahlen auf bolschewistische Art
Der englische Historiker Orlando Figes schreibt 1996:
Oberste Priorität hatte für sie [= die Bolschewiki] dabei, daß sie die Kontrolle über die Räte und andere entscheidend wichtige Institutionen wie beispiels-
5 weise die Gewerkschaften gewannen. Menschewiki und Sozialrevolutionäre waren noch immer in diesen Gremien vertreten, allerdings als „parteilose" Abgeordnete, nachdem ihre Parteien im
10 Sommer 1918 verboten worden waren. Sämtliche Wahltaktiken, die in diesem Jahrhundert von Kommunisten angewandt wurden, um demokratische Gremien zu zersetzen, gehen auf den
15 russischen Bürgerkrieg zurück. Die Bolschewiki griffen zu den Mitteln ausgedehnter Wahlmanipulation und der Einschüchterung der Opposition. Die Abstimmung auf Räte- und Gewerk-
20 schaftskongressen erfolgte fast immer durch Handzeichen, so daß derjenige, der gegen die Bolschewiki stimmte, Schikanen der Tscheka [sowjetischer
25 Geheimdienst] auf sich zog, deren Anwesenheit bei Wahlen stets deutlich zu spüren war. Bei geheimer Stimmabgabe hätten die Bolschewiki nicht sehr viele Wahlen gewinnen können.
30 Immer häufiger propagierten Arbeiter und Bauern die Losung „Räte ohne die Kommunisten!". Die Bolschewiki jedoch schafften dieses „Relikt bürgerlicher Demokratie" ab und behaupteten,
35 die geheime Stimmabgabe sei bei der „höheren Form der Freiheit", die das Sowjetvolk offenkundig genieße, nicht mehr notwendig.
Auch die Tatsache, daß man eine Abstimmung nach Parteilisten durch-
40 setzte, arbeitete den Bolschewiki in die Hände. Als einzige legale Partei innerhalb der Sowjets konnten sie sich als Plattform zur Festlegung ihrer Strategie treffen, während die anderen Parteien
45 und Fraktionen (Gruppe in einer Partei) im Sitzungssaal uneins blieben. Das bedeutete, daß die Bolschewiki selbst als kleine Minderheit oft Wahlen in den Ortssowjets gewinnen konnten, weil sie
50 sich als einzige Partei präsentierten, die man für die Handlungen der Zentralregierung verantwortlich machen konnte. Mit einer knappen Mehrheit bildeten so häufig komplette bolschewistische Kan-
55 didatenlisten die Exekutivkomitees der Sowjets, anstatt daß die Sitze entsprechend der Stärke der verschiedenen Fraktionen verteilt worden wären. Der Sieger eignete sich eben alles an.

Orlando Figes, Die Tragödie eines Volkes. Die Epoche der russischen Revolution 1891 bis 1924, Berlin 1998, S. 725 f., übers. von Barbara Conrad, Brigitte Flickinger und Vera Stutz-Bischitzky.

Q2 Staffellauf am Gartenring
Gemälde von Alexander Deineka, 1947,
299 × 199 cm

B: Erläutere an diesem Beispiel,
wie Kunstwerke dazu beitragen konnten, die Macht der Bolschewiki zu legi-
timieren.

D2 Scheinbare Erfolge

Der Publizist Jörg R. Mettke schreibt
2007 über die Herrschaft Stalins:
Obwohl für alle Nichtprivilegierten der
Hunger eine Alltagserfahrung ist, obwohl die Listen enttarnter Volksfeinde
und die Schlangen verzweifelter An-
5 gehöriger vor der Geheimdienst-Zent-
rale (…) immer länger, die Heere der
Jasager und Zuträger immer größer
werden, obwohl sich über Gegenwarts-
kunst, Literatur und Theater der graue
10 Nebel ideologischer Monotonie senkt,
ist es für viele Zeitgenossen eine große
Zeit, die größte ihres Lebens.
Sie schauen durch die sich zunehmend
menschenverachtend gebärdende Ein-
15 Mann-Diktatur gleichsam hindurch, spüren ausländischen Respekt vor neuer
Stärke und den inneren Bann perma-
nenter Erfolgsmeldungen, die die Ansprüche auf eine Weltmacht-Rolle und
20 globalen Einfluss mehr als plausibel zu
machen scheinen: hohe ökonomische
Zuwachsraten von jährlich 16 Prozent
und mehr, Selbstversorgung mit Trak-
toren und anderer Agrartechnik, eine
25 gigantische Bildungsoffensive, die bin-
nen eines Jahrzehnts den Analphabe-
tismus im Lande mehr als halbiert und
1927 mit Schüler- und Studentenzahlen
(…) aufwartet, die Resultate zaristi-
30 scher Akademikerausbildung weit hinter sich zurücklassen.
Wo es den Anschein hat, dass unent-
wegt gewaltige Erfolge errungen, Aufgaben von historischer Größe bewältigt
35 werden, scheint vielen grobes, ja grau-
sames Staatsgebahren hinnehmbar,
mitunter sogar geboten zu sein. (…)

Jörg R. Mettke, Der große Terror, in: Spiegel Spe-
cial Nr. 7/2007, Experiment Kommunismus. Die
Russische Revolution und ihre Erben, S. 91.

---

1. Zeige auf, wie nach Erkenntnissen
des englischen Historikers Figes die
breite Zustimmung zu der Politik der
Bolschewisten zustande gekommen
ist (D1).

2. Erläutere, warum viele Zeitgenossen
die stalinistische Diktatur unkritisch
bewerteten (D2).

3. Vergleiche D1 und D2. Begründe,
warum die Aussagen als zwei Seiten
einer Medaille gelten können.

1917   1953

1. Kreuzworträtsel: wichtige Namen und Begriffe kennen

Zeichne das Kreuzworträtsel in dein Heft und fülle es aus.

waagerecht

2 revolutionäre Vertretung der Arbeiter, Bauern und Soldaten, deutsch: Rat

4 Maler des Sozialistischen Realismus

6 dorthin wurden Oppositionelle in die Verbannung geschickt

7 Abkürzung für die sowjetischen Arbeitslager

10 genossenschaftlicher Zusammenschluss von Bauern

11 Industriestadt am Ural

13 bis 1918 Hauptstadt und Regierungssitz Russlands

senkrecht

1 Revolutionär und Staatsgründer der Sowjetunion

2 russischer Diktator

3 Geheimdienst der Bolschewiki

5 russischer Herrscher bis 1917

8 Abkürzung für Union der Sozialistischen Sowjetrepubliken

9 russisches Parlament

12 Abkürzung für Lenins Neue Ökonomische Politik (russ.)

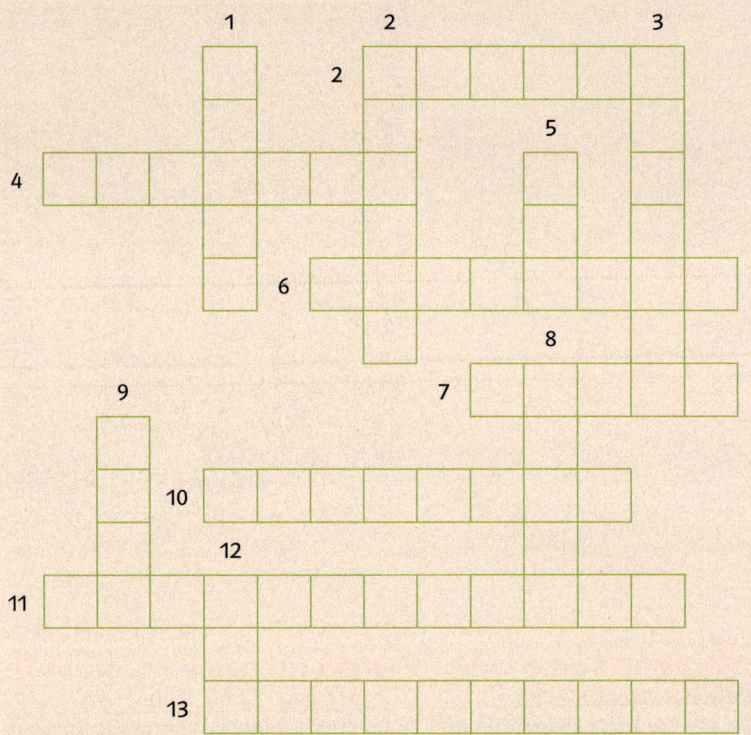

2. Eine Statistik auswerten: die Veränderung der Gesellschaft in Russland/der UdSSR 1913–1939 (Analysekompetenz, Urteilskompetenz)

Schreibe auf, wie sich die russische/ sowjetische Gesellschaft in den angegebenen Jahren verändert hat. Erläutere, welche Ursachen es für die Veränderung der sozialen Zusammensetzung der Bevölkerung gab.

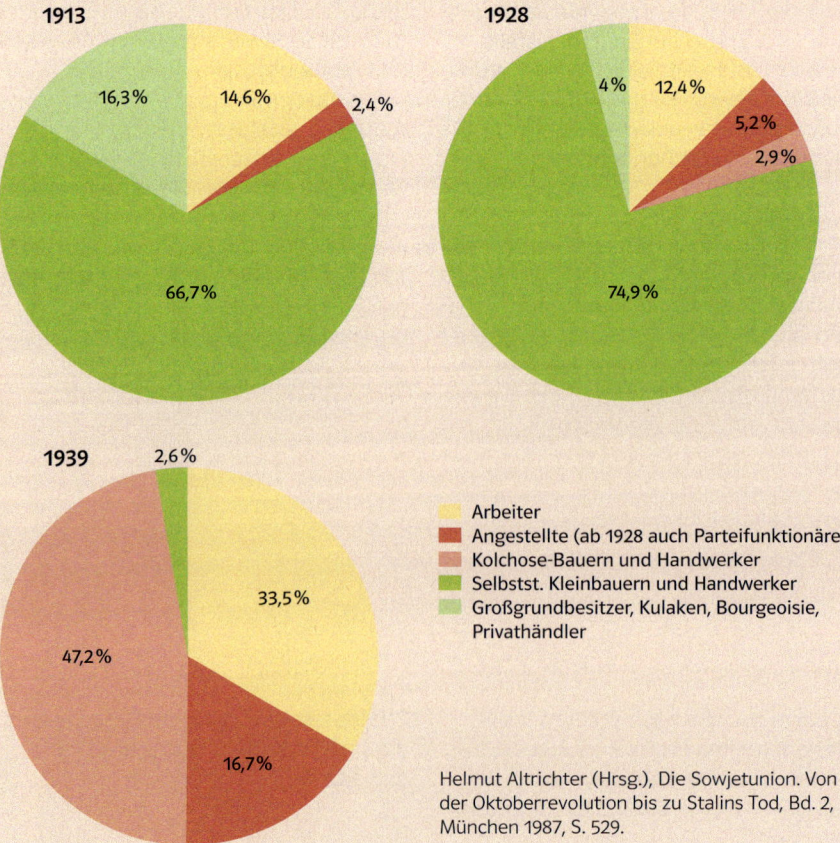

Helmut Altrichter (Hrsg.), Die Sowjetunion. Von der Oktoberrevolution bis zu Stalins Tod, Bd. 2, München 1987, S. 529.

3. Ein Foto auswerten: die Industrialisierung unter Stalin (Analysekompetenz, Urteilskompetenz)
Schreibe auf, welche gesellschaftlichen Veränderungen dieses Foto wiedergibt. Ordne das Bild in dein Wissen über die Wirtschaftspolitik der Stalin-Ära ein.

Q1 Baubrigade auf der Baustelle des Eisen- und Stahlwerkes in Magnitogorsk
Foto, Juli 1931

4. Ein historisches Tribunal führen: die Diktatur Stalins (Urteilskompetenz, Orientierungskompetenz, narrative Kompetenz)
Stellt euch vor, nach dem Tod Stalins werden verantwortliche Politiker der Sowjetunion vor ein Gericht gestellt. Gestaltet ein solches Gerichtsverfahren. Formuliert eine gut begründete Anklage. Ein Angeklagter/eine Angeklagte, der Anwalt oder die Anwältin haben das Recht der Verteidigung. Fällt zum Schluss ein Urteil und begründet es.

Q2 Stalins „Große Säuberung"
Der kommunistenfreundliche Amerikaner John Scott lebte von 1932 bis 1941 in der Sowjetunion. In seinem Buch „Jenseits des Ural. Die Kraftquellen der Sowjetunion" schreibt er 1944:
Die Sowjetunion hatte eine wohl ausgedachte Reinigungstechnik. Die Verhaftungen wurden des Nachts vorgenommen. Man war immer darauf bedacht,
5 überraschend zuzuschlagen. Die Leute wurden verhaftet, wenn sie daran am wenigsten dachten, und sie wurden in Ruhe gelassen, wenn sie gerade fürchteten, daß sie jetzt an die Reihe kämen.
10 Die Personen, die die Verhaftungen vornahmen, hatten keine Ahnung, was gegen die Betreffenden vorlag. (…)
Wenn jemand verhaftet war, schwebte die Familie in der Regel für mehrere
15 Monate in vollständiger Unkenntnis. In dieser Zeit wurde der „Angehaltene" in das Magnitogorsker Gefängnis gebracht, um mürbe zu werden und bis zum ersten Verhör über die Dinge nach-
20 zudenken. Das Gefängnis war damals immer überfüllt. Zellen, die für zwanzig Personen berechnet waren, nahmen vierzig auf. Die Enge zwang die Behörden, die Untersuchungen möglichst
25 schnell durchzuführen und zu sehen, daß die Betreffenden so schnell wie möglich fort kamen nach ihrem endgültigen Bestimmungsort. Einige Wochen nach der Verhaftung bekam die Fami-
30 lie dann meist ein formelles Schreiben, daß der Mann oder Bruder verhaftet sei und daß die Familie zu der und der Zeit mit einem Paket kommen könne. In dem Schreiben war angedeutet, daß
35 es gut sei, warme Kleider, reine Unterwäsche, Strümpfe und einige Zwiebeln mitzubringen. Letztere sollten einem Ausschlag vorbeugen, der sehr häufig in den Gefängnissen infolge der vor al-
40 lem aus Wasser und Brot bestehenden Diät und des Mangels an frischer Luft vorkam.
Wenn ein Ehemann verhaftet worden war, verlor oft auch die Frau ihre Arbeit,
45 und die Familie befand sich plötzlich in einer Situation sozialer Ausgestoßenheit. Alle hatten Angst, mit jemandem aus der betreffenden Familie zu verkehren, weil dann eventuell später eine
50 Anklage erfolgen konnte, daß sie selbst „Umgang mit Feinden des Volkes" gehabt hätten. (…)
Dem Angeklagten wurde während der Untersuchungszeit fast nie gestattet,
55 mit einem Anwalt zu sprechen. Er war darauf angewiesen, sich aus eigener Kraft mit einem oder mehreren erfahrenen, gewandten Untersuchungsrichtern (…) zu messen.

Wolfgang Lautemann/Manfred Schlenke (Hrsg.), Geschichte in Quellen, Bd. 5, München 1970, S. 145 f.

mehr Infos zum Kapitel
d89h8u

3 Der Aufstieg der USA zur Weltmacht

Trotz aller Probleme sind die USA nach wie vor politisch, militärisch und wirtschaftlich die einzige Supermacht. Wichtige Grundlagen dazu wurden in der Zeitspanne von 1865 bis etwa 1930 gelegt – vom Ende des amerikanischen Bürgerkrieges bis zur Weltwirtschaftskrise. In dieser Zeit stiegen die USA zur führenden Weltmacht auf. Damals kam es auch zu einer ersten Konfrontation mit Sowjetrussland und dem Kommunismus. Die Weltwirtschaftskrise traf zwar auch die USA hart, sie konnten aber dennoch ihre führende Position behaupten.

- Wie kam es zu diesem Aufstieg?
- Welche Vorstellungen kennzeichneten die Politik der USA?
- Wie konnten die USA diese Vorstellungen durchsetzen?
- Welche Schwierigkeiten und Probleme begleiteten die USA auf ihrem Weg zur Weltmacht?

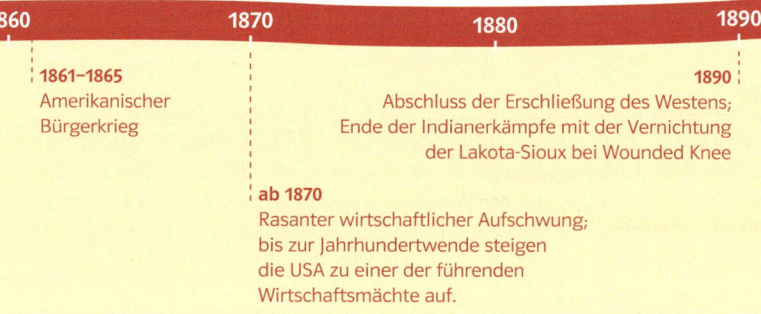

1860	1870	1880	1890

1861–1865
Amerikanischer Bürgerkrieg

1890
Abschluss der Erschließung des Westens;
Ende der Indianerkämpfe mit der Vernichtung
der Lakota-Sioux bei Wounded Knee

ab 1870
Rasanter wirtschaftlicher Aufschwung;
bis zur Jahrhundertwende steigen
die USA zu einer der führenden
Wirtschaftsmächte auf.

Die Freiheitsstatue im Hafen von New York (seit 1886), ein Geschenk der Republik Frankreich, symbolisiert den höchsten politischen Wert der USA.

Schlacht am Little Bighorn, Lithografie, 1876; militärische Gewalt begleitete den Aufstieg der USA. Auch einzelne Niederlagen, wie in der Schlacht am Little Bighorn, hielten ihn nicht auf.

Die wirtschaftliche Entwicklung der USA

Legende:
- bis 1860 besiedeltes Gebiet
- Gesamtfläche der USA bis 1890 besiedelt
- wichtige Eisenbahnlinie um 1910
- Industriegebiet um 1860
- Industriegebiet zwischen 1860 bis 1920
- Industriegebiet nach 1920
- Staatsgrenze
- *ebraska* Grenzen und Namen der heutigen Bundesstaaten

Karte mit Bezeichnungen:
PAZIFISCHER OZEAN, ATLANTISCHER OZEAN, KANADA, MEXIKO, Golf von Mexiko

Washington, Portland, Oregon, Idaho, Montana, North Dakota, Minnesota, Duluth, Wisconsin, Michigan, New York, Maine, New Hampshire, Vermont, Boston, Massachusetts, Rhode Island, Connecticut, Pennsylvania, New Jersey, Philadelphia, Delaware, Maryland, Washington, South Dakota, Wyoming, Nebraska, Iowa, Illinois, Chicago, Detroit, Indiana, Ohio, West Virginia, Virginia, Kentucky, Nevada, Utah, Colorado, Denver, Kansas, Kansas City, Missouri, St. Louis, Tennessee, North Carolina, South Carolina, California, San Francisco, Los Angeles, Arizona, New Mexico, Santa Fé, Oklahoma, Arkansas, Memphis, Alabama, Georgia, Atlanta, Texas, Louisiana, New Orleans, Florida

Flüsse/Gebirge: Rocky Mountains, Columbia, Missouri, Yellowstone, Little Bighorn River, Platte, Colorado, Arkansas, Red River, Rio Grande, Mississippi, Ohio, Sankt-Lorenz-Strom, Große Seen

Maßstab: 0 — 500 — 1000 km

Zeitleiste: 1900 · 1910 · 1920 · 1930

1898
Krieg gegen Spanien; Annexion Puerto Ricos, der Philippinen, Guams und Hawaiis

1914–1918
Erster Weltkrieg

1917
Kriegserklärung an Deutschland, Eintritt der USA in den Ersten Weltkrieg

1918
US-Präsident Wilson verkündet die „14 Punkte". Der Erste Weltkrieg endet mit dem Sieg der USA und ihrer Verbündeten.

1918/1919
Erste Konfrontation mit dem kommunistischen Russland

1920
Der Senat verweigert im März 1920 endgültig die Ratifizierung des Versailler Vertrags und damit den Beitritt zum Völkerbund. Abzug der US-Truppen aus Russland

1924
Beginn der Unterstützung des Wiederaufbaus der deutschen Wirtschaft

1929
Mit starken Kursstürzen an der New Yorker Börse beginnt die Weltwirtschaftskrise.

1931
Hoover-Moratorium: Zur Entschärfung der Weltwirtschaftskrise verkündet US-Präsident Herbert Hoover eine einjährige Pause in der Rückzahlung aller zwischenstaatlichen Schulden.

1930–1935
Schrumpfende Produktion und hohe Arbeitslosigkeit infolge der Weltwirtschaftskrise

◎ Eine Aufgabe zu der Karte findest du auch auf der CD-ROM.

Das „Weiße Haus" in Washington ist seit 1800 als Wohn- und Amtssitz der US-Präsidenten das Machtzentrum der USA.

1865   1930

Eine neue Großmacht entsteht

Fünf Jahre nach dem Ende des Bürgerkrieges begann eine Entwicklung, in deren Folge die USA bis 1900 zu einer Großmacht wurden, die die führenden europäischen Mächte, Großbritannien und Deutschland, ein- und zum Teil sogar überholte. Wie kam es dazu?

A: Nenne Gründe und Folgen des amerikanischen Bürgerkriegs.

Sezession
Das Wort kommt aus dem Lateinischen und bedeutet „Absonderung, Austritt, Trennung". Englisch heißt es „secession".

Der Bürgerkrieg

Zwischen 1861 und 1865 erschütterte ein blutiger Bürgerkrieg die USA. Nordstaaten standen gegen Südstaaten. Inhaltlicher Streitpunkt war die Sklaverei. Die Nordstaaten, deren Wirtschaft auf Handwerk und Gewerbe beruhte, wollten sie abschaffen; die Besitzer der Baumwollplantagen des Südens glaubten, auf Sklaven als Arbeitskräfte nicht verzichten zu können. Als 1860 Abraham Lincoln, ein entschiedener Gegner der Sklaverei, zum Präsidenten gewählt wurde, verließen die Südstaaten die Union. Lincoln verurteilte die Sezession scharf. 1861 begannen die Südstaaten den Krieg, der 1865 mit der Kapitulation des Südens und der Wiederherstellung der Einheit der Union endete. Der Kongress schaffte die Sklaverei ab und führte das Wahlrecht für Schwarze ein.

Ein unglaublicher wirtschaftlicher Aufschwung

Das Land erholte sich rasch. Ab 1870 nahmen Landwirtschaft und Industrie einen rasanten Aufschwung. Die Landwirtschaft profitierte davon, dass bis 1890 das Gebiet zwischen Mississippi und Rocky Mountains besiedelt wurde. Schier endlose Felder und Weiden für Getreideanbau und Rinderzucht entstanden. Um 1900 waren die USA der größte Getreide- und Fleischproduzent der Welt. Leidtragende waren die Ureinwohner – die Indianer. Sie wurden zum Teil regelrecht ausgerottet, die übriggebliebenen in Reservate gesperrt. Fast gleichzeitig vollzog sich ein gewaltiger industrieller Aufschwung. Sein Motor war vor allem der Ausbau der Eisenbahn. Zudem ließen neue Techniken die Maschinen- und Elektroindustrie boomen. Im Nordosten der USA entstanden gewaltige Industriezentren. Die nötigen Arbeitskräfte dafür lieferte die ständige Einwanderung. 1900 waren die USA mit 77 Millionen Einwohnern bevölkerungsreicher als jedes europäische Land. Damit waren sie auch zum größten Binnenmarkt der Welt geworden. Nirgendwo sonst verband ein dichteres Verkehrsnetz, mittels dessen Güter und Personen ohne Behinderung durch Zollgrenzen transportiert werden konnten, so viele Menschen.

B: Erläutere, wodurch die USA zum größten Binnenmarkt der Welt wurden.

Binnenmarkt
Wirtschaftsgebiet, das durch den freien Verkehr von Gütern, Dienstleistungen, Kapital, Arbeitskräften und einer im Grundsatz gleichen Rechtsordnung gekennzeichnet ist

Q1 Brooklyn-Bridge, New York
Foto, um 1900
Sie wurde 1883 eröffnet und war damals die erste ganz aus Stahl gebaute Brücke; mit 1091 m Länge und den beiden 84 m hohen Türmen war sie auch die größte Hängebrücke der Welt. Für den Betrachter war sie eine Botschaft, die die neue industrielle Großmacht USA an die Welt richtete.

C: Schreibe auf, wie diese Botschaft lauten könnte.

Q2 Karikatur auf Edward H. Harriman (1848–1909)

Er war wie Rockefeller und Carnegie einer der „Industriekönige", die riesige Industriereiche zusammenrafften und dabei skrupellos ihre Konkurrenten ruinierten. Sie wurden daher auch als „robber barons" (Räuberbarone) bezeichnet.

✎ D: Die Karikatur zeigt dir, womit Harriman seinen Reichtum und seine Macht erwarb und was der Karikaturist von ihm hielt. Erläutere beides in einem Kommentar.

Freie Bahn dem Tüchtigen ...

Der rasante Aufschwung hatte auch etwas mit den Anschauungen und Überzeugungen der Amerikaner zu tun. Als höchster Wert der demokratischen Ordnung, dem Fundament der amerikanischen Gesellschaft, galt ihnen die Freiheit. Freier Wettbewerb zwischen freien Unternehmern wurde folglich auch als wichtigste Antriebskraft für wirtschaftlichen Fortschritt angesehen. Der Staat mischte sich nur dann ein, wenn der freie Wettbewerb gestört schien. Das war das Grundgesetz des Kapitalismus und damit der Wirtschaftsordnung, die sich Ende des 19. Jahrhunderts zunächst in den industrialisierten Staaten durchsetzte. Viele Amerikaner waren davon überzeugt, dass derjenige, der sich frei entfalten konnte und tüchtig war, es vom „Tellerwäscher zum Millionär" bringen konnte.

... oder Erfolg weniger auf Kosten vieler?

Multimillionäre wie der „Ölkönig" John D. Rockefeller, der „Stahlkönig" Andrew Carnegie oder der „Bankenkönig" John P. Morgan, die sich zum Teil aus kleinen Verhältnissen hochgearbeitet hatten, schienen solche Überzeugungen zu bestätigen. Sie galten als Beweis dafür, dass der „American Dream" vom großen Reichtum für jeden in Erfüllung gehen konnte und der Glaube an den Erfolg des „American Way of Life" richtig war. Manche Amerikaner sahen das allerdings kritischer. In ihren Augen bevorteilte die kapitalistische Ordnung diejenigen, die sich durchsetzen konnten und die auch vor Betrug und Ausbeutung nicht zurückscheuten, um ihren Reichtum zu vermehren. Für sie war die wachsende Kluft zwischen dem Reichtum von wenigen und den oft ärmlichen Verhältnissen der Massen mitten in einem wirtschaftlich blühenden Land ein schreiendes Unrecht.

Kapitalismus
Wirtschaftssystem, in dem Unternehmer sich im freien Wettbewerb gegeneinander auf dem Markt durchzusetzen versuchen

✎ E: Erkläre, wie Freiheit und Kapitalismus zusammenhängen.

American Way of Life
Lebensform, die individuelle Freiheit sowie wirtschaftlichen Erfolg und Konsum betont

Q3 Beim Dinner

Das Foto (Winter 1900/1901) zeigt Mitglieder des New Yorker Millionärsklubs, die sich zu einem gemeinsamen Dinner versammelt haben.

✎ F: Was fällt dir am Aussehen der Personen auf? Lass in einem erfundenen Interview einen der Millionäre erklären, warum sich die Klubmitglieder so fein gemacht haben.

Q4 Das macht die USA so stark!

Josuah Strong, protestantischer Prediger und Buchautor, erklärt 1885 die Stärke der USA so:

In Europa sind die verschiedenen Schichten der Gesellschaft wie die der Erde unbeweglich und versteinert. Es gibt keine großen Änderungen ohne
5 schrecklichen Aufruhr, ohne ein soziales Erdbeben. Hier hingegen ist die Gesellschaft wie das Wasser des Meeres; sie ist mobil. (…) Jedem steht es frei, das zu werden, was immer er aus sich
10 machen kann; er kann vom Schienenarbeiter, Ledermacher oder Kanalschiffer zum Präsidenten der USA aufsteigen. Im Unterschied zu Europa steht unsere Oberschicht allen Aufsteigern
15 offen. Reichtum, eine gute Position und Einfluss sind hier der Lohn, der für den Einsatz persönlicher Energie winkt; und jeder Bauernjunge, jeder Lehrling und jeder Büroangestellte, jeder Einwande-
20 rer ohne einen Pfennig in der Tasche und ohne Freunde darf hier wählen. So kommen hier viele Faktoren zusammen, um die stärkste und gewaltigste Ansammlung von Energie in der Welt
25 hervorzubringen.

Wolfgang J. Mommsen, Imperialismus. Seine geistigen, politischen und wirtschaftlichen Grundlagen, Hamburg 1977, S. 203; bearb. d. Vf.

⊚ Eine Aufgabe zu dieser Textquelle findest du auch auf der CD-ROM.

Q5 Werde reich!

Dazu fordert um 1900 Russell Conwell, Prediger einer strenggläubigen Kirchengemeinde von Philadelphia, so auf:

You have no right to be poor. It is your duty to be rich. (…) You ought to make money. Money is power. Think how much good you could do if you had mo-
5 ney now. Money is power, and it ought to be in the hands of good men. (…) God promises prosperity to the righteous man. (…) You should be a righteous man. If you were, you would be rich.
10 (…) No man has a moral right to transact business unless he makes something out of it (and) unless the man he deals with has an opportunity also to make something. (…) It is cruel to slan-
15 der the rich because they have been successful. (…) They are not scoundrels because they have gotten money. They have blessed the world. They have gone into great enterprises that have
20 enriched the nation and the nation has enriched them. It is all wrong for us to accuse a rich man of dishonesty simply because he secured money. Go through this city and your very best people are
25 among your richest people. Owners of property are always the best citizens.

Thomas A. Bailey/David M. Kennedy (Hrsg.), The American Spirit, Bd. 2, 8. Aufl., Lexington/Mass. 1994, S. 69 f.

Q6 Wettbewerb schafft Fortschritt

Das begründet der „Stahlkönig" Andrew Carnegie 1889 in einer amerikanischen Zeitschrift so:

Das Gesetz des Wettbewerbs mag zwar für den Einzelnen manchmal hart erscheinen, aber für die Menschheit ist es sehr gut; denn es stellt auf jedem
5 Gebiet das Überleben des Tüchtigsten sicher. Daher ertragen und begrüßen wir die große Ungleichheit unserer Lebensumstände, die Konzentration von Industrie und Handel in den Händen
10 von wenigen und das Gesetz des Wettbewerbs zwischen ihnen. Denn das alles ist nicht nur wohltätig, sondern lebensnotwendig für den Fortschritt der Menschheit. (…) Ein ernstes Hindernis
15 für den Fortschritt der Menschheit ist Mildtätigkeit, die nicht zwischen Personen unterscheidet. Es wäre besser für die Menschheit, das Geld der Reichen ins Meer zu werfen, als es für Faulpelze,
20 Säufer und Nichtswürdige auszugeben. (…) Wer mildtätig sein will, sollte nur denen helfen, die sich selbst helfen wollen (…), aber in Maßen und nie, indem man ihnen alles abnimmt. Weder
25 ein Einzelner noch die Menschheit wird durch Almosen vorangebracht.

Sean D. Cashman, America in the Gilded Age, New York & London 1984, S. 71 und Thomas A. Bailey/David M. Kennedy (Hrsg.), The American Spirit, Bd. 2, 8. Aufl., Lexington/Mass. 1994, S. 67; übers. u. bearb. d. Vf.

Q7 Beim Bohnenbrechen
Foto um 1900
Kinder- und Frauenarbeit in einer Lebensmittelfabrik in den USA. Gearbeitet wurde bis zu 17 Stunden täglich. Kinderschutzgesetze wurden in den USA lange als unzulässige Einmischung des Staates in den Wettbewerb der Unternehmer betrachtet.

✎ G: Ob sie auch an den „American Dream" glauben? Schreibe deine Meinung dazu nieder.

Q8 Keine staatliche Hilfe für Not leidende Farmer!
US-Präsident Grover Cleveland begründet seine Einstellung 1887 wie folgt:
Ich kann keine Ermächtigung zu einer solchen Maßnahme in unserer Verfassung finden, und ich glaube nicht, dass die Zuständigkeit der Regierung auf
5 die Erleichterung individuellen Leidens ausgedehnt werden sollte, das in keiner Beziehung zum Dienst für das Gemeinwesen oder zu seinem Nutzen steht. (…) Es gilt, die Lehre beständig ein-
10 zuschärfen, dass zwar das Volk die Regierung zu unterstützen hat, nicht aber die Regierung das Volk. (…) Eine Hilfe des Staates in solchen Fällen würde die Erwartung auf väterliche Fürsorge
15 von Seiten der Regierung ermutigen und die Kraft unseres Volkscharakters zur Selbsthilfe schwächen. Gleichzeitig würde sie die Bereitschaft zu jenem mitmenschlichen Gefühl und Hilfsver-
20 halten in unserem Volk schwächen, das die Menschen brüderlich verbindet.

Franz-Xaver Kaufmann, Varianten des Wohlfahrtsstaats, Frankfurt am Main 2003, S. 90; bearb. d. Vf.

Q9 „Monsterkapitalisten"
Aus einer Schrift des Sozialkritikers Henry D. Lloyd über die „Industriekönige" der USA (1894):
Unsere Industrie ist ein Kampfplatz, auf dem jeder für sich selbst kämpft. Der Preis, den wir dem Tüchtigsten ge-
5 ben, ist die absolute Verfügungsmacht über lebensnotwendige Güter. Und wir lassen es zu, dass diese Gewinner der Macht über Leben und Tod diese dann gegen uns mit demselben selbstsüch-
10 tigen Interesse benutzen, mit dem sie sie uns weggenommen haben. (…) Die Goldene Regel des Geschäftslebens lautet: „Es gibt für keinen von uns irgendeine Hoffnung; fest steht
15 nur, dass die Schwächsten zuerst dran glauben müssen." Es gibt keinen anderen Bereich in der menschlichen Gesellschaft, wo so eine Lebensregel erlaubt ist. Jemand, der in seiner Familie
20 oder Bürgergemeinde diese Lehre vom alleinigen Überlebensrecht des Stärksten anwenden würde, wie sie im Geschäftsleben praktisch anerkannt und angewendet wird, wäre ein Monster und würde schnellstens umgebracht.

Sean D. Cashman, America in the Gilded Age, New York 1984, S. 78; übers. d. Vf.

Q10 Skandalöse Zustände in den USA
Aus einer Rede des Politikers Ignatius Donnelly 1892 in Omaha/Nebraska:
Wir treffen uns hier mitten in einer Nation, die an den Rand des moralischen, politischen und wirtschaftlichen Ruins gebracht ist. Betrug beherrscht die Wahlen, die Gesetzgebung, den Kongress und sogar die Gerichte. Die Menschen sind entmutigt. (…) Öffentliche Meinung ist zum Schweigen gebracht,
10 das Geschäftsleben liegt danieder, unsere Häuser sind verschuldet, Arbeiter bekommen Hungerlöhne, und unser Land konzentriert sich in den Händen von Kapitalisten. (…) Die Früchte der
15 Arbeit von Millionen werden schamlos gestohlen, um kolossale Reichtümer für ein paar wenige aufzutürmen, wie es das in der Menschheitsgeschichte noch nie gegeben hat. Und diese Besitzer der
20 Reichtümer „bedanken" sich dafür, indem sie unsere Demokratie verachten und unsere Freiheit gefährden. Aus derselben (…) Ungerechtigkeit gehen die zwei großen Klassen der Gesellschaft hervor – Habenichtse und Millionäre.

Sean D. Cashman, America in the Gilded Age, New York 1984, S. 296; übers. d. Vf.

---

1. Zähle die Gründe für den Aufstieg der USA zur wirtschaftlichen Großmacht auf (VT).

2. Vergleiche die Einstellungen der Autoren von Q5, Q6, Q9 zum wirtschaftlichen Reichtum und seiner Verteilung in den USA.

3. Nimm Stellung, ob du dich der Ansicht von Conwell (Q5) anschließen kannst.

4. Beschreibe, was unter „American Dream" zu verstehen ist (VT, Q3–Q5).

5. Erkläre, warum die kapitalistische Ordnung der USA die Entstehung einer Kluft zwischen Reichen und Armen begünstigte (VT, Q2, Q5–Q10).

6. Begründe, warum die USA trotz ihres wirtschaftlichen Reichtums kein Wohlfahrtsstaat wurden (VT, Q4, Q8).

1865

1930

Das Aussehen von öffentlichen Gebäuden als Botschaft entschlüsseln

Fast in jedem größeren Ort gibt es öffentliche Gebäude: Bibliotheken, Regierungsgebäude, Banken, Firmensitze oder ähnliche Bauwerke. Meist fallen sie einem sofort ins Auge, etwa wegen ihrer Größe, ihrer Bauweise, ihres Anstrichs, manchmal auch durch Aufschriften oder ihre Umgebung. Diese Wirkung ist beabsichtigt. Denn das Aussehen eines solchen Gebäudes soll dem Betrachter etwas mitteilen, z. B. wem es gehört, wozu es da ist, was darin getan wird, wie wichtig es ist oder wer darin arbeitet. Öffentliche Gebäude senden also durch ihr Aussehen Botschaften aus. Wie sie zu entschlüsseln sind, sollst du nun an einem berühmten amerikanischen Gebäude üben.

Q1 Das Kapitol in Washington

Methodische Arbeitsschritte

1 Beschreiben

· Beschreibe das Gebäude in seinen hauptsächlichen Bestandteilen.
· Benenne auffällige Besonderheiten (Größe, Bauweise, Farben, Verzierungen, Inschriften usw.).
· Beschreibe die Umgebung des Gebäudes.

2 Untersuchen

Informiere dich darüber,
· wann das Gebäude errichtet wurde,
· wie groß es ist,
· ob es immer so ausgesehen hat,
· wofür es genutzt wurde und wird.

3 Deuten

· Überlege, ob dir Ähnlichkeiten mit bekannten Gebäuden auffallen und ob das beabsichtigt sein könnte.
· Beschreibe, welchen Eindruck das Gebäude auf dich macht.
· Schreibe nieder, welche Botschaft das Gebäude wohl dem Betrachter vermitteln soll.

Beschreiben

Das Kapitol besteht aus einem mächtigen Längsbau mit gleich hohen Quergebäuden an den Enden und in der Mitte. Sie alle haben drei Geschosse, die in regelmäßigen Abständen von tür- bzw. fensterartigen Öffnungen durchbrochen sind. Über dem mittleren Gebäudeteil erhebt sich eine gewaltige dreifach abgesetzte Rundkuppel. Auf ihrer Spitze befindet sich ein kleiner Rundbau, auf dem eine Figur steht. Auffallend sind vor allem die mächtige Kuppel mit ihren vielen Säulen und Verzierungen sowie die schneeweiße Farbe des ganzen Gebäudes. Das Gebäude liegt etwas erhöht. Vor seinem mittleren Teil mit der Kuppel befindet sich ein zweigeschossiger Unterbau, an dessen Seiten zwei breite Treppen zum Längsbau hinaufführen. Das Ganze ist von schönen Anlagen mit Rasenflächen und Bäumen umgeben.

Untersuchen

Der Bau wurde 1793 begonnen, ein Teil davon war 1800 fertig. Sein heutiges Aussehen erhielt er um 1850. Der Längsbau ist 250 m lang, bis zu 100 m breit und 21 m hoch. Die Kuppel wurde 1857 bis 1863 aus Gusseisen gefertigt. Sie ist 4000 t schwer, 79 m hoch und hat unten einen Durchmesser von ca. 41 m. Mit ihr ist der Bau also 100 m hoch. Das Kapitol ist der Sitz des Kongresses der USA, der aus Senat (100 Senatoren) und Repräsentantenhaus (435 Abgeordnete) besteht. Der Kongress beschließt über Krieg und Frieden, die Gesetze, die Staatsausgaben, die Verträge der USA, kontrolliert die Amtsführung des Präsidenten und kann ihn bei Amtsmissbrauch absetzen.

Deuten

Das Gebäude ähnelt dem Petersdom in Rom, dem Mittelpunkt der katholischen Kirche. Sein Name erinnert an einen berühmten Tempel der römischen Republik. Insgesamt wirkt das Gebäude sehr beeindruckend durch seine Größe, seine kunstvolle Bauweise und die blendend weiße Farbe. Es sendet die Botschaft aus, dass in ihm etwas ganz Besonderes stattfindet, das es zugleich mit ehrwürdiger Tradition und Macht zu tun hat.

Q2 Der Oberste Gerichtshof der USA, Washington

1. Wende die obigen Arbeitsschritte auf die „Entschlüsselung" des Obersten Gerichtshofes der USA an.

Du könntest dir die nötigen Informationen aus einem Reiseführer oder aus dem Internet besorgen.

⊚ Du kannst mit diesem Bild auch auf der CD-ROM üben.

1865   1930

„To make the world safe for democracy"

Mit dieser Zielsetzung führte US-Präsident Woodrow Wilson die USA 1917 an der Seite Großbritanniens und Frankreichs gegen Deutschland in den Ersten Weltkrieg. Wie kam es zur Kriegsteilnahme? Und: Erreichte Wilson sein Ziel?

A: Beschreibe, wie sich Wilsons Ansicht zur Teilnahme der USA am Krieg änderte.

Erster Weltkrieg – zwischen Neutralität und Parteinahme

Als 1914 in Europa der Erste Weltkrieg ausbrach, erklärte der damalige US-Präsident Wilson die USA für neutral. Allerdings waren seine Sympathien, wie die der meisten Amerikaner, aufseiten Englands und Frankreichs. Ihnen fühlten sich die Amerikaner durch Demokratie, Sprache und Kultur verbunden. Deutschland dagegen galt als militaristisch und undemokratisch. Vor diesem Hintergrund nahmen die wirtschaftlichen Beziehungen zu Briten und Franzosen von 1914 an stark zu. Während die britische Flotte den Handel mit Deutschland fast völlig blockierte, bezogen England und Frankreich riesige Warenmengen und Kredite aus den USA. Auch deshalb waren Regierung und Geschäftsleute in den USA sehr daran interessiert, dass Briten und Franzosen den Krieg nicht verloren.

Präsident Wilson warb zunächst bei den Kriegsparteien für einen Kompromissfrieden ohne Sieger und Verlierer. Doch dazu waren beide Seiten nicht bereit. Also entschied er sich, an der Seite Englands und Frankreichs am Krieg teilzunehmen. Den unmittelbaren Anlass, in den Krieg einzutreten, lieferte Deutschland 1917 mit der Ankündigung, sämtliche Schiffe mit U-Booten zu versenken, die englische und französische Häfen anliefen. Als auch amerikanische Schiffe torpediert wurden, erklärten die USA Deutschland den Krieg.

Friedensordnung nach dem Krieg – USA und Sowjetrussland als Gegenspieler

Präsident Wilson erklärte den Kriegseintritt der USA als Kreuzzug für Demokratie, Freiheit und das Recht der Nationen auf Selbstbestimmung. Er weckte damit Erwartungen, dass nach dem Sieg über Deutschland und seine Verbündeten weltweit eine liberal-demokratische Friedensordnung eingerichtet würde. Doch dieses Ansinnen wurde bald durch die russische Oktoberrevolution infrage gestellt. Auch das revolutionäre Russland verstand sich als

B: Erkläre, was der Zeichner ausdrücken wollte.

Q1 Kriegserklärung an Deutschland
Auf Antrag des US-Präsidenten Wilson beschloss der amerikanische Kongress am 2. April 1917 den Krieg gegen Deutschland.
Zeitgenössische Zeichnung aus der französischen Zeitung „Le Petit Journal"

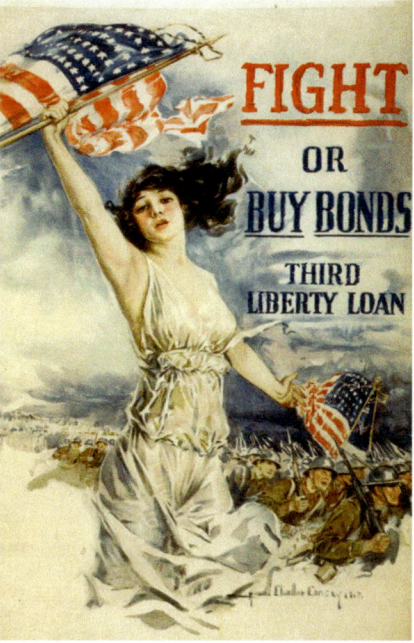

Q2 Amerikanische Kriegspropaganda
„Vernichtet die wütende Bestie", 1917 (links), „Kämpfe oder kaufe Kriegsanleihen der Regierung", 1918 (rechts)
Mit solchen Plakaten wurde nach der Kriegserklärung die Kriegsstimmung gegen Deutschland in den USA angeheizt.

C: Schreibe zu jedem Bild auf, was es dem Betrachter „sagen" sollte.

Demokratie, allerdings als kommunistische. Mit dem „Dekret über den Frieden" vom Oktober bzw. November 1917 forderte Lenin „ein(en) gerechte(n) und demokratische(n) Frieden" ohne „Annexionen" und „Kontributionen". Hinzu kam, dass die russischen Revolutionäre beanspruchten, die Revolution in andere Länder zu tragen. Das 14-Punkte-Programm, das Wilson im Januar 1918 dem Kongress vorstellte und mit dem er die Grundzüge der angestrebten internationalen Friedensordnung skizzierte, kann auch als Antwort auf die kommunistische Herausforderung verstanden werden. In der Folge kam es erstmals zu einer Konfrontation der USA und Sowjetrusslands. Beide Staaten hatten völlig unterschiedliche Vorstellungen zur Gestaltung der Welt und reklamierten für sich einen Führungsanspruch. Dieser Gegensatz sollte die Weltordnung von 1945–1990 entscheidend prägen.

Enttäuschende Ergebnisse
Im Sommer 1918 schickte Wilson amerikanische Truppen nach Russland. Zusammen mit britischen und französischen Soldaten sollten sie im russischen Bürgerkrieg die Weiße Armee unterstützen. Das kommunistische Regime behauptete sich jedoch, 1920 zogen sich die Alliierten aus Russland zurück.
In den USA lösten die russische Revolution und ihre auch über die Grenzen Russlands hinaus wachsende Anhängerschaft 1919 eine regelrechte Massenhysterie aus. Unmittelbarer Anlass waren Bombenanschläge anarchistischer Gruppen in acht amerikanischen Städten. Mehr als 10 000 Menschen wurden inhaftiert, Kommunisten und Anarchisten in den Untergrund gedrängt. Diese „red scare" (= rote Angst) ebbte ab, als eine vom Generalstaatsanwalt für den 1. Mai 1920 vorausgesagte kommunistische Erhebung ausblieb.
Viele Amerikaner waren darüber hinaus die dauernden Aufregungen leid, die ihnen Wilsons Einmischung in die turbulenten europäischen Verhältnisse bescherte. Das zeigte sich auch, als Wilson die Vereinbarungen der Pariser Friedensverhandlungen vom Kongress genehmigen lassen wollte. Dieser lehnte sowohl den Versailler Vertrag als auch den Beitritt zum Völkerbund ab. Die USA waren noch nicht bereit, im Rahmen eines internationalen Systems weltpolitische Verantwortung zu übernehmen. Mit Deutschland wurde 1921 ein separater Friedensvertrag geschlossen.

Annexionen
Gewaltsame Aneignungen fremder Gebiete

Kontributionen
Geldleistungen (der Bevölkerungen besetzter Gebiete)

Über das 14-Punkte-Programm, den Versailler Vertrag und den Völkerbund kannst du dich noch einmal auf den Seiten 28–31 informieren.

Über den russischen Bürgerkrieg kannst du noch einmal auf Seite 42 nachlesen.

D: Erläutere, warum am Ende viele Amerikaner mit Wilsons Politik trotz des Sieges über Deutschland nicht mehr zufrieden waren.

1865　　　　　　　　　　　　　1930

Q3 Ausstellung erbeuteter deutscher Waffen in Paris 1919
Sie sollten Gefühle stolzen Triumphes und gerechter Rache wecken.

E: Wie verhielt sich solch eine Ausstellung erbeuteter Waffen zu den Zielen, die US-Präsident Wilson verwirklichen wollte? Schreibe deine Meinung dazu auf.

Q4 Können die USA neutral bleiben?
US-Außenminister Lansing schreibt dazu an Präsident Wilson (9. Januar 1916):
Ich bin der Meinung, dass die Militärclique, die Deutschland regiert, ein bitterer Feind jeglicher Form von Demokratie ist. Wenn diese Clique über die
5 freiheitlichen Regierungen von Großbritannien und Frankreich triumphiert, wird sie sich gegen uns richten, weil wir ein Hindernis für ihre Weltherrschaft sind. Daher ist es sicherer und klüger für
10 uns, jetzt einer von ihren vielen Feinden zu sein, als in der Zukunft allein gegen ein siegreiches Deutschland zu stehen. Die öffentliche Meinung in den USA ist noch nicht bereit, das so zu sehen. Das
15 amerikanische Volk muss erst zur richtigen Sichtweise dafür erzogen werden, was dieses Deutschland für eine Bedrohung ist (…). Wir müssen geduldig sein und Beleidigungen und Schäden ertra-
20 gen, bis das Volk unseres Landes erkennt, dass die deutsche Regierung ein unverbesserlicher Feind aller unserer Ideale ist (…). Wenn die Masse unseres Volkes vom wahren Charakter der deut-
25 schen Regierung überzeugt worden ist (…), dann ist der Zeitpunkt zum Losschlagen gekommen.
Zit. nach: Ralph Dietl, Die USA und Mittelamerika, Stuttgart 1996, S. 441; übers. d. Vf.

Q5 Kriegserklärung an Deutschland
Aus der Rede des US-Präsidenten Wilson am 2. April 1917 vor dem Kongress:
Der jetzige deutsche U-Boot-Krieg gegen die Handelsschifffahrt ist ein Krieg gegen die Menschheit. (…) Neutralität ist nicht länger möglich (…). Ich ersu-
5 che (daher) den Kongress, das gegenwärtige Verhalten der kaiserlich-deutschen Regierung als Krieg gegen Regierung und Volk der USA zu erklären (…). Unser Ziel ist es, die Grund-
10 sätze von Frieden und Gerechtigkeit in der Welt gegen eine selbstsüchtige und selbstherrliche Macht zu verteidigen und unter den wirklich freien und selbstregierten Völkern der Welt ein
15 Zusammenspiel von Absicht und Tun zu schaffen, das fortan die Beachtung dieser Grundsätze sichert. (…) Wir sind froh (…), für den endgültigen Frieden auf der Welt und für die Befreiung der
20 Völker – auch des deutschen – zu kämpfen: für die Rechte der großen und kleinen Nationen und für das Vorrecht der Menschen, überall selbst darüber zu entscheiden, wie sie ihr Leben führen
25 und wem sie gehorchen wollen. Die Welt muss sicher gemacht werden für die Demokratie. Der Frieden muss auf den festen Grundlagen politischer Freiheit errichtet werden. Wir haben keine
30 selbstsüchtigen Ziele, die wir verfolgen. Wir wollen keine Eroberung, keine Herrschaft. Wir wollen keine Entschädigung

für uns, keinen materiellen Ausgleich für die Opfer, die wir freiwillig bringen.
35 Wir sind nur einer der Vorkämpfer für die Menschenrechte. Wir sind zufrieden, wenn diese Rechte so sicher sind, wie Rechtschaffenheit und Freiheit von Nationen sie machen können. (…) Es
40 ist eine schmerzliche und bedrückende Pflicht (…) dieses große friedliebende Volk in den Krieg zu führen (…). Aber das Recht ist kostbarer als der Frieden. Und wir werden für Güter kämp-
45 fen, die uns immer am Herzen lagen, für die Demokratie, (…) die allumfassende Herrschaft des Rechts durch das Zusammenwirken freier Völker, das allen Nationen Frieden und Sicherheit bringt
50 und endlich die ganze Welt befreit. So einer Aufgabe weihen wir unser Leben und unser Vermögen (…) mit dem Stolz von Menschen, die wissen, der Tag ist da, an dem Amerika auserwählt ist, sein
55 Blut und seine Macht für Grundsätze darzubringen, denen es seine Geburt und sein Glück und den Frieden verdankt, den es wertschätzt. Gott helfe ihm, es kann nicht anders.
Julia Bey/Herbert Geisen (Hrsg.), America. A Reader, Stuttgart 2008, S. 178–181; übers. d. Vf.

Q6 Amerikanische Soldaten bei einer Militärparade in Wladiwostok
Foto, 1. August 1918

✎ F: Erläutere in einem Kommentar zu dem Bild die Gründe für die Anwesenheit der Amerikaner in Wladiwostok.

Q7 Kein Beitritt zum Völkerbund

Aus einer Rede des amerikanischen Senators Henry Cabot Lodge 1919:

Wir sollten nie zulassen, dass die Vereinigten Staaten (wären sie Mitglied des Völkerbunds) in jeden beliebigen Konflikt eines anderen Landes verwickelt
5 werden können, gegen den Willen des amerikanischen Volkes, für das der Kongress spricht. (…) Wir haben großartige Arbeit geleistet. Ich glaube, wir brauchen uns nicht von anderen Nationen
10 sagen zu lassen, wann wir das tun müssen, was für die Sicherheit und die Zivilisation erforderlich ist. Ich meine, dass wir unter unserem eigenen Kommando viel besser zum Sieg kommen können
15 als unter dem Kommando anderer.

Dominik Nagl/Marion Stange (Hrsg.), Die USA. Quellen zur Geschichte und Politik, Stuttgart 2008, S. 61.

Q8 „Das Instrument für jede Reform in Amerika ist der Stimmzettel"

Aus der Jahresbotschaft des US-Präsidenten Wilson an den Kongress (1919):

Es gibt welche in unserem Land, die mit Gewaltaktionen drohen, um der Mehrheit ihren Willen aufzuzwingen. Das heutige Russland mit seinem Blut
5 und Terror ist ein schmerzliches Musterbeispiel für die Macht von Minderheiten. (…) Wir sind eine Demokratie, in der die Mehrheit das Sagen hat, sonst wären alle Hoffnungen und Ab-
10 sichten der Männer, die diesen Staat gegründet haben, zugrunde gerichtet und vergessen. In Amerika gibt es nur einen einzigen Weg, auf dem große Reformen zustande gebracht und Hil-
15 fen, die die Bevölkerung sucht, erlangt werden können, und das ist durch die verfassungsgemäßen Verfahren des repräsentativen Regierungssystems. Diejenigen, die irgendeine andere Me-
20 thode des Reformierens im Sinn haben, sind Feinde unseres Landes. Amerika erschreckt sich nicht vor Drohungen (…). Wir können es uns leisten, inmitten von Wut und Unruhe gefasst und
25 sicher zu sein. Das Instrument für jede Reform in Amerika ist der Stimmzettel. (…) Die Menschen brauchen nur diesem Weg zu folgen, um in den vollen Genuss ihrer Ziele und Absichten zu
30 kommen. Lasst uns auf der Hut sein vor denjenigen, die den kürzeren Weg von Chaos und Revolution nehmen wollen. Der richtige Weg ist der Weg der Gerechtigkeit und des verfassungsmäßi-
35 gen Verfahrens.

Fred L. Israel (Hrsg.), The State of the Union Messages of the Presidents, Bd. 3, New York 1967, S. 2608, übers. d. Vf.

---

1. Begründe, warum die USA an der Seite der Gegner Deutschlands in den Ersten Weltkrieg eintraten (VT, Q4, Q5).

2. Skizziere, wie Wilson den Kriegseintritt der USA begründet (Q5). Erläutere, welche Art von Führungsrolle er den USA zuweist.

3. Diskutiert, ob seine Begründungen auch heute noch zum Selbstverständnis der USA gehören.

4. Überlege, was Wilson mit seiner Jahresbotschaft 1919 bewirken wollte (Q8).

5. Lege dar, warum Senator Lodge den Beitritt der USA zum Völkerbund ablehnte (Q7).

6. Beurteile, ob Wilson sein großes Ziel „to make the world safe for democracy" erreichte.

1865   1930

„The business of America is business"

So umschrieb US-Präsident Calvin Coolidge (1923–1929) die Leitidee der amerikanischen Politik für die 1920er-Jahre. Was meinte er damit? Und welche Auswirkungen auf die Rolle der USA in der Weltpolitik waren damit verbunden?

Q1 Blick auf Manhattan, New York, 1932
Das Chrysler Building (rechts) und das Empire State Building (links), beide erbaut um 1930, waren Symbole des amerikanischen Wirtschaftsbooms der 1920er-Jahre (und bis 1970 die höchsten Gebäude der Welt).

Isolationismus
US-amerikanische Politik der Nichteinmischung in Angelegenheiten nicht amerikanischer Staaten und der Vermeidung von Bündnisverpflichtungen. Sie bestimmte – von einer Phase im Ersten Weltkrieg abgesehen – die Außenpolitik der USA bis zum Zweiten Weltkrieg. Handelsbeziehungen und wirtschaftliches Engagement in anderen Ländern standen nie im Widerspruch zu einer isolationistischen Außenpolitik.

A: Liste auf, welche Erfolge die USA mit ihrer Dollarpolitik erzielten.

Rückkehr zur Normalität

Nach dem Krieg gewann der Isolationismus in den USA erneut die Oberhand. Die US-Präsidenten der 1920er-Jahre versprachen, zur „normalen Politik" zurückzukehren. Das bedeutete jedoch nicht, dass sie den Anspruch der USA, eine Führungsrolle in der Welt einzunehmen, aufgeben wollten. Aber die Vereinigten Staaten sollten sich dabei wieder auf ihre eigentliche Stärke beziehen – ihre überlegene Wirtschaftskraft. Während die europäischen Staaten sich während des Krieges zum Teil hoch verschuldet hatten, waren die USA durch den Verkauf von Gütern und die Vergabe von Krediten vom Schuldner- zum Gläubigerland geworden. Die Produktion in Industrie und Landwirtschaft lief dort auf Hochtouren.

Dollarpolitik treibt die Weltwirtschaft an

Damit die Blüte anhielt, brauchten die USA eine funktionierende Weltwirtschaft. Nur dann konnten ihre Güter weiterhin verkauft werden, ihre Geldanlagen Zinsen bringen und die Schuldnerländer ihre Schulden zurückbezahlen. Tatsächlich gelang es den US-Regierungen zunächst auch, die nach dem Krieg lahmende Konjunktur zu beleben. In Europa kurbelten amerikanische Kredite die vom Krieg zerrüttete deutsche Wirtschaft wieder an. Dadurch konnte Deutschland die im Friedensvertrag festgesetzten Entschädigungen an Großbritannien und Frankreich zahlen und diese wieder ihre Kriegsschulden bei den USA. Im Fernen Osten wurde Japan dazu gebracht, den freien Handel mit China nicht zu stören. Dafür erhielt es hohe Kredite aus den USA, womit es seine im Krieg erschöpfte Wirtschaft wiederaufbauen konnte. Zu Mittel- und Südamerika wurden die ohnehin engen Wirtschaftsbeziehungen ausgebaut. US-amerikanische Geldanlagen verdoppelten sich hier zwischen 1924 und 1929. Ein neues Betätigungsfeld fanden US-Ölfirmen erstmals auf den Ölfeldern Arabiens. Und schließlich blühten sogar die Geschäfte amerikanischer Unternehmer mit der kommunistischen UdSSR, obwohl zwischen beiden Staaten bis 1933 keine diplomatischen Beziehungen bestanden. Dollars schienen überall, so urteilte 1989 im Rückblick ein amerikanischer Gelehrter, eine neue und bessere Welt zu schaffen.

„Roaring Twenties" – „stürmische Zwanzigerjahre"

Die Amerikaner selbst – wenn auch nicht alle – erlebten die 1920er-Jahre als eine Zeit wirtschaftlicher und kultureller Blüte. Motor des neuen Aufschwungs war das Auto. Massenproduktion am Fließband machte es auch für den Durchschnittsverdiener erschwinglich. Rasch stieg nun die Zahl der Autobesitzer von sieben auf 27 Millionen. Mit der Autoproduktion boomten die Stahl-, die Öl-, die Gummi- und auch die chemische Industrie. Das steigerte die Massenkaufkraft. Das verlockende Angebot der Güter- und Unterhaltungsindustrie konsumieren zu können, wurde zum Kennzeichen des „American Way of Life". Dass viele sich das nur „auf Pump" leisten konnten, schien kaum einen zu kümmern.

Zugleich gab es schroffe Gegensätze. Besonders bei der weißen protestantischen Landbevölkerung im Westen und Süden der USA sahen viele in der leichtlebigen modernen Konsumgesellschaft etwas Unamerikanisch-Fremdes und sogar Gottloses. Hier hatten Gegenbewegungen wie der protestantische Fundamentalismus mit seiner fanatischen Bibelgläubigkeit großen Zulauf und fremdenfeindliche Ausschreitungen waren keine Seltenheit.

Great Depression

1929 begann in den USA eine Wirtschaftskrise, wie sie bis dahin noch nicht da gewesen war. Die Nachfrage ging zurück und ließ die Produktion schrumpfen. Massenarbeitslosigkeit sowie die rasante Zunahme von Zwangsversteigerungen und Konkursen waren die Folge. Die sozialen Auswirkungen waren verheerend: Da es in den USA so gut wie keine staatliche Unterstützung gab, waren Millionen von Menschen auf die Armenhilfe der Gemeinden und private Wohltätigkeit angewiesen. Zweifel an den Grundüberzeugungen der amerikanischen Existenz regten sich – so z. B. an der Auffassung, jeder könne sein Schicksal frei bestimmen, oder an den Vorzügen des freien Unternehmertums. Kurzum: Das demokratisch-kapitalistische System geriet in die Krise. Zugleich offenbarten sich die Schattenseiten der wirtschaftlichen Führungsstellung der USA. Der Zusammenbruch der US-amerikanischen Wirtschaft weitete sich schnell zur Weltwirtschaftskrise aus.

✎ B: Beschreibe die Gegensätze, die in der amerikanischen Gesellschaft der 1920er-Jahre bestanden.

Fundamentalismus
Um 1910 in den USA entstandene protestantische Bewegung, für die die wortgetreue Befolgung der Bibel oberste Leitschnur des Handelns war. Bis heute hat sie großen Einfluss auf die US-Politik.

✎ C: Skizziere die Auswirkungen, die die Great Depression auf die Gesellschaft der USA hatte.

Q2 Astor Theatre am Times Square, New York (1931)
In den „Roaring Twenties" boomte die Unterhaltungskultur: Filme, Musicals, Sportveranstaltungen verlockten, werbewirksam angepriesen, zum Konsum.

✎ D: Erläutere diese Aussage anhand der Abbildung.

1865   1930

Q3 Aufgehängt von einer aufgebrachten Menge, Indiana 1930

Gewalttaten wie diese kamen vor allem in Regionen vor, die schon in den 1920er-Jahren wenig von der wirtschaftlichen und kulturellen Blüte profitiert hatten. Sie zeigten, dass Rassenhass und Fremdenfeindlichkeit den Zusammenhalt der amerikanischen Gesellschaft gefährdeten.

E: Beschreibe die Personen der Menge genauer. Wie wirken sie auf dich?

Q4 Rückkehr zur Normalität

Aus der Jahresbotschaft von US-Präsident Warren G. Harding an den Kongress (1921):

Es ist nicht meine Absicht, Ihnen ein Programm für die Erholung der Welt zu bringen. So ein Programm muss in der Hauptsache von den Nationen aus-
5 gearbeitet werden, die davon direkter betroffen sind. Sie müssen sich selbst heldischen Heilmitteln gegen die bedrohliche Lage, gegen die sie ankämpfen, zuwenden, dann können wir hel-
10 fen (…). Wir tun das uneigennützig, weil das Bewusstsein, beizustehen, einen entschädigt, (aber auch) eigennützig, weil Geschäft und internationaler Handelsaustausch, die in der Vergan-
15 genheit unseren hohen Stand des materiellen Fortschritts anzeigten, nur möglich sind, wenn die Nationen aller Kontinente zu stabiler Ordnung und normalen Beziehungen untereinander
20 zurückgekehrt sind. Der Beitrag unserer Republik zur Wiederherstellung der Normalität in der Welt muss muss von der Regierung kommen; aber (…) (mit) (…) Zustimmung und Mitarbeit des
25 Kongresses (…).

Fred R. Israel (Hrsg.), The State of the Union Messages of the Presidents 1790–1966, Bd. 3, New York 1967, S. 2 616; übers. d. Vf.

Q5 Zur Lage der USA 1925

Aus dem Jahresbotschaft von US-Präsident Calvin Coolidge an den Kongress:

Niemals waren unsere auswärtigen Beziehungen in den vergangenen zwölf Jahren so zufriedenstellend wie gegenwärtig. Unsere Maßnahmen der letz-
5 ten Monate haben die amerikanische Politik eines dauerhaften Friedens und unserer Unabhängigkeit mächtig gestärkt. (…) Ich brauche nicht den allgemeinen Wunsch unseres ganzen Vol-
10 kes auf den Fortschritt des Friedens zu betonen. Er ist Leitgrundsatz all unserer auswärtiger Beziehungen. Wir haben dafür bei jeder Gelegenheit und in jeder Weise, die sich mit unserer
15 Unabhängigkeit und unseren Grundsätzen verträgt, mit anderen Staaten zusammenzuarbeiten versucht. (…) Während wir immer wünschen, mit anderen zusammenzuarbeiten und ihnen
20 zu helfen, sind wir genauso entschlossen, unabhängig und frei zu sein. Recht, Wahrheit, Gerechtigkeit und humanitäre Anstrengungen werden überall auf der Welt die moralische Unterstüt-
25 zung unseres Landes finden. Aber wir wollen nicht in politische Streitigkeiten anderer verwickelt werden. Unser Land ist daher nicht gewillt, Mitglied des Völkerbunds zu werden oder die Ver-
30 pflichtungen auf sich zu nehmen, die sein Vertrag auferlegt. (…) Es ist offenbar, dass wir in eine Zeit großen allgemeinen Wohlstands hineingehen. (…) Wenn unser Volk maßvoll und zufrieden
35 genug ist, seine Lebensbedingungen durch die Vermehrung der Produktion, die Beseitigung von Verschwendung und eine gerechte Einkommensverteilung zu verbessern, liegt ein fast gren-
40 zenloser Wohlstand vor uns.

Fred R. Israel (Hrsg.), The State of the Union Messages of the Presidents 1790–1966, Bd. 3, New York 1967, S. 2 666 f., 2 669; übers. d. Vf.

F: Erkläre, welche Grundgedanken die Außenpolitik der USA, wie sie Präsident Coolidge in seiner Jahresbotschaft skizziert, leiten. Überlege, welche Rahmenbedingungen gegeben sein müssen, damit diese Art der Außenpolitik erfolgreich sein kann.

Q6 New York, Wall Street, 29. Oktober 1929

Besorgte Aktienhändler und Anleger sammeln sich auf der Wall Street nach den Meldungen über den raschen Kursverfall an der Böse.

✎ G: Versetze dich in einen Anleger, der Aktien gekauft hat, um für sein Alter vorzusorgen. Was könnte er wohl denken?

Q7 Zur Lage der USA 1932

Aus dem Bericht eines Zeitungsreporters aus Oklahoma vor Kongressabgeordneten:

70 % der Farmer von Oklahoma können die Zinsen für die Hypothekendarlehen, die sie aufgenommen hatten, nicht mehr bezahlen. (…) Die Farmer verar-5 men durch die Armut der Industriebevölkerung und die Industriebevölkerung verarmt durch die Armut der Farmer. Keiner von beiden hat das Geld, um die Produkte des anderen zu kaufen, weil 10 wir Überproduktion und Kaufkraftverlust zur gleichen Zeit im gleichen Land haben. Ich komme nicht, um Sie mit dem Bericht zur Hilfe für unsere leidenden Landsleute anzuregen. Aber wenn nicht 15 etwas für sie getan wird, und zwar bald, haben Sie hier eine Revolution. Und sie kommt nicht aus Moskau, und sie ist nicht von armen Kommunisten gemacht (…). Wenn die Revolution kommt, wird 20 sie die Aufschrift tragen „Made in USA", und ihre Hauptverursacher werden die Börsenspekulanten sein.

Thomas A. Bailey/David M. Kennedy (Hrsg.), The American Spirit, Bd. 2, 8. Aufl., Lexington/Mass. 1994, S. 320; übers. d. Vf.

Q8 Führungsmacht trotz Krise?

Aufruf von US-Präsident Herbert Hoover an alle Gläubiger- und Schuldnerstaaten (6. Juli 1931):

Die amerikanische Regierung (ist) bereit zu einem Aufschub aller ihr seitens fremder Regierungen geschuldeten Zahlungen während des am 1. Juli 5 beginnenden Haushaltsjahrs unter der Bedingung, dass die wichtigeren Gläubigerstaaten ebenfalls alle ihnen geschuldeten Zahlungen auf Regierungsschulden für ein Jahr aufschieben. (…) 10 Zweck dieses Schrittes ist, das kommende Jahr der wirtschaftlichen Erholung der Welt zu widmen (…). Die über die ganze Welt verbreitete Krise hat die europäischen Staaten mehr in 15 Mitleidenschaft gezogen als uns. (…) Diese und andere Schwierigkeiten im Ausland verringern die (ausländische) Kaufkraft für unsere Exportwaren und sind daher in gewissem Umfang schuld 20 an unserer fortdauernden Arbeitslosigkeit und den fortdauernd niedrigen Preisen für unsere Farmprodukte. (…) Der Kern des Vorschlags ist, den Schuldnern Zeit zur Wiedererlangung ihrer 25 nationalen Wirtschaftskraft zu geben (…). Ich billige nicht im entferntesten die Streichung der uns geschuldeten Summen. (…) wir wollen lediglich unsere Bereitschaft ausdrücken, zur bal-30 digen Erholung der Weltwirtschaft, an der unser Volk so stark interessiert ist, unseren Teil beizutragen.

Wolfgang Michalka/Gottfried Niedhart (Hrsg.), Die ungeliebte Republik, München 1980, S. 298 f.

---

1. Erkläre, was „Rückkehr zur Normalität" für die Zielsetzung der Politik der USA in den 1920er-Jahren bedeutete (VT, Q4).

2. Historiker bezeichnen die Politik der USA in den 1920er-Jahren auch als „unabhängigen Internationalismus". Erläutere den Begriff mithilfe von VT und Q5.

3. Beschreibe den „Teufelskreis", der nach Ansicht des Zeitungsreporters die Überwindung der Wirtschaftskrise wesentlich erschwert (Q7).

4. „Regierungen handeln im Allgemeinen nicht gegen die Interessen ihres Landes." Belege diese These unter Berücksichtigung von Q4 und Q8.

5. Erläutere die Überschrift des Kapitels, indem du die beiden Fragen in der Kapiteleinleitung beantwortest.

1865   1930

1. Ein Quiz zur Geschichte der USA: wichtige Fakten und Zusammenhänge kennen

Nur eine Antwort ist richtig. Schreibe alle Antworten mit den Großbuchstaben der Reihe nach in dein Heft. Am Schluss ergeben die Großbuchstaben ein Lösungswort.

Im amerikanischen Bürgerkrieg ging es um
- die Befreiung der Indianer (R)
- die Abschaffung der Sklaverei (V)
- den Vorrang der Nordstaaten (S)

Um 1880 entstanden im Westen der USA
- zahlreiche Großstädte (Ü)
- weiträumige Industriezonen (Ä)
- riesige Getreidefelder (Ö)

Der industrielle Aufschwung in den USA vor 1900 war vor allem eine Folge
- des Eisenbahnbaus (L)
- des Schlachtschiffbaus (K)
- des Automobilbaus (M)

Ein wichtiger Grundsatz des amerikanischen Kapitalismus war
- alle helfen allen (P)
- freier Wettbewerb für freie Menschen (K)
- ohne staatliche Lenkung läuft nichts (O)

US-Präsident Wilson erklärte den Krieg der USA gegen Deutschland
- zum Kreuzzug für Demokratie (E)
- für wirtschaftlich notwendig (L)
- zum Kampf um die Weltherrschaft (C)

- 1918–1920 kam es erstmals zur Konfrontation der USA mit dem
- islamischen Terrorismus (T)
- kommunistischen Russland (R)
- kaiserlichen Deutschland (N)

Der Senat verweigerte 1920
- die Gründung des Völkerbundes (W)
- den Beitritt der USA zum Völkerbund (B)
- die Anerkennung der 14 Punkte (D)

Die Politik der USA nach dem Ersten Weltkrieg stand ganz im Zeichen
- eines Rückzugs aus der Weltpolitik (F)
- weltweiten militärischen Eingreifens (S)
- des Ausbaus der wirtschaftlichen Führungsposition (U)

Die Wirtschaftsblüte der 1920er-Jahre in den USA wurde besonders gefördert von
- der Werbeindustrie (V)
- dem Boom der Automobilproduktion (N)
- dem sparsamen Kaufverhalten der Amerikaner (L)

US-Präsident Hoover warb 1931 für einen weltweiten
- Stopp riskanter Börsengeschäfte (N)
- Ausbau der Sozialsysteme (B)
- einjährigen Zahlungsaufschub für Schuldnerstaaten (D)

2. Ein Foto deuten: Wirtschaftslage in den USA (Analysekompetenz, Urteilskompetenz)

Erläutere das Foto, indem du folgende Fragen beantwortest:

1) Welche Botschaft soll das Plakat dem Betrachter mitteilen?
2) Versetze dich in einen der Anstehenden und schreibe auf, wie er über das Plakat denken könnte.
3) Was sagt das Foto über den „American Dream" aus?

Q1 Opfer einer Flutkatastrophe in Louisville, die im Jahr 1937 nach Lebensmitteln und Wasser anstehen
Das Plakat im Hintergrund war in den 1930er-Jahren in den USA weitverbreitet.

3. Gewusst wann: wichtige Ereignisse zeitlich einordnen

Ordne den Jahreszahlen die Ereignisse zu. Bei richtiger Lösung ergeben die Buchstaben einen dir bekannten Namen.

1865	Beginn der Weltwirtschaftskrise (I)
1870	Eintritt der USA in den Ersten Weltkrieg (K)
1900	Ende des amerikanischen Bürgerkriegs (D)
1914	US-Truppen verlassen Sowjetrussland (A)
1917	Präsident Harding propagiert „Rückkehr zur Normalität" (T)
1918	Präsident Wilson erklärt die Neutralität der USA (0)
1920	Präsident Hoover verkündet Zahlungspause für Staatsschulden (E)
1921	Die USA sind der größte Binnenmarkt der Welt (M)
1929	Beginn des rasanten wirtschaftlichen Aufschwungs der USA (E)
1931	Präsident Wilson verkündet das 14-Punkte-Programm (R)

4. Vergangenes Verhalten erklären: Streben nach Reichtum und Glück (Urteilskompetenz, Orientierungskompetenz, narrative Kompetenz)

Der amerikanische Schriftsteller Horatio Alger (1832–1899) schilderte in seinen Büchern, wie es Menschen durch Fleiß und Beharrlichkeit aus ärmlichen Verhältnissen zu großem Reichtum brachten. Um 1880 waren seine Bücher die Hits in den Büchereien der USA. Erkläre, warum.

5. Einen Leserbrief schreiben: Verbreitung von Demokratie oder Ausweitung der Macht? (Urteilskompetenz, Orientierungskompetenz, narrative Kompetenz)

Du liest in einer Zeitung, US-Präsidenten wie Wilson, Harding oder Coolidge sei es trotz ihrer schönen Worte über die Verbreitung von Freiheit und Demokratie sowie von Verantwortung und Hilfsbereitschaft immer nur um die Ausweitung amerikanischer Herrschaft gegangen. Lege deine Meinung in einem Leserbrief dar.

6. Eine Stellungnahme abgeben: Gründe für den Aufstieg zur Weltmacht (Urteilskompetenz, Orientierungskompetenz, narrative Kompetenz)

Du nimmst an einer Diskussion teil. Es geht um die Frage, wodurch den USA 1865 bis etwa 1930 der Aufstieg zur Weltmacht gelang – durch ihre militärische oder wirtschaftliche Stärke oder die Anziehungskraft ihrer politischen und wirtschaftlichen Vorstellungen. Jeder Teilnehmer gibt eine persönliche Stellungnahme ab. Schreibe deine auf und trage sie vor.

7. Ein öffentliches Gebäude deuten: das Kapitol von Alabama (Analysekompetenz, narrative Kompetenz)

Bringe das Gebäude „zum Sprechen", indem du die methodischen Arbeitsschritte von Seite 65 anwendest.

Q2 Kapitol des US-Bundesstaates Alabama in der Hauptstadt Montgomery

4 Die Weimarer Republik

Am Ende des Ersten Weltkrieges stürzte eine Revolution die Monarchie. Erstmals in der deutschen Geschichte entstand eine Republik mit einer demokratischen Verfassung. Trotz sozialpolitischer Erfolge und einer kulturellen Blütezeit hatte es die junge Demokratie schwer. Die Mehrheit der Bevölkerung stand ihr ablehnend oder gleichgültig gegenüber, zudem belasteten die Folgen der Kriegsniederlage den Weimarer Staat. Gegner von rechts und links versuchten, die Republik zu stürzen. Als eine Wirtschaftskrise Millionen ins Elend trieb, sahen viele den einzigen Ausweg in einer Diktatur.

- Wie kam es 1918 zum revolutionären Umsturz?
- Wie sah die neue Ordnung aus?
- Welche Krisen hatte die Republik zu bewältigen?
- Warum konnte die Republik trotz mancher Erfolge dem Ansturm der Nationalsozialisten nicht standhalten?

1918

1923

1922
Vertrag von Rapallo

1925
Tod Friedrich Eberts und Wahl Paul von Hindenburgs zum Reichspräsidenten

5. Januar 1919
Ausbruch des „Spartakusaufstands"

19. Januar 1919
Wahlen zur Nationalversammlung

28. Juni 1919
Unterzeichnung des Vertrages von Versailles

1925
Vertrag von Locarno

1926
Aufnahme Deutschlands in den Völkerbund

Herbst 1918
Kriegsniederlage zeichnet sich ab – OHL will Waffenstillstand.

1923
Inflation und Putschversuche

9. November 1918
Sturz der Monarchie – Ausrufung der Republik

„Der Kaiser hat abgedankt" – Extraausgabe der SPD-Parteizeitung „Vorwärts"

Kampf um die neue Staatsform – Regierungstruppen auf dem Brandenburger Tor in Berlin im Januar 1919

Das Krisenjahr 1923

Legende:

- – – – – Staatsgrenzen
- ········· Ländergrenzen innerhalb des Deutschen Reiches
- Besatzungszonen entsprechend dem Versailler Vertrag
- Saargebiet, 1920–1935 vom Völkerbund verwaltet

Krisenherde 1923

- französische Besetzung des Ruhrgebietes 1923, und andere Besetzungen
- Bildung einer KPD/SPD-Regierung (mit nachfolgendem Einmarsch der Reichswehr)
- Ausnahmezustand in Bayern
- Putsch, Aufstand, Kämpfe
- separatistische Bewegungen

0   100   200   300 km

Kartenbeschriftung:

DÄNEMARK, LITAUEN, Nordsee, Ostsee, Schleswig, Kiel, Königsberg, Lübeck, Hamburg, Mecklenburg, Schwerin, Danzig, Oldenburg, Bremen, Stettin, Thorn, Hannover, Braunschweig, Anhalt, Dessau, Berlin, Küstrin, Posen, Warschau, POLEN, NIEDERLANDE, Ruhrgebiet, Essen, Düsseldorf, Köln, Aachen, Koblenz, Kassel, Weimar, Thüringen, Dresden, Sachsen, Breslau, Krakau, BELGIEN, LUXEMBURG, Mainz, Hessen, Frankfurt, Saargebiet, Pfalz, Speyer, Prag, TSCHECHOSLOWAKEI, Eger, FRANKREICH, Straßburg, Baden, Stuttgart, Württemberg, Bayern, München, Wien, SCHWEIZ, Basel, ÖSTERREICH, Salzburg, UNGARN, Budapest

Flüsse: Ems, Weser, Elbe, Havel, Oder, Weichsel, Warthe, Bug, Pripjet, Maas, Mosel, Rhein, Main, Moldau, Donau, March, Waag, Inn, Doubs, Wisła

---

Zeitleiste: 1928 — 1933

1929
Die Weltwirtschaftskrise schlägt auch auf Deutschland durch.

1930
Sturz der Großen Koalition – Ende der letzten demokratisch gewählten Regierung

ab 1930
Zeit der Präsidialkabinette

30. Januar 1933
Reichspräsident Hindenburg ernennt Adolf Hitler (NSDAP) zum Reichskanzler.

Eine Aufgabe zu der Karte findest du auch auf der CD-ROM.

Nehme jede ARBEIT an

KURS UBLIK / Liste 4 / en / WÄHLT HINDENBURG

Großstadtleben in Berlin; die 1920er-Jahre bringen manche Veränderung des Alltags mit sich.

Fürsorge der Stadt Berlin
Für Einzelperson ..... M 42.– monatl.
Für Ehepaar ..... M 63.– unterstützung
Für ein Kind ..... M 18.–
Davon müssen wir einen Monat leben!

Die Weltwirtschaftskrise treibt viele Menschen in Arbeitslosigkeit und Elend. Foto um 1931

1918   1933

Revolution in Deutschland – ein neuer Anfang?

Am Ende des Ersten Weltkrieges kam es in Deutschland zur Revolution: Die Monarchie brach zusammen und die alten Machteliten mussten einer neuen Ordnung Platz machen. Innerhalb kürzester Zeit trat eine demokratische Republik an die Stelle des alten Kaiserreiches. Auslöser dieser Geschehnisse waren die Ereignisse in den letzten Kriegstagen.

A: Schreibe einen Zeitungsartikel über die Ursachen der Revolution.

Unerwartete Kriegsniederlage

Der Herbst 1918 brachte für die Deutschen ein böses Erwachen: Nach über vier Jahren Krieg musste die Oberste Heeresleitung (OHL) unter Generalfeldmarschall Paul von Hindenburg und General Erich Ludendorff die militärische Niederlage des Deutschen Reiches eingestehen. Um den vollständigen Zusammenbruch zu vermeiden, forderte die OHL einen sofortigen Waffenstillstand. Dieses Waffenstillstandsgesuch wirkte auf die Deutschen wie ein Schock. Viele hatten während des Krieges große Entbehrungen auf sich genommen und der kaiserlichen Propaganda vertraut, die jahrelang den nahen Sieg verkündet hatte. Kaum einer hatte eine Niederlage erwartet.

Vom Aufstand der Matrosen ...

Obwohl die Niederlage feststand, erteilte die Marineführung der Flotte Ende Oktober 1918 eigenmächtig den Befehl, zu einem letzten Gefecht gegen die britischen Schlachtschiffe auszulaufen. Doch die Matrosen wollten sich nicht mehr sinnlos opfern lassen und widersetzten sich. Es kam zur Meuterei: Offiziere wurden entwaffnet und abgesetzt. Kriegsmüde Arbeiter verbündeten sich mit den Soldaten und riefen zum Generalstreik auf. In Anlehnung an russische Vorbilder wählten sie Arbeiter- und Soldatenräte, die ihre Interessen vertreten sollten. Rasch breitete sich der Aufstand über ganz Deutschland aus. In zahlreichen Städten übernahmen nun Arbeiter- und Soldatenräte die politische Macht. Mehrheitlich standen diese der Sozialdemokratie nahe.

B: Schließe aus dem Foto, welchen Schichten die Teilnehmer der Demonstration angehören könnten.

Q1 Straßendemonstration in Berlin
Foto, 9. November 1918

Demonstration in der Strasse Unter den Linden.

Die Gründung der deutschen Republik.

Q2 Der Rat der Volksbeauftragten
Postkarte, ca. 1927
linke Seite von oben nach unten: Hugo Haase (USPD),
Otto Landsberg (SPD),
Wilhelm Dittmann (USPD),
rechte Seite von oben nach unten:
Friedrich Ebert (SPD),
Philipp Scheidemann (SPD),
Emil Barth (USPD)
Mitte: Ausrufung der Republik durch Philipp Scheidemann. Diese Szene wurde 1927 nachgestellt, da es von diesem Moment kein Foto gibt.

C: Beschreibe die Postkarte und überlege, warum diese wohl hergestellt und verteilt worden ist.

... zur Revolution

Am 9. November 1918 erreichte die Aufstandsbewegung Berlin. Tausende von Matrosen, Soldaten und Arbeitern zogen Richtung Stadtschloss und forderten die Abdankung des Kaisers und die Übertragung der Regierungsgewalt auf die Arbeiter- und Soldatenräte. Prinz Max von Baden, seit Anfang Oktober neuer Reichskanzler, übergab angesichts der demonstrierenden Massen die Macht den einst als „vaterlandslose Gesellen" beschimpften Führern der SPD, Friedrich Ebert und Philipp Scheidemann. Eigenmächtig erklärte er zudem die Abdankung des Kaisers. Wenige Stunden später rief Scheidemann vom Balkon des Reichstages die Republik aus. Damit kam er der Proklamation einer sozialistischen Republik durch Karl Liebknecht, dem Führer des revolutionären Spartakusbundes, um wenige Stunden zuvor.

Parlamentarische Demokratie oder Räterepublik?

Dass das Kaiserreich so schnell und ohne jeden Widerstand zusammenbrechen würde, hatte niemand erwartet. Doch wie sollte die neue Ordnung aussehen? Die SPD um Ebert und Scheidemann strebte eine parlamentarische Demokratie an. Eine von der gesamten Bevölkerung – erstmals auch den Frauen – gewählte Nationalversammlung sollte die Verfassung des neuen Staates ausarbeiten und über grundlegende Reformen in Staat, Wirtschaft und Gesellschaft entscheiden. Die radikalen Kräfte um Karl Liebknecht und Rosa Luxemburg wollten dagegen die Revolution fortführen, um Deutschland in eine Räterepublik nach russischem Vorbild zu verwandeln. Die gesamte politische Macht sollte dabei in den Händen der Arbeiter- und Soldatenräte liegen. Zugleich sollte die Wirtschaft verstaatlicht werden. Sie konnten sich mit ihren Plänen jedoch nur auf eine kleine Minderheit in der Bevölkerung stützen.

Zusammenarbeit mit den alten Eliten

Die Führer der SPD betrachteten die Zerstrittenheit der Revolutionäre mit Sorge. Groß war die Furcht, in bürgerkriegsähnliche Verhältnisse wie in Russland abzugleiten. Zur Beruhigung der Lage strebte Ebert eine provisorische Übergangsregierung mit der Unabhängigen Sozialdemokratischen Partei (USPD) an und hoffte damit auf ein gemeinsames Vorgehen der Arbeiterschaft. Die USPD hatte sich während des Krieges von der SPD abgespalten. Sie stand politisch zwischen der SPD und dem radikalen Spartakusbund. Am 10. November bestätigte eine Versammlung von Arbeiter- und Soldatenräten in Berlin diese Übergangsregierung als „Rat der Volksbeauftragten". Der Rat stand

Parlamentarische Demokratie
Form der repräsentativen Demokratie. Vom Volk gewählte Parlamentarier üben die gesetzgebende Gewalt aus. Das Parlament kontrolliert die Regierung. Unabhängige Gerichte wachen über Regierung und Parlament.

Räterepublik
Form einer direkten Demokratie. Vom Volk gewählte Räte üben die Herrschaft aus. Sie sind an die Weisungen ihrer Wähler gebunden und ihnen rechenschaftspflichtig. Sie können jederzeit abberufen werden. Eine Gewaltenteilung gibt es nicht.

vor gewaltigen Aufgaben. Angesichts der Probleme bei der Rückführung von Millionen von Soldaten, die noch in „Feindesland" standen, und einer hungernden Bevölkerung wollten sich vor allem die Sozialdemokraten nicht auf unwägbare „Experimente" einlassen. Eine Zusammenarbeit mit den kaisertreuen Kräften des alten Regimes in Verwaltung, Justiz und Militär erschien ihnen unvermeidlich, um die Ordnung im Land aufrechtzuerhalten.

Noch am 10. November schloss Ebert ein Bündnis mit General Wilhelm Groener. Dieser versprach, der neuen Regierung mit den Truppen der alten Obersten Heeresleitung beizustehen. Im Gegenzug erhielt er die Zusage Eberts, bei der Aufrechterhaltung der Kommandogewalt der Offiziere mitzuhelfen.

Am 15. November kam es zudem zu einer Übereinkunft zwischen Gewerkschaften und Großunternehmen. Mit der Einführung des Achtstundentages und der Anerkennung als gleichberechtigte Vertreter der Arbeitnehmer wurden wichtige Forderungen der Gewerkschaften erfüllt. Die Unternehmen versprachen sich im Gegenzug die Hilfe der Gewerkschaften bei der Bewahrung der bisherigen Wirtschaftsordnung.

🖉 D: Überlege, warum viele Arbeiter einen „Bruderkampf" vermeiden wollten.

Der „Spartakusaufstand" – ein „Bruderkampf"

Im Dezember sprach sich ein Kongress der Arbeiter- und Soldatenräte für die Wahl einer Nationalversammlung und damit für eine parlamentarische Demokratie aus. Dennoch hielten der Spartakusbund, aber auch Teile der USPD an der Räterepublik fest. Ende Dezember 1918 kam es im Streit über diese Frage zu bürgerkriegsähnlichen Unruhen. Die USPD-Politiker traten aus dem Rat der Volksbeauftragten aus. Teile der USPD gründeten Anfang 1919 mit den Spartakisten die Kommunistische Partei Deutschlands (KPD) und riefen zum Sturz der Regierung auf. Vom 5. bis 12. Januar kam es in Berlin zu Streiks und bewaffneten Kämpfen. Um diesen „Spartakusaufstand" niederschlagen zu können, griff die Regierung auf den Einsatz von sogenannten Freikorps zurück. Diese militärischen Kampfverbände bestanden aus ehemaligen Frontsoldaten, die mehrheitlich kaisertreu waren und die Republik ablehnten. Eine sozialistische Räterepublik fürchteten sie aber umso mehr und so gingen sie bereitwillig und mit großer Brutalität gegen die Aufständischen vor. Dabei ermordeten sie auch die Führer der KPD, Karl Liebknecht und Rosa Luxemburg. Der Aufstand wurde zwar niedergeschlagen, doch das brutale Vorgehen der Freikorps vertiefte die Spaltung innerhalb der Arbeiterschaft, machten doch viele die SPD für das blutige Niederwerfen der Unruhen verantwortlich. Der „Bruderkampf", den die große Mehrheit der Anhänger von SPD und USPD hatte verhindern wollen, spaltete nun die Arbeiterbewegung.

Q3 Demonstration vor dem Reichskongress der Arbeiter- und Soldatenräte
Foto, Dezember 1918

🖉 E: Untersuche, für welche Staatsform sich die Demonstranten auf Q3 und der Rat der Volksbeauftragten in Q4 jeweils aussprechen. Stelle in einer Tabelle die Unterschiede der beiden Staatsformen gegenüber. Nimm auch den Verfassertext zu Hilfe.

Q4 Aufruf des Rates der Volksbeauftragten
Plakat, Januar 1919

3. Extraausgabe   Sonnabend, den 9. November 1918.

Vorwärts

Berliner Volksblatt.

Zentralorgan der sozialdemokratischen Partei Deutschlands.

Arbeiter, Soldaten, Mitbürger!

Der freie Volksstaat ist da!
Kaiser und Kronprinz haben abgedankt!
Fritz Ebert, der Vorsitzende der sozialdemokratischen Partei, ist Reichskanzler geworden und bildet im Reiche und in Preußen eine neue Regierung aus Männern, die das Vertrauen des werktätigen Volkes in Stadt und Land, der Arbeiter und Soldaten haben. Damit ist die öffentliche Gewalt in die Hände des Volkes übergegangen. Eine verfassunggebende Nationalversammlung tritt schnellstens zusammen.

Arbeiter, Soldaten, Bürger! Der Sieg des Volkes ist errungen, er darf nicht durch Unbesonnenheiten entehrt und gefährdet werden. Wirtschaftsleben und Verkehr müssen unbedingt aufrecht erhalten werden, damit die Volksregierung unter allen Umständen gesichert wird.

Folgt allen Weisungen der neuen Volksregierung und ihren Beauftragten. Sie handelt im engsten Einvernehmen mit den Arbeitern und Soldaten.

Hoch die deutsche Republik!

Der Vorstand der Sozialdemokratie Deutschlands.
Der Arbeiter- und Soldatenrat.

Q6 Jeder bleibe auf seinem Posten

Reichskanzler Friedrich Ebert in einem Aufruf am 9. November 1918:

Die neue Regierung hat die Führung der Geschäfte übernommen, um das deutsche Volk vor Bürgerkrieg und Hungersnot zu bewahren und seine
5 berechtigten Forderungen auf Selbstbestimmung durchzusetzen. Diese Aufgabe kann sie nur erfüllen, wenn alle Behörden und Beamten in Stadt und Land ihre hilfreiche Hand bieten.
10 Ich weiß, daß es vielen schwer werden wird, mit den neuen Männern zu arbeiten, die das Reich zu leiten übernommen haben, aber ich appelliere an ihre Liebe zu unserem Volke. Ein Versa-
15 gen der Organisation in dieser schweren Stunde würde Deutschland der Anarchie und dem schrecklichsten Elend ausliefern. Helft also mit mir dem Vaterlande durch furchtlose und unver-
20 drossene Weiterarbeit, ein jeder auf seinem Posten, bis die Stunde der Ablösung gekommen ist.

Deutscher Reichsanzeiger und Königlicher Preußischer Staatsanzeiger Nr. 268 vom 12.11.1918.

◎ Du kannst diese Textquelle auf der CD-ROM untersuchen.

Q5 Aufruf der sozialdemokratischen Parteizeitung „Vorwärts" vom 9. November 1918

✎ F: Fasse die Forderungen des Aufrufs für eine kurze Pressemeldung zusammen. Kommentiere zudem die Behauptung: „Die öffentliche Gewalt (ist) in die Hand des Volkes übergegangen."

Q7 Alle Macht den Räten!

Rosa Luxemburg fordert in einem Artikel am 15. Dezember 1918:

Vier dringendste Maßnahmen sind es, mit deren Erfüllung der Zentralrat [gemeint ist der Reichsrätekongress in Berlin] das Versäumte nachholen und
5 sich den Platz sichern kann, der ihm gebührt:
1. Er muß das Nest der Gegenrevolution, er muß die Stelle, an der alle Fäden der gegenrevolutionären Verschwö-
10 rung zusammenlaufen, er muß das Kabinett Ebert-Scheidemann-Haase beseitigen.
2. Er muß die Entwaffnung aller Fronttruppen fordern, die nicht die höchste
15 Gewalt der Arbeiter- und Soldatenräte bedingungslos anerkennen.
3. Er muß (…) die Rote Garde schaffen.
4. Er muß die Nationalversammlung als ein Attentat auf die Revolution und die
20 Arbeiter- und Soldatenräte ablehnen.
Noch können sich die Arbeiter- und Soldatenräte, indem sie diese vier Maßnahmen unmittelbar zur Tat werden lassen, an die Spitze der Revolution
25 setzen: Das Proletariat ist willig, sich von ihnen führen zu lassen, wenn sie ein starker Führer sein wollen gegen den Kapitalismus; (…) das Proletariat ist bereit, ihnen alles zu geben und sie
30 zur höchsten Höhe zu heben mit dem Rufe: „Alle Macht den Arbeiter- und Soldatenräten!"

Rosa Luxemburg, Ausgewählte Reden und Schriften, Bd. 2, Berlin (Ost) 1951, S. 639.

1918   1933

Q8 Kompromisse sind nötig

Der Führer der USPD Hugo Haase schreibt am 26. November 1918:

Die harten Waffenstillstandsbedingungen, die Notwendigkeit der überstürzten Demobilisierung (…) erheischten mehr als sonst die Aufrechterhaltung
5 des eingearbeiteten Verwaltungsapparats. Die alten Beamten, die sich mit der Revolution abgefunden haben, (…) sind im Innern radikalen Neuerungen auf wirtschaftlichem und sozialem Ge-
10 biet nicht geneigt, als bloße Techniker sind sie dennoch nicht zu entbehren. Die Scheidemänner haben aber Bürgerliche auch in wichtigen politischen Stellungen gelassen. (…) Ich würde allein
15 mit meinen Freunden die Regierung ergriffen haben, wenn nicht die Soldaten fast einmütig darauf bestanden, daß wir mit Ebert die Gewalt teilen sollten, und wenn nicht ohne Ebert ein erhebli-
20 cher Teil der bürgerlichen Fachmänner Sabotage treiben würde.

Ernst Haase (Hrsg.), Hugo Haase. Sein Leben und Wirken, Berlin 1929, S. 173.

Q9 Parlament oder Räte?

a) Max Cohen (SPD) am 19. Dezember 1918 auf dem Reichsrätekongress:

Eine starke Zentralgewalt kann nur dann sicheren Halt und eine starke moralische Autorität haben, wenn sie auf dem festen und breiten Fundament des allge-
5 meinen Volkswillens aufgebaut ist. (…) Es gibt nach meiner festen Überzeugung nur ein einziges Organ, das diesen Volkswillen feststellen kann: Das ist die allgemeine deutsche Nationalversamm-
10 lung, zu der jeder Deutsche, gleichviel ob Mann oder Frau (…) wählen kann. Wie man auch über die Arbeiter- und Soldatenräte denken mag, (…) in jedem Fall drücken die Arbeiter- und Soldatenräte
15 nur einen Teilwillen, niemals aber den Willen des ganzen Volkes aus.

b) Ernst Däumig (USPD) sagt auf dem Kongress:

Die alte bürgerliche Demokratie mit ihrem Stimmzettel und ihren Parlamenten ist keine Ewigkeitserscheinung; (…) und
20 wie der Sozialismus als neues Grundprinzip der Welt aufzieht, so ist selbstverständlich damit auch verbunden, daß dieser bürgerlichen Demokratie die proletarische Demokratie folgen muß: wie
25 sie ihren organisatorischen Ausdruck in dem Rätesystem findet. (…) Ich weiß, daß diesem System der Ludergeruch des Bolschewismus anhaftet. (…) Die Diktatur ist zweifellos mit dem Rätesys-
30 tem verbunden; aber was in Rußland geschehen ist, braucht nicht in Deutschland nachgeahmt zu werden.

Gerhard A. Ritter/Susanne Müller (Hrsg.), Die deutsche Revolution 1918–1919, Frankfurt am Main, S. 372 ff.

Q10 Demonstration, Januar 1919

G: Erkläre die einzelnen Forderungen und Aussagen auf den Plakaten.
Nutze dazu die CD-ROM.

1. Beschreibe Hoffnungen und Befürchtungen, die sich mit dem Regierungsumsturz vom 9. November 1918 verbanden (VT, Q3, Q4, Q5, Q7).

2. Benenne die unterschiedlichen Vorstellungen von Demokratie in Q5, Q7, Q8 und Q9 und beurteile sie.

3. Kommentiere die Haltung Eberts aus Sicht eines SPD-Mitglieds und eines Anhängers der Monarchie (VT, Q6).

4. Ein Anhänger der Nationalversammlung und ein Befürworter des Rätesystems diskutieren. Führt dieses Gespräch (VT, Q9).

5. Haltet Kurzreferate über Friedrich Ebert, Hugo Haase und Rosa Luxemburg.

Eine stabile politische Ordnung?

Nach Monaten der Kämpfe schienen in Deutschland endlich Ruhe und politische Normalität einzukehren. Die Deutschen gaben sich einen neuen Staat mit einer neuen Verfassung. Wodurch zeichneten sich beide aus?

Die Weimarer Nationalversammlung

Am 19. Januar 1919 fand mit der Wahl der Nationalversammlung die erste demokratische Wahl auf deutschem Boden statt. Erstmals waren auch Frauen wahlberechtigt. Zwar verfehlte die SPD die erhoffte absolute Mehrheit, doch gemeinsam mit dem Zentrum und der linksliberalen Deutschen Demokratischen Partei (DDP) konnte sie eine Regierungskoalition bilden. In Weimar, das weit genug entfernt von den politischen Unruhen in Berlin lag, trat die Nationalversammlung Anfang Februar zusammen und wählte den Sozialdemokraten Friedrich Ebert zum neuen Reichspräsidenten. Anschließend widmete sie sich ihrer wichtigsten Aufgabe: der Ausarbeitung einer neuen Verfassung.

Eine neue Verfassung

Die Verfassung sollte der Republik ein stabiles Fundament geben. Sie machte den neuen Staat zu einer parlamentarischen Republik. Im Gegensatz zum Kaiserreich war der Reichstag nunmehr das zentrale Verfassungsorgan. Doch auch der Reichspräsident, der direkt vom Volk gewählt werden sollte, verfügte über bedeutende Rechte. So konnte er die Regierung berufen oder auch entlassen und den Reichstag auflösen. Zudem konnte er durch die Anordnung von Volksentscheiden in die Gesetzgebung eingreifen. In Krisenzeiten schließlich durfte er den Ausnahmezustand erklären und Notverordnungen erlassen, für die eine Mitwirkung des Reichstages nicht erforderlich war. In dieser starken Stellung des Reichspräsidenten drückte sich ein gewisses Misstrauen der Nationalversammlung gegenüber der Parteiendemokratie aus. Doch dass in diesen weitgehenden Rechten des Reichspräsidenten zugleich auch die Wurzel des Missbrauchs angelegt war, sahen nur die wenigsten.

A: Untersuche, wie die Gewichte zwischen den einzelnen Gewalten – Volk, Reichstag, Regierung, Reichspräsident – verteilt waren. Beziehe das Schaubild mit ein.

Über Notverordnungen erfährst du mehr auf Seite 104.

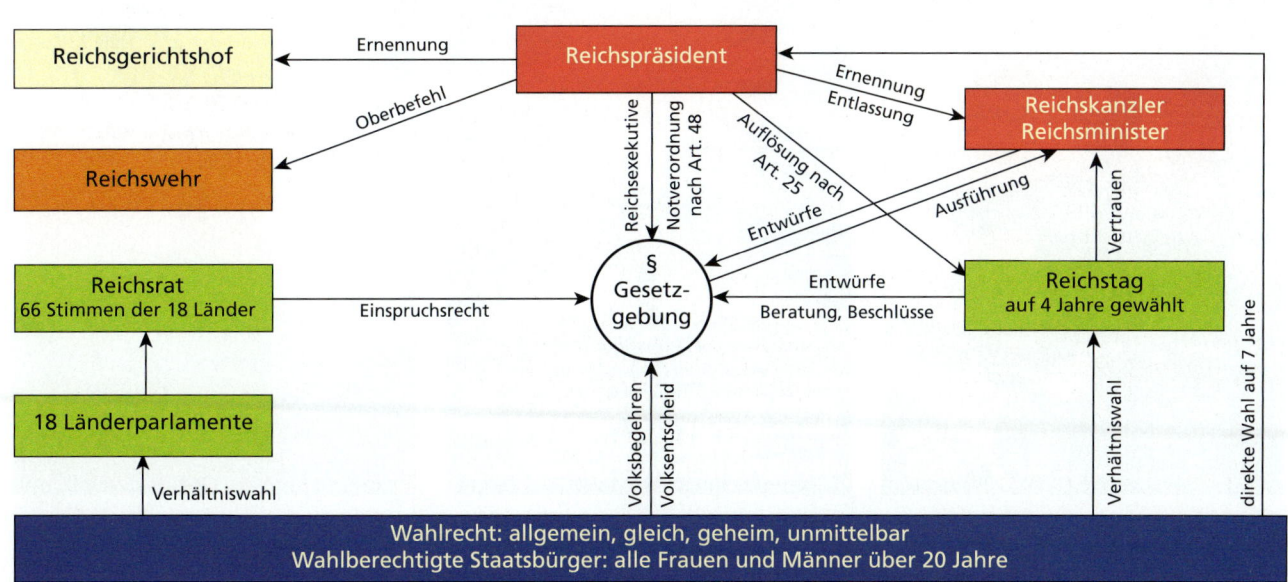

D1 Die Verfassung der Weimarer Republik

Eine Aufgabe findest du auch auf der CD-ROM.

1918   1933

B: Schreibe einen kurzen Lexikon-artikel über die Rolle von Parteien in einem modernen Staat.

Die Parteien der Weimarer Republik

Im Gegensatz zum Kaiserreich spielten die Parteien in der Weimarer Republik die entscheidende Rolle in der Politik. Sie mussten bei den Wahlen Mehrheiten finden, um stabile Regierungen bilden zu können. Das war auch deswegen nicht einfach, weil es bei den Reichstagswahlen keine Sperrklausel gab. Jede Partei erhielt Abgeordnetensitze entsprechend ihrem Stimmanteil, sodass auch kleinste Parteien im Parlament vertreten waren.

Die meisten Parteien in der Weimarer Zeit verstanden sich als Interessenvertretungen bestimmter sozialer Gruppen. So vertrat etwa die SPD große Teile der Arbeiterschaft. Bemühungen, den Einfluss der Partei auch auf andere Schichten auszuweiten und eine linke Volkspartei zu werden, schlugen fehl. Links von der SPD stehende Arbeiter fühlten sich der Kommunistischen Partei Deutschlands (KPD) verbunden. Die KPD war im Verlauf der revolutionären Wirren aus dem Spartakusbund hervorgegangen. In ihren Vorstellungen orientierte sie sich an den sowjetischen Bolschewisten.

Das 1870 gegründete Zentrum hatte die Umbrüche des Jahres 1918/19 ebenso überstanden wie die SPD. Das Zentrum verstand sich als Interessenvertretung der deutschen Katholiken aller sozialen Schichten. Es war von 1919 bis 1932 in allen Reichsregierungen vertreten.

Die linksliberale Deutsche Demokratische Partei, die rechtsliberale Deutsche Volkspartei und die weit rechts stehende Deutschnationale Volkspartei hatten ihre Wurzeln in alten Parteien des Kaiserreiches. Unter anderem Namen und mit neuen Programmen repräsentierten sie nun das liberale Bürgertum (DDP) oder industrielle und wirtschaftsnahe Kreise (DVP). Während sich die DVP nach anfänglicher Ablehnung der Republik der Weimarer Demokratie langsam annäherte, hielt die DNVP an ihrem Bekenntnis zur Monarchie fest. 1920 wurde die Nationalsozialistische Deutsche Arbeiterpartei (NSDAP) gegründet, an deren Spitze Adolf Hitler stand. Mit einer Mischung radikal-nationalistischer, sozialistischer und rassistischer Forderungen versuchte sie, Wähler aus allen Schichten an sich zu binden.

C: Untersuche die Wahlplakate Q1–Q3 mithilfe der methodischen Arbeitsschritte auf S. 87. Ziehe Schlüsse auf die inhaltliche Ausrichtung der Parteien.

Q1 Wahlplakat der DDP, 1919

Q2 Wahlplakat des Zentrums, 1919

Q3 Wahlplakat der DNVP, 1919

Q4 Frauen vor einem Wahllokal, 1919

D: Schreibe aus der Sicht einer der hier abgebildeten Frauen einen Brief an eine Freundin, die im Ausland lebt. Schildere darin deine Erlebnisse, Gedanken und Gefühle am Wahltag.

Q6 Die Weimarer Verfassung

a) Ausgewählte Artikel:

Art. 25 Der Reichspräsident kann den Reichstag auflösen, jedoch nur einmal aus dem gleichen Anlaß. Die Neuwahl findet spätestens am sechzigsten Tag 5 nach der Auflösung statt.

Art. 48 Der Reichspräsident kann, wenn im Deutschen Reich die öffentliche Sicherheit und Ordnung erheblich gestört oder gefährdet wird, die zur Wie- 10 derherstellung der öffentlichen Sicherheit und Ordnung nötigen Maßnahmen treffen, erforderlichenfalls mit Hilfe der bewaffneten Macht einschreiten. Zu diesem Zwecke darf er vorübergehend die (…) Grundrechte ganz oder zum 15 Teil außer Kraft setzen.

b) Auszüge aus den Grundrechten:

Art. 109 Alle Deutschen sind vor dem Gesetz gleich. Männer und Frauen haben grundsätzlich die gleichen Rechte 20 und Pflichten. (…)

Art. 114 Die Freiheit der Person ist unverletzlich. Eine Beeinträchtigung oder Entziehung der persönlichen Freiheit durch die öffentliche Gewalt ist nur auf- 25 grund von Gesetzen zulässig.

Art. 115 Die Wohnung jedes Deutschen ist für ihn eine Freistätte und unverletzlich. (…)

Art. 118 Jeder Deutsche hat das Recht, 30 innerhalb der Schranken der allgemeinen Gesetze seine Meinung durch Wort, Schrift, Druck, Bild oder in sonstiger Weise frei zu äußern. (…)

Peter Longerich (Hrsg.), Die Erste Republik. Dokumente zur Geschichte des Weimarer Staates, München 1992, S. 104–110.

Q5 Auszüge aus den Programmen der Parteien

KPD 1919:

Die Ersetzung des kapitalistischen Ausbeutungsverhältnisses durch die sozialistische Produktionsordnung hat zur Voraussetzung die Beseitigung der 5 politischen Macht der Bourgeoisie und deren Ersetzung durch die „Diktatur des Proletariats".

USPD 1919:

Die USPD setzt der Herrschaft des kapitalistischen Staates die proletarische 10 Herrschaftsorganisation auf der Grundlage des politischen Rätesystems entgegen, dem bürgerlichen Parlament (…) den revolutionären Rätekongreß.

SPD 1921:

Die Sozialdemokratische Partei (…) be- 15 trachtet die demokratische Republik als die durch die geschichtliche Entwicklung unwiderruflich gegebene Staatsform, jeden Angriff auf sie als ein Attentat auf die Lebensrechte des Volkes.

DDP 1919:

20 Die DDP steht auf dem Boden der Weimarer Verfassung; (…). Die deutsche Republik muß ein Volksstaat sein und unverbrüchlich zugleich ein Rechtsstaat.

DVP 1919:

Die DVP wird (…) im Rahmen ihrer 25 politischen Grundsätze innerhalb der jetzigen Staatsform mitarbeiten. (…) Die DVP erblickt in dem durch freien Entschluß des Volkes auf gesetzmäßigem Wege aufzurichtenden Kaisertum 30 (…) die für unser Volk nach Geschichte und Wesensart geeignetste Staatsform.

Zentrum 1923:

Die Z[entrumspartei] bekennt sich zum deutschen Volksstaat, dessen Form durch den Willen des Volkes auf verfas- 35 sungsmäßigem Wege bestimmt wird. Das Volk muß als Träger der Staatsgewalt mit dem Bewußtsein der Verantwortung für die Staatsgeschicke erfüllt werden.

DNVP 1920:

Über den Parteien stehend verbürgt die 40 Monarchie am sichersten die Einheit des Volkes, den Schutz der Minderheiten, die Stetigkeit der Staatsgeschäfte und die Unbestechlichkeit der öffentlichen Verwaltung (…). Für das Reich 45 erstreben wir die Erneuerung des von den Hohenzollern aufgerichteten deutschen Kaisertums.

Wolfgang Lautemann/Manfred Schlenke (Hrsg.), Geschichte in Quellen, Bd. 5, 2. Aufl., München 1970, S. 166–169.

---

1. Schreibe einen Lexikonartikel über die Weimarer Verfassung und die Rechte der Bürger (D1, Q6). Vergleiche mit unserem Grundgesetz.

2. Der Reichspräsident wird aufgrund seiner Rechte häufig auch als „Ersatzkaiser" bezeichnet. Diskutiere diese These anhand von D1 und Q6.

3. Untersucht die Haltung der Parteien zum Staat (VT, Q5). Veranstaltet ein Rollenspiel, in dem ihr die Einstellung zur Republik diskutiert.

1918   1933

Politische Plakate analysieren

Heute sind Fernsehen, Radio, Zeitungen und Internet allgegenwärtige Mittel der Werbung von Parteien. So hoffen sie, die Wähler für ihre Programme zu interessieren und zur Abgabe ihrer Stimme zu bewegen. Zu den wichtigsten Mitteln im „Kampf um Wählerstimmen" während der Weimarer Republik gehörte das Plakat. Welche Botschaften enthielten diese Plakate? Wie waren sie gestaltet, um die Wähler zu überzeugen?

Q1 Für Volksherrschaft und Sozialismus
Wahlplakat der SPD zur Nationalversammlung 1919
Bestand des Hessischen Landesmuseums Darmstadt

Bereits im frühen Kaiserreich warben Parteien in Zeitungen, mit Handzetteln und Plakaten um die Stimmen ihrer Wähler. Nur so konnten sie diesen mitteilen, welche Ziele sie in den Parlamenten auf Reichs-, Landes- oder kommunaler Ebene erreichen wollten. In der Regel waren diese Plakate jedoch einfach gestaltet, enthielten zumeist nur Text, selten Bilder oder andere grafische Elemente. Zu Beginn der Weimarer Republik änderte sich dies. Jetzt machten sich die Parteien wie zuvor große Industriekonzerne bei der Werbung für ihre Produkte auch die Kunst zunutze. Viele namhafte Künstler stellten sich freiwillig in den Dienst der Parteien oder wurden von diesen angeworben. In der Zeit des Umbruchs er-

schien es den Parteien wichtig, so viel Aufmerksamkeit wie möglich zu erregen, um möglichst viele Stimmen bei den für die weitere Zukunft wichtigen Wahlen zu erhalten. Diese Plakate warben dann an Litfaßsäulen, Zäunen und Hauswänden für sie. Auch die sogenannten „sandwichmen", Männer, die sich die Plakate umhängten, machten auf Plätzen und Straßen Werbung für die Parteien. Plakate lassen aber nicht nur erkennen, wie Parteien um Wähler warben. Sie werfen durch ihre Gestaltung und ihre Texte zugleich auch ein Schlaglicht auf die allgemeine Stimmung der Zeit, in der sie entstanden.

Ein Beispiel für diese neue Form der Werbung ist ein Plakat der SPD für die Wahl zur Nationalversammlung am 19. Januar 1919.
Dieses Plakat lässt wichtige Elemente erkennen, die der Künstler und die Partei, für die er warb, berücksichtigen mussten, um erfolgreich zu sein. Dazu gehörten
- Aufmerksamkeit erregende Farben und Symbole,
- einprägsame Texte,
- überzeugende Forderungen,
- klar erkennbare Abgrenzungen zu konkurrierenden Parteien.

Methodische Arbeitsschritte

1 Beschreiben

- Beschreibe das Bild. Achte dabei auch auf kleinste Gegenstände und Texte, die Verteilung von Licht und Schatten, Farben und die Anordnung der Texte.
- Stelle fest, was auf dem Plakat besonders ins Auge fällt.
- Nenne Einzelheiten, die du auf dem Plakat siehst.

2 Untersuchen

- Stelle fest, wer das Plakat in Auftrag gegeben hat.
- Finde heraus, aus welchem Grund das Plakat in Auftrag gegeben wurde.
- An wen wandte sich das Plakat?
- Untersuche, welche Symbole und welche Anspielungen auf historische Ereignisse du erkennen kannst.
- Untersuche den Text des Plakats.

3 Deuten

- Ordne das Plakat in den historischen Zusammenhang ein.
- Überlege, welches Ziel der Auftraggeber mit dieser Form der Gestaltung und den Texten zu erreichen versucht.
- Versuche zu beurteilen, wie dieses Plakat auf die Wählerinnen und Wähler gewirkt haben könnte.

Beschreiben

In der Mitte des in Schwarz gehaltenen Plakats ist eine hell strahlende, einfach gekleidete Frau zu sehen. Diese steht vor einem Baum, dessen Stamm und Frucht rot leuchten und über den sie schützend die Hand hält. Zwei farbige Schlangen, die einen Helm bzw. einen Zylinder tragen, umringen sie. In der linken oberen Bildhälfte ist zu lesen: „Für Volksherrschaft und Sozialismus", in der rechten: „Nieder mit Reaktion und Kapitalismus". Der untere Teil des Bildes enthält in roter Schrift die Aufforderung: „Jede Stimme den Mehrheitssozialisten. Sozialdemokratische Partei S.P.D."

Untersuchen

Bei dem Bild handelt es sich um ein Plakat der Mehrheitssozialisten. Diese repräsentierten den größeren Teil der SPD, die sich 1917 in MSPD und USPD gespalten hatte. Die Szene in der Mitte erinnert an eine Geschichte aus der Schöpfungsgeschichte: Eine weiß gekleidete Frau – Eva – wird hier von zwei Schlangen verführt. Die blaublütige – die Farbe zur Kennzeichnung des Adels – Schlange mit dem Helm symbolisiert den einen Teil der alten Schichten, der aufgrund seiner Rückwärtsorientierung auch als „Reaktion" bezeichnet wurde. Diese alte Elite hatte zugleich eine starke Stellung im Militär. Die andere Schlange mit dem Zylinder auf dem Kopf steht für das reiche Bürgertum – von der SPD allgemein als „Kapitalisten" bezeichnet. Im Gegensatz zur Bibel hat Eva aber nicht die Absicht, sich verführen zu lassen. Sie hält schützend die Hand über die neue Frucht. Diese ist in Rot gehalten, der traditionellen Farbe des Sozialismus. Aus diesem Grund ist auch die Aufforderung, die Stimme der SPD zu geben, in roter Schrift gestaltet.

Die Aufforderungen sind klar: Einerseits weisen sie auf die Fortschritte hin, die es zu verteidigen gilt – Volksherrschaft und Sozialismus. Andererseits rufen sie auf zur Bekämpfung der gefährlichsten Gegner: Reaktion und Kapitalismus. Um erfolgreich zu sein, fordert das Plakat auf, die Mehrheitssozialdemokratie, die eigentliche Wahrerin des Erbes der alten SPD, zu wählen.

Deuten

Vor dem Hintergrund der Revolutionswirren hielt es die SPD für notwendig, nachdrücklich um möglichst viele Stimmen bei den Wahlen zur Nationalversammlung zu werben. In diesen griff sie in vielfältiger Weise auf Motive zurück, die eindrücklich den Gegensatz von einst – Herrschaft von Reaktion und Kapitalismus – und jetzt – Herrschaft des Volkes und Sozialismus – herausstellten. Damit wollte sie unterstreichen, dass das untergegangene Kaiserreich eine Klassengesellschaft war, die neue Ordnung aber eine sozial gerechte Gesellschaft schaffen werde, in der tatsächlich das Volk herrscht. Zur Abgrenzung von der USPD, die radikalere Forderungen erhob, stellte sich die MSPD ganz bewusst in die Tradition der einstigen SPD, die bereits im Kaiserreich konsequent den Anspruch auf die Vertretung der Interessen aller Arbeiter erhoben hatte.

---

1. Entwirf ein eigenes Wahlplakat, das zur Wahl der SPD bei der Nationalversammlung aufruft.

2. Versetze dich in die Lage von Zeitgenossen aus dem konservativen und dem sozialdemokratischen Lager, die dieses Plakat (Q1) an einer Hauswand sehen. Schreibe deren Meinungen nieder.

3. Wende die oben genannten Arbeitsschritte auf die Deutung eines dir bekannten Wahlplakates von den letzten Kommunal-, Landtags- oder Bundestagswahlen an.

1918

1933

Die junge Republik unter Druck – das Krisenjahr 1923

Die schweren Belastungsproben der Weimarer Republik rissen in den Anfangs- jahren nicht ab. Nach außen hatte sie sich der Ansprüche der Siegermächte zu erwehren, während sie im Inneren von den Gegnern der Republik aufs Schärfste bekämpft wurde. Im Jahr 1923 traf es den Weimarer Staat besonders hart.

✎ A: Untersuche dieses Plakat. Achte dabei auch auf die Farben. Wen wollte der Künstler damit ansprechen?

Q1 Dolchstoßlegende
Ausschnitt aus einem Wahlplakat der Deutschnationalen Volkspartei, 1924

Dolchstoßlegende und politische Attentate

Rechtsgerichtete Gegner der Republik diffamierten von Anfang an all jene Politiker, die sich für eine Vertragsannahme ausgesprochen hatten, als „Va- terlandsverräter". Zudem schoben sie die Verantwortung für die militärische Niederlage auf die politische Ebene: Der Krieg sei nicht an der Front verloren gegangen, vielmehr seien Sozialdemokraten und Revolutionäre den Soldaten in den Rücken gefallen und hätten sie mit ihrem Umsturz hinterrücks „erdolcht".

Diese „Dolchstoßlegende" verdrehte die Tatsachen – die Militärs hatten im Sommer 1918 die Überlegenheit der Gegner eingeräumt –, doch sie traf bei vielen auf Zustimmung. Hetzkampag- nen wie diese vergifteten das politi- sche Klima. Demokratische Politiker wurden zu Zielscheiben von Atten- tätern. 1921 ermordeten Rechtsext- remisten Reichsfinanzminister Mat- thias Erzberger, den Unterzeichner des Waffenstillstandsvertrages. 1922 wurde Außenminister Walther Rathe- nau, der für eine Erfüllung der Repa- rationen eintrat, Opfer eines Atten- tats aus rechtsradikalen Kreisen. Nur wenige Menschen waren bereit anzu- erkennen, dass für Krieg, Niederlage und deren Folgen nicht die Politiker der Republik, sondern die gestürzte kaiserliche Reichsleitung verantwort- lich war.

✎ B: Erstelle eine Liste der Probleme, denen sich die Regierung 1923 gegen- übersah. Verwende auch die Karte auf S. 77.

Frankreich besetzt das Ruhrgebiet

Das Jahr 1923 schien vielen Deutschen zu bestätigen, dass das Reich der Will- kür der Siegermächte ausgeliefert war. Da Deutschland mit der Lieferung von Reparationsgütern – Holz und Kohle – an Frankreich im Rückstand war, be- setzten französische und belgische Truppen im Januar das Ruhrgebiet. Die Reichsregierung ließ daraufhin sämtliche Reparationsleistungen einstellen und rief zum passiven Widerstand auf. Allen Beamten wurde verboten, Be- fehle der Besatzungstruppen auszuführen, und auch die übrige Bevölkerung verweigerte die Zusammenarbeit mit den Besatzern: Zechen wurden stillge- legt, Fabriken geschlossen – das Ruhrgebiet befand sich im Generalstreik. Die- ser „Ruhrkampf" einte ausnahmsweise die politischen Lager in Deutschland. Doch so populär der passive Widerstand auch war, so teuer kam er die Reichs- regierung zu stehen. Die Versorgung der nicht arbeitenden Bevölkerung mit Lebensmitteln sowie der Produktions- und Steuerausfall kostete die Staats- kasse täglich mehrere Millionen Reichsmark. Um dies zu finanzieren, ließ die Regierung Geld drucken und verschärfte damit einen Prozess, der sich schon seit Jahren in Deutschland zuspitzte: die Inflation.

Inflation
Durch Vermehrung der Geldmenge vermindert sich der Geldwert. Der Staat lässt Geld drucken, die Warenmenge wird aber nicht erhöht. Dies führt zu steigenden Preisen. Sachwerte hinge- gen, wie Grundstücke oder Schmuck, behalten ihren Wert.

Q2 Notgeld während der Inflation
November 1923

C: Überlege, warum der Geldschein wohl überdruckt worden ist.

Geld ohne Wert: die Inflation des Jahres 1923

Der sich in atemberaubender Geschwindigkeit vollziehende Wertverlust der Reichsmark im Jahr 1923 gehörte wie die Kriegsniederlage 1918 zu den traumatischen Erlebnissen vieler Zeitgenossen. Allein zwischen dem 15. Oktober und dem 2. November fiel der Wert der Reichsmark gegenüber dem Dollar von 3 769 auf 320 800 Milliarden. Die Warenpreise stiegen in schwindelerregende Höhen: So kostete Margarine am 13. Oktober 500 Millionen Reichsmark, eine Woche später bereits 1 860 Millionen. Die Ursachen dieser verheerenden Entwicklung lagen in der Finanzpolitik des Kaiserreiches. Skrupellos hatten die Reichsregierungen während des Ersten Weltkrieges die Kosten des Krieges mit Anleihen und einer ständig laufenden Notenpresse finanziert. Sie hofften darauf, die entstehenden Schulden nach dem Sieg den Verlierern aufbürden zu können. Mit der Niederlage zerschlugen sich diese Hoffnungen.

Vertrauen zum Staat geht verloren

Wer bis 1923 seine Papiermark nicht rechtzeitig in Sachwerte wie Grundstücke investiert oder in wertbeständige Zahlungsmittel wie den US-Dollar getauscht hatte, verlor nahezu alles. Vor allem Arbeiter, Angestellte und Beamte gehörten zu den Verlierern. Die Großindustrie hingegen war ein Gewinner der Krise. Sie konnte ihre Güter auf den Exportmärkten zu Dumpingpreisen für „harte" Währungen wie den Dollar verkaufen.

Den größten Schaden erlitt jedoch die politische Kultur. Etliche verloren während der Krise das Vertrauen in den Staat. Jetzt gingen auch diejenigen innerhalb des Bürgertums auf Distanz, die die Republik bisher unterstützt hatten. An dieser Haltung konnte auch die erfolgreiche Reform der Währung im November 1923 und die damit verbundene Stabilisierung der Reichsmark nichts ändern.

D: Erkläre, wer unter der Inflation zu leiden hatte, und wer davon profitierte.

Stürzt die Republik?

Die Ruhrbesetzung und das wachsende Elend waren ein günstiger Nährboden für jene Kräfte, die der Republik schaden wollten. Und so hatte der Weimarer Staat 1923 auch innenpolitische Angriffe zu überstehen. Im Rheinland und in der Pfalz betrieben einige Gruppen die Loslösung dieser Regionen vom Reich und wurden dabei von Frankreich unterstützt. Doch diese Separatisten fanden keine Mehrheit in der Bevölkerung. Weitaus bedrohlicher für den inneren Frieden waren Putschversuche in Sachsen und Thüringen. Dort planten im Herbst 1923 Kommunisten einen Aufstand. Die Reichsregierung verhängte den Ausnahmezustand in beiden Ländern und ließ Truppen einmarschieren. Schließlich setzte sie den sächsischen Ministerpräsidenten ab.

Zur gleichen Zeit bereiteten in München Anhänger der NSDAP um Adolf Hitler ebenfalls einen Putsch vor. Hitler erklärte die bayerische Landesregierung und die Reichsregierung für abgesetzt und marschierte am 9. November 1923 mit seinen Gefolgsleuten durch München. Doch Einheiten der bayerischen Polizei schlugen diesen Putschversuch nieder. Hitler und seine Anhänger wurden des Hochverrats angeklagt, doch sie fanden milde Richter. Die NSDAP wurde nur kurzfristig verboten und Hitler zu einer fünfjährigen Haftstrafe verurteilt, von der er aber nur neun Monate verbüßen musste.

E: Kommentiere den Hitler-Putsch aus Sicht eines Arbeiters, der 1918 für den Sturz der Monarchie und eine parlamentarische Republik gekämpft hatte.

D1 Gerechte Richter?
Rechtsprechung 1918 bis 1922

Politische Morde begangen von:	Links-stehenden	Rechts-stehenden
Anzahl der Morde	22	354
ungesühnte Morde	4	326
teilweise gesühnte Morde	1	27
gesühnte Morde	17	1
verurteilte Mörder	38	24
freigesprochene Täter	–	23
hingerichtete Mörder	10	–
Freiheitsstrafe je Mord	15 Jahre	4 Monate

Zit. nach: Emil Julius Gumbel, Vier Jahre Mord, Berlin 1922, S. 81.

Q4 „Viele gingen zugrunde"

Der Journalist Curt Riess arbeitete in den 1920er-Jahren für eine Berliner Tageszeitung. Er beschreibt die Inflation so:

[Mein] Vater begriff erst, woran er war, als er feststellen mußte, daß die Rechnung für 3,20 Meter Tuch, aus dem ein Anzug gemacht werden konnte, höher
5 war als die Rechnung, die er einem Kunden für den Anzug ausstellen konnte. Von diesem Tag an fertigte er nur noch Anzüge gegen Dollar an. (…) Und wie stand es um die sogenannten kleinen
10 Leute, die Gehaltsempfänger? Sie mußten am Ende des Monats feststellen, daß sie sich für den Lohn, den sie erhielten, so gut wie nichts mehr kaufen konnten. Um diesem Desaster abzuhel-
15 fen, wurde es zur Regel, daß Angestellte und Arbeiter nicht mehr monatlich bezahlt wurden, sondern wöchentlich, dann jeden dritten Tag, schließlich täglich. Dann sausten sie (…) in die nahen
20 Geschäfte und kauften ein. Und die Geschäftsinhaber brachten das eingenommene Geld so schnell wie möglich auf die Bank und kauften dafür (…) fremde Währung.

Rudolf Pörtner (Hrsg.), Alltag in der Weimarer Republik. Erinnerungen an eine unruhige Zeit, Düsseldorf 1990, S. 34f.

D2 Preise während der Inflation
In Berlin kosteten am 9./10. Juni 1923:

Produkt/ Leistung	Preis
1 Pfund Kartoffeln	112–130 Mark
1 Pfund Kaffee	26 000–36 000 Mark
1 Ei	800–810 Mark
1 Brot	2 500 Mark
1 Straßenbahnfahrt	600 Mark

Zit. nach Wolfgang Michalka/Gottfried Niedhart (Hrsg.), Deutsche Geschichte 1918–1933. Dokumente zur Innen- und Außenpolitik, Frankfurt am Main 1992, S. 79.

Q3 Plakat der Reichsregierung zum Ruhrkampf 1923

F: Diskutiere mit deinen Mitschülern das Motto des Bildes. Erläutere, wie es in der Gestaltung des Bildes umgesetzt worden ist.

Nutze für diese Aufgabe die CD-ROM.

Q5 „Jetzt bin ich Millionär – mein Gott, wie werd ich erst als Milliardär aussehen!"
Karikatur von Thomas Theodor Heine, 1923

G: Erkläre, wie hier die Begriffe Millionär und Milliardär verwendet werden.

Q6 Reichswehrkompanie auf dem Weg zum Landtagsgebäude in Dresden, wo der Landtag abgesetzt werden soll
Foto von Robert Sennecke, 29. Oktober 1923

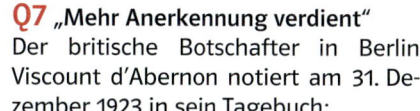 H: Informiere dich auf der Website der Bundeszentrale für polische Bildung (www.bpb.de; „Kampf und die Republik 1919–1923") über den genauen Ablauf der kommunistischen Umsturzversuche im Herbst 1923. Verfasse auf Grundlage der recherchierten Informationen einen Kommentar zu diesem Bild.

Q7 „Mehr Anerkennung verdient"
Der britische Botschafter in Berlin Viscount d'Abernon notiert am 31. Dezember 1923 in sein Tagebuch:

Nun geht das Krisenjahr zu Ende. Die inneren und äußeren Gefahren waren so groß, daß sie Deutschlands ganze Zukunft bedrohten (…):

5 Die Ruhrinvasion; der kommunistische Aufstand in Sachsen und Thüringen; der Hitler-Putsch in Bayern; eine Wirtschaftskrise ohnegleichen; die separatistische Bewegung im Rheinland.

10 Jeder einzelne dieser Faktoren, falls er sich ausgewirkt hätte, würde eine grundlegende Veränderung entweder in der inneren Struktur des Landes oder in seinen Beziehungen nach außen herbeigeführt haben. Jedes dieser Gefahrenmomente, falls es nicht abgewendet worden wäre, hätte jede Hoffnung auf eine allgemeine Befriedigung vernichtet. Politische Führer in Deutschland sind nicht gewohnt, daß ihnen die Öffentlichkeit Lorbeeren spendet. Und doch haben diejenigen, die das Land durch diese Gefahren durchgesteuert haben, mehr Anerkennung verdient, als 25 ihnen zuteil wird.

Viscount d'Abernon, Ein Botschafter der Zeitenwende. Memoiren, übers. v. Antonia Vallentin Bd. 2, Leipzig 1929, S. 337f.

Q8 Die Hauptangeklagten im Hochverratsprozess gegen die Beteiligten am Hitler-Putsch
Foto, 1924
Links neben Hitler (4. von rechts) steht der ehemalige General der Obersten Heeresleitung, Erich Ludendorff.

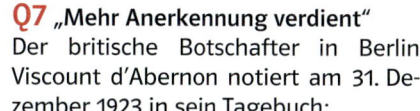 I: Welchen Eindruck machen die Angeklagten vor Prozessbeginn auf dich? Beachte Kleidung, Haltung und Mimik.

◎ Du kannst das Foto auch mithilfe der CD-ROM untersuchen.

1. Nimm Stellung zu der These, die Justiz der Weimarer Republik sei „auf dem rechten Auge blind gewesen" (VT, D1).

2. Fasse den Tagebucheintrag des britischen Botschafters in eigenen Worten zusammen und erkläre seine Haltung (Q7).

3. Versetze dich in die Rolle eines ausländischen Reporters, der am Ende des Jahres 1923 über die Lage in Deutschland berichten soll (VT, Q2–Q6, D2).

1918   1933

Deutschlands Rückkehr in die Völkerfamilie

Nach dem Ende des Krieges war das Deutsche Reich isoliert. 1926 wurde es Mitglied des Völkerbunds. Welche Schritte führten zur Wiederaufnahme in die internationale Gemeinschaft? War sie innenpolitisch von allen gewollt?

Isolierung

Nach dem Ende des Krieges war das oberste Ziel der ehemaligen Kriegsgegner, vor allem Frankreichs, die Bestimmungen des Versailler Vertrages durchzusetzen. Teile des Reiches wurden besetzt. Eine interalliierte Kontrollkommission überwachte die Entwaffnung von Armee und Marine. Die Reparationen, die Deutschland zu leisten hatte, wurden 1921 auf der Londoner Konferenz auf 132 Milliarden Reichsmark festgelegt.

Erster Schritt aus der außenpolitischen Isolation

1922 unterzeichneten das Deutsche Reich und Sowjetrussland, das seit Ende 1917 ebenfalls isoliert war, zur Überraschung aller anderen Mächte im italienischen Rapallo einen Vertrag. Darin erkannten sie sich gegenseitig an, verzichteten gegenseitig auf Reparationszahlungen und vereinbarten, dass bei Handelsverträgen der Grundsatz der Meistbegünstigung gelten sollte. Reichswehr und Rote Armee arbeiteten darüber hinaus seitdem geheim zusammen.

Von Rapallo nach Locarno

Nach Beendigung des Ruhrkonflikts begannen das Deutsche Reich und die Alliierten, sich anzunähern. 1924 entwickelte der amerikanische Finanzexperte Charles Dawes einen Plan, der die Höhe der jährlichen Reparationsraten festlegte. Verbunden damit war eine Geldanleihe, die der deutschen Wirtschaft zum Aufschwung verhelfen sollte. Mit diesen Verhandlungen einher gingen Gespräche über eine Wiederaufnahme Deutschlands in die internationale Gemeinschaft. 1925 erkannte die Reichsregierung im Vertragswerk von Locarno die Grenzen im Westen an. Zugleich verpflichtete sie sich, die Ostgrenze nicht gewaltsam zu ändern. Im September 1926 wurde das Deutsche Reich schließlich Mitglied im Völkerbund.

Die Verträge von Locarno waren zweifelsohne ein großer außenpolitischer Erfolg: Deutschland war als gleichberechtigtes Mitglied auf die politische Bühne zurückgekehrt. 1926 erhielten Außenminister Gustav Stresemann und sein französischer Kollege Aristide Briand als „Architekten" der Verträge den Friedensnobelpreis. Dennoch waren sie in Deutschland heftig umstritten. Während die Rechte von einem „zweiten Versailles" und vom „Verrat deutscher Interessen" sprach, prangerte die KPD das „Verschenken" deutscher Gebiete an und brandmarkte sie als gegen die Interessen der UdSSR gerichtet. Im März 1930 verabschiedete der Reichstag den Youngplan, der die endgültige Reparationssumme auf 112 Milliarden Reichsmarkt festlegte. Obgleich auch das ein Erfolg war, nutzten vor allem die Gegner der Republik den Plan, um gegen die Republik Stimmung zu machen.

Meistbegünstigung

Wenn in internationalen Verträgen das Prinzip der Meistbegünstigung festgeschrieben ist, müssen Handelsvorteile, die einem Vertragspartner gewährt werden, auch allen anderen Vertragspartnern eingeräumt werden.

✎ **A:** Stell dir vor, du wärst ein Anhänger Stresemanns. Was würdest du einem Anhänger der DNVP, der vor diesem Plakat steht, sagen?

Q1 Wahlplakat der Deutschnationalen Volkspartei von 1928

Youngplan

Der Plan erhielt seinen Namen nach dem amerikanischen Industriellen und Diplomaten Owen D. Young. Dieser leitete ab Februar 1929 eine Konferenz, die den Auftrag hatte, die deutschen Reparationszahlungen neu zu regeln, da sich herausgestellt hatte, dass die deutsche Wirtschaft die im Dawesplan festgelegten Zahlungen nicht aufbringen konnte.

Q2 „Polen muß erledigt werden"

Reichskanzler Dr. Wirth am 24. Juli 1922 über den Vertrag von Rapallo:

Meine Politik wird meist mißverstanden; ich sehe die einzige Möglichkeit für uns, wieder zum Aufstieg zu kommen, darin, daß das deutsche und
5 russische Volk gesunden und als Nachbarn wieder freundschaftlich und vertrauensvoll zusammenarbeiten. (…) aus diesem Grunde habe ich auch den Rapallovertrag abgeschlossen. Der Ver-
10 trag ist, wie Sie wissen, in Deutschland auf scharfen Widerstand gestoßen, und zwar, ich verhehle es Ihnen nicht, besonders bei den sozialistischen Parteien und in erster Linie bei
15 dem Herrn Reichspräsidenten. Aber was wollen Sie mit Parteien, die sich zu dem Wahlspruch „Nie wieder Krieg" bekennen? Diesen Standpunkt kann ich nicht teilen, und eines erkläre ich Ih-
20 nen unumwunden: Polen muß erledigt werden. Auf dieses Ziel ist meine Politik eingestellt. (…) Ich schließe keine Verträge, durch die Polen gestärkt werden könnte, es ist vielmehr mit meinem Ein-
25 verständnis manches auch bezüglich der Ostgrenze geschehen, was nur wenige außer mir wissen. In diesem Punkt bin ich ganz einig mit den Militärs, besonders mit dem General v. Seeckt. (Nach den Aufzeichnungen des Grafen Brockdorff-Rantzau über seine Unterredung mit Reichskanzler Dr. Wirth am 24. Juli 1922.)

Herbert Michaelis/Ernst Schraepler (Hrsg.), Ursachen und Folgen. Vom deutschen Zusammenbruch 1918 und 1945 bis zur staatlichen Neuordnung Deutschlands in der Gegenwart, Bd. VI, Berlin, o. J., S. 598.

Q3 Über die Grundsätze deutscher Außenpolitik

Außenminister Gustav Stresemann (DVP) schreibt am 18. Mai 1925:

Jedermann weiß auch, daß sich in Deutschland kein ernsthafter Mensch mit kriegerischen Absichten irgendwelcher Art trägt, und daß das deutsche Volk
5 nur den einen Wunsch hat, in ungestörter friedlicher Arbeit seinen Staat und seine Wirtschaft wieder aufzubauen. Wir können deshalb auch das Bestreben eines Sicherheitsproblems in dem Sinne,
10 als ob andere Länder ein berechtigtes Bedürfnis nach Schutz gegen deutsche Angriffe hätten, unmöglich anerkennen. Ganz im Gegenteil kann Deutschland, das, völlig entwaffnet, stark gerüsteten,
15 durch militärische Bündnisse gesicherten Machthabern gegenübersteht, mit Recht die Forderung nach Schutz seiner Grenzen erheben.

Wolfgang Michalka/Gottfried Niedhart (Hrsg.), Deutsche Geschichte 1918–1933. Dokumente zur Innen- und Außenpolitik, Frankfurt am Main 1992, S. 106.

Q4 Der Geist von Locarno

Der französische Außenminister Aristide Briand vor der Nationalversammlung am 26. Februar 1926:

Er ist nicht abgefaßt und abgeschlossen worden, um der einen Nation auf Kosten der anderen Vorteile zuzuwenden. Um ihn zu würdigen, muß man ihn
5 in seinem wahren Geiste verstehen, und das ist nicht der Geist eines engen und egoistischen Nationalismus. Er ist abgefaßt (…) in einem europäischen Geiste und für die Zwecke des Friedens.
10 (…) Das beste an ihm ist, daß er den Völkern wieder Vertrauen gegeben hat, in einer Zeit, da alles dunkel war (…).

Wolfgang Lautemann/Manfred Schlenke (Hrsg.), Geschichte in Quellen, Bd. 5, 2. Aufl., München 1970, S. 213.

Q5 Würdigung Stresemanns

Der Schriftsteller Thomas Mann am 17. Oktober 1930:

Es wird immer denkwürdig bleiben, wie das Vertrauen, die menschliche Sympathie, die Bewunderung der Welt ihm zuwuchs. (…) Sie wirken heute noch mehr
5 (…) und das Ansehen, das er genoß, kommt noch den Erben seines Amtes zugute. Wenn in der großen Versammlung in Genf der Vorsitzende (…) den Namen des deutschen Außenministers
10 nennt, Stille sich über den Saal breitet und der alte Briand (…) der Engländer, der Pole, der Italiener ihre Kopfhörer nehmen, um sich kein Wort von dem entgehen zu lassen, was der Vertreter des
15 Deutschen Reiches der Welt zu sagen hat, – dann sieht und fühlt man die Veränderungen und Fortschritte, die sich, trotz allem, zugetragen haben, seit unsere Diktatempfänger in Versailles wie
20 Pestkranke hinter Planken und Schranken gehalten wurden und Clemenceau in giftigem Erstaunen den Klemmer abnahm, wenn ein Deutscher sich einfallen ließ, zu sprechen. (…) Am Ende der
25 Politik Stresemanns stand und steht die friedliche Revision des Versailler Vertrages mit bewußter Zustimmung Frankreichs und ein deutsch-französisches Bündnis als Fundament des friedlichen
30 Aufbaus Europas.

Thomas Mann, Deutsche Ansprache, Berlin 1930, S. 27 ff.

✎ B: Recherchiere die Hintergründe der „Deutschen Ansprache" und verfasse einen kurzen Bericht darüber.

---

1. Informiere dich in Lexika und Handbüchern über die deutsch-russische Politik gegenüber Polen nach dem Ersten Weltkrieg und halte ein Kurzreferat. Beziehe auch Q2 ein.

2. Prüfe die Aussagen Gustav Stresemanns (Q3) vor dem Hintergrund der

deutschen Kriegsziele im Ersten Weltkrieg (S. 19), des Versailler Vertrags (S. 28–31) und der innenpolitischen Debatten in der Weimarer Republik (VT, Q1, Q2).

3. Schreibe einen Zeitungsartikel mit der Überschrift: „Stresemanns Politik –

ein Erfolg!" Beziehe dabei ausdrücklich Q4 und Q5 mit ein.

4. Definiere den Begriff „Reparationen" und halte dazu ein Kurzreferat.

1918   1933

Moderne Zeiten?
Alltag in der Weimarer Republik

In den 1920er-Jahren veränderte sich das Alltagsleben in den großen Städten zusehends. Für alle sichtbar kam es dort zu einer rasanten Modernisierung des Lebens. Doch nicht alle Menschen spürten etwas davon. Viele betrachteten die Veränderungen zudem skeptisch.

Berlin: Stadt der Superlative

Um 1930 war Berlin nach New York und London mit 4,3 Millionen Einwohnern die drittgrößte Stadt der Welt. Wie keine andere deutsche Stadt verkörperte Berlin das moderne Leben. Berlin besaß eine lebhafte Szene an Theatern, Kabaretts und Orchestern, die weltweit ihresgleichen suchte. Die Stadt verfügte über die größten Filmateliers Europas und nirgendwo sonst gab es so viele Zeitungsverlage. Abends brachte die schnellste Stadtbahn der Welt die Großstädter zu den Lokalen, Tanzklubs und den Kinosälen mit ihren glitzernden Leuchtreklamen. Heiß begehrt waren die neuesten Filme und Tänze aus den USA. Die Großstadtatmosphäre inspirierte Schauspieler, Musiker, Schriftsteller und Künstler, neue Wege zu beschreiten. Experimentierfreude und Kreativität waren typisch für Kunstwerke der damaligen Zeit.

Modernes Leben: Fortschritt für alle?

Doch Berlin war nicht Deutschland. Richtig erleben ließ sich das moderne Leben nur in wenigen deutschen Großstädten. Und nur wer genügend Geld besaß, konnte sich den Besuch der Kabaretts und der teuren Klubs leisten. Der schnelle und hektische Großstadtalltag zog zwar so manchen in seinen Bann, stieß viele Menschen aber auch ab. Konservative Zeitgenossen kritisierten die „Amerikanisierung" des Lebens und meinten damit den Verlust ihrer vertrauten Lebensweise. Hinzu kam, dass die meisten Menschen in ihrem Alltag von vielen positiven Neuerungen gar nicht profitierten. Auf Plakaten und in Zeitungen wurde zwar für die ersten Kühlschränke, Waschmaschinen und Staubsauger geworben, doch die Masse der Bevölkerung konnte sich solche Geräte gar nicht leisten. Manche Haushalte verfügten noch nicht einmal über die notwendigen Stromanschlüsse.

✎ **A:** Zwei Schwestern treffen sich im Berlin der 1920er-Jahre. Die eine lebt dort seit drei Jahren, die andere wohnt noch in der Heimat auf dem Land. Beide unterhalten sich über die Vor- und Nachteile des Großstadtlebens. Schreibe zusammen mit deinem Nachbarn diesen Dialog.

✎ **B:** Beschreibe, wie der Maler Otto Dix in dem dreiteiligen Bild den Alltag der Großstadt darstellt.

◎ Auf der CD-Rom kannst du das Tryptichon genauer untersuchen.

Q1 Großstadt
Tryptichon von Otto Dix, 1928

Alltag der Frauen – was ändert sich, was bleibt?

Etwa ein Drittel aller Frauen zur Zeit der Weimarer Republik war berufstätig. Sie arbeiteten in Warenhäusern und in Büros, als Sekretärin oder Telefonistin, aber auch in Fabriken am Fließband. Deutlich mehr Frauen als früher fanden jetzt Arbeit als Angestellte. Das bedeutete einen sozialen Aufstieg, insbesondere für jene, die aus Arbeiterfamilien stammten. Frauen bekamen jedoch weniger Gehalt als ihre männlichen Kollegen. Die Berufstätigkeit von Frauen galt zudem als unschicklich. Idealbild für die meisten Menschen blieb die Ehefrau und Mutter, die sich zu Hause um ihre Familie kümmerte. Gleichzeitig verbreiteten Filme, Werbung und Romane jedoch ein anderes Bild: die „neue Frau". Typisch für dieses öffentliche Bild war das attraktive, modische Aussehen mit Schminke, Bubikopf und Zigarette, das Selbstständigkeit und Selbstbewusstsein ausstrahlte. In solchen Bildern zeigten sich die Wünsche von Männern und Sehnsüchte von Frauen, sie entsprachen aber nur selten der Realität.

Modernisierung in Architektur, Kunst und Literatur

Bereits vor dem Ersten Weltkrieg hatten sich einzelne Architekten, Ingenieure und Künstler zu neuen Gestaltungs- und Kunstformen aufgemacht. Nicht mehr die schmuckreiche Ausgestaltung von Möbeln und Bauwerken sollte im Vordergrund stehen, sondern die Funktionalität. Einfache, klare Formen waren das Ziel, alles Überflüssige sollte entfallen. Die 1919 von Architekt Walter Gropius gegründete Kunsthochschule „Bauhaus" griff diese Gedanken auf. Künstler, Architekten und Handwerker sollten dabei gemeinsam diesen neuen Kunststil gestalten. Etwa zeitgleich entwickelte sich in der Kunst und Literatur die Stilrichtung der „Neuen Sachlichkeit". Viele Maler und Schriftsteller stellten in ihren Bildern und Texten die Wirklichkeit nun kühl, nüchtern und möglichst realistisch dar. Die Modernisierung in Architektur, Design und Literatur wurde jedoch nur von einer kleinen Gruppe getragen.

Zu viel Veränderungen in zu kurzer Zeit?

Viele Menschen nahmen die Modernisierung des Alltags als Veränderung wahr, an deren positiven Seiten sie kaum teilhaben konnten. Die Neuerungen, die sich im freizügigen Großstadtleben, in neuen Frauenbildern oder in ungewohnten Kunstformen ausdrückten, widersprachen zudem ihren Moralvorstellungen, die noch stark von den Werten des Kaiserreiches geprägt waren. Die zahlreichen Veränderungen in kürzester Zeit führten so bei manchen Menschen zu Verunsicherung. Sie empfanden die Modernisierung nicht als Chance oder Bereicherung, sondern als Krise. Die in ihren Augen negativen Veränderungen lasteten sie der Demokratie, also dem politischen System, an. Nicht wenige sehnten sich nach den autoritären Strukturen des Kaiserreiches zurück.

Q2 Werbepostkarte der Firma AEG für den Staubsauger Vampyr mit der berühmten Tänzerin Edmonde Guy
um 1929
Dieses Modell kostete 130 Reichsmark. Zum Vergleich: Angestellte verdienten um die 300 bis 370 RM im Monat, einfache Arbeiter deutlich weniger.

C: Vergleiche die Darstellung auf der Postkarte mit dem Alltag der Mehrheit der Frauen.

Q3 Dichter Verkehr am Potsdamer Platz in Berlin
Foto, um 1930
Seit 1926 regelte dort die erste elektrische Verkehrsampel Europas den Verkehr.

D: In kleineren Städten und Gemeinden gab es in den 1920er-Jahren kaum Autos oder Busse, ganz zu schweigen von elektrischen Straßenbahnen. Schreibe auf, wie der Anblick des dichten Verkehrsgetümmels auf Besucher aus der Kleinstadt gewirkt haben könnte und begründe deine Vermutung.

1918   1933

Q4 Wohnraum eines Hauses der Stuttgarter Weißenhofsiedlung
Foto, 1927
Die Siedlung war Teil einer Ausstellung führender Architekten, die dort moderne Architektur und Einrichtung im Bauhaus-Stil demonstrieren wollten: Einfachheit, Schlichtheit und Funktionalität. Die Ausstellung wurde vom Deutschen Werkbund veranstaltet, einer Vereinigung von Künstlern, Architekten und Unternehmern, die sich zum Ziel gesetzt hatte, vom „Sofakissen bis zum Städtebau" moderne und funktionale Entwürfe zu entwickeln.

Q5 „Rationalisierung im Haushalt"
Aus der Zeitschrift „Neues Frankfurt" von Margarete Schütte-Lihotzky (1926/1927):

Jede denkende Frau muß die Rückständigkeit bisheriger Haushaltsführung empfinden und darin schwerste Hemmungen eigener Entwicklung und so-
5 mit auch der Entwicklung ihrer Familie erkennen. Die Frau, an die das heutige hastige Großstadtleben weit höhere Ansprüche stellt, als das beschauliche Leben vor 80 Jahren, ist dazu ver-
10 dammt, ihren Haushalt, einige wenige Erleichterungen ausgenommen, noch immer so zu führen wie zu Großmutters Zeiten. Das Problem, die Arbeit der Hausfrau rationeller [zweckmäßiger] zu
15 gestalten, ist fast für alle Schichten der Bevölkerung von gleicher Wichtigkeit. Sowohl die Frauen des Mittelstandes, die vielfach ohne irgendwelche Hilfe im Haushalt wirtschaften, als auch die
20 Frauen des Arbeiterstandes, die häufig noch anderer Berufsarbeit nachgehen müssen, sind so überlastet, daß ihre Überarbeitung auf die Dauer nicht ohne Folgen für die gesamte Volksgesund-
25 heit bleiben kann. (…) Wie können wir aber die bisher übliche kraft- und zeitvergeudende Arbeitsweise im Haushalt verbessern? Wir können die Grundsätze arbeitssparender, wirtschaftlicher Be-
30 triebsführung, deren Verwirklichung in Fabriken und Büros zu ungeahnten

Steigerungen der Leistungsfähigkeit geführt hat, auf die Hausarbeit übertragen. Wir müssen erkennen, daß es
35 für jede Arbeit einen besten und einfachsten Weg geben muß, der daher auch der am wenigsten ermüdende ist. Unter den Fabrikanten (mit Ausnahme der Möbelfabrikanten) gibt es heute
40 schon viele, die sich auf die neuen Forderungen unserer Zeit einstellen und brauchbare, arbeitssparende Geräte und Maschinen in den Handel bringen. Die weitaus größte Rückständigkeit
45 aber herrscht noch bei der Art der Wohnungseinrichtung. Wann wird die Allgemeinheit einmal erkennen, welche Art der Wohnungseinrichtung die für sie zweckmäßigste und beste ist? Jah-
50 relange Bemühungen des Deutschen Werkbundes und einzelner Architekten, unzählige Schriften und Vorträge, in denen Klarheit, Einfachheit und Zweckmäßigkeit der Einrichtung und Abkehr
55 von dem überlieferten Kitsch der letzten fünfzig Jahre verlangt wurde, haben fast gar nichts genützt. Kommen wir in die Wohnungen, so finden wir noch immer den alten Tand und die üble übliche
60 „Dekoration". Daß alle diese Bemühungen praktisch so wenig Erfolg hatten, liegt in der Hauptsache an den Frauen, die merkwürdigerweise den neuen Ideen wenig zugänglich sind. Die Mö-
65 belhändler sagen, die Käufer verlangen immer wieder das Alte. Die Frauen neh-

men lieber alle Mehrarbeit auf sich, um ein „trauliches und gemütliches" Heim zu haben. Einfachheit und Zweckmä-
70 ßigkeit hält die Mehrzahl heute noch für gleichbedeutend mit Nüchternheit.

Deutscher Werkbund und Werkbund-Archiv (Hrsg.), Die Zwanziger Jahre des Deutschen Werkbundes, Gießen/Lahn 1982, S. 202 ff.

Q6 Margarete Schütte-Lihotzky
Die aus Wien stammende Margarete Schütte-Lihotzky war ausgebildete Grafikerin und Architektin. Sie arbeitete für den Deutschen Werkbund.

Q7 „Die Großstadt macht heimatlos"

Die „Adler und Falken" waren ein Jugendbund, der mit Wanderungen und Lagerleben Jugendlichen naturverbundene Lebensformen aufzeigen wollte. Seine Mitglieder waren antidemokratisch und standen der Weimarer Republik kritisch gegenüber. Ein Mitglied kennzeichnet die Lebenssituation in der Großstadt aus seiner Sicht:

Die Großstadt ist kein organisches Gebilde, sie ist eine vollkommen unnatürliche Zusammenballung von Menschen, die nur möglich wurde durch die Tech-
5 nik und das kapitalistische Wirtschaftsdenken. (…) Die unorganische Struktur der Großstadt zeigt sich am deutlichsten in ihrer Lebensunfähigkeit. Kein Krieg frißt so viel Menschen wie die
10 Großstädte. Sie kann sich nur durch ungeheuren Verbrauch von Menschen erhalten. Dieser Menschenverschleiß ist aber nicht nur ein körperlicher, sondern in viel größerem Maße ein geisti-
15 ger und seelischer. Wen die Großstadt in ihren Bann gezwungen, der wird ihr Sklave. Sie zwingt ihn in ihre Hörigkeit und macht ihn in der Regel unfähig, noch außerhalb ihrer Mauern zu
20 leben. Sie entfremdet den Menschen der Scholle [Heimat], macht ihn Wurzel- und heimatlos und schwächt durch die unnatürliche Lebensweise seine Lebensenergie.

H. Mohr, Fronterlebnis und Großstadterlebnis, in: Der Falke 1929, H. 8, S. 6 f.

Q8 Bürgerliches Wohnzimmer in den 1920er-Jahren

Q9 „Die Luft in Berlin war elektrisch geladen"

Der Dichter Leonhard Frank (1882–1961), der ab 1918 meist in Berlin lebte, schreibt in seinen Lebenserinnerungen über die Zwanzigerjahre:

Damals war die schöne Zeit. Von den Nachwirkungen des verlorenen Krieges war nichts mehr zu spüren. Die Wirtschaftsverhältnisse hätten nicht besser
5 sein können, wenn Deutschland den Krieg gewonnen haben würde. Riesige Summen amerikanischen Privatkapitals wurden ins Land gepumpt (…). Ein neues Deutschland hatte sich herausge-
10 schält. Eine Art Märchen vom Aschenbrödel war für eine ganze Nation Wirklichkeit geworden. Diese Zeit war der Beweis dafür, daß Wirtschaftskraft und -aufstieg auch das geistige und künstle-
15 rische Schaffen befruchten. Selbst der junge Maler hungerte nicht mehr, er malte nicht nur, er verkaufte. (…) Theater, Oper, Konzertsäle waren überfüllt. Europäische Künstler aus Paris, London,
20 Rom, die nach Berlin kamen, waren begeistert und wollten nicht mehr fort. Die Luft in Berlin war elektrisch geladen.

Leonhard Frank, Links wo das Herz ist, München 1963, S. 113 f.

---

1. Vergleiche die Einrichtung des modernen Stuttgarter Wohnhauses (Q4) mit der Einrichtung des Wohnzimmers (Q8). Halte deinen ersten Eindruck in Stichworten fest. Diskutiert dann in der Klasse, in welcher Wohnung ihr lieber gewohnt hättet.

2. Fasse zusammen, wie Margarete Schütte-Lihotzky die Wohn- und Arbeitssituation vieler Frauen beschreibt (Q5). Was sind ihre wichtigsten Anforderungen an eine moderne Wohnung?

3. Stelle dir vor, die Frau auf dem Stuhl (Q8) hätte die Wohnräume in der Weißenhofsiedlung besichtigt. Was hätte sie wohl hierzu nach dem Besuch gesagt? Schreibe an ihrer Stelle einen kurzen Brief an eine Freundin.

4. Wie sahen die Häuser der Siedlung von außen aus? Recherchiere im Internet die Geschichte der Weißenhofsiedlung. Was wurde später aus ihr?

5. Zeige, inwieweit Margarete Schütte-Lihotzky (Q6) als typisch für die „neue Frau" gelten kann. Worin unterschied sie sich von vielen anderen Frauen?

6. Arbeite heraus, wie das Großstadtleben in der Zeitschrift der „Adler und Falken" charakterisiert wird (Q7).

7. Fasse zusammen, wie der Dichter Leonhard Frank das moderne Leben seiner Stadt sieht (Q9), und vergleiche seine Perspektive mit der Sichtweise der „Adler und Falken" (Q7).

8. „Goldene Zwanzigerjahre" – so wird in manchen Büchern die Zeit von 1924 bis 1929 gerade mit Blick auf Berlin bezeichnet. Überlege, was mit diesem Begriff gemeint sein könnte. Begründe, ob er aus deiner Sicht zutrifft.

1918   1933

Die Wirtschaft – zwischen Erfolg und Krise

Nach dem Inflationsjahr 1923 erholte sich die Wirtschaft und übertraf sogar den Stand vor dem Ersten Weltkrieg. Wodurch wurde der Aufschwung erreicht? Wie stabil war dieser Erfolg? Würde die deutsche Wirtschaft einer erneuten Krise standhalten können?

Über den Dawesplan kannst du noch einmal auf S. 92 nachlesen.

A: Erläutere den Zusammenhang zwischen der wirtschaftlichen Entwicklung und der politischen Stabilität der Weimarer Republik in den Jahren 1924–1930.

Stabilisierung im Anschluss an den Dawesplan

Die im Dawesplan festgeschriebene Verringerung der jährlichen Reparationsleistungen verschaffte der deutschen Wirtschaft Erholung. Zur Stärkung der Wirtschaft stellten amerikanische Banken von 1924 bis 1929 Kredite in Milliardenhöhe bereit. Nur so sei Deutschland, so die Ansicht in den USA, zur Zahlung der Reparationen in der Lage. In der deutschen Industrie wurden die Gelder dazu eingesetzt, die Produktionsanlagen auf den neuesten Stand zu bringen. Dabei orientierten sich die Ingenieure an amerikanischen Formen der Arbeitsorganisation, vor allem an der Fließbandarbeit, wie sie Henry Ford in der Autoindustrie eingeführt hatte.

Perspektive der Unternehmer ...

In den ersten Jahren nach dem Ersten Weltkrieg hatte sich die Industrie in vielen Bereichen nur dadurch behaupten können, dass sie ihre Produkte zu Dumpingpreisen im Ausland verkaufte. Jetzt wollten die Unternehmer ihre führende Position der Vorkriegszeit auf dem Weltmarkt zurückgewinnen. Ein Hindernis auf dem Weg zu diesem Ziel waren die aus ihrer Sicht zu hohen Lohnkosten. Eine Möglichkeit, Lohnkosten zu sparen, sahen die Unternehmer darin, die Modernisierung ihrer Anlagen dazu zu nutzen, mit weniger Arbeitern die gleiche bzw. eine größere Menge an Produkten herzustellen. Diese Rationalisierung war eine wesentliche Voraussetzung für den wirtschaftlichen Erfolg vieler Unternehmen zwischen 1925 und 1929. Sie führte gleichzeitig dazu, dass es trotz des positiven Wirtschaftstrends eine hohe Zahl von Arbeitslosen gab.

Q1 „Bandarbeit – Hetzarbeit"
So nannte der unbekannte Zeichner das Bild, das er 1926/1927 bei einem Arbeiterzeichenwettbewerb eingereicht hatte.

B: Erkläre, wie der Zeichner die neuartige Fließbandarbeit darstellt.

... und Situation der Arbeitnehmer

Für die Arbeitnehmer und Gewerkschaften war der Achtstundentag der sichtbarste Erfolg der Revolution von 1918. Weitere Errungenschaften waren aus ihrer Sicht verbesserte Sozialleistungen, vor allem die 1927 eingeführte Arbeitslosenversicherung. Einzelne Arbeitnehmer und deren Familien profitierten zudem vom neuen sozialen Wohnungsbau: Bei bezahlbaren Mieten stieg die Wohnqualität. Insgesamt jedoch hatte sich die materielle Situation der Arbeiter trotz des wirtschaftlichen Aufschwungs nicht verbessert. Wegen der Inflationsjahre war der Reallohn eines Arbeiters zwischen 1914 und 1928 nicht mehr gestiegen. Deshalb forderten die Gewerkschaften jetzt mehr Lohn.

D1 Geldkreisläufe nach dem Ersten Weltkrieg

C: Beschreibe anhand des Schaubildes die Geldkreisläufe in den 1920er-Jahren.

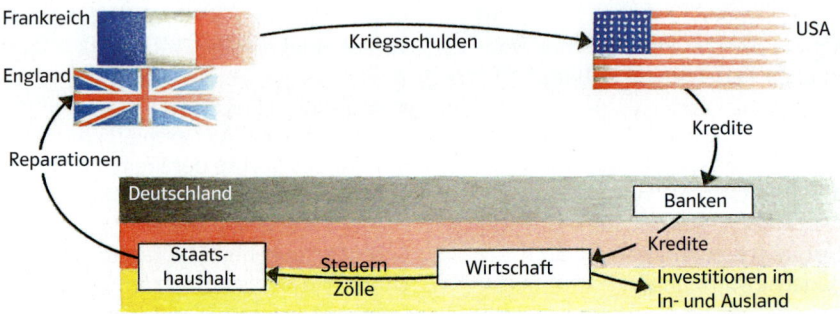

Die Auswirkungen der Weltwirtschaftskrise auf Deutschland

Im Vergleich zum starken Wachstum der Jahrhundertwende hatte sich das Klima der Weltwirtschaft nach dem Ersten Weltkrieg abgekühlt. Lediglich in den USA war es zu einem Wirtschaftsboom gekommen. Dieser Boom ermöglichte es deutschen Banken, in den USA Geld aufzunehmen, um es an die deutsche Industrie als Kredit weiterzugeben. Mit der 1929 ausbrechenden Weltwirtschaftskrise zogen jedoch die US-Banken in kurzer Zeit ihre Kredite aus Deutschland zurück. Dies hatte dramatische Folgen: Deutsche Banken forderten nun Kredite zurück und trieben viele Unternehmen in Konkurs. Aufgrund der dadurch steigenden Arbeitslosigkeit wurde weniger gekauft. Zahlreiche Unternehmen drosselten die Produktion. Der zudem schrumpfende Außenhandel trieb die steigende Arbeitslosigkeit in immer weitere Höhen. Von 1929 bis 1932 sank die Industrieproduktion um 40 Prozent, während Banken bankrott gingen und die Zahl der Arbeitslosen über fünf Millionen stieg.

Elend Arbeitslosigkeit

Besonders betroffen waren die Arbeiter. Auf dem Höhepunkt der Krise 1932/1933 war fast jeder dritte Arbeiter ohne Beschäftigung. Die Hilfsmöglichkeiten des Staates waren begrenzt, da nicht genügend Rücklagen für die Arbeitslosenhilfe gebildet worden waren. Nur für kurze Zeit bekam ein Arbeitsloser Unterstützung durch die Arbeitslosenversicherung, dann lebte er vom Geld der städtischen Wohlfahrtspflege, das kaum für das Lebensnotwendigste reichte. Spürbar wurde die Krise aber auch für Angestellte und Beamte. Zwar kam es bei ihnen zu weniger Entlassungen, doch Gehaltskürzungen und Einstellungsstopps vermittelten auch hier das Gefühl einer tiefen Krise.

Ist die Politik am Ende?

Die Erfahrung langjähriger Arbeitslosigkeit und die Angst vor sozialem Abstieg trieben Millionen von Wählern in die Arme der radikalen Parteien NSDAP und KPD. Dazu trug auch bei, dass die demokratischen Parteien während der Krise nicht handlungsfähig schienen: Ein halbes Jahr nach Beginn der Weltwirtschaftskrise brach am 27. März 1930 die regierende Große Koalition auseinander. SPD und die bürgerlichen Parteien hatten um eine Erhöhung der Abgaben zur Arbeitslosenversicherung von einem halben Prozent gestritten. Während die SPD als Anwalt der Arbeiter eine Erhöhung forderte, machte sich die DVP für die Interessen der Unternehmer stark und wehrte sich dagegen. Die staatstragenden Parteien waren zu keinen Kompromissen bereit und so zerbrach die letzte parlamentarisch getragene Regierung der Weimarer Republik.

📖 Über die Wirtschaftskrise in den USA, die auf die Weltwirtschaft übergriff, kannst du dich noch einmal auf den Seiten 71 und 73 informieren.

Q2 Resignation und Diskussion
Fotografie von Walter Ballhause aus der Reihe „Arbeitslosigkeit", um 1930 Ballhause fotografierte häufig mit „verdeckter Kamera". Seine Bilder sind also nicht gestellt.

✏️ D: Beschreibe und untersuche die Fotografie. Was ging wohl dem älteren Mann durch den Kopf? Worüber diskutieren die Männer im Hintergrund? Notiere, was du vermutest.

Q3 Arbeitslose stehen vor dem Arbeitsamt in Hannover an.
Foto, 1932

✏️ E: Eine Gruppe von Arbeitslosen in der Warteschlange vor dem Arbeitsamt beginnt zu diskutieren: Wer trägt die Verantwortung für die Krise? Wie könnte die Krise gelöst werden? Sammelt in Gruppen verschiedene Antworten auf die Fragen und spielt die Diskussion in der Klasse nach.

1918   1933

Q4 Montage von Fahrrädern am laufenden Band in den Opel-Werken in Rüsselsheim
Foto, 1928

✎ F: Ein Arbeiter berichtet dir für ein Zeitungsinterview von seiner Arbeit am Fließband. Schreibe dieses Gespräch auf.

D2 Entwicklung der Arbeitslosenzahlen zur Zeit der Weimarer Republik

Jahr	Arbeitslose (Mio)
1921	0,354
1922	0,213
1923	0,751
1924	0,978
1925	0,636
1926	2,010
1927	1,327
1928	1,368
1929	1,899
1930	3,076
1931	4,520
1932	5,575
1933	4,804

Nach: Statistisches Jahrbuch des Deutschen Reichs 1939/40.

Q5 Arbeit am laufenden Band
Ein Arbeiter der deutschen Ford-Fabrik schildert 1926 Vorteile und Nachteile der Fließbandarbeit:
Für die Arbeiter ist die Hauptsache das Mitkommen. Das Arbeitsstück fließt weiter, schneckengleich langsam zwar – aber es fließt! Die Verzögerung
5 des einen bringt den ganzen Betrieb in Unordnung, lenkt sofort die Aufmerksamkeit aller Kollegen und Vorgesetzten auf den „Bummler". Kommt ein Arbeiter an einer Stelle nicht recht mit,
10 wird er stillschweigend an eine andere versetzt. Versagt er dort auch, fliegt er ohne jede Förmlichkeit. Das weiß auch jeder und setzt daher den letzten Handschlag daran, dem Tempo des nach
15 der gegipfelten Einzelleistung laufenden Bandes zu folgen. Da gibts keinen Raum für nebensächliche Gedanken, keine Zeit etwa eine Zigarette anzuzünden, ein Wort mit dem Nachbarn zu re-
20 den oder gar auszutreten. (…) Anfänger erhalten ohne Rücksicht darauf, ob sie was gelernt haben, pro Tag 13 Mark. Nach der „Anlernung" oder richtiger gesagt Abrichtung, die ungefähr 8 Wo-
25 chen dauert, gibt es 15 Mark. (…) Der Höchstlohn beträgt 20 Mark pro Tag! Dies ist die Summe, die zahlreiche Akkordarbeiter der Berliner Metallindustrie für die ganze Woche erhalten.

Walter Fähnders (Hrsg.), Sammlung proletarisch-revolutionärer Erzählungen, Darmstadt und Neuwied 1977, S. 101.

Q6 Folgen der Rationalisierung
Aus dem Bericht eines Ausschusses der KPD 1927:
Die uns von den Arbeitern über die Rationalisierung selbst zugegangenen Mitteilungen kann man ihrem Inhalt nach ungefähr in Folgendem zusammenfas-
5 sen:
1. Verringerung der Zahl der beschäftigten Arbeiter.
2. Entlassung der alten qualifizierten Arbeiter; Einstellung unqualifizierter
10 Arbeiter, darunter Frauen und Jugendliche.
3. Überaus bedeutender Abbau der Kategorie der sogenannten unproduktiven Arbeiter, die mit dem Transport wie
15 mit Hilfsarbeiten überhaupt beschäftigt sind; in einigen Unternehmen verschwindet diese Arbeiterkategorie fast vollkommen und wird durch mechanisierten Transport ersetzt.
20 4. Verlängerung des Arbeitstages; zugleich erhebliche Überstunden.
5. Übergang vom Tag- zum Akkordlohn (…).
25 6. Herabsetzung der Akkordsätze, die eine außerordentliche Steigerung der Arbeitsintensität zur Folge hat. (…)
11. Bedeutsame Vermehrung der Unfälle überhaupt, solcher mit tödlichem Ausgang im Besonderen.

V. Demar, Die Rationalisierung der Produktion und die politische Arbeit im Betrieb, in: Die Kommunistische Internationale 1927, H. 20, S. 978 f.

D3 Index der industriellen Produktion 1926–1933, 1928 entspricht 100

Jahr	Index
1926	79
1927	101
1928	100
1929	101
1930	89
1931	73
1932	59
1933	66

Nach: Statistisches Bundesamt Wiesbaden, Auszug aus Bevölkerung und Wirtschaft 1872–1972.

Q7 Nach dem Auslernen stempeln gehen …

Schülerinnen und Schüler einer Abschlussklasse äußern sich über ihre Berufsaussichten (1932):

„… ich möchte gern Elektriker werden, aber der Meister darf nun doch keinen Lehrling mehr einstellen, weil er kürzlich wieder zwei Gehilfen entlassen
5 mußte. Ich muß nun doch bei meinem Vater im Milchgeschäft bleiben. Aber heute bei der großen Arbeitslosigkeit muß man ja froh sein, wenn man überhaupt etwas hat …"

10 „… ich bin manchmal ganz wirr im Kopf vom vielen Vorstellen. Ich bin jeden Tag auf jede Anzeige losgewesen, aber immer war es schon besetzt. Manche sagten auch, ich sei zu schwach: Ich bin
15 nämlich im letzten Kriegsjahr 1917/18 geboren …"

„… in der nächsten Woche ist unsere Schulentlassung, ich freue mich schon sehr darauf. Ich habe eine schöne Stelle
20 als Friseurlehrling bekommen. Das ist für mich ein großes Glück; denn in meiner Klasse haben von 60 nur 10 etwas bekommen. Ich muß vier Jahre lernen; aber ich hoffe, daß nach dieser Zeit
25 die Arbeitslosigkeit schon wieder abgenommen hat, damit ich nicht gleich nach dem Auslernen stempeln gehen [zum Arbeitsamt] muß."

Werner Abelshauser/Anselm Faust/Dietmar Petzina (Hrsg.), Deutsche Sozialgeschichte 1914–1945. Ein historisches Lesebuch, München 1985, S. 333.

D4 Krisenfürsorge einer Familie mit einem Kind (Zahlen vom Sommer 1932)
Unterstützung monatlich 51 RM, davon 32,50 RM für Miete, Beleuchtung, Heizung, blieben 18,50 RM für Ernährung

Nahrungsmittel für 18,50 RM nach den damaligen Preisen	Tägliche Ration pro Kopf
22,5 kg Brot für 6 RM 50 kg Kartoffeln für 2,50 RM 4,5 kg Margarine für 3 RM 15 l Milch für 4,50 RM 10 kg Kohl für 2 RM 10 Heringe, Salz und Zucker für 1 RM	½ Brot ca. 500 g Kartoffeln 100 g Kohl 50 g Margarine dreimal im Monat 1 Hering für das Kind extra 1 Hering und täglich ½ l Milch

Zusammengestellt nach: Karlheinz Dederke, Reich und Republik. Deutschland 1917–1933, 8. Aufl., Stuttgart 1996, S. 196.

Q8 Alltag von Berliner Arbeitslosen
Der Journalist Siegfried Kracauer berichtet in der Frankfurter Zeitung vom 18. Januar 1931:
In der Ackerstraße liegt die große Wärmehalle des Wohlfahrtsamts Mitte, die jedermann ohne Ausweis betreten kann. Ursprünglich war sie ein Depot,
5 in dem statt der Menschen Trambahnen aufbewahrt wurden. (…) Wie viele Leute sich hier täglich versammeln? „Ungefähr 1800 bis 2500", bedeutet mir der Hallenleiter, ein wohlmeinender
10 Mann, der sein Stammpublikum kennt und mit den Besuchern anscheinend auf gute Art fertig wird. Sie stehen – junge Burschen, Männer und Greise – in Gruppen zusammen, sitzen wie in
15 den Arbeitsnachweisen auf Wartesaalbänken und genießen die Wärme, die eine Voraussetzung nackten Lebens ist, als besondere Wohltat. (…)„Wie leben diese Leute?", erkundige ich mich
20 beim Leiter. „Viele von ihnen", erwidert er, „verbringen hier die Zeit zwischen 7 und 3; solange ist die Halle täglich, auch sonntags, geöffnet. Um 5 Uhr suchen sie das Asyl auf, wo sie schla-
25 fen können und verköstigt werden. Das Asyl schließt um 6 Uhr in der Frühe und dann kommen sie wieder zu uns."

Werner Abelshauser/Anselm Faust/Dietmar Petzina (Hrsg.), Deutsche Sozialgeschichte 1914–1945. Ein historisches Lesebuch, München 1985, S. 343 f.

1. Stelle anhand von Q1, Q4 und Q5 dar, welche Vor- und Nachteile die Fließbandarbeit für den einzelnen Arbeiter mit sich brachte. Welchen besonderen Belastungen war er ausgesetzt?

⊚ Nutze dafür auch die CD-ROM.

2. Arbeite mithilfe von Q6 heraus, welche neuen Probleme sich durch die Rationalisierung für die Beschäftigung der Arbeiter ergaben.

3. Untersuche die Statistiken D2 und D3: Welche Veränderungen fallen dir auf? Nenne Ursachen dafür.

4. Zeichne nach D2 ein Liniendiagramm und erkläre mithilfe des VT die wichtigsten Entwicklungen auf dem Arbeitsmarkt von 1921 bis 1932.

5. Arbeite heraus, wie die drei interviewten Schüler ihre beruflichen Chancen einschätzten. Welche Gefühle sprechen Sie an (Q7)?

6. Manche Jugendliche fanden im Anschluss an ihre Schulausbildung keine Arbeit. Einige wurden während der Wirtschaftskrise gar obdachlos. Versetze dich in die Situation eines solchen Jugendlichen und beschreibe mithilfe von Q7 und Q8 den Ablauf eines Tages.

7. Stelle einen Plan auf, was du heutzutage für eine optimale Ernährung einkaufen würdest (mit Preisen). Vergleiche anschließend deine Liste mit D4.

1918   1933

Romane als Spiegel ihrer Zeit lesen

Was Menschen einer Zeit lesen und schreiben, sagt viel über sie selbst aus. Das gilt insbesondere für den Roman. Im Roman werden einzelne Personen dargestellt, indem ein breiter Ausschnitt oder sogar der ganze Lauf ihres Lebens geschildert wird. Häufig haben sich die Hauptpersonen mit Problemen auseinanderzusetzen, die sich durch ihr Umfeld ergeben.

Die Personen eines Romans sind oft erfunden, also fiktiv. Doch die dargestellten Gefühle, Überlegungen und Verhaltensweisen sind in der Regel typisch für das Handeln der Zeitgenossen des Autors. Für heutige Leser ergibt sich daher durch den Roman die Möglichkeit, einen Einblick in das Lebensgefühl und die Atmosphäre jener Zeit zu bekommen, in der der Roman geschrieben wurde.

HANS FALLADA
KLEINER MANN – WAS NUN?
ROMAN

Q1 „Kleiner Mann – was nun?"

Inhalt des Romans „Kleiner Mann – was nun?" von Hans Fallada

Der 1932 erschienene Roman von Hans Fallada schildert, wie sich das Leben eines jungen Angestellten und seiner Ehefrau durch die hereinbrechende Wirtschaftskrise dramatisch verändert. Zu Beginn des Romans heiratet der junge Angestellte Johannes Pinneberg seine Freundin Emma Mörschel. Denn „Lämmchen", wie er sie nennt, ist schwanger. Damit verprellt er allerdings seinen Arbeitgeber und Chef, der Pinneberg gerne mit seiner Tochter verheiratet hätte. Prompt folgt die Kündigung. Die Chancen, im Jahr 1930 in einer Kleinstadt eine Arbeit als Verkäufer zu finden, stehen schlecht. Das junge Paar zieht daher vom Land in die Großstadt Berlin, wo es anfangs bei Pinnebergs

Mutter wohnt. Beziehungen der Mutter bringen Pinneberg eine Anstellung in einem Warenhaus. Doch die Weltwirtschaftskrise erreicht auch das angesehene Geschäft in Berlin: Es sollen Stellen eingespart werden. Wegen sinkender Verkaufszahlen gerät Pinneberg auf seiner neuen Arbeit unter Druck. Als Pinneberg entnervt einen Kunden – einen bekannten Filmschauspieler – zum Kauf eines Mantels nötigt, wird er entlassen. Pinneberg ist verzweifelt: Gerade erst ist er Vater eines Jungen (Ko- 5 sename „Murkel") geworden. Er hat also eine Familie zu versorgen und eine neu angemietete Wohnung zu bezahlen, doch keine Arbeit, die die junge Familie ernähren könnte. Trotz intensiver 10 Suche findet Pinneberg keine Arbeit und erfährt so den sozialen Abstieg eines Arbeitslosen am eigenen Leib.

Schließlich ist Pinneberg gezwungen, mit seiner kleinen Familie in eine Gar- 15 tenlaube außerhalb Berlins zu ziehen. Dort ist die Miete bezahlbar. Trotzdem bleibt das Geld knapp. Auf erniedrigende Weise muss sich Pinneberg mit dem Arbeitsamt und der Krankenver- 20 sicherung herumschlagen. Am Ende wird er sogar als heruntergekommener Arbeitsloser vor dem Schaufenster eines Delikatessengeschäftes von einem Polizisten verjagt.

In dieser Situation wird seine Frau Emma zum wichtigsten Halt. „Lämmchen", anfangs in Berlin noch eine unerfahrene Hausfrau, organisiert den Alltag in der Laube, regelt die Finan- 30 zen und hält die Familie mit ihren Verdiensten als Stopferin über Wasser. Die Liebe seiner Frau kann Pinneberg nicht genommen werden und wird zu seinem Rettungsanker.

Q2 „Soll man Holz stehlen?"

In seinem Roman „Kleiner Mann – was nun?" schildert Hans Fallada einen Novembermorgen des Jahres 1932 in der Gartenlaube, in der Johannes Pinneberg mit seiner Familie lebt. Es ist fünf Uhr morgens, als Pinneberg und seine Frau von einem Geräusch geweckt werden: „Was ist denn?", fragt Lämmchen wieder und ist etwas ungeduldig. „Krymna [ein Nachbar] kommt", flüstert Pinneberg. „Soll ich nicht vielleicht doch mitgehen?" „Nein, nein, nein", sagt Lämmchen leidenschaftlich. „Das ist ausgemacht, hörst du! Nein! Mit Stehlen fangen wir gar nicht erst an. Ich will das nicht …" „Aber …", wendet Pinneberg ein. Es 10 klopft draußen. „Pinneberg!", ruft eine Stimme. „Kommst du mit, Pinneberg?" Pinneberg springt auf, einen Augenblick steht er zweifelnd. „Also …", fragt er an und lauscht. Aber Lämmchen antwor- tet nicht. „Pinneberg! Mensch! Penner!", ruft der draußen. Pinneberg tastet sich im Finstern auf die Veranda, durch die Glasscheiben sieht er den dunklen Umriß des anderen. „Na endlich! Kommst du mit oder nicht?" „Ich …", ruft Pinne- 20 berg durch die Tür, „… ich möchte …" „Also nein." „Versteh schon, Krymna, ich würde, aber meine Frau … Du weißt doch, Frauen …" „Also nun!", brüllt 25 Krymna draußen. „Denn nicht! Gehen wir eben alleine!" (…)

Da liegt er nun, er kann nicht mehr einschlafen, es lohnt sich auch nicht mehr recht. Er denkt über alles mögliche nach. 30 Ob Krymna sehr wütend ist, daß Pinneberg nicht mit ihm zum „Holzholen" gegangen ist, und ob Krymna ihm sehr schaden kann in der Siedlung. Dann, woher sie das Geld nehmen für die Briketts, 35 da sie nun kein Holz kriegen. (…)

Methodische Arbeitsschritte

1 Beschreiben

- Fasse kurz zusammen, was Thema des Buches ist, wo und wann die Handlung spielt, welche Personen vorkommen und in welcher Beziehung sie zueinander stehen.
- Beschreibe die Probleme, mit denen sich die Hauptpersonen auseinandersetzen müssen.
- Schreibe auf, welche Entwicklung die wichtigsten Personen des Romans durchlaufen. Notiere die Schlüsselstellen des Romans, an denen sich die Entwicklung besonders gut ablesen lässt.

2 Untersuchen

- Beschreibe, wie die Darstellung der Personen und ihrer Handlungen auf dich gewirkt hat.
- Informiere dich, wie der Roman in der Öffentlichkeit aufgenommen wurde, und vergleiche deine Eindrücke mit der Wirkung auf die Zeitgenossen.
- Überlege, mit welchen literarischen Mitteln der Autor diese Wirkung erreicht.
- Recherchiere, welchen persönlichen Bezug der Autor zum Thema des Romans hatte und woher er seine Informationen nahm.

3 Deuten

- Erkläre, inwieweit die Probleme der Handelnden typisch sind für die Menschen der Zeit. Prüfe, ob bestimmte Gruppen hierdurch besonders betroffen waren.
- Halte schriftlich fest, welche Einblicke du durch den Roman in die Verhältnisse der damaligen Gesellschaft erhalten hast.

Woher Essen, Heizung für die nächste Woche zu nehmen ist, das weiß der liebe Himmel, aber der weiß es wahrscheinlich auch nicht … So geht es nun
40 Wochen und Wochen. Monat und Monat … Es ist das trostloseste, daß es ewig so weitergeht. (…)
Nun wird es ganz hell, die Sonne ist aufgegangen. Er bläst die Lampe aus, und
45 sie setzen sich an den Kaffeetisch. Der Murkel sitzt mal auf dem Schoß des Vaters, mal bei der Mutter. Er trinkt seine Milch, er ißt sein Brot, seine Augen glänzen vor Vergnügen über den
50 neuen Tag. (…)
„Ich gebe dir noch fünf Mark mit“, sagt Lämmchen. „Ich kriege ja heute wieder drei. Dann holst du die Butter und dann siehst du, daß du am Alex Bananen zu
55 fünf Pfennig kriegst. Hier nehmen die Räuber fünfzehn. Wer das bezahlen soll!“ „Tu ich“, sagt er. „Sieh zu, daß du nicht so spät kommst, daß der Junge nicht so lange allein ist.“ „Ich will sehen,
60 was sich machen läßt. Vielleicht bin ich schon um halb sechs wieder hier. Du fährst doch um eins?“ „Ja“, sagt er. „Um

zwei bin ich auf dem Arbeitsamt dran.“ „Es wird schon klappen“, sagt sie. „Un-
65 gemütlich ist es ja, wenn der Murkel so allein in der Laube ist. Aber es hat ja immer geklappt.“ „Bis es mal nicht klappt.“ „So was mußt du nicht sagen“, meint sie. „Warum sollen wir immer nur Un-
70 glück haben? Wo ich jetzt die Flickerei und Stopferei habe, geht es uns doch noch gar nicht schlecht.“ „Nein“, sagt er langsam. „Nein, natürlich nicht.“ „Oh, Junge!“, ruft sie. „Es kommt ja auch wie-
75 der anders. Halte die Ohren steif. Es kommt auch wieder besser.“ „Ich hab dich nicht geheiratet“, sagt er hartnäckig, „daß du mich ernähren sollst.“ „Tu ich auch gar nicht“, sagt sie. „Von mei-
80 nen drei Mark? Unsinn!“ – Sie überlegt: „Hör mal zu, Junge, du könntest mir was helfen.“ Sie zögert. „Es ist nicht sehr angenehm, aber es wäre mir eine große Hilfe …“ „Ja?“, fragt er erwartungsvoll.
85 „Alles!“ „Ich habe doch vor drei Wochen bei Rusch in der Gartenstraße geflickt. Zwei Tage sechs Mark. Das Geld hab ich noch immer nicht.“ „Soll ich hingehen?“ „Ja“, sagt sie. „Aber du darfst keinen

90 Krach machen, das mußt du mir versprechen.“ „Nein, nein“, sagt er. „Ich will das Geld schon so kriegen.“ „Schön“, sagt sie. „Dann bin ich eine Last los. – Und nun muß ich weg. Tjüs, mein Junge.
95 Tjüs, mein Murkelchen.“

Hans Fallada, Kleiner Mann – was nun?, 58. Aufl., Hamburg 2007, S. 380–387.

Q3 Hans Fallada (1893–1947)

1. Untersuche die Szene, die an einem Novembermorgen in der Gartenlaube spielt (Q2). Mit welchen Problemen hat die junge Familie zu kämpfen?

2. Erläutere, inwiefern die in Q2 aufgeführten Probleme typisch sind für die damalige Zeit.

3. Beschreibe die in der Szene dargestellten Gefühle Pinnebergs (Q2).

4. Vergleiche Q2 mit Q8 auf S. 101. Zeige, welche Erkenntnisse sich mithilfe des Romans gewinnen lassen.

1918   1933

Die Zerstörung der Demokratie

Die Weltwirtschaftskrise bedeutete für die Weimarer Republik eine harte Belastungsprobe. Massenarbeitslosigkeit und Angst vor Verelendung führten zur politischen Radikalisierung. Nun musste sich erweisen, inwieweit Bevölkerung und Politiker bereit waren, sich für den Erhalt der jungen Republik einzusetzen.

Q1 „Der Reichstag wird eingesargt"
Collage des deutschen Künstlers John Heartfield, 1932

✏️ A: Untersuche und deute die Collage Q1. Lies dazu auch den VT.

Präsidialregierung
Minderheitsregierung, die praktisch nur dem Reichspräsidenten verantwortlich war. Sie stützte sich auf die Notverordnungen des Reichspräsidenten.

Notverordnung
Verordnung des Reichspräsidenten, die wie ein Gesetz beachtet werden musste (Artikel 48 der Reichsverfassung). Notverordnungen waren nur für den Ausnahmezustand gedacht und waren auf Verlangen des Reichstages außer Kraft zu setzen. Gab es keine Einigung, konnte der Reichspräsident den Reichstag auflösen (Artikel 25). Nun konnte die Regierung ohne Parlament 60 Tage lang bis zur Neuwahl des Reichstages auf der Grundlage von Notverordnungen regieren.

Hindenburg – ein Monarchist an der Spitze der Republik
Nach dem Tod Friedrich Eberts 1925 war der ehemalige Feldmarschall Paul von Hindenburg zum Reichspräsidenten gewählt worden. Seine Wahl brachte die Distanz vieler Deutscher zur Weimarer Republik und zugleich ihre Suche nach Autorität zum Ausdruck. Als ehemals kaisertreuer Chef der Obersten Heeresleitung im Ersten Weltkrieg symbolisierte Hindenburg den Glanz des vergangenen Kaiserreiches, dem viele Deutsche nachtrauerten. Der überzeugte Monarchist und Miturheber der Dolchstoßlegende Hindenburg im höchsten Amt der Republik – dies sollte sich in der Krise als schwere Bürde erweisen.

Das Parlament wird ausgeschaltet
Nach dem Scheitern der Großen Koalition im Frühjahr 1930 ergriffen Hindenburg und seine Berater die Chance, im Zeichen der Krise die parlamentarische Demokratie auszuhebeln. Hindenburg wollte eine von ihm abhängige Präsidialregierung bilden, die sich nicht länger auf Mehrheiten im Reichstag stützen sollte, sondern auf Notverordnungen. Dabei baute Hindenburg auf die Akzeptanz vieler Deutscher, die nach mehr als zehn Regierungswechseln in elf Jahren im Reichstag vor allem eine Versammlung sich streitender Interessenvertreter sahen. Für seinen neuen Kurs ernannte Hindenburg Ende März 1930 den Wirtschaftsexperten Heinrich Brüning (Zentrum) zum neuen Reichskanzler. Hinter Brüning stand jedoch nur eine kleine Minderheit der Reichstagsabgeordneten. Weil Brüning für seine Gesetze keine Mehrheit im Parlament fand, erließ Hindenburg diese Gesetze in Form einer Notverordnung. Als der Reichstag deren Rücknahme verlangte, ließ Hindenburg den Reichstag auflösen und Neuwahlen ansetzen. Die Notverordnung trat gleichwohl in Kraft.

Brünings Politik und die Reichstagswahl 1930
Brüning verfolgte vor allem ein Ziel: das Ende der deutschen Reparationszahlungen. Diesem Ziel ordnete er auch seine innenpolitischen Maßnahmen zur Sanierung des Staatshaushalts unter: Brüning fuhr einen strikten Sparkurs, erhöhte die Steuern und kürzte die Sozialleistungen. Staatliche Finanzhilfe zur Ankurbelung der Wirtschaft lehnte er ab, um keine neuen Schulden aufzubauen. Damit verschlimmerte sich allerdings die Situation weiter. Doch den Niedergang der Wirtschaft nahm Brüning bewusst in Kauf: Eine Zahlungsunfähigkeit der deutschen Wirtschaft sollte das Ausland überzeugen, auf weitere Reparationszahlungen zu verzichten. Diese Politik Brünings hatte auch Folgen für die Parteienlandschaft. Im Angesicht der sich verschärfenden Krise stimmten immer mehr Menschen für radikale Parteien. Gewinner der Reichstagswahl vom September 1930 war neben den Kommunisten vor allem die NSDAP. Die bürgerlichen Parteien und die SPD verloren dagegen. Gerade die Sozialdemokraten steckten jetzt in der Zwickmühle: Sollten sie Brünings arbeitnehmerfeindliche Politik weiter im Parlament bekämpfen oder ab sofort tolerieren? Aus Angst vor Neuwahlen und weiteren Stimmgewinnen der Radikalen entschied sich die SPD für das scheinbar kleinere Übel, die Tolerierung.

Aufstieg der Nationalsozialisten
Nach dem erfolglosen Putschversuch 1923 hatte die NSDAP ihre Strategie verändert: Nicht durch Umsturz, sondern auf legalem Weg als Partei im Reichstag wollte sie an die Macht gelangen. Dies schien zu gelingen: Bei der Reichs-

Q2 Versorgung von verletzten SA-Leuten nach einer Saalschlacht
Foto, um 1930
Straßenkämpfe, Schlägereien und Saalschlachten zwischen den Kampftruppen der Parteien – insbesondere der Nationalsozialisten und der Kommunisten – gehörten Anfang der 1930er-Jahre zum politischen Alltag.

B: Versetze dich in die Perspektive eines verletzten SA-Manns auf dem Foto. Was hätte er vermutlich als Gründe dafür genannt, sich den Risiken einer Saalschlacht auszusetzen? Lies dazu auch den Verfassertext. Vermute, warum die NSDAP dieses Foto an die Öffentlichkeit gegeben hat. Begründe deine Vermutung.

tagswahl 1930 wurde die NSDAP zweitstärkste Kraft. Ursache für diesen Erfolg war der Umbau der NSDAP zu einer straff geführten Massenpartei, der es gelang, in allen sozialen Schichten Wähler zu mobilisieren. Während sich Angestellte, Handwerker und Beamte aus Furcht vor sozialem Abstieg der NSDAP zuwandten, erhofften sich Teile der Oberschicht von der Partei eine Rettung vor dem Kommunismus oder eine Rückkehr zu autoritären Strukturen. Manche Arbeiter sahen in der NSDAP eine nationale Alternative zu den sozialistischen Parteien. Vor allem durch Massenveranstaltungen, moderne Propaganda und das kämpferische Auftreten der uniformierten Kampftruppe SA („Sturmabteilung") erreichte die NSDAP viele junge Wähler. Verlockend waren für viele Menschen auch die autoritäre Art der Führung und scheinbar einfache Antworten auf die Probleme der Zeit: Kommunisten, Juden und die Politiker der demokratischen Parteien – sie alle wurden von der NSDAP für die Wirtschaftskrise verantwortlich gemacht. Jene Feindbilder und das Versprechen einer sicheren Zukunft prägten die Reden Adolf Hitlers, während die SA durch Straßenkämpfe und militante Aufmärsche selbst Unsicherheit verbreitete.

C: Arbeite auf der Grundlage des Verfassertextes und des Plakats Q3 Gründe heraus, die aus der Sicht Hindenburgs für eine Ernennung Hitlers zum Reichskanzler sprachen.

Entscheidung für Hitler und die NSDAP

Bei den Reichstagswahlen im Juli 1932 wurde die NSDAP mit 37,4 % der Stimmen stärkste Partei. Kurz zuvor hatte sich Hindenburg nur mit Mühe und der Unterstützung der ungeliebten Sozialdemokraten bei der Reichspräsidentenwahl gegen den Konkurrenten Hitler behauptet. Die Schuld für diese Situation lastete Hindenburg dem Reichskanzler an. Er veranlasste im Mai 1932 Brüning zum Rücktritt, obwohl sich erste Erfolge der Politik seines Kanzlers abzeichneten: Nur wenige Monate nach Brünings Entlassung wurde Deutschland auf der Konferenz von Lausanne die Zahlung der Reparationen erlassen. Politische Entscheidungen verschoben sich immer mehr in die Hinterzimmer der Macht. Hindenburg berief in kurzer Folge zwei weitere Reichskanzler: den Zentrumspolitiker Franz von Papen, dann seinen eigenen Berater Kurt von Schleicher. Beide besaßen weder im Parlament noch bei der Bevölkerung Rückhalt für ihre Politik. Am 30. Januar 1933 ernannte Hindenburg schließlich Adolf Hitler zum Reichskanzler, für den sich führende Unternehmer stark gemacht hatten. Mit Hitler als Kanzler einer Regierung aus NSDAP und konservativen Kräften glaubte Hindenburg, den Ausweg aus der Krise gefunden zu haben.

Q3 Plakat zur Reichspräsidentenwahl 1932

1918 1933

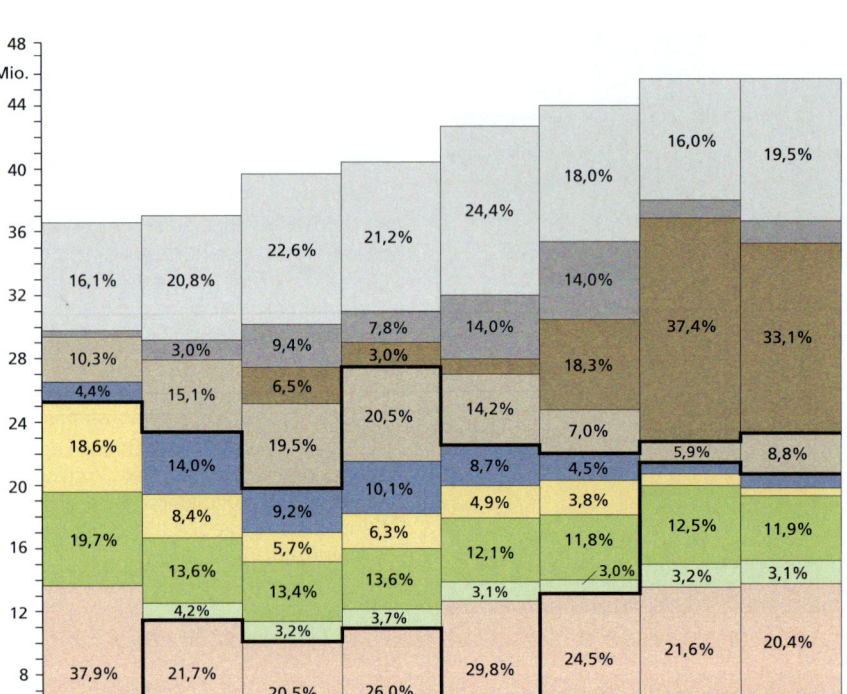

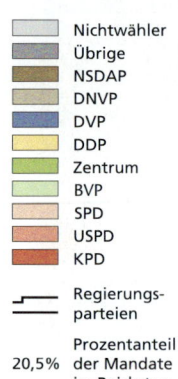

D1 Reichstagswahlergebnisse 1919 bis 1932

- Nichtwähler
- Übrige
- NSDAP
- DNVP
- DVP
- DDP
- Zentrum
- BVP
- SPD
- USPD
- KPD

─── Regierungsparteien

20,5% Prozentanteil der Mandate im Reichstag

X-Achse: 19.1.1919 (N.V.) | 6.6.1920 | 2.5.1924 | 7.12.1924 | 20.5.1928 | 14.9.1930 | 31.7.1932 | 6.11.1932

Q6 „Eine vom Parlament unabhängige Regierung"

Im November 1932 wandten sich führende Personen aus Wirtschaft, Industrie und Großgrundbesitz mit einer Eingabe an Reichspräsident Hindenburg. Das Schreiben hatte großen Einfluss auf dessen Entscheidung, Hitler zum Reichskanzler zu ernennen. Es heißt dort:

Mit Eurer Exzellenz bejahen wir die Notwendigkeit einer vom parlamenta-
5 rischen Parteiwesen unabhängigeren Regierung, wie sie in dem von Eurer Exzellenz formulierten Gedanken eines Präsidialkabinetts zum Ausdruck kommt. (…) Wir erkennen in der nationalen Bewegung, die durch unser Volk 10 geht, den verheißungsvollen Beginn einer Zeit, die durch Überwindung des Klassengegensatzes die unerlässliche Grundlage für einen Wiederaufstieg der deutschen Wirtschaft erst schafft. Wir wissen, daß dieser Aufstieg noch viele 15 Opfer erfordert. Wir glauben, daß diese Opfer nur dann willig gebracht werden können, wenn die größte Gruppe dieser nationalen Bewegung führend an der Regierung beteiligt wird. Die Übertra-
20 gung der [Regierung] an den Führer der größten nationalen Gruppe wird (…) Millionen Menschen, die heute abseits stehen, zu bejahender Kraft mitreißen.

Peter Longerich (Hrsg.), Die Erste Republik. Dokumente zur Geschichte des Weimarer Staates, München 1992, S. 488 f.

Q4 Demonstrationen und Raufereien

Der Journalist und Autor Rudolf Pörtner war während der Weimarer Republik zeitweilig Anhänger der Kommunisten. Über den politischen Kampf auf der Straße berichtet er:

Wir alle trugen nun das Antifa-Zeichen [Abzeichen gegen Nationalsozialisten], bevorzugten revolutionäre Gewandung, 5 besuchten Massenveranstaltungen,
5 marschierten in Demonstrationen mit drohend erhobener Faust, gerieten auch wohl mal in eine Rauferei mit Polizisten (Polypen nannten wir sie, auch das dar-
10 aus abgeleitete Wort „Bulle" ging schon
10 um). Einmal nachts am Bahnhof Hohenzollerndamm [in Berlin] mußte ich eilends vor einem SA-Mann retirieren [zurückweichen], der das Antifa-Zeichen 15 auf meiner Brust entdeckt hatte. Ich re-
15 tirierte mit Erfolg, denn der Klassenfeind trug hohe Stiefel, und ich gewann ihm schon auf den ersten hundert Metern zehn Meter Vorsprung ab, so daß er mich wohl oder übel laufen lassen mußte.

Rudolf Pörtner (Hrsg.), Alltag in der Weimarer Republik. Kindheit und Jugend in unruhiger Zeit, München 1990, S. 310 f.

Q5 Antidemokratische Atmosphäre

Die Bibliothekarin Sabine Neumann erinnert sich an die letzten Jahre der Weimarer Republik:

In der Schule politisierten wir Schülerinnen der Oberstufe viel untereinander, zumeist als Anhänger der „Bewegung". Wir holten uns NS-Zeitungen, 5 rannten zu Partei- und Wahlveranstaltungen – eine mit Hitler wurde für uns ein überwältigendes Erlebnis. Wir warfen den Lehrern heimlich Broschüren in die Briefkästen, um sie überzeugen
10 zu helfen (…). Die Einstellung von uns Jugendlichen wurde begünstigt durch die antidemokratische Atmosphäre unserer bürgerlichen Elternhäuser. Die eigene Urteilsfähigkeit war noch nicht
15 entwickelt. Aber den Idealismus der Jugend und Begeisterungsfähigkeit für einen „Führer", der gute Ziele anzusteuern versprach – das besaßen wir in hohem Maße!

Rolf Italiaander (Hrsg.), Wir erlebten das Ende der Weimarer Republik. Zeitgenossen berichten, Düsseldorf 1982, S. 133.

Diese Textquelle kannst du mithilfe der CD-ROM bearbeiten.

Q7 Wahlplakat der KPD 1932

Q8 Wahlplakat der SPD 1932

Q9 Wahlplakat der NSDAP 1932

Q10 Wahlplakat des Zentrums 1932

Q11 Wahlplakat der DNVP 1932

Q12 Wahlplakat der NSDAP 1932

1. Beschreibe, wie sich die Kräfteverhältnisse zwischen den politischen Lagern von 1919 bis 1932 veränderten (D1). Überlege, welchen Einfluss diese Veränderungen auf die Möglichkeiten der Regierungsbildung hatten.

2. Untersuche die Berichte Q4 und Q5 unter der Frage, welche Erfahrungen Jugendliche im Alltag mit wachsender Radikalität in der Politik machten.

3. Untersucht in Kleingruppen die Plakate Q7 bis Q12. Analysiert die Figuren, Symbole, Farbgestaltung und Texte. Erläutert, welche Probleme die einzelnen Parteien thematisierten und welche Wege aus der Krise aufgezeigt werden.

◎ Mithilfe der CD könnt ihr euch die Plakate genauer anschauen.

4. Untersuche die Plakate Q7 bis Q9 auf Gemeinsamkeiten und versuche, eine Erklärung dafür zu finden.

5. Arbeite die Argumente heraus, mit denen Vertreter der Wirtschaft Hindenburg von der Ernennung Hitlers zum Reichskanzler überzeugen wollten (Q6).

1918   1933

1. Zusammenhänge herstellen: wichtige Personen und Begriffe in Beziehung setzen (Urteilskompetenz)

Verbinde die Person mit dem jeweils passenden Begriff und begründe kurz den Zusammenhang.

- Rosa Luxemburg
- Heinrich Brüning
- Philipp Scheidemann
- Adolf Hitler
- Paul von Hindenburg
- Charles Dawes
- Walther Rathenau
- Friedrich Ebert

- Dolchstoßlegende
- Reparationen
- Räterepublik
- Sparpolitik
- parlamentarisches System
- Putschversuch
- Bündnis mit dem Militär
- Attentat

2. Plakate vergleichen: SPD im Wandel (Analysekompetenz, Urteilskompetenz)

Vergleiche die Figuren und ihre Haltung sowie die Texte der beiden Plakate und erläutere, wie sich die Situation der SPD von 1920 bis 1930 gewandelt hat.

Q1 SPD-Plakat zur Reichstagswahl Juni 1920

Q2 SPD-Plakat zur Reichstagswahl Juni 1930 oder November 1932

3. Textquellen auswerten: die Stellung des Reichspräsidenten in der Weimarer Verfassung beurteilen (Analysekompetenz, Urteilskompetenz)

Arbeite die unterschiedlichen Meinungen zur Position des Reichspräsidenten heraus. Überprüfe die Meinungen und formuliere am Ende ein eigenes Urteil.

Q3 Stellung des Reichspräsidenten

Aus der Debatte der verfassunggebenden Nationalversammlung 1919:

a) Adelbert Düringer (DNVP):

(Wir vermissen) in dem Entwurf die 20 für die Entwicklung und Zusammenfassung eines so großen Volkes notwendige starke Zentralgewalt. Diesen
5 Vorwurf erheben wir insbesondere angesichts der Regelungen, die die Stellung des Reichspräsidenten in der Ver-

fassung gefunden hat. Der Präsident ist in der Tat nur ein Dekorationsstück.
10 Er repräsentiert das Reich nach außen und nach innen; aber so gehoben seine Stellung hiernach, rein äußerlich betrachtet, erscheint, tatsächlich ist er in jeder Hinsicht ein gebundener Mann.
15 Der Schwerpunkt der Regierung liegt nicht beim Reichspräsidenten, auch nicht bei der Reichsregierung, sondern er liegt ganz woanders, er liegt bei den Parteien, er liegt bei den Fraktionen.

b) Oskar Cohn (USPD):

Wäre schon überall in der Masse der Bevölkerung das Bewußtsein von der Verderblichkeit der Monarchie für die Entwicklung des deutschen Volkes [verbreitet], (…) es würde dazu geführt ha-
25 ben, die starken Anklänge an monarchische Einrichtungen nicht zu schaffen,

die sich jetzt in Bestimmungen über den Präsidenten des Reiches finden. (… Ein Abgeordneter) hat es für mög-
30 lich erklärt, daß sich der Präsident weit über die formalen Beschränkungen hinaus, die ihm die Verfassung scheinbar auferlegt, seine Stellung erobern und befestigen könne, und wenn Sie
35 ihm, wie sie es jetzt tun, in seiner siebenjährigen Amtsperiode die Möglichkeit dazu geben, so ist die Gefahr der Rückkehr monarchischer Einrichtungen doppelt groß. (…) Wie, wenn ein Herr
40 von der Deutschen Volkspartei oder von den Deutschnationalen oder nach 15 Jahren ein Hohenzoller, vielleicht ein General, an der Spitze des Reichs oder des Reichswehrministeriums steht?

Verhandlungen der verfassunggebenden Deutschen Nationalversammlung. Stenographische Berichte, Berlin 1919, S. 2089, 2098, 1330.

Q4 Stenotypistin sucht Arbeit
Foto, um 1930

4. Ein Foto untersuchen und ein Interview führen: Leben in der Wirtschaftskrise (Analysekompetenz, Urteilskompetenz, narrative Kompetenz)
Als Reporter führst du ein Interview mit der Stenotypistin für eine Zeitung. Sie erzählt dir von ihrer alten Arbeit, von der Wirtschaftkrise und von den Veränderungen, die sich für sie durch die Krise ergeben haben.

Q5 „Sie tragen die Buchstaben der Firma – aber wer trägt den Geist?!"
Karikatur von Th. Th. Heine aus dem „Simplicissimus", 1927

5. Eine Karikatur interpretieren (Analysekompetenz, Urteilskompetenz)
Erläutere die Aussage der Karikatur vor dem Hintergrund der gesellschaftlichen und politischen Verhältnisse der Weimarer Republik. Beachte die Kleidung der dargestellten Personen.

6. Eine Mindmap erstellen: die Ursachen für das Scheitern der Weimarer Republik (Urteilskompetenz, Lernkompetenz)
Fasse noch einmal alle Gründe für das Scheitern der Weimarer Republik zusammen. Überlege dir zuerst, was in deinen Augen die wichtigsten Ursachen waren.

5 Nationalsozialismus und Zweiter Weltkrieg

„Nur" zwölf Jahre herrschten die Nationalsozialisten. Am Ende ihrer Herrschaft lag Europa in Schutt und Asche und Millionen Menschen hatten ihr Leben verloren. In Deutschland und in den besetzten Gebieten hatten Deutsche unvorstellbare Verbrechen begangen, die nun ans Tageslicht kamen. Wie war dies alles möglich geworden?

- Wer unterstützte die Machtübertragung an Hitler?
- Warum erfuhr die nationalsozialistische Diktatur lange Zeit breite Zustimmung der Deutschen?
- Wie sicherte das NS-Regime seine Stabilität?
- Wodurch wurde es möglich, dass in dieser Zeit ungeheuerliche Verbrechen begangen werden konnten?

1925   **1930**

9. November 1923
Hitlerputsch

30. Januar 1933
Hitler wird Reichskanzler.

28. Februar 1933
Die „Verordnung des Reichspräsidenten zum Schutz von Volk und Staat" setzt die Grundrechte der Weimarer Verfassung außer Kraft.

23. März 1933
Das sog. Ermächtigungsgesetz entmachtet den Reichstag.

1929
Beginn der Weltwirtschaftskrise

Hitler wird in Nürnberg zum Reichsparteitag der NSDAP begrüßt. Foto, September 1933

Angehörige des „Bundes Deutscher Mädel" in einem Zeltlager

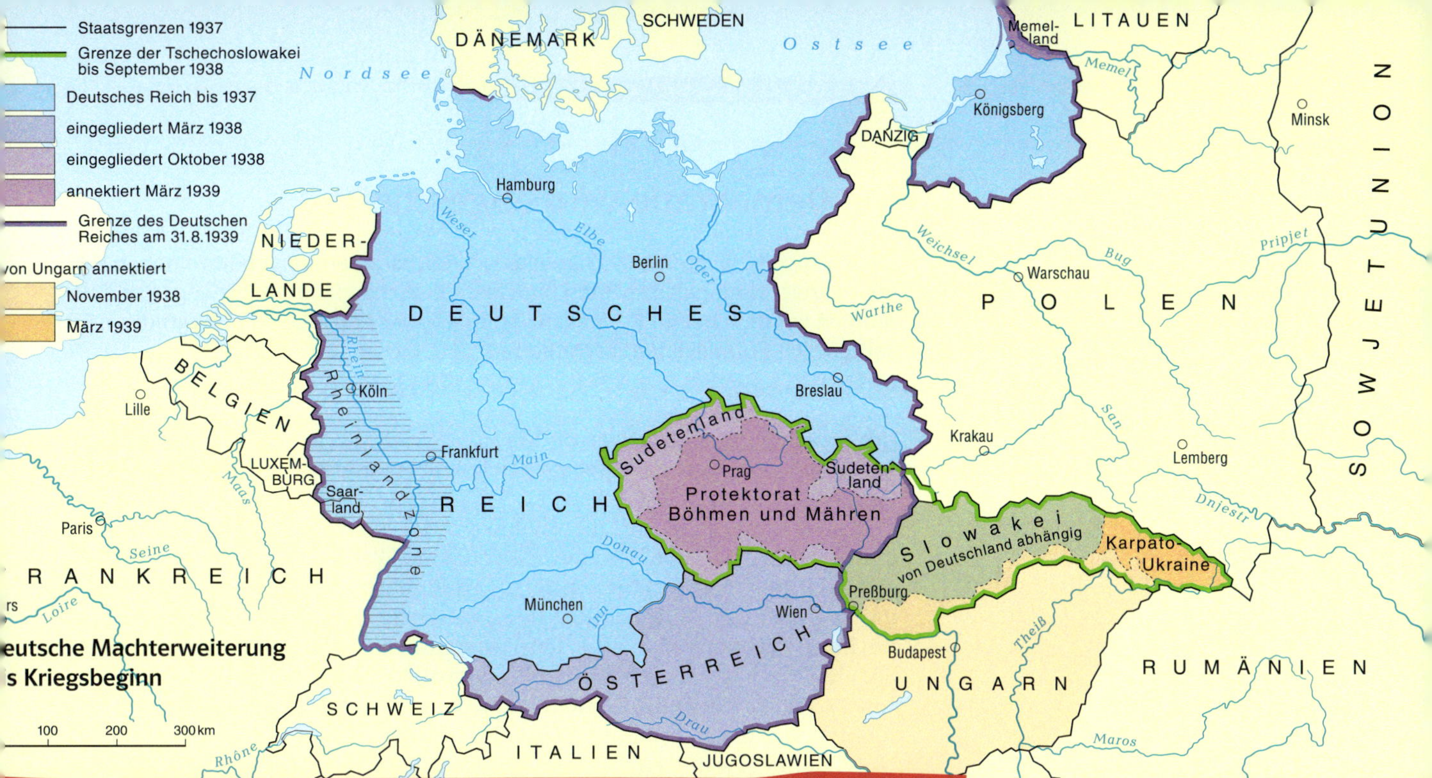

Karte: Deutsche Machterweiterung bis Kriegsbeginn

Legende:
- Staatsgrenzen 1937
- Grenze der Tschechoslowakei bis September 1938
- Deutsches Reich bis 1937
- eingegliedert März 1938
- eingegliedert Oktober 1938
- annektiert März 1939
- Grenze des Deutschen Reiches am 31.8.1939
- von Ungarn annektiert
  - November 1938
  - März 1939

Beschriftungen auf der Karte:

DÄNEMARK · SCHWEDEN · Ostsee · LITAUEN · Memelland · Nordsee

NIEDER-LANDE · BELGIEN · LUXEM-BURG · Paris · FRANKREICH · SCHWEIZ · ITALIEN · JUGOSLAWIEN

DEUTSCHES REICH · Hamburg · Berlin · Köln · Frankfurt · Saarland · Rheinlandzone · München

Königsberg · DANZIG · Minsk · Warschau · POLEN · SOWJETUNION · Breslau · Krakau · Lemberg

Sudetenland · Prag · Protektorat Böhmen und Mähren · Sudetenland · Slowakei von Deutschland abhängig · Preßburg · Karpato-Ukraine · Wien · ÖSTERREICH · Budapest · UNGARN · RUMÄNIEN

Flüsse: Rhein · Weser · Elbe · Oder · Main · Donau · Inn · Drau · Warthe · Weichsel · Bug · Pripjet · San · Dnjestr · Theiß · Maros · Memel · Seine · Loire · Rhône

Maßstab: 100 200 300 km

Deutsche Machterweiterung bis Kriegsbeginn

Zeitleiste

1935 — 1940 — 1945

September 1935
Die Nürnberger Gesetze werden zur juristischen Grundlage der Ausgrenzung und Verfolgung der Juden.

9./10. November 1938
Reichspogromnacht

1. September 1939
Mit dem deutschen Überfall auf Polen beginnt der Zweite Weltkrieg.

22. Juni 1941
Deutscher Angriff auf die UdSSR

ab 1941
Systematische Vernichtung der europäischen Juden

20. Juli 1944
Attentat auf Hitler

8. Mai 1945
Bedingungslose Kapitulation Deutschlands

Eine Aufgabe zu der Karte findest du auch auf der CD-ROM.

Ältere Jüdin an der Rampe von Auschwitz, Foto, 1944

Junge deutsche Soldaten, die fast noch Kinder sind, werden von einem Amerikaner gefangen genommen. Foto, 1945

1933   1945

Die Demokratie wird abgeschafft

Der nach dem 30. Januar 1933 gebildeten Reichsregierung gehörten neben Hitler nur zwei Nationalsozialisten an. Viele Deutsche glaubten deswegen, die Warnungen vor dem neuen Reichskanzler und seiner Partei seien unbegründet. Sie sollten sich gründlich getäuscht haben ...

✎ A: Stelle chronologisch zusammen, welche Maßnahmen die NS-Regierung ergriff, um ihre Macht zu stabilisieren.

Notverordnungen stabilisieren die Macht

Bereits am 1. Februar 1933 löste der Reichspräsident Hindenburg auf Antrag Hitlers den Reichstag auf. Für den 5. März wurden Neuwahlen angesetzt. Damit wollten sich die Nationalsozialisten die Mehrheit im Parlament und in der Regierung sichern. Der nun einsetzende Wahlkampf war weit von Chancengleichheit der Parteien entfernt: Hindenburg erließ am 4. Februar 1933 die „Verordnung zum Schutze des deutschen Volkes". Sie ermöglichte willkürliche Verbote von politischen Versammlungen und Presseerzeugnissen. Für Zuwiderhandlungen wurden Gefängnisstrafen angedroht.

Am 27. Februar brannte der Reichstag. Wer der Brandstifter war, ist bis heute nicht sicher geklärt. Wahrscheinlich handelte es sich um einen Einzeltäter. Unter dem Vorwand, eine kommunistische Verschwörung verhindern zu müssen, unterschrieb der Reichspräsident am darauf folgenden Tag die „Verordnung zum Schutz von Volk und Staat", auch „Reichstagsbrandverordnung" genannt. Mit ihr wurden alle wichtigen Grundrechte außer Kraft gesetzt und der Verfolgung politischer Gegner Tor und Tür geöffnet.

Das Parlament wird ausgeschaltet

Die Reichstagswahl am 5. März 1933 brachte den Nationalsozialisten nicht die erhoffte absolute Mehrheit. Mit 43,9 Prozent der abgegebenen Stimmen waren sie auf eine Koalition mit der DNVP angewiesen.

Schon zweieinhalb Wochen später holten die Nationalsozialisten zum nächsten Schlag aus, um die Demokratie zu beseitigen: Am 23. März brachten sie im Reichstag das „Gesetz zur Behebung der Not von Volk und Reich" ein, mit dem die Reichsregierung das Recht erhalten sollte, Gesetze ohne Zustimmung des Parlaments zu erlassen.

Die KPD-Abgeordneten nahmen an der Abstimmung nicht mehr teil, weil sie bereits verhaftet worden oder geflohen waren. Die anderen Parteien setzten

Q1 Einlieferung von Politikern und Rundfunkmitarbeitern in das Konzentrationslager Oranienburg
Foto vom 10. August 1933
v. l. n. r.: Ernst Heilmann, SPD-Fraktionschef im preußischen Landtag; Fritz Ebert, Sohn des früheren Reichspräsidenten; Alfred Braun, ein populärer Rundfunkreporter; Ministerialrat Giesecke von der Rundfunkverwaltung; Dr. Flesch, Intendant der Funkstunde; der Rundfunkdirektor Magnus – angeblich hatten sie sich bestechen lassen.

✎ B: Verfasse aus Sicht eines ausländischen Journalisten einen Bericht zu dem dargestellten Vorgang und kommentiere ihn.

die Nationalsozialisten in einer Mischung aus Versprechungen und Drohungen unter Druck. Als einzige Partei stimmte die SPD gegen dieses sogenannte „Ermächtigungsgesetz". Das Zentrum und andere kleinere bürgerliche Parteien stimmten hingegen zu, sodass das Gesetz die notwendige Zweidrittelmehrheit erhielt.

Nationalsozialistischer Terror
Von Anfang an gehörte Gewalt zu den Maßnahmen der Nationalsozialisten. Wer gegen die Ziele der neuen Machthaber auftrat, wurde verfolgt und eingesperrt, oft ohne gerichtliches Urteil. Es konnte jeden treffen: Kommunisten, Sozialdemokraten, demokratische Journalisten, Gelehrte und Schriftsteller. In den Folterkellern der SA und den neu eingerichteten Konzentrationslagern waren sie der Willkür ihrer Bewacher ausgeliefert und in ständiger Angst, geprügelt, gefoltert oder ermordet zu werden.

Die Gesellschaft wird „gleichgeschaltet"
Mit der Begründung, die Machtverhältnisse nach den Reichstagswahlen müssten sich überall widerspiegeln, wurden die Länderregierungen durch nationalsozialistische ersetzt. In den Kommunen wurden die Bürgermeister von Nationalsozialisten zum Parteieintritt genötigt oder aus dem Amt gedrängt. Im April erließ die Reichsregierung ein Gesetz, das es ihr ermöglichte, alle missliebigen Beamten zu entlassen. Um das politische und soziale Leben umfassend kontrollieren und beeinflussen zu können, wurden Vereine und Verbände aufgelöst oder zum Zusammenschluss mit nationalsozialistischen Verbänden gezwungen. Wer z.B. in den Bereichen Presse, Rundfunk, Kino, Theater, Kunst oder Literatur arbeitete, wurde von der „Reichskulturkammer" erfasst. Ein Ausschluss daraus kam einem Berufsverbot gleich.

Ausschaltung von Parteien und Gewerkschaften
Unter dem Druck der NSDAP lösten sich fast alle Parteien selbst auf, die SPD wurde verboten. Viele Sozialdemokraten und Kommunisten flohen ins Ausland. Das „Gesetz gegen die Neubildung von Parteien" vom Juli 1933 erklärte die NSDAP zur einzig legalen Partei.
Am 2. Mai 1933 wurde der Allgemeine Deutsche Gewerkschaftsbund (ADGB) zerschlagen und dessen Eigentum beschlagnahmt. Wenige Tage später wurden dessen Mitglieder in die als Einheitsverband von Arbeitnehmern und Arbeitgebern neu gegründete „Deutsche Arbeitsfront" (DAF) eingegliedert. Die christlichen und liberalen Gewerkschaften folgten bis Ende Juni.

Q2 Bücherverbrennung auf dem Berliner Opernplatz am 10. Mai 1933
In Berlin und vielen anderen deutschen Universitätsstädten wurden auf Initiative der „Deutschen Studentenschaft" Bücherverbrennungen inszeniert. Betroffen waren Werke jüdischer Schriftsteller sowie von Autoren, die von der „Deutschen Studentenschaft" als marxistisch oder pazifistisch angesehen wurden.

✎ C: Stelle dir vor, du wirst Zeuge einer Bücherverbrennung. Schreibe einen Tagebucheintrag dazu.

1933	1945

Konflikte zwischen SA und NSDAP

Nach einem Jahr Kanzlerschaft schien Hitlers Macht unanfechtbar zu sein. Doch ausgerechnet aus den eigenen Reihen drohte Gefahr für seine Herrschaft. Die Mitglieder der SA hatten in der Weimarer Republik die Wahlkämpfe der NSDAP unterstützt und deren politische Gegner bekämpft – fast immer mit Gewalt und Terror. Nun rechneten viele damit, als Belohnung in Führungspositionen aufzusteigen. Doch sie wurden enttäuscht. Um das Bürgertum nicht zu verprellen, ließ Hitler auch bürgerliche Funktionsträger im Amt, wenn diese sich den Nationalsozialisten anpassten. Das erregte bei den alten SA-Kämpfern Unmut. Ein ernster Konflikt zwischen SA und NSDAP zeichnete sich ab.

Der SA-Führer Ernst Röhm wollte Reichswehr und SA unter seiner Führung zu einem sogenannten „revolutionären Volksheer" vereinigen. Sowohl die Reichswehrführung als auch Hitler fühlten sich dadurch bedroht. Die NSDAP-Führung, SS und Reichswehr beschlossen daher, Röhm und andere SA-Funktionäre zu beseitigen. Sie wurden in der Nacht vom 30. Juni auf den 1. Juli 1934 verhaftet und kurz darauf ohne Gerichtsverhandlung erschossen. Das gleiche Schicksal ereilte auch konservative Gegner Hitlers. Die Nationalsozialisten bezeichneten die Mordtaten als „Staatsnotwehr", denn Röhm habe einen Putsch geplant. Ihr Vorgehen rechtfertigten sie nachträglich durch ein Gesetz. Hitler erklärte sich jetzt zum „obersten Gerichtsherrn" des deutschen Volkes.

Die Justiz als bereitwillige Helferin

Nahezu alle Richter und Staatsanwälte der Weimarer Republik lehnten die Demokratie ab und stellten sich daher der nationalsozialistischen Diktatur bereitwillig zur Verfügung. Das war für die Errichtung und die Stabilisierung des neuen Systems ungemein hilfreich. Das Rechtssystem der Weimarer Republik blieb formal bestehen, allerdings wurden immer mehr Sondergerichte eingerichtet. Das bekannteste war der Volksgerichtshof, der im April 1934 begründet wurde. Er diente vorrangig zur Aburteilung politischer Gegner. Nach der amtlichen Statistik wurden von 1937 bis Mitte 1944 von 14 319 Angeklagten 5 191 zum Tode verurteilt. Für die Zeit danach wird die Zahl der Todesurteile auf etwa 2 000 geschätzt.

Die unumschränkte Diktatur beginnt

Im August 1934 starb Reichspräsident Hindenburg. Daraufhin legte Hitler unter der Bezeichnung „Führer und Reichskanzler" die Ämter des Reichskanzlers und des Reichspräsidenten zusammen. Durch diesen Schritt hatte er nun alle wichtigen Ämter in seiner Person vereinigt: Regierungschef, Staatsoberhaupt, Oberbefehlshaber der Wehrmacht und Parteiführer.

Q3 Festumzug zum „Tag der nationalen Arbeit" am 1. Mai 1933 in Lemgo
Das Foto zeigt den Schmuckwagen der Steinbildhauerinnung, der bei dem Festumzug präsentiert wurde.

D: Beschreibe das Foto und erkläre, welche Haltung zur neuen Regierung von den Mitgliedern der Innung ausgedrückt wird.

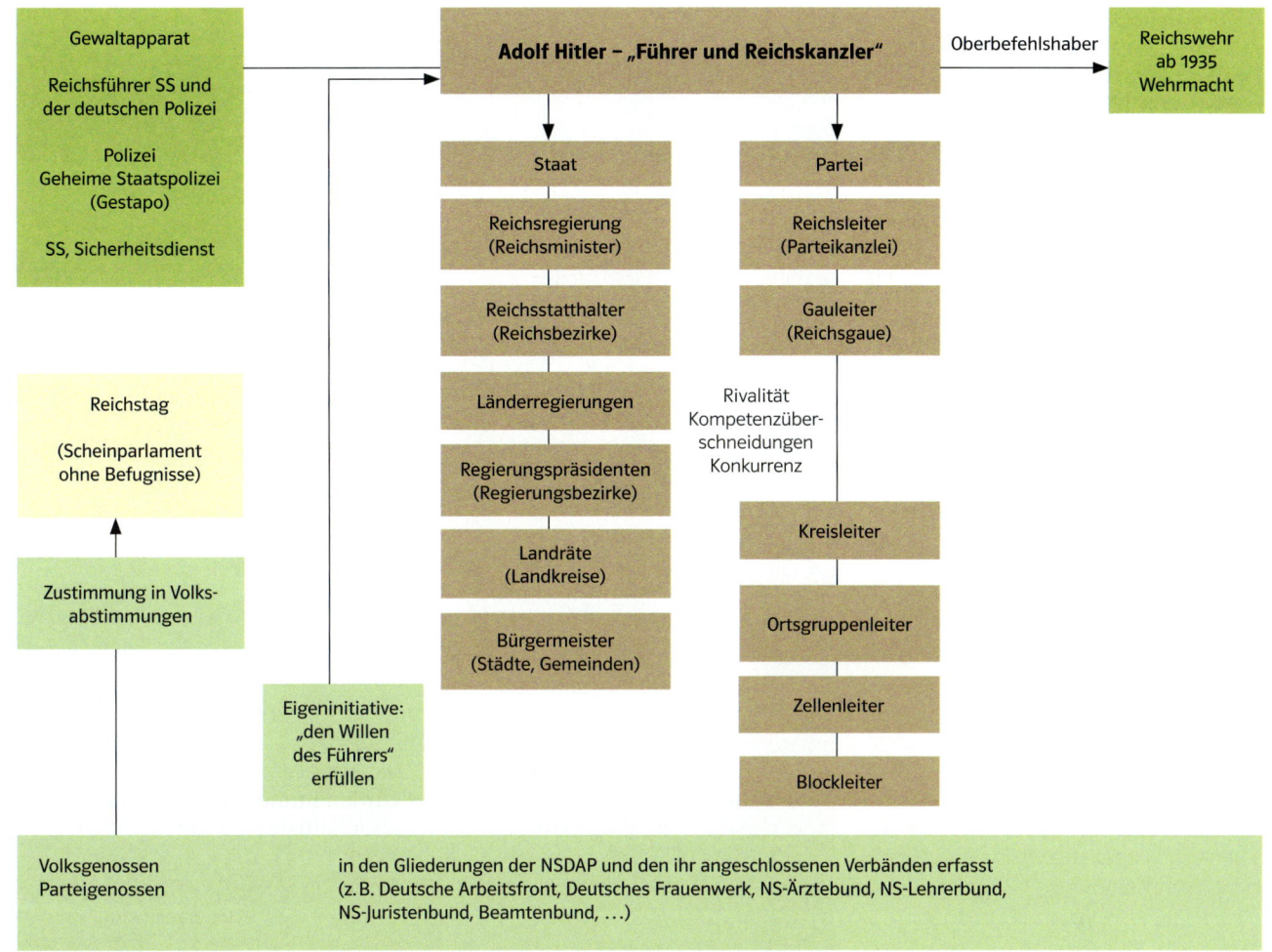

D1 Das NS-Herrschaftssystem

E: Vergleiche Hitlers Machtposition mit der Machtausübung in der Weimarer Republik.

Q4 Wer hat die Macht?
Ein SA-Führer beschwert sich beim bayerischen Ministerpräsidenten:
Die Autorität des Staates steht in Gefahr durch die allseitigen, unberechtigten Eingriffe politischer Funktionäre in das Räderwerk der normalen Ver-
5 waltung. Jeder (…) politische Kreisleiter erlässt Verfügungen, die in die unteren Befehlsgewalten der Ministerien eingreifen, also in die Befugnisse der Kreisregierungen, Bezirksämter, run-
10 ter bis zur kleinsten Gendarmeriestation. Jeder verhaftet jeden (…), jeder droht jedem mit Dachau (Konzentrationslager). (…) Bis zur kleinsten Gendarmeriestation ist bei den besten
15 und zuverlässigsten Beamten eine Instanzenunsicherheit eingetreten, die sich unbedingt verheerend und staatszerstörend auswirken muss.

Zdenek Zofka, Die Entstehung des NS-Repressionssystems oder: Die Macht des Heinrich Himmler, in: BLZ-Report. Beilage der Bayerischen Staatszeitung, Januar 2004, S. 1.

Q5 Bochumer „Hilfspolizei"
Angehörige der SA und der SS wurden im Februar 1933 zur Hilfspolizei ernannt. Aus dem Bericht einer SPD-Zeitung vom 25. Februar 1933:
Am Freitagmorgen um 5.30 Uhr wurden auf der Kanalstraße die vorbeikommenden Arbeiter, die zur Schicht wollten, von SS-Männern in Uniform mit vorge-
5 haltenem Revolver auf Waffen untersucht. Mit dem Ruf „Hände hoch!" traten die illegalen „Hilfspolizisten" an die Arbeiter heran und hielten eine Leibesvisitation ab. (…) Nur, weil die Arbeiter
10 ihre Schicht nicht versäumen wollten, nahmen sie Abstand von einer Verfolgung der anmaßenden SS-Leute.
Anmaßung im Amt wurde früher, als wir noch geordnete Zustände hatten,
15 mit Gefängnis bestraft, und heute? Wir nehmen jedoch an, daß die Bochumer Polizei in Zukunft solche Zwischenfälle zu verhüten imstande ist.

Volksblatt, Wattenscheider Volksstimme. Organ der Sozialdemokratischen Partei für Gross-Bochum und die Stadt Wattenscheid, Nr. 45, 25. Februar 1933.

1933	1945

Q6 Freiheitsbeschränkungen

Aus der „Verordnung des Reichspräsidenten zum Schutz von Volk und Staat" („Reichstagsbrandverordnung") vom 28. Februar 1933:

Auf Grund des Artikels 48 Abs. 2 der Reichsverfassung wird zur Abwehr kommunistischer staatsgefährdender Gewaltakte folgendes verordnet:

5 §1 Die Artikel 114, 115, 117, 118, 123, 124 und 153 der Verfassung des Deutschen Reichs werden bis auf weiteres außer Kraft gesetzt. Es sind daher Beschränkungen der persönlichen Freiheit, des
10 Rechts der freien Meinungsäußerung, einschließlich der Pressefreiheit, des Vereins- und Versammlungsrechts, Eingriffe in das Brief-, Post-, Telegraphen- und Fernsprechgeheimnis, Anordnun-
15 gen von Haussuchungen und von Beschlagnahmen sowie Beschränkungen des Eigentums auch außerhalb der sonst hierfür bestimmten gesetzlichen Grenzen zulässig.
20 §2 Werden in einem Lande die zur Wiederherstellung der öffentlichen Sicherheit und Ordnung nötigen Maßnahmen nicht getroffen, so kann die Reichsregierung insoweit die Befugnisse der
25 obersten Landesbehörde vorübergehend wahrnehmen.

Heinz Hürten (Hrsg.), Deutsche Geschichte in Quellen und Darstellung, Bd. 9, Stuttgart 1995, S. 153 f.

Q7 Wer beschließt Gesetze?

Aus dem „Gesetz zur Behebung der Not von Volk und Reich" („Ermächtigungsgesetz") vom 24. März 1933:

Artikel 1. Reichsgesetze können außer in dem in der Reichsverfassung vorgesehenen Verfahren auch durch die Reichsregierung beschlossen werden.
5 (…).

Artikel 2. Die von der Reichsregierung beschlossenen Reichsgesetze können von der Reichsverfassung abweichen, soweit sie nicht die Einrichtung des
10 Reichstags und des Reichsrats als solche zum Gegenstand haben. Die Rechte des Reichspräsidenten bleiben unberührt.

Heinz Hürten (Hrsg.), Deutsche Geschichte in Quellen und Darstellung, Bd. 9, Stuttgart 1995, S. 164 f.

Q8 Der preußische Justizminister bei einem Besuch in einem Ausbildungslager für Rechtsreferendare, 1934

Die Referendare haben das Symbol der Rechtsprechung an einem Galgen aufgehängt.

F: Arbeite heraus, welche Auffassung von Rechtsprechung die Juristen in der Zeit des Nationalsozialismus mehrheitlich vertraten.

Q9 Berlin im Frühjahr 1933

Der polnische Journalist Antoni Graf Sobański bereiste Ende April/Anfang Mai 1933 Berlin. Er berichtet:

Ich fahre in den westlichen, modernen Stadtteil mit den meisten guten und auch eleganten Restaurants (…).
5 Was wird mein erster oberflächlicher Eindruck sein? Ich weiß, dass die Gefängnisse überfüllt sind, dass viele Menschen unter furchtbaren Qualen gestorben sind oder vielleicht gerade in diesem Moment sterben. Sind da-
10 von Spuren in den heiteren Straßen erkennbar?

Alle Restaurants sind geöffnet und … leer. Auch die Cafés sind offen, fast alle, bis auf ein oder zwei. Die Besitzer wa-
15 ren Juden. Was? Wie? – Niemand weiß etwas. Jedenfalls geschlossen. Andere, ebenfalls im Besitz von Juden, haben doch geöffnet. Nur einige der Cafés erfreuen sich regen Andrangs, in den
20 meisten herrscht ebenfalls gähnende Leere. In einem der feinsten Kaffeehäuser am Kurfürstendamm, der Hauptarterie des Berliner Westens, gab es kürzlich eine Polizeirazzia. Der Grund ist
25 unbekannt. Alle Gäste mussten sich ausweisen, alle wurden durchsucht, keiner verhaftet, mit dem Ergebnis, dass schon am nächsten Tag kaum mehr jemand das Lokal aufsuchte, nun steht es
30 leer. Vielleicht wurde nach Kokainhändlern gesucht, vielleicht nach Sozialdemokraten, vielleicht wollte man das Lokal einfach nur „fertigmachen".

Die Nachtlokale sind allesamt leer, und
35 so werden sie nach und nach geschlossen. Ihre früheren Gäste waren meist reiche Juden oder Leute, die auf die eine oder andere Weise von reichen Juden abhängig waren. Klientel dieser Art

gibt es heute nicht mehr. Teils fürchten
40 die Juden, sich in der Öffentlichkeit zu zeigen, teils sparen sie. Die Zukunft ist ja so unsicher … Ein reicher (… Deutscher …) hält sich auch bedeckt mit
45 seinem Geld. Wer ansatzweise politisch verdächtig scheint, und verdächtig scheint jeder, der sich nicht deutlich genug für das herrschende System ausspricht, darf nicht zeigen, dass er Geld
50 hat. Er könnte leicht wegen Korruption oder Unterschlagung belangt werden, ein probates Mittel, um jeden Missliebigen zu vernichten.

Es gibt noch weitere belanglose, aber
55 sehr bezeichnende Ursachen für den gegenwärtigen Stillstand des Nachtlebens. Der Jazz ist bei den Nationalsozialisten nicht gut angesehen. Einmal

war ich Zeuge, als ein Parteimitglied
60 verlangte, mit dem Foxtrott aufzuhören und stattdessen einen Marsch zu spielen. Wenn jemand mit dem Parteiabzeichen am Revers oder an der Krawatte ein Lokal betritt, wird es still und irgend-
65 wie ungemütlich, beinahe kalt. (…)
Hitlers Rollkommandos (…) haben eigene Kaffeehäuser, Bierhallen und Restaurants, sogenannte Sturmlokale. Das sind Betriebe, deren Besitzer sich
70 als besonders loyal erwiesen haben. Die Sturmlokale sind billiger und können übrigens von jedermann besucht werden.

Antoni Graf Sobański, Nachrichten aus Berlin 1933–36, Übers.: Barbara Kuliuska-Krautmann, Berlin 2007, S. 19 ff.

◉ Du kannst diese Textquelle auch auf der CD-ROM bearbeiten.

Q10 Politische Häftlinge im Konzentrationslager Dachau
Foto, Mai 1933

✎ G: Erkläre, was die Nationalsozialisten mit der Veröffentlichung solcher Fotos bezweckten.

---

1. Erkläre, welche Auswirkungen das Nebeneinander von staatlicher Macht und Macht der NSDAP auf die praktische Politik haben konnte. Begründe, weshalb auch NSDAP-Mitglieder damit unzufrieden waren (D1, Q4).

2. Schreibe aus der Sicht eines betroffenen Arbeiters einen Leserbrief an die Zeitung und nimm zu den Ereignissen Stellung (D1, Q5).

3. Erläutere, welche Auswirkungen die Bestimmungen der „Reichstagsbrandverordnung" auf die demokratische Willensbildung hatten (Q6).

4. Erkläre, was das „Ermächtigungsgesetz" für das in der Demokratie bestehende Prinzip der Gewaltenteilung bedeutete (Q7).

5. Sobański berichtet davon, wie sich das öffentliche Leben in Berlin veränderte. Kommentiere diese Darstellung aus der Sicht eines Demokraten (Q9).

6. Recherchiere, welche Veränderungen sich in deinem Heimatort in den ersten Wochen und Monaten nach der Machtübertragung an die Nationalsozialisten vollzogen. Präsentiere deine Rechercheergebnisse vor der Klasse.

1933   1945

Demokratien und Diktaturen in Europa

Nicht nur in Deutschland scheiterte die Demokratie. Auch in anderen europäischen Staaten bildeten sich in den 1920er- und 1930er-Jahren autoritäre oder faschistische Regime heraus. Was waren die Gründe dafür?

Legende:
- parlamentarische Demokratie
- autoritäres Regime, Monarchie, Diktatur oder Militärdiktatur, faschistisches Regime, (hervorgegangen aus Demokratie, Republik, Monarchie o. ä.), mit Angabe des Jahres der Errichtung
- faschistische Diktatur

D1 Demokratische, autoritäre und faschistische Regime in Europa seit dem Ersten Weltkrieg

A: Nenne die Länder, in denen sich nach dem Ersten Weltkrieg autoritäre und faschistische Systeme herausbildeten. Stelle fest, welcher Entwicklungstrend sich in Europa abzeichnete.

B: Liste die Ursachen auf, die die Herausbildung autoritärer oder faschistischer Systeme in den 1920er- und 1930er-Jahren begünstigten. Suche nach Gründen, warum sich die Demokratie in anderen europäischen Staaten behaupten konnte. Stelle beides gegenüber und kommentiere die Entwicklung.

Nachwirkungen des Ersten Weltkrieges

Der Erste Weltkrieg hatte Europa politisch und territorial nachhaltig verändert. In vielen Ländern wurde die alte Herrschaftsform beseitigt, so z.B. in Deutschland, Russland oder Österreich. Ländergrenzen waren verändert worden und in Osteuropa sowie auf der Balkanhalbinsel waren ganz neue Staaten entstanden. Die einen fühlten sich als strahlende Sieger des Krieges, die anderen empfanden ihre Niederlage als tiefe Demütigung. Allen gemeinsam aber war, dass sich die Menschen nach Ruhe, „Ordnung" und wirtschaftlicher Sicherheit sehnten. Deswegen suchten sie auch nach politischen Wegen, die Frieden und Stabilität sichern sollten. Ihre Vorstellungen darüber waren allerdings sehr unterschiedlich.

Vertrauen in die Demokratie

Die parlamentarische Demokratie hat in Europa eine lange Tradition. Staaten, in denen demokratische Regierungsformen seit Längerem tief verwurzelt waren, setzten auch weiterhin darauf. Die Bevölkerung hielt die Demokratie für selbstverständlich und trauten ihr zu, Probleme und Krisen lösen zu können. Die politischen Parteien waren generell zu Kompromissen und zur Zusammenarbeit bereit. Gesellschaftliche Konflikte, die sich auch in Streiks oder

Demonstrationen äußerten, wurden nicht als Bedrohung gedeutet, sondern als normale Erscheinung in einer demokratischen Gesellschaft. Der Aufbau einer parlamentarisch-demokratischen Ordnung wurde in den Jahren nach dem Ersten Weltkrieg von vielen Europäern angestrebt.

Ungeliebte Demokratie

Es gab jedoch auch ganz andere Bestrebungen. Vor allem in den neuen Staaten Osteuropas und auf der Balkanhalbinsel, aber auch in Deutschland und Italien war die parlamentarische Ordnung umstritten. Die politischen Parteien bekämpften sich zum Teil erbittert und viele Menschen lehnten die nicht selten schwierigen demokratischen Willensbildungs- und Entscheidungsprozesse ab. Zudem waren sie oft von den Ergebnissen der Friedensverhandlungen nach dem Ersten Weltkrieg enttäuscht. Viele wünschten sich einen Nationalstaat, der kraftvoll nach innen und außen auftrat. Darüber hinaus lehnten die alten Eliten (vor allem Großgrundbesitzer und Adlige) die neuen demokratischen Ordnungen großenteils ab. Ein Grund war, dass diese ihre traditionellen Privilegien bedrohten oder einschränkten. Sie förderten daher Bestrebungen, die auf die Beseitigung demokratischer Verhältnisse zielten. Diese Wünsche zu erfüllen, versprachen rechtsextreme Parteien. Ihre von Populismus geprägten Programme waren zwar irrational und widersprüchlich, boten aber scheinbar für alle Probleme einfache Lösungen an. Solche Parteien und Bewegungen gab es zwar auch in den demokratischen Staaten, aber sie blieben dort in der Minderheit.

Italien – der erste faschistische Staat

Italien gehörte zwar zu den Siegern des Ersten Weltkrieges, konnte aber auf den Pariser Friedenskonferenzen nicht alle Gebietsforderungen durchsetzen. Viele träumten von einer italienischen Vorherrschaft im Mittelmeerraum. Zugleich befürchteten Angehörige der bürgerlichen Mittelschichten und der alten Eliten eine sozialistische Revolution. Sie unterstützten daher Kampftruppen, die Benito Mussolini 1919 gegen sozialistische und kommunistische Arbeiter aufgestellt hatte und die unter dessen Führung Terroranschläge verübten. Wegen ihrer schwarzen Uniformblusen wurden sie auch als „Schwarzhemden" bezeichnet. Im November 1921 wandelte Mussolini sie zur Faschistischen Partei um („Partito Nazionale Fascista").

Populismus
(von lateinisch „populus" = „das Volk")
Der Begriff bezeichnet eine Politik, die sich an Stimmungen orientiert, die in der Bevölkerung weit verbreitet sind. Meist werden dabei aktuelle Probleme oder eine allgemeine Unzufriedenheit aufgegriffen. Populistische Politik bemüht sich nicht um sachliche Argumentation, sondern redet dem Volk nach dem Mund, um die Massen für sich zu gewinnen.

Faschismus
Der Begriff leitet sich vom lateinischen Wort fasces her. Das sind Rutenbündel, die im antiken Rom ein Symbol für die Amtsgewalt darstellten. In Italien waren die Fasces zunächst Symbol der faschistischen Kampfbünde und ab 1926 offizielles Staatssymbol des faschistischen Italien.

Q1 Massenveranstaltung auf dem Forum Romanum am 1. Juni 1934
Mussolini lässt sich als Oberbefehlshaber der Streitkräfte auf dem Gelände feiern, das im Römischen Reich als Zentrum der Macht galt.

C: Der Ort für die Massenveranstaltung in Rom war bewusst gewählt. Erläutere die Absichten, die hinter der Planung dieses Ereignisses standen.

1933　　　　　　　　　　1945

Mussolini übernimmt die Macht

1922 herrschten in Italien bürgerkriegsähnliche Zustände. Mussolini rief die paramilitärischen „Schwarzhemden" zu einem „Marsch auf Rom" auf und drohte damit, die Macht gewaltsam zu übernehmen. Doch dazu kam es nicht: Mussolini, der sich zu diesem Zeitpunkt in Mailand aufhielt, reiste mit dem Zug nach Rom. Dort ernannte ihn der italienische König Viktor Emmanuel III. am 30. Oktober zum Ministerpräsidenten. Erst im Anschluss daran hielten die „Schwarzhemden" eine Parade ab, die von den Faschisten medienwirksam als „Marsch auf Rom" inszeniert wurde.

Mussolini ließ in den darauffolgenden Jahren seine politischen Gegner verhaften und unterdrückte die oppositionellen Parteien. Nach der Annäherung an das nationalsozialistische Deutschland wurden in Italien antisemitische Rassegesetze eingeführt. In Italien gab es – anders als in Deutschland – weiterhin den König als Staatsoberhaupt und nicht faschistische Entscheidungsträger in Verwaltung und Militär. Zudem behielt die katholische Kirche ihren Einfluss. Daher war Mussolinis Macht eingeschränkter als die Hitlers.

Kennzeichen faschistischer Systeme

Wenngleich sich faschistische Bewegungen in mancher Hinsicht erheblich unterscheiden, so gibt es doch Merkmale, die allen gemeinsam sind. Sie ordnen alle Lebensbereiche (Arbeit, Familie, Politik, Wirtschaft, Kultur) einem Staatsziel unter, dem sich alle Menschen beugen müssen. Demokratische Ideen und Werte wie Individualität, Toleranz, Freiheit, Menschen- und Bürgerrechte bekämpfen faschistische Systeme aufs Schärfste.

Es gibt ein Einparteiensystem und einen ausgeprägten Personenkult um die Gestalt eines als „unfehlbar" angesehenen Führers. Im Faschismus werden die Massen durch die Partei und die öffentlichen Medien manipuliert, eine Opposition wird gewaltsam unterdrückt und politische Gegner müssen mit Terror rechnen. Dieser gilt vor allem den Arbeiterparteien und den Gewerkschaften. Minderheiten werden verfolgt. Faschistische Staaten zeichnen sich durch eine nationalistische Politik aus. Bisweilen verfolgen sie eine expansionistische Politik.

Q2 „Marsch auf Rom"

Diese Fotografie wurde vermutlich am 28. Oktober 1922 aufgenommen. Benito Mussolini ist in der ersten Reihe (2. v. l.) zu sehen.

✎ D: Erläutere die propagandistische Absicht dieser Fotografie, indem du sie mit dem Prozess der tatsächlichen Machtübertragung an Mussolini vergleichst.

Q3 Der Duce

Karikatur von Charles Girod aus der satirischen Zeitschrift „Eulenspiegel", 1928; der Untertitel lautet:

„Caesar Mussolini: Caesar führte seine Legionen bis ans Rote Meer – Ich aber werde aus der ganzen Welt ein rotes Meer machen!"

✎ E: Beschreibe die Karikatur. Was behauptet sie über die Persönlichkeit Mussolinis und das faschistische System?

Q4 Faschistischer Terror

Der Sozialist Giacomo Matteotti beschreibt 1921 vor dem Parlament in Rom das Muster, nach dem die Faschisten ihre politischen Gegner „ausschalteten": [5]

Mitten in der Nacht (…) kommen die Lastwagen mit Faschisten in den kleinen Dörfern an, natürlich von den Häuptern der lokalen Agrarier (Grund- [10] besitzer) begleitet, (…) denn sonst [5] wäre es nicht möglich, in der Dunkelheit (…) das Häuschen des Ligenführers (Gewerkschaftsführers) (…) auszumachen. (…) Es sind zwanzig oder auch hundert Personen, mit Gewehren und Revolvern bewaffnet. Man ruft [10] nach dem Ligenführer und befiehlt ihm herauszukommen. Wenn er keine Folge leistet, sagt man ihm: „Wenn du nicht herunterkommst, verbrennen wir das [15] Haus, deine Frau und deine Kinder." Der Ligenführer kommt herunter; wenn er die Tür öffnet, packt man ihn, bindet ihn, schleppt ihn auf den Lastwagen, [20] man läßt ihn die unaussprechlichsten Martern erleiden, indem man so tut, als wolle man ihn totschlagen oder ertränken, dann läßt man ihn irgendwo im Felde liegen, nackt, an einen Baum ge- [25] bunden. Wenn der Ligenführer (…) die Tür nicht öffnet und Waffen zu seiner Verteidigung gebraucht, wird er sofort ermordet.

Ernst Nolte, Der Faschismus. Von Mussolini bis Hitler, München 1968, S. 43 f.

Q5 Glaube, Gehorsam und Kampfbereitschaft

Das Glaubensbekenntnis der italienischen Faschisten:

1. Der Faschist, besonders der Milizsoldat, darf nicht an den ewigen Frieden glauben.
2. Strafen sind immer verdient.
3. Auch der Wachtposten vor dem Benzinfaß dient dem Vaterland.
4. Der Kamerad ist dein Bruder: 1. weil er mit dir lebt, 2. weil er denkt und fühlt wie du.
5. Gewehr und Patronentasche sollen nicht während der Ruhezeit vernachlässigt, sondern für den Krieg bereitgehalten werden.
6. Sage niemals: Die Regierung zahlt's; [15] denn du selbst bist es, der zahlt, und die Regierung hast du selbst gewollt und du trägst ihre Uniform.
7. Gehorsam ist der Gott der Heere, ohne ihn ist kein Soldat denkbar, wohl [20] aber Unordnung und Niederlagen.
8. Mussolini hat immer Recht.
9. Der Freiwillige hat keine Vorrechte, wenn er nicht gehorcht.
10. Eines muß dir über allem stehen: [25] das Leben des Duce.

Horst Wagenführ (Hrsg.), Benito Mussolini. Der Geist des Faschismus. Ein Quellenwerk, München 4. Aufl. 1940, S. 45.

Q6 Vitalität und Expansion

Mussolini über den Faschismus (1932):

Für den Faschismus ist das Streben zum *Impero*, das heißt zur Expansion der Nation, ein Ausdruck der Vitalität. Sein Gegensatz, das Zuhausebleiben- [5] wollen (…), ist ein Zeichen des Verfalls. Völker, die steigen oder wiederaufsteigen, sind imperialistisch, nur niedergehende Völker können verzichten. Der Faschismus ist die angemessenste [10] Doktrin, um die Bestrebungen und den Geist eines Volkes wie des italienischen darzustellen, das nach vielen Jahrhunderten des Niederganges (…) und der Fremdherrschaft sich wieder erhebt. [15] Aber das Impero erfordert Disziplin, Zusammenwirken der Kräfte (…), Pflicht und Opfer. (…)

Mehr als je haben heute die Völker ein Verlangen nach Autorität, Lenkung und [20] Ordnung (…). Wenn jedes Jahrhundert seine Doktrin hat, so sprechen tausend Anzeichen dafür, daß die Doktrin des gegenwärtigen Jahrhunderts der Faschismus ist (…).

Ernst Nolte, Theorien über den Faschismus, Köln 1967, S. 220.

---

1. Vergleiche Mussolinis Weg zur Macht mit Hitlers Herrschaftsantritt.

2. Skizziere die Methoden der Faschisten, Macht zu erwerben und auszubauen (VT, Q4).

3. Kommentiere aus der Sicht eines Demokraten die Grundüberzeugungen von Faschisten (Q5, Q6).

I 1933   I 1945

Die Ideologie des Nationalsozialismus

Ihre weltanschaulichen Überzeugungen formten die Nationalsozialisten aus irrationalen und widersprüchlichen Vorstellungen und Vorurteilen über die Entwicklung der Menschheit, von Völkern und Nationen. Welche Vorstellungen waren das? Und wie wurden sie politisch umgesetzt?

Ideologie
Die von einer Bewegung, einer gesellschaftlichen Gruppe oder einer Kultur entwickelten Denksysteme, Wertungen oder geistigen Grundeinstellungen werden in ihrer Gesamtheit als Ideologie bezeichnet.

✎ A: Nenne und erkläre die wichtigsten Elemente der nationalsozialistischen Ideologie.

Die Rassenlehre

Einer der wichtigsten Grundpfeiler der nationalsozialistischen Ideologie war die Rassenlehre. Lange Zeit galt unter Wissenschaftlern die Annahme, dass es unterschiedliche Menschenrassen gäbe. Im 19. Jahrhundert wurden Theorien aufgestellt, wonach diese Rassen nicht gleichwertig seien. Entsprechend der Evolutionslehre des britischen Naturforschers Charles Darwin würden in einem natürlichen Ausleseprozess die höherwertigen Rassen die minderwertigen verdrängen. Das griffen die Nationalsozialisten auf und stuften die germanischen Völker, vor allem das deutsche Volk, als höchste Rasse ein. Dieser „Herrenrasse der Arier" völlig entgegengesetzt seien die Juden. Sie bildeten im nationalsozialistischen Wahndenken nicht nur die wertloseste, sondern diejenige Rasse, die die Menschheit existenziell bedrohte.

Antisemitismus

Ein weiterer Kernbestandteil nationalsozialistischen Denkens war der Antisemitismus. Religiös begründeter Hass auf die Juden und deren Verfolgung reichte in Europa bis ins Mittelalter zurück. Dieser Antijudaismus wurde im 19. Jahrhundert mit Rassentheorien verbunden. Damit entstand der sogenannte Antisemitismus. Danach galten die Juden als bösartige und mächtige Rasse, die die bestehende Gesellschaft vernichten möchte. Wie in anderen europäischen Ländern fanden diese antisemitischen Wahnvorstellungen auch im Deutschen Kaiserreich weite Verbreitung. Doch im Unterschied zum Kaiserreich oder auch zur Weimarer Republik wurde der fanatische Antisemitismus im Nationalsozialismus zur Staatsdoktrin: Juden wurden für alle „Übel der Welt" verantwortlich gemacht: für den Kapitalismus ebenso wie für Marxismus und Bolschewismus, für das Erstarken der Arbeiterbewegung, für den Ersten Weltkrieg und die deutsche Kriegsniederlage sowie für das soziale Elend breiter Bevölkerungsschichten in der Weltwirtschaftskrise. Viele Menschen teilten diese Deutungen. Propaganda gegen Juden, ihre Verfolgung und Entrechtung sowie in letzter Konsequenz deren Vernichtung waren von der Staatsmacht gewollt und wurden von ihr organisiert und durchgeführt.

Q1 „Der ewige Jude"
Plakat für die am 8. November 1937 in München eröffnete Propagandaausstellung

✎ B: Beschreibe die Bildelemente des Plakats und erläutere die Aussageabsicht. Beziehe dich dabei auch auf den Verfassertext.

◎ Du kannst das Plakat auch auf der CD-ROM untersuchen.

Lebensraumtheorie

Ein zentrales Ziel des Nationalsozialismus war es, der „arischen Herrenrasse" eine beherrschende Stellung in der Welt zu verschaffen. Dazu sollte der „Lebensraum" für das deutsche Volk erheblich ausgedehnt werden, insbesondere auf Kosten der angeblich minderwertigen slawischen Völker im Osten. Um dieses Ziel zu erreichen, wurde eine schlagkräftige Armee benötigt. Bereits wenige Tage nach seiner Ernennung zum Reichskanzler versicherte sich Hitler der Unterstützung der Reichswehrführung. Im Gegenzug versprach er, das Heer rasch aufzurüsten. Mit der Zeit wurde die gesamte Gesellschaft militarisiert: Das System von Befehl und Gehorsam beherrschte Erziehung, Arbeit und Freizeit. Das Militär und alles Militärische – z. B. Uniformen, Waffen, Aufmärsche – erfuhren höchste Wertschätzung.

Die „Volksgemeinschaft"

Die Nationalsozialisten propagierten eine auf rassischen Prinzipien beruhende Gesellschaft. Die der arischen Rasse angehörenden „Volksgenossen" sollten in einer sogenannten „Volksgemeinschaft" leben, in der es keine sozialen Ungleichheiten geben sollte. In dieser Gemeinschaft sollten weder Herkunft, Bildung, Vermögen, Beruf usw. noch die Interessen und Wünsche des Einzelnen oder von Gruppen eine Rolle spielen. „Du bist nichts, Dein Volk ist alles!" und „Gemeinnutz geht vor Eigennutz!" lauteten die entsprechenden Parolen.
Um die „Volksgemeinschaft" zu stärken, wurden auch sozialpolitische Maßnahmen eingeführt. So linderten beispielsweise die Sammlungen der Organisation „Winterhilfswerk" die Not der von Arbeitslosigkeit und Armut betroffenen Menschen. Oder mit der NS-Freizeitorganisation „Kraft durch Freude" (KdF) fuhren Millionen Menschen erstmals, wenn auch nur für wenige Tage, in Urlaub. Dies alles setzte einerseits das NS-Regime in ein gutes Licht, verbesserte andererseits auch die Lebensqualität vieler Menschen. Ähnlich verhielt es sich mit anderen Freizeitangeboten der KdF. Zugleich wurden diese Maßnahmen mit der Werbung für die ideologischen Ziele der Partei verbunden.
Ganz selbstverständlich waren aus der Volksgemeinschaft sogenannte „Fremdvölkische" und „Volksschädlinge" ausgeschlossen. Dazu zählten die Nationalsozialisten neben Juden oder Sinti und Roma auch Behinderte, Homosexuelle, „Asoziale" und politische Gegner.

✎ C: Zwei Arbeiter unterhalten sich über die angestrebte „Volksgemeinschaft". Der eine ist begeistert, der andere eher kritisch. Gestaltet ein solches Gespräch.

Q2 KdF-Reisen
Urlauber an Bord eines KdF-Schiffes; das Foto wurde am 25. November 1936 anlässlich des dritten Jahrestages der Gründung der Organisation „Kraft durch Freude" veröffentlicht.

✎ D: Formuliere eine Bildlegende zu dem Foto für eine KdF-Werbebroschüre.

1933   1945

Q3 „Alle Hände strecken sich dem Führer entgegen."
So lautet die Originalunterschrift zu dem Foto, das 1938 auf einer Massenveranstaltung in Hamburg aufgenommen wurde.

✎ E: Charakterisiere das Verhalten der abgebildeten Frauen. Finde eventuell vergleichbare Situationen heute. Erläutere, wie in diesem Foto Hitler in Erscheinung tritt.

Q4 Werbeplakat für den Volksempfänger 1936
Der Volksempfänger wurde ab 1933 preisgünstig produziert. Gab es 1928 zwei Millionen Rundfunkteilnehmer in Deutschland, wuchs die Zahl bis 1934 auf fünf Millionen an, 1939 waren es bereits 12,5 und 1943 dann 16,1 Millionen Rundfunkteilnehmer.

✎ F: Untersuche die Bildsprache des Werbeplakats zum Volksempfänger.

Führerprinzip und Führerkult

Ein weiteres zentrales Element der nationalsozialistischen Ideologie war das Führerprinzip. Es verpflichtete jeden zu blindem Gehorsam und bedingungsloser Treue gegenüber Hitler. Dieses Prinzip wurde nach 1933 rasch auf alle gesellschaftlichen Bereiche übertragen. Jede staatliche Einrichtung, jede gesellschaftliche Organisation und jeder Betrieb wurden nach dem Prinzip von Befehl und Gehorsam geleitet. Die jeweiligen Führer trafen die Entscheidungen, die ihnen Unterstellten hatten sie auszuführen. Demokratische Mitbestimmungsrechte waren damit abgeschafft.
Eng verbunden mit dem Führerprinzip war der Personenkult um Adolf Hitler. Er wurde von der nationalsozialistischen Propaganda als unfehlbarer Ersatzgott aufgebaut, dem es angeblich zukam, Deutschland zu nie da gewesener Größe zu führen. Wo Hitler auftrat, jubelten ihm die meisten Beteiligten fanatisch zu. Der 20. April wurde jedes Jahr als „Geburtstag des Führers" mit großem Aufwand gefeiert.

Propaganda

Um die nationalsozialistische Ideologie fest in der Bevölkerung zu verankern, wurde ein riesiger Propagandaapparat geschaffen. Keine zwei Monate nach der Machtübertragung, im März 1933, wurde das „Ministerium für Volksaufklärung und Propaganda" unter Joseph Goebbels eingerichtet. Es hatte zum einen die Aufgabe, Presse, Rundfunk, Film und andere Medien gleichzuschalten und zu kontrollieren. Zum anderen wurden zahllose Aufmärsche, Feiern und Feste, an denen große Menschenmassen beteiligt waren, organisiert. Alljährlich marschierten anlässlich des „Tags der Machtergreifung" am 30. Januar Tausende von SA-Männern durch das Brandenburger Tor, der 1. Mai wurde als „Tag der Arbeit" gefeiert. Der „Muttertag" wurde ideologisch aufgewertet und diente dazu, Frauen die ihnen zugedachte Rolle als treu sorgende Mutter und Ehefrau schmackhaft zu machen. Mütter mit vielen Kindern wurden mit dem „Mutterkreuz" ausgezeichnet. Bei Sonnwendfeiern knüpfte man an vermeintliche Kulte der Germanen an. Gewaltige Massenspektakel waren neben den Reichsparteitagen in Nürnberg die Reichserntedankfeste auf dem westfälischen Bückeberg. Am 9. November gedachte die NS-Führung mit großem Aufwand der „Gefallenen" des Hitlerputsches von 1923.

Q5 „Juden bewirken eine Rassentuberkulose"

Hitler äußert sich 1919 im Auftrag der Reichswehr in Bayern über die Notwendigkeit des Antisemitismus:

Zunächst ist das Judentum unbedingt Rasse und nicht Religionsgenossenschaft. (…) Noch nie hat der Jude von fremden Völkern, in deren Mitte er lebt,
5 viel mehr angenommen als die Sprache. (…) Durch tausendjährige Inzucht, häufig vorgenommen in engstem Kreise, hat der Jude im allgemeinen seine Rasse und ihre Eigenart schär-
10 fer bewahrt als zahlreiche der Völker, unter denen er lebt. Und damit ergibt sich die Tatsache, daß zwischen uns eine nichtdeutsche, fremde Rasse lebt, nicht gewillt und auch nicht im Stande,
15 ihre Rasseneigenarten zu opfern, ihr eigenes Fühlen, Denken und Streben zu verleugnen, und die dennoch politisch alle Rechte besitzt wie wir selber. Bewegt sich schon das Gefühl des Juden
20 im rein Materiellen, so noch mehr sein Denken und Streben. Der Tanz ums goldene Kalb wird zum erbarmungslosen Kampf um alle jene Güter, die nach unserm inneren Gefühl nicht die höchsten
25 und einzig erstrebenswerten auf dieser Erde sein sollen. (…)
Aus diesem Fühlen ergibt sich jenes Denken und Streben nach Geld, nach Macht, die dieses schützt, das den Juden skru-
30 pellos werden läßt in der Wahl der Mittel, erbarmungslos in ihrer Verwendung zu diesem Zweck. (…) Seine Macht ist die Macht des Geldes, das sich in Form des Zinses in seinen Händen mühe- und end-
35 los vermehrt (…). Alles was Menschen zu Höherem streben läßt, sei es Religion, Sozialismus, Demokratie, es ist ihm alles nur Mittel zum Zweck, Geld und Herrschgier zu befriedigen.
40 Sein Wirken wird in seinen Folgen zur Rassentuberkulose der Völker. Und daraus ergibt sich folgendes: (…) Der Antisemitismus der Vernunft jedoch muß führen zur planmäßigen gesetzlichen
45 Bekämpfung und Beseitigung der Vorrechte des Juden (…). Sein letztes Ziel aber muß unverrückbar die Entfernung der Juden überhaupt sein.

Ernst Deuerlein, Der Aufstieg der NSDAP in Augenzeugenberichten 1919–1933, München 1974, S. 91 ff.

Q6 Was ist „völkisches Denken"?

Die NSDAP verstand sich als Teil der im Kaiserreich entstandenen „völkischen Bewegung". Der Historiker Adalbert Wahl schreibt darüber 1925:

„Völkische Bestrebungen" (nenne ich) die, welche überall – im Staat und allen Gebieten der Kultur – das Eigentümliche des eigenen Volkes zum Siege füh-
5 ren wollen; also bei uns die deutsche Art erhalten und vertiefen, durch Anknüpfen an die eigene Vergangenheit und Erkenntnis der in ihr liegenden Richtungen. Oder negativ ausgedrückt:
10 das Ablehnen des dem Deutschen so nahe liegenden Bestrebens, sich nach ausländischem, besonders französischem Vorbild zu richten und sich einem fremden Geist, etwa dem semiti-
15 schen, zu unterwerfen.

Uwe Puschner, Die völkische Bewegung im wilhelminischen Kaiserreich. Sprache, Rasse, Religion, Darmstadt 2001, S. 49.

Q7 Die Volksgemeinschaft

Hitler in einer Rede am 12. April 1922:

Erstens: „national" und „sozial" sind zwei identische Begriffe. (…) Wir haben uns bei Gründung dieser Bewegung entschlossen, sie (…) „Nationalsozialisti-
5 sche" zu taufen. Wir sagten uns, daß „national" sein in allererster Linie heißt, in grenzenloser, alles umspannender Liebe zum Volke zu handeln und, wenn nötig, dafür auch zu sterben.
10 Und also heißt sozial sein, den Staat und die Volksgemeinschaft so aufzubauen, daß jeder einzelne für die Volksgemeinschaft handelt und demgemäß auch überzeugt sein muß von der Güte
15 und ehrlichen Redlichkeit dieser Volksgemeinschaft, um dafür sterben zu können.
Zweitens aber sagten wir uns: Es gibt und kann keine Klassen geben. (…) Ja,
20 Stände kann es geben. Aber was diese Stände auch untereinander um den Ausgleich ihrer Wirtschaftsbedingungen zu kämpfen haben, so groß darf der Kampf nie werden und die Kluft, daß darüber
25 die Bande der Rasse zerreißen (…).

Ernst Boepple, Adolf Hitlers Reden, München 1934, S. 18.

Q8 Ausgestoßen

Fotofolge, 7. Februar 1941

Der 31-jährigen Martha W. werden auf dem Marktplatz von Altenburg/Thüringen öffentlich die Haare abrasiert. Ihr wurde vorgeworfen, intime Kontakte zu einem polnischen Fremdarbeiter zu haben.

✎ G: Erläutere, warum diese Frau aus Sicht der Nationalsozialisten bestraft werden musste und warum diese Form der Bestrafung gewählt wurde. Beurteile dieses Vorgehen.

Q9 Das Führerprinzip

Der Jurist für Verfassungsrecht, Ernst Rudolf Huber, schreibt 1937 über die Rolle des „Führers":

(Im Willen des Führers) tritt der Volkswille in die Erscheinung. Er wandelt das bloße Gefühl des Volkes in einen bewußten Willen; er schafft aus einem vielstre-
5 bigen Ganzen die einheitliche, einsatzbereite Gefolgschaft. Er bildet in sich den wahrhaften Willen des Volkes, der von den subjektiven Meinungen und Überzeugungen der jeweils lebenden
10 Volksglieder zu unterscheiden ist. (…) Durch (…) „Volksbefragung" gibt der Führer die Entscheidung allerdings nicht an das abstimmende Volk ab. Der Sinn der Abstimmung ist nicht, daß das
15 Volk von sich aus an Stelle des Führers handelt, und daß das Ergebnis der Abstimmung an die Stelle des Führerwillens tritt. Die Abstimmung hat vielmehr den Sinn, das gesamte lebende Volk für
20 ein vom Führer aufgestelltes politisches Ziel aufzurufen und einzusetzen. Sie soll die Einheit und Übereinstimmung herstellen zwischen dem im Führer verkörperten objektiven Volkswillen und der in
25 den Volksangehörigen lebendigen subjektiven Volksüberzeugung. (…) Durch die Volksbefragung wird der Führer kein bloßer Exponent (herausragender Vertreter) des abstimmenden Volkes
30 (…). Auch wenn sich das abstimmende Volk gegen ihn wendet, ist er es, der die objektive Sendung des Volkes verkörpert. (…) Falls das Volk der beabsichtigten Maßnahme nicht zustimmt, kann
35 sie doch durchgeführt werden. (…) Das Amt des Führers (…) ist in seinem Ursprung kein staatliches Amt (…). Nicht von „Staatsgewalt", sondern von „Führergewalt" müssen wir sprechen,
40 wenn wir die politische Gewalt im völkischen Reich richtig bezeichnen wollen (…). Die Führergewalt ist umfassend und total.

Ernst Rudolf Huber, Verfassung, Hamburg 1937, S. 91, 95, 97, 107, 118.

Q10 Das „Fest der nationalen Arbeit"

Friedrich Karl Florian, Gauleiter der NSDAP, schreibt über den 1. Mai 1933:
Selbst für den, der schaffend und kämpfend mitten im gewaltigen Geschehen der deutschen Revolution stehen darf,

Q11 Reichserntedankfest auf dem Bückeberg südlich von Hameln am 30. September 1934

Hitler besteigt die Rednertribüne, um vor 70 000 Bauern zu sprechen.

H: Beschreibe das Bild und benenne Einzelheiten, die zu einer solchen Propagandaveranstaltung gehörten. Erläutere auch, wie Hitler auf dieser Fotografie in Szene gesetzt wurde.

ist es oft schier unfaßlich, welch eine
5 riesige Leistung in den wenigen Monaten seit der Machtübernahme durch Adolf Hitler erzielt wurde. Es ist, als ob mit gewaltigem Ruck ein Schleusentor aufgerissen worden wäre, durch das
10 sich nun in breitem Energiestrom Tatwelle auf Tatwelle ins deutsche Leben ergießt, dieses befruchtend und zu ungeahnter Entfaltung treibend.
Zu den schönsten und in ihrer Wirkung
15 reichsten geschichtlichen Taten dieser Tat gehört die Schaffung des Festes der nationalen Arbeit. Vorher ein Tag der Verhetzung, des Klassenhasses, der bolschewistischen Internationale,
20 wurde der 1. Mai mit einem Schlage zum Volksfest erhoben. Wie von einem Alpdruck befreit, griff die Nation in allen ihren Schichten und Ständen freudig den Gedanken des Führers auf und
25 fand sich am Tage der nationalen Arbeit in nie gekannter Geschlossenheit als feiernde Gemeinschaft zusammen. (…)
Die Erklärung dieses Wunders liegt zutiefst im deutschen Volkscharakter be-
30 gründet. Kein Volk auf dieser Erde ist so sehr dazu veranlagt, den Begriff der Arbeit zu adeln wie das deutsche. Die rührende Liebe und Sorgfalt, mit der der

deutsche Industriearbeiter sein Werk-
35 stück behandelt, mit der der Landarbeiter die Scholle bebaut, die doch nicht sein eigen ist, sind Zeugen dafür. Es ist deutsche Art, eine Sache um ihrer selbst, nicht um des Lohnes willen zu tun; und
40 es ist deutsches Schicksal, ohne Arbeit und Leistung nicht glücklich sein zu können. Das große Wort Goethes, daß nur der sich Freiheit wie das Leben gewinnt, der täglich sie erobern muß, paßt auf
45 den Charakter unseres Volkes wie auf den keines andern in der ganzen Welt. (…) Adolf Hitler hat bewußt vor 14 Jahren seine Bewegung als Arbeiterpartei gegründet und damit das höchste und
50 schönste Ziel seines Kampfes schon in dem Namen seiner politischen Organisation festgelegt. Es galt, die unheilvolle Spannung zwischen Besitzenden und Nichtbesitzenden zu beseitigen und
55 als einzigen Generalnenner, als einzigen Wertmesser für alle Tätigkeit des privaten und öffentlichen Lebens den werktätigen Dienst an der Volksgesamtheit aufzurichten.

Renzo Vespignani, Über den Faschismus, hrsg. von der Neuen Gesellschaft für Bildende Kunst und dem Kunstamt Kreuzberg, Berlin 1976, S. 100.

Q12 „Wir haben unseren Führer gesehen!"

Eine frühere Jungmädelführerin erinnert sich Ende der 1970er-Jahre:

„Wir haben unseren Führer gesehen!", erzählten wir immer wieder strahlend und berichteten jedem, der davon hören wollte. (…) Von weitem sahen wir
5 seinen Kopf. Alles zuckte in mir, ich konnte kaum etwas sagen, denn zum ersten Mal sah ich unseren Führer, ihn, der Deutschland vor seinem sicheren Untergang errettete. (…) Wir alle sa-
10 hen den Führer an, aber keine von uns konnte seinen Blick ertragen. Er schien unsere innersten Gedanken zu lesen, nickte leicht mit dem Kopf, und ich glaube, jede von uns Mädels hat sich in
15 diesen Sekunden zugeschworen, daß sie ihm ewig die Treue halten und immer für seine Sache kämpfen wird.

Ingeborg Bayer (Hrsg.), Ehe alles Legende wird, Baden-Baden 1979, S. 64 f.

Q13 „An diesem Glauben gibt es keine Kritik!"

Rudolf Heß, Hitlers Stellvertreter in der NSDAP, sagt 1934 im Kölner Rundfunk:

Mit Stolz sehen wir: Einer bleibt von aller Kritik ausgeschlossen, das ist der Führer. Das kommt daher, daß jeder fühlt und weiß: Er hatte immer Recht
5 und er wird immer Recht haben. In der kritiklosen Treue, in der Hingabe an den Führer, die nach dem Warum im Einzelfall nicht fragt, in der stillschweigenden Ausführung seiner Befehle liegt unser
10 aller Nationalsozialismus verankert. Wir glauben daran, daß der Führer einer höheren Berufung zur Gestaltung deutschen Schicksals folgt. An diesem Glauben gibt es keine Kritik.

Dokumente der deutschen Politik, Bd. 2, Berlin 1938, S. 18.

Q14 „Der Führer spricht!"
Gemälde von Paul M. Padua, 1939

I: Analysiere das Gemälde und erläutere, welche Haltung der Künstler zum Nationalsozialismus einnimmt.

Das Gemälde kannst du auch mithilfe der CD-ROM untersuchen.

---

1. Stelle zusammen, welche Behauptungen und Vorurteile über die Juden zur Begründung des Antisemitismus herangezogen wurden. Lege dar, welche Schlussfolgerungen daraus gezogen werden und welche Wirkung damit erreicht werden soll (Q5).

2. Begründe, warum viele Menschen antisemitische Positionen teilten (Q5).

3. Erläutere zentrale Ziele der völkischen Bewegung und zeige Gemeinsamkeiten zu den Nationalsozialisten auf (Q6).

4. Skizziere, was die Nationalsozialisten unter „Volksgemeinschaft" verstanden und welche Rolle die Rassetheorie darin spielte (Q7).

5. Beschreibe, welche Stellung dem „Führer" zugebilligt wurde. Nimm dazu aus der Sicht eines Sozialdemokraten Stellung (Q9).

6. Untersuche und bewerte, was die Nationalsozialisten mit Aktionen wie KdF-Reisen, Festtagen und Großveranstaltungen bezweckten (VT, Q2, Q3, Q10, Q11).

7. Beschreibe, welche Elemente des Führerkults sich in Q12 und Q13 widerspiegeln.

1933   1945

Fotos als Propagandamittel erkennen

Man ist leicht bereit zu glauben, dass Fotos etwas zeigen, wie es wirklich war. Wenn eine Bildunterschrift dann noch über Fakten wie Ort, Zeitpunkt und Anlass der Aufnahme informiert, ist man dazu noch eher bereit. Fotografien scheinen die Wirklichkeit unwiderlegbar widerzuspiegeln. Sie dokumentieren aber nicht nur Ereignisse, sondern sie können auch in einer besonderen Weise inszeniert werden, um beim Betrachter bestimmte Wirkungen zu erzielen.
Als zentrale Institution der NS-Propaganda war das „Ministerium für Volksaufklärung und Propaganda" auch dafür verantwortlich, die neue Regierung und Hitler selbst medial in bestes Licht zu setzen.

Q1 „Reichsparteitag des Sieges"
Fotopostkarte, 1933
Adolf Hitler grüßt in Nürnberg die Menge. Links im Fahrzeug sitzt Hitlers Stellvertreter Rudolf Heß, daneben Baldur von Schirach, Jugendführer des Deutschen Reiches.

Methodische Arbeitsschritte

1 Beschreiben

Bei der Beschreibung eines Fotos ist es wichtig, dass du dir das Foto zunächst genau anschaust.
· Beschreibe deine spontanen Eindrücke.
· Halte fest, welche Szene/welcher Vorgang dargestellt ist.
· Erkläre, wie das Foto aufgebaut ist, was sich in der Mitte, was sich im Vorder-, was sich im Hintergrund befindet.

2 Untersuchen

· Beschreibe genau, was erkennbar ist und wie es dargestellt wird.
· Schildere, wie die abgebildete Szene/ der abgebildete Vorgang auf dich wirkt.

Um festzustellen, ob es sich um ein Propagandafoto handelt, wirst du in der Regel Zusatzinformationen brauchen, die du z.B. im Internet finden kannst:
· Kläre, wann das Foto entstanden ist. Versuche herauszufinden, ob das Foto eine Auftragsarbeit ist und wer gegebenenfalls der Auftraggeber ist.
· Finde heraus, für welches Publikum das Foto aufgenommen worden ist.
· Beurteile, ob das Foto gestellt oder ein Schnappschuss ist.

3 Deuten

· Überlege, was das Foto ausdrückt und ob es eine Botschaft vermittelt.
· Fasse zusammen, welche Erkenntnisse du aus dem Abgebildeten gewinnst. Überlege, ob diese Erkenntnisse vom Fotografen/Auftraggeber gewollt sind.
· Überlege, welche Fragen das Foto aufwirft, die anhand des Bildes selber nicht beantwortet werden können.

Beschreiben

Der die Volksmassen grüßende Hitler dominiert klar das Bild. Er ist im Profil stehend in einem offenen Auto fotografiert worden. Das Bild wird bestimmt durch seinen „Hitlergruß". In seinem Wagen sitzen entspannt lachend der Reichsjugendführer Baldur von Schirach und der „Stellvertreter des Führers" Rudolf Hess. Hitler, Hess und von Schirach tragen Uniform. Hinter dieser Gruppe sind noch zwei Personen in schwarzer SS-Uniform zu erkennen. Die gewaltige Masse der Anhänger oder Besucher wird im Hintergrund nur vage erfasst, sie reicht offenbar weit über den rechten und linken Bildrand hinaus. Über den Massen wehen Fahnen.

Untersuchen

Das Bild wird bestimmt von dem im Halbprofil fotografierten Hitler, im Mittelpunkt steht eine „grüßende" Geste Hitlers. Sie überragt die breite unübersehbare Masse, scheint diese nicht nur zu grüßen, sondern auch zu beherrschen. Hitlers konzentrierter Blick gilt nicht einem konkreten Gegenüber, sondern einer gewaltigen Menschenmasse. – Die anderen NSDAP-Führer im Wagen erscheinen deutlich kleiner und nicht so bedeutsam wie der „Führer", der die Szenerie beherrscht.

Deuten

Hitler scheint über eine riesige, geradezu unüberschaubare Anhängerschaft zu verfügen. Diese Menschen haben kein Gesicht, keine Individualität, sondern sie erscheinen nur als unüberschaubare, gleichförmige Masse, die wahrscheinlich ihrem „Führer" begeistert zujubelt. Die Repräsentanten der NS-Führung, Baldur von Schirach und Rudolf Hess, wirken entspannt, sie genießen sichtlich das gewaltige Spektakel. Die Selbstinszenierung der Nationalsozialisten scheint ein großer Erfolg zu sein.

Diesen Augenblick hält der Fotograf fest, der in einer engen Beziehung zu Hitler bzw. der Führung der NSDAP zu stehen scheint, denn er hat das Privileg, nicht nur ganz dicht an den „Führer" herankommen zu dürfen. Die Aufnahme stammt vom „Leibfotograf" Hitlers, Heinrich Hoffmann. Er gehörte zum Kreis derjenigen, die Hitler in äußerst geschickter Weise massenmedial ins rechte Licht zu rücken wusste: Hitler steht hier nicht nur im Mittelpunkt, er ist sich der Zustimmung der Massen gewiss und seine „segnende" Geste vermittelt vielfältige Botschaften, vor allem die: Ihr seid bei mir in den richtigen Händen, ihr könnt auf mich vertrauen. Diese politisch folgenreiche Botschaft wird – scheinbar mit einfachen Mitteln – äußerst raffiniert inszeniert.

---

1. Suche dir ein weiteres Foto aus diesem Kapitel aus und untersuche es mithilfe der methodischen Arbeitsschritte.

1933   1945

Kindheit und Jugend im Nationalsozialismus

„Wer die Jugend hat, hat die Zukunft", meinten die Nationalsozialisten. Tatsächlich bemühten sie sich besonders intensiv darum, Jugendliche für ihre Ziele zu gewinnen. Wie gingen sie dabei vor und wie erfolgreich waren sie?

A: Stelle Gründe zusammen, warum sich viele Kinder und Jugendliche für die Hitlerjugend begeistern ließen. Nenne auch Erscheinungen, die auf sie abstoßend wirken konnten.

„Und wir lassen sie nicht mehr los ihr ganzes Leben!"

Die Hitler-Jugend (HJ) – die Jugendorganisation der NSDAP – war 1926 gegründet worden und hatte 1933 schon 100 000 Mitglieder. Nachdem 1934 die Jugendverbände von Kirchen, anderen Parteien oder freie Verbände zwangsweise in die HJ überführt worden waren, war diese die einzig legale Jugendorganisation. Die Mitgliedschaft in der Hitler-Jugend war zunächst freiwillig. 1936 wurde per Gesetz vorgeschrieben, dass alle Jungen ab zehn Jahren zunächst dem „Deutschen Jungvolk", dann ab 14 Jahren der HJ beitreten mussten. Für Mädchen ab zehn Jahren war die Mitgliedschaft bei den „Deutschen Jungmädeln", dann ab 14 Jahren beim „Bund Deutscher Mädel" (BDM) verpflichtend. Eltern, die ihre Kinder nicht anmeldeten, mussten mit hohen Geld- oder gar Haftstrafen rechnen. Ziel dieser Politik war es, die Kinder bereits frühzeitig für die Ideologie des Nationalsozialismus zu gewinnen. Tatsächlich gelang es den Nationalsozialisten, die Jugend nahezu flächendeckend in ihren Organisationen zu erfassen und viele Kinder und Jugendliche zu begeistern.

Schule unterm Hakenkreuz

Auch der Unterricht in der Schule wurde nach den Vorstellungen der nationalsozialistischen Politik neu ausgerichtet. Hakenkreuzfahnen, Fahnenappelle und der Hitlergruß gehörten auch hier zum Alltag. Der Sportunterricht wurde deutlich aufgewertet, trug er doch zur körperlichen Ertüchtigung der Mädchen und Jungen bei. Neu war auch das Unterrichtsfach Rassenkunde.

Q1 Uniformen der HJ
oben: Jungvolk (auch „Pimpfe" genannt) und Jungmädel
unten: Hitlerjugend und Bund Deutscher Mädel

B: Begründe, warum den Nationalsozialisten solche Uniformen wichtig waren.

Q2 Hitlerjugend
Foto, 27. Juli 1939
Eine Gruppe der Nachrichten-HJ überprüft bei einer Übung im Sommerlager am Tornowsee bei Berlin eine soeben eingerichtete Telefonverbindung.

C: Stelle Vermutungen darüber an, wie sich die Jugendlichen bei diesem HJ-Dienst gefühlt haben könnten.

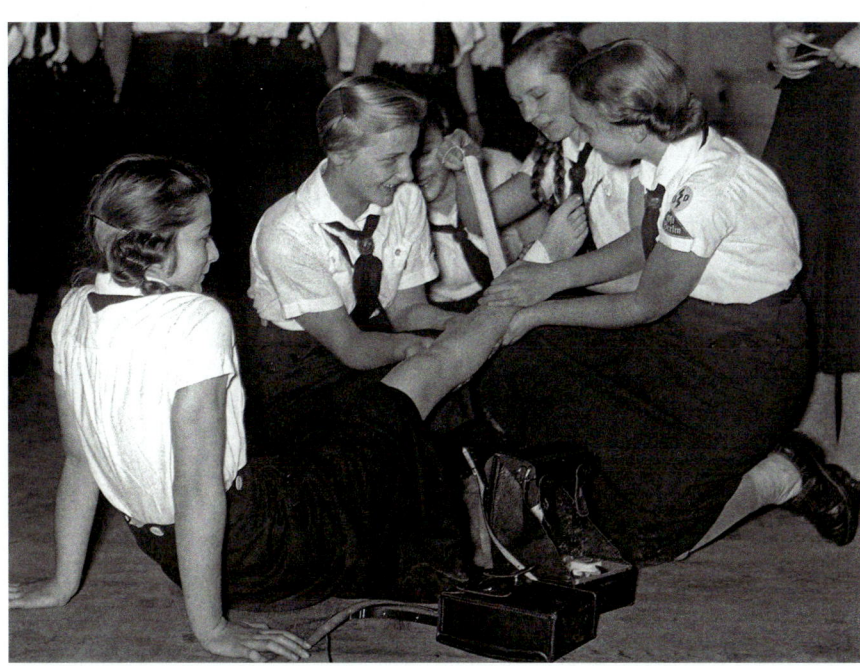

Q3 Mädchen des BDM bei der Erste-Hilfe-Ausbildung
undatiertes Foto

D: Erkläre, wie die eigentlich nützliche Erste-Hilfe-Ausbildung in das nationalsozialistische Erziehungskonzept passte.

Leitbild „kämpfender Mann"

Schon früh sollten sich die Kinder und Jugendlichen an das Befehlen und Gehorchen gewöhnen. Die Hitlerjugend war nach militärischen Grundsätzen aufgebaut und wurde nach dem Führerprinzip geleitet. Dabei galt der Grundsatz „Jugend wird durch Jugend geführt". Das bedeutete, dass Kinder und Jugendliche selbst Führungspositionen übernahmen. Die Jungen sollten der Idealvorstellung des tatkräftigen, mutigen, tapferen und disziplinierten Mannes nacheifern, der auch bereit war, im Kampf für die „Volksgemeinschaft" sein Leben zu opfern. Deswegen nahm die vormilitärische Ausbildung breiten Raum in den regelmäßigen Diensten der Gruppen ein. In speziellen Gruppierungen wie Motor-, Flieger-, Reiter- oder Marine-HJ wurden die besonderen Interessen der Jugendlichen angesprochen.

Leitbild „treu sorgende Mutter"

Auch beim BDM galten die Prinzipien von Befehl und Gehorsam, auch die Mädchen mussten sich zu regelmäßigen Diensten einfinden. Dort sollten sie auf ihre künftige Rolle als treu sorgende Mutter und Hausfrau vorbereitet werden. Sie sollten ihren Beitrag für die Gemeinschaft durch die Geburt möglichst vieler Kinder, also künftiger Kämpfer, leisten und ihrem Mann und ihren Kindern Wärme und Geborgenheit geben. Dementsprechend gehörten gemeinsames Singen und Musizieren, Bastelstunden oder Handarbeitsnachmittage ebenso zum Programm der Gruppen wie Sammlungen für das „Winterhilfswerk" oder Altmaterialsammlungen. Doch daneben sollten auch die Mädchen bei Sport und Spiel ihren Körper ertüchtigen. Fahrten, Wanderungen, Geländespiele und Sportnachmittage waren auch für sie Teil ihrer Freizeit.

Sowohl für die Erziehung der Jungen als auch für die der Mädchen galt, dass sie von klein auf nationalsozialistisches Gedankengut eingeimpft bekamen. So wurden bei den Heimabenden Themen behandelt wie „Adolf Hitler und seine Mitstreiter", „Der deutsche Gruß", „Deutsche Menschen in Sagen und Märchen", „Männer und Frauen im Kampf um Deutschland" oder „Große Gestalten deutscher Vergangenheit".

1933   1945

Q4 Werbeplakat für das „Deutsche Jungvolk" aus dem Jahr 1935

✎ E: Vergleiche Q4 mit Q5: Wie kommen die nationalsozialistischen Leitbilder darin zum Ausdruck? Nimm auch den Verfassertext zu Hilfe.

Q5 Werbeplakat für die „Deutschen Jungmädel" aus dem Jahr 1937

◎ Die Textquelle Q7 kannst du auch mithilfe der CD-ROM untersuchen.

Q6 Seite aus einer Fibel aus dem Jahr 1941

✎ F: Schreibe auf, welche Botschaften den Schülerinnen und Schülern mit dieser Buchseite vermittelt werden sollen.

Q7 „Heroische Jugend"
Hitler in einer Rede in Reichenberg am 2. Dezember 1938:
Diese Jugend, die lernt ja nichts anderes als deutsch denken, deutsch handeln und wenn nun dieser Knabe, dieses Mädchen mit ihren zehn Jahren in
5 unsere Organisationen hineinkommen und dort nun so oft zum ersten Mal überhaupt eine frische Luft bekommen und fühlen, dann kommen sie vier Jahre später vom Jungvolk in die Hitler-
10 jugend, und dort behalten wir sie wieder vier Jahre und dann geben wir sie erst recht nicht zurück in die Hände unserer alten Klassen- und Standeserzeuger, dann nehmen wir sie sofort in die
15 Partei oder in die Arbeitsfront, in die SA oder in die SS, in das NSKK (Nationalsozialistisches Kraftfahr-Korps) und so weiter. Und wenn sie dort zwei Jahre und anderthalb Jahre sind und noch
20 nicht ganze Nationalsozialisten geworden sein sollten, dann kommen sie in den Arbeitsdienst und werden dort wieder sechs und sieben Monate geschlif-

fen, alle mit einem Symbol: dem deut-
25 schen Spaten.
Und was dann nach sechs oder sieben Monaten noch an Klassenbewusstsein oder Standesdünkel da oder da noch vorhanden sein sollte, das übernimmt
30 dann die Wehrmacht zur weiteren Behandlung auf zwei Jahre, und wenn sie dann nach zwei oder drei oder vier Jahren zurückkehren, dann nehmen wir sie, damit sie auf keinen Fall rückfällig
35 werden, sofort wieder in die SA, SS und so weiter und sie werden nicht mehr frei ihr ganzes Leben und sie sind glücklich dabei.
Tondokument Nr. C 1326 des Deutschen Rundfunkarchivs, Frankfurt am Main.

Q8 Pimpfenzeit
Karl-Heinz Janßen, Jahrgang 1930, erinnert sich in den 1970er-Jahren an seine Zeit beim Deutschen Jungvolk:
Wenn andere von der Pimpfenzeit schwärmen (als sei das Ganze nur ein Pfadfinderklub mit anderem Vorzei-

chen gewesen), so kann ich diese Be-
5 geisterung nicht teilen. Ich habe beklemmende Erinnerungen. In unserem Fähnlein bestanden die Jungvolk-Stunden fast nur aus „Ordnungsdienst", das heißt aus sturem militärischem Drill.
10 Auch wenn Sport oder Schießen oder Singen auf dem Plan stand, gab es erst immer „Ordnungsdienst": endloses Exerzieren mit „Stillgestanden", „Rührt euch", „Links um", „Rechts um", „Ganze Abtei-
15 lung – kehrt" – Kommandos, die ich heute noch im Schlaf beherrsche. (…) Zwölfjährige Hordenführer brüllten zehnjährige Pimpfe zusammen und jagten sie kreuz und quer über Schulhöfe (…). Die
20 kleinsten Aufsässigkeiten, die harmlosesten Mängel an der Uniform, die geringste Verspätung wurden sogleich mit Strafexerzieren geahndet – ohnmächtige Unterführer ließen ihre Wut an uns
25 aus. Aber die Schikane hatte Methode; uns wurde von Kindesbeinen an Härte und blinder Gehorsam eingedrillt.
Hermann Glaser/Axel Silenius (Hrsg.), Jugend im Dritten Reich, Frankfurt am Main 1975, S. 90.

Q9 Jungvolk beim Schießen mit Klein-
kalibergewehren
undatiertes Foto

G: Versetze dich in die Lage eines
französischen Journalisten, der diese
Szene beobachtet hat, und schreibe
darüber einen kurzen Bericht unter
der Überschrift „Was geschieht mit der
deutschen Jugend?".

Q10 „Wir hatten unsere eigene Welt"
Ein ehemaliger „Pimpf" berichtet über
ein Wochenende:
Aus der Stadt heraus und bis zum Wald
marschieren wir. Vor dem Wald löst sich
die Einheit auf. Wir durchstreifen ihn
schleichend, stets darauf bedacht, uns
5 vor einem fiktiven Feind zu verbergen.
Kein Wort fällt (…). Kurz vor dem Lager-
platz, der als „vom Feind besetzt" gilt,
brechen wir mit Gebrüll zum Sturman-
griff aus dem Gebüsch. Natürlich besie-
10 gen wir den Feind und schlagen da, wo
er gelegen hat, unsere Zelte auf. Später
schlafen wir in den Zelten ein. Wir schlafen ruhig: (…) Das Kameradschaftsge-
fühl gibt Sicherheit.
15 Am Sonntag das obligate Geländespiel,
das Training im unerbittlichen Freund-
Feind-Gefühl. Abends kommen wir nach
Hause, müde, aber glücklich. Mancher
trägt stolz eine Beule in die Wohnküche,
20 Mutter ist entsetzt, Vater ist stolz.

Wir hatten unsere eigene Welt. Vater
war kein Kamerad, höchstens ein Vor-
gesetzter ohne Kompetenz. Mutter
hatte ohnehin nicht viel zu sagen.

Fritz Langour, Anschleichen, Tarnen, Melden. Ein
Pimpf erinnert sich, in: Ein Volk. Ein Reich. Ein
Führer, Bd. 2, Hamburg 1975, S. 406 ff.

Q11 Eine Enttäuschung
Melita Maschmann erinnert sich in den
1960er-Jahren an ihren Eintritt in den
BDM 1933 als Fünfzehnjährige:
Wenn ich den Gründen nachforsche, die
es mir verlockend machten, in die Hitler-
Jugend einzutreten, so stoße ich auch
auf diesen: Ich wollte aus meinem kind-
5 lichen, engen Leben heraus und wollte
mich an etwas binden, das groß und wesentlich war. Dieses Verlangen teilte ich
mit unzähligen Altersgenossen.
Da meine Eltern mir nicht erlaubten,
10 Mitglied der Hitlerjugend zu werden,

wurde ich es heimlich. Für mich begann jetzt meine private „Kampfzeit".
Ich holte nach, was meine neuen Kameraden und Kameradinnen vor 1933 ge-
15 leistet hatten: die unter persönlichen
Opfern erkaufte Zugehörigkeit zur nationalsozialistischen Jugend. Um es vor-
wegzunehmen: Was zunächst auf mich
wartete, war eine bittere Enttäuschung,
20 deren Ausmaß ich mir nicht einzugeste-
hen wagte. Die Heimabende, zu denen
man sich in einem dunklen und schmut-
zigen Keller traf, waren von einer fata-
len Inhaltslosigkeit.
25 Die Zeit wurde mit Einkassieren der Bei-
träge, mit dem Führen unzähliger Listen und dem Einpauken von Liedertex-
ten totgeschlagen (…).
In besserer Erinnerung sind mir die Wo-
30 chenendfahrten mit den Wanderungen,
dem Sport, den Lagerfeuern und dem
Übernachten in Jugendherbergen. Ge-
legentlich gab es dabei Geländespiele
mit benachbarten Gruppen. Was für ei-
35 nen Anblick die sich um einen Wimpel
raufenden Mädchen einem Außenste-
henden geboten haben mögen, will ich
mir lieber nicht ausmalen.

Melita Maschmann, Fazit. Mein Weg in die Hitler-Jugend, München 1979, S. 9 ff.

---

1. Stelle zusammen, welche Vorstellungen Hitler über die deutsche Jugend
entwickelt. Schreibe einen Kommentar
zu der Rede, die er vor Parteimitglie-
dern hielt (Q7).
Nimm die CD-ROM zu Hilfe.

2. Erläutere, wie die Erlebnisse in der
HJ von Jugendlichen aufgenommen

wurden. Finde die Unterschiede heraus und suche nach Erklärungen dafür (Q8,
Q10, Q11).

3. Untersuche die Beweggründe der
Melita Marschmann für den Eintritt in
den BDM (Q11). Formuliere deine Meinung dazu.

4. Auch heute versuchen rechtsextreme Gruppierungen Jugendliche mit
attraktiven Freizeitangeboten an sich
zu binden. Welche Fragen würdest du
stellen, um herauszubekommen, ob es
sich um Rechtsextreme handelt? Diskutiert in der Klasse, wie ihr auf solche
Angebote reagieren würdet.

1933   1945

Die Wirtschaftspolitik im Nationalsozialismus

Die Massenarbeitslosigkeit zu beseitigen gehörte zu den zentralen Wahlversprechen der Nationalsozialisten. Sie wussten, dass die Bevölkerung ihre Regierung vor allem nach dem wirtschaftlichen Erfolg beurteilen würde. Was also taten sie zur Bekämpfung der Arbeitslosigkeit? Und welche weitergehenden wirtschaftspolitischen Ziele verfolgten die Nationalsozialisten?

A: Erläutere, wie die Nationalsozialisten den wirtschaftlichen Aufschwung politisch für sich nutzten.

Abbau der Massenarbeitslosigkeit

Bereits ab 1932 ging die Arbeitslosigkeit langsam zurück, denn die Weltwirtschaft erholte sich allmählich. Die Nationalsozialisten verbuchten dies nach der Machtübertragung als ihren Erfolg, obwohl sie damit wenig zu tun hatten. Zudem legten sie Sofortprogramme zur Bekämpfung der Arbeitslosigkeit auf, die zum Teil an bereits in der Weimarer Republik entwickelte Programme anknüpften. Einen Schwerpunkt der Arbeitsbeschaffungsmaßnahmen bildeten große staatliche Bauaufträge. Dazu gehörten der Bau von Autobahnen, die Neugestaltung der Reichshauptstadt Berlin, die Errichtung des Reichsparteitagsgeländes in Nürnberg, der Ausbau des Königsplatzes in München, Wohnungsneubauten und Altbaurenovierungen sowie ab 1937 der Kasernenneubau.

Spürbar entlastet wurde der Arbeitsmarkt durch zwei andere Maßnahmen: 1935 wurde die allgemeine Wehrpflicht wieder eingeführt. Damit verschwanden Tausende junge Männer aus der Arbeitslosenstatistik. Im gleichen Jahr trat das „Reichsarbeitsdienstgesetz" in Kraft. Für Männer zwischen 18 und 25 Jahren wurde damit ein halbjähriger Arbeitsdienst Pflicht, den sie vor ihrem Wehrdienst ableisteten. Für Frauen war der Reichsarbeitsdienst (RAD) bis zum Beginn des Krieges freiwillig. Die Entlohnung war gering – 25 Pfennig pro Tag –, die Arbeit galt als „Ehrendienst am deutschen Volke". Die Dienstpflichtigen trugen eine Uniform und lebten in speziellen Arbeitslagern. Dort befanden sich ständig etwa zwischen 200 000 und 300 000 junge Männer und Frauen. Der Abbau der Arbeitslosigkeit trug viel zu Hitlers Popularität bei.

Q1 Plakat von Robert Zinner, 1938

B: Recherchiere, auf wessen Ideen und Initiativen der Bau von Autobahnen zurückging. Setze deine Erkenntnisse in Beziehung zu Q1 und Q2.

Q2 Adolf Hitler beim Spatenstich zum Bau der Reichsautobahn am 23. September 1933 bei Frankfurt am Main

C: Dieses Foto wurde damals in vielen Zeitungen abgedruckt. Benenne die Botschaft, die es vermitteln sollte.

Kriegsvorbereitungen

Vorrangiges Ziel der nationalsozialistischen Politik war von Anfang an, einen Krieg vorzubereiten. Dementsprechend forderte der erste Vierjahresplan von 1936, die deutsche Wirtschaft solle in vier Jahren kriegsfähig und die Wehrmacht einsatzfähig sein. Erreicht werden sollte das weitgehend mit eigenen Lebensmitteln und Rohstoffen, um von Importen unabhängig zu sein. Deswegen erhielten die im „Reichsnährstand" organisierten Bauern genaue Anweisungen zu Anbau, Preisen, Ablieferung und Verkauf von Produkten. Der Abbau von heimischen Rohstoffen wurde gefördert, neue Herstellungsverfahren wurden entwickelt, wie beispielsweise für synthetischen Kautschuk. Dennoch blieb Deutschland bei wichtigen Rohstoffen, z. B. Erdöl, hochwertigen Eisenerzen oder Buntmetallen, auf Importe angewiesen.

Dem gesamtwirtschaftlichen Ziel der Aufrüstung musste sich auch der Konsum der Bevölkerung unterordnen. Deren Kaufkraft blieb niedrig, da die Reallöhne der Arbeiter deutlich niedriger als in der Zeit vor der Wirtschaftskrise waren.

Trotz aller wirtschaftlicher Anstrengungen konnten die stark ansteigenden Rüstungsausgaben nicht mit dem normalen Steueraufkommen, sondern nur über Kredite finanziert werden. Aber längst hatte die nationalsozialistische Führung geplant, den drohenden Staatsbankrott durch Krieg und Eroberung abzuwenden.

Fremdarbeiter im Deutschen Reich

Als nach dem Beginn des Zweiten Weltkrieges immer mehr Männer zur Wehrmacht eingezogen wurden, fehlten vor allem in der Industrie, aber auch in der Landwirtschaft Arbeitskräfte. Diese Lücke füllten Fremdarbeiter aus. Die Mehrzahl von ihnen wurde aus den besetzten Gebieten nach Deutschland zwangsverschleppt. Ab 1943 griff die deutsche Industrie immer stärker auch auf Häftlinge aus Konzentrationslagern zu. Vielerorts wäre ohne Zwangsarbeiter nicht nur die industrielle Produktion zusammengebrochen, sondern auch die Versorgung der Bevölkerung mit landwirtschaftlichen Gütern. Im August 1944 arbeiteten sechs Millionen zivile Zwangsarbeiterinnen und Zwangsarbeiter im Deutschen Reich, die meisten waren aus Polen und der Sowjetunion verschleppt worden. Über ein Drittel davon waren Frauen. Zusätzlich arbeiteten 1944 fast zwei Millionen Kriegsgefangene zwangsweise in der deutschen Wirtschaft.

Q3 **Feier zur Eröffnung der Lehrwerkstätte in den Saurer-Werken, Wien**
Foto, 9. Januar 1939
Die Fahne vorne links trägt das Symbol der „Deutschen Arbeitsfront" (DAF).

D: Formuliere, was dieses Foto über den Alltag im Nationalsozialismus aussagt.

1933   1945

Q4 Interessen der Industrie

Der Kölner Bankier Freiherr von Schröder über ein Gespräch in seinem Haus mit Hitler, Franz von Papen (später Vizekanzler im Kabinett Hitler), Rudolf Heß (ab April 1933 Stellvertreter Hitlers) und Heinrich Himmler (ab 1929 Reichsführer SS) am 4. Januar 1933:

Diese Zusammenkunft (…) wurde von mir (Bankier Schröder) arrangiert, nachdem Papen mich ungefähr am 10. Dezember 1932 darum er-
5 sucht hatte. Bevor ich diesen Schritt unternahm, besprach ich mich mit einer Anzahl von Herren der Wirtschaft. (…) Die allgemeinen Bestrebungen der Männer der Wirtschaft gingen dahin,
10 einen starken Führer in Deutschland an die Macht kommen zu sehen, der eine Regierung bilden würde, die lange Zeit an der Macht bleiben würde. (…) Ein gemeinsames Interesse der Wirtschaft
15 bestand in der Angst vor dem Bolsche-
wismus und der Hoffnung, daß die Na-
tionalsozialisten (…) eine beständige politische und wirtschaftliche Grundlage in Deutschland herstellen würden.
20 Ein weiteres gemeinsames Interesse war der Wunsch, Hitlers wirtschaftli-
ches Programm in die Tat umzusetzen. (…) Weiterhin erwartete man, daß es eine wirtschaftliche Konjunktur durch
25 das Vergeben von größeren Staatsauf-
trägen geben würde. (…) Zu erwäh-
nen (sind): eine von Hitler projektierte Erhöhung der deutschen Wehrmacht (…) auf 300 000 Mann, das Bauen von
30 Reichsautobahnen und die Kredite, die der öffentlichen Hand (…) gegeben werden sollten (…), Aufträge zur Verbesserung (…) der Reichsbahn, und Förderung (von) (…) Automobil- und
35 Flugzeugbau. (…) Es war allgemein be-
kannt, daß einer der wichtigsten Pro-
grammpunkte Hitlers die Abschaffung des Vertrages von Versailles darstellte und die Wiederherstellung eines so-
40 wohl in militärischer als auch in wirt-
schaftlicher Hinsicht starken Deutsch-
lands. Es war klar, daß in einem starken Deutschland auch die Wirtschaft aufblühen werde. (…) Das wirtschaftliche
45 Programm Hitlers war der Wirtschaft allgemein bekannt und wurde von ihr begrüßt.

Geschichte der deutschen Arbeiterbewegung, Bd. 4, Berlin 1966, S. 606 f.

D1 Arbeitslosigkeit in Deutschland

Jahr	Arbeitslose in % der abhängigen Erwerbspersonen
1933	25,9
1934	13,5
1935	10,3
1936	7,4
1937	4,1
1938	1,9
1939	0,5
1940	0,2

Dietmar Petzina et al., Sozialgeschichtliches Arbeitsbuch, Bd. 3, München 1978, S. 119.

✎ E: Beschreibe die Entwicklung der Arbeitslosigkeit und nenne mithilfe des Verfassertextes Gründe dafür.

D2 Entwicklung der Staatsausgaben (in Mrd. Reichsmark)

Jahr	öffentliche Investitionen (Verkehr, Verwaltung, Versorgungsbetriebe, Wohnungsbau)	Ausgaben für Rüstung
1928	12,9	
1932	31,5	
1933	29,6	0,720
1934	36,2	3,300
1935	132,4	5,150
1936	213,3	9,000
1937	234,8	10,850
1938	280,3	15,500
1939	keine Angaben	32,300

Dietmar Petzina et al., Sozialgeschichtliches Arbeitsbuch, Bd. 3, München 1978, S. 149.

✎ F: Berechne das Verhältnis der Rüstungsausgaben zu den öffentlichen Investitionen (in %). Interpretiere das Ergebnis.

Q5 Richtfest für eine Bergarbeitersiedlung in Sontra bei Kassel, Oktober 1937

Die Siedlung wurde im Rahmen des Vierjahresplanes von der „Deutschen Arbeitsfront" gebaut.

✎ G: Beim Richtfest unterhalten sich ein künftiger Mieter und ein Bauarbeiter über das staatliche Bauprogramm. Welche Argumente dafür und dagegen könnten sie austauschen? Beachte die Bedingungen, unter denen die DAF-Mitglieder arbeiteten. Gestaltet ein solches Gespräch.

Q6 Kriegsvorbereitungen

Aus Hitlers geheimer Denkschrift vom August 1936 zum Vierjahresplan:

Kurz zusammengefaßt: Ich halte es für notwendig, daß nunmehr mit eiserner Entschlossenheit auf all den Gebieten eine 100%ige Selbstversorgung eintritt,
5 auf denen diese möglich ist und daß dadurch nicht nur die nationale Versorgung mit diesen wichtigsten Rohstoffen vom Ausland unabhängig wird, sondern daß dadurch auch jene Devi-
10 sen eingespart werden, die wir im Frieden für die Einfuhr unserer Nahrungsmittel benötigen. Genauso wie wir zur Zeit 7 oder 800 000 t Benzin produzieren, könnten wir 3 Millionen to produ-
15 zieren. (…)

Es sind jetzt fast 4 kostbare Jahre vergangen. Es gibt keinen Zweifel, daß wir schon heute auf dem Gebiet der Brennstoff-, der Gummi- und zum Teil auch in
20 der Eisenerzversorgung vom Ausland restlos unabhängig sein könnten. (…) Ich stelle damit folgende Aufgabe:
I. Die deutsche Armee muß in 4 Jahren einsatzfähig sein.
25 II. Die deutsche Wirtschaft muß in 4 Jahren kriegsfähig sein.

Fritz Blaich, Wirtschaft und Rüstung im „Dritten Reich", Düsseldorf 1987, S. 66 f.

Q7 Warnungen vor einer Inflation

Aus einem vertraulichen Schreiben des Direktoriums der Reichsbank an Hitler (1939):

In entscheidendem Maße aber wird die
10 Währung von der hemmungslosen Ausgabenwirtschaft der öffentlichen Hand bedroht. Das unbegrenzte Anschwellen der Staatsausgaben sprengt jeden Ver-
5 such eines geordneten Etats, bringt trotz ungeheurer Anspannung der Steuerschraube die Staatsfinanzen an den Rand des Zusammenbruchs und
10 zerrüttet von hier aus die Notenbank und die Währung. (…)

Unsere Verantwortung aber erfordert es, darauf hinzuweisen, daß eine weitere Beanspruchung der Reichsbank,
15 sei es direkt, sei es durch anderweitige Beschlagnahme des Geldmarktes, währungspolitisch nicht zu verantworten ist, sondern geradenwegs zur Inflation führen muß. Das unterzeichnete
20 Reichsbankdirektorium ist sich bewußt, daß es in seiner Mitarbeit für die großen gesteckten Ziele freudig alles eingesetzt hat, daß aber nunmehr Einhalt geboten ist.

Fritz Blaich, Wirtschaft und Rüstung im „Dritten Reich", Düsseldorf 1987, S. 93.

Q8 Ein Zwangsarbeiter erinnert sich

Der Russe Wasilij Koslow über den Tagesablauf in einem Lager für Zwangsarbeiter in Biebrich bei Wiesbaden:

Um 5 Uhr morgens gingen wir zum Frühstück – Ersatzkaffee. Von 6 Uhr morgens bis 1 Uhr mittags arbeiteten wir. Von 13 Uhr bis 13 Uhr 30 hatten
5 wir Mittagspause. Wir bekamen eine elende Brühe mit Steckrüben, Kohl usw. Von 13.30 bis 16.30 Uhr war Arbeitszeit. Von 16.30 bis 16.45 hatten wir eine kleine Pause von 15 Minuten. Belgier
10 und Holländer bekamen da auch etwas zu essen. Von 16.45 bis 19 Uhr Arbeitszeit. Nach der Rückkehr ins Lager gab es Abendessen. Abends bekamen wir Brot und die gleiche elende Brühe. Bis
15 21 Uhr mussten wir die Baracken putzen. Um 21.30 wurde eine namentliche Anwesenheitsüberprüfung durchgeführt sowie die öffentliche Bestrafung mit der Peitsche. Die Bestrafungen
20 wurden vom Lageraufseher Kurilenko durchgeführt. So ein Leben führten wir in diesem verdammten Lager.

Hedwig Brüchert, Zwangsarbeit in Wiesbaden. Der Einsatz von Zwangsarbeitskräften in der Wiesbadener Kriegswirtschaft 1939 bis 1945, Wiesbaden 2003, S. 141 f.

Q9 Plakat zur „Reichstagswahl" 1936

🖉 H: Beschreibe die Bildsprache des Plakats und erläutere, welche Botschaft damit vermittelt werden sollte.

---

1. Liste auf, welche politischen und wirtschaftlichen Erwartungen Unternehmer mit einer Kanzlerschaft Hitlers verbanden. Erläutere, welche davon auch umgesetzt wurden (Q4).

2. Skizziere, wie die Nationalsozialisten den wirtschaftlichen Aufschwung politisch für sich nutzten. Erläutere anhand des Reichsautobahnbaus, welche Rolle die Propaganda dabei spielte (VT, Q2, Q5).

3. Liste die Ziele auf, die Hitler mit dem Vierjahresplan verfolgte. Begründe, warum es den Nationalsozialisten besonders wichtig war, von Importen unabhängig zu werden (Q6).

4. Fasse die Bedenken des Direktoriums der Reichsbank gegenüber der nationalsozialistischen Wirtschaftspolitik zusammen (Q7). Skizziere die Folgen dieser Politik für Staatsfinanzen und Arbeiterschaft (D1).

5. Finde eine Begründung dafür, warum belgische und holländische Zwangsarbeiter besser behandelt wurden als Russen.

6. Dass es in Deutschland Millionen von Zwangsarbeitern gab, daran wollte nach Kriegsende kaum jemand erinnert werden. Überlege, warum das so war (VT, Q8).

1933

1945

Diffamierung, Ausgrenzung, Pogrom

Die Nationalsozialisten grenzten viele Menschen aus der Volksgemeinschaft aus. Sie bezeichneten sie als „Fremdvölkische" und „Volksschädlinge". Wen meinten sie und wie gingen sie mit ihnen um?

A: Fertige eine Übersicht über die Maßnahmen an, die das NS-Regime gegen die Juden ergriff.

Auf S. 122 kannst du noch einmal über den Antisemitismus nachlesen. Einen Auszug aus dem „Ermächtigungsgesetz" findest du auf S. 115.

Ariernachweis
Vom Notar beglaubigter Nachweis, dass man rein arischer Abstammung war. Als nicht arisch galt, wer von nicht arischen, insbesondere jüdischen Eltern oder Großeltern abstammte. Dafür genügte, wenn ein Elternteil oder ein Großelternteil nicht arisch war.

Der Beginn: Juden werden terrorisiert und entrechtet

Im Nationalsozialismus war fanatischer Antisemitismus eine der Grundlagen der Politik des gesamten Staates. Vom ersten Tag an waren die Juden schlimmsten Repressionen ausgesetzt; ihre Ausgrenzung und Verfolgung mündete letztlich im organisierten Massenmord in den Todesfabriken.

Seit dem „Ermächtigungsgesetz" hatten die Nationalsozialisten freie Hand, die bürgerliche Existenz aller Deutschen jüdischen Glaubens systematisch zu zerstören. Ein reichsweiter Boykott jüdischer Geschäfte, Ärzte und Rechtsanwälte begann bereits am 1. April 1933. Danach setzte die Verdrängung von Juden aus dem Berufs- und Wirtschaftsleben sowie dem kulturellen Leben ein. Ein „Gesetz zur Wiederherstellung des Berufsbeamtentums" vom 7. April ermöglichte es, „nichtarische" Beamte zu entlassen. Ab Mai 1933 wurde auch von Arbeitern und Angestellten im öffentlichen Dienst ein Ariernachweis gefordert. Schon im April hatte man auch die Zulassung jüdischer Studenten an den Hochschulen beschränkt.

Die Nürnberger Gesetze

In den nächsten eineinhalb Jahren nahm der Terror gegen Juden und ihre Diskriminierung deutlich zu, vereinzelt fanden schon „Arisierungen" (Enteignung jüdischen Vermögens und Besitzes zugunsten von „Ariern") statt. Mit den Nürnberger Gesetzen vom 15. September 1935 wurde der Ausgrenzung und Verfolgung von Juden eine neue rechtliche Grundlage gegeben. Zugleich verschärften sie die Diskriminierung und dienten als Ausgangspunkt für die Entrechtung und Verfolgung in den nächsten Jahren.

Durchführungsverordnungen zu den Nürnberger Gesetzen entzogen den Juden das Wahlrecht und schlossen sie aus öffentlichen Ämtern aus. Jüdische Ärzte, Professoren und Lehrer wurden, sofern noch nicht geschehen, aus dem Staatsdienst entlassen. Jüdischen Ärzten, Steuerberatern, Notaren, Devisenberatern, Viehhändlern usw. wurde die Zulassung aberkannt. Jüdische Schüler mussten die Schulen verlassen. Jüdische Unternehmer wurden ab 1938 gezwungen, ihre Betriebe zu verkaufen – oft zu Schleuderpreisen. Nicht wenige deutsche Unternehmer profitierten davon.

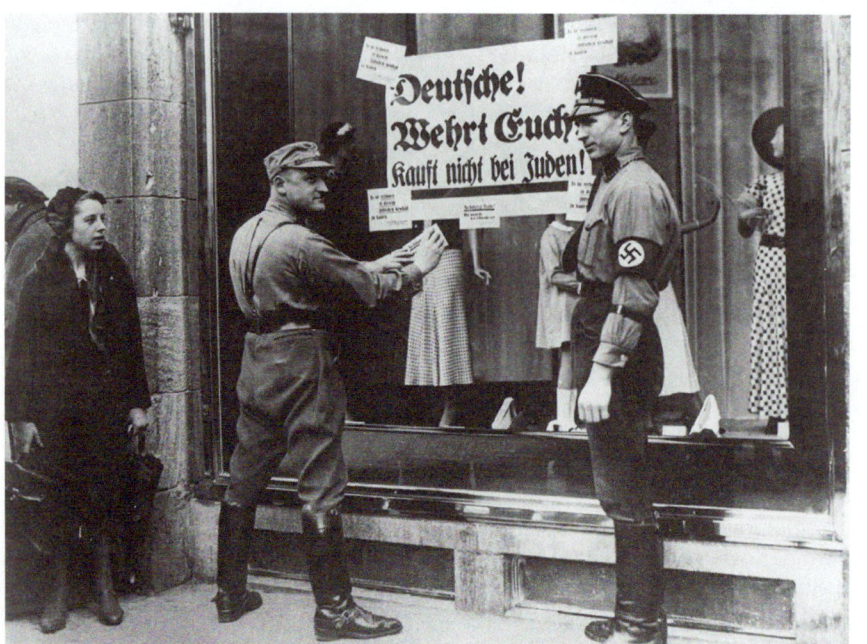

Q1 Boykott jüdischer Geschäfte
Foto, aufgenommen in der Breitestraße in Berlin am 2. April 1933

B: Viele Deutsche behaupteten nach 1945, sie hätten von der Verfolgung jüdischer Mitbürger nichts gewusst. Nimm anhand der Bilder auf dieser Doppelseite dazu Stellung.

Reichspogromnacht

Aus Protest gegen die Abschiebung Tausender polnischer Juden, die in Deutschland lebten, erschoss Herschel Grünspan am 7. November 1938 in Paris einen deutschen Diplomaten. Grünspans Eltern gehörten zu den Abgeschobenen. Dieses Attentat nahm die NS-Führung zum Anlass, in der Nacht vom 9. auf den 10. November einen Pogrom zu organisieren. Überall in Deutschland und Österreich wurden Synagogen angezündet oder auf andere Weise zerstört, etwa 7 500 jüdische Wohnungen und Geschäfte verwüstet und/oder geplündert, etwa 30 000 Juden wurden verhaftet und zeitweilig in Konzentrationslager verschleppt, 91 wurden nach offiziellen Angaben unmittelbar ermordet, zahlreiche Juden begingen aus Verzweiflung Selbstmord. Feuerwehr und Polizei waren angewiesen worden, dem Treiben der SA und ihrer Helfer keinen Einhalt zu gebieten. Die Juden mussten für die angerichteten Schäden selbst aufkommen, ihnen wurde eine Zahlung in Höhe von 1 Milliarde Reichsmark auferlegt. Die Behörden setzten nach dem Novemberpogrom immer neue Schikanen durch, z. B. verboten sie Juden, öffentliche Verkehrsmittel zu benutzen, Bücher und Zeitungen zu kaufen, Bäder, Museen, Theater, Konzerte oder Kinos zu besuchen.

Pogrom
Das Wort kommt aus dem Russischen und bedeutet „Verwüstung". Damit werden gewalttätige Verfolgungen bezeichnet, die sich gegen Minderheiten in einem Staat richten. Pogrome gab es schon im Mittelalter gegen Juden: Sie wurden beraubt, vertrieben, oft auch ermordet.

Verfolgung von Sinti und Roma

Sinti und Roma galten den Nationalsozialisten ebenfalls als minderwertig. Sie wurden als „Zigeuner" bezeichnet und zur Zwangsarbeit in Arbeitslager verbracht. Männer, Frauen und selbst Mädchen zwang man zur Sterilisation. Die Kinder durften keine Schulen mehr besuchen, die Erwachsenen erhielten Berufsverbot und ihre Vermögen wurden beschlagnahmt.

Die Öffentlichkeit schaut zu

Nahezu alle Menschen im sogenannten Dritten Reich wussten von den verbrecherischen Handlungen der Nationalsozialisten. Ein beachtlicher Teil bewertete sie jedoch nicht als verbrecherisch und menschenverachtend. Lediglich auf offenen Terror wie in der Reichspogromnacht reagierten etliche mit Betroffenheit und Scham, aber sie schwiegen und lehnten sich nicht dagegen auf. Dass man im Wesentlichen Bescheid wusste, aber im Allgemeinen nicht darüber sprach, bot im Nachhinein den meisten die Möglichkeit, sich davon zu distanzieren und zu behaupten, man habe nichts oder nur wenig gewusst.

Drittes Reich
Bezeichnung für das nationalsozialistische Deutschland; nach dem Heiligen Römischen Reich Deutscher Nation und dem Deutschen Kaiserreich sei es das dritte deutsche Reich, das ewig bestehen sollte.

1933   1945

Q3 Parkbänke in Berlin
undatiertes Foto

Q4 Terror gegen Juden 1933

Erinnerungen des französischen Botschafters in Berlin, André François-Poncet, an antijüdische Maßnahmen 1933:

Die Nazis selbst haben übrigens nicht erst die Machtergreifung durch den Führer abgewartet, um die Israeliten

5 zu belästigen; es ist seit langem schon eine ihrer bevorzugten Belustigungen … „Juda verrecke!" ist schon lange ihr Schlachtruf. Nach dem 30. Januar haben sie jede Rücksicht fallen lassen. Die

10 Verfolgung trägt nun legalen Charakter. Sie nimmt einen solchen Umfang und so gehässige Formen an, daß das Ausland empört ist und laut seine Mißbilligung äußert. Nichts jedoch bringt die

15 Nazis mehr auf als der Tadel des Auslandes. (…) Sie beschuldigen die Juden, die öffentliche Meinung des Auslandes gegen sie aufzuhetzen, die Anstifter dieser Protestbewegung zu sein. So

20 werden aus Verfolgten Verfolger. (…) Mit Zustimmung der Behörden wird ein Ausschuß unter der Leitung des üblen Streicher (Julius Streicher, Gründer und Herausgeber des antisemitischen Hetz-

25 blattes „Der Stürmer") gebildet, um für den 1. April eine große Boykottaktion durchzuführen. Am festgesetzten Tag durchziehen SA-Kolonnen die ganze Stadt, halten die Juden an und verprü-

30 geln sie. Sie dringen in die besuchtesten Cafés und Restaurants am Kurfürstendamm ein und jagen die jüdischen Gäste mit Prügeln hinaus. Miliztruppen stellen sich am Eingang der Geschäfte

35 auf, kleben kleine Plakate auf die Schaufenster: „Jüdisches Geschäft! Hier kaufen keine Deutschen!" und hindern die Leute am Eintreten. In den Geschäften 20 selbst werden die Besitzer krumm und

40 lahm geschlagen, ihre Waren werden geplündert, und unter Androhung weiterer Schläge erpreßt man ihnen Geld. So geht es den ganzen Tag. Die Wirkung 25 ist schlimm. (…)

André François-Poncet, Als Botschafter in Berlin 1931–1938, Übers,: Erna Stübel, Mainz 1949, S. 124.

Q5 Die Nürnberger Gesetze vom 15. September 1935

Aus dem Reichsbürgergesetz:

Der Reichstag hat einstimmig das folgende Gesetz beschlossen, das hiermit verkündet wird.

§1.1. Staatsangehöriger ist, wer dem

5 Schutzverband des Deutschen Reiches angehört und ihm dafür besonders verpflichtet ist.

(…)

§2.1. Reichsbürger ist nur der Staatsan-

10 gehörige deutschen oder artverwandten Blutes, der durch sein Verhalten beweist, daß er gewillt und geeignet ist, in Treue dem deutschen Volk und Reich zu dienen.

15 (…)

§3. Der Reichsbürger ist der alleinige Träger der vollen politischen Rechte nach Maßgabe der Gesetze.

Aus dem „Gesetz zum Schutze des deut-

20 schen Blutes und der deutschen Ehre":

Durchdrungen von der Erkenntnis, daß die Reinheit des deutschen Blutes die Voraussetzung für den Fortbestand des deutschen Volkes ist, und beseelt von

25 dem unbeugsamen Willen, die deutsche Nation für alle Zukunft zu sichern, hat der Reichstag einstimmig das folgende Gesetz beschlossen, das hiermit verkündet wird:

30 §1.1. Eheschließungen zwischen Juden und Staatsangehörigen deutschen oder artverwandten Blutes sind verboten. Trotzdem geschlossene Ehen sind nichtig, auch wenn sie zur Umgehung

35 dieses Gesetzes im Auslande geschlossen sind.

(…)

§2. Außerehelicher Verkehr zwischen Juden und Staatsangehörigen deut-

40 schen und artverwandten Blutes ist verboten.

§3. Juden dürfen weibliche Staatsangehörige deutschen oder artverwandten Blutes unter 45 Jahren nicht in ihrem

45 Haushalt beschäftigen.

§4.1. Juden ist das Hissen der Reichs- und Nationalflagge und das Zeigen der Reichsfarben verboten.

Walther Hofer (Hrsg.), Der Nationalsozialismus. Dokumente 1933–1945, Frankfurt am Main 1993, S. 284 f.

»Ich habe nichts gegen Sie. Es ist nur besser, wenn wir uns eine Zeitlang nicht kennen.«

»Geh' schon nach Hause, Judith, Marion muß ihrer Mama helfen und kann nicht mit dir spielen.«

D1 Formen alltäglicher Ausgrenzung von Juden

dargestellt in einer Bildgeschichte von Kurt Halbritter aus dem Jahr 1968

✎ C: Der Zeichner hat für die Zeit des Nationalsozialismus typische Kommentare und Haltungen festgehalten. Beschreibe diese und skizziere, welche Haltungen es noch gegeben haben könnte.

Q7 Die „Zigeunerfrage"

Aus einem Artikel der „Esslinger Zeitung" vom 24. September 1937:

Es gibt eine Zigeunerfrage in Deutschland, und es ist an der Zeit, daß diese Frage gelöst wird. Diese Feststellung trifft im „Öffentlichen Gesundheits-[5]dienst" Dr. Rotenberg, der Leiter der Abteilung für Erb- und Rassenpflege im Reichsausschuß für Volksgesundheit. Bei den Zigeunern handele es sich um einen biologischen Fremdkörper; auf [10]dessen zerstörenden Einfluß unser Blut und rassemäßig harmonisch gestalteter Volkskörper zwangsläufig mit Entartung antworten müsse. (…) Es lebt, so fährt er fort, unter uns außer dem Juden [15]noch ein anderes fremdrassiges Volk, das in seiner anlagebedingten Verhaltensweise eine soziologische und biologische Gefahr bedeutet, die nicht unterschätzt werden darf und die jedenfalls [20]in rassenbiologischer Hinsicht nicht geringer einzuschätzen ist als die Gefahr, die uns durch die Vermischung mit Juden drohte.

Zit. nach: Romani Rose, Der nationalsozialistische Völkermord an den Sinti und Roma. Dokumentations- und Kulturzentrum Deutscher Sinti und Roma, Heidelberg 1995, S. 42.

Q6 Wie erlebten unmittelbar Betroffene den Antisemitismus?

Aus den Tagebuchaufzeichnungen des jüdischen Schriftstellers und Literaturwissenschaftlers Victor Klemperer:

6. Dezember 1938; Dienstag:

Das gesunde Rechtsempfinden des deutschen Menschen ist gestern in einer sofort wirksamen Verfügung des [5]Polizeiministers Himmler zutage getreten: Entziehung der Autofahrerlaubnis bei allen Juden. Begründung: Wegen des Grünspanmordes[1] seien die Juden „unzuverlässig", dürften also nicht am [10]Steuer sitzen, auch beleidige ihr Fahren die deutsche Verkehrsgemeinschaft, zumal sie anmaßlicherweise sogar die von deutschen Arbeiterfäusten gebauten Reichsautostraßen benutzt hätten. [15]Dies Verbot trifft uns überaus hart. Es ist jetzt gerade drei Jahre her, daß ich fahren lernte, mein Führerschein datiert vom 26.01.36. (…) Unsere Stimmung ist noch weiter gesunken, und da beinahe, [20]nein wirklich jeden Tag neue Judengesetze herauskommen, so sind wir mit den Nerven total auf dem Hund. (…)

Die angstvollen Andeutungen und bruchstückhaften Erzählungen aus Bu-[25]chenwald[2] – Schweigepflicht, und: ein zweites Mal kommt man von dort nicht zurück, es sterben eh schon zehn bis zwanzig Leute täglich – sind greulich.

Victor Klemperer, Ich will Zeugnis ablegen bis zum letzten. Tagebücher 1933–1941, Berlin 1995, S. 441 ff.

[1] s. S. 139
[2] Konzentrationslager

---

1. Erläutere, wie sich das alltägliche Leben der Juden in Deutschland unter der Herrschaft der Nationalsozialisten veränderte (VT, Q3–Q5, Q7).

2. Arbeite anhand der Nürnberger Gesetze heraus, welche Rechte den Juden genommen wurden und wie das die Nationalsozialisten begründeten.

3. Der Tagebucheintrag Victor Klemperers lässt Rückschlüsse auf die Situation der Juden kurz nach dem Novemberpogrom zu. Skizziere, wie sich die Situation nochmals verschlechterte, und beschreibe mögliche Konsequenzen für die Betroffenen (Q6, VT).

4. Informiere dich, was an deinem Ort in der Reichspogromnacht passierte und wie sich die Bevölkerung dazu verhielt.

5. Erkläre, warum auch die Sinti und Roma von rassistischen Diskriminierungen betroffen waren (Q7).

6. Begründe, warum die Nürnberger Gesetze nicht mit unserem Grundgesetz vereinbar sind (Q5).

Karte: Expansion des NS-Staates bis 1939
em3xz7

| 1933 | 1945 |

Aggressive Außenpolitik – der Weg in den Krieg

Von Anfang an verfolgte das NS-Regime kriegerische Absichten, auch wenn das zunächst verschleiert wurde. Wie gingen die Nationalsozialisten dabei vor? Wie reagierte das Ausland darauf und wie die deutsche Bevölkerung?

A: Trage der Klasse vor, wie die nationalsozialistische Außenpolitik die politischen Verhältnisse in Europa bis 1938 veränderte. Beziehe dabei auch die Karte von S. 111 mit ein.

Über die Bestimmungen des Versailler Vertrages kannst du dich noch einmal auf den Seiten 28–31 informieren.

Vertragsbrüche und Konfrontation

Durch die Bestimmungen des Versailler Vertrages war Deutschland militärisch geschwächt. Die Aufrüstung wurde deswegen energisch vorangetrieben. Um sich der internationalen Kontrolle zu entziehen, trat Deutschland bereits 1933 aus dem Völkerbund aus. Im März 1935 wurde die allgemeine Wehrpflicht eingeführt. Im März 1936 marschierten deutsche Truppen in die entmilitarisierte Zone des Rheinlands ein. Mit all diesen Maßnahmen verstieß Deutschland offen gegen die Bestimmungen des Versailler Vertrages. Die ausländischen Regierungen reagierten darauf mit diplomatischen Protesten. Die allermeisten Deutschen dagegen, die den Versailler Vertrag schon immer als Demütigung empfunden hatten, waren begeistert und unterstützten diese Politik. Und für die Reichswehrführung erfüllte sich mit der Aufrüstung ein lang gehegter Wunsch.

Vertragsabschlüsse und neue Bündnispartner

Durch wiederholte Friedensbeteuerungen versuchte das NS-Regime seine Aggressivität zu verschleiern. So schloss Deutschland z.B. 1934 mit Polen einen Nichtangriffspakt ab. Im Juni 1935 unterzeichneten Deutschland und England ein Flottenabkommen. Darin wurde das Verhältnis der deutschen Flottenstärke zur englischen auf 35 zu 100 festgelegt. Andererseits unterstützten ab August 1936 deutsche Truppen General Franco, der gegen die linke republikanische Regierung geputscht hatte, im Spanischen Bürgerkrieg. Im Oktober 1936 wurde ein deutsch-italienisches Abkommen unterzeichnet. Einen Monat später wurde ein deutsch-japanischer Pakt abgeschlossen, der sich vor allem gegen die UdSSR richtete. Diesem Antikominternpakt traten 1937 Italien und 1939 Spanien sowie Ungarn bei.

Einmarsch in Österreich

Ab 1937 steuerte Hitler geradewegs auf einen Krieg zu. In einer Geheimrede vor den Spitzen von Wehrmacht und Marine entwickelte er Kriegsplanungen. Im März 1938 marschierten deutsche Truppen in Österreich ein. Das „Großdeutsche Reich" wurde ausgerufen. Hitler begründete diesen Einmarsch mit einem „Hilferuf" seiner angeblich bedrohten österreichischen Anhänger. Die Österreicher bereiteten Hitler einen triumphalen Empfang und auch in Deutschland herrschte nationale Euphorie. Die Westmächte nahmen diesen weiteren Bruch des Versailler Vertragess erneut hin.

Q1 Am Wiener Michaelerplatz im März 1938

B: Lege dar, was das Foto über das politische Klima in Österreich aussagt.

Das Ende der Tschechoslowakei

Im gleichen Jahr förderte Hitler die separatistischen Bestrebungen der deutschen Minderheit in der Tschechoslowakei. Hitler ermunterte Konrad Henlein, den Führer der nationalsozialistischen Sudetendeutschen Partei, Forderungen an die Prager Regierung zu stellen, die für diese unerfüllbar waren. So wurde beispielsweise das Selbstbestimmungsrecht für die Sudetendeutschen gefordert. Auf diese Weise entstand ein weiterer Konfliktherd, der es der deutschen Regierung ermöglichte, sich für angeblich bedrohte „Volksgenossen" im benachbarten Ausland einzusetzen.

Auf englische Initiative fand im September 1938 eine Krisenkonferenz in München statt. Ohne Beteiligung tschechoslowakischer Politiker vereinbarten die Regierungschefs von Deutschland, England, Frankreich und Italien die Abtretung des überwiegend von Deutschen besiedelten Sudetenlands an das Deutsche Reich. Die Hoffnungen der Westmächte, durch das „Münchener Abkommen" den Frieden in Europa gerettet zu haben, trogen.

Im März 1939 marschierten deutsche Truppen in der Tschechoslowakei ein, die sogenannte „Rest-Tschechei" wurde zum „Reichsprotektorat Böhmen und Mähren" erklärt. Die Slowakei erklärte sich für souverän, unterstellte sich aber dem Schutz des Deutschen Reiches. Dieser Bruch des Münchener Abkommens verdeutlichte England und Frankreich, dass mit Verträgen und Zugeständnissen die Aggression der Nationalsozialisten nicht zu stoppen war. Sie gaben daher ihre Appeasement-Politik auf und erklärten Polen im Falle eines deutschen Angriffs ihren Beistand.

Der Hitler-Stalin-Pakt

Am 23. August 1939 unterzeichneten Deutschland und die UdSSR einen Nichtangriffspakt. In diesem Hitler-Stalin-Pakt verpflichteten sich beide Seiten zum Gewaltverzicht und vereinbarten wechselseitige Neutralität im Falle eines Kriegs mit Dritten. Ein geheimes Zusatzprotokoll sah die Aufteilung Polens zwischen Deutschland und der Sowjetunion vor. Der Vertrag verschaffte Hitler Rückendeckung für seinen Angriff auf Polen, da er die Gefahr eines Zweifrontenkrieges bannte. Stalin wollte seinen Machtbereich nach Westen ausdehnen und hoffte zugleich, von einem Krieg kapitalistischer Staaten untereinander langfristig profitieren zu können.

Appeasement-Politik
(von engl. to appease = beruhigen, beschwichtigen)
Kritische Bezeichnung für eine Politik des Ausgleichs, die vor allem die britischen Regierungen gegenüber dem nationalsozialistischen Deutschland verfolgten. Die Appeasement-Politik ging von der Annahme aus, man könne durch Zugeständnisse mit Hitler zu zuverlässigen Vereinbarungen kommen und so den Frieden in Europa aufrechterhalten, zumindest aber genügend Zeit für die eigene Aufrüstung gewinnen.

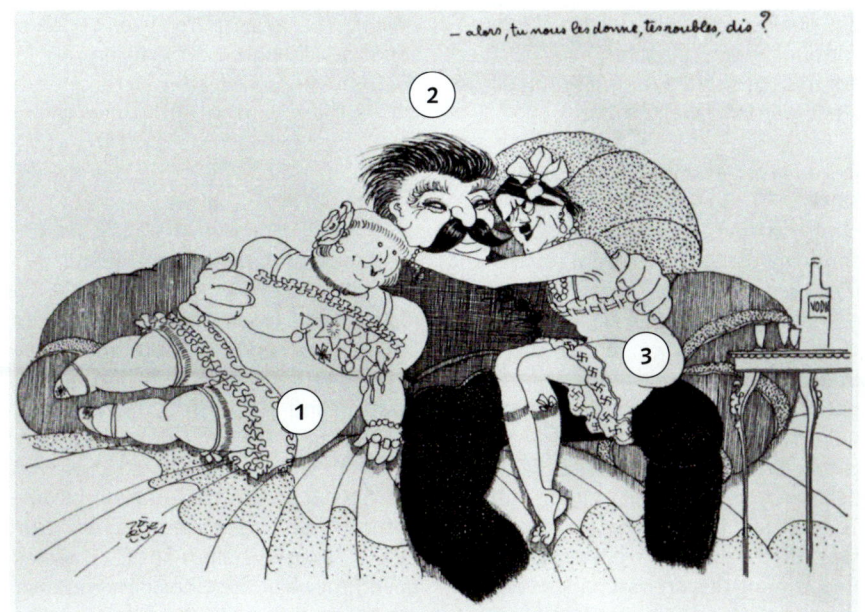

Q2 „Gibst Du uns jetzt Deine Rubel, ja oder nein?"
Französische Karikatur auf den deutsch-sowjetischen Nichtangriffspakt
1 Göring
2 Stalin
3 Hitler

✎ C: Interpretiere die Aussage der Karikatur.

1933   1945

Q3 Hitler auf seinem Weg nach Wien
Foto, 12./13. März 1938

✎ D: Vergleiche die Bilder Q3 und Q7 und verfasse jeweils einen Kommentar aus der Sicht der Mehrheit der Bevölkerung und aus der Sicht eines Juden zum „Anschluss Österreichs".

Q4 „Lebensraum im Osten"
Hitler schreibt 1925/1926 in „Mein Kampf":
Wir Nationalsozialisten (müssen) unverrückbar an unserem außenpolitischen Ziele festhalten, nämlich dem deutschen Volk den ihm gebührenden
5 Grund und Boden auf dieser Erde zu sichern. Und diese Aktion ist die einzige, die vor Gott und unserer deutschen Nachwelt einen Bluteinsatz gerechtfertigt erscheinen läßt (...). So wie
10 unsere Vorfahren den Boden, auf dem wir heute leben, nicht vom Himmel geschenkt erhielten, sondern durch Lebenseinsatz erkämpfen mußten, so wird auch uns in Zukunft den Boden
15 und damit das Leben für unser Volk keine göttliche Gnade zuweisen, sondern nur die Gewalt eines siegreichen Schwertes. (...)
Allerdings eine solche Bodenpolitik
20 kann nicht etwa in Kamerun ihre Erfüllung finden, sondern heute fast ausschließlich nur mehr in Europa. Man muß sich damit kühl und nüchtern auf den Standpunkt stellen, daß es sicher
25 nicht Absicht des Himmels sein kann, dem einen Volke fünfzigmal so viel an Grund und Boden auf dieser Welt zu geben als dem anderen. Man darf in diesem Falle sich nicht durch politische
30 Grenzen von den Grenzen des ewigen Rechtes abbringen lassen. Wenn diese Erde wirklich für alle Raum zum Leben hat, dann möge man uns also den uns zum Leben nötigen Boden geben. (...)
35 Damit ziehen wir Nationalsozialisten bewußt einen Strich unter die außenpolitische Richtung unserer Vorkriegszeit. Wir setzen dort an, wo man vor sechs Jahrhunderten endete. Wir stop-
40 pen den ewigen Germanenzug nach dem Süden und Westen Europas und weisen den Blick nach dem Land im Osten. (...) Wenn wir aber heute in Europa von neuem Grund und Boden re-
45 den, können wir in erster Linie nur an Rußland und die ihm untertanen Randstaaten denken.

Günter Schönbrunn (Hrsg.), Geschichte in Quellen. Weltkriege und Revolutionen 1914–1945, München 1979, S. 297.

Q5 Hitler informiert die Reichswehrführung
Am 3. Februar 1933 traf sich Hitler mit hochrangigen Offizieren der Reichswehr. Aus dem Stichwortprotokoll Generalleutnants Curt Liebmann:
Ziel der Gesamtpolitik allein: Wiedergewinnung der politischen Macht. Hierauf muß gesamte Staatsführung eingestellt werden (alle Ressorts!).
5 1. Im Innern. Völlige Umkehrung der gegenwärtigen innenpolitischen Zustände in D(eutschland). Keine Duldung der Betätigung irgendeiner Gesinnung, die dem Ziel entgegensteht
10 (Pazifismus!). Wer sich nicht bekehren läßt, muß gebeugt werden. Ausrottung des Marxismus mit Stumpf und Stiel. Einstellung der Jugend u(nd) des ganzen Volkes auf den Gedanken, daß
15 nur der Kampf uns retten kann (...). Ertüchtigung der Jugend und Stärkung des Wehrwillens mit allen Mitteln. Todesstrafe für Landes- und Volksverrat. Straffste autoritäre Staatsführung.
20 Beseitigung des Krebsschadens der Demokratie!
2. Nach außen. Kampf gegen Versailles. Gleichberechtigung in Genf; aber zwecklos, wenn Volk nicht auf Wehrwil-
25 len eingestellt. (...)
4. Aufbau der Wehrmacht wichtigste Voraussetzung für Erreichung des Ziels: Wiedererringung der politischen Macht. Allgemeine Wehrpflicht muß wieder-
30 kommen. Zuvor aber muß Staatsführung dafür sorgen, daß die Wehrpflichtigen vor Eintritt nicht schon durch Pazifismus, Marxismus, Bolschewismus vergiftet werden oder nach Dienstzeit
35 diesem Gifte verfallen. (...) Eroberung neuen Lebensraums im Osten und dessen rücksichtslose Germanisierung.

Thilo Vogelsang, Neue Dokumente zur Geschichte der Reichswehr 1930–1933, in: Vierteljahrshefte für Zeitgeschichte, 2. Jahrgang 1954, 4. Heft, S. 434 f.

Q6 Die Stimmung in Deutschland
Der ehemalige britische Premierminister David Lloyd George schreibt im Daily-Express vom 17. September 1936:
Ich bin eben von einem Besuch in Deutschland zurückgekehrt. Ich habe jetzt den berühmten deutschen Führer gesehen und auch etliches von
5 dem großen Wechsel, den er herbeigeführt hat. Was immer man von seinen Methoden halten mag – es sind bestimmt nicht die eines parlamentarischen Landes –, es besteht kein Zweifel,

10 daß er einen wunderbaren Wandel im Denken des Volkes herbeigeführt hat. Zum erstenmal nach dem Krieg herrscht ein allgemeines Gefühl der Sicherheit. Die Menschen sind fröhlicher. Über das 15 ganze Land verbreitet sich die Stimmung allgemeiner Freude. Es ist ein glücklicheres Deutschland. (…) Dieses Wunder hat ein Mann vollbracht. Er ist der geborene Menschenführer. 20 Eine magnetische, dynamische Persönlichkeit mit einer ehrlichen Absicht, einem entschlossenen Willen und einem unerschrockenen Herzen. Er ist nicht nur dem Namen nach, sondern tatsächlich der nationale Führer. Er hat sie gegen potentielle Feinde, von denen sie umgeben waren, gesichert. (…) Die Tatsache, daß Hitler sein Land von der Furcht einer Wiederholung jener 30 Zeit der Verzweiflung, der Armut und Demütigung erlöst hat, hat ihm im heutigen Deutschland unumstrittene Autorität verschafft. An seiner Popularität, vor allem unter der deutschen 35 Jugend, besteht keinerlei Zweifel. Die Alten vertrauen ihm; die Jungen ver- 5 göttern ihn. (…) Er ist der George Washington Deutschlands, der Mann, der seinem Land die Unabhängigkeit von 40 allen Bedrückern gewann. (…) Die Aufrichtung einer deutschen Hegemonie in Europa (…) liegt nicht einmal am Horizont des Nationalsozialismus. (…) Deutschlands Bereitschaft zu einer 45 Invasion in Rußland ist nicht größer als die zu einer militärischen Expedition auf den Mond.

Philipp W. Fabry, Mutmaßungen über Hitler. Urteile von Zeitgenossen, Königstein/Ts. 1979, S. 216 f.

Q8 Späte Einsicht
Aus einem Bericht des französischen Boschafters in Moskau, Robert Coulondre, vom 16. März 1939:
Die Tschechoslowakei (…) besteht nicht mehr. Die Ereignisse, die mit blitzartiger Geschwindigkeit zu dieser Lösung geführt haben, sind charakteristisch für die Geistesverfassung und die 5 Methoden der nationalsozialistischen Führung. Alle Staaten, die Wert auf ihre Unabhängigkeit und Sicherheit legen, müssen unverzüglich (…) Schlußfolgerungen gegenüber dem durch seine 10 Erfolge berauschten Deutschland ziehen, das seine auf rassischen Grundsätzen aufgebauten Forderungen mit einem Imperialismus reinsten Wassers 15 vertauscht hat. Das Vorgehen, dem die Tschechoslowakei soeben zum Opfer gefallen ist, trägt den typischen Stempel hitlerischer Unternehmungen, d.h. Zynismus und Hinterhältigkeit der Planung, Geheimhaltung der Vorbereitung und Brutalität der Ausführung. (…) Deutschland hat also wieder einmal bewiesen, daß es jegliche schriftliche Vereinbarungen mißachtet und denselben 25 die Methode der brutalen Gewalt und der vollendeten Tatsachen vorzieht.

Wolfgang Lautemann, Manfred Schlenker (Hrsg.), Geschichte in Quellen, Bd. 5, München ²1970, S. 418.

---

1. Erläutere die außenpolitischen Ziele Hitlers (Q4, Q5).

2. Fasse zusammen, wie Lloyd George die Stimmung in Deutschland deutet und die NS-Herrschaft bewertet. Nimm dazu Stellung (Q6).

3. Vergleiche die Einschätzung des französischen Botschafters mit den Zielsetzungen der Appeasement-Politik. Erläutere die Neuausrichtung der Politik westeuropäischer Regierungen gegenüber dem NS-Regime, die sich hier abzeichnet (VT, Q8).

4. Diskutiert in der Klasse, welche Möglichkeiten die internationale Staatengemeinschaft gehabt hätte, der aggressiven Außenpolitik Deutschlands in den Arm zu fallen.

1933   1945

Der Zweite Weltkrieg bis 1943

Der von Deutschland entfesselte Krieg bedeutete für ungezählte Menschen Not, Versklavung und Vernichtung in bis dahin nicht gekanntem Ausmaß. Wie entwickelte sich der Krieg bis zum Jahr 1943? Wodurch unterschied sich der nationalsozialistische Vernichtungskrieg gegen die Sowjetunion von anderen Kriegen?

A: Stelle die wichtigsten Etappen des Zweiten Weltkrieges bis 1943 zusammen und kennzeichne die dadurch entstehenden europäischen Machtverhältnisse. Beziehe auch die Karte mit ein.

Die Eroberung Polens

Am 1. September 1939 griffen deutsche Truppen Polen an. Im Gegensatz zum Beginn des Krieges 1914 herrschte nirgendwo in Europa Kriegsbegeisterung. Frankreich und Großbritannien erklärten zwar am 3. September Deutschland den Krieg, blieben aber mangels Rüstung zunächst passiv. Nach der raschen Niederlage Polens Anfang Oktober wurde unter Federführung der SS ein Besatzungsregiment errichtet, das alle Regeln des Völkerrechts missachtete. Viele Polen wurden zur Zwangsarbeit verschleppt und die systematische Ermordung von Juden, aber auch von nicht jüdischen Polen – Adeligen, Geistlichen, Wissenschaftlern – begann. Die gesamte polnische Elite sollte vernichtet werden.

Die Ausweitung des Krieges

Nach der Niederlage Polens wurde der Krieg nach West- und Nordeuropa ausgeweitet. Schnelle Siege ließen jeden Zweifel gegenüber Hitler verstummen. Dieser befand sich auf dem Gipfel seines Ruhmes.

Als Nächstes sollte England besiegt werden. Doch der deutsche Versuch, durch Luftangriffe die Industrie zu schwächen und den Kampfgeist der Bevölkerung zu untergraben, schlug fehl. Die geplante Invasion musste aufgegeben werden. Um zumindest die englische Vorherrschaft im Mittelmeer zu

D1 Der Krieg in Europa 1939–1942

Eine dynamische Karte findest du auf der CD-ROM.

Deutschland, Italien und annektierte Territorien bei Kriegsbeginn (1. Sept. 1939)

mit Deutschland ab 1941 verbündete Staaten

6.41 Monat und Jahr der Angriffe und Feldzüge

von Deutschland und Italien annektierte Staaten und Territorien im Herbst 1942

Beginn der sowjetischen Gegenoffensive 1941 und 1942

brech und den Zugang zu rumäni-
schem Öl zu sichern, besetzten deutsche Truppen im Frühjahr 1941 Jugoslawien und Griechenland. Ferner
kamen sie italienischen Einheiten in
Nordafrika zu Hilfe. In Jugoslawien
und Griechenland bildeten sich Par-
tisanengruppen, die anhaltenden Widerstand leisteten. Um diesen zu brechen, reagierten deutsche Einheiten
mit brutalen Vergeltungsmaßnah-
men, bei denen jeweils zahlreiche
Menschen umgebracht wurden.

Der Überfall auf die Sowjetunion

Die militärischen Erfolge bestärk-
ten Hitler in seiner Überzeugung,
auch die Sowjetunion könne rasch
besiegt werden. Am 22. Juni 1941 begann der deutsche Angriff. Die Rote
Armee hatte den deutschen Truppen zunächst nichts entgegenzuset-

Q1 Russische Familie in den
Trümmern eines Hauses
Foto, 12. Oktober 1941

zen. Doch nach anfänglichen Erfolgen kam der deutsche Vormarsch kurz vor
Moskau zum Stehen. Für einen Winterfeldzug waren die deutschen Soldaten nicht gerüstet und Stalin gelang es, rasch große Armeen zu mobilisieren. Trotz hoher Verluste an Menschen und Material verweigerte Hitler einen
Rückzug. Deutsche Generale, die dazu rieten, wurden ihres Kommandos enthoben. Im Winter 1942/43 kesselten sowjetische Truppen eine deutsche Armee bei Stalingrad ein. Die Kapitulation der 6. Armee im Januar 1943 wurde
zum Symbol für die Wende des Krieges: Rund 146 000 deutsche Soldaten waren gefallen, etwa 90 000 gerieten in sowjetische Kriegsgefangenschaft.

Vernichtungskrieg im Osten

Gegen die Sowjetunion führte das nationalsozialistische Deutschland einen
weltanschaulich begründeten Vernichtungskrieg. Ziel der Kriegsführung war
es, die Ressourcen des eroberten Landes auszubeuten, die als „rassisch minderwertig" angesehene Bevölkerung zur Arbeit zu versklaven oder zu ermor-
den. Die Führungselite sollte gänzlich vernichtet werden. Insgesamt hatte die
Sowjetunion etwa 27 Millionen Tote zu beklagen. Verantwortlich für die mil-
lionenfachen Morde „im Hinterland", also in den von Deutschland eroberten
Gebieten, waren die SS und der Polizeiapparat, aber auch reguläre Einheiten
der Wehrmacht. Viele sowjetische Kriegsgefangene wurden kurzerhand erschossen oder starben in den Gefangenenlagern.

✎ B: Schreibe als westeuropäischer
Kriegsberichterstatter über die deutsche Kriegsführung an der Ostfront.

Kriegseintritt der USA

Endgültig zum Weltkrieg wurde der Krieg, als Ende 1941 die USA eintraten.
Die Vereinigten Staaten verhielten sich schon seit Langem nicht mehr neutral, sondern versorgten die Gegner Deutschlands mit Kriegsmaterial. Noch
widersetzte sich allerdings die amerikanische Öffentlichkeit einem offiziellen Kriegseintritt. Das änderte sich, als Japan ohne Kriegserklärung einen Teil
der vor Pearl Harbor (Hawaii) ankernden amerikanischen Flotte angriff und
zerstörte. Japan führte seit Anfang der 1930er-Jahre einen Eroberungskrieg in
Ostasien und beging ungeheure Gräueltaten an der Zivilbevölkerung. Deswegen hatten die USA kurz zuvor ein Rohstoffembargo verhängt. Der Angriff auf
Pearl Harbor war die japanische Antwort. Daraufhin erklärten am 8. Dezember die USA und England Japan den Krieg. Drei Tage später erklärten im Gegenzug Italien und Deutschland den USA den Krieg.

◎ Eine dynamische Karte zum Kriegsverlauf im Pazifik findest du auf der CD-
ROM.

1933   1945

Q2 „Behandlung der Fremdvölkischen im Osten"

Als „Reichskommissar für die Festigung des deutschen Volkstums" formuliert Himmler am 25. Mai 1940 in einer Denkschrift:

Für die nichtdeutsche Bevölkerung des Ostens darf es keine höhere Schule geben als die vierklassige Volksschule. Das Ziel dieser Volksschule hat lediglich
5 zu sein: Einfaches Rechnen bis höchstens 500, Schreiben des Namens, eine Lehre, dass es ein göttliches Gebot ist, den Deutschen gehorsam zu sein und ehrlich, fleißig und brav zu sein. Lesen
10 halte ich nicht für erforderlich (…). Die Eltern der Kinder guten Blutes werden vor die Wahl gestellt, das Kind herzugeben – sie werden dann wahrscheinlich keine weiteren Kinder mehr erzeugen,
15 so dass die Gefahr, dass dieses Untermenschenvolk des Ostens durch solche Menschen guten Blutes eine für uns gefährliche, da ebenbürtige Führerschicht erhält, erlischt – oder die Eltern
20 verpflichten sich, nach Deutschland zu gehen und dort loyale Staatsbürger zu werden. (…)

Hans-Adolf Jacobsen (Hrsg.), Mißtrauische Nachbarn. Deutsche Ostpolitik 1919/1970. Dokumentation und Analyse, Düsseldorf 1970, S. 141.

Q3 „Kriegsgerichtsbarkeitserlass"

Ein Auszug aus dem „Erlass über die Ausübung der Kriegsgerichtsbarkeit im Gebiet ‚Barbarossa' und über besondere Maßnahmen der Truppe" vom 13. Mai 1941:

I. Behandlung von Straftaten feindlicher Zivilpersonen

1. Straftaten feindlicher Zivilpersonen sind der Zuständigkeit der Kriegsge-
5 richte und der Standgerichte bis auf weiteres entzogen.

2. Freischärler sind durch die Truppe im Kampf oder auf der Flucht schonungslos zu erledigen.

10 3. Auch alle anderen Angriffe feindlicher Zivilpersonen gegen die Wehrmacht, ihre Angehörigen und das Gefolge sind von der Truppe auf der Stelle mit den äußersten Mitteln bis zur Ver-
15 nichtung des Angreifers niederzukämpfen. (…)

Q4 Massenexekution bei Winniza/ Ukraine

Foto, 1942
Ein deutscher SS-Mann erschießt einen Zivilisten.

✎ C: Beschreibe und kommentiere die Fotografie.

II. Behandlung der Straftaten von Angehörigen der Wehrmacht und des Gefolges gegen Landeseinwohner
20 1. Für Handlungen, die Angehörige der Wehrmacht und des Gefolges gegen feindliche Zivilpersonen begehen, besteht kein Verfolgungszwang, auch dann nicht, wenn die Tat zugleich ein
25 militärisches Verbrechen oder Vergehen ist.

Gerd R. Ueberschär/Wolfram Wette (Hrsg.), „Unternehmen Barbarossa". Der deutsche Überfall auf die Sowjetunion 1941, Paderborn 1984, S. 306 f.

Q5 „Kommissarbefehl"

Aus dem Befehl des Oberkommandos der Wehrmacht vom 6. Juni 1941 zur Behandlung politischer Kommissare:

Die Urheber barbarisch asiatischer Kampfmethoden sind die politischen Kommissare. Gegen diese muß daher sofort und ohne weiteres mit aller Schärfe vorgegangen werden.
5 Sie sind daher, wenn im Kampf oder Widerstand ergriffen, grundsätzlich sofort mit der Waffe zu erledigen.

Heinz Hürten (Hrsg.), Deutsche Geschichte in Quellen und Darstellung, Bd. 9, Stuttgart 1995, S. 351.

Q6 Nach der Schlacht bei Stalingrad
Foto, Januar 1943
Deutsche Soldaten auf dem Marsch
ins Gefangenenlager

D: Schreibe aus der Sicht eines der
Gefangenen nach Hause. Bringe darin
auch zum Ausdruck, was du erwartest.

Q7 „Wild wie eine Naturgewalt"
Aus einem Brief des Leutnants Albert
Martiny an seine Eltern, 24. Juli 1941:
Der Russe ist ja kein Mensch in unserem
Sinne, sondern ein stumpfes, aber rei-
ßendes Tier. Keine Spur von Intelligenz
oder Streben nach Höherem. Wenn
5 es ihm gut geht, unbezähmbar wild
wie eine Naturgewalt, als Soldat Dä-
mon von raubtierhafter Mordgier, ansonsten aber feig und falsch, hündisch
mit eingezogenem Schwanz winselnd,
10 mitleiderregend und durch und durch
verlogen. Ich selbst hasse jedes dieser
Wesen unbeschreiblich.

Klaus-Michael Mallmann/Volker Rieß/Wolfram
Pyta (Hrsg.), Deutscher Osten 1939–1945. Der
Weltanschauungskrieg in Photos und Texten,
Darmstadt 2003, S. 25.

Q8 „Ich war nie Soldat, immer nur uniformiert"
Aus einem Brief eines deutschen Soldaten an seinen Vater aus Stalingrad:
Du bist mein Zeuge, dass ich mich immer gesträubt habe, weil ich Angst vor
dem Osten hatte, vor dem Kriege überhaupt. Ich war nie Soldat, immer nur
5 uniformiert. Was habe ich davon? Was
haben die anderen davon, die sich nicht
gesträubt haben und keine Angst hatten? (…) Der Tod muss immer heroisch
sein, begeisternd, mitreißend, für eine
10 große Sache und aus Überzeugung.
Und was ist es in Wirklichkeit hier?
Ein Verrecken, Verhungern, Erfrieren,
nichts weiter wie eine biologische Tatsache, wie Essen und Trinken. Sie fal-
15 len wie die Fliegen und keiner kümmert
sich darum und begräbt sie. Ohne Arme
und Beine und ohne Augen, mit zerris-

senen Bäuchen liegen sie überall. Man
sollte davon einen Film drehen, um den
20 „schönsten Tod der Welt" unmöglich zu
machen.

Letzte Briefe aus Stalingrad, Frankfurt am Main
und Heidelberg 1950, S. 21.

Q9 „Weder Haß noch Mitleid"
Aus einem Interview mit Ewgenia Pet-
rowa aus den 1990er-Jahren:
Ich wurde 1932 in Stalingrad geboren.
Zur Zeit der Stalingrader Schlacht war
ich 10 Jahre alt. (…) Ich hatte immer
Hunger. So wie mir erging es vielen
5 Kindern. Wir verkrochen uns in irgendeinem Keller eines Hauses, das schon
zur Ruine zerbombt war, und meine
Mutter wollte uns nicht mehr weglassen. Irgendjemand gab uns immer et-
10 was zu essen und ich erinnere mich
genau, wie wir Kinder aus Rache den
deutschen Soldaten zuriefen: „Hitler
kaputt, Hitler kaputt". Einige von ihnen
lachten, andere schlugen uns, wieder
15 andere schossen auf uns und erschossen immer wieder Kinder daraufhin.
Dann kam die Kapitulation von Paulus
(Oberbefehlshaber der in Stalingrad
eingekesselten 6. Armee), und jetzt war
20 alles umgekehrt. Ich sah, wie sie abge-
führt wurden, auf die Todesmärsche
gingen, wie sie elend waren, erschöpft,
hungrig, frierend und sterbenskrank.
Ich hatte überhaupt kein Gefühl für sie,
25 weder Haß noch Mitleid. Ich habe sie
teilnahmslos angeschaut. Einige hielten sich nach der Kapitulation noch ein
paar Tage in Kellern auf, bis sie verhungerten oder ihren Verwundungen erla-
30 gen.

Rosemarie Papadopoulos-Killius, „Ich wollte mithelfen, den Krieg zu töten". Russische Frauen erleben den Krieg, in: Praxis Geschichte 2/1999,
S. 43.

1. Erläutere, welches Ziel die Nationalsozialisten mit den Richtlinien zur
Behandlung „Fremdvölkischer" verfolgten (Q2).

2. Erkläre, warum der „Kriegsgerichts-
barkeitserlass" und der „Kommissar-
befehl" gegen geltendes Kriegsvölker-
recht verstießen (Q3, Q5).

3. Arbeite die Einstellungen, die in den
Briefen der beiden Soldaten an ihre
Eltern zum Ausdruck kommen, heraus
und bewerte diese (Q7, Q8).

4. Stelle wichtige Erfahrungen und
Erinnerungen zusammen, die russi-
sche Kinder mit Stalingrad verbinden
(Q9).

1933

1945

Shoa – der Völkermord an den Juden

Ab 1933 wurden in Deutschland Juden diskriminiert, schikaniert, entrechtet, enteignet, verfolgt und in Konzentrationslager gesperrt, wo viele ums Leben kamen. Mit Beginn des Zweiten Weltkrieges begann der fabrikmäßig organisierte Massenmord an Millionen europäischen Juden. Wie wurde das möglich und was wusste die deutsche Bevölkerung von diesem Verbrechen?

A: Begründe, warum die Vernichtung der europäischen Juden ein Verbrechen ohne ein vergleichbares Beispiel in der Geschichte darstellt.

Getto
Abgegrenzter Wohnbezirk für Teile der Bevölkerung, insbesondere für Juden. Das NS-Regime verbot den Juden, die Gettos ohne Genehmigung zu verlassen. Für Nichtjuden war das Betreten der Gettos nicht gestattet.

Menschenjagd in Europa

Nach Kriegsbeginn wurden in Deutschland die antijüdischen Maßnahmen nochmals verschärft. So wurden 1941 Juden z. B. verpflichtet, den Judenstern zu tragen. Das NS-Regime verbot ihnen nun auch die Auswanderung. In den besetzten Ostgebieten wurden weite Teile der jüdischen Bevölkerung in Gettos (z. B. in Krakau, Lemberg, Lodz, Lublin, Warschau) zwangsumgesiedelt. Ab 1941 wurden immer mehr Juden aus dem Reich und den anderen besetzten Ländern mit Viehwaggons dorthin deportiert. In den überfüllten Gettos waren sie – von der Außenwelt abgeschottet – unter extrem beengten Wohnverhältnissen bei einer katastrophalen Versorgungslage und entsetzlichen hygienischen Bedingungen dem Terror der SS ausgesetzt. Im Warschauer Getto, dem größten Europas, entschlossen sich jüdische Widerstandsgruppen 1943 zum militärischen Widerstand. Der Aufstand wurde jedoch niedergeschlagen und die SS nahm grausame Rache. Schon beim Überfall auf Polen folgten SS- und Polizeigruppen den vorrückenden Wehrmachtsverbänden und ermordeten Juden zu Tausenden. Mit dem Angriff auf die Sowjetunion nahmen die Massenerschießungen systematischen Charakter an. Eines dieser Massaker verübten SS-Sonderkommandos in Babi Jar, einer Schlucht am Stadtrand von Kiew: Sie erschossen dort am 29. und 30. September 1941 33771 Juden.

Die Wannseekonferenz

Bereits im Sommer 1941 begannen die Nationalsozialisten, die sogenannte „Endlösung der Judenfrage", d. h. die systematische Vernichtung aller Juden, zu planen. Am 20. Januar 1942 fand am Berliner Wannsee eine Besprechung statt, an der 15 Spitzenbeamte der Regierung und der SS teilnahmen. Sie diente dem Zweck, über die geplanten Maßnahmen zu unterrichten und eine reibungslose Zusammenarbeit der daran zu beteiligenden Dienststellen sicherzustellen. Das betraf die Errichtung weiterer Vernichtungslager und deren Ausstattung mit Gaskammern und Öfen zur Verbrennung der Leichen ebenso wie den Transport in die Lager. Besonders Auschwitz, aber auch Treblinka, Bełżec, Sobibór und Majdanek wurden so zu Synonymen für die fabrikmäßig organisierten Massenmorde.

Q1 Deportation Würzburger Juden
Foto, Oktober 1942
Jüdische Einwohner werden von einer Sammelstelle durch die Stadt zum Bahnhof geführt.

B: Setze dich anhand des Fotos mit der Behauptung vieler Deutscher auseinander, sie hätten vom Holocaust nichts gewusst. Nimm auch den Text zu Hilfe.

Map labels:

Schweden
Dänemark
Litauen
Kaunas
Sowjet-
Nordsee
Ostsee
Düna
Memel
70/130
Maly Trostinec
104
750/2200
Groß-
britannien
Stutthof
Neuengamme
Ravensbrück
Treblinka
Niederlande
104
Sachsenhausen
Kulmhof (Chelmno)
Warschau
2350/2600
Bergen-Belsen
P o l e n
Herzogenbusch
Lodz
Sobibor
Belgien
25/28
Niederhagen (Wewelsburg)
Mittelbau-Dora (Nordhsn.)
Groß Rosen
Lublin-Majdanek
u n i o n
Lux.
1
Buchenwald (Weimar)
160/180
Theresienstadt
Belzec
Krakau
Auschwitz-Birkenau
Dnepr
Flossenbürg
Böhmen-Mähren
Struthof (Natzweiler)
233/243
Slowakei
Dnestr
Frankreich
60/75
Dachau
Mauthausen
Donau
Ungarn
180/200
Schweiz
Österreich
58/60
Theiß
R u m ä n i e n
200/270
I t a l i e n
Po
K r o a t i e n
55/60
Serbien
Donau
Schwarzes Meer
Adria
8,5/9,5
Mont.
B u l g a r i e n
Albanien
M i t t e l m e e r
Griechenland
57/60
Türkei
Rhône
Seine
Rhein
Elbe
Oder
Weichsel
Weichsel
N o r d s e e

Legend:

Deutschland 1937

besetzte und angegliederte Gebiete:
1938
1939
1940–1942
Generalgouvernement

weitere besetzte Territorien und Staaten:
bis 1942

mit Deutschland verbündete Staaten

neutrale Staaten

Staatsgrenze

▲ KZ-Hauptlager
● angegliedertes Außenlager (Auswahl)
■ Vernichtungslager
□ „Sondergetto"

233/243
(Mindest-/Höchstzahl)
Zahl der ermordeten Juden (in Tausend)

0 ——— 500 km

D1 Konzentrationslager und die Herkunftsländer der ermordeten Juden

C: Stelle fest, wo die Konzentrations- und Vernichtungslager lagen und suche Begründungen dafür. Kommentiere die Opferzahlen. Vermute, wie die Schwankungen zustande kommen.

Auschwitz – Vernichtung durch Arbeit und Todesfabrik

Auschwitz wurde die größte der „Todesfabriken". Hier lebten zeitweise über 100 000 Häftlinge, zum größten Teil Juden. Deutsche Unternehmen wie Siemens, der IG-Farben-Konzern oder Krupp bauten dort Zweigniederlassungen, in denen die Häftlinge Zwangsarbeit leisten mussten. Hier wurde systematisch eine „Vernichtung durch Arbeit" betrieben. Gleich nach der Ankunft in Auschwitz führte die SS „Selektionen", d. h. eine Auswahl unter den eingelieferten Häftlingen, durch. Die meisten wurden sofort in die Gaskammern geschickt, ein kleiner Teil zur Zwangsarbeit oder für verbrecherische medizinische Experimente und Forschungen bestimmt.

Insgesamt wurden etwa sechs Millionen Juden und eine halbe Million Sinti und Roma systematisch ermordet. Für dieses einzigartige Verbrechen haben sich die Bezeichnungen Shoa und Holocaust durchgesetzt.

Von allem nichts gewusst?

„Das haben wir nicht gewusst", behaupteten die meisten Deutschen nach dem Ende des Nationalsozialismus über den Völkermord an den Juden. Auch wenn sich die Nationalsozialisten um strikte Geheimhaltung der Verbrechen bemühten, so gab es einerseits viele Beteiligte daran: Ingenieure, die für die Errichtung der Lager zuständig waren, Bahnbedienstete, die die Transporte organisierten, Wissenschaftler, die von den Menschenexperimenten wussten, das Wachpersonal in den Vernichtungslagern usw. Andererseits fanden die Verfolgungen in aller Öffentlichkeit statt.

Shoa/Holocaust

Shoa kommt aus dem Hebräischen und bedeutet „plötzlicher Untergang" oder „Verderben". Holocaust geht auf das griechische Wort „holokautoma" zurück, das so viel wie „Brandopfer", „vollständig Verbranntes" bedeutet.

1933   1945

Q2 Umgang mit konvertierten Juden

Auszug aus der Erklärung vom 17. Dezember 1941 über die Stellung evangelischer Juden (unterschrieben von den Landesbischöfen bzw. Landeskirchenpräsidenten von Sachsen, Anhalt, Thüringen, Hessen, Mecklenburg, Schleswig-Holstein und Lübeck):

(…) Von der Kreuzigung Christi bis zum heutigen Tage haben die Juden das Christentum bekämpft oder zur Erreichung ihrer eigennützigen Ziele
5 missbraucht oder verfälscht. Durch die christliche Taufe wird an der rassischen Eigenart des Juden, seiner Volkszugehörigkeit und seinem biologischen Sein nichts geändert. Eine deutsche
10 evangelische Kirche hat das religiöse Leben deutscher Volksgenossen zu pflegen und zu fördern. Rassejüdische Christen haben in ihr keinen Raum und kein Recht.

Gerhard Czermak, Christen gegen Juden. Geschichte einer Verfolgung. Von der Antike bis zum Holocaust, von 1945 bis heute, Reinbek 1997, S. 338 f.

Q3 „... wird Europa von Westen nach Osten durchkämmt"

Aus dem Protokoll der „Wannseekonferenz" vom 20. Januar 1942:

III. An Stelle der Auswanderung ist nunmehr als weitere Lösungsmöglichkeit nach entsprechender vorheriger Genehmigung durch den Führer die Eva-
5 kuierung der Juden nach dem Osten getreten. (…) Unter entsprechender Leitung sollen im Zuge der Endlösung die Juden in geeigneter Weise im Osten zum Arbeitseinsatz kommen. In gro-
10 ßen Arbeitskolonnen, unter Trennung der Geschlechter, werden die arbeitsfähigen Juden straßenbauend in diese Gebiete geführt, wobei zweifellos ein

Großteil durch natürliche Vermin-
15 derung ausfallen wird. Der allfällig endlich verbleibende Restbestand wird, da es sich bei diesen zweifellos um den widerstandsfähigsten Teil handelt, ent-
5 sprechend behandelt werden müssen,
20 da dieser, eine natürliche Auslese darstellend, bei Freilassung als Keimzelle eines neuen jüdischen Aufbaues anzusprechen ist. (…) Im Zuge der prak-
10 tischen Durchführung der Endlösung
25 wird Europa von Westen nach Osten durchkämmt.

Walther Hofer, Der Nationalsozialismus, Frankfurt am Main 1993, S. 304.

Q5 Augenzeugenbericht zu den Massenmorden

Kurt Gerstein trat 1933 der NSDAP bei,
1936 wurde er wegen seiner Aktivitäten im Rahmen der Bekennenden Kirche ausgeschlossen, zweimal war er kurzfristig inhaftiert. 1941 trat er der Waffen-
SS bei; er war u. a. mit der Beschaffung
25 von Giftstoffen für die Vernichtungslager beauftragt. Mündlich informierte er bereits während des Krieges über den nationalsozialistischen Massenmord, in französischer Kriegsgefan-
30 genschaft verfasste er kurz vor seiner Selbsttötung einen Augenzeugenbericht. Hierin heißt es (Auszug):

Am anderen Morgen um kurz vor sieben Uhr kündigt man mir an: In zehn Minuten kommt der erste Transport! Tatsächlich kam nach einigen Minu-
5 ten der erste Zug von Lemberg aus an. 45 Waggons mit 6700 Menschen, von denen 1450 schon tot waren bei ihrer Ankunft. Hinter den vergitterten Luken schauten, entsetzlich bleich und ängst-
10 lich, Kinder durch, die Augen voll Todesangst, ferner Männer und Frauen. Der Zug fährt ein: 200 Ukrainer reißen die Türen auf und peitschen die Leute mit ihren Lederpeitschen aus den Waggons
15 heraus.

Ein großer Lautsprecher gibt die weiteren Anweisungen: Sich ganz ausziehen, auch Prothesen, Brillen usw. Die Wertsachen am Schalter abgeben,
20 ohne Bons oder Quittung. Die Schuhe sorgfältig zusammenbinden (wegen der Spinnstoffsammlung), denn in dem Haufen von reichlich 25 Meter Höhe hätte sonst niemand die zugehörigen
25 Schuhe wieder zusammenfinden können. Dann die Frauen und jungen Mädchen zum Friseur, der mit zwei, drei Scherenschlägen die ganzen Haare abschneidet und sie in Kartoffelsäcken
30 verschwinden lässt. „Das ist für irgendwelche Spezialzwecke für die U-Boote bestimmt, für Dichtungen oder dergleichen!" (…)

Q4 Selektion ungarischer Juden auf der Verladerampe des Vernichtungslagers Auschwitz

Foto, Juni 1944

✎ D: Dieses Foto ging um die Welt und wurde und wird immer wieder veröffentlicht. Begründe, warum das so ist.

Dann setzt sich der Zug der Menschen
35 in Bewegung. (…) Sie kommen herauf,
zögern, treten ein in die Todeskam-
mern! – An der Ecke steht ein starker
SS-Mann, der mit pastoraler Stimme zu
den Armen sagt: Es passiert euch nicht
40 das Geringste! Ihr müsst nur in den
Kammern tief Atem holen, das weitet
die Lungen, diese Inhalation ist notwendig wegen der Krankheiten und
Seuchen. Auf die Frage, was mit ih-
45 nen geschehen würde, antwortet er:
Ja natürlich, die Männer müssen arbeiten, Häuser und Chausseen bauen,
aber die Frauen brauchen nicht zu arbeiten. Nur wenn sie wollen, können sie
50 im Haushalt oder in der Küche mithelfen. – Für einige von diesen Armen ein
kleiner Hoffnungsschimmer, der aus-
reicht, dass sie ohne Widerstand die
paar Schritte zu den Kammern gehen –
55 die Mehrzahl weiß Bescheid, der Ge-
ruch kündet ihnen ihr Los! – So steigen
sie die kleine Treppe herauf, und dann
sehen sie alles. Mütter mit Kindern an
der Brust, kleine nackte Kinder, Erwach-
60 sene, Männer und Frauen, alle nackt –
sie zögern, aber sie treten in die To-
deskammern, von den anderen hinter
ihnen vorgetrieben oder von den Lederpeitschen der SS getrieben.

Walther Hofer, Der Nationalsozialismus. Dokumente, Frankfurt am Main 1993, S. 308 f.

Q6 Traumatisierung

Piera Sonnino, Überlebende von Auschwitz, über ihre Reaktion, als alliierte
Helfer sie unmittelbar nach der Befreiung in ein Krankenhaus brachten (Auszug):

Zwei Männer mit einer Bahre kommen auf mich zu. Ich beginne wieder
zu schreien. Ich klammere mich an den
Strohsack, an die Laken. Ich bin nicht
5 krank, mir geht's bestens. Ich fühle

**Q7 Versteigerung des Hausrates de-
portierter jüdischer Bürger in Hanau**
Foto, 1942

E: Stell dir vor, eine der hier abgebildeten Personen würde sich damit
verteidigen, dass der Protest gegen die
Judenverfolgung gefährlich war. Was
würdest du darauf antworten?

mich stark. Noch nie habe ich so viel
Energie besessen. Um Himmels willen,
verschont mich. (…) Ich habe das Gefühl, wie ein wildes Tier um mein Leben
10 zu kämpfen, doch die beiden Männer
heben mich ohne jegliche Anstrengung
hoch und betten mich auf die Bahre. Ich
schreie weiter. Sämtliche Sinne sind in
höchster Alarmbereitschaft. Der Kran-
15 kenwagen braust dahin. Eine breite
Treppe. Eine kühle Hand auf der Stirn.
Ich schlage die Augen auf. Eine Krankenschwester steht über mich gebeugt
da.
20 „Wie geht es dir?", fragt sie auf Italienisch. Erneut packt mich Entsetzen. „Es

geht mir ausgezeichnet. Ich kann arbeiten. Lassen Sie mich aufstehen. Ich
gehe sofort zur Arbeit." Die Kranken-
25 schwester begreift nicht. Ich sehe ihr
Gesicht heute noch vor mir, ganz dicht
über meinem. „Ich habe dich gefragt,
wie es dir geht!" (…)
Die Krankenschwester beginnt zu spre-
30 chen. Jedes einzelne Wort bringt mich
langsam ins Leben zurück. „Heute ist
der 17. Mai", sagt sie. „Der Krieg ist aus,
seit neun Tagen. Du bist hier im Krankenhaus Altona, in Hamburg."

Piera Sonnino, Die Nacht von Auschwitz. Das
Schicksal einer italienischen Familie, Übers.:
Olaf Matthias Roth, Reinbek bei Hamburg 2006,
S. 100 ff.

---

1. Diskutiert die Folgen der kirchlichen
Erklärung für die Betroffenen (Q2).

2. Erkläre die Metapher „Todesfabrik"
(VT, Q4, Q5).

3. Stelle die verschleiernden Formu-
lierungen des Protokolls zur Wannsee-

konferenz zusammen. Erkläre und
kommentiere sie (Q3).

4. Begründe anhand des Augenzeu-
genberichts und des Bildes zur Selek-
tion, warum der Völkermord „fabrikmäßig organisiert" war (Q4, Q5).

5. Erkläre das Verhalten von Piera
Sonnino. Überlege, warum viele Überlebende der Konzentrationslager nicht
von ihren Erlebnissen erzählen konnten (Q6).

1933   1945

Euthanasie – ein „schöner Tod"?

Das planmäßige Töten machte selbst vor Kranken und Behinderten nicht halt. Wer war davon betroffen? Wie begründeten die Mörder ihr Handeln? Wie setzten sie ihre verbrecherischen Pläne um?

A: Ordne das Euthanasieprogramm in die Ideologie der Nationalsozialisten ein.

Euthanasie
„Euthanasia" ist ein griechisches Wort und bedeutet „leichter" oder „schöner Tod". Die Idee der Euthanasie ist sehr alt und wurde ursprünglich als Sterbehilfe aufgefasst, um unheilbaren Kranken das qualvolle Leiden und Sterben zu ersparen.

„Lebensunwertes Leben"
Geistig oder körperlich behinderte Menschen passten nicht in das Weltbild der Nationalsozialisten von der arisch reinrassigen, leistungsfähigen deutschen Volksgemeinschaft. Sie griffen deswegen die Idee der Euthanasie auf, um das in ihren Augen „lebensunwerte Leben" zu vernichten. Zwangssterilisationen, Abtreibungen und das Töten von behinderten Kindern bildeten den Anfang, das systematische Töten Erwachsener folgte. Patienten aus Heil- und Pflegeanstalten wurden in spezielle Einrichtungen verlegt. Dort wurden sie möglichst schnell ermordet, vor allem mit Kohlenmonoxyd vergast. Die Angehörigen wurden mit Totenscheinen getäuscht, in denen frei erfundene Todesursachen standen. Betroffen waren nicht nur Kranke und Behinderte, sondern bald auch arbeitsunfähige KZ-Insassen und Kriegsgefangene.
Noch heute ist erschreckend und nur schwer erklärlich, dass viele Ärzte und Pflegekräfte bereit waren, diese Tötungsaktion zu unterstützen.

Proteste gegen die Euthanasie
Doch es regte sich auch Widerstand. Beispielsweise weigerte sich der Leiter der Krankenanstalt Bethel in Bielefeld, Fritz von Bodelschwingh, die Meldebögen für den Abtransport auszufüllen. Auch Teile der Justiz und der Kirchen meldeten sich zu Wort. So prangerte im Sommer 1941 der Münsteraner Bischof von Galen in mehreren Predigten die „Euthanasie" kranker und behinderter Menschen an und drohte mit einer Anzeige wegen Mordes. Auch der Dompropst von Berlin, Bernhard Lichtenberg, und andere Kirchenvertreter protestierten. Hitler ließ daraufhin mit Rücksicht auf die Stimmung in der Bevölkerung das Programm im Herbst 1941 offiziell einstellen. Doch das Töten ging dezentral weiter. Durch die Überdosis von Medikamenten oder Verhungern fanden viele den Tod. Insgesamt fielen schätzungsweise 120 000 Menschen dem „Euthanasieprogramm" der Nationalsozialisten zum Opfer.

Q1 Propagandaplakat, ca. 1938
Mit diesem Plakat warben die Nationalsozialisten um die Zustimmung des Volkes für Massensterilisierungen.

B: Erläutere, welche Botschaft das Plakat im Rahmen der Kampagne gegen „lebensunwertes Leben" vermitteln sollte.

Qualitativer Bevölkerungsabstieg
bei zu schwacher Fortpflanzung der höherwertigen

| am Anfang | nach 30 Jahren | nach 60 Jahren | nach 90 Jahren | nach 120 Jahren |

So würde es kommen,
wenn Minderwertige 4 Kinder und höherwertige 2 Kinder haben.

Q2 Besucher in der Ausstellung „Erbgesund – Erbkrank" in Berlin 1934
Ausstellungen dieser Art wurden überall in Deutschland gezeigt.

✎ C: Ziehe aus dem Foto Schlussfolgerungen über die Wirkung der NS-Propaganda zur Frage der Euthanasie.

Q3 Kranke als Kostenfaktor
Aussage des Hadamarer Tötungsarztes Dr. Adolf Wahlmann vor dem Frankfurter Landgericht 1947:

Es ist für mich der Gedanke furchtbar, Leute, die nicht körperlich krank sind, die weiter keine Schmerzen haben, daß man die nun mit einer Spritze be-
5 seitigt. Ich habe immer auf dem Standpunkt gestanden, die Geisteskranken mit Liebe zu behandeln, und habe auch immer versucht, ihnen das Leben zu erleichtern. (…)
10 Für die Euthanasie? Dafür spricht eben, daß diese Menschen (vom) Leben gar nichts mehr haben. Und ich sagte schon: sie schlafen, essen, trinken, sind unrein, erschlagen zuweilen Kranke
15 (…). Und nun muß ich daran denken, diese Leute zu dezimieren, um diejenigen, die heilbar sind, in den Stand zu setzen, nun wirklich auch geheilt zu werden. (…)
20 Aber was die volkswirtschaftliche Seite anlangt, so habe ich gesagt: Wir haben etwa 200 000 derartige Kranke, und wenn ich 5 RM pro Tag rechne für einen Kranken, das sind dann 1 000 000 RM
25 pro Tag, die ohne weiteres ausgegeben werden. Und diese eine Million, meine Herren, ist jeden Tag verloren. (…)
In Wirklichkeit ist es so, daß ein großer Prozentsatz dieser Verwandten die
30 Beseitigung wünscht. Ich habe festgestellt, daß in Hadamar sehr, sehr viele Leute erleichtert aufgeatmet haben, als sie hörten, daß ihre Verwandte nicht mehr lebte. (…)
35 Was ich mir dabei gedacht habe? Zweifellos eines: ich hatte kein Bewußtsein darüber, daß ich überhaupt eine strafbare Handlung begehe, denn ich habe mir gesagt, wenn das eine Handlung ist,
40 die gegen das Gesetz ist, dann müßte doch der Staatsanwalt von Limburg mindestens mal herkommen und sich die Sache ansehen, aber die Staatsanwälte haben das ruhig angesehen, daß
45 wir unsere Tätigkeit dauernd ausübten.

Hessisches Hauptstaatsarchiv Wiesbaden Abt. 461/32061, Bd. 7, S. 9 ff., S. 30.

Q4 „Gnadentod"
Im Oktober 1939 erteilt Hitler, vordatiert auf den 1. September 1939, die Ermächtigung zur Tötung aller „unheilbar Kranken":

Reichsleiter Bouhler und Dr. med. Brandt sind unter Verantwortung beauftragt, die Befugnisse namentlich zu bestimmender Ärzte so zu erweitern,
5 daß nach menschlichem Ermessen unheilbar Kranken bei kritischster Beurteilung ihres Krankheitszustandes der Gnadentod gewährt werden kann.

Heinz Hürten (Hrsg.), Deutsche Geschichte in Quellen und Darstellung, Bd. 9, Stuttgart 1995, S. 339.

1. Versetze dich in die Rolle des Angehörigen eines Behinderten damals und verfasse aus seiner Sicht einen Kommentar zum Euthanasie-Programm der Nationalsozialisten.

2. Analysiere die Sprache von Hitlers Ermächtigung. Suche nach Gründen, warum er das Schreiben auf den 1. September 1939 vordatiert hatte (Q4).

3. Stelle die Begründungen zusammen, die der Tötungsarzt zur Rechtfertigung seines Handelns gibt, und nimm dazu Stellung (Q3).

1933   1945

Nicht alle Deutschen machten mit

Neben der massenhaften Zustimmung zum Nationalsozialismus gab es aber auch Widerstand in der deutschen Bevölkerung. Aus welchen Gründen entschlossen sich Menschen zum Widerstand, welche Formen nahm er an? Wer war daran beteiligt und unter welchen Bedingungen wurde Widerstand geleistet?

Bedingungen des Widerstands

Die Nationalsozialisten ließen von Anfang an keinen Zweifel daran, dass sie alle, die sich ihnen entgegenstellten, entschlossen verfolgen wollten. Jeder, der sich widerständig verhielt, ging ein hohes Risiko ein, von den staatlichen Sicherheitsorganen gefasst, in ein Konzentrationslager eingesperrt oder vor dem Volksgerichtshof angeklagt zu werden. Das Risiko war auch deshalb so hoch, weil viele bereit waren, ihre Nachbarn, Arbeitskollegen und Bekannten bei der Gestapo oder der SS zu denunzieren. Nicht zuletzt aus Angst vor Verfolgung, Terror und Tod entschlossen sich wohl auch nur wenige derer, die das NS-Regime ablehnten, zum Widerstand.

Motive und Formen des Widerstands

Die Gründe, warum sich Einzelne oder Gruppen widerständig verhielten, waren vielschichtg: Die einen lehnten das gesamte System des NS-Staates ab, andere waren mit der Verfolgung und Ermordung angeblich „rassisch Minderwertiger" oder anderer „Volksschädlinge" nicht einverstanden und wieder andere wollten sich einfach nicht vom totalitären Staat vereinnahmen lassen. In Militärkreisen kam im Zweiten Weltkrieg die Hoffnung hinzu, die drohende Niederlage noch abwenden zu können.

Widerständiges Verhalten zeigte sich in unterschiedlichen Formen: Man erzählte sich politische Witze, verweigerte den Hitler-Gruß, umging staatliche Anordnungen oder verzögerte am Arbeitsplatz die Ausführung von Dienstanweisungen. Es gab Menschen, die sich in geheimen Zirkeln trafen, gegen Maßnahmen des Regimes protestierten und sogar Flugblätter sowie Plakate verteilten. Andere versuchten, durch Sabotage dem Regime zu schaden, oder sie planten und verübten ein Attentat auf Hitler. Wieder andere halfen Zwangsarbeitern mit Lebensmitteln, versteckten Juden oder politisch Verfolgte.

Welche Gruppen beteiligten sich am Widerstand?

Am Widerstand beteiligt waren Menschen aus allen sozialen Schichten, aller politischen Richtungen und Konfessionen. Die größte Gruppe des Widerstands bildeten Kommunisten und Sozialdemokraten. Dass sie dem Regime wenig schaden konnten, hatte mehrere Gründe. Hierzu zählte u.a. die Spal-

✎ **A:** Ordne die verschiedenen Formen des Widerstands in das Schema D1 ein. Lege dar, ob du dabei Probleme siehst und wenn ja, warum.

D1 **Stufen abweichenden Verhaltens,** entwickelt von dem Historiker Detlef Peukert.

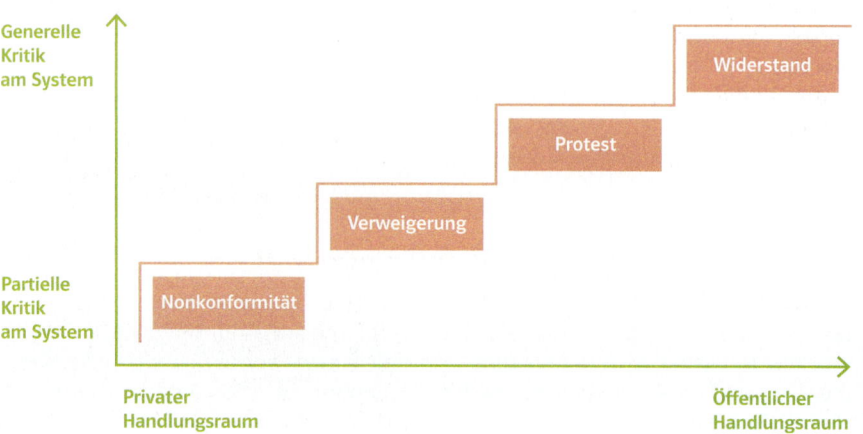

tung der Arbeiterbewegung. Aber auch die zahlreichen Verhaftungen erschwerten die Arbeit im Untergrund; offensichtlich hatten SPD und KPD die Durchsetzungsfähigkeit des Regimes unterschätzt.

Widerstand regte sich auch in beiden Kirchen. Als Institutionen konzentrierten sie sich allerdings vorrangig auf den Erhalt ihrer Glaubensfreiheit. Widerstand gegen die Judenverfolgung oder Euthanasie leisteten im Wesentlichen Einzelpersonen, so z. B. der katholische Bischof von Galen mit seinen Predigten gegen die „Euthanasie"-Morde. In der evangelischen Kirche teilten die „Deutschen Christen" die nationalsozialistische Ideologie. Gegen sie formierte sich 1934 die „Bekennende Kirche". Ihre führenden Repräsentanten waren Pfarrer Martin Niemöller und der Theologe Dietrich Bonhoeffer. Dieser bezahlte seinen Mut mit dem Leben. Wenngleich sich die Bekennende Kirche nicht als politische Opposition verstand und vorrangig für den Erhalt kirchlicher Freiheiten kämpfte, verwarf sie in einer Denkschrift von 1936 die „nationalsozialistische Weltanschauung" und prangerte die Existenz von Konzentrationslagern sowie den Terror der Gestapo an.

Auch Vertreter des Bürgertums und des Adels gründeten Widerstandskreise. Hierzu gehörte der „Kreisauer Kreis", der sich ab 1940 auf dem Gut des schlesischen Grafen Helmuth James von Moltke traf und Konzepte für ein politisch, wirtschaftlich und sozial neu gestaltetes Deutschland diskutierte.

Die „Weiße Rose" war eine studentische Widerstandsgruppe, die sich in München um die Geschwister Hans und Sophie Scholl zusammenfand. Ab 1942 riefen sie in Flugblättern zum Widerstand auf. Im Februar wurden die Geschwister Scholl und andere verhaftet und vom Volksgerichtshof zum Tode verurteilt.

Der 20. Juli 1944

Die NS-Herrschaft wirklich gefährden konnte nur das Militär. Aber von dieser Seite drohte dem Regime zunächst keine Gefahr. Lediglich sehr wenige besonnene Offiziere und Generale wie Ludwig Beck warnten bereits 1937/38 vor einem Krieg. Erst nachdem abzusehen war, dass Deutschland den Krieg verlieren würde, formierte sich auch unter Offizieren Widerstand. Sie hofften, einen Verständigungsfrieden mit den Kriegsgegnern abschließen zu können. 1944 bereitete eine Gruppe um Oberst Claus Graf Schenk von Stauffenberg einen Staatsstreich und ein Attentat auf Hitler vor. Sie hatte Kontakt zu anderen Widerstandsgruppen. Stauffenberg wollte das Attentat selbst ausführen, denn er zählte zu den wenigen, die im letzten Kriegsjahr noch direkten Zugang zu Hitler hatten. Bei einer Besprechung im Führerhauptquartier in Ostpreußen platzierte er eine Aktentasche mit einer Zeitzünderbombe in Hitlers Nähe und verließ kurz darauf den Raum. Als die Bombe wenig später detonierte, überlebte Hitler verletzt. Graf Stauffenberg und seine Mitverschwörer wurden verhaftet und erschossen. Neben 180 bis 200 unmittelbar beteiligten Personen wurden bis Kriegsende noch zwischen 4000 und 5000 mittelbar Beteiligte und willkürlich Verhaftete vom Volksgerichtshof zum Tode verurteilt.

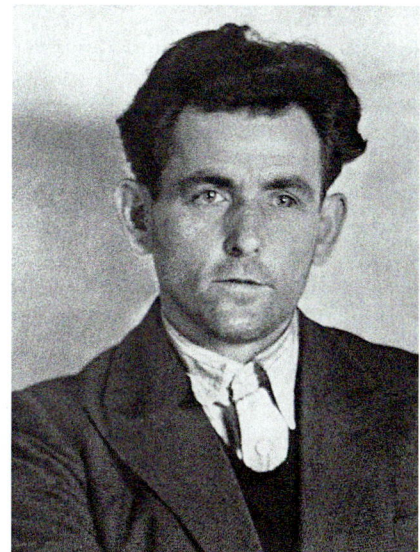

Q1 Johann Georg Elser (1903–1945)
Elser verübte im November 1939 im Münchener Bürgerbräukeller ein Attentat auf Hitler. Der entging dem Anschlag, weil die Bombe erst gezündet wurde, nachdem Hitler das Lokal verlassen hatte. Acht Menschen starben, dreiundsechzig wurden verletzt.

B: Recherchiert in Arbeitsgruppen die Motive Elsers und die Darstellung des Attentats in der damaligen Presse. Diskutiert in der Klasse, wie Elsers Attentat in der Bevölkerung wohl aufgenommen wurde.

Q2 Der Sozialdemokrat Julius Leber im Oktober 1944 vor dem Volksgerichtshof

C: Recherchiere über das Leben Lebers und trage die Ergebnisse in der Klasse vor.

1933   1945

Q3 „Wir verwerfen …"

Aus der Gründungsverlautbarung, der sogenannten „Barmer Erklärung" der Bekennenden Kirche vom 31. Mai 1934:

Wir bekennen uns angesichts der die Kirche verwüstenden und damit auch die Einheit der Deutschen Evangelischen Kirche sprengenden Irrtümer
5 der „Deutschen Christen" und der gegenwärtigen Reichskirchenregierung zu folgenden evangelischen Wahrheiten: (…)

Wir verwerfen die falsche Lehre, als
10 gäbe es Bereiche unseres Lebens, in denen wir nicht Jesus Christus, sondern anderen Herrn zu eigen wären, Bereiche, in denen wir nicht der Rechtfertigung und Heilung durch ihn bedürfen.
15 (…)

Wir verwerfen die falsche Lehre, als dürfe die Kirche die Gestalt der Botschaft und ihrer Ordnungen ihrem Belieben oder dem Wechsel der jeweils
20 herrschenden weltanschaulichen und politischen Überzeugungen überlassen. (…)

Wir verwerfen die falsche Lehre, als könne und dürfe sich die Kirche (…)
25 besondere, mit Herrschaftsbefugnissen ausgestattete Führer geben oder geben lassen. (…)

Wir verwerfen die falsche Lehre, als solle und könne der Staat über seinen
30 besondern Auftrag hinaus die einzige und totale Ordnung menschlichen Lebens werden und also auch die Bestimmung der Kirche erfüllen. Wir verwerfen die falsche Lehre, als solle und könne
35 sich die Kirche über ihren besonderen Auftrag hinaus staatliche Art, staatliche Aufgaben und staatliche Würde aneignen und damit selbst zu einem Organ des Staates werden. (…)
40 Wir verwerfen die falsche Lehre, als könne die Kirche in menschlicher Selbstherrlichkeit das Wort und Werk des Herrn in den Dienst irgendwelcher eigenmächtig gewählter Wünsche,
45 Zwecke und Pläne stellen.

Kurt D. Schmidt (Hrsg.), Die Bekenntnisse und grundsätzlichen Äußerungen zur Kirchenfrage, Bd. 2, Göttingen 1935, S. 92 f.

Q5 Schweigsamkeit und Disziplin

Aus den Anweisungen für das Verhalten im Widerstand der Gruppe „Sozialistische Aktion" im Mai 1936:

2. Die erste Voraussetzung für eine erfolgreiche illegale politische Arbeit ist das Bekenntnis zu vorbehaltloser Schweigsamkeit und bedingungsloser
5 Disziplin in jeder Situation. (…)

3. (…) Wer deine Gepflogenheiten kennt, ist Dein Feind. Wenn Du über Deine Gewohnheiten befragt wirst, so gib Deinem Nachbarn eine eindeutige,
10 bestimmt glaubwürdige und logische Erklärung Deines Handelns. Du machst Dich auch verdächtig, wenn Du Dich demonstrativ vom Volksgemeinschaftsrummel fernhältst. Besuche die Veran-
15 staltungen im Betrieb, im Haus und in den NS-Organisationen, wenn es Dir angetragen wird. (…)

4. Kontrolliere ständig Deine Wohnung. Gewöhne Dich an den Gedanken, dass
20 es kein Versteck gibt, das man nicht findet.

5. Mache keine schriftlichen Aufzeichnungen (…). Sie können der Grundstock der Anklageschrift gegen Dich
25 sein. Es darf in Deiner Wohnung auch keine politische Betätigung geben.

6. Wenn Du Deine Wohnung verlässt, um Dich mit Genossen zu treffen, dann beobachte scharf, ob Du verfolgt wirst.
30 7. Deine Treffpunkte dürfen nicht wiederholt werden. Der illegale politische Kampf und die konspirative Arbeit gestatten keine örtlichen Bindungen. Es gibt auch keine Stammtische von akti-
35 ven Genossen.

8. Allen Genossen gegenüber, auch wenn sie Dir lange bekannt sind, sei anonym. Wer Deine Adresse fordert, ist unsauber. Die Organisation braucht
40 Deine Adresse nicht.

9. Achte darauf, daß Du nicht fotografiert wirst. Verschenke keine Fotographien: Sie sind immer das Hauptstück zu Deinem Steckbrief.
45 10. In der Öffentlichkeit übersieh Deine Genossen. Es gibt keine Versammlung. Zusammenkünfte von mehr als höchstens 4 Personen fallen auf. Treffe Dich nicht zweimal oder gar anschließend
50 nach einer Verabredung im gleichen Lokal wieder. (…)

11. Politische Reden im Lokal, am Telephon (das Du am besten gar nicht benutzt) oder in Deinen Briefen sind strikt
55 zu vermeiden.

Wolfgang Lautemann/Manfred Schlenke (Hrsg.), Geschichte in Quellen, Bd. 5, München 1979, S. 345 f.

Q4 Beim Stapellauf eines Schulschiffes in einer Hamburger Werft, 1936

Der mit Pfeil gekennzeichnete Arbeiter ist August Landmesser.

✎ D: Finde heraus, welche Form des Protests Landmesser hier wählte. Bereite mithilfe von Internetrecherchen einen Schülervortrag über ihn und seine Familie vor.

Q6 Arvid Harnack (1901–1942)

Harnack war einer der führenden Köpfe der Widerstandsorganisation „Rote Kapelle".

✏ E: Informiere dich über die „Rote Kapelle" und berichte darüber.

Q7 Mitglieder der Widerstandsgruppe „Weiße Rose"

Juni 1942

Verabschiedung der Studenten, die als Sanitäter an die Ostfront abkommandiert wurden; vordere Gruppe von links: Hubert Furtwängler, Hans Scholl, Hans Naumann, Alexander Schmorell, hinten: Sophie Scholl

✏ F: Lege dar, welchen Eindruck die Studentengruppe auf dem Foto macht. Vermute, was die Gruppe in einem unbeobachtetem Moment besprochen haben könnte. Nimm auch den Text des Flugblattes zu Hilfe.

Q8 „Aufruf an alle Deutschen"

Aus einem Flugblatt der „Weißen Rose" von 1942:

Der Krieg geht seinem sicheren Ende entgegen (…) Die Rüstung Amerikas hat ihren Höhepunkt noch nicht erreicht, aber heute schon übertrifft sie al-
5 les in der Geschichte Dagewesene. Mit mathematischer Sicherheit führt Hitler das deutsche Volk in den Abgrund (…)
Seine und seiner Helfer Schuld hat jedes Maß unendlich überschritten. Was
10 aber tut das deutsche Volk? Es sieht nicht und hört nicht. Blindlings folgt es seinen Verführern ins Verderben (…) Deutsche! Wollt ihr mit dem gleichen Maß gemessen werden wie eure Ver-
15 führer? Sollen wir auf ewig das von aller Welt gehaßte und ausgestoßene Volk sein? Nein! Darum trennt euch
von dem nationalsozialistischen Untermenschentum. Beweist durch eure Tat,
20 daß ihr anders denkt! (…) Zerreißt den Mantel der Gleichgültigkeit, den ihr um euer Herz gelegt. Entscheidet euch, ehe es zu spät ist.

Walther Hofer (Hrsg.), Der Nationalsozialismus. Dokumente 1933–1945. Frankfurt am Main 1993, S. 327 f.

---

1. Erläutere, wogegen sich die „Bekennende Kirche" wendet (Q3). Berücksichtige auch Q2 auf S. 152.

2. Erläutere die Anweisungen der „Sozialistischen Aktion" für die Arbeit im Untergrund. Auf welche Fehler in der illegalen Arbeit kann man aus dem Text schließen (Q5)?

3. Arbeite heraus, wie die Mitglieder der „Weißen Rose" die Notwendigkeit des Widerstands begründen (Q8).

4. Informiere dich über die Biografien der Geschwister Scholl.

5. Im Zweiten Weltkrieg desertierten etwa 40 000 deutsche Soldaten, etwa 14 500 wurden hingerichtet. Diskutiert, ob Desertion als „Widerstand" zu bewerten ist oder als „Feigheit".

6. Informiere dich, ob und wie in deinem Wohn- oder Schulort an den Widerstand gegen das NS-Regime erinnert wird. Stelle das Ergebnis deiner Klasse vor.

1933   1945

Die Wende und das Ende des Zweiten Weltkrieges

Nach den anfänglichen schnellen Siegen der Deutschen zeichnete sich ab 1943 eine Wende des Krieges ab. Wie reagierten die Nationalsozialisten darauf? Welche Auswirkungen hatte das für die deutsche Bevölkerung? Wie erlebten die Menschen das Kriegsende?

✎ A: Gestalte eine Zeitleiste zum Verlauf des Zweiten Weltkrieges. Beziehe auch die Ergebnisse von Aufgabe A auf S. 146 mit ein.

Anti-Hitler-Koalition
Bezeichnung für die 1941–1945 verbündeten Gegner des nationalsozialistischen Deutschlands, vor allem die „Großen Drei" Großbritannien, USA und UdSSR

Volkssturm
Ein Erlass Hitlers vom 25. September 1944 verpflichtete alle bisher nicht eingezogenen Männer zwischen 16 und 60 Jahren zur Verteidigung des „Heimatbodens". Die zumeist noch jugendlichen und älteren Männer waren kaum ausgebildet und militärisch völlig unerfahren.

Aufruf zum „totalen Krieg"

Nach der Niederlage in Stalingrad gerieten die deutschen Truppen endgültig in die Defensive. Im Mai 1943 kapitulierte das deutsche Afrikakorps, im Juli landeten die Alliierten auf Sizilien, Mussolini wurde gestürzt, der deutsche U-Boot-Krieg im Atlantik scheiterte, alliierte Flugzeuge bombardierten verstärkt deutsche Städte. Im Oktober 1943 sicherten die westlichen Alliierten der Anti-Hitler-Koalition der UdSSR die Errichtung einer zweiten Front in der Normandie und Südfrankreich zu, die mit der sowjetischen Offensive koordiniert werden sollte. Bereits Anfang des Jahres hatten die USA und Großbritannien ihre Forderung nach der bedingungslosen Kapitulation der Achsenmächte (Deutschland, Italien und Japan) bekannt gegeben. Goebbels rief daraufhin die Deutschen am 18. Februar 1943 zum „totalen Krieg" auf. Das bedeutete, dass nun das gesamte Leben auf Krieg ausgerichtet werden sollte. Waren des täglichen Bedarfs und Lebensmittel konnten nur noch mit Bezugsscheinen gekauft werden. In vielen Betrieben wurde die Arbeitszeit auf zehn bis zwölf Stunden an sechs Tagen wöchentlich erhöht. Frauen arbeiteten bereits seit Jahren in Fabriken und Rüstungsbetrieben. Ihre Zahl erhöhte sich während des Krieges nur unwesentlich. Immer mehr Zwangsarbeiter – davon etwa ein Drittel Frauen – und Häftlinge aus Konzentrationslagern wurden in der deutschen Industrie und Landwirtschaft eingesetzt. An höheren Schulen wurde das Abitur vorverlegt, um Schüler an Flugabwehrkanonen (Flak) oder an die Front abkommandieren zu können. 1944 wurde der sogenannte Volkssturm gebildet.

Allliierte Lufthoheit

Die deutsche Bevölkerung, vor allem in den größeren Städten, lebte in ständiger Angst vor amerikanischen und britischen Luftangriffen. Deren Ziele waren zum einen kriegswichtige Anlagen und Infrastruktur, um die deutsche Rüstungsproduktion zu schädigen und Nachschubwege zu zerstören. Zum anderen trafen die Angriffe immer häufiger Wohngebiete. Damit sollte die Bevölkerung demoralisiert und der Widerstand gegen den Krieg angefacht werden. Die Bombardierungen forderten über 500 000 Todesopfer. Zahlreiche Städte wie Berlin, Köln, Essen, Hamburg, Frankfurt am Main, Dresden oder Mannheim wurden zu weiten Teilen zerstört. Ihre Ziele erreichten die Alliierten nur bedingt. Wenn auch große Teile der deutschen Bevölkerung mittlerweile nicht mehr an einen Sieg glaubten, rebellierten sie nicht gegen das Regime.

Q1 Bevölkerung im Luftschutzkeller während eines Bombenangriffs
Foto, 17. Juli 1943

✎ B: Versetze dich in eine der dargestellten Personen. Beschreibe, was du denkst und fühlst.

Das Kriegsende in Europa

Am 6. Juni 1944 landeten amerikanische und englische Truppen in der Normandie. Einige deutsche Generale rieten zu Waffenstillstandsverhandlungen, aber Hitler wies solche Vorschläge brüsk zurück. Schon in den Jahren zuvor hatte er erklärt, das deutsche Volk solle untergehen, wenn es nicht bereit und fähig zur Selbsterhaltung wäre. Somit richtete sich jetzt sein Vernichtungswille zunehmend gegen das eigene Volk.

Im Frühjahr 1945 setzten britische und amerikanische Truppen über den Rhein. Im Osten rückten sowjetische Truppen vor. Millionen Deutsche flohen vor dieser Front in den Westen. Vielerorts wurde erbittert Widerstand geleistet, auch von Angehörigen des Volkssturms. Am 25. April trafen alliierte sowjetische und amerikanische Truppen bei Torgau an der Elbe zusammen. Ebenfalls im April eroberte die sowjetische Armee Berlin. Hitler beging am 30. April Selbstmord und am 8. Mai 1945 kapitulierte Deutschland bedingungslos.

Niederlage oder Befreiung?

Rund 11 Millionen deutsche Soldaten kamen in Kriegsgefangenschaft, Millionen Menschen hatten Angehörige verloren, Millionen waren auf der Flucht. Für die meisten Menschen in den von Deutschland besetzten Ländern, für die Zwangsarbeiter, die Überlebenden der Konzentrations- und Vernichtungslager war der Sieg der Alliierten eine Befreiung. Die meisten Deutschen hingegen empfanden das Kriegsende als Niederlage und nicht als Befreiung vom Nationalsozialismus. Das eigene Elend bot zudem Anlass, Fragen nach einer Mitschuld und Mitverantwortung für die ungeheuerlichen Verbrechen zu verdrängen oder gar nicht erst aufkommen zu lassen.

Kriegsende im fernen Osten

1944 hatten die USA die japanische Flotte vernichtend geschlagen. Dennoch gingen die Kämpfe weiter. Nachdem die japanische Regierung die ultimative Forderung des amerikanischen Präsidenten Harry S. Truman nach bedingungsloser Kapitulation Ende Juli 1945 zurückgewiesen hatte, setzte die amerikanische Regierung eine neue und schreckliche Waffe ein, um den Krieg zu beenden: Am 6. August explodierte eine Atombombe über Hiroshima und zwei Tage später eine zweite über Nagasaki. Weit über 100 000 Menschen waren sofort tot, Tausende starben in den folgenden Jahrzehnten an der Strahlenkrankheit oder brachten missgebildete Kinder zur Welt. Die beiden Städte wurden fast völlig zerstört. Am 2. September kapitulierte Japan bedingungslos.

Q2 Überlebende des Atombombenabwurfs auf Hiroshima
Foto, 6. August 1945

Die Bilanz des Krieges

Der Zweite Weltkrieg kostete schätzungsweise 55 Millionen Menschen das Leben. Allein die Sowjetunion hatte ungefähr 27 Millionen Tote zu beklagen, darunter mehr als 14 Millionen Zivilisten. China zählte 13,5 Millionen Tote, davon 10 Millionen Zivilisten. Über drei Millionen deutsche Soldaten fielen und mehr als zwei Millionen deutsche Zivilisten kamen um. Etwa sechs Millionen Menschen starben als Opfer der nationalsozialistischen Rassenpolitik. Ungezählte Menschen litten zeitlebens an den Folgen ihrer Verwundungen.

C: Verfasse einen Zeitungsbericht aus der Sicht eines Japaners, der in Hiroshima den Abwurder Atombombe überlebte. Berücksichtige die Informationen zum Eroberungskrieg Japans (S. 147).

1933   1945

Q3 „Wollt ihr den totalen Krieg?"

Nach der Niederlage von Stalingrad hält Joseph Goebbels am 18. Februar 1943 im Berliner Sportpalast vor etwa 10 000 ausgesuchten Zuschauern eine Rede, in der er das deutsche Volk auf den „totalen Krieg" einschwört (Auszug):

Die Engländer behaupten, das deutsche Volk habe den Glauben an den Sieg verloren (stürmische Rufe: „Nein!", „Nie!", „Niemals!"). Ich frage euch:
5 Glaubt Ihr mit dem Führer und mit uns an den endgültigen, totalen Sieg der deutschen Waffen? (Stürmische Rufe: „Ja!", Starker Beifall, Sprechchöre: „Sieg Heil! Sieg Heil!") Ich frage Euch: Seid
10 Ihr entschlossen, dem Führer in der Erkämpfung des Sieges durch dick und dünn und unter Aufnahme auch der schwersten persönlichen Belastungen zu folgen? (Stürmische Rufe: „Ja!", Star-
15 ker Beifall, Sprechchöre: „Sieg Heil!" …) Zweitens: Die Engländer behaupten, das deutsche Volk sei des Kampfes müde (Rufe: „Nein!", „Pfui!"). Ich frage Euch: Seid Ihr bereit, mit dem Füh-
20 rer, als Phalanx der Heimat hinter der kämpfenden Wehrmacht stehend, diesen Kampf mit wilder Entschlossenheit und unbeirrt durch alle Schicksalsfügungen fortzusetzen, bis der Sieg in
25 unseren Händen ist? (Stürmische Rufe: „Ja!" Starker Beifall.) (…) Viertens: Die Engländer behaupten, das deutsche Volk wehrt sich gegen die totalen Kriegsmaßnahmen der Re-
30 gierung (Rufe: „Nein!"). Es will nicht den totalen Krieg, sondern die Kapitulation! (Stürmische Rufe, u.a.: „Nein!", „Pfui!") Ich frage euch: Wollt Ihr den totalen Krieg? (Stürmische Rufe: „Ja!" Starker
35 Beifall.) Wollt Ihr ihn (Rufe: „Wir wollen ihn!"), wenn nötig, totaler und radikaler, als wir ihn uns heute überhaupt erst vorstellen können? (Stürmische Rufe: „Ja!" Beifall.)
40 Fünftens: Die Engländer behaupten, das deutsche Volk hat sein Vertrauen zum Führer verloren! (Stürmische Empörung und Pfui-Rufe, lang anhaltender Lärm.) Ich frage Euch – (Sprechchöre:
45 „Führer befiehl, wir folgen!" Heilrufe), ich frage Euch: Vertraut Ihr dem Führer? (Rufe, u.a.: „Ja!") (…)

Heinz Hürten (Hrsg.), Deutsche Geschichte in Quellen und Darstellung, Bd. 9, Stuttgart 1995, S. 414 f.

```
            Befehl !
            ----------------

Die bereits auf Notbetrieb eingestellten Wasser-, Gas- und
Elektrizitätswerke, die der Versorgung Groß Wiesbadens die-
nen, dürfen weder zerstört noch in ihrem Betrieb durch
Sprengung  oder sonstige Maßnahmen behindert werden.

            Wiesbaden, den 27. M ä r z 1945.

            Der Kampfkommandant von Wiesbaden:
```

Q4 Verbrannte Erde

Aus dem „Führerbefehl" vom 19. März 1945:

(…) Alle militärischen, Verkehrs-, Nachrichten-, Industrie- und Versorgungsanlagen sowie Sachwerte innerhalb des Reichsgebietes, die sich der Feind
5 für die Fortsetzung seines Kampfes irgendwie sofort oder in absehbarer Zeit nutzbar machen kann, sind zu zerstören (…).

Wolfgang Lautemann/Manfred Schlenke (Hrsg.), Geschichte in Quellen, Bd. 5, München 1961, S. 543.

Q5 Ein lokaler Befehl unmittelbar vor dem Einmarsch der Amerikaner

D: Vergleiche Q4 mit Q5 und charakterisiere vor diesem Hintergrund den Befehl des Kampfkommandanten von Wiesbaden.

Q6 Angehörige des Volkssturms bei einer Übung in der Nähe von Potsdam

Foto, Herbst 1944

E: Schreibe für beide Personen auf dem Foto einen kurzen Text: Was denken sie über ihren Einsatz?

Q7 „For a Better Future for the World"
Unter dem Eindruck des deutschen Überfalls auf die Sowjetunion trafen sich der US-Präsident Roosevelt und Premierminister Churchill im August 1941 auf dem britischen Kriegsschiff „Prince of Wales" vor Neufundland. In der am 14. August veröffentlichten „Atlantikcharta" formulierten sie ihre gemeinsamen Vorstellungen für eine Nachkriegsordnung. Deren Prinzipien fanden in den Zielen und Grundsätzen der „Charta der Vereinten Nationen" vom 26. Juni 1945 Eingang. Die Erklärung im Wortlaut:

The President of the United States of America and the Prime Minister, Mr. Churchill, representing His Majesty's Government in the United
5 Kingdom, being met together, deem it right to make known certain common principles in the national politics of their respective countries on which they base their hopes for a better fu-
10 ture for the world.

1. Their countries seek no aggrandizement, territorial or other.

2. They desire to see no territorial changes that do not accord with the freely
15 expressed wishes of the peoples concerned.

3. They respect the right of all peoples to choose the form of government under which they will live; and they wish
20 to see sovereign rights and self-government restored to those who have been forcibly deprived of them.

4. They will endeavor, with due respect
for their existing obligations, to further
25 the enjoyment by all States, great or small, victor or vanquished, of access, on equal terms, to the trade and to the raw materials of the world which are
needed for their economic prosperity.
30 5. They desire to bring about the fullest collaboration between all nations in the economic held with the object of securing, for all, improved labor stan-
35 dards, economic advancement and social security.

6. After the final destruction of the Nazi tyranny, they hope to see established a peace which will afford to all nations
40 the means of dwelling in safety within their own boundaries, and which will afford assurance that all the men in all the lands may live out their lives in freedom from fear and want.

7. Such a peace should enable all men
45 to traverse the high seas and oceans without hindrance.

8. They believe that all of the nations of the world, for realistic as well as spi-
65 ritual reasons, must come to the aban-
50 donment of the use of force. Since no future peace can be maintained if land, sea or air armaments continue to be employed by nations which threaten, or may threaten, aggression outside
55 of their frontiers, they believe, pending the establishment of a wider and permanent system of general security, that the disarmament of such nations is essential. They will likewise aid and en-
60 courage all other practicable measures which will lighten for peace-loving peoples the crushing burden of armaments.

Franklin D. Roosevelt, Winston Churchill

65 Quelle: http://eca.state.gov/education/eng-teaching/pubs/AmLnC/br53.htm (19.April 2011)

Q8 Landung amerikanischer Soldaten in der Normandie, 6. Juni 1944

F: Stelle dir vor, du erlebst die Landung als deutscher Soldat. Beschreibe in einem Feldpostbrief deine Gefühle und Erwartungen für die nächste Zeit.

1. Erkläre, warum die Alliierten ab 1942 die Luftangriffe auf Deutschland stetig steigerten (VT).

2. Untersuche, welche sprachlichen Mittel Goebbels einsetzte, um mit seiner Rede die Zustimmung seiner Zuhörer zu gewinnen (Q3).

3. Bewerte die Einstellung, die Hitler mit dem Führerbefehl vom März 1945 zum Ausdruck bringt. Beziehe auch den Erlass zur Bildung des Volkssturms sowie die Weigerung, Waffenstillstandsverhandlungen zu führen, mit ein (VT, Q4).

4. Fasse die in der Atlantikcharta (Q7) formulierten Grundsätze zusammen. Recherchiere im Internet Kapitel 1 der Charta der Vereinten Nationen (Ziele und Grundsätze) und zeige, dass diese auf den in der Atlantikcharta formulierten Prinzipien beruhen.

1933   1945

Q1 Cover der DVD „Das Reichs-orchester"

Dokumentarfilme auswerten

Fernsehen und Filme prägen historisches Wissen und Bewusstsein vieler Menschen stärker als der Schulunterricht. Den Medien Bild und Film wird eher geglaubt und vertraut als anderen. Und schließlich gibt es für viele kein anderes Medium, das einen so in den Bann ziehen kann wie ein guter Film. Während man um die Fiktionalität und Subjektivität von Spielfilmen weiß, stehen Dokumentarfilme in dem Ruf, dass sie tatsächlich Geschehenes objektiv vermitteln, worunter man oft eine wertfreie Darstellung versteht. Ist das tatsächlich so? Bei der Produktion von Dokumentarfilmen wirken in der Regel Fachleute und Wissenschaftler beratend mit oder sie kommen selbst im Film zu Wort. Zeitzeugen, die das dargestellte Geschehen miterlebt haben, werden interviewt. Und schließlich präsentiert ein Dokumentarfilm im Allgemeinen zeitgenössische Originalaufnahmen und zeigt Aufnahmen historischer Orte. Bisweilen werden historische Schlüsselszenen von heutigen Schauspielern nachgestellt und im Film kommentiert. Wenngleich diese Vorgehensweise zu gewährleisten scheint, dass Dokumentarfilme sachliche Informationen vermitteln und mehrere Meinungen wiedergeben, nehmen sie trotzdem Bewertungen vor. Bei der Auswertung von Dokumentarfilmen muss man deshalb die dargebotenen Inhalte kritisch betrachten und Fragen stellen, um zu einer ausgewogenen Einschätzung und Beurteilung des Films zu gelangen.

Q2 Covertext der DVD „Das Reichsorchester". Die Berliner Philharmoniker und der Nationalsozialismus – ein Film von Enrique Sánchez Lansch

2007 feiern die Berliner Philharmoniker ihr 125-jähriges Bestehen. Sie haben die Jubiläumssaison ins Zeichen eines bis-
5 lang eher unbekannten Kapitels ihrer Geschichte gestellt: der Jahre zwischen 1933 und 1945.
Finanziert durch das Deutsche Reich und dem Ministerium für Volksaufklärung und Propaganda direkt unter-
10 stellt, waren die Philharmoniker das deutsche Vorzeigeorchester und wurden, zumal während ihrer Auslandsreisen, zu Botschaftern des nationalsozialistischen Regimes. Im Mittelpunkt des
15 neuen Dokumentarfilms von Enrique Sánchez Lansch (RHYTHM IS IT!) steht das Orchester selbst, stehen die Musiker, die Menschen, die Einzelschicksale. Sie waren weit weniger exponiert
20 als ihr Chefdirigent Wilhelm Furtwängler, rückten aber wie er in die nächste Nähe der Macht, die ihnen viele Privilegien gab und es jedem Einzelnen leicht machte, sich der individuellen Verant-
25 wortung zu entziehen. Der ungewöhnliche Mikrokosmos des Berliner Philharmonischen Orchesters erweist sich als faszinierendes Studienobjekt. Noch lebende Zeitzeugen aus der Mitte und
30 dem Umfeld des Orchesters und reichhaltiges, bisher nicht ausgewertetes Archivmaterial ermöglichen einen genauen Einblick in die Zeit unter dem Hakenkreuz. So wird ein ebenso span-
35 nendes wie brisantes Kapitel der Geschichte Berlins und Deutschlands wieder lebendig, verbunden mit der Frage: Wo verläuft der schmale Grat zwischen Unabhängigkeit und persönlicher Ver-
40 antwortung?
Copyright by Arthaus Musik GmbH.

Q3 Zwei Zeitzeugen, die auf der DVD „Das Reichsorchester" zu Wort kommen: Hans Bastiaan (links) und Erich Hartmann (rechts)

Methodische Arbeitsschritte

1 Beschreiben

Bevor du dir den Dokumentarfilm anschaust, solltest du dir Hintergrundinformationen zu folgenden Punkten beschaffen.

- Ist der Film zeitnah zum Ereignis entstanden? Dann ist der Film selbst eine Quelle. Oder ist er neueren Datums, also mit deutlichem zeitlichen Abstand zum Geschehen entstanden? Dann ist er als eine Darstellung zu verstehen.
- Wie ist der Film entstanden (Auftraggeber, Regisseur, Finanzierung usw.)?
- Vor welchem Hintergrund ist der Film entstanden (z. B. Jubiläum oder sonstiger Anlass)?
- Welche Reaktionen gab es auf den Film (Kritiken in Zeitungen; wurde er zensiert oder gar verboten)?

2 Untersuchen

Sieh dir den Dokumentarfilm an und notiere dir Besonderheiten, die dir auffallen. Du kannst dazu den Film stoppen und dir die Zeitangabe dazu notieren, damit du die Stelle später wiederfindest.

- Welchen spontanen Eindruck hinterlässt der Film bei dir?
- Wovon handelt der Film?
- Gibt es dokumentarische Aufnahmen? Kommen Zeitzeugen zu Wort? Werden Stellungnahmen von Experten eingeblendet? Gibt es nachgestellte Szenen? Welche Anteile haben die einzelnen Einspielungen?
- Werden unterschiedliche Beurteilungen des historischen Geschehens deutlich? Oder stellt der Film nur eine Meinung oder eine These dar?

3 Deuten

- Überlege, ob es in dem Film eine Schlüsselszene gibt, die stellvertretend für die Gesamtaussage des Films stehen könnte.
- Fasse die Aussageabsicht des Regisseurs/Auftraggebers in wenigen Sätzen zusammen und belege dein Urteil mit aussagekräftigen Szenen.
- Beurteile die Qualität des Dokumentarfilms aus deiner Perspektive und mithilfe deines Hintergrundwissens.

Vorbereiten

Das der CD-ROM beiliegende Heft informiert über die Entstehung des Films: Musiker des berühmten Ensembles machten den Regisseur Enrique Sánchez Lansch darauf aufmerksam, dass es einen „blinden Fleck" in der Geschichtsschreibung der Berliner Philharmoniker gibt: die Zeit von 1933 bis 1945. Über den weltberühmten und politisch umstrittenen Dirigenten des Orchesters, Wilhelm Furtwängler, ist zwar viel geschrieben worden, aber kaum etwas über das Ensemble selbst. Der Filmemacher hat ausführliche Interviews mit noch lebenden Musikern, die 1933 bis 1945 dem Orchester angehörten, und anderen Zeitzeugen geführt, in Filmarchiven umfassend recherchiert und den Film zum 125. Jubiläum des Orchesters im Jahr 2007 veröffentlicht. Ein Auftraggeber ist nicht ersichtlich.

Untersuchen

Im Film kommen sehr unterschiedliche zeitgenössische Stimmen zu Wort und Filmaufnahmen aus der Nazi-Zeit nehmen einen großen Raum ein. Dabei werden sowohl die damalige Wahrnehmung der vielfältigen Aktivitäten des berühmten Ensembles dokumentiert wie auch gegenwärtige Sichtweisen – z. B. durch die Kinder der damaligen Musiker – auf die damaligen Verhältnisse. Auf diese Weise werden sehr unterschiedliche Bewertungen deutlich, auch die Scham von Musikern, die sich für das NS-Regime instrumentalisieren ließen. Der Sprecher hält sich mit eigenen Kommentaren und Bewertungen zurück, er lässt die Dokumente für sich selbst sprechen. Dabei wird erkennbar, dass die Zeitgenossen nicht selten die Augen vor Vorgängen verschlossen, die ihnen im Nachhinein sehr bedenklich erschienen.

Deuten

Es wird deutlich, dass sich die Berliner Philharmoniker auf ihre Weise dem Regime vorbehaltlos zur Verfügung stellten. Ihr hohes Prestige diente dazu, die NS-Herrschaft in Deutschland selbst, aber auch international aufzuwerten. Das Orchester nahm es in Kauf, dass es die rassistischen Vorstellungen des Regimes übernehmen musste; dies geschah ziemlich konfliktlos. Die Musiker erhielten dafür nicht unerhebliche Vergünstigungen. Eine Auseinandersetzung über diese Zusammenarbeit mit dem verbrecherischen Regime erfolgte in den Jahrzehnten nach 1945 nicht. Dieses Urteil legt der Filmemacher nicht in Form einer eigenen Deutung vor, sondern es wird aus den vielen Dokumenten klar, die im Film gezeigt werden.

---

1. Besorge dir den Film „Das Reichsorchester" und untersuche ihn selbst mithilfe der methodischen Arbeitsschritte.

2. Schreibe als Filmkritiker eine Besprechung des Films. Beachte, dass die Leserinnen und Leser deines Beitrages den Film nicht kennen.

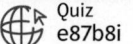
1933   1945

1. Ereignisse zuordnen und erläutern (Analysekompetenz, Urteilskompetenz)

Die Fotografien zeigen Ereignisse bzw. Sachverhalte aus der Zeit der Machtübernahme und Machtsicherung der Nationalsozialisten. Benenne das Ereignis bzw. den Sachverhalt, das bzw. der auf den Fotos dargestellt ist, und erläutere kurz den Hintergrund. Bringe die Fotografien in die richtige chronologische Reihenfolge.

2. Chronist/in sein (Urteilskompetenz, narrative Kompetenz)

Versetze dich in die Lage eines bzw. einer im Exil lebenden Deutschen, der bzw. die die Entrechtung, Verfolgung und Vernichtung der europäischen Juden zur Zeit des Nationalsozialismus festhält. Verfasse mithilfe der Stichwörter einen Informationstext.

- reichsweiter Boykott jüdischer Geschäfte
- Gesetz zur Wiederherstellung des Berufsbeamtentums
- Nürnberger Gesetze
- Reichspogromnacht
- Arisierung
- Kennzeichnungspflicht („Judenstern")
- Verbot der Ausreise
- Gettoisierung
- Vernichtungslager
- Aufstand im Warschauer Getto
- Kriegsende

3. Ein Propagandafoto beurteilen (Analysekompetenz, narrative Kompetenz)

Mutter mit ihren sieben Kindern am Bett des jüngsten Kindes, Foto aus dem Jahr 1936. Untersuche die propagandistische Wirkung des Fotos. Verfasse einen Kommentar.

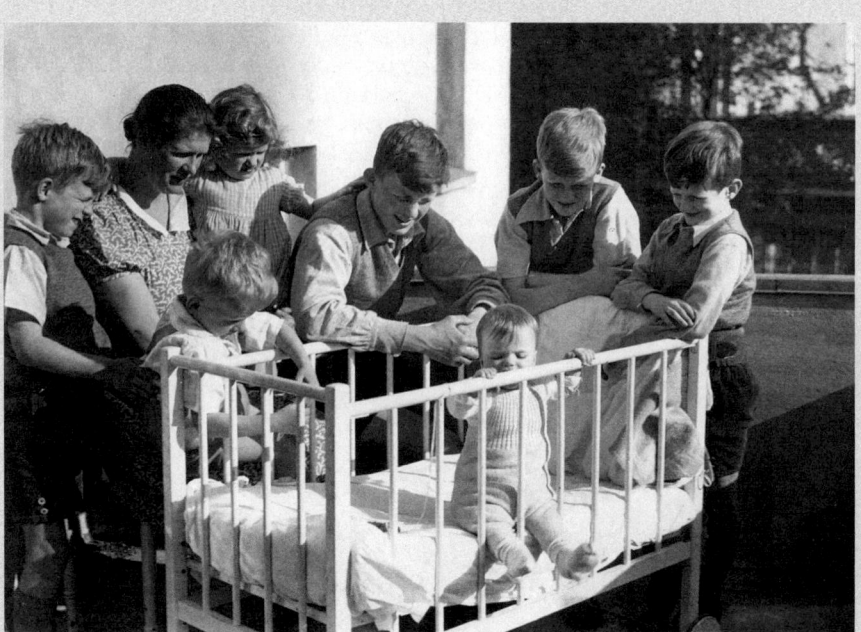

4. Kontrovers diskutieren und Ergebnisse der Debatte präsentieren (Analysekompetenz, Urteilskompetenz, Lernkompetenz)

1995 präsentierte das Hamburger Institut für Sozialforschung erstmals die Ausstellung „Vernichtungskrieg. Verbrechen der Wehrmacht 1941–1945". Daraufhin begann in der Öffentlichkeit eine Auseinandersetzung über die Rolle der Wehrmacht im Zweiten Weltkrieg. Auch Historiker beteiligten sich. Bildet Arbeitsgruppen und vergleicht die Aussagen von Karl-Heinz Janßen und Hans-Adolf Jakobsen. Diskutiert, inwiefern die Rolle der Wehrmacht mit dem Holocaust in Zusammenhang gebracht werden kann. Fasst eure Ergebnisse in einer Wandzeitung zusammen und präsentiert sie im Klassenverband.

D1 „Da zerrinnt die Legende von der ‚sauberen Wehrmacht'"

Der Redakteur und Historiker Karl-Heinz Janßen in der Wochenzeitung „Die Zeit" vom 17. März 1995:

Da zerrinnt die Legende von der „sauberen Wehrmacht", die, fern von allen Naziverbrechen, nur tapfer und treu das Vaterland verteidigt hat, und auf-
5 gehoben ist der Freispruch für Millionen Soldaten, die nichts gewußt, nichts gesehen, nichts gehört haben wollten. Stattdessen wird die fürchterliche Wahrheit offenbar, die zwar Fachleute
10 und einem zeithistorisch interessierten Leser- und Fernsehpublikum schon länger bekannt war, sich jedoch gegen eine Mauer einverständlichen Schweigens in der deutschen Öffentlichkeit
15 nie durchsetzen konnte. (…) Hier wird der Begriff „Holocaust" in die Kriegsgeschichte eingeführt. In der Regel denken Menschen dabei an Auschwitz und andere Vernichtungslager. Aber die Ein-
20 satzgruppen der SS, die Polizeibataillone, die baltischen und ukrainischen Hilfstrupps und eben auch Einheiten der Wehrmacht betreiben bereits im Sommer und Herbst 1941, noch ehe die
25 Krematorien von Auschwitz rauchten, massiven Judenmord.

Zit. nach: Heribert Prantl (Hrsg.), Wehrmachtsverbrechen. Eine deutsche Kontroverse, Hamburg 1997, S. 29 f.

D2 „… eine kaum zulässige Verallgemeinerung"

Der Historiker Hans-Adolf Jakobsen 1997:

(…) Fraglos waren jedoch Teile der deutschen Wehrmacht (vornehmlich des Heeres) weitaus mehr an NS-Verbrechen direkt oder indirekt beteiligt,
5 als es von Memoirenschreibern und in Aussagen von Veteranen nach 1945 zugegeben worden ist – ganz zu schweigen von den Tätern.

Es gab darüber hinaus viele Mitwisser und solche, die die Mordtaten still-
10 schweigend zur Kenntnis genommen haben, ohne einzuschreiten und zu versuchen, das Schlimmste zu verhüten. In diesem Zusammenhang aber von der
15 Wehrmacht als Ganzem zu sprechen, dürfte eine kaum zulässige Verallgemeinerung sein. Die in jüngster Zeit recht apodiktisch (keine andere Meinung duldend) formulierten Pauschalurteile sind
20 weder quellenkritisch hinreichend belegt, noch den Realitäten des totalen Krieges angemessen, zumal bei diesen die mannigfachen Zeugnisse der Humanitas, soldatischer „verdammter Pflicht-
25 erfüllung" und militärischer Opposition gegen das NS-Unrechtssystem nur unzureichend berücksichtigt werden.

Zit. nach: Hans-Günther Thiele (Hrsg.), Die Wehrmachtsausstellung. Dokumentation einer Kontroverse, Bonn 1997, S. 48.

5. Argumente analysieren (Analysekompetenz, Urteilskompetenz, Orientierungskompetenz, narrative Kompetenz)

Erläutere, worin nach Elie Wiesel der Unterschied zwischen Schuld und Verantwortung liegt. Zeige auf, wie er die Notwendigkeit von Erinnerung begründet, und schreibe einen Kommentar.

Q1 Schuld und Verantwortung

Elie Wiesel, Auschwitzüberlebender und Friedensnobelpreisträger, 1987 im Berliner Reichstag (Auszug):

Niemand, ganz sicherlich nicht ich, niemand hat das Recht, den Mördern zu vergeben, daß sie sechs Millionen Männer und Frauen vernichtet haben (…).
5 Nur die Toten könnten vergeben, und niemand hat das Recht, in ihrem Namen zu sprechen. Aber ich muß Ihnen auch sagen, und zwar aus tiefster Überzeugung, daß nicht alle Bürger, die da-
10 mals lebten, schuldig geworden sind. Als Jude, der seine Identität immer noch in der Tradition findet, glaube ich, daß es eine Kollektivschuld nicht gibt. Nur die Schuldigen waren schuldig. Kinder von
15 Mördern sind keine Mörder, sondern Kinder. Schuld wie Unschuld ist persönlich. Deshalb habe ich weder die Absicht

noch das Recht, die junge Generation von heute für die unaussprechlichen
20 Verbrechen zu verurteilen, die eine frühere, die Hitler-Generation, begangen hat. Aber ich glaube auch, daß wir das Recht und die Pflicht haben, die junge Generation verantwortlich zu machen –
25 nicht für die Vergangenheit, aber dafür, wie sie mit ihr umgeht, was sie mit den Erinnerungen tut, die ihr Erbteil sind. Sie ist verantwortlich zu machen für die Art und Weise, wie sie sich erinnert. Erinne-
30 rung ist also das Schlüsselwort. Sie verbindet Vergangenheit und Gegenwart, Vergangenheit und Zukunft. Erinnerung heißt, den Glauben an die Menschheit zu erneuern, der Menschheit zum Trotz,
35 und unserer schwachen Anstrengung Sinn zu verleihen.

Zit. nach: Eberhard Diepgen (Hrsg.), Nicht der Geschichte letztes Wort, Berlin 1987, S. 207 f.

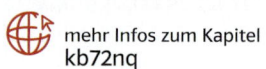
6 Die Welt nach 1945

Mit dem Ende des Zweiten Weltkrieges schien eine neue friedliche Welt möglich zu werden. Doch daraus wurde nichts. Stattdessen bildeten sich feindliche Blöcke und ein nie da gewesenes Wettrüsten begann. Nuklearwaffen bedrohten schließlich die Existenz der gesamten Menschheit. Vier Jahrzehnte später keimte neue Hoffnung auf.

- Welche Ursachen hatten die weltweiten Konflikte?
- Mit welchen Ergebnissen wurde an der Konfliktbewältigung gearbeitet?
- Welchen Herausforderungen sieht sich die Staatengemeinschaft zu Beginn des 21. Jahrhunderts gegenüber?
- Welche Chancen für neue Formen internationaler Zusammenarbeit bestehen heute?

1940 **1950** **1960** **1970**

1948/49
Berliner Blockade

1962
In der Kubakrise steht die Welt am Rand eines Atomkrieges.

1972
Das SALT I–Abkommen begrenzt die Zahl der strategischen Atomwaffen der USA und der UdSSR.

1945
Die Vereinten Nationen (UNO) werden in San Francisco gegründet.

1950–1953
Koreakrieg

1956
Die Sowjetunion schlägt einen antikommunistischen Aufstand in Ungarn nieder.

1975
Der Vietnamkrieg endet.

1955
Der Vietnamkrieg beginnt.

1975
KSZE-Schlussakte von Helsinki wird verabschiedet.

1949
China wird kommunistisch.

DER ATOMTOD BEDROHT UNS ALLE

1968
Der „Prager Frühling" wird von der Sowjetunion niedergeschlagen.

1949
Die beiden deutschen Staaten werden gegründet.

Der US-Präsident Harry S. Truman während einer Rede anlässlich der Gründung der Vereinten Nationen in San Francisco im Juni 1945

„Es wird hier dauernd von Frieden gesprochen – meine Herren, der Friede bin ich!", Karikatur von Henry Brockmann aus dem „Simplicissimus", Nr. 20, 1956

Politische und militärische Mächtegruppierungen 1945–1990

K A N A D A

USA

MEXIKO

KUBA

GUINEA

BRASILIEN

PERU

ARGENTINIEN

A T L A N T I S C H E R   O Z E A N

P A Z I F I S C H E R   O Z E A N

GROSS-BRITANNIEN

FRANKREICH

JUGO-SLAWIEN

TÜRKEI

IRAK

IRAN

ÄGYPTEN

SAUDI-ARABIEN

BENIN

KONGO

ÄTHIOPIEN

SOMALIA

ANGOLA

MOSAM-BIK

SÜDJEMEN

PAKISTAN

INDIEN

S O W J E T U N I O N

MONGOL. VR

CHINA

JAPAN

KAMBODSCHA

THAILAND

LAOS

VIET-NAM

PHILIPPINEN

I N D I S C H E R   O Z E A N

P A Z I F I S C H E R   O Z E A N

AUSTRALIEN

NEUSEELAND

Alaska

Politische und militärische Mächtegruppierungen 1945–1990

5000 km
(am Äquator)

- Organisation der amerikanischen Staaten, 1948 (OAS)
- Nordatlantikpakt, 1949 (NATO)
- Pazifikpakt, 1951 (ANZUS)
- Südostasienpakt, 1954–1977 (SEATO)
- Zentrale Paktorganisation (bis 1959 Bagdadpakt), 1955–1979 (CENTO)
- Warschauer Pakt, 1955–1991 (Austritt der DDR 1990)
- weitere sozialistische (kommunistische) Staaten
- Staaten, die sich zeitweise eng an die Sowjetunion anlehnten

---

1980 **1990** **2000**

◎ Eine Aufgabe zu der Karte findest du auch auf der CD-ROM.

1979
NATO-Doppelbeschluss

1992
Erster Weltumweltgipfel in Rio de Janeiro

1989
Ende des Kalten Krieges

1987
Vertrag über die Abschaffung aller Mittelstreckenraketen

2001
Anschläge islamistischer Terroristen in den USA mit mehr als 3 000 Toten

2002
Einführung einer gemeinsamen europäischen Währung

Demonstration gegen den Vietnamkrieg auf dem Gelände der Universität Berkeley, Kalifornien, undatiertes Foto aus den 1960er-Jahren

Sowjetische Karikatur anlässlich eines Treffens von Gorbatschow und Bush im September 1990 Die Aufschrift auf der am Boden liegenden Gestalt lautet: „Kalter Krieg".

1946   2012

Aus Verbündeten werden Gegner

Das Bündnis der alliierten Siegermächte überdauerte den Zweiten Weltkrieg nur kurze Zeit. Zwischen der Sowjetunion und den Westmächten spitzten sich die Gegensätze immer mehr zu. Zu einem ersten gefährlichen Konflikt kam es 1948 in Berlin.

Gemeinsam – und doch getrennt

Nach Kriegsende wurde Deutschland in vier Besatzungszonen aufgeteilt: eine amerikanische, eine englische, eine französische und eine sowjetische. Die Politik in den Besatzungszonen wurde zunächst von den jeweiligen Militärverwaltungen bestimmt. Hierbei deuteten sich bereits die ersten Unterschiede zwischen der Ostzone und den Westzonen an. Die drei Westalliierten strebten danach, die Grundlagen für eine demokratische Entwicklung nach westlichem Vorbild zu schaffen. Demgegenüber strebte die Sowjetunion in ihrer Besatzungszone eine Umgestaltung nach kommunistischen Grundsätzen an. Diese Problematik wurde besonders deutlich in Berlin. Die deutsche Hauptstadt war ebenfalls in vier Sektoren eingeteilt und sie gehörte zu keiner der Besatzungszonen. Ein Alliierter Kontrollrat, in dem alle vier Besatzungsmächte vertreten waren, war für Berlin verantwortlich. Konflikte blieben so nicht aus.

Berlin wird abgeriegelt

Die Lage spitzte sich im Frühjahr 1948 zu. In den Westzonen war als neue Währung die D-Mark eingeführt worden, kurz darauf in der Ostzone die (Ost-)Mark. Zwischen den Westmächten und der Sowjetunion kam es zum Streit darüber, welche Währung für Westberlin gelten sollte. Weil es zu keiner Einigung kam, führten die Westmächte die D-Mark ein. Die sowjetische Militärverwaltung reagierte sofort: Kurz vor Mitternacht am 23. Juni 1948 gingen in Westberlin die Lichter aus. Die Elektrizitätsversorgung aus der Sowjetzone

✎ **A:** Begründe, inwiefern sich im Konflikt um Berlin eine veränderte internationale Politik zwischen Ost und West widerspiegelte.

📖➡ Über Deutschlands Entwicklung nach Kriegsende erfährst du mehr ab S. 220.

Q1 Karikatur vom 11. April 1945 aus der „Schweizer Illustrierten"
1 der sowjetische Staats- und Parteichef Stalin
2 USA-Präsident Roosewelt
3 der britische Premierminister Churchill
4 Hitler

✎ **B:** Erläutere, wie der Karikaturist das Verhältnis zwischen den Alliierten einschätzt. Beachte auch das Erscheinungsdatum der Karikatur.

◎ Du kannst auch auf der CD-ROM mit der Karikatur arbeiten.

Q2 Westberliner beobachten die Landung eines der Transportflugzeuge, die sie „Rosinenbomber" nannten.
Foto von Henry Ries, Oktober 1948

C: Fotos wie diese gingen um die Welt. Suche Gründe dafür, warum dieses Bild so berühmt wurde. Schreibe eine entsprechende Zeitungsmeldung dazu.

war gekappt worden. Sechs Stunden später wurde der gesamte Eisenbahnverkehr nach Westberlin unterbrochen, die Binnenschifffahrt gestoppt. Die Blockade Westberlins zu Lande und zu Wasser war damit vollständig.

Eine Luftbrücke sichert das Überleben

Nun konnte Westberlin mit seinen 2,1 Millionen Einwohnern nur noch über drei Luftkorridore erreicht werden. Amerikaner und Engländer zogen daraufhin alle weltweit greifbaren Transportflugzeuge zusammen. Das größte Lufttransportunternehmen der Geschichte begann. Alles, was die Bevölkerung benötigte, wurde eingeflogen. Mehl, Zucker, Trockenkartoffeln, Trockengemüse, Trockenobst, Eipulver und Milchpulver sicherten das Überleben der Westberliner. Elektrizität stand ihnen nur zwei Stunden am Tag zur Verfügung. Deshalb wurden sogar die Einzelteile eines kompletten Kraftwerks über die Luftbrücke transportiert und am Bestimmungsort zusammengebaut. Der Winter 1948/49 war mild, das war ein Glück, denn die eingeflogenen Kohlevorräte reichten nur für sehr kleine Zuteilungen pro Wohnung. Insgesamt wurden in 15 Monaten mit mehr als 250 000 Einsätzen über zwei Millionen Tonnen Güter nach Berlin geflogen. Am 12. Mai 1949 war der Spuk vorüber. Die Sowjetunion hatte ihr Ziel nicht erreicht und gab die Blockade auf.

D: Viele Menschen befürchteten, dass die Berliner Blockade zu einem Krieg führen könnte. Was sprach dafür, was dagegen?

Der „Kalte Krieg" bricht an

Mit der Berliner Blockade trat eines deutlich zutage: Aus einstigen Verbündeten waren unversöhnliche Gegner geworden. Mitten in Deutschland standen sich die Weltmächte USA und UdSSR gegenüber. Welche Gefahr davon ausgehen konnte, zeigte der Vorschlag des amerikanischen Militärgouverneurs, mit einem bewaffneten Konvoi über den Landweg nach Berlin durchzubrechen. USA-Präsident Truman lehnte dies wegen des Kriegsrisikos ab. Und auch die Sowjetunion wagte es nicht, die Luftbrücke mit Gewalt zu verhindern. Die gegeneinander gerichtete feindselige Politik blieb jedoch die folgenden Jahrzehnte bestehen. Sie wird als „Kalter Krieg" bezeichnet.

1946   2012

Q3 Errichtung einer Straßensperre an der Berliner Friedrichstraße

Foto, wahrscheinlich 17. März 1949
Frauen schippen Trümmerschutt von
LKWs.

✎ E: Versetze dich sowohl in die
Lage der auf Westberliner Seite ste-
henden Zuschauer als auch der Frauen
auf den LKW-Ladeflächen. Schreibe ein
Gespräch auf, das sich zwischen diesen beiden Gruppen abgespielt haben
könnte.

Q4 Die Berliner Blockade beginnt

Aus einer Meldung der Ostberliner Zeitung „Der Morgen" vom 25. Juni 1948:
Durch eine technische Störung an der
Eisenbahnstrecke war die Transportverwaltung der SMV (Sowjetische Militärverwaltung) gezwungen, (…) in der
5 Nacht zum 24. Juni den Passagier- und
Güterfernverkehr auf der Strecke Berlin–Helmstedt in beiden Richtungen
einzustellen.
Der Chef der Transportverwaltung der
10 SMV (…) erließ die notwendigen Anordnungen, um die Strecke schnellstens in Ordnung zu bringen. Wie ver-
lautet, ist es zur Zeit nicht möglich,
zur Aufrechterhaltung des Eisenbahn-
15 verkehrs in dieser Richtung eine Um-
leitung vorzunehmen, da sich das auf
den gesamten Eisenbahnverkehr der
sowjetischen Zone ungünstig auswirken würde.
20 Es ist daher im Augenblick schwer zu
übersehen, wann der inzwischen in
beiden Richtungen auf der Strecke Berlin–Helmstedt eingestellte Güter- und
Personalverkehr wieder aufgenommen
25 werden kann. Da die Lebensmittelver-
sorgung der drei westlichen Sektoren
Berlins von den über diese Strecken
herangeführten Transporten abhängig
ist, sind starke Besorgnisse über die
30 Versorgung entstanden.

Wolfgang Lautemann/Manfred Schlenke (Hrsg.),
Geschichte in Quellen, Bd. 7, München 1980,
S. 133.

Q5 Die USA zur Blockade

Aus einem offiziellen Schreiben der USA
an die Sowjetunion vom 6. Juli 1948:
Die Regierung der Vereinigten Staaten
teilt mit den Regierungen Frankreichs
und Großbritanniens die Verantwortung für das materielle Wohlergehen
5 von 2 400 000 Menschen in den westlichen Sektoren Berlins. (…) Einschrän-
kende Maßnahmen, die die sowjetischen Behörden in Berlin ergriffen
haben, hätten zur Folge, daß die Regie-
10 rungen der Vereinigten Staaten, Großbritanniens und Frankreichs daran ge-
hindert würden, dieser Verantwortung
in angemessener Weise nachzukom-
men.
15 Jene Verantwortung (…) ist eminent
humanitärer Natur. Zu dieser Bevölkerung gehören Hunderttausende von
Frauen und Kindern, deren Gesundheit
und Sicherheit fortgesetzte und aus-
20 reichende Transportmöglichkeiten für
Nahrungsmittel, Medikamente und andere Güter erfordert, die für das Leben
der Einwohner der westlichen Sektoren
Berlins unerläßlich sind. Die elemen-
25 tarsten menschlichen Rechte, zu deren Schutz unsere beiden Regierungen
feierlich verpflichtet sind, werden also
durch diese einschränkenden Maßnahmen gefährdet. Es ist untragbar, daß
30 irgendeine Besatzungsmacht versuchen sollte, über die Bevölkerung Berlins eine Blockade zu verhängen. (…)
Indem sie sich der Dringlichkeit der

Rechte und Verpflichtungen im ame-
35 rikanischen Sektor von Berlin voll bewußt ist, (…) erklärt die Regierung der
Vereinigten Staaten, daß Zwang nicht
als Mittel angewandt werden sollte, die
Bereinigung irgendwelcher Meinungs-
40 verschiedenheiten zu versuchen, welche zwischen den Regierungen der Vereinigten Staaten und der Regierung der
Sowjetunion über irgendeinen Aspekt
der Berliner Lage bestehen mögen.
45 Sollten solche Meinungsverschiedenheiten bestehen, so sollten sie (…) auf
dem Verhandlungswege (…) beigelegt
werden. (…) Aus diesen Gründen ist die
Regierung der Vereinigten Staaten be-
50 reit, als ersten Schritt an Verhandlungen zwischen den vier Besatzungsbehörden in Berlin teilzunehmen, um jede
Streitfrage, die sich aus der Verwaltung
Berlins ergibt, beizulegen. Die Voraus-
55 setzung hierfür ist jedoch, daß die Ver-
bindungslinien und der Personen- und
Güterverkehr zwischen den britischen,
amerikanischen und französischen Sektoren von Berlin und den westlichen
60 Zonen vollauf wiederhergestellt worden sind.

Wolfgang Lautemann/Manfred Schlenke (Hrsg.),
Geschichte in Quellen, Bd. 7, München 1980,
S. 137 f..

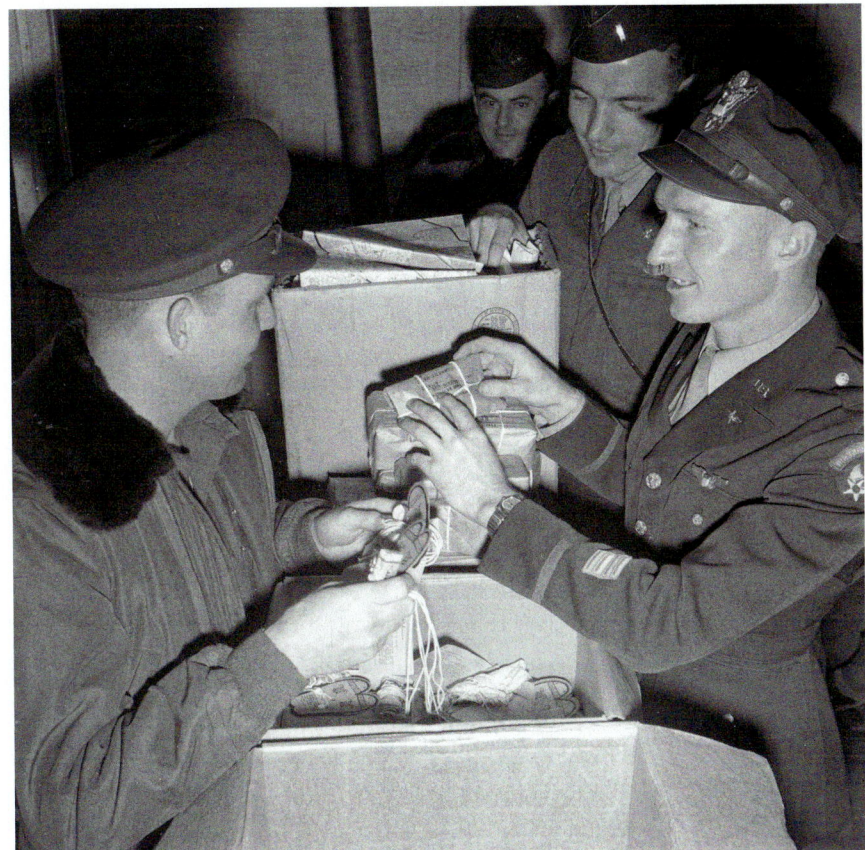

Q6 Amerikanische Soldaten in Celle beim Verpacken von Süßigkeiten
Foto, September 1948
Die Päckchen wurden an kleinen Fallschirmen über Westberlin abgeworfen.

✎ F: Schlussfolgere aus dem Bildinhalt, wie sich die Aktion während der Berliner Blockade auf das Verhältnis zwischen den westlichen Besatzern und der Bevölkerung in Westberlin und den Westzonen ausgewirkt hat. Vergleiche mit Q3 und stelle die gleichen Überlegungen bezüglich der sowjetischen Besatzungsmacht an.

Q7 Wer trägt die Schuld?
Aus dem Antwortschreiben der Sowjetunion an die USA vom 14. Juli 1948:
Die Regierung der Vereinigten Staaten erklärt, daß die vom sowjetischen Kommando eingeführten provisorischen Maßnahmen zur Einschränkung 5 der Transportverbindungen zwischen Berlin und den westlichen Zonen Schwierigkeiten in der Versorgung der Berliner Bevölkerung der westlichen Sektoren geschaffen haben. 10 Es kann jedoch nicht bestritten werden, daß diese Schwierigkeiten durch die Handlungen der Regierungen der USA, Großbritanniens und Frankreichs und vor allem durch die separaten Handlun- 15 gen zur Einführung einer neuen Währung in den westlichen Zonen Deutschlands und (…) in den westlichen Sektoren von Berlin hervorgerufen worden sind. 20 Berlin liegt im Zentrum der sowjetischen Besatzungszone und stellt einen Teil dieser Zone dar. Die Interessen der Berliner Bevölkerung lassen keine Lage zu, bei der in Berlin oder nur in den 25 westlichen Sektoren von Berlin eine besondere Währung eingeführt wird, die in der sowjetischen Besatzungszone nicht im Umlauf ist. (…)

Gleichzeitig zeigte und zeigt das so- 30 wjetische Kommando unveränderlich seine Sorge um das Wohlergehen und die Sicherung einer normalen Versorgung der Berliner Bevölkerung mit allem Notwendigen und strebt eine 35 rasche Beseitigung der Schwierigkeiten an, die in letzter Zeit (…) entstanden sind. Dabei wird es die sowjetische Regierung, falls erforderlich, nicht ablehnen, eine ausreichende Versorgung 40 für ganz Groß-Berlin aus ihren eigenen Mitteln zu gewährleisten.

Johannes Hohlfeld (Hrsg.), Dokumente der Deutschen Politik und Geschichte von 1848 bis zur Gegenwart, Bd. 6, Berlin/München o. J., S. 304.

1. Schreibe in einer Liste konkrete Folgen der Blockade für das tägliche Leben der Westberliner auf (VT, Q5).

2. Erkläre, warum Briten und Amerikaner trotz gewaltiger Mühen und Kosten eine Luftbrücke organisierten, die der Versorgung ehemaliger Kriegsgegner diente (VT, Q5).

3. Charakterisiere die Zeitungsmeldung vom 25. Juni 1948. Welche Wirkung musste sie auf die Betroffenen haben (Q4)?

4. Untersuche das sowjetische Schreiben an die USA. Finde heraus, welche politischen Ansprüche die Sowjetunion darin geltend macht (Q7).

◎ Du kannst diese Aufgabe mithilfe der CD-ROM bearbeiten.

1946

2012

Durch die Welt geht ein Riss

Nicht nur in der Deutschlandpolitik gab es Unstimmigkeiten zwischen den Westalliierten und der Sowjetunion. Die gegensätzlichen Interessen ließen die Welt in zwei Blöcke zerfallen. Welche Ursachen gab es dafür?

A: Erstelle eine Liste mit den Gründen für die Verschlechterung der Beziehungen zwischen den USA und der UdSSR nach 1945.

Informationen zur UNO findest du auf den Seiten 198–201.

Hoffnungen auf eine friedliche Welt

Als am 2. September 1945 endlich die Waffen des Zweiten Weltkrieges schwiegen, keimte die Hoffnung auf, dass künftigen Generationen das Kriegsleid erspart bleibt. US-Präsident Roosevelt hatte noch vor Kriegsende angeregt, eine Vereinigung möglichst aller unabhängigen Staaten zu bilden. Diese Organisation sollte Sorge dafür tragen, dass eine stabile Weltordnung entsteht und Konflikte friedlich gelöst werden. Und am 26. Juni 1945 unterzeichneten in San Francisco tatsächlich 50 Staaten die Gründungsurkunde der United Nations Organization (UNO). Eine besondere Rolle war für die Führungsstaaten der ehemaligen Kriegskoalition bestimmt: Sie sollten gleichsam als „Weltpolizisten" für die Einhaltung des Weltfriedens zuständig sein. Damit dieses Konzept funktionieren konnte, musste eine enge und vertrauensvolle Zusammenarbeit zwischen den wichtigsten Mächten USA und UdSSR gelingen.

Die Herrschaftsansprüche der Sowjetunion

Durch den Sieg über Hitlerdeutschland war die UdSSR in den Rang einer Weltmacht aufgestiegen. Sowjetische Truppen besetzten große Teile Ost- und Mitteleuropas. Dort wurden kommunistische Diktaturen nach sowjetischem Vorbild errichtet. Ziel dieser Politik war es, unter sowjetischer Führung den Kommunismus weltweit auszubreiten. Zugleich sollte die Sowjetunion militärisch gesichert werden.

Der Weg der USA zur Containment-Politik

Mit dem Ende des Zweiten Weltkrieges sahen sich die Vereinigten Staaten in einer neuen Verantwortung als Weltmacht. Zwar wünschten viele Amerikaner eine Rückkehr zum Isolationismus der Vorkriegszeit, ein Rückzug z. B. aus Europa war jedoch problematisch: Mitteleuropa war zerstört und

Über den Isolationismus der USA kannst du noch einmal auf S. 70 nachlesen.

Q1 Kominternspinne
Karikatur aus der Hannoverschen Presse, 10. Oktober 1947
Komintern ist das Kurzwort für „Kommunistische Internationale" und bezeichnet den Zusammenschluss kommunistischer Parteien unter sowjetischer Führung. Sie wurde 1919 gegründet. Wegen des Bündnisses mit den Westmächten ließ Stalin die Komintern 1943 auflösen.

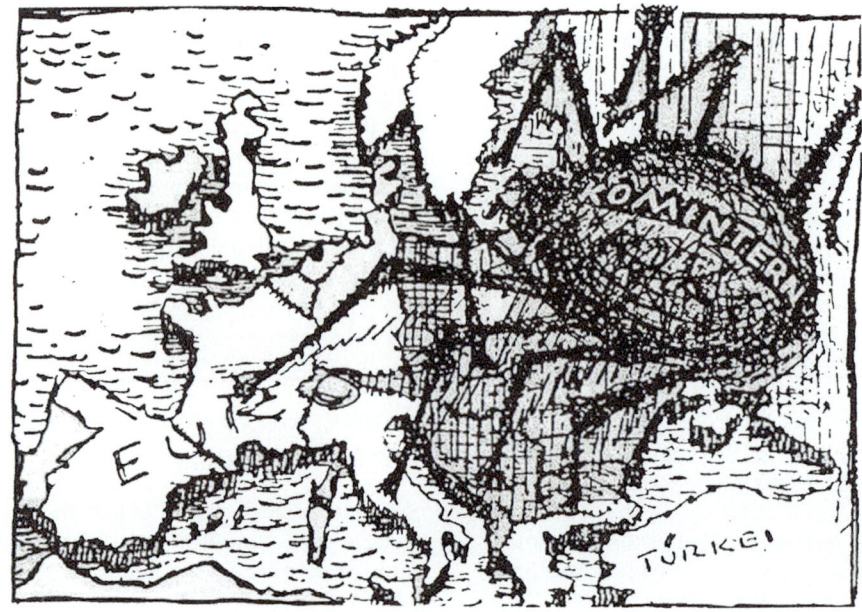

Großbritannien und Frankreich waren so geschwächt, dass sie kein Gegengewicht zur Sowjetunion bilden konnten. Damit drohte eine sowjetische Vorherrschaft. Der amerikanische Präsident Truman vollzog 1947 einen außenpolitischen Kurswechsel. In Griechenland tobte zu der Zeit ein Bürgerkrieg. Westliche Politiker befürchteten einen Sieg der kommunistischen Seite. Damit wäre ein weiterer Staat unter sowjetischen Einfluss gelangt. An die Stelle einer möglichen Kooperation mit der Sowjetunion setzten die Amerikaner nun das Ziel, den Kommunismus „einzudämmen" („Containment-Politik"). Dazu gehörte ein langfristiges weltweites militärisches Engagement, aber auch finanzielle Hilfeleistungen für nicht kommunistische Staaten. Eine Rückkehr zur Vorkriegspolitik des Isolationismus wurde ausgeschlossen.

Ost- und Westblock entstehen

Die Welt zerfiel nun in zwei Blöcke, zwischen denen eine Verständigung unmöglich erschien. Dabei entstanden auch Militärbündnisse: 1949 wurde die NATO („North Atlantic Treaty Organisation") gegründet; 1955 reagierte die Sowjetunion mit der Gründung des „Warschauer Paktes". Mehrfach schien während der Zeit dieses Ost-West-Konfliktes ein Krieg kurz bevorzustehen. Dazu kam es jedoch nicht, obwohl beide Seiten sich feindselig, bis an die Zähne bewaffnet, gegenüberstanden.

Feindbilder begleiten die Politik

Der Kalte Krieg zwischen West- und Ostblock wurde nicht nur in politischen und diplomatischen Auseinandersetzungen oder durch militärische Drohgebärden geführt, sondern auch mithilfe der Propaganda in Wort, Schrift und Bildern. In Feindbildern wurde die jeweilige andere Seite nicht mehr nur als Konkurrent im Streit um die bessere Politik dargestellt, sondern als „Feind", den es „auszuschalten" galt. Dazu wurden alte Vorurteile gepflegt und neue geschaffen. Ein grundsätzliches Misstrauen gegenüber der anderen Seite und gegenseitige Schuldzuweisungen verteufelten nahezu jede Handlung der Gegenseite und ließen die eigene Position überlegen erscheinen.

B: Trage mithilfe der Karte auf S. 169 in eine Tabelle ein, welche Bündnisse nach 1945 entstanden und welche Staaten ihnen jeweils angehörten.

Auf der CD-ROM findest du eine dynamische Karte zu den Militärbündnissen in Europa 1945–2004.

Q2 Karikatur aus der sowjetischen satirischen Zeitschrift „Krokodil", 1950 Die Schrift auf dem Bild heißt Westeuropa.

C: Vergleiche Q1 und Q2. Erkläre, welche Merkmale von Feindbildern darauf zutreffen und durch welche Bildsprache sie umgesetzt werden.

1946   2012

Q3 Die Truman-Doktrin

Am 12. März 1947 verkündet Präsident Truman vor dem amerikanischen Kongress neue Grundsätze der Außenpolitik:

One of the primary objectives of the foreign policy of thr United States is the creation of conditions in which we and other nations will be able to work out a
5 way of life free from coercion. This was a fundamental issue in the war with Germany and Japan. Our victory was won over countries which sought to impose their will, and their way of life upon
10 other nations. To insure the peaceful development of nations, free from coercion, the United States has taken a leading part in establishing the United Nations. The United Nations is designed
15 to make possible lasting freedom and independencefor all its members. We shall not realize our objectives, however, unless we are willing to help free peoples to maintain their free institu-
20 tions and their national integrity against agressive movements that seek to impose upon them totalitarian regimes. This is no more than a frank recognition that totalitarian regimes imposed
25 on free peoples, by direct or indirect aggression, undermine the foundations of international pease and hence the security of the United States (…).

At the present moment in world his-
30 tory nearly every nation must choose between alternative way of life. The choice is too often not a free one. One way of life is based upon the will of the
35 majority, and is disdinguished by free institutions, representative government, free elections, guaranties of individual liberty, freedom of speechand religion, and freedom from political op-
40 pression. The second way of life based upon the will of a minority forcibly imposed upon the majority. It relies upon terror and opression, a controlled press and radio, fixed elections, and supres-
45 sion of personal freedoms. I believe that it must be the policy of the United States to support free peoples who are resisting attempted subjugation by armed minorities or by outside pres-
50 sures. I believe that we must assist free peoples to work out their own way. I believe that our help should be primarily through economic and financial aid, which is essential to economic stability
55 and orderly political processes.

Botschaften der Präsidenten der Vereinigten Staaten von Amerika zur Außenpolitik, bearbeitet von Herbert Strauss, Bern 1957, S. 182f.

Q4 Die NATO als Bündnissystem
Aus dem NATO-Vertrag, 1949:

Art. 1 Die vertragsschließenden Staaten verpflichten sich, gemäß den Bestimmungen der Charta der Vereinten Nationen jeden internationalen Streitfall,
5 an dem sie beteiligt sein mögen, durch friedliche Mittel (…) zu regeln (…).
Art. 5 Die vertragsschließenden Staaten sind sich darüber einig, dass ein bewaffneter Angriff gegen einen oder mehrere
10 von ihnen in Europa oder Nordamerika als ein Angriff gegen sie alle betrachtet werden wird, und infolgedessen kommen sie überein, dass im Falle eines solchen bewaffneten Angriffs je-
15 der von ihnen (…) den Vertragsstaat oder die Vertragsstaaten, die angegriffen werden, unterstützen wird, indem jeder von ihnen für sich (…) diejenigen Maßnahmen unter Einschluss der Ver-
20 wendung bewaffneter Kräfte ergreift, die er für notwendig erachtet, um die Sicherheit des nordatlantischen Gebietes wiederherzustellen (…). Diese Maßnahmen sind zu beenden, sobald der
25 Sicherheitsrat die zur Wiederherstellung und Aufrechterhaltung des Völkerfriedens und der internationalen Sicherheit notwendigen Maßnahmen ergriffen hat.

Europa-Archiv 1949, S. 2071f.

Q6 Die verrückte Taube
anonyme französische Karikatur, 1951
Sie spielt auf einen von Stalins Spitznamen – „die verrückte Taube" – an.

Q5 Plakat aus dem Jahr 1943

✎ D: Erläutere anhand der Bilder, wie sich die Wahrnehmung der Sowjetunion in wenigen Jahren verändert hat.

Q7 Amerika und die Europäer

Sowjetische Karikatur aus der satirischen Zeitschrift „Krokodil", 4. April 1949

1 Uncle Sam, das Symbol für die USA, 2 der britische Außenminister Bevin, 3 der französische Außenminister Schuman, 4 der belgische Außenminister Spaak, 5 der niederländische Außenminister Stikker, 6 der luxemburger Außenminister Bech

Die Schrift auf dem Papier lautet: Nordatlantischer Pakt.

✎ E: Beschreibe und interpretiere die Karikatur. Formuliere jeweils eine Antwort aus amerikanischer und aus europäischer Sicht.

Q8 Freiheit und Gleichberechtigung?

Der sowjetische Marschall Bulganin sagt am 11. Mai 1955 auf der 1. Sitzung der Warschauer Vertragsstaaten:

Bekanntlich haben sich zwischen unseren Ländern neue, in der Geschichte noch nie dagewesene Beziehungen angeknüpft, fußend auf der Gemein-
5 samkeit der Ziele und Interessen, auf den Prinzipien der Gleichberechtigung, der Respektierung der staatlichen Souveränität und der Nichteinmischung in die inneren Angelegenheiten. (…) In
10 den Beziehungen zwischen unseren Ländern haben die edlen Prinzipien des sozialistischen Internationalismus, die hohen Ideen der brüderlichen Freundschaft freier, gleichberechtigter Völker
15 ihre Verkörperung gefunden (…).
Die Blocks, die von den imperialistischen Staaten gebildet werden, beruhen auf dem Prinzip der Beherrschung und Unterordnung. Solcherart sind die
20 Blocks, die den Interessen ihrer Organisatoren, der imperialistischen Großmächte, dienen. Die herrschenden Kreise dieser Mächte ziehen kleine Länder in die aggressiven Militärgrup-
25 pierungen hinein, mit deren Bildung sie beschäftigt sind; sie tun es, um Menschenreserven zu bekommen und sich die Schaffung neuer Aufmarschgebiete und Militärstützpunkte zu sichern.
30 Gleichzeitig benutzen sie die aggressiven Blocks zur politischen und wirtschaftlichen Unterordnung dieser ihrer Bündnispartner. Allbekannt ist, daß seit Bildung der Nordatlantikunion die wirt-
35 schaftliche und politische Unabhängigkeit der daran beteiligten Länder erheblich geschmälert worden ist. Die Vereinigten Staaten von Amerika, die in diesem aggressiven Block die Haupt-
40 rolle spielen, machen sich dessen andere Teilnehmer immer mehr botmäßig.

Wolfgang Lautemann/Manfred Schlenke (Hrsg.), Geschichte in Quellen, Bd. 7, München 1980, S. 465 f.

---

1. Verfasse Schlagzeilen, in denen die Grundlagen der Truman-Doktrin plakativ ausgedrückt werden (Q3).

2. „Spielt" einen Konflikt durch, der zu einem NATO-Einsatz führt: Welche Schritte müssen absolviert werden, wie weit muss ein Staat einem anderen zu Hilfe kommen (Q4)?

3. Schreibe aus der Sicht jeweils eines östlichen und eines westlichen Journalisten einen Kommentar zur Rede Bulganins (Q8).

4. Formuliere einen Eintrag für ein Schülerlexikon zum Stichwort „Kalter Krieg" (VT, Q1–Q8).

1946   2012

„Gleichgewicht des Schreckens"

Der Kalte Krieg wurde nicht nur mit Worten geführt, sondern immer auch mit militärischen Drohgebärden. Ein gefährlicher Rüstungswettlauf versetzte die Menschen in Angst und Schrecken. Und dennoch konnte ein neuer Weltkrieg verhindert werden. Was war der Grund dafür?

A: Kennzeichne die Gefahren des Rüstungswettlaufs, die trotz eines militärischen Gleichgewichts bestanden.

Die atomare Bedrohung

1949 wurde die erste sowjetische Atombombe erfolgreich getestet. Damit verloren die USA ihr Atomwaffenmonopol. Von nun an wurden immer wirksamere Bomben entwickelt und eine gewaltige Menge von Sprengköpfen angehäuft. Damit wäre es möglich gewesen, die gesamte Menschheit auszulöschen. Dennoch gaben sich die Atommächte der Illusion hin, ein Atomkrieg sei zu gewinnen. Sie glaubten nämlich, dass im Fall eines atomaren Angriffes noch rechtzeitig zurückgeschlagen und der Gegner dadurch vernichtet werden könne. Durch diese Möglichkeit sollte die jeweils andere Seite davor abgeschreckt werden, ihre Waffen zuerst einzusetzen. Dementsprechend sprach man von einem „Gleichgewicht des Schreckens". Es hat sicher dazu beigetragen, einen Nuklearkrieg zu verhindern.

Der „Sputnik-Schock" und die Folgen

1957 brachten sowjetische Spezialisten einen Satelliten mit dem Namen „Sputnik" auf eine Erdumlaufbahn. Das bewies, dass die Sowjetunion im Besitz leistungsfähiger Trägerraketen war, mit denen sie Kernwaffen an jedem beliebigen Ort der Welt einsetzen konnte. Die westliche Welt war geschockt. Nun begannen die USA eine technologische Aufholjagd. 1961 startete der Russe Juri Gagarin als erster Mensch ins All. Bereits ein Jahr darauf folgte mit John Glenn der erste Amerikaner. Und 1969 betrat Neil Armstrong mit den berühmten Worten „That's one small step for man, one giant leap for mankind" als erster Mensch den Mond.

Die technologischen Fortschritte brachten auf beiden Seiten auch immer leistungsfähigere Waffensysteme hervor: Langstreckenbomber, Interkontinentalraketen, Mittel- und Kurzstreckenraketen sowie Atom-U-Boote. Die Rüstungsspirale drehte sich immer weiter.

Q1 Sputnik 1, 1957

Q2 Familie in einem Atombunker
amerikanisches Pressefoto,
19. Mai 1955

B: Fotos und Zeichnungen dieser Art wurden vom US-amerikanischen Amt für Zivilverteidigung herausgegeben. Welche Botschaft sollte damit verbreitet werden? Formuliere eine Entgegnung darauf.

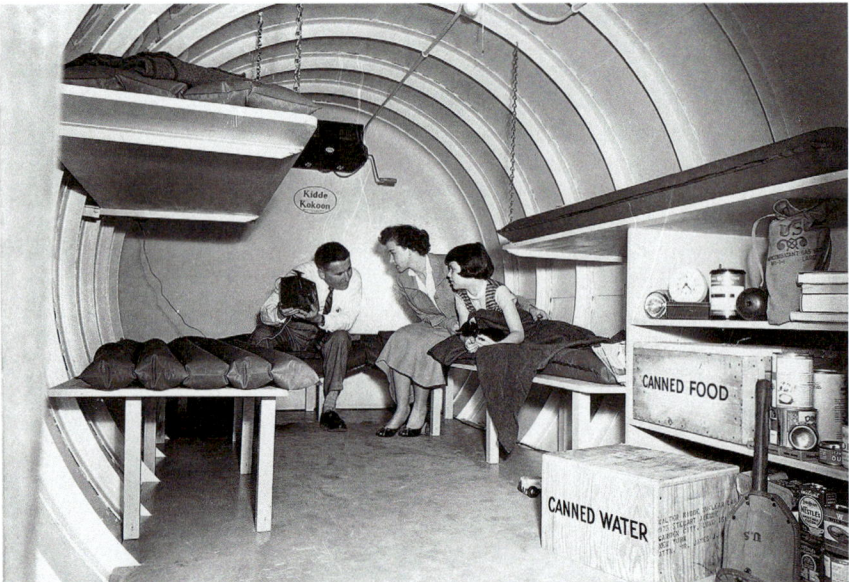

Q5 Die Göttinger Erklärung
Eine Gruppe namhafter Atomforscher der Universität Göttingen wendet sich am 12. April 1957 an die Öffentlichkeit:
1. Taktische Atomwaffen haben die zerstörende Wirkung normaler Atombomben. Als „taktisch" bezeichnet man sie, um auszudrücken, daß sie nicht nur ge-
5 gen menschliche Siedlungen, sondern auch gegen die Truppen im Erdkampf eingesetzt werden. Jede einzelne taktische Atombombe oder -granate hat eine ähnliche Wirkung wie die erste
10 Atombombe, die Hiroshima zerstört hat. Da die taktischen Atomwaffen heute in großer Zahl vorhanden sind, würde ihre zerstörende Wirkung im ganzen sehr viel größer sein. (…)
15 2. Für die Entwicklungsmöglichkeit der lebensausrottenden Wirkung der strategischen (= großen) Atomwaffen ist keine natürliche Grenze bekannt. Heute kann eine taktische Atombombe eine
20 kleinere Stadt zerstören, eine Wasserstoffbombe aber einen Landstrich von der Größe des Ruhrgebietes zeitweilig unbewohnbar machen. Durch die Verbreitung von Radioaktivität könnte
25 man mit Wasserstoffbomben die Bevölkerung der Bundesrepublik heute schon ausrotten. Wir kennen keine technische Möglichkeit, große Bevölkerungsmengen vor dieser Gefahr sicher
30 zu schützen. (…)
Wir bekennen uns zur Freiheit, wie sie heute die westliche Welt gegen den Kommunismus vertritt. Wir leugnen nicht, daß die gegenseitige Angst vor
35 den Wasserstoffbomben heute einen wesentlichen Beitrag zur Erhaltung des Friedens in der ganzen Welt und der Freiheit in einem Teil der Welt leistet. Wir halten aber diese Art, den Frie-
40 den und die Freiheit zu sichern, auf die Dauer für unzuverlässig. Und wir halten die Gefahr im Falle ihres Versagens für tödlich.

Klaus-Jörg Ruhl (Hrsg.), „Mein Gott, was soll aus Deutschland werden?" Die Adenauer-Ära 1949–1963, München 1985, S. 409 f.

Q3 Teilnehmerinnen an einer Demonstration
Foto, 28. Oktober 1961

✎ C: Erläutere aus der Sicht der beiden Frauen ihre Plakate.

Q4 Soll die Bundeswehr Atomwaffen haben?
Der damalige Bundeskanzler Adenauer sagt am 4. April 1957 auf einer Pressekonferenz:
Daß das Vorhandensein dieser Atomwaffen auf dem Boden der Bundesrepublik uns der Gefahr einer atomaren Vergeltung aussetzt, glaube ich nicht
5 aus einem sehr einfachen Grunde, weil auch Sowjetrußland genau weiß, wie das alle anderen Staaten wissen, daß auf eine Vergeltungshandlung (…), d. h.

einen Angriff gegen uns (…) dann so-
10 fort der Gegenschlag von USA kommen würde.
Ich kann nicht verhehlen, daß die außenpolitische Entwicklung in den letzten 12 oder 18 Monaten ernster gewor-
15 den ist und daß wir hier in Deutschland den Frieden, den wir haben, lediglich der Tatsache verdanken, daß die Atomwaffe der USA außerordentlich stark ist.

Klaus-Jörg Ruhl (Hrsg.), „Mein Gott, was soll aus Deutschland werden?" Die Adenauer-Ära 1949–1963, München 1985, S. 408.

---

1. Erläutere, wie Rüstungswettlauf und Weltraumforschung zusammenhingen (VT, Q1).

2. Vergleiche Q4 und Q5. Welche Haltung zum „Gleichgewicht des Schreckens" kommt jeweils zum Ausdruck?

3. Führt ein Streitgespräch zwischen Anhängern Adenauers und Anhängern der Göttinger Forscher zur atomaren Bewaffnung der Bundeswehr (Q4, Q5).

1946　　　　　　　　　　　　　　2012

Brennpunkte der Weltgeschichte

Mehrmals drohte der Kalte Krieg die Welt in eine Katastrophe zu stürzen. Die Konflikte in Korea, Kuba und Vietnam sind bedeutende Beispiele dafür. Welche Ursachen hatten diese Auseinandersetzungen? Welche Gefahren wurden durch sie heraufbeschworen und wie endeten sie?

✎ **A:** Stelle in einer Tabelle die drei Krisen gegenüber. Notiere Stichworte zu Ursachen, Verlauf und Folgen der drei Krisen.

Vormarsch des Kommunismus?

Im Januar 1949 endete in China ein langer Bürgerkrieg mit dem Sieg der Kommunisten unter ihrem Führer Mao Zedong. Damit war das bevölkerungsreichste Land der Welt kommunistisch geworden. Auch im angrenzenden Korea schien der Vormarsch des Kommunismus unaufhaltsam. Das Land war nach dem Zweiten Weltkrieg in zwei Besatzungszonen aufgeteilt worden: in ein amerikanisch besetztes Südkorea und ein sowjetisch besetztes Nordkorea, wo 1948 eine kommunistische Regierung an die Macht kam. 1949 zogen beide Besatzungsmächte ihre Truppen ab. Das Land blieb jedoch geteilt. 1950 griff Nordkorea den Süden an und eroberte fast ganz Südkorea. China und die Sowjetunion unterstützten dabei Nordkorea. Südkorea schien besiegt. Da griffen UNO-Truppen mit den USA an der Spitze in den Konflikt ein. Nach wechselhaften Kämpfen gelang es, die Front am 38. Breitengrad zu stabilisieren. Dort verlief bereits seit 1945 die Trennungslinie zwischen Nord- und Südkorea. 1953 wurde ein Waffenstillstand unterzeichnet, der bis heute besteht.

Die Kubakrise

Fast zehn Jahre später begann in der Karibik ein weiterer folgenschwerer Konflikt. Am 14. Oktober 1962 nahmen Mitarbeiter des US-Geheimdienstes über Kuba Fotos auf, die vierzig im Bau befindliche Abschussrampen für sowjetische Mittelstreckenraketen zeigten. Diese Atomwaffen hätten innerhalb weniger Minuten große Teile der USA erreichen können. Wie war das möglich geworden? Unter der Führung Fidel Castros war es 1959 auf Kuba zu einer Revolution gekommen. Castro begann damit, ein kommunistisches System zu errichten. Diesen Weg unterstützte die Sowjetunion. Beide Regierungen kamen überein, atomare Waffen auf der Karibikinsel zu stationieren. Nun stand der amerikanische Präsident John F. Kennedy vor einer schwierigen Entscheidung. Sollte die amerikanische Armee eingreifen und diese Atomraketen

Q1 Verhör von zwei nordkoreanischen Jungen
Foto, 18. September 1950
Die Jungen haben auf nordkoreanischer Seite am Krieg teilgenommen.

✎ **B:** Schreibe das Gespräch zwischen den amerikanischen Soldaten und den beiden Jungen auf.

vernichten? Die Welt hielt den Atem an: Die Menschen kauften große Lebensmittelvorräte; die Streitkräfte beider Seiten wurden in Alarmzustand versetzt; ein Atomkrieg drohte.

Kennedy entschied sich gegen eine Invasion Kubas und verhängte stattdessen eine Seeblockade, um weitere Waffenlieferungen zu verhindern. Auch der sowjetische Partei- und Regierungschef Chruschtschow vermied einen militärischen Zusammenstoß und erklärte sich schließlich dazu bereit, die Atomraketen wieder abzuziehen. Im Gegenzug sicherten die USA zu, keine Invasion Kubas zu planen und durchzuführen. Außerdem wurde vereinbart, NATO-Raketen aus der Türkei abzuziehen, die von dort die Sowjetunion bedrohten. Beide Seiten werteten das Ende der Kubakrise als einen diplomatischen Erfolg für sich: Die Sowjetunion hatte Kuba vor einer möglichen Invasion der USA gesichert; Kennedy hatte weltweit Ansehen als ein konsequenter, aber auch am Frieden orientierter Präsident gewonnen. Doch die langfristigen Folgen der Kubakrise wogen schwerer. Beide Supermächte erkannten, dass durch unbedachtes Handeln jederzeit ein atomares Inferno in Gang gesetzt werden konnte. Sie sahen sich genötigt, Verhandlungsbereitschaft zu signalisieren. In diesem Zusammenhang wurde auch eine jederzeit freie, direkte Telefonverbindung zwischen Washington und Moskau eingerichtet, um in Krisensituationen eine sofortige Kontaktaufnahme zu ermöglichen. Doch gleichzeitig begann eine neue Runde des Wettrüstens der beiden Großmächte.

Der Vietnamkrieg

Während die USA in der Korea- und der Kubakrise militärische und diplomatische Erfolge erzielen konnten, scheiterten sie schließlich in Vietnam. Die französische Kolonie Vietnam war während des Zweiten Weltkrieges von Japan besetzt worden. Nach Kriegsende versuchte Frankreich, seine Kontrolle über Vietnam wiederherzustellen. Vietnamesische Aufständische unter dem kommunistischen Führer Ho Chi Minh besiegten jedoch 1954 die französischen Streitkräfte. Das Land wurde in einen kommunistischen Norden und einen nichtkommunistischen Süden geteilt. In Südvietnam begann ein Bürgerkrieg zwischen der westlich ausgerichteten Regierung und dem von Nordvietnam unterstützten Vietcong. Nach der sogenannten Dominotheorie der Amerikaner würde ein kommunistisches Gesamtvietnam zu einem weiteren Vordringen des Kommunismus in ganz Asien führen. Um das zu verhindern, griff

Vietcong
Allgemein verwendete Bezeichnung für die „Nationale Front für die Befreiung Südvietnams". Dies war eine Guerillaorganisation, die während des Vietnamkrieges in Südvietnam den bewaffneten Widerstand gegen die Regierungs- und die US-Truppen führte. Sie setzte sich aus unterschiedlichen Gruppierungen zusammen, wurde jedoch durch die Kommunistische Partei dominiert.

Dominotheorie
Darunter ist zu verstehen, dass ein Land nach dem anderen kommunistisch werden würde, sobald eines den Anfang gemacht hätte – so wie eine Reihe aufgestellter Dominosteine umkippt, sobald der erste fällt.

1946   2012

Auf der CD-ROM findest du eine dynamische Karte zum Vietnamkrieg.

die amerikanische Regierung 1955 aktiv in den Konflikt ein und entsandte 350 Offiziere für die Ausbildung und Organisation der südvietnamesischen Armee. In den folgenden Jahren wurde das finanzielle und auch das militärische Engagement immer weiter ausgebaut. Seit 1965 führten die amerikanischen Streitkräfte einen gewaltigen Luftkrieg gegen die nordvietnamesischen Stellungen des Vietcong. Durch einen gleichzeitigen massiven Einsatz von Bodentruppen sollten die Vietcong aus Südvietnam vertrieben werden. Schließlich standen 1967 mehr als eine halbe Million amerikanischer Soldaten in Südvietnam, darunter viele Wehrdienstleistende.

Das Scheitern einer Weltmacht

Der Einsatz konventioneller und chemischer Waffen forderte viele Opfer unter der Zivilbevölkerung. Die Vietcong-Rebellen konnten aber nicht besiegt werden. Nach einzelnen Kampfeinsätzen tauchten sie schnell im Dschungel unter. Dieser Dschungelkrieg erwies sich für die Amerikaner als ein Fiasko. In dem undurchdringlichen Dickicht stieß die weit überlegene amerikanische Militärmacht immer wieder ins Leere. Schließlich entschloss sich Präsident Nixon zum Rückzug. Nach langen Verhandlungen zwischen Nordvietnam und den USA wurde am 27. Januar 1973 ein Waffenstillstand abgeschlossen. In Südvietnam ging der Krieg jedoch weiter. Er endete erst, als reguläre Truppen des Nordens in einer Großoffensive am 30. April 1975 Saigon eroberten. Das nun unter kommunistischer Führung wiedervereinigte Vietnam schloss sich eng an die Sowjetunion an. Die amerikanische Politik, den Vormarsch des Kommunismus zu verhindern, war in Asien gescheitert. Die USA hatten weltweit erheblich an Ansehen verloren und mussten die erste große militärische Niederlage ihrer Geschichte verkraften. Vietnam war zu einem Trauma geworden.

Trauma
(griech.: Wunde, starke Erschütterung) Die Erfahrungen des Vietnamkrieges führten in den USA zum sogenannten Vietnam-Trauma. Zweifel am eigenen politischen System und die Angst vor erneuten Niederlagen verunsicherten über Jahre hinaus viele Amerikaner.

Q3 Junge Vietnamesin, die von US-Truppen verletzt wurde, mit ihrem Kind
Foto, 4. April 1966

D: Versetze dich in die Lage eines amerikanischen Journalisten oder einer Journalistin. Du erhältst das Bild von einem Kriegsfotografen und wirst es in deiner Zeitung veröffentlichen. Schreibe dazu einen Kommentar.

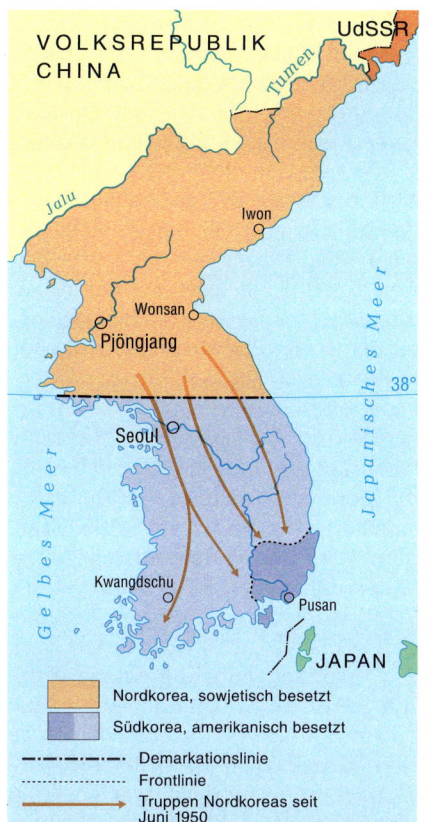

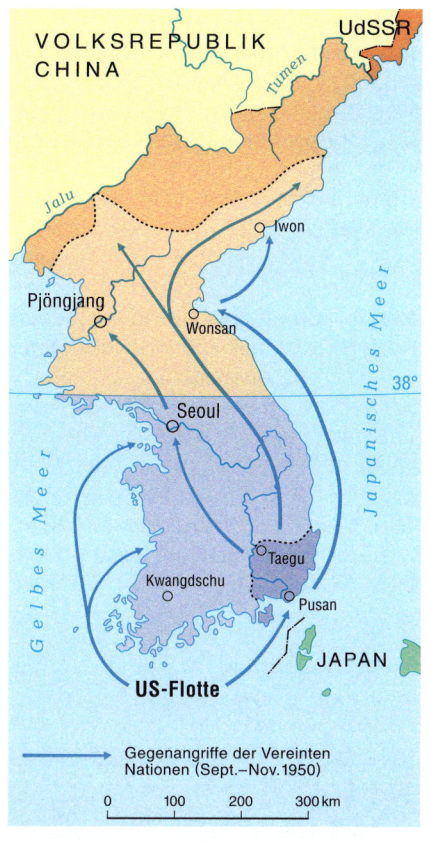

D1 Die drei Phasen des Koreakrieges 1950 bis 1953

🖉 E: Beschreibe den Kriegsverlauf.

Q4 Warum greifen die USA ein?
Aus einer Erklärung des Präsidenten Truman vom Juni 1950:

In Korea (gemeint ist Südkorea) wurden Regierungstruppen, die bewaffnet worden waren, um Grenzverletzungen zu verhindern und die innere Sicherheit
5 des Landes zu erhalten, von aus Nordkorea eindringenden Truppen angegriffen. Der Sicherheitsrat der Vereinten Nationen forderte die eindringenden Truppen auf, die Feindseligkeiten einzu-
10 stellen und sich hinter den 38. Breitengrad zurückzuziehen. Der Sicherheitsrat forderte daraufhin alle Mitglieder der Vereinten Nationen auf, den Vereinten Nationen jede nur mögliche Un-
15 terstützung in der Durchführung dieser Entschließung zu gewähren. In dieser Situation habe ich den Luft- und Seestreitkräften der Vereinigten Staaten den Befehl gegeben, den Truppen der
20 koreanischen Regierung Deckung und Unterstützung zu geben. Der Angriff auf Korea macht über allen Zweifeln deutlich, daß der Kommunismus (...) jetzt zum Mittel bewaffneter Invasion
25 und Krieg greifen wird. Der Kommunismus hat den Anordnungen des Sicherheitsrates getrotzt, die den Frieden und die internationale Sicherheit erhalten sollten.

Ernst-Otto Czempiel/Carl-Christoph Schweitzer, Weltpolitik der USA nach 1945. Einführung und Dokumente, Bonn 1984, S. 98.

Q5 Südkoreanischer Soldat mit Stalin-Bild
Foto, Oktober 1950

🖉 F: Schreibe auf, was der Soldat mit seiner Geste aussagen möchte.

1946   2012

Q6 Einsatz von Kernwaffen?

Aus einer Rede des US-Präsidenten John F. Kennedy vom 22. Oktober 1962:

Im Laufe der letzten Wochen haben eindeutige Beweise die Tatsache erhärtet, dass derzeit auf dieser unterdrückten Insel (gemeint ist Kuba) mehrere Anla-
5 gen für Angriffsraketen errichtet werden. Der Zweck dieser Anlagen kann nur darin bestehen, die Möglichkeit eines Atomschlags gegen die westliche Hemisphäre (Erdhalbkugel) zu schaf-
10 fen. (…)

Aber diese geheime, schnelle und außerordentliche Massierung kommunistischer Raketen in einem Gebiet, von dem sehr gut bekannt ist, dass es be-
15 sondere geschichtliche Bindungen zu den Vereinigten Staaten und den Nationen der westlichen Hemisphäre hat – diese plötzliche und heimliche Entscheidung, zum ersten Mal außerhalb
20 der Sowjetunion strategische Waffen zu stationieren, ist eine absichtliche provokatorische und ungerechtfertigte Veränderung des Status quo (= der jetzige Zustand), die von unserem Land
25 nicht hingenommen werden kann, wenn unser Mut und unsere Versprechungen von Freund und Feind noch ernst genommen werden sollen. (…) Unser unerschütterliches Ziel muss es
30 deshalb sein, den Einsatz dieser Raketen gegen dieses oder irgendein anderes Land zu verhindern und ihren Abzug oder ihre Beseitigung aus der westlichen Hemisphäre sicherzustellen. (…)
35 Wir werden nicht verfrüht oder unnötigerweise einen weltweiten Kernwaffenkrieg riskieren, bei dem selbst die Früchte des Sieges in unserem Munde zu Asche würden. Aber wir werden vor
40 diesem Risiko auch nicht zurückschrecken, wenn wir ihm gegenüberstehen.

Wolfgang Jäger, Die Geschichte der USA. Von der Kolonialzeit zu den Herausforderungen des 21. Jahrhunderts, Berlin 2005, S. 171.

Q7 Verteidigungswaffen?

Aus einem Brief Chruschtschows an Kennedy vom 26. Oktober 1962:

Wie können Sie (…) diese völlig falsche Interpretation geben, die Sie jetzt verbreiten, daß einige Waffen in Kuba Offensivwaffen sind, wie Sie sagen?
5 Alle Waffen dort – das versichere ich Ihnen – sind devensiver Art; sie sind ausschließlich zu Verteidigungszwecken in Kuba gedacht, und wir haben sie auf Bitten der kubanischen Regie-
10 rung nach Kuba entsandt. (…)
Die Waffen, die zur Verteidigung Kubas notwendig sind, sind bereits dort. Ich will nicht behaupten, daß es überhaupt keine Waffenlieferungen gegeben hat.
15 Nein, es hat solche Lieferungen gegeben. Aber nun hat Kuba die notwendigen Verteidigungswaffen bereits erhalten.

Bernd Greiner, Kubakrise. 13 Tage im Oktober, Nördlingen 1988, S. 319.

Q8 Ein Erfolg für die Sowjetunion?

In seinen Memoiren bewertet Chruschtschow im Rückblick die Kubakrise:

Ich hatte vor, Raketen mit Nuklearsprengköpfen auf Kuba zu stationieren, so dass die USA nichts davon mitbekamen, bis es zu spät war, etwas dage-
5 gen zu tun. (…) Wir hatten nicht vor, einen Krieg anzufangen. Wir teilten den Amerikanern mit, dass wir bereit wären, unsere Raketen und Bomber unter der Bedingung abzuziehen, dass es
10 keine Invasion Kubas seitens der Amerikaner oder irgendjemand anderem gegeben würde. Schließlich gab Kennedy nach und stimmte zu, eine Erklärung mit einer diesbezüglichen Garantie ab-
15 zugeben. (…) Es war ein großer Sieg für uns, (…) ein spektakulärer Erfolg.

Nikita Khrushchev, Khrushchev Remembers. London 1971, S. 496. Übersetzung: Boris Loske, zit. nach: Geschichte lernen, 94 (2003), S. 39.

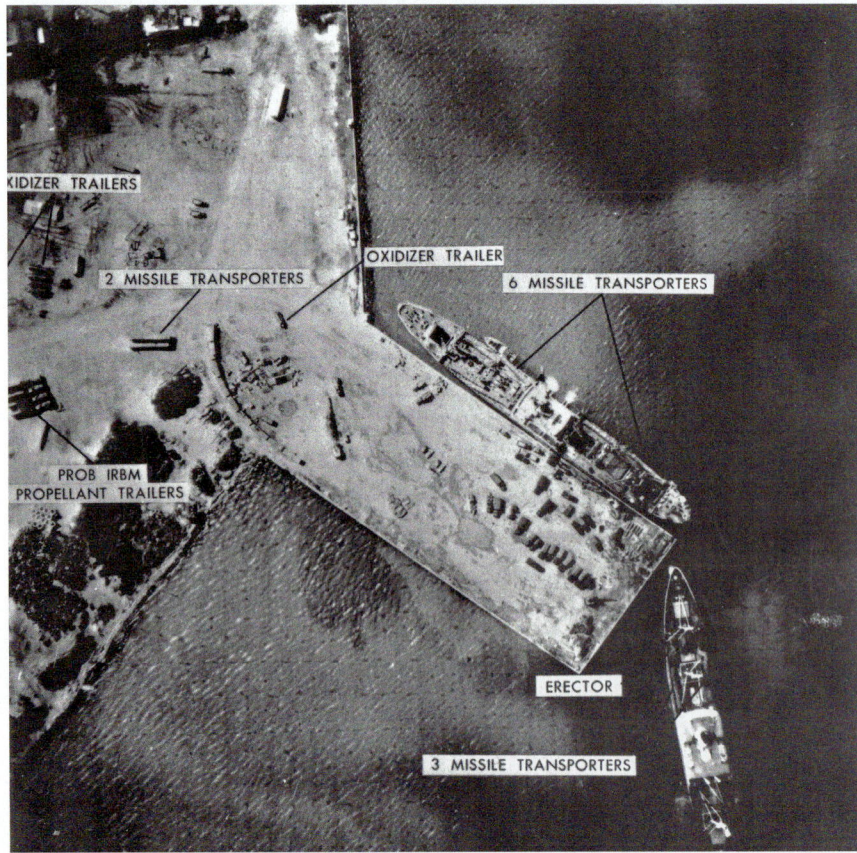

Q9 Rückführung sowjetischer Raketen von Kuba

Foto des Hafens Puerto Mariel, 5. November 1962

G: Verfasse zwei Zeitungsmeldungen zu dem dargestellten Ereignis: einmal aus der Sicht eines westlichen, einmal aus der Sicht eines sowjetischen Berichterstatters.

Q10 Rückzug aus Saigon

Foto, 29. April 1979
CIA-Mitarbeiter lassen sich mit einem US-Hubschraubern ausfliegen. Am folgenden Tag eroberten die Vietcong Saigon.

H: Gestalte aus der Sicht eines amerikanischen Fernsehreporters/einer Fernsehreporterin einen Beitrag für eine Nachrichtensendung.

Q11 Warum sind wir in Vietnam?

Präsident Johnson in einer Rede am 7. April 1965:

Die Welt in Asien ist kein heiterer und friedlicher Ort. Die erste Realität ist, daß Nordvietnam die unabhängige Nation Südvietnam angegriffen hat. Das
5 Ziel ist die totale Eroberung. Natürlich unterstützen einige Südvietnamesen den Angriff auf ihre eigene Regierung. Aber ausgebildete Männer, Nachschub, Befehle und Waffen fließen unaufhör-
10 lich von Nord nach Süd. (…) Wir sind (in Südvietnam), weil wir ein Versprechen zu halten haben. Seit 1954 hat jeder amerikanische Präsident dem Volk von Südvietnam Hilfe angeboten. Wir
15 haben geholfen aufzubauen, wir haben geholfen zu verteidigen. (…) Wir sind auch dort, um die Weltordnung zu stärken. Rund um die Erde, von Berlin bis Thailand, leben Völker, deren Wohler-
20 gehen zum Teil auf dem Glauben beruht, daß sie auf uns zählen können, wenn sie angegriffen würden. Vietnam seinem Schicksal zu überlassen, würde das Vertrauen aller dieser Völker in den
25 Wert einer amerikanischen Verpflichtung (…) erschüttern. Das Ergebnis wäre wachsende Unruhe und Unsicherheit, schließlich sogar Krieg. Wir sind auch dort, weil es um hohe Einsätze für
30 das Gleichgewicht geht. Niemand soll glauben, daß der Rückzug aus Vietnam das Ende des Konflikts brächte. (…) Die wichtigste Lehre unserer Zeit ist, daß der Appetit der Aggression nie-
35 mals befriedigt ist. Rückzug von dem einen Schlachtfeld bedeutet nur Vorbereitung des nächsten.

Wolfgang Lautemann/Manfred Schlenke (Hrsg.), Geschichte in Quellen, Bd. 7, München 1980, S. 601f..

Q12 Kriegsführung in Vietnam

Colin Powell, der als Offizier in Vietnam gedient hatte, schreibt 1996:

Die Vietcong und sympathisierende Bauern, auch Frauen und Kinder, hatten überall Minen gelegt und Sprengfallen versteckt. Das entschuldigt freilich
5 nicht, was am 16. März 1968 geschah. An diesem Tag (…) drangen Soldaten der 11. Brigade in das Dorf My Son am Südchinesischen Meer ein. Ein Zug unter First Lieutenant William Calley trieb
10 Hunderte alter Männer, Frauen und Kinder, unter ihnen auch Säuglinge, aus dem Dörfchen zu einem nahe gelegenen Graben. Dort wurden alle mit Maschinengewehren niedergemäht. Wie
15 spätere Untersuchungen ergaben, hatten Calley und seine Männer 347 Menschen umgebracht. (…) Zur gleichen Zeit, als ich meine Meinung über den Krieg zu ändern begann, vollzog sich
20 der gleiche Gesinnungswandel in der gesamten Armee. Wir sahen ein, daß wir im Dienst einer Außenpolitik eingesetzt worden waren, die sich jetzt als völliger Fehlschlag erwies. Die Füh-
25 rung hatte uns nach der Einheitslogik des Antikommunismus in den Krieg geschickt, doch diese Logik ließ sich auf Vietnam nur teilweise anwenden: Der dortige Kampf hatte seine historischen
30 Wurzeln im Nationalismus, im Krieg gegen den Kolonialismus und in sozialen Konflikten, die unabhängig vom Ost-West-Konflikt bestanden.

Colin Powell, Mein Weg, München 1996, S. 171ff., übers. von Enrico Benjamino Heinemann.

---

1. Erkläre, warum sich der lokale Konflikt zwischen Nord- und Südkorea zu einer internationalen Auseinandersetzung ausweitete und weshalb sich die USA so stark engagierten (VT, Q4).

2. Erläutere die Ursachen der Kubakrise und nimm Stellung zur sowjeti-schen und amerikanischen Politik zur Beilegung der Krise (VT, Q6–Q8).

3. Nimm Stellung zu Johnsons Erklärung, warum die USA einen Rückzug aus Vietnam ablehnen (VT, Q11).

Du kannst zur Lösung der Aufgabe mit der CD-ROM arbeiten.

4. Vergleiche Johnsons Rechtfertigung des Vietnamkrieges mit der Kritik Powells (Q11, Q12).

5. Verfasse einen Zeitungsbericht wahlweise zum Koreakrieg, zur Kubakrise oder zum Vietnamkrieg.

1946   2012

Historische Spielfilme auswerten

Der Kalte Krieg war und ist Thema vieler Spielfilme. Spielfilme zu historischen Themen sind – ähnlich wie Historienbilder – Darstellungen von Geschichte. Dabei muss man unterscheiden, ob die Handlung völlig frei erfunden wurde oder ob sich die Geschichte wirklich ereignet hat. Ist Letzteres der Fall, ermöglichen Spielfilme durchaus, historische Tatsachen zu erfahren. Das trifft auf den Film „Thirteen Days" zu, der 2000 gedreht wurde, nachdem ein Großteil der geheimen Regierungsdokumente zur Kubakrise für die Forschung freigegeben worden war.

Spielfilme können Geschichte lebendig machen und so das Lebensgefühl der dargestellten Zeit vermitteln. Der Zuschauer bekommt den Eindruck, in die Filmhandlung einzutauchen und den handelnden Personen sehr nahezukommen. Das kann dazu beitragen, das Handeln der Menschen in ihrer Zeit besser zu verstehen. Weil historische Spielfilme normalerweise nicht in der Zeit entstehen, in der sie spielen, sind sie auch ein Spiegelbild ihrer Entstehungszeit. Sie zeigen uns das Bild der Geschichte, das die Schöpfer des Films haben: Drehbuchautoren, Regisseure, Kameraleute, Schauspieler usw. Dies alles kann aber auch dazu führen, dass uns Spielfilme emotional überwältigen, dabei in uns Zuneigung oder Abneigung zu einzelnen Ereignissen oder Personen erzeugen oder sogar bewusst etwas Falsches vermitteln. Spielfilme sollten daher nicht unkritisch akzeptiert, sondern genau untersucht werden. Die moderne Wiedergabetechnik der DVD bietet für eine Filmanalyse besonders günstige Voraussetzungen.

D1 Filmplakat aus dem Jahr 2000
Regie: Roger Donaldson
In den Hauptrollen (von links nach rechts):
Steven Culp (US-Justizminister Robert F. Kennedy), Bruce Greenwood (US-Präsident John F. Kennedy), Kevin Costner (Sonderberater Kenny O'Donnell)

✎ A: Untersuche, welche Botschaft der Kinobesucher dem Plakat entnehmen soll.

Methodische Arbeitsschritte

1 Beschreiben

Schau dir den Film an und notiere:
- Wann und von wem wurde der Film gedreht?
- Welches Thema hat er zum Inhalt?
- Welche Ereignisse werden besonders herausgestellt, welche nur am Rande gezeigt?
- Wer sind die handelnden Personen? Wie sind sie dargestellt?
- Welche Szenen sind für das Verständnis des historischen Inhalts besonders wichtig?

Fasse deine Gesamteindrücke zusammen.

2 Untersuchen

Sieh dir die Schlüsselszenen noch einmal an und finde heraus:
- Welche Personen bringen die historische Entwicklung voran?
- Wie werden die handelnden Personen dargestellt?
- Mit welchen Mitteln geschieht das? Beachte die Kameraeinstellung (groß, klein, nah, fern, Details), Kameraperspektive (von oben, von unten, Normalsicht usw.), Kamerabewegung, Beleuchtung, Ton (Musik, Geräusche, Kommentare usw.).

Recherchiere, welche Handlungen den historischen Tatsachen entsprechen und welche erfunden sind.

3 Deuten

- Wie wird das historische Ereignis insgesamt gewertet und gedeutet?
- Welche Botschaft oder Lehre soll der Zuschauer vermittelt bekommen?
- Notiere, welche Wertungen und Deutungen deiner Meinung nach kritikwürdig sind.

Beschreiben

„Thirteen Days" wurde 2000 von Kevin Costner produziert, der auch die Hauptrolle spielt. Der Film zeichnet dreizehn Tage der Kubakrise von 1961 nach. Im Mittelpunkt stehen dabei der junge amerikanische Präsident John F. Kennedy, sein Bruder – der Justizminister Robert Kennedy – und der Sonderberater Kenny O'Donnell. Mit der Kamera begleitet der Zuschauer Kenny O'Donnell durch die Krise und lernt so auch dessen Familie kennen. Immer wieder droht die Lage zu eskalieren und der Krieg auszubrechen. Immer wieder gelingt es, das zu verhindern – bis zur glücklichen Lösung der Krise. Der Film besteht vor allem aus Diskussionen der Hauptpersonen untereinander bzw. mit Beratern, Generälen und Diplomaten. Er bleibt trotzdem spannend. Dazu trägt bei, dass immer wieder konkrete Bilder der Kubakrise zu sehen sind: Kriegsschiffe, Flugzeuge, gefährliche Überflüge usw.

Untersuchen

Der Film wirkt fast wie ein Dokumentarfilm. Das wird noch dadurch gesteigert, dass viele Szenen in Schwarz-Weiß gedreht wurden. Auch die Kameraführung unterstreicht das. Sie scheint den Zuschauer mit auf eine Reise zu nehmen, z. B. bei Flugszenen. Die Auseinandersetzungen zwischen dem Präsidenten und seinen Beratern auf der einen und den Militärs auf der anderen Seite treiben die Handlung des Filmes voran. Durch unterschiedliche Kameraperspektiven werden die vielen Gespräche lebendig gehalten. Viele Großaufnahmen, besonders von Kennedy und seinen Beratern, erzeugen eine große Nähe.
Die Filmmusik passt sich der Handlung gut an. Nur wenn das aufmarschierende Militär gezeigt wird, erklingen militärische Rhythmen, sonst bleibt sie im Hintergrund oder verstummt ganz. Auch das erzeugt den Anschein von Authentizität.

Die Filmhandlung basiert auf gründlichen Recherchen. Allerdings entspricht die dargestellte Möglichkeit eines Militärputsches nicht den historischen Tatsachen. Auch Kenny O'Donnell hat in Wirklichkeit nur eine untergeordnete Rolle gespielt.

Deuten

Aus der Konfrontation zwischen der Regierung und dem Militär geht Kennedy als der eigentliche Held des Filmes hervor. Er steuert einen konsequenten Friedenskurs. Damit wird die Beilegung der Kubakrise allein dem Friedenswillen der amerikanischen Regierung zugeschrieben. Kennedy selbst erscheint als Retter der Welt vor der atomaren Zerstörung. Der Film erzählt die Geschichte konsequent aus amerikanischer Perspektive, die sowjetische bleibt ausgespart. Das zeigt auch die Grenzen, die ein Spielfilm hat, wenn man daran historische Ereignisse untersuchen möchte.

---

1. Nenne Gründe, warum häufig historische Ereignisse mithilfe von Spielfilmen dargestellt werden.

2. Diskutiert, welche Chancen und Grenzen historisches Lernen auf Grundlage von Spielfilmen hat.

3. Leihe dir einen historischen Spielfilm aus und untersuche diesen mithilfe der methodischen Arbeitsschritte.

1946   2012

Zwischen Tauwetter und Nachrüstung

Die Kubakrise hatte beiden Blöcken vor Augen geführt, welche Gefahren die atomare Rüstung für die Existenz der Menschheit hervorgebracht hatte. Wie reagierten die Supermächte darauf?

A: Erläutere, warum in den 1960er- und 1970er-Jahren von „Entspannung" die Rede war. Stelle diese politische Phase den 1980er-Jahren gegenüber: Was hatte sich geändert und worin siehst du die Ursachen dafür?

Vorsichtige Annäherung und Entspannungspolitik

In den 1960er-Jahren begannen sich Ost und West vorsichtig politisch anzunähern, ohne allerdings ihre Rivalität aufzugeben. Durch Verhandlungen wollten die Großmächte die Rüstungen begrenzen. Dadurch sollte einerseits die Gefahr eines Atomkrieges vermindert, andererseits sollten die hohen Rüstungsausgaben reduziert werden. Ein erster Erfolg dieser Entspannungspolitik war 1968 der Abschluss des Atomwaffensperrvertrages zwischen den USA, der Sowjetunion und Großbritannien. Darin verpflichteten sich die Unterzeichnerstaaten, die Nukleartechnologie nicht an andere Länder weiterzugeben. Ende 1969 begannen dann Gespräche zwischen der UdSSR und den USA, um die Anzahl der Atomwaffen zu begrenzen. Diese SALT-Verhandlungen („Strategic Arms Limitation Talks") führten zum Abschluss von zwei Rüstungsbegrenzungsabkommen, in denen zunächst Obergrenzen für bestimmte Waffensysteme festgeschrieben wurden. Beispielsweise wurde vereinbart, wie viele Sprengköpfe jede Seite höchstens haben dürfte. Zu einer Abrüstung kam es jedoch nicht.

Die Gipfelkonferenz von Helsinki

Die Entspannungspolitik jener Jahre beschränkte sich nicht nur auf Bemühungen um Rüstungsbegrenzung. 1975 unterzeichneten in Helsinki alle europäischen Staaten (außer Albanien) sowie die USA und Kanada das Schlussdokument der „Konferenz für Sicherheit und Zusammenarbeit in Europa" (KSZE). Nach zwei Jahren Verhandlungszeit hatten sich die Teilnehmerstaaten geeinigt, die bestehenden europäischen Grenzen anzuerkennen, das Prinzip der gegenseitigen Nichteinmischung zu befolgen, Konflikte friedlich zu lösen sowie die Menschenrechte und die politischen Grundrechte zu achten. Darüber hinaus vereinbarten sie, auf den Gebieten der Wirtschaft, der Wissenschaft, der Kultur, der Technik und der Umwelt zusammenzuarbeiten. Die Konferenz war umstritten. Im Westen wurde kritisiert, dass durch

Q1 „Helsinki – der Gipfel der Unverbindlichkeiten"
Karikatur von Hanns Erich Köhler aus der Frankfurter Allgemeinen Zeitung, 30. Juli 1975
Auf der Schlussakte stehen der französische Staatspräsident Giscard d'Estaing, der deutsche Bundeskanzler Schmidt, der sowjetische Staats- und Parteichef Breschnew, der USA-Präsident Ford und der englische Premierminister Wilson (v. l. n. r.).

B: Beschreibe und deute die Karikatur mithilfe des VT.

die Erklärungen von Helsinki die Unterschiede zwischen dem demokratischen Westen und dem kommunistischen Osten verwischt würden, ohne die tatsächliche Situation der Menschen in den Ostblockstaaten zu verbessern. Doch für oppositionelle Gruppen in den kommunistischen Staaten erlangte das Dokument in den folgenden Jahren große Bedeutung, denn damit begründeten sie immer wieder die Forderung gegenüber ihren Regierungen, die vereinbarten Menschenrechte zu gewähren.

Afghanistan

Ende der 1970er-Jahre geriet die Entspannungspolitik in eine Krise. Das Klima zwischen den beiden Supermächten wurde eisiger. Das zeigte sich ganz besonders im Konflikt um Afghanistan. Dort hatte sich gegen das regierende kommunistische Regime eine islamische Widerstandsbewegung erhoben. Um die kommunistische Herrschaft und den Einfluss in dieser Region zu retten, marschierten sowjetische Truppen 1979 in Afghanistan ein. Ein jahrelanger Krieg begann. Die USA versuchten, den kommunistischen Vormarsch zu stoppen, indem sie die afghanischen Aufständischen mit Waffen und Geld unterstützten. Als sich das sowjetische Militär zehn Jahre später zurückzog, blieb das Land im politischen und wirtschaftlichen Chaos zurück.

Der NATO-Doppelbeschluss

Wie zerbrechlich die Verständigungsbemühungen zwischen Ost und West waren, hatte sich jedoch schon vor dem Afghanistan-Krieg gezeigt. Die Sowjetunion begann, ihre alten Mittelstreckenraketen in Osteuropa gegen neue auszutauschen. Diese SS-20-Raketen hatten eine größere Reichweite und konnten mit Atomsprengköpfen ausgerüstet werden. Damit wuchs die atomare Bedrohung Westeuropas. Daraufhin beschloss die NATO, Verhandlungen aufzunehmen mit dem Ziel, diese Waffensysteme abzurüsten. Sollten die Verhandlungen scheitern, würden als Gegengewicht ebenfalls mit Atomsprengköpfen bestückte Raketen aufgestellt. Gegen diesen „NATO-Doppelbeschluss" (1979) bildete sich in Westeuropa eine breite Friedensbewegung, die die Stationierung neuer westlicher Waffensysteme ablehnte. Die Abrüstungsverhandlungen scheiterten an der unnachgiebigen Haltung beider Seiten. 1983 wurde mit der Stationierung neuer amerikanischer Mittelstreckensysteme – der Cruise Missiles und der Pershing II – begonnen. Eine neue Runde des Wettrüstens wurde eingeläutet.

Q2 „Der Rüstungswettlauf"
Karikatur von Horst Haitzinger, 1981

C: Erläutere die Aussage der Karikatur.

1946   2012

Q3 Entspannungspolitik

Am 29. Mai 1972 unterzeichneten US-Präsident Nixon und der Partei- und Staatschef der UdSSR Breschnew in Moskau Grundsätze für die Beziehungen zwischen den USA und der UdSSR. Darin heißt es:

2. Die USA und die UdSSR legen größten Wert darauf, das Entstehen von 5 Situationen zu verhindern, die zu einer gefährlichen Verschlechterung ihrer Beziehungen führen könnten, Sie werden daher ihr Äußerstes tun, um militärische Konfrontationen zu vermeiden 10 und den Ausbruch eines Nuklearkrieges zu verhindern. Sie werden in ihren gegenseitigen Beziehungen stets Zurückhaltung üben, und sie werden bereit sein, zu verhandeln und Meinungsverschiedenheiten mit friedlichen Mitteln beizulegen. Gespräche und Verhandlungen über offenstehende Fragen werden in einem Geiste der Gegenseitigkeit, des beiderseitigen Entgegenkommens und des beiderseitigen Vorteils geführt werden. (…)

20 Die Voraussetzungen für die Erhaltung und Stärkung friedlicher Beziehungen zwischen den USA und der UdSSR sind die Anerkennung der Sicherheitsinteressen der Vertragspartner auf der Basis 25 des Grundsatzes der Gleichberechtigung und der Verzicht auf Anwendung oder Androhung von Gewalt.

3. Die USA tragen (…) eine besondere Verantwortung, alles in ihrer Macht stehende zu tun, damit es nicht zu Konflikten oder Situationen kommt, die zur Erhöhung internationaler Spannungen führen würden. Demgemäß werden sie bestrebt sein, Bedingungen herbeizuführen, unter denen alle Länder in Frieden und Sicherheit leben können und nicht Gegenstand einer Einmischung in ihre inneren Angelegenheiten von außen werden.

Europa-Archiv, 27. Jg., 1972, D 290 f.

Q4 Nur Hilfe für Afghanistan?

Aus einem Protokoll der Sitzung des Politbüros des ZK der KPdSU vom 20 27. Dezember 1979:

Streng geheim. (…)

In unserer propagandistischen Arbeit – in der Presse, im Fernsehen, im Rundfunk – müssen wir uns bei der Darstellung der Hilfsaktion, die von der Sowjetunion auf Ersuchen der Führung der Demokratischen Republik Afghanistan zur Abwehr der äußeren Bedrohung unternommen wird, von Folgendem leiten lassen: (…)

2. Als Hauptthese ist herauszustellen, dass die auf Ersuchen der afghanischen Führung erfolgte Entsendung begrenzter sowjetischer militärischer Kontingente nach Afghanistan einem Ziel dient, nämlich, im Kampf gegen die äußere Bedrohung Hilfe und Unterstützung zu gewähren. Die sowjetische Aktion verfolgt keinerlei andere Ziele.

3. Zu betonen ist, dass durch die Aggression von außen und durch zunehmende äußere Einmischung in die innerafghanischen Angelegenheiten die Errungenschaften der Aprilrevolution (gemeint ist der Putsch, in dem die kommunistische Regierung an die Macht kam), die Souveränität und die Unabhängigkeit des neuen Afghanistan in Gefahr geraten sind. Unter diesen Bedingungen 30 hat sich die Sowjetunion, an die sich die Führung der Demokratischen Partei Afghanistans in den letzten drei Jahren mehrmals mit der Bitte um Unterstützung (…) gewandt hat, positiv auf diese Bitte reagiert (…).

Michael S. Voslensky, Das Geheime wird offenbar. Moskauer Archive erzählen. 1917–1991, München 1995, S. 351.

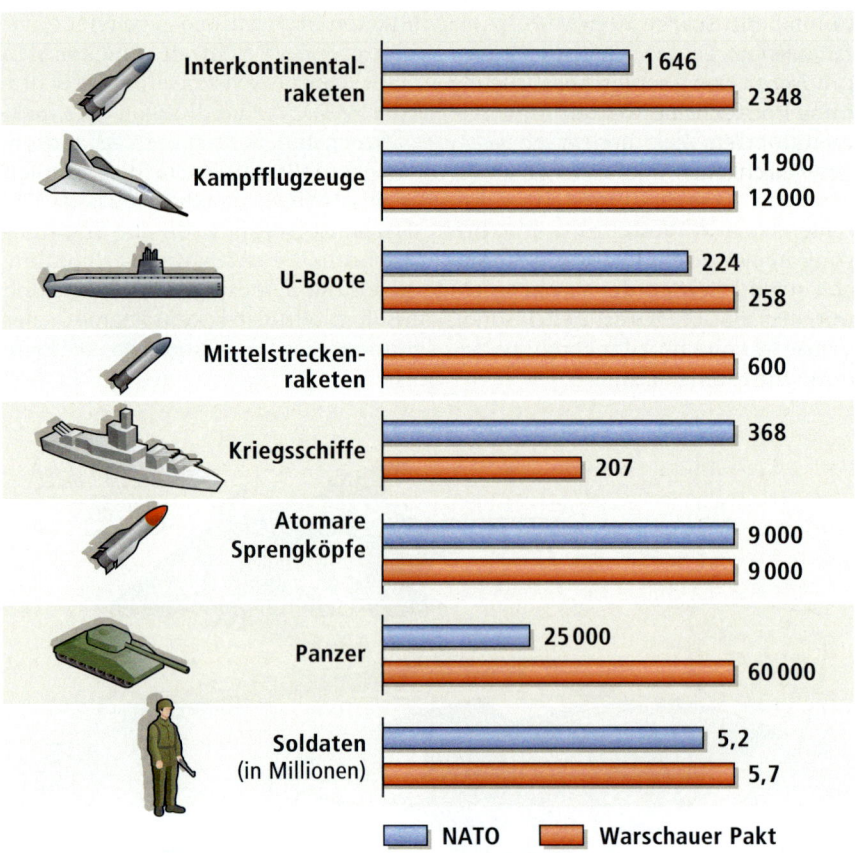

	NATO	Warschauer Pakt
Interkontinentalraketen	1 646	2 348
Kampfflugzeuge	11 900	12 000
U-Boote	224	258
Mittelstreckenraketen		600
Kriegsschiffe	368	207
Atomare Sprengköpfe	9 000	9 000
Panzer	25 000	60 000
Soldaten (in Millionen)	5,2	5,7

D1 Rüstung in Ost und West
Stand 1982

D: Erläutere das militärische Kräfteverhältnis zwischen NATO und Warschauer Pakt.

NATO-Soldaten sagen "NO!" zu Cruise Missiles und Pershing zwo !!!

Q5 Demonstration gegen die Stationierung neuer atomarer Waffensysteme in der Bundesrepublik am 22. Oktober 1983 in Bonn

E: Schreibe eine Rede, die du auf der Demonstration halten könntest. Bedenke dabei auch die Rüstung der Sowjetunion.

Q6 Außenpolitische Grundsätze der USA in den 1980er-Jahren

Aus einer Rede des amerikanischen Außenministers George P. Shultz am 15. Juni 1983:

Wir und die Sowjets haben völlig verschiedene Ziele und Vorstellungen von politischer und moralischer Ordnung; diese Unterschiede werden nicht bald
5 verschwinden. Jede andere Annahme ist wirklichkeitsfremd. Gleichzeitig haben wir das grundlegende gemeinsame Interesse, Krieg zu vermeiden. Dieses gemeinsame Interesse veran-
10 laßt uns, auf Beziehungen zwischen unseren Staaten hinzuarbeiten, die für die ganze Menschheit zu mehr Sicherheit in der Welt führen können.

Eine sichere Welt wird nicht durch guten
15 Willen verwirklicht. Unsere Zukunftshoffnungen müssen sich gründen auf eine realistische Einschätzung der Herausforderung, der wir uns gegenübersehen, und auf eine entschlossene An-
20 strengung, Verhältnisse herbeizuführen, die ihre Verwirklichung möglich machen. Einen Anfang haben wir gemacht. Jeder amerikanische Präsident der Nachkriegszeit ist früher oder später zu der
25 Einsicht gekommen, daß Frieden auf Stärke aufgebaut werden muß (…).

Anders als die Politik der Eindämmung geht unsere Politik von der klaren Erkenntnis aus, daß die Sowjetunion eine
30 Supermacht mit weltweiten Interessen ist und bleiben wird. Als Reaktion auf die Lektionen, die uns durch das Verhalten dieser Supermacht in den letzten Jahren erteilt wurden, geht unsere
35 Politik – anders als einige Fassungen von Entspannungspolitik – von der Annahme aus, dass es wahrscheinlicher ist, dass die Sowjetunion von unseren Maßnahmen, die ihr mit einer Aggres-
40 sion verbundenen Risiken verdeutlichen, eher abgeschreckt wird als durch ein zerbrechliches Netz der Interdependenz (gegenseitige Abhängigkeit).

Ernst-Otto Czempiel/Carl-Christoph Schweitzer, Weltpolitik der USA nach 1945, Bonn 1984, S. 396–401.

Q7 Ist Abrüstung wichtiger als Abschreckung?

Aus dem von der westdeutschen Friedensbewegung herausgegebenen „Krefelder Appell" vom November 1980:

Der Atomtod bedroht uns alle! Keine Atomraketen in Europa! Die 1000 Teilnehmer stimmten der folgenden Erklärung zu: Immer offensichtlicher er-
5 weist sich der „Nachrüstungsbeschluß" der NATO vom 12. Dezember 1979 als verhängnisvolle Fehlentscheidung. (…) Die Teilnehmer (…) appellieren daher gemeinsam an die Bundesregierung,
10 die Zustimmung zur Stationierung von Pershing-II-Raketen und Marschflugkörpern in Mitteleuropa zurückzuziehen. (… und) eine Sicherheitspolitik zu erzwingen, die eine Aufrüstung Mittel-
15 europas zur nuklearen Waffenplattform der USA nicht zulässt (und) Abrüstung für wichtiger hält als Abschreckung.

Helga Haftendorn, Sicherheit und Stabilität. Außenbeziehungen der Bundesrepublik zwischen Ölkrise und NATO-Doppelbeschluß, München 1986, S. 233 ff.

1. Erläutere die Chancen, die die Vereinbarung zwischen der UdSSR und den USA für die Beziehungen zwischen Ost und West boten. Warum wurde der Kalte Krieg dennoch fortgesetzt (VT, Q3)?

2. Untersuche, wie die Parteiführung der KPdSU den Krieg in Afghanistan begründete. Schreibe dazu aus der Sicht eines westlichen Beobachters einen Kommentar (Q4). Beziehe dabei auch Q3 ein.

3. Analysiere, wie sich die Politik der USA gegenüber der Sowjetunion in den 1980er-Jahren veränderte (Q6).

Auf der CD-ROM findest du einen ausführlicheren Textauszug aus der Rede des Außenministers.

4. Der Krefelder Appell (Q7) wurde vielen Bürgern zur Unterschrift vorgelegt. Ein junger Mann und eine junge Frau sind unschlüssig, ob sie unterschreiben sollen oder nicht. In einem Gespräch wägen sie das Für und Wider ab. Gestaltet ein solches Gespräch. Bezieht dabei auch D1 und Q6 ein.

1946   2012

Der Kalte Krieg geht zu Ende

Ende der 1980er-Jahre zerfiel der Ostblock und die UdSSR wurde 1991 aufgelöst. Für die meisten Menschen kam das völlig überraschend, hatte doch die Sowjetunion über 40 Jahre lang ihren Einflussbereich mit eiserner Hand zusammengehalten. Zwar hatte es dort in der Vergangenheit schon einzelne Versuche gegeben, demokratische Verhältnisse zu schaffen – jedoch ohne Erfolg. Was führte schließlich zu den revolutionären Veränderungen?

1953 – ein Jahr der Hoffnung?

Als 1953 Stalin starb, hofften nicht nur in der Sowjetunion, sondern auch in den Ostblockstaaten viele Menschen auf mehr politische Freiheiten. Ihre Hoffnungen wurden jedoch enttäuscht. Auch wenn die schlimmsten Auswüchse der stalinistischen Herrschaft allmählich überwunden wurden, Stalins Nachfolger hielten an der sowjetischen Vorherrschaft über die kommunistischen Staaten Europas fest. Sie stützten die moskautreuen Regierungen, die jede Opposition gewaltsam unterdrückten. Das mussten die Menschen in der DDR erfahren, als sie sich im Juni 1953 in einem Volksaufstand gegen ihre Machthaber erhoben und politische Freiheiten forderten. Mithilfe der sowjetischen Besatzungsmacht wurde der Aufstand niedergeschlagen.

Aufbegehren in Ungarn

Der bei der Bevölkerung beliebte ungarische Ministerpräsident Imre Nagy wurde 1955 von kommunistischen Hardlinern abgesetzt und aus der Partei ausgeschlossen, weil er politische Reformen anstrebte. Doch um ihn herum entstand eine starke Opposition. 1956 erzwang eine bewaffnete Protestbewegung, Nagy wieder in sein Amt einzusetzen. Er legte freie Wahlen fest, erklärte die Neutralität Ungarns und den Austritt aus dem Warschauer Pakt. Daraufhin marschierte die sowjetische Armee ein, eroberte die Hauptstadt Budapest und setzte eine neue moskautreue Regierung ein. Nagy wurde wie viele andere verhaftet und später hingerichtet. Trotz aller Bitten der Aufständischen gab es keine Hilfe aus dem Westen. Die amerikanische Regierung legte lediglich scharfen Protest gegenüber der Sowjetunion ein.

✎ **A:** Fertige eine kommentierte Zeitleiste an, die den Weg der Ostblockstaaten vom Stalinismus bis zur demokratischen Erneuerung aufzeigt.

📖 Über den Volksaufstand erfährst du mehr auf S. 243 und 245.

Q1 Aufständische in Budapest haben einen sowjetischen Panzer erbeutet. Foto, Anfang November 1956

✎ **B:** Beschreibe die Stimmung unter der Budapester Bevölkerung, die in diesem Foto zum Ausdruck kommt.

Der „Prager Frühling"

Doch der Ostblock kam nur für einige Zeit zur Ruhe: 1968 war die Tschechoslowakei an der Reihe. Der Vorsitzende der kommunistischen Partei, Alexander Dubček, versprach eine Demokratisierung des gesamten Systems. Durch Reformen sollte ein „Sozialismus mit menschlichem Antlitz" entstehen. Den Anfang machte er im März 1968, indem er Presse- und Versammlungsfreiheit verkündete. Viele Menschen schöpften während dieses „Prager Frühlings" Hoffnung auf eine Systemveränderung. Doch die Sowjetunion war nicht bereit, ihren Herrschaftsanspruch im Osten zu lockern und den Menschen mehr Freiheiten zu gestatten. Moskau übte Druck auf Dubcek aus, der aber von seinem Reformkurs nicht zurückwich. KPdSU-Chef Breschnew erklärte den „Prager Frühling" zur Konterrevolution und ließ eine halbe Million Soldaten des Warschauer Paktes in die Tschechoslowakei einmarschieren. Die Regierung wurde gestürzt und die alten politischen Verhältnisse wurden restauriert.

Eine Gewerkschaft verändert Polen

Im Sommer 1980 streikten in Polen viele Arbeiter, weil die Preise gestiegen waren. Doch bald richteten sich die Streiks nicht mehr nur gegen Preiserhöhungen. Es wurden zunehmend politische Forderungen gestellt. Eine davon war, unabhängige Gewerkschaften zuzulassen. Dem kam die Regierung nach langen Verhandlungen nach. Nun gründeten Danziger Werftarbeiter die freie Gewerkschaft „Solidarność". Ihre Mitgliederzahl wuchs rasant und ihre Forderung nach demokratischen Reformen beherrschte bald das ganze Land. Die kommunistische Herrschaft geriet in Gefahr. Auf Druck Moskaus verhängte die Regierung das Kriegsrecht über Polen und verbot die „Solidarność". Ihre Führer wurden verhaftet. Doch die Gewerkschaft arbeitete im Untergrund weiter. Unterstützt wurde sie von vielen Polen, besonders aber von der katholischen Kirche und Mitgliedern, die ins westliche Ausland geflohen waren.
1988 führten Vertreter der noch immer verbotenen Gewerkschaft mit der Regierung Verhandlungen. Die führten zur Zulassung oppositioneller Gruppen und zu Wahlen im Juni 1989. Die „Solidarność" gewann diese Wahl souverän und erstmals nach 1945 regierte in Warschau ein nicht kommunistischer Ministerpräsident.

Q2 Sowjetische Soldaten auf einem Panzer und junge Prager Einwohner
Foto, 26. August 1968

C: Versetze dich in die Lage der jungen Frau rechts und formuliere, was sie dem sowjetischen Soldaten sagt. Versetze dich danach in den Soldaten und schreibe auf, was er möglicherweise in dieser Situation dachte.

Nutze für diese Aufgabe die CD-ROM.

„Glasnost" und „Perestroika"

Die Ereignisse in Polen hatten deutlich gezeigt, dass sich die politischen Verhältnisse zu wandeln begannen: Diesmal marschierte kein einziger sowjetischer Soldat in das Land ein und niemand konnte die Reformen verhindern. Kurze Zeit später – im Jahr 1985 – wurde Michail Gorbatschow sowjetischer Staats- und Parteichef. Er erkannte, dass das kommunistische System am Ende seiner Kräfte angelangt war. Das System der Planwirtschaft und die anhaltend hohen Rüstungsausgaben hatten das Land an den Rand des Ruins gebracht. Hinzu kam die wachsende Unzufriedenheit der Menschen mit dem politischen System. Ohne Veränderungen drohte ein völliger Zusammenbruch. Gorbatschow war davon überzeugt, dass zunächst eine Diskussion zwischen allen gesellschaftlichen Kräften sämtliche Missstände im Land schonungslos offenlegen müsse. Auf dieser Grundlage sollte dann ein Umbau der sowjetischen Gesellschaft beginnen mit dem Ziel, einen Sozialismus mit demokratischer Prägung zu schaffen. Gorbatschows Politik von „Glasnost" (= Offenheit) und „Perestroika" (= Umgestaltung) brachte ihm viele Sympathien ein, nicht nur bei den Menschen im Ostblock, sondern auch im Westen. Außenpolitisch setzte Gorbatschow auf Verhandlungen mit dem Westen, um den Rüstungswettlauf zu beenden. Im amerikanischen Präsidenten Ronald Reagan fand er einen Partner, der dazu bereit war. 1987 unterzeichneten beide einen Vertrag, der die ersatzlose Verschrottung aller Mittelstreckenraketen vorsah, um die seit 1979 so intensiv gestritten worden war. 1989 beendete die Sowjetunion schließlich auch die verlustreiche Besetzung Afghanistans und zog sich aus dem Land zurück.

Über die friedliche Revolution in der DDR erfährst du auf den Seiten 284–287.

Freiheit für die Länder des Ostblocks

Als Gorbatschow 1988 vor der UNO erklärte, dass die Sowjetunion das Selbstbestimmungsrecht aller Menschen akzeptiere und auch die Ostblockstaaten ihre eigenen Wege gehen könnten, öffnete sich für die Menschen dort das Tor zur Freiheit. In den folgenden Jahren befreiten sie sich von der kommunistischen Vorherrschaft und errichteten demokratische Verhältnisse. 1989 fiel die Grenze zwischen den beiden deutschen Staaten und die friedliche Revolution in der DDR führte zur Wiedervereinigung des geteilten Deutschlands. Nur zwei Jahre später wurde Gorbatschow gestürzt. Die Sowjetunion löste sich auf, ebenso der Warschauer Pakt. Der Kalte Krieg war damit zu Ende.

Q3 Der amerikanische Präsident Ronald Reagan und der sowjetische Staats- und Parteichef Michael Gorbatschow bei ihrem ersten Treffen in Genf
Foto, November 1985

D: Was drücken die beiden Staatsmänner aus? Beachte dabei auch die Körperhaltung und die Gesichtsausdrücke.

Q4 Aufständische in Budapest zerschlagen im Oktober 1956 ein Stalin-Denkmal.

✎ E: Stell dir vor, der Junge in der Bildmitte fragt, warum die Männer das Denkmal zerschlagen. Erkläre es ihm aus der Sicht der abgebildeten Männer.

Q5 Eine Neuorientierung für Ungarn

Aus dem 16-Punkte-Programm der Budapester Studenten vom 22. Oktober 1956:

1. Wir fordern den sofortigen Abzug aller sowjetischer Truppen (…).

2. Wir fordern die Wahl neuer Führer in der ungarischen Arbeiterpartei (…) von
5 unten nach oben.

3. Die Regierung soll unter dem Vorsitz von Genossen Nagy umgebildet werden; alle verbrecherischen Führer der Stalin-Rakosi-Ära sollen sofort ihres Postens
10 enthoben werden. (…) (Rakosi = stalinistischer Parteichef der ungarischen kommunistischen Arbeiterpartei)

5. Wir fordern allgemeine Wahlen im ganzen Lande, mit allgemeinem Wahl-
15 recht, geheimer Wahl und Teilnahme verschiedener Parteien, zum Zwecke der Wahl einer neuen Nationalversammlung. Wir verlangen das Streikrecht der Arbeiter. (…)

20 7. (…) Unser ganzes wirtschaftliches System, das auf der Planwirtschaft beruht, soll überprüft werden im Hinblick auf die ungarischen Lebensinteressen. (…)

25 12. Wir fordern völlige Meinungs- und Redefreiheit, Freiheit der Presse und des Rundfunks.

Der Volksaufstand in Ungarn. Bericht des Sonderausschusses der Vereinten Nationen. Untersuchungen, Dokumente, Schlußfolgerungen, Frankfurt am Main 1957, Paragraph 401. Aus dem Englischen übers. von Elfriede Müller.

Q6 Der tschechoslowakische Weg zum Sozialismus

Aus dem Aktionsprogramm der Kommunistischen Partei der Tschechoslo-
35 wakei vom 5. April 1968:

Die Kommunistische Partei stützt sich auf die freiwillige Unterstützung durch die Menschen. Sie verwirklicht ihre führende Rolle nicht dadurch, daß sie die
5 Gesellschaft beherrscht, sondern dadurch, daß sie der freien, fortschrittlichen und sozialistischen Entwicklung am treuesten dient. (…) Die Politik der Partei darf nicht dazu führen, daß die
10 nichtkommunistischen Bürger das Gefühl haben, in ihren Rechten und Freiheiten durch die Partei eingeschränkt zu werden, sondern daß sie vielmehr in der Tätigkeit der Partei die Garan-
15 tie ihrer Rechte, Freiheiten und Interessen sehen. (…) Die freiwilligen gesellschaftlichen Organisationen müssen tatsächlich auf freiwilliger Mitgliedschaft und Aktivität beruhen. (…) Zu-
20 gleich muß noch in diesem Jahr die verfassungsmäßige Versammlungs- und Koalitionsfreiheit gewährleistet werden, um gesetzlich garantierte Möglichkeiten zu schaffen, freiwillige Or-
25 ganisationen (…) zu bilden. (…) Einem werktätigen Volk kann man nicht (…) vorschreiben, worüber es informiert sein darf und worüber nicht, welche Ansichten es öffentlich aussprechen darf und welche nicht. (…) Die gesetz-
30 mäßige Freizügigkeit der Bürger muß garantiert werden, besonders Reisen ins Ausland (…), daß der Bürger Rechtsanspruch auf langfristigen oder dau-
35 ernden Aufenthalt im Ausland hat (…). Jeder Bürger (…) muß die Gewähr haben, daß seine politischen Überzeugungen, seine Ansichten, persönlichen Bekenntnisse und Beschäftigungen nicht
40 Gegenstand der Aufmerksamkeit der Organe der Staatssicherheit werden können. (…) Die politische Rechtsauffassung der Partei geht von dem Grundsatz aus, daß bei einem Rechts-
45 streit (…) grundlegende Garantien für Gesetzlichkeit die Gerichtsverhandlung ist, die unabhängig von politischen Faktoren und nur durch das Gesetz gebunden ist. (…) Außerdem muß die völ-
50 lige Unabhängigkeit der Advokaten von staatlichen Organen gewährleistet werden.

Zdeněk Mlynář, Nachtfrost. Das Ende des Prager Frühlings, Frankfurt am Main 1988, S. 325 ff.

1946   2012

Q7 Die Breschnew-Doktrin

Aus einer Rede des sowjetischen Staats-
und Parteichefs nach der Niederschlagung des Prager Frühlings 1968:

Die KPdSU setzt sich immer dafür ein,
dass jedes sozialistische Land die konkreten Formen seiner Entwicklung
auf dem Wege zum Sozialismus un-
5 ter Berücksichtigung der Eigenart seiner nationalen Bedingungen selbst bestimmte. Aber bekanntlich, Genossen,
gibt es auch allgemeine Gesetzmäßig-
keiten des sozialistischen Aufbaus, und
10 ein Abweichen von diesen Gesetzmä-
ßigkeiten könnte zu einem Abweichen
vom Sozialismus im Allgemeinen führen. Und wenn innere und äußere dem
Sozialismus feindliche Kräfte die Ent-
15 wicklung eines sozialistischen Landes
zu wenden und auf eine Wiederherstellung der kapitalistischen Zustände
zu drängen versuchen, wenn also eine
ernste Gefahr für die Sicherheit der
20 ganzen sozialistischen Gemeinschaft
entsteht – dann wird dies nicht nur zu
einem Problem für das Volk dieses Landes, sondern auch zu einem gemeinsamen Problem, zu einem Gegenstand
25 der Sorge aller sozialistischen Länder.
Begreiflicherweise stellt militärische
Hilfe für ein Bruderland zur Unter-
bindung einer für die sozialistische
Ordnung entstandenen Gefahr eine
30 erzwungene, außerordentliche Maßnahme dar. Sie kann nur durch Aktionen
der Feinde des Sozialismus im Landes-
innern und außerhalb seiner Grenzen
ausgelöst werden, durch Handlungen,
35 die eine Gefahr für die gemeinsamen
Interessen des sozialistischen Lagers
darstellen.

Europa-Archiv, Jg. 24, 1969, D 257 ff.

Q9 Die Unvermeidbarkeit der Demo-kratisierung?

Der polnische Regimekritiker Jacek
Kuroń sagt 1980 über die Streikbewe-
gung:

Der Lebensstandard sinkt schon seit
langem. (…) Allenthalben fehlt es an
Waren und Gütern, und die Waren, die
vorübergehend einmal vorhanden sind,
5 werden immer teurer (…). Im Bereich
des Gesundheitswesens, der Versorgung mit Medikamenten, ja in allen Le-
bensbereichen ist durch die fortschrei-

Q8 In der Danziger Werft wird während des Streiks am 23. August 1980 eine katholische Messe abgehalten.

tende Planlosigkeit und Inkompetenz
ein solches Desaster entstanden, dass
dem Durchschnittspolen seine Verhältnisse unerträglich erscheinen. (…) Die
Führung hat total versagt. (…) Die jetzige Protestbewegung ist eben deshalb
15 so wichtig, weil sie der Anfang einer
Neuorientierung der Arbeiter ist. Deshalb sage ich, dass wir heute in Polen
schon in einem anderen Land sind. Dies
ist der einzige Weg zur Rettung für un-
20 ser Land, ein Weg zu Demokratie und
zur Überwindung der Krise zugleich:
Nur eine in freien Wahlen organisierte
Gesellschaft ist in der Lage, ein vernünf-
tiges Programm anzubieten.

Der Spiegel vom 04.08.1980, S. 98 ff.

Q10 Ein Verhandlungsangebot an die Sowjetunion

In einer Fernsehansprache vom 16. Januar 1984 bietet der amerikanische Präsident die Rückkehr zum Dialog an:

Ich habe meine Ansicht über das sowjetische System offen zum Ausdruck
gebracht. Ich weiß nicht, warum dies
für die sowjetischen Führer eine Über-
35 raschung sein sollte, die nie davor zu-
rückgeschreckt sind, ihre Ansicht über
unser System zum Ausdruck zu bringen. (…) Die Tatsache, daß keiner von

F: Schätze den Anteil der katholischen Kirche am Erfolg der polnischen
Oppositionsbewegung ein.

uns das System des anderen mag, ist
10 noch kein Grund, das Gespräch zu verweigern. Die Tatsache, daß wir in einem
Nuklearzeitalter leben, zwingt uns einfach dazu, miteinander zu reden. Unsere Bereitschaft zum Dialog ist fest
15 und unerschütterlich. Aber wir bestehen darauf, daß sich unsere Verhandlungen mit echten Problemen beschäftigen, nicht nur mit atmosphärischen
Dingen. Bei unserer Verhandlungsfüh-
20 rung ist die oberste Priorität, die Gefahr
eines Krieges – und insbesondere eines
Atomkrieges – zu verringern. Ein nukle-
arer Konflikt könnte durchaus der letzte
der Menschheit überhaupt sein. Aus
25 diesem Grund habe ich vor über zwei
Jahren die „Null-Lösung" für die Mittelstreckenraketen vorgeschlagen. Es war
und ist auch weiterhin unser Ziel, eine
ganze Klasse von Kernwaffen zu besei-
30 tigen. Ja, ich unterstütze eine Null-Lösung für alle Kernwaffen. Wie ich schon
gesagt habe: Mein Traum ist es, den
Tag zu erleben, an dem alle Atomwaffen vom Antlitz dieser Erde verbannt
35 sind. (…) jetzt ist die Zeit gekommen,
um den Worten Taten folgen zu lassen.

Ernst-Otto Czempiel/Carl-Christoph Schweitzer,
Weltpolitik der USA nach 1945. Einführung und
Dokumente, Bonn 1989, S. 426 f.

Q11 Trauergemeinde

Karikatur von Horst Haitzinger aus den Nürnberger Nachrichten, 23. November 1990

Abgebildet sind die Regierungs- bzw. Staatschefs Englands (verdeckt), der Sowjetunion, der USA, Frankreichs und Deutschlands.

✎ G: Beschreibe und deute die Karikatur.

Q12 Neue Töne aus Moskau

Am 7. Juli 1989 erklärt Gorbatschow vor dem Europarat in Straßburg:

Die Zugehörigkeit der europäischen Staaten zu verschiedenen Gesellschaftssystemen ist eine Realität. Und die Anerkennung dieser historischen
5 Tatsache, die Achtung des souveränen Rechtes eines jeden Volkes, sein Gesellschaftssystem nach Belieben zu wählen, ist die wichtigste Voraussetzung des normalen europäischen Pro-
10 zesses. Die gesellschaftliche und politische Ordnung hat sich in diesem oder jenem Land in der Vergangenheit verändert und kann sich auch in Zukunft ändern. Dies ist jedoch ausschließlich
15 Sache dieser Völker selbst, ihrer eigenen Wahl. Jegliche Einmischung in die inneren Angelegenheiten, jegliche Versuche, die Souveränität der Völker einzuschränken – sowohl der Freunde und
20 Verbündeten als auch von sonst jemandem – sind unzulässig.

Auswärtiges Amt (Hrsg.), Umbruch in Europa, Bonn 1990, S. 17 f.

Q13 Aus Gegnern werden Partner

Aus einer Erklärung des amerikanischen Präsidenten George Bush und dem russischen Präsidenten Boris Jelzin (1992):

Zum Abschluß dieses historischen Treffens (…) stimmen wir (…) überein, daß eine Reihe von Prinzipien die Beziehungen zwischen Rußland und Amerika leiten sollten:
5 Erstens, daß Rußland und die Vereinigten Staaten sich nicht länger als potentielle Gegner betrachten. Von heute an wird ihre Beziehung durch
10 Freundschaft und Partnerschaft charakterisiert sein, die auf gegenseitigem Vertrauen und Respekt und einer gemeinsamen Verpflichtung zu Demokratie und wirtschaftlicher Freiheit beruht.

15 Zweitens, daß wir daran arbeiten werden, irgendwelche Überreste von Kalter-Kriegs-Feindseligkeit zu beseitigen (…).

Sechstens, daß wir aktiv zusammen-
20 arbeiten, die Ausbreitung von Massenvernichtungswaffen und dazugehöriger Technologie zu verhindern und die Ausbreitung von konventionellen Waffen (…) zu beschränken (…).

Süddeutsche Zeitung vom 3. Februar 1992, S. 27.

---

1. Ordne die Ereignisse 1956 in Ungarn und 1968 in der Tschechoslowakei in die internationale Lage ein. Beurteile vor diesem Hintergrund die Haltung der Westmächte in diesen Konflikten (VT).

2. Vergleiche Q5, Q6 und Q9 miteinander und beurteile die Ziele der Reformbewegungen.

3. Untersuche, wie Breschnew die sowjetische Politik gegenüber den eigenen Bündnispartnern kennzeichnet und

begründet. Versetze dich in die Lage eines tschechoslowakischen Politikers um Alexander Dubček und schreibe eine Antwort an die Moskauer Führung (Q7).

◎ Nutze dazu auch die CD-ROM.

4. Erkläre, wie Ronald Reagan sein Verhandlungsangebot gegenüber der Sowjetunion begründet (Q10).

5. Stell dir vor, du wärst als Journalist oder Journalistin bei der Europarats-

sitzung dabei gewesen. Schreibe für deine Zeitung einen Artikel über die neue sowjetische Politik unter Gorbatschow (VT, Q12).

6. Erkläre, auf welche Beziehungen zwischen Russland und den USA sich die beiden Staatsoberhäupter 1992 einigten (Q13). Recherchiere, wie sich zum heutigen Zeitpunkt die Beziehungen zwischen den beiden Staaten gestalten.

1946

2012

Die UNO – ein Parlament der Völker?

Der Kalte Krieg ist vorbei, doch immer wieder entstehen neue Konflikte. Welche Möglichkeiten hat eine gemeinsame Organisation aller Völker, um diese Konflikte zu überwinden und eine friedlichere und gerechtere Welt zu schaffen?

A: Fasse in einer Tabelle die Aufgaben der UNO zusammen.

Die Geschichte der Vereinten Nationen

Schon nach dem Ende des Ersten Weltkrieges hatten sich Politiker gefragt, ob nicht eine internationale Organisation künftig den Weltfrieden sichern könne. So wurde 1919 der Völkerbund gegründet. Doch der war mit dem Kriegsausbruch 1939 vollständig gescheitert. Aber der Gedanke, gemeinsam für einen dauerhaften Frieden zu sorgen, war wach geblieben. Und wenige Wochen nach dem Ende des Zweiten Weltkrieges in Europa riefen 51 Staaten in San Francisco die Vereinten Nationen („United Nations Organization/ UNO") ins Leben. Der UNO gehören (Februar 2012) 193 Staaten an. Die beiden deutschen Staaten wurden 1973 in die UNO aufgenommen. Ihren Sitz hat die UNO in New York. Dort finden auch die jährlichen Tagungen der Generalversammlung und einberufene Sondersitzungen statt. Jeder Mitgliedsstaat darf bis zu fünf Teilnehmer entsenden, bei der Abstimmung hat jedes Mitglied jedoch nur eine Stimme.

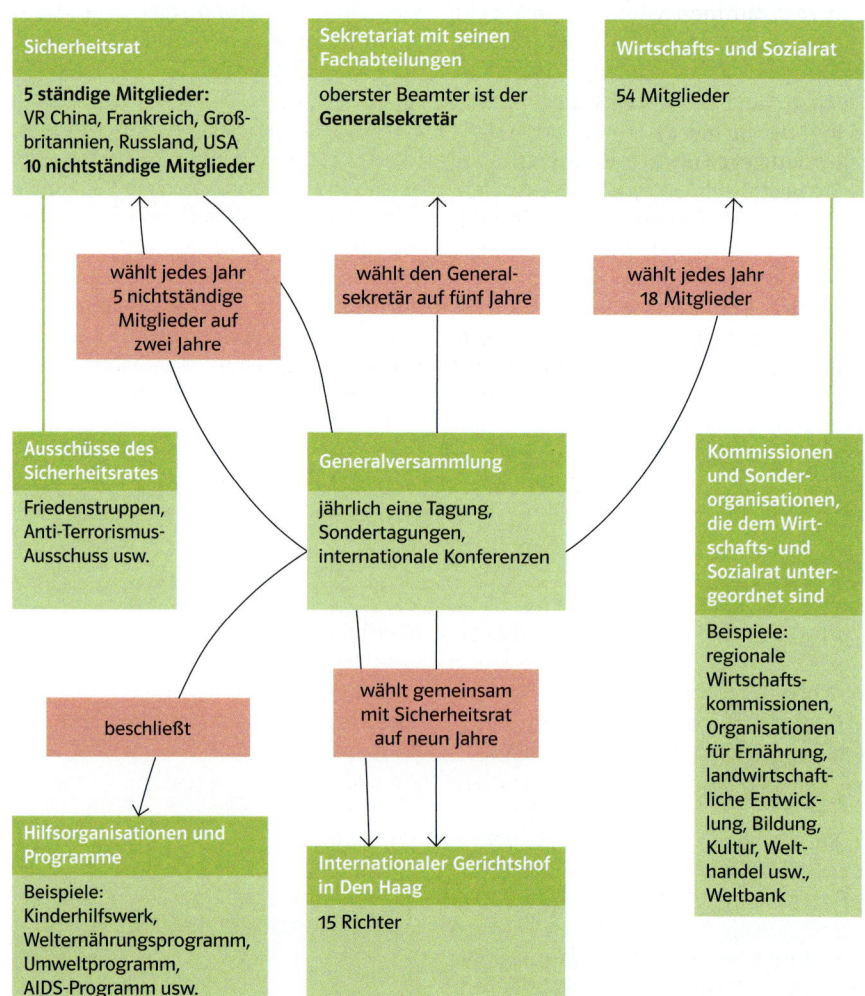

D1 **Die Organisation der Vereinten Nationen**

B: Beschreibe den Aufbau der UNO. Wähle eine Hilfsorganisation, ein Sonderprogramm oder eine Sonderkommission aus und recherchiere im Internet über deren Arbeit in jüngster Zeit. Präsentiere die Ergebnisse in der Klasse.

Q1 „Schwerter zu Pflugscharen"
Bronzeskulptur von Jewgeni Wutsche-
titsch im Garten des UNO-Hauptge-
bäudes in New York City
1959 schenkte die Sowjetunion dieses
Kunstwerk der UNO.

C: Stell dir vor, du führst eine
Besuchergruppe durch das Gelände
des UNO-Hauptquartiers. Begründe,
warum die Skulptur gerade hier aufgestellt wurde. Recherchiere in diesem
Zusammenhang auch, wo das Motiv
„Schwerter zu Pflugscharen" ursprünglich herkommt.

Die Hauptaufgaben der UNO

Das wichtigste Tätigkeitsfeld der UNO ist die Friedenssicherung. Dazu gehören Maßnahmen wie die Vermittlung zwischen Konfliktparteien, das Über-
wachen von Waffenstillstandsabkommen, Entwaffnung von Rebellen usw.
Neben diplomatischen Verhandlungen kommen auch Blauhelmsoldaten zum
Einsatz. Bei den Friedensmissionen trägt der Sicherheitsrat eine große Verantwortung. Er hat als einziges Organ der UNO das Recht, verpflichtende Maßnahmen gegenüber anderen Staaten zu beschließen. Eine zweite wichtige Aufgabe besteht darin, die Einhaltung der Menschenrechte zu kontrollieren und
einzufordern. Gegen Staaten, in denen die Menschenrechte verletzt werden,
kann die UNO Strafen verhängen, beispielsweise ein Wirtschaftsembargo aussprechen. Die UNO fördert auch die internationale Zusammenarbeit auf wirtschaftlichem Gebiet. Damit soll insbesondere die Chancengleichheit aller Regionen der Erde gewährleistet werden. Seit 1972 engagiert sich die UNO im
Rahmen ihres Umweltprogramms auch für die Einhaltung ökologischer Stan-
dards, für die Umweltforschung und umweltverträgliches Wirtschaften.

Blauhelmsoldaten
UN-Friedenstruppen sind an ihren
blauen Helmen erkennbar. Bereitge-
stellt werden die Militäreinheiten von
den Mitgliedsländern.

Probleme und ungelöste Aufgaben

In den letzten Jahren wurden Rufe nach Reformen in der UNO immer lau-
ter. Im Zentrum der Kritik steht die Zusammensetzung des Sicherheitsrates.
Ganze Kontinente und Regionen wie Afrika, Südamerika oder Südostasien
sind darin nicht vertreten, was deren politischer und wirtschaftlicher Bedeutung widerspricht. Auch das Vetorecht der ständigen Mitglieder des Sicherheitsrates wird als nicht mehr zeitgemäß empfunden. Immer wieder werden
damit Entscheidungen blockiert, um eigene Interessen durchzusetzen. Häufig wird auch kritisiert, die UNO würde sich nicht der wichtigsten Probleme
in der Welt annehmen, sondern vorrangig der medienwirksamsten. Nicht zuletzt spielen auch Finanzprobleme eine Rolle. Jedes Mitglied der UNO ist verpflichtet, einen Beitrag zu entrichten, der von der Wirtschaftskraft des Landes
abhängig ist. Doch nicht immer wird pünktlich und in voller Höhe gezahlt.
Durch Einsparungen und Verwaltungsreformen sollen steigende Kosten und
Einnahmeausfälle ausgeglichen werden. Eines der größten Probleme der UNO
ist jedoch, dass ihr die Kompetenzen fehlen, um sich wirklich durchsetzen zu
können. Kein Staat ist derzeit bereit, Entscheidungsbefugnisse an die UNO ab-
zugeben, und es bleibt jedem Land weitestgehend selbst überlassen, ob es sich
an UNO-Beschlüsse hält oder nicht. Somit ist die UNO noch sehr weit davon
entfernt, die Rolle einer „Weltregierung" auszufüllen.

D: Unterbreite der UNO-General-
versammlung Vorschläge zur Modernisierung der Vereinten Nationen.

1946   2012

Q2 Gemeinsame Friedenssicherung

Aus der Völkerbundssatzung von 1919:

Art. 12. Alle Bundesmitglieder kommen überein, eine etwa zwischen ihnen entstehende Streitfrage, die zu einem Bruche führen könnte, entweder der
5 Schiedsgerichtsbarkeit oder der Prüfung durch den (Völkerbunds-)Rat zu unterbreiten. Sie kommen ferner überein, in keinem Falle vor Ablauf von drei Monaten nach dem Spruch der
10 Schiedsrichter oder dem Berichte des Rates zum Kriege zu schreiten.

Art. 16. Schreitet ein Bundesmitglied (…) zum Krieg, so wird es ohne weiteres so angesehen, als hätte es eine Kriegs-
15 handlung gegen alle anderen Bundesmitglieder begangen. Diese verpflichten sich, unverzüglich alle Handels- und Finanzbeziehungen zu ihm abzubrechen (und) ihren Statsangehörigen jeden Ver-
20 kehr mit den Staatsangehörigen des vertragsbrüchigen Staates zu untersagen (…). In diesem Falle ist der Rat verpflichtet, den verschiedenen beteiligten Regierungen vorzuschlagen, mit
25 welchen Land-, See- oder Luftstreitkräften jedes Bundesmitglied für seinen Teil zu der bewaffneten Macht beizutragen hat, die den Bundesverpflichtungen Achtung zu verschaffen hat.

30 Wolfgang Lautemann/Manfred Schlenke (Hrsg.), Geschichte in Quellen, Bd. 5; München 1975, S. 131f.

Q3 Friedenssicherung durch die UNO

Aus der UN-Charta von 1945:

Art. 2 (4). Alle Mitglieder unterlassen in ihren internationalen Beziehungen jede gegen die territoriale Unversehrtheit oder die politische Unabhängigkeit
5 eines Staates gerichtete (…) Androhung oder Anwendung von Gewalt.

Art. 33. Die Parteien einer Streitigkeit (…) bemühen sich zunächst um eine Beilegung durch Verhandlung, Untersu-
10 chung, Vermittlung, Vergleich, Schiedsspruch, gerichtliche Entscheidung, Inanspruchnahme regionaler Einrichtungen oder Abmachungen oder durch andere friedliche Mittel eigener Wahl. (…)

15 Art. 41. Der Sicherheitsrat kann beschließen, welche Maßnahmen – unter Ausschluss von Waffengewalt – zu ergreifen sind, um seinen Beschlüssen Wirksamkeit zu verleihen; er kann die Mitglieder
20 der Vereinten Nationen auffordern, diese Maßnahmen durchzuführen. Sie können die vollständige oder teilweise Unterbrechung der Wirtschaftsbeziehungen, des Eisenbahn-, See- und Luftverkehrs, der
25 Post-, Telegrafen- und Funkverbindungen sowie sonstiger Verkehrsmöglichkeiten und den Abbruch der diplomatischen Beziehungen einschließen.

Art. 42. Ist der Sicherheitsrat der Auffas-
30 sung, dass die in Art. 41 vorgesehenen Maßnahmen unzulänglich sein würden oder sich als unzulänglich erwiesen haben, so kann er mit Luft-, See- und Landstreitkräften die zur Wahrung oder Wie-
35 derherstellung des Weltfriedens und der internationalen Sicherheit erforderlichen Maßnahmen durchführen.

Paul Kennedy, Parlament der Menschheit, München 2007, S. 359–368, übers. von Klaus Kochmann.

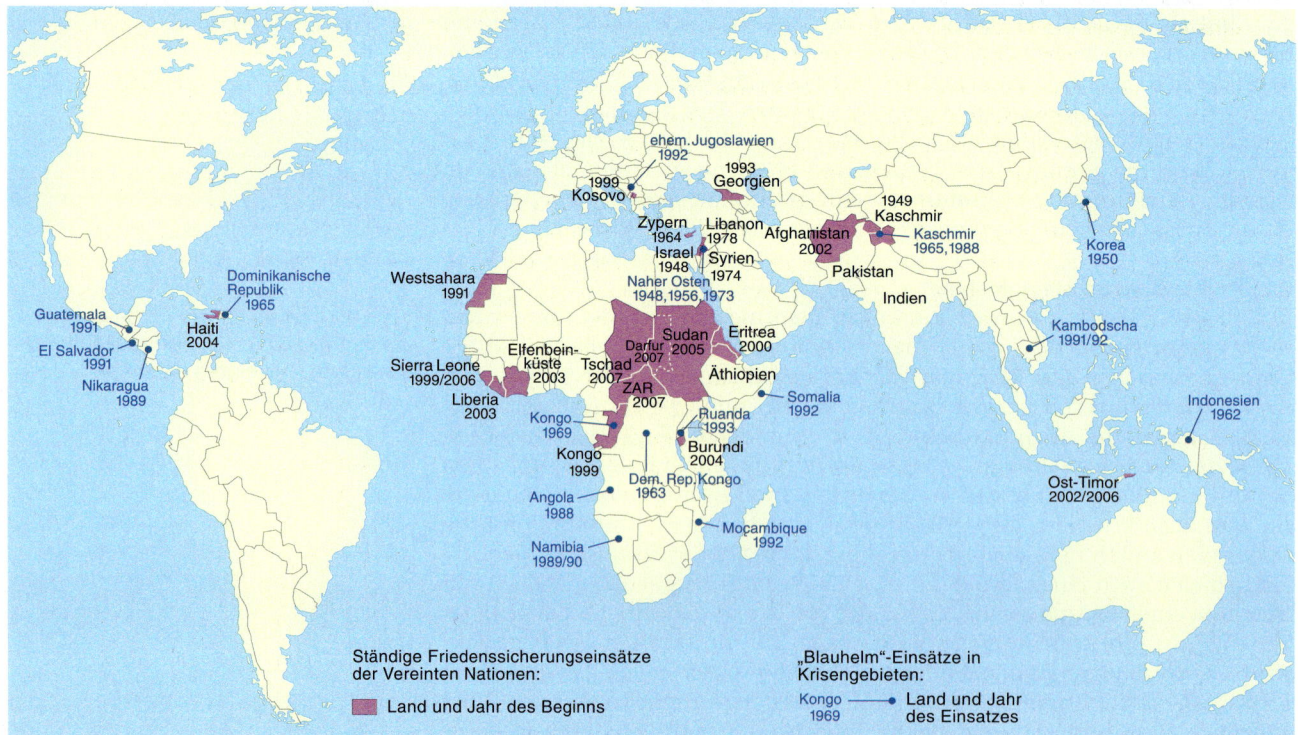

Ständige Friedenssicherungseinsätze der Vereinten Nationen:

■ Land und Jahr des Beginns

„Blauhelm"-Einsätze in Krisengebieten:

Kongo 1969 ● Land und Jahr des Einsatzes

D2 Einsätze von Blauhelmsoldaten in Krisengebieten

✎ E: Informiere dich, an welchen Blauhelm-Einsätzen Deutschland beteiligt war bzw. ist.

Q5 Wirtschaftliche, soziale und kulturelle Rechte

Aus dem UN-Sozialpakt, der am 19. Dezember 1966 von der Generalversammlung einstimmig verabschiedet wurde:

Art. 6: (1) Die Vertragsstaaten erkennen das Recht auf Arbeit an, welches das Recht jedes einzelnen auf die Möglichkeit, seinen Lebensunterhalt durch
5 frei gewählte oder angenommene Arbeit zu verdienen, umfaßt, und unternehmen geeignete Schritte zum Schutz dieses Rechts. (…)

Art. 7: Die Vertragsstaaten erkennen
10 das Recht eines jeden auf gerechte und günstige Arbeitsbedingungen an, durch die insbesondere gewährleistet wird

a) ein Arbeitsentgelt, das allen Arbeit-
15 nehmern mindestens sichert, (…) an-gemessenen Lohn und gleiches Entgelt für gleichwertige Arbeit ohne Unterschied; insbesondere wird gewährleistet, daß Frauen keine ungünstigeren
20 Arbeitsbedingungen als Männer haben und daß sie für gleiche Arbeit gleiches Entgelt erhalten, (…) einen angemessenen Lebensunterhalt für sie und ihre Familien in Übereinstimmung mit die-
25 sem Pakt;

b) sichere und gesunde Arbeitsbedingungen, c) gleiche Möglichkeiten für jedermann, in seiner beruflichen Tätigkeit entsprechend aufzusteigen (…).

30 Art. 9: Die Vertragsstaaten erkennen das Recht eines jeden auf soziale Sicherheit an; diese schließt die Sozialversicherung ein. (…)

Art. 11: (1) Die Vertragsstaaten erken-
35 nen das Recht eines jeden auf einen angemessenen Lebensstandard für sich und seine Familie an, einschließlich ausreichender Ernährung, Bekleidung und Unterbringung, sowie auf
40 eine stetige Verbesserung der Lebensbedingungen. (…)

Art. 13: (1) Die Vertragsstaaten erkennen das Recht eines jeden auf Bildung an. (…)

45 Art. 15: (1) Die Vertragsstaaten erkennen das Recht eines jeden an, a) am kulturellen Leben teilzunehmen; b) an den Errungenschaften des wissenschaftlichen Fortschritts und seiner Anwen-
50 dung teilzuhaben (…).

Wolfgang Lautemann/Manfred Schlenke (Hrsg.), Geschichte in Quellen. Die Welt seit 1945, München 1980, S. 673 ff.

---

1. Vergleiche die Regeln von Völkerbund und UNO zur Friedenssicherung. Erkläre, wie nach der Völkerbundsatzung und nach der UN-Charta Kriege verhindert werden sollen (Q2, Q3).

2. Stelle Vermutungen an, warum das Veto-Recht ein wichtiges Mittel ist, um das Auseinanderbrechen der UNO zu verhindern (Q3).

3. Untersuche den UN-Sozialpakt und schreibe einen Kommentar dazu. Diskutiert in der Klasse, ob und wie eine vollständige Umsetzung erreicht werden könnte (Q5).

4. Die Bundesrepublik hat den UN-Sozialpakt unterschrieben. Gehe der Frage nach, inwiefern in Deutschland die Bestimmungen umgesetzt wurden und wo es noch Handlungsbedarf gibt (Q5).

1946

2012

Die Welt nach dem Kalten Krieg

Schon bald nach dem Ende des Kalten Krieges zeichneten sich weltweit neue Herausforderungen und Konflikte ab. Welche sind das und wie können sie bewältigt werden?

✎ A: Schreibe in eine Spalte einer Tabelle, vor welchen neuen Herausforderungen die Welt nach dem Ende des Kalten Krieges steht. Trage in eine zweite Spalte mögliche Lösungsansätze ein.

Die USA als einzige Supermacht?

Die Vereinigten Staaten von Amerika schienen den Kalten Krieg als einzige Großmacht unbeschadet überstanden zu haben. Doch die Welt begann sich zu verändern. Die wirtschaftliche Stärke der USA hatte unter dem jahrzehntelangen Rüstungswettlauf gelitten. Hinzu kam der Aufstieg neuer Wirtschaftsmächte. Insbesondere China, Indien und andere ostasiatische Staaten wuchsen zu leistungsstarken Industriestaaten heran. Damit nahm deren internationaler politischer und militärischer Einfluss zu. Und auch Europa gewann durch seine Einigung an wirtschaftlicher und politischer Stärke. Dennoch blieben die USA bislang die einzige weltweit agierende Supermacht.

Zauberwort „Globalisierung"

Nach dem Zusammenbruch des Ostblocks schien die ganze Welt ein riesiger Markt zu werden. Vor allem die westlichen Industrieländer unternahmen alle Anstrengungen, um auf den neuen Märkten Fuß zu fassen. Die Konkurrenz war dabei groß. Die besten Chancen hatten diejenigen, die über die modernsten Kommunikationsmittel verfügten. Weil es durch das Internet möglich ist, in Sekundenschnelle weltweit miteinander zu kommunizieren, können Waren, Dienstleistungen und Geld zu den jeweils besten Bedingungen rund um den Globus gehandelt werden. So wächst die Welt immer weiter zusammen. Kritiker der Globalisierung verweisen darauf, dass Entwicklungsländer, denen die technologischen Voraussetzungen noch fehlen, benachteiligt sind. Das führt dazu, dass die wirtschaftlichen Unterschiede zwischen reichen Industriestaaten und armen Entwicklungsländern noch größer werden. Diesen Trend zu stoppen, ist eine der großen Herausforderungen der Zukunft.

New York, 11. September 2001

Dieses Datum wird niemand so schnell vergessen. Mitglieder der islamistischen Terroristenorganisation El Kaida hatten vier Passagierflugzeuge gekidnappt. Zwei Maschinen wurden in die beiden Hochhaustürme des World

Q1 Demonstration in Neu-Delhi gegen Atombombentests
16. Mai 1998
Der Originaltext zu dem Foto lautet:
„The 5 tests which took place in Rajasthan were 3 times as powerful as Hiroshima."

✎ B: Berichte als Journalist oder Journalistin über die Demonstration und gehe auf die Probleme ein, die hier angesprochen werden.

Q2 Blick auf die einstürzenden Twin-Towers in New York
11. September 2001

C: Stell dir vor, du wirst Zeuge dieser Situation. Schreibe auf, was du Freunden über Mobiltelefon mitteilen würdest.

Trade Centers in New York gelenkt, die daraufhin zusammenbrachen. Ein weiteres Flugzeug zerstörte in Washington das Gebäude des US-Verteidigungsministeriums teilweise. Die vierte Maschine, die in das Weiße Haus oder das Kapitol gelenkt werden sollte, wurde vorzeitig zum Absturz gebracht. Insgesamt starben mehr als 3000 Menschen.

Eine neue Bedrohung: Terrorismus

Mit den Anschlägen vom 11. September 2001 sahen sich die USA einer völlig neuen Kampfesweise gegenüber. Terroristen operieren aus dem Verborgenen. Sie verstecken sich und schlagen überraschend zu. Mit militärischen Mitteln ist es daher schwierig bis unmöglich, sie zu finden und zu bekämpfen. Als sich herausstellte, dass viele islamistische Terroristen in Afghanistan ausgebildet und von der dortigen Regierung unterstützt worden waren, beschloss der UN-Sicherheitsrat, in Afghanistan militärisch einzugreifen. Im Herbst 2001 wurde das Land besetzt, die radikal-islamische Regierung gestürzt und eine neue eingesetzt. Eine internationale Koalition unter Führung der USA übernahm die Aufgabe, das Land wiederaufzubauen, einschließlich eines neuen, stabilen politischen Systems. Die Mission ist bis heute nicht abgeschlossen. Terroristische Anschläge fordern dort zunehmend Opfer unter der afghanischen Bevölkerung, aber auch unter den UN-Streitkräften.

Krieg im Irak

Auch dem irakischen Diktator Saddam Hussein warfen die USA vor, in den weltweiten Terror verwickelt zu sein. Angeblich besaß der Irak Massenvernichtungswaffen, mit denen er die westliche Welt bedrohte. Deswegen sollte die internationale Staatengemeinschaft im Irak eingreifen. Doch dieses Mal ließ sich der Weltsicherheitsrat nicht überzeugen. Frankreich legte ein Veto ein und verhinderte damit einen entsprechenden Beschluss. Die USA, Großbritannien und einige verbündete Staaten setzten sich über die fehlende Zustimmung des UN-Sicherheitsrats hinweg. Der Irak wurde angegriffen, dessen Regierung gestürzt und das Land besetzt. Saddam Hussein wurde in einem Versteck aufgegriffen und hingerichtet. An die Stelle internationaler Zusammenarbeit war das eigenmächtige Handeln weniger Großmächte getreten. Doch auch in diesem Krieg sehen sich die Soldaten terroristischen Anschlägen ausgesetzt. Kaum eine Woche vergeht, ohne dass sich ein Selbstmordattentäter in die Luft sprengt und viele Menschen mit in den Tod reißt.

1946   2012

Kein Frieden im Nahen Osten?

Ein besonders hartnäckiger Konflikt hält sich seit Jahrzehnten zwischen Palästinensern und Israelis. Beide Völker erheben Anspruch auf das gleiche Siedlungsgebiet. Bis zum Ende des Ersten Weltkrieges gehörte das Gebiet zum Osmanischen Reich und wurde vorwiegend von Palästinensern bewohnt. Bereits zu dieser Zeit wanderten Juden dort ein. Sie beriefen sich darauf, dass die ursprüngliche Heimat der Juden bis zu ihrer Vertreibung durch die Römer vor fast 2 000 Jahren in dieser Region lag. Als die Nationalsozialisten die europäischen Juden verfolgten, versuchten sich viele in Palästina in Sicherheit zu bringen. Nach dem Zweiten Weltkrieg wählten zahlreiche Überlebende des Holocaust dieses Land zu ihrer zweiten Heimat. Im Jahr 1948 gründeten sie den jüdischen Staat Israel. Doch der junge Staat wurde von den benachbarten arabischen Staaten nicht anerkannt. Es kam zu mehreren Kriegen, in denen das Weiterbestehen Israels auf dem Spiel stand, aber auch Millionen Palästinenser aus ihrer Heimat vertrieben wurden. Bis heute sprechen radikale palästinensische Organisationen den Juden das Recht auf einen eigenen Staat ab und verlangen das jüdische Siedlungsgebiet für sich. Andererseits haben die Israelis in den vergangenen Jahrzehnten ihre Siedlungstätigkeit immer wieder auf Kosten der Palästinenser ausgedehnt. Dieser Konflikt entlädt sich stets aufs Neue in Gewaltaktionen. Selbstmordanschläge und Raketenangriffe seitens der Palästinenser und militärische Vergeltungsaktionen der Israelis lassen das Gebiet nicht zur Ruhe kommen. Auch wenn 1994 vereinbart wurde, den Palästinensern das Selbstverwaltungsrecht ihrer Gebiete einzuräumen, von einem eigenständigen palästinensischen Staat sind sie noch weit entfernt.

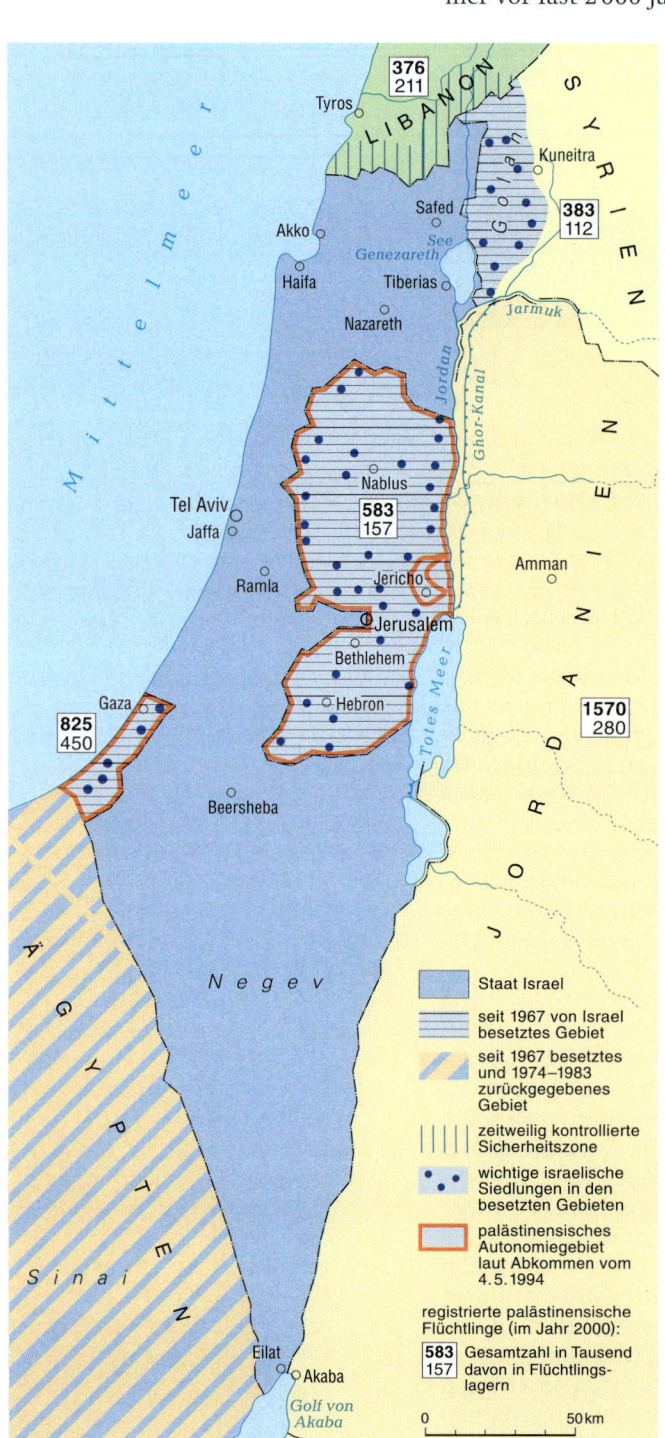

Staat Israel

seit 1967 von Israel besetztes Gebiet

seit 1967 besetztes und 1974–1983 zurückgegebenes Gebiet

zeitweilig kontrollierte Sicherheitszone

wichtige israelische Siedlungen in den besetzten Gebieten

palästinensisches Autonomiegebiet laut Abkommen vom 4.5.1994

registrierte palästinensische Flüchtlinge (im Jahr 2000):

583 Gesamtzahl in Tausend
157 davon in Flüchtlingslagern

0   50 km

D1 Palästina und Israel 1967–2000

D: Unterbreite anhand der Karte Vorschläge, wie du den Konflikt lösen würdest.

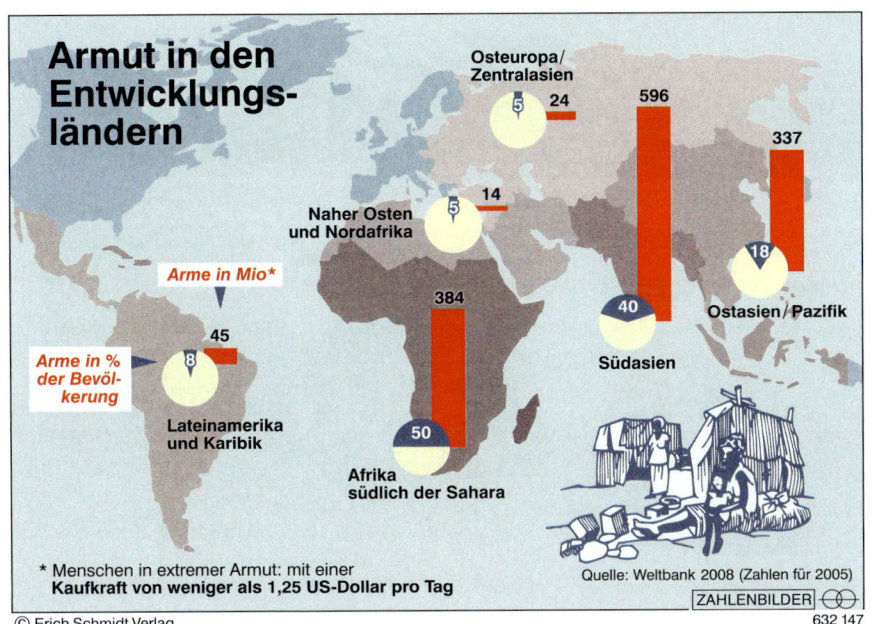

Armut in den Entwicklungsländern

Osteuropa/Zentralasien 5 · 24

Naher Osten und Nordafrika 5 · 14

596

337

Arme in Mio*

45

384

18

Ostasien/Pazifik

40 Südasien

Arme in % der Bevölkerung 8

Lateinamerika und Karibik

50

Afrika südlich der Sahara

* Menschen in extremer Armut: mit einer Kaufkraft von weniger als 1,25 US-Dollar pro Tag

Quelle: Weltbank 2008 (Zahlen für 2005)

ZAHLENBILDER

© Erich Schmidt Verlag

632 147

D2 Der reiche Norden und der arme Süden

E: Erläutere mithilfe des VT die Ursachen für diese Entwicklung. Welche Herausforderungen für die internationale Staatengemeinschaft ergeben sich daraus?

Q3 Herausforderung Aids

Der Journalist und Schriftsteller Bartholomäus Grill schreibt 2003 über den Zusammenhang von Wirtschaftsentwicklung in Afrika und der Immunschwächekrankheit Aids:

Im Süden der Sahara sind nach jüngsten Schätzungen der Vereinten Nationen 29,4 Millionen Menschen HIV-positiv – das entspricht der Einwohnerzahl
5 von Kanada. Im Jahr 1998 kamen 200 000 Afrikaner durch Kriege und bewaffnete Konflikte ums Leben; an der Immunschwächekrankheit starben zwölfmal so viele. Allein in Südafrika infizieren
10 sich pro Tag bis zu 1700 Personen mit dem HI-Virus, das sind jährlich 620 000 neue Fälle. (…)
Im Januar setzte der Sicherheitsrat der Vereinten Nationen zum ersten
15 Mal in seiner Geschichte ein Gesundheitsthema auf die Agenda: Aids in Afrika. (…)
Es sterben vor allem die Aktivsten der erwerbstätigen Bevölkerung: junge Frau-
20 en und Männer unter 40. In den großen Städten rafft die Seuche die Hochqualifizierten dahin – Facharbeiter, Ingenieure, Computerexperten, Buchhalter, Krankenschwestern. (…) In Sambia starben
25 2001 fast 2 000 Lehrer an der Immunschwäche, ebenso viele waren es im Jahr zuvor. Das ohnehin marode Schulwesen droht zusammenzubrechen (…).

30 Auf dem Land fehlen die Arbeitskräfte, um die Felder zu bestellen. Zugleich frisst die häusliche Pflege der Kranken das dürftige Einkommen auf. Die Zahl der afrikanischen AIDS-Waisen, die ei-
35 nen oder beide Elternteile verloren haben, ist unterdessen auf elf Millionen angestiegen: ein Heer von entwurzelten, verzweifelten und oft auch gewalttätigen Kindern (…).
Stephen Lewis, der Sonderbeauftragte
40 des UN-Generalsekretärs (…) für HIV/Aids in Afrika war schockiert, als er von seiner jüngsten Rundreise durch Lesotho, Simbabwe, Malawi und Sambia nach New York zurückkehrte. Es fehle in
45 Afrika nicht am politischen Willen, die Pandemie (Seuche) zu bekämpfen, sondern schlicht an den materiellen Ressourcen (…). „Am 11. September 2001 starben 3 000 Menschen durch einen
50 furchtbaren Terrorakt; und in ein paar Tagen redete die Welt von Hunderten Milliarden Dollar für den Kampf gegen den Terror (…) 2001 starben 2,3 Millionen Afrikaner an Aids, und man muss
55 bitten und betteln um ein paar hundert Millionen Dollar."

Bartholomäus Grill, Die vergessene Epidemie, in: Die Zeit Nr. 20 vom 8. Mai 2003.

Q4 Für einen fairen Welthandel

Der amerikanische Wirtschaftswissenschaftler Joseph Stieglitz schreibt 2006:
Durch die Globalisierung haben wir gelernt, dass wir uns nicht völlig von dem abschirmen können, was andernorts geschieht. Die Industrieländer waren
5 lange Zeit Nutznießer der Rohstoffe, die sie von den Entwicklungsländern erhalten. (…) Zugleich aber litten sie unter den Folgen von illegaler Einwanderung, Terrorismus und auch von Infek-
10 tionskrankheiten, die mühelos nationale Grenzen überwinden. Viele halten es für eine moralische Pflicht, den Menschen in den Entwicklungsländern, jenen, die weniger haben als wir, zu helfen. Doch
15 zugleich erkennt man in den Wohlstandsländern immer deutlicher, dass die Hilfe im ureigenen Interesse der Helfer liegt. Wenn die Entwicklungsländer wirtschaftlich stagnieren, steigt die Ge-
20 fahr, dass diejenigen, die sich in einer hoffnungslosen Lage befinden, aufbegehren und ihren Zorn in Unruhen entladen; ohne Wachstum lässt sich die Flut der Einwanderer nicht eindämmen. Flo-
25 riert hingegen die Wirtschaft in den Entwicklungsländern, entsteht ein robuster Absatzmarkt für die Güter und Dienstleistungen der Industriestaaten.

Joseph Stieglitz, Die Chancen der Globalisierung, München 2006, S. 135 ff., übers. von Thorsten Schmidt.

Q5 Eine neue Form des Krieges?

Der Journalist Peter Michalzik schreibt wenige Tage nach dem Anschlag auf das World Trade Center in New York:

Bei allen Fragen, wie die Anschläge logistisch überhaupt möglich waren, welche Infrastruktur nötig war, schützt nichts vor der Erkenntnis, dass ein
5 paar zum Letzten entschlossene Personen genügen, um die stärkste militärische Kraft der Erde in ihrem Innersten zu treffen. Ein paar Männer mit Handys oder Tapeziermessern, dem
10 entsprechenden Hass, einer wilden Entschlossenheit und einer Ausbildung zur Selbstmordmaschine reichen, um einen richtigen Krieg gegen die Supermacht zu führen. Wahrscheinlich sind
15 diese Ressourcen reicher vorhanden, als man bisher wissen wollte.

Und selbst wenn es eine größere Organisation gewesen sein sollte, ist doch unübersehbar, dass sie mit vergleichs-
20 weise kleinen Mitteln eine enorme Wirkung erzielt hat. Niemand hat geschafft, was diesen Terroristen, Kriegern, Selbstmordattentätern, Vernichtungsmaschinen, oder wie man sie
25 sonst nennen mag, gelungen ist: Sie haben einen Frontalangriff auf das Herz Amerikas erfolgreich geführt. Sie haben geschafft, was als unmöglich galt. (…)
30 Wahrscheinlich haben wir den Beginn des 21. Jahrhunderts auf dem Feld der Kriegführung erlebt. Der Krieg der Zukunft hat nichts mehr mit Landgewinn, mit staatlichen Grenzen, mit strategi-
35 schen Vorteilen zu tun. Es geht allein darum, auf der symbolischen Ebene maximale Verwüstung anzurichten, dem Gegner die größtmögliche Verletzung zuzufügen. Der Angreifer ist nicht
40 sichtbar, und er wird umso stärker, je weniger sichtbar er bleibt. Die Welt ist, im Gegensatz zu dem, was uns die technologische Hochrüstung suggeriert, durch ihre Komplexität und Tech-
45 nologie so verletzbar geworden, dass jeder Entschlossene an diesem Krieg teilnehmen kann. Man braucht keinen Militärapparat mehr.

Peter Michalzik, Krieger aus dem nichts, in: Frankfurter Rundschau vom 13. September 2001, S. 20.

Q6 SOS

Karikatur von Horst Haitzinger, 4. September 2004

✏ F: Formuliere die Aussage dieser Karikatur.

Q7 Hat sich die Welt verändert?

Der Philosoph Wolf Lepenies schreibt 2002:

Unmittelbar nach dem 11. September 2001 war die Meinung einhellig: Die Welt hatte sich verändert, nichts würde mehr sein wie zuvor. Das 21. Jahrhun-
5 dert hatte begonnen. (…)
Natürlich hat die Bedrohung durch terroristische Netzwerke (…) die Geopolitik auf unserem Globus verändert. Dadurch leben aber noch nicht alle Be-
10 wohner der Erde in einer anderen Welt. Die Feuerscheide des 11. September bedeutet für das von Armut und Aids heimgesuchte Afrika ebenso wenig einen Einschnitt wie für die meisten Men-
15 schen in Asien, Ozeanien und Südamerika. Deshalb nennt Wole Soyinka, der nigerianische Nobelpreisträger für Literatur, die Bestimmung des 11. September zur Datumsgrenze künstlich und
20 übertrieben. Wole Soyinka beklagt die Folgenlosigkeit des 11. September. (…) Es wäre Sache aller Länder des Westens gewesen, den Schock des 11. September zu nutzen, um auf dem Weg
25 zu einer Weltinnenpolitik einen Schritt voranzugehen. Dieser Versuch ist ernsthaft nicht unternommen worden.
Auf Dauer aber kann die waffenbestimmte Wehrhaftigkeit des Westens das zivile Denken und Handeln nicht
30 ersetzen. Zur notwendigen Langsicht gehört der Aufbau eines Weltmarktes, der diesen Namen verdient. Zollschranken und Subventionen in den Indust-
35 rieländern müssen abgebaut und die westlichen Märkte vor allem für landwirtschaftliche Produkte und Textilien aus den Entwicklungsländern geöffnet werden. (…)
40 Der Afrikaner Wole Soyinka hat die angemessene Folgerung aus den Terror-Anschlägen vom 11. September 2001 gezogen: Der „Krieg gegen den Terror" wird letztlich nur dann Erfolg haben,
45 wenn er von einem „Krieg gegen die Ungerechtigkeit" begleitet wird. Erst wenn dies geschieht, wird sich nicht nur der Westen ändern, sondern die ganze Welt.

Wolf Lepenies, Die Lehren für den Westen, Süddeutsche Zeitung vom 11. September 2002, S. 4.

Q8 Verursacht Armut Terror?

Der Journalist Arne Perras schreibt im September 2002:

Wer die Ursachen des Terrors vom 11. September zu ergründen sucht, stößt auf ein Argument, das sich auf den ersten Blick besonders aufdrängt. Im Kern
5 lautet es so: Den Nährboden für Terrorismus bildet die globale Armut. (…)

Doch passt Osama bin Laden (Anführer der Terrororganisation El Kaida) und
10 seine Truppe in dieses Bild? Schon die Täterprofile stehen im Widerspruch zur Armutsthese, denn jeder weiß, dass bin Laden nicht gerade elenden Verhältnissen entstammt. Was für radikale Islamis-
15 ten im Allgemeinen gilt, trifft auch auf die Attentäter des 11. September zu. Sie entstammen der Mittelschicht, das Leben im Slum haben sie nie erlebt, und sie mussten nie Hunger leiden. Wer wirklich
20 arm ist, hat für Terrorpläne (…) keine Zeit. Er muss ums tägliche Überleben ringen, den Hunger von sechs, acht oder auch zwölf Kindern stillen. Viele dieser Menschen tragen ihr Schicksal klaglos,
25 andere schließen sich kriminellen Banden an, um sich zu versorgen. Aber eine internationale Terror-Agenda verfolgt in den Elendsvierteln niemand (…). Gleichwohl lässt sich die Armut mit Blick
30 auf den 11. September nicht völlig ausblenden, weil bin Laden und seine Gefolgschaft das Elend für ihre Zwecke zu missbrauchen wissen. Armut dient ihnen als Vorwand, den mörderischen Weg ge-
35 gen die USA zu rechtfertigen. (…) Wenn es der reichen Welt gelingt, die globale Armut zu mindern, entzieht sie den Terroristen zwar ideologischen Boden. Aber das garantiert nicht, dass
40 El Kaida ausgeschaltet ist. Insofern ist es irreführend, wenn Armutsbekämpfung als wichtigstes Rezept gegen den Terror propagiert wird. Es gibt eine Menge (…) Gründe, Hunger und Elend stärker zu
45 bekämpfen. (…) Die Vorstellung, dass Armut Terroristen hervorbringt, gehört aber ins Reich der Mythen.

Arne Perras, Auf falscher Fährte, in: Süddeutsche Zeitung vom 11. September 2002, S. 8.

Q9 Brandrodung des Regenwaldes in Brasilien (1995)

G: Stell dir vor, du könntest mit den beiden Männern sprechen. Schreibe ein solches Gespräch auf.

Q10 Globalisierung und Umwelt

Aus dem Appell des Weltsozialforums von Porto Alegre:

Wir begreifen langsam, dass (…) der Planet Erde für uns selbst, für unsere Kinder und die kommenden Generationen unbewohnbar werden kann, wenn wir uns seiner nicht annehmen. Wir können vor der Klimaveränderung, vor dem Trinkwassermangel, unter dem zwei Milliarden Menschen leiden, vor der Vergiftung unserer Böden, vor den
10 Plünderungen der Natur und vor der Verschwendung der Energiequellen nicht einfach die Augen verschließen. (…) All diese ökologischen Herausforderungen erfordern ein Regelwerk und
15 die Ausarbeitung eines Weltpaktes für den Schutz unserer Umwelt. Erst durch das Zusammenspiel von demokratischen Gesetzen und bürgernahen Institutionen kann die wirtschaft-
20 liche Freiheit zum Wohlstand und zur Sicherheit der Völker beitragen. (…) Die wilde Globalisierung, wie wir sie erleben, muss durch eine Globalisierung „mit menschlichem Antlitz" und ein
25 weltweites Zivilisationsprojekt ersetzt werden.

Appell des Weltsozialforums von Porto Alegre, 1. Februar 2002.

---

1. Versetze dich in die Lage eines Mitglieds des UN-Sicherheitsrates und versuche, die anderen Ratsmitglieder davon zu überzeugen, dass der Kampf gegen Aids auch Sache des Weltsicherheitsrates ist (Q3).

2. Weise anhand des Textes Q4 nach, dass die wirtschaftlichen und sozialen Probleme der armen Länder ein globales Handeln erfordern.

3. Erläutere, ob es gerechtfertigt ist, von einer neuen Form der Kriegsführung im 21. Jahrhundert zu sprechen (Q5). Überprüfe, inwieweit deine Erklärung auf gegenwärtige Konflikte weltweit zutrifft.

4. Vergleiche Q7 und Q8 bezüglich der Ursachen für Terrorismus miteinander. Lege dar, welche Argumente dich überzeugen, und begründe deine Meinung.

5. Erkläre, wie Umweltschutz und Globalisierung zusammenhängen (Q9, Q10). Stelle eine Liste zusammen, wie du täglich ohne große Mühe zur Erhaltung der Umwelt beitragen kannst.

1946   2012

Der Nahostkonflikt

Israelis und Palästinenser scheinen sich unversöhnlich gegenüberzustehen. Immer wieder gibt es Tote – auf beiden Seiten. Der Konflikt hat viele Ursachen. Zu verstehen ist er nur durch einen Blick in die Geschichte. Die wird von beiden Seiten natürlich unterschiedlich dargestellt. Hier findest du einige Beispiele dafür.

Q1 Selbstmordattentat in der Wüstenstadt Bersheba mit mindestens 18 Toten und 80 Verletzten
31. August 2004

A: Beschreibe, wie derartige Bilder die öffentliche Meinung in Israel beeinflussen können.

D1 Rechtfertigung der jüdischen Siedlung in Palästina
Ein ehemaliger Außenminister Israels schreibt 1974:
Das Land lag auf weite Strecken hin verödet – teils infolge von Vernachlässigung, teils infolge von Feindeinfällen und inneren Kriegen. Obwohl (…) zwi-
5 schen 1730 und 1830 jüdische Gelehrte und Rabbiner, Geschäftsleute und Handwerker nach Palästina gekommen waren, blieb das Land doch weitgehend rückständig und menschenleer,
10 woran die Unfähigkeit und Gleichgültigkeit der Machthaber ebenso Schuld war wie die Apathie (= Trägheit) der Bewohner. (…)
Das Land galt als verarmt, ungesund,
15 dürr oder versumpft, jedenfalls als heruntergekommen. Aber das Jahr 1882 brachte auch einen Wendepunkt in der Geschichte Palästinas: In diesem Jahr traf die erste Gruppe (… jüdischer Sied-
20 ler) aus Rußland ein. Sie ließen sich als erste moderne Siedler nieder und gründeten in Gedera, Rishon le-Zion, Petach Tikwa und andernorts landwirtschaftliche Kolonien.

Abba Eban, Dies ist mein Volk, Zürich 1974, S. 257ff., übers. von Gerda Kurz/Siglinde Summer.

D2 Eine palästinensische Sichtweise
Ein palästinensischer Diplomat 1967:
Das Heilige Land war bereits seit den Kreuzzügen für seine Olivenbäume und seine Olivenölherstellung berühmt; und lange bevor 1920 die (… jüdische) Ein-
5 wanderung begann, war Palästina als Exportland für Zitrusfrüchte bekannt und nicht zuletzt für die Jaffa-Orange berühmt. Es ist nicht genau feststellbar, wann man mit dem Anbau von
10 Zitrusfrüchten in Palästina begann, aber es ist belegt, daß schon bis 1912/13 die Araber (…) Orangen im Wert von (…) 1488500 Dollar nach Europa exportierten. In der Hügelregion ist das Land mit
15 Olivengärten, Weinbergen und Obstbäumen bedeckt; während man im Süden Getreide anbaute, erntete man im Jordantal Obst und Gemüse. Jeder Meter fruchtbaren Bodens wurde voll ausge-
20 nutzt; immer mehr kleine Flächen in den felsigen Gebieten wurden für den Obstbau erschlossen.

Sami Hadawi, Bittere Ernte. Palästina 1914–1967, Rastatt 1977, S. 27f., übers. von Christa Hertlein/Reinhard Wagner.

D3 Was ist die Heimat der Juden?
Aus der Proklamationsurkunde des Staates Israel vom 14. Mai 1948:
In Israel stand die Wiege des jüdischen Volkes; hier wurde sein geistiges, religiöses und politisches Anlitz geformt;
5 hier lebte es ein Leben staatlicher Selbständigkeit; hier schuf es seine nationalen und universellen Kulturgüter und schenkte der Welt das unsterbliche „Buch der Bücher".
Mit Gewalt aus seinem Land vertrieben,
10 bewahrte es ihm in allen Ländern der Diaspora (= Vertreibungszeit) die Treue und hörte niemals auf, um Rückkehr in sein Land und Erneuerung seiner politischen Freiheit in ihm zu beten und auf
15 sie zu hoffen.

Arno Ullmann (Hrsg.), Israels Weg zum Staat, München 1964, S. 307.

Q2 Häuserbau in einer israelischen Siedlung im Westjordanland
Mai 2005

✎ B: Versetze dich in die Lage eines Palästinensers, der den Bau beobachtet. Schreibe auf, was du den Bauarbeitern am liebsten sagen möchtest.

D4 Was ist die Heimat der Palästinenser?

Palästina, das Land der drei monotheistischen Religionen, ist das Land, aus dem das palästinensisch-arabische Volk stammt, in dem es sich ent-
5 wickelte und sich auszeichnete. Das palästinensisch arabische Volk war immer in Palästina verwurzelt und hat nie seine Bande mit ihm gelöst. So schloss das palästinensisch-arabische Volk eine
10 immerwährende Verbindung zwischen sich selbst, seinem Land und seiner Geschichte. (…) Das palästinensisch-arabische Volk bekräftigt mit Entschiedenheit seine unveräußerlichen Rechte
15 im Land seiner Väter: (…) in Ausübung der nationalen Rechte des palästinensischen Volkes auf Selbstbestimmung, politische Unabhängigkeit und Souveränität über sein Land proklamiert der
20 Palästinensische Nationalrat im Namen Gottes und im Namen des palästinensischen Volkes die Gründung des Staates Palästina auf seinem palästinensischen Boden mit Jerusalem als Hauptstadt.

Zit. nach: www.palaestina.org/dokumente/plo/unabhaengigkeitserklarung.pdf (29. September 2009).

D5 Wird es Frieden geben?

Der israelische Schriftsteller und Sprecher der Friedensbewegung sagt 1992: Zweimal in meinem Leben, 1967 und 1973, war ich auf dem Schlachtfeld und habe die gräßliche Fratze des Krieges gesehen. Und doch bleibe ich bei mei-
5 ner Überzeugung, daß man Aggression niemals aus der Welt schafft, indem man ihr nachgibt, und daß nur zwei Dinge den bewaffneten Kampf rechtfertigen: das Leben und die Freiheit. Ich
10 werde wieder kämpfen, wenn jemand versucht, mich zum Sklaven zu machen. Aber niemals werde ich für „die Rechte der Vorväter" kämpfen, für mehr Raum, für Ressourcen, für den trügerischen
15 Begriff „nationale Interessen".
Die Auseinandersetzung zwischen Israelis und Palästinensern ist ein tragischer Konflikt zwischen Recht und Recht, zwischen zwei sehr überzeu-
20 genden Ansprüchen. Eine Tragödie dieser Art läßt sich entweder durch totale Vernichtung eines der beiden Gegner (oder beider) lösen oder aber durch einen traurigen, schmerzvollen wider-
25 sprüchlichen Kompromiß, wodurch jeder lediglich etwas von dem erhält, was er ursprünglich wollte, so daß niemand vollständig zufrieden ist, aber jeder dem Sterben ein Ende bereitet und sich
30 dem Leben zuwendet. Palästina wird in einem Teil des Landes Unabhängigkeit und Sicherheit erhalten; Israel wird in einem anderen Teil des Landes in Frieden und Sicherheit leben. Irgendwann
35 wird es durchaus möglich sein, sich allmählich zu versöhnen, dem Wettrüsten ein Ende zu bereiten, einen gemeinsamen Markt aufzubauen und die Wunden heilen zu lassen.
40 Unsere Friedensbewegung in Israel ist nicht propalästinensisch. Es ist absolut notwendig, daß Israelis und Palästinenser Frieden schließen und damit auch Israel und die arabischen Länder,
45 und dies nicht aus Gründen von Schuld und Versöhnung, sondern aus Gründen des Überlebens. Wir, die Israelis, sind in Israel, um dort zu bleiben. Die Palästinenser sind in Palästina, und sie wer-
50 den nicht fortgehen. Wir müssen zumindest vernünftige Nachbarn werden.

Amos Oz, Ich glaube nicht an die Möglichkeit eines perfekten Friedens. Rede in der Frankfurter Paulskirche von dem Friedenspreisträger des Deutschen Buchhandels 1992, in: Frankfurter Allgemeine Zeitung vom 5. Oktober 1992.

---

1. Die Aussagen in **D1** und **D2** widersprechen sich. Bildet Arbeitsgruppen und versucht, die Widersprüche durch die Beschaffung weiterer Informationen zur Geschichte des Nahostkonflikts zu klären. Hinterfragt dabei kritisch den Standpunkt beider Autoren.

2. Arbeite aus den Texten **D3** und **D4** heraus, wie in beiden Fällen aus der Geschichte heraus der Anspruch auf das Land begründet wird. Erläutere, inwiefern eine solche Begründung problematisch ist.

3. Erläutere, wie Amos Oz den Konflikt zwischen Israelis und Palästinensern einschätzt (**D5**). Beurteile seine Vorschläge für die Lösung dieses Konflikts.

1946   2012

Wächst Europa zusammen?

Die Idee eines vereinten Europa ist schon sehr alt, doch sie ließ sich nicht umsetzen. Erst als der Kontinent am Ende des Zweiten Weltkrieges in Schutt und Asche lag, rückte ihre Verwirklichung in greifbare Nähe. Viele Probleme waren und sind auf dem langen Weg der europäischen Einigung zu bewältigen.

A: Gestalte eine Zeitleiste zu den einzelnen Schritten des Zusammenwachsen Europas.

Am Anfang stand der Europarat

Im Mai 1949 gründeten in London zehn europäische Staaten den Europarat. Ziel dieser internationalen Organisation war, über die Einhaltung der Demokratie, der Menschenrechte und der Rechtsstaatlichkeit in Europa zu wachen. Als wichtiges Organ wurde 1959 der Europäische Gerichtshof für Menschenrechte gegründet. Jeder Bürger kann dort Klage einreichen, wenn er sich in seinen Rechten verletzt fühlt. Auch die Zusammenarbeit auf den Gebieten von Wirtschaft, Bildung, Kultur und Sport wird vom Europarat gefördert. Der Kalte Krieg verhinderte jedoch eine Einbeziehung aller europäischer Staaten. Die nicht demokratischen Ostblockländer durften und wollten keine Mitglieder werden. Heute sind mit Ausnahme Weißrusslands alle europäischen Staaten im Europarat vertreten. Er besteht neben der Europäischen Union und ist nicht mit ihr zu verwechseln.

Die „Montanunion"

Das Ruhrgebiet stand seit 1949 unter gemeinsamer Verwaltung Frankreichs, Großbritanniens, der USA sowie der Beneluxstaaten. 1950 machte der französischen Außenministers Robert Schuman den Vorschlag, die gesamte deutsch-französische Kohle- und Stahlproduktion einer gemeinsamen Behörde zu unterstellen, der jeder interessierte europäische Staat beitreten könne. Damit wäre ein erster Schritt zu einer Wirtschaftsgemeinschaft getan und gleichzeitig würde die Rüstungsindustrie dauerhaft kontrolliert. Für die junge Bundesrepublik bedeutete das zugleich die Rückkehr in ein internationales Gremium als gleichberechtigtes Mitglied. Im April 1951 unterzeichneten Deutschland, Frankreich, Italien und die Beneluxstaaten den Vertrag über die „Europäische Gemeinschaft für Kohle und Stahl" (EGKS, auch „Montanunion" genannt).

Q1 Deutsch-französischer Grenzübergang bei Weißenburg/St. Germanshof
7. August 1950
300 Studenten aus acht Ländern verbrennen Grenzpfähle.

B: Schreibe einen kurzen Zeitungsbericht über das Treffen und gehe dabei insbesondere auf Forderungen der Studenten ein.

Wirtschaftsraum (West)europa

In den folgenden Jahren bauten die Mitglieder der Montanunion ihre Zusammenarbeit auf weiteren Feldern der Wirtschaft aus. 1957 unterzeichneten sie in Rom Verträge über die Gründung der Europäischen Wirtschaftsgemeinschaft (EWG) und der Europäischen Atomgemeinschaft (EURATOM) zur gemeinsamen, friedlichen Nutzung der Kernenergie.

1967 schlossen sich schließlich die EGKS, die EWG und EURATOM zur Europäischen Gemeinschaft (EG) zusammen. Sie sollte die Grundlage für ein weiteres, vor allem auch politisches Zusammenwachsen der westeuropäischen Staaten sein. Noch war die EG jedoch praktisch nicht mehr als eine große Wirtschafts- und Handelsgemeinschaft, allerdings mit einer gemeinsamen Landwirtschaftspolitik. Mit der Zeit wurde der Wirtschaftsraum der EG zunehmend attraktiver, denn ein gemeinsames Auftreten der Europäer auf dem Weltmarkt konnte ihre Stellung stärken. So traten in den 1970er- und 1980er-Jahren nahezu alle westeuropäischen Länder der EG bei.

Europa – eine politische Einheit?

Die Gründer der Europäischen Gemeinschaft für Kohle und Stahl hatten mehr im Sinn als nur eine wirtschaftliche Einigung. Sie strebten vielmehr eine europäische politische Gemeinschaft an. Damit sollten Frieden und Stabilität auf dem Kontinent dauerhaft erhalten werden. Doch der politische Zusammenschluss erwies sich als schwierig. Die einzelnen Staaten hätten dabei Entscheidungsbefugnisse und Rechte an übergeordnete europäische Regierungsorgane abtreten müssen. Dazu waren die meisten nicht bereit. Das zeigte sich bereits 1954 bei dem Versuch, eine „Europäische Verteidigungsgemeinschaft" (EVG) und damit gemeinsame europäische Streitkräfte zu schaffen. Die französische Nationalversammlung stimmte dem Vorschlag nicht zu.

Von Anfang an wurde auch darüber diskutiert, nach welchem Modell Europa geeint werden könnte: Soll es ein Bundesstaat sein, also ein Gesamtstaat ähnlich wie die USA oder die BRD, mit einer zentralen Regierung und Ländern mit ihren Landesregierungen? Oder soll es ein Staatenbund sein, in dem selbstständige und unabhängige Staaten lose miteinander verbunden sind? In beiden Fällen muss genau geklärt sein, wie die Zuständigkeiten verteilt sind.

Q2 **Schwieriges Gleichgewicht**
Karikatur von Peter Leger, nach 1973

C: Erläutere die Probleme der europäischen Einigung, auf die der Zeichner aufmerksam machen möchte.

1946   2012

Die Europäische Union

Einen neuen Schub für die Einigung brachte 1992 der Vertrag von Maastricht. Er sah die Abschaffung sämtlicher Binnenzölle vor. Zugleich wurde die Gemeinsame Außen- und Sicherheitspolitik (GASP) vereinbart. Die Gemeinschaft nennt sich seitdem „Europäische Union" (EU). In den Folgejahren wurden die Gemeinsamkeiten in der EU weiter ausgebaut. Besonders augenfällig war 2002 die Einführung des EURO als gemeinsame Währung in den meisten Mitgliedsländern. 2009 trat der Vertrag von Lissabon in Kraft, der die institutionelle Funktionsfähigkeit der EU verbesserte und demokratische Strukturen stärkte. Jedoch sind viele Bürger nach wie vor der Ansicht, die zahlreichen Verträge und Regelungen seien kaum zu durchschauen, die EU zu bürokratisch. Seit dem Ende des Kalten Krieges hat die EU einen gewaltigen Zuwachs erfahren. Die meisten Länder des ehemaligen Ostblocks sind inzwischen Mitglieder geworden. Problematisch dabei ist, dass dadurch innerhalb der EU Wirtschaftskraft und Lebensstandard sehr unterschiedlich sein können.

Verschuldungskrise in der Eurozone

Die hohe Verschuldung in einigen Staaten der Eurozone (Griechenland, Portugal, Spanien, Italien, Irland, Belgien) hat die EU in ihre wohl tiefste Krise seit Bestehen geführt. Aktuell versuchen die Mitgliedsländer, der Verschuldungskrise mit Finanzhilfen, die an strikte Auflagen zur Umsetzung von Sparprogrammen gekoppelt sind, sowie einer Reform des Stabilitäts- und Wachstumspaktes zu begegnen. Schnelle Lösungen zur Bewältigung der Krise sind nicht in Sicht. Fachleute vertreten üerwiegend die Auffassung, dass hierfür eine Vertiefung der Integration erforderlich ist.

Europäische Union

Bereits nach dem Inkrafttreten des Maastrichter Vertrages hatte sich im allgemeinen Sprachgebrauch „Europäische Union" für die Bezeichnung der „Europäischen Gemeinschaften" eingebürgert, die bis 2002 jedoch offiziell aus der Europäischen Gemeinschaft (EG), der Europäischen Gemeinschaft für Kohle und Stahl (EGKS) und der EURATOM bestanden. Mit dem Inkrafttreten des Vertrages von Lissabon wurden die verschiedenen europäischen Gemeinschaften offiziell in die „Europäische Union" überführt, nur die EURATOM besteht neben der EU eigenständig weiter.

D1 Die Entwicklung der Europäischen Union

✎ D: Teile die Erweiterung der EG bzw. EU in drei Etappen ein, bezeichne diese Etappen und ordne ihnen die jeweiligen Beitrittsländer zu.

Gründungsmitglieder 1958
Beitritt 1973–1986
Beitritt 1995–2007
Beitritt 2013
*DDR 1990: Beitritt zur Bundesrepublik Deutschland

Beitrittskandidaten
Beitrittsverhandlungen

Q3 Die ersten Schritte, die zählen . . .
Karikatur von Moissan, veröffentlicht im französischen Magazin „Oxygène", 13. Dezember 1949

✎ E: Erkläre mithilfe des VT sowie Q4 und Q5 die Aussage der Karikatur.

daß Deutschland, wenn es sich wieder erholt habe, Frankreich angreifen werde. Er könne sich denken, daß umgekehrt auch in Deutschland der 10 Wunsch nach Sicherheit bestehe. Aufrüstung mache sich zuerst fühlbar in einer erhöhten Produktion von Kohl, Eisen und Stahl. Wenn man eine Einrichtung schaffe (…), die jedes der beiden Län- 15 der in den Stand setze, die ersten Anzeichen einer Aufrüstung wahrzunehmen, so würde die Schaffung dieser Möglichkeit in Frankreich eine ganz außerordentliche Beruhigung zur Folge 20 haben.

Schumans Plan entsprach voll und ganz meinen seit langem vertretenen Vorstellungen einer Verflechtung der europäischen Schlüsselindustrien. Ich teilte 25 unverzüglich Robert Schuman mit, daß ich seinem Vorschlag aus ganzem Herzen zustimme.

Konrad Adenauer: Erinnerungen 1945–53. Stuttgart 1965, S. 327 f.

Q4 Der Schuman-Plan

Aus der Regierungserklärung des französischen Außenministers Robert Schuman vom 9. Mai 1950:

Der Friede der Welt kann nicht geschützt werden, wenn nicht schöpferische Maßnahmen in einem Maße getroffen werden, die den Gefahren entsprechen, 5 welche ihn bedrohen. (…) Solange Europa nicht vereint war, haben wir Krieg gehabt. Europa wird nicht mit einem Schlag (…) gebildet werden; es wird durch konkrete Verwirklichungen ge- 10 bildet werden, die zunächst eine Solidarität der Tatsachen schaffen. Die Vereinigung der europäischen Nationen erfordert, daß der jahrhundertealte Gegensatz zwischen Frankreich und Deutschland 15 ein Ende nimmt. (…) Die französische Regierung schlägt vor, die Gesamtheit der französisch-deutschen Produktion von Kohl und Stahl unter eine gemein- 20 same oberste Autorität innerhalb einer Organisation zu stellen, die der Mitwirkung anderer Staaten Europas offen steht. (…) Die Solidarität der Produktion, die auf diese Weise geknüpft wer- 25 den wird, wird dartun, daß jeder Krieg zwischen Frankreich und Deutschland nicht nur undenkbar, sondern materiell unmöglich wird.

Keesings Archiv der Gegenwart vom 9. Mai 1950, S. 2372.

Q5 Gemeinsame Interessen

Der damalige Bundeskanzler Adenauer erinnert sich an einen Brief aus Paris, den er am 9. Mai 1950 bekam:

In dem persönlich an mich gerichteten Brief schrieb mir Schuman, der Zweck seines Vorschlages sei nicht wirtschaftlicher, sondern eminent politischer Na- 5 tur. In Frankreich bestehe die Furcht,

Q6 Berechtigte Ängste?

Der damalige SPD-Vorsitzende Kurt Schumacher schreibt 1951:

(Die Ziele des Schuman-Plans …) sind die Schwächung der industriellen Produktion des ganzen Ruhrreviers, die Konsolidierung der ausländischen Befugnisse im Ruhrgebiet und die freiwil- 5 lige Zustimmung zur Einführung von Teilen des Besatzungsregimes für mindestens 50 Jahre in das deutsche Recht. Die Hohe Behörde der europäischen 10 Schwerindustrie werde auf dem Kontinent über eine wirtschaftliche Allmacht verfügen, der sich Deutschland unterziehen muß, ohne an der Festsetzung ihrer Beschlüsse teilnehmen zu können. Die 15 deutschen Stimmen würden durch die Stimmen der westlichen Staaten in die Minderheit versetzt werden.

Keesings Archiv der Gegenwart vom 1. April 1951, S. 2880.

1946

2012

Q7 Blick von außen auf Europa

Der US-Außenminister Dulles schreibt am 15. Dezember 1953:

Es gibt Leute, die befürchten, daß nach der Bildung der Europäischen Vertei-
20 digungsgemeinschaft die Vereinigten Staaten die militärische Hilfe an Eu-
5 ropa einstellen werden. Diese Furcht ist grundlos. Wenn aber die Europäische Verteidigungsgemeinschaft nicht 25 verwirklicht werden sollte, wenn Frankreich und Deutschland getrennt blie-
10 ben und wieder potentielle Feinde wür-
den, dann müßte man sehr bezweifeln, ob das kontinentale Europa eine Re-
30 gion der Sicherheit werden könnte. Das würde zwangsweise zu einer höchst
15 schwierigen Überprüfung der amerika-

nischen Politik führen. Wenn Westeuropa eine politische, wirtschaftliche und
militärische Einheit mit Einschluß von
Frankreich und Deutschland bilden will,
muß das bald geschehen. Starke Kräfte
sind an der Arbeit, die sechs Nationen
der Gemeinschaft zusammenzuschwei-
ßen, und Großbritannien und die Vereinigten Staaten stehen bereit, ihre feste
Unterstützung zu leihen; wenn aber
dieser Zusammenschluß nicht bald erfolgt, könnten andere Kräfte die Oberhand gewinnen. (…) Die Integration
in Freiheit wäre dann vielleicht nie
mehr möglich, wohl aber könnte der
Fall eintreten, daß Westeuropa in gleicher Weise wie Osteuropa zusammen-
geschlossen werden würde. (…) Trotz

eventuellen Unzulänglichkeiten im Ver-
35 trag hat die Entscheidung über die Europäische Verteidigungsgemeinschaft
schicksalhafte Bedeutung. Die Vereinigten Staaten und, wie ich glaube, auch
die ganze Welt sehen in diesem Vertrag
40 das Symbol des europäischen Willens,
unser gemeinsames Ziel zu erreichen,
welches in der Wahrung unserer Freiheit, unseres gemeinsamen Erbes und
der Zivilisation unserer Völker besteht.
45 Bis zum nächsten Frühling (…) müssen
Beschlüsse von historischer Bedeutung
gefaßt werden, welche neue Möglichkeiten eröffnen können.

Keesings Archiv der Gegenwart vom 17. Dezember 1953, S. 4296.

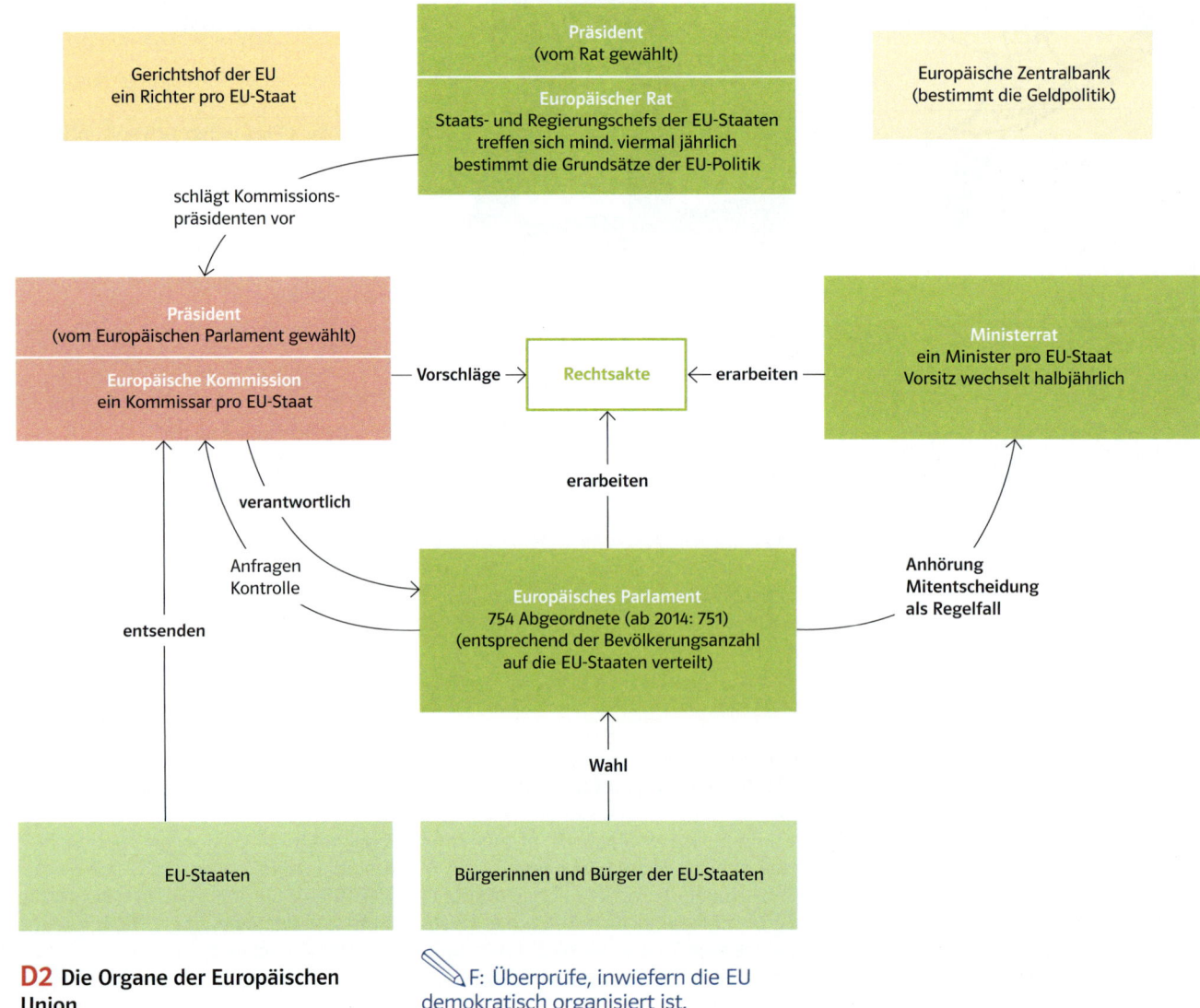

D2 Die Organe der Europäischen Union

F: Überprüfe, inwiefern die EU demokratisch organisiert ist.

Q8 Was hat Europa erreicht?

Der französische Europapolitiker Maurice Faure bilanziert 1977:

Wir hatten alle zusammen das Gefühl, zum Aufbau einer friedlichen und fortschrittlichen Zukunft beizutragen. Seitdem kann man aber Sternstunden und
5 Schattenseiten festmachen.

Diesen zwanzig Jahren müssen gutgeschrieben werden: der Freihandel und die Zunahme der Handelsbeziehungen, die steigende gegenseitige Abhängig-
10 keit der Wirtschaft der Mitgliedstaaten sowie der hohe Grad ihrer Expansion. (…)

Die Gemeinschaft ist aber von einer Verwirklichung noch weit entfernt:
15 eine gemeinsame Konjunktur-, Industrie-, Regional- oder Sozialpolitik stecken noch in den Kinderschuhen, von
20 einer gemeinsamen Energie- oder Währungspolitik kann noch nicht einmal die Rede sein (…). Die Skepsis der Arbeitnehmer wächst also, sie hatten ja mit einer Öffnung hin zum sozialen Fort-
40 schritt gerechnet. (…)

Die Schwäche der Institutionen ist
25 offenkundig. Ihr Sinn wurde langsam verfälscht: die Ohnmacht der Kommission, der Mangel an demokratischer Kontrolle, die Lähmung des Minister-
rates durch unregelmäßig stattfin-
30 dende Sitzungen und durch das Prinzip der Einstimmigkeit. (…)

Am schlimmsten aber wirkt sich die Tatsache aus, daß sie sich nicht zu einer politischen Gemeinschaft entwickelt,
35 was ursprünglich ihr vorrangiges Ziel gewesen ist: Bisher hat sie noch nicht einmal den ersten Schritt in diese Richtung gemacht und man kann sich heute nur schwer vorstellen, wann und wie
40 sie es tun könnte. (…)

Dieser wirtschaftliche Riese ist ein politischer Zwerg. Das kann nicht mehr lange gutgehen, ohne das Unternehmen insgesamt zu gefährden. Nach
45 reiflichem Nachdenken kommt man zu dem Ergebnis, daß es die Politik ist, die zur Einigung führt: Die Wirtschaft teilt, aus Interessenkonflikten wachsen nationale Konfrontationen.

Maurice Faure, Eine gewagte Herausforderung, in: Le Monde vom 25. März 1977.

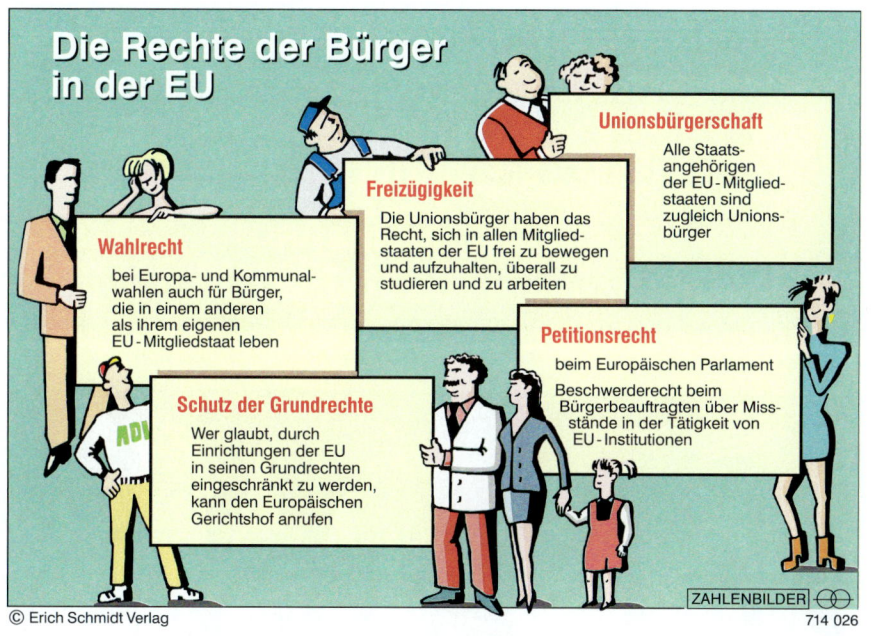

© Erich Schmidt Verlag

D3 Bürgerrechte in der EU

G: Überprüfe und lege an Beispielen dar, wie du und deine Familie die Rechte als Bürger der EU wahrnehmen.

---

1. Arbeite heraus, welcher politische Charakter für eine politische Einigung Europas bereits im Schuman-Plan enthalten war (Q4, Q5).

2. Schreibe dem SPD-Vorsitzenden Schumacher aus der Sicht eines Befürworters des Schuman-Plans eine Entgegnung auf seine Befürchtungen (Q6).

3. Erläutere die amerikanische Sicht auf die europäischen Einigungsbestrebungen. Ordne die Aussagen in den historischen Zusammenhang ein. Schlussfolgere daraus, welche politischen Hintergründe zu der amerikanischen Sicht geführt haben (Q7).

4. Liste auf, welche positiven Ergebnisse und welche Defizite im europäischen Einigungsprozess von Faure wahrgenommen werden (Q8).

5. Überprüfe, welche Defizite aus den Anfangsjahren der europäischen Einigung überwunden wurden und welche Aufgaben in der Zukunft noch zu lösen sind (VT, Q8, D2, D3).

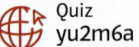
1946	2012

1. Begriffe einordnen und erklären: die Welt nach 1945 (Urteilskompetenz)

Schreibe die nebenstehenden Begriffe in dein Heft und notiere dazu jeweils eine kurze Erklärung.

- NATO-Doppelbeschluss
- Weltsicherheitsrat
- Koreakrieg
- Blauhelmsoldaten
- Vietnam-Trauma
- Vertrag von Maastricht
- Truman-Doktrin
- Glasnost und Perestroika
- Dominotheorie
- KSZE
- Prager Frühling
- Nahostkonflikt
- Gleichgewicht des Schreckens
- Montanunion
- Solidarność
- Kalter Krieg

2. Ein Foto einordnen und erklären: Kalter Krieg (Analysekompetenz, Urteilskompetenz, narrative Kompetenz)

Stell dir vor, du findest dieses Foto und darauf ist nichts weiter als die Jahreszahl 1948 verzeichnet. Schlussfolgere auf der Grundlage deines historischen Wissens, worum es sich bei diesem Bild handeln könnte. Erzähle, was du über dieses Ereignis weißt. Gib dem Bild einen passenden Titel.

Q1

3. Eine Karikatur untersuchen: der Ost-West-Konflikt (Analysekompetenz, Urteilskompetenz)

Beschreibe die Karikatur und ordne sie in den zutreffenden historischen Zusammenhang ein. Beurteile die Aussage, die der Künstler mit seiner Karikatur zum Ausdruck bringt.

Q2 „Intolerable having your rockets on my doorstep!"
Karikatur von Victor Weisz aus dem Evening Standard, 24. Oktober 1962

4. Zwei Standpunkte diskutieren: Wie soll die Europäische Union regiert werden? (Analysekompetenz, Urteilskompetenz, narrative Kompetenz)

Vergleiche die beiden Standpunkte miteinander und lege dar, in welchen Fragen sie sich unterscheiden. Diskutiert in der Klasse, was für bzw. gegen den jeweiligen Standpunkt spricht.

Q3 Zentralisierte Macht in Brüssel?

Aus einer Rede der damaligen englischen Premierministerin Margaret Thatcher 1988:

Die Bereitschaft zur aktiven Zusammenarbeit zwischen unabhängigen souveränen Staaten ist der beste Weg für den Aufbau einer erfolgreichen europäi-

5 schen Gemeinschaft. Der Versuch, die nationale Souveränität abzuschaffen und die Macht im Zentrum eines europäischen Konglomerats (Mischung) zu konzentrieren, wäre außerordentlich

10 schädlich und würde die Ziele in Gefahr bringen, die wir zu erreichen suchen. (…) Engere Zusammenarbeit erfordert keine in Brüssel zentralisierte Macht. (…) In Großbritannien haben wir die

15 Grenzen staatlicher Einmischung nicht erfolgreich zurückgedrängt, nur um hinterher festzustellen, daß diese auf europäischer Ebene wieder aufgerichtet wurden, unter einem Superstaat mit

20 neuer Vormachtstellung in Brüssel.

Archiv der Gegenwart, 24. Dezember 1988, S. 32902 ff.

Q4 Eine Europäische Föderation

Aus einer Rede des damaligen deutschen Außenministers Joschka Fischer, 2000:

Die Erweiterung (der EU) wird eine grundlegende Reform der europäischen Institutionen unverzichtbar ma-

chen. Wie stellt man sich eigentlich

5 einen Europäischen Rat mit dreißig Staats- und Regierungschefs vor? Dreißig Präsidentschaften? Wie lange werden den Ratssitzungen dann eigentlich dauern? Tage oder gar Wochen? Wie soll

10 man in dem heutigen Institutionengefüge der EU zu Dreißig Interessen ausgleichen, Beschlüsse fassen und dann noch handeln? Wie will man verhindern, dass die EU damit endgültig in-

15 transparent, die Kompromisse immer unfasslicher und merkwürdiger werden, und die Akzeptanz der EU bei den Unionsbürgern schließlich weit unter den Gefrierpunkt sinken wird?

20 Fragen über Fragen, auf die es allerdings eine ganz einfache Antwort gibt: den Übergang vom Staatenverbund der Union hin zur vollen Parlamentarisierung in einer Europäischen Föderation, die Ro-

25 bert Schuman bereits vor 50 Jahren gefordert hat. Und d.h. nichts geringeres als ein europäisches Parlament und eine ebensolche Regierung, die tatsächlich die gesetzgebende und die exekutive Ge-

30 walt innerhalb der Föderation ausüben. Diese Föderation wird sich auf einen Verfassungsvertrag zu gründen haben.

Joschka Fischer, Vom Staatenverbund zur Föderation – Gedanken über die Finalität der europäischen Integration. „Humboldt-Rede" 12. Mai 2000, in: Themenportal Europäische Geschichte, www.europa.clio-online.de/site/lang___de/ItemID___17/mid___11373/40208215/default.aspx (12. Februar 2012).

5. Ein Rollenspiel durchführen: die Welt nach dem Kalten Krieg (Urteilskompetenz, narrative Kompetenz)

Spielt in der Klasse eine Fernsehtalkrunde zum Thema „Ist die Welt nach dem Kalten Krieg sicherer geworden? Welche Aufgaben hat die internationale Staatengemeinschaft?". Bestimmt einen Talkmaster oder eine Talkmasterin. Einigt euch, welche Gäste in der Runde vertreten sein sollen, und fertigt Rollenkarten an. Nebenstehend sind einige Vorschläge abgedruckt. Wertet anschließend mit den Zuschauern die Gesprächsrunde aus: Haltet fest, was die wichtigsten Vorschläge waren. Schätzt ein, wie realistisch deren Umsetzung ist.

Mitglied der Hilfsorganisation „Brot für die Welt":
- kennt das Elend in den ärmsten Ländern der Welt
- hat blutige Kämpfe um Ressourcen aus nächster Nähe gesehen

Ehemaliger Blauhelmsoldat:
- befand sich beim Einsatz in Afrika mehrfach in Lebensgefahr
- hat bei der Entwaffnung von Rebellen in einem Krisengebiet mitgewirkt

Älterer amerikanischer Diplomat:
- hat früher an Abrüstungsverhandlungen zwischen den USA und der Sowjetunion teilgenommen

Korrespondent(in) einer Zeitung:
- kennt sich gut in Israel aus
- hat über mehrere Selbstmordattentate und die Reaktionen des israelischen Militärs berichtet

Ehemaliger sowjetischer Offizier:
- hat früher eine Raketeneinheit befehligt
- kennt sich gut mit Atomsprengköpfen aus

Historiker(in):
- ist Spezialist(in) für die Geschichte des Kalten Krieges
- hat gerade ein Buch über den 11. September 2001 geschrieben

7 Deutschland nach 1945

Am 8. Mai 1945 endete mit dem Zweiten Weltkrieg auch die NS-Diktatur. Wie sollte es nun mit Deutschland weitergehen? Sehr bald zerrissen die unüberbrückbaren Gegensätze zwischen Ost und West das Land und zwei deutsche Staaten entstanden. Die Teilung schien für alle Zeiten gemacht. Kaum jemand glaubte noch an ihre Überwindung – zu unterschiedlich hatten sich die Bundesrepublik und die DDR entwickelt. Und doch kam schließlich die Wiedervereinigung.

- Wie kam es zur Teilung Deutschlands?
- Worin unterschieden sich Herrschaft, Wirtschaft und Gesellschaft in beiden deutschen Staaten?
- Welche Ursachen führten zur Wiedervereinigung?
- Wie weit ist der Prozess des Zusammenwachsens gediehen?

1940   **1950**   **1960**   **1970**

Juli/August 1945
Potsdamer Konferenz

1950–1953
Korea-Krieg

17. Juni 1953
Volksaufstand in der DDR

1964
Freundschaftsvertrag zwischen der DDR und der Sowjetunion

23. Mai 1949
Gründung der Bundesrepublik Deutschland

1947
Marshallplan: Kredite für den Wiederaufbau Westeuropas

1956
Niederschlagung des ungarischen Volksaufstands

1963
Freundschaftsvertrag zwischen der Bundesrepublik und Frankreich

7. Oktober 1949
Gründung der DDR

1948/49
Berliner Blockade

1962
Kuba-Krise

1967/68
Studentenunruhen in der Bundesrepublik

13. August 1961
Bau der Mauer

1970
Ostverträge der Regierung Brandt

Flüchtlingsfrau in den Trümmern Kölns, Foto 1945

Grenzanlagen am Rand von Westberlin, Foto 1961

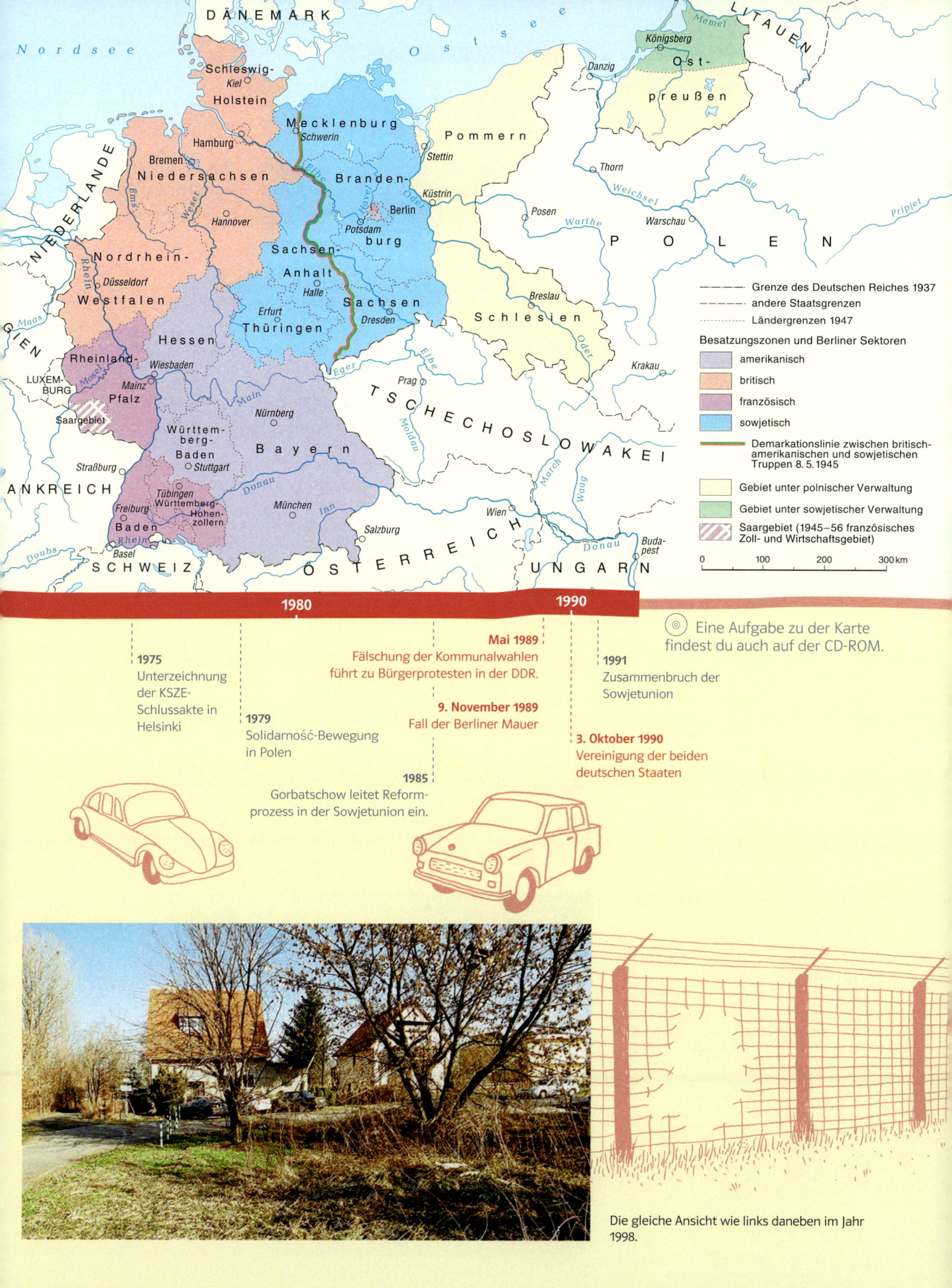

Nordsee **Ostsee**

DÄNEMARK

LITAUEN

Königsberg

Ost-

preußen

Schleswig-
Kiel

Holstein

Hamburg

Mecklenburg

Schwerin

Danzig

Thorn

Memel

Bremen

Niedersachsen

Branden-

Pommern

Stettin

Weichsel

Bug

Pripjet

Hannover

Berlin

Potsdam

burg

Küstrin

Posen

Warthe

Warschau

POLEN

Nordrhein-

Düsseldorf

Westfalen

Sachsen-

Anhalt

Halle

Breslau

Schlesien

Oder

Krakau

Hessen

Erfurt

Thüringen

Dresden

Sachsen

Wiesbaden

Rheinland-

LUXEM-
BURG

Mainz

Pfalz

Main

Eger

Elbe

Prag

TSCHECHOSLOWAKEI

Saargebiet

Nürnberg

Moldau

Württem-
berg-
Baden

Stuttgart

Bayern

Straßburg

Donau

March

Waag

ANKREICH

Tübingen
Württemberg-
Hohen-
zollern

München

Inn

Wien

Freiburg

Baden

Salzburg

Donau

Buda-
pest

Basel

Doubs

Rhein

SCHWEIZ

ÖSTERREICH

UNGARN

--- · --- · Grenze des Deutschen Reiches 1937
--- --- --- andere Staatsgrenzen
········· Ländergrenzen 1947

Besatzungszonen und Berliner Sektoren
- amerikanisch
- britisch
- französisch
- sowjetisch

Demarkationslinie zwischen britisch-
amerikanischen und sowjetischen
Truppen 8. 5. 1945

Gebiet unter polnischer Verwaltung

Gebiet unter sowjetischer Verwaltung

Saargebiet (1945–56 französisches
Zoll- und Wirtschaftsgebiet)

0   100   200   300 km

1980   **1990**

◎ Eine Aufgabe zu der Karte
findest du auch auf der CD-ROM.

Mai 1989
Fälschung der Kommunalwahlen
führt zu Bürgerprotesten in der DDR.

1991
Zusammenbruch der
Sowjetunion

1975
Unterzeichnung
der KSZE-
Schlussakte in
Helsinki

9. November 1989
Fall der Berliner Mauer

1979
Solidarność-Bewegung
in Polen

3. Oktober 1990
Vereinigung der beiden
deutschen Staaten

1985
Gorbatschow leitet Reform-
prozess in der Sowjetunion ein.

Die gleiche Ansicht wie links daneben im Jahr
1998.

1945   2012

Leben und Überleben nach dem Krieg

Frühjahr 1945, in Europa schwiegen die Waffen. Auch für die Deutschen war der Zweite Weltkrieg vorbei. Doch wie sollte für sie – die Besiegten, Verachteten, tief Verunsicherten – das Leben weitergehen?

A: Erkläre, warum viele Deutsche das Ende der Naziherrschaft als „Stunde null" bezeichneten. Setze dich mit dieser Haltung auseinander.

Neues Leid, neue Not?

Die meisten Deutschen waren durch den Krieg und die totale Niederlage völlig aus der Bahn ihres bisherigen Lebens geworfen worden. Nahezu jede Familie hatte Opfer zu beklagen. Männer und Söhne waren an der Front gefallen oder in Kriegsgefangenschaft geraten. Viele galten als vermisst, niemand wusste, ob sie je zurückkehren würden. Bombenangriffe hatten in den Städten zahllose Opfer gefordert. Hunderttausende hatten keine Wohnung, keine Arbeitsstätte mehr. Es gab nicht genug zu essen und im Winter kein Heizmaterial.

Den fremden Soldaten, die das Land besetzt hatten, war die Bevölkerung ausgeliefert. Nicht selten kam es zu Racheakten und Plünderungen. Besonderes Leid hatten die Frauen in den sowjetisch besetzten Gebieten zu tragen. Sie wurden zu Tausenden von Soldaten der Roten Armee vergewaltigt und zu Tode gequält.

Allmählich kamen auch immer mehr Einzelheiten über die Grausamkeiten, die Deutsche in den Kriegsgebieten und im eigenen Land verübt hatten, ans Tageslicht. Doch über diese Verbrechen wollten zunächst nur wenige etwas erfahren.

Neuer Anfang?

Dennoch regte sich auch neue Hoffnung. Die Zeit der nächtlichen Fliegeralarme war vorbei und vor allem die Frauen gingen daran, die Trümmer wegzuräumen. Die ersten Kinovorstellungen, Theateraufführungen und Konzerte fanden statt, oft in notdürftig dafür hergerichteten Gebäuden. Betriebe und kleine Werkstätten begannen wieder zu arbeiten, auch in Heimarbeit wurden lebensnotwendige Dinge hergestellt. So wurden aus Stahlhelmen Kochtöpfe, aus Uniformteilen Kindermäntel, aus Fallschirmseide Kleider. Mancherorts legten die Menschen mitten in der Stadt Kartoffeläcker und Gemüsebeete an. Der Überlebenswille schien ungebrochen. Nicht wenige Deutsche nannten das Ende von Naziherrschaft und Krieg die „Stunde null" und glaubten, man könne das Vergangene einfach vergessen und neu beginnen. Doch geht das überhaupt?

Q1 Badebetrieb in Berlin an der Havel
Foto, Sommer 1945

B: Stell dir vor, du hast als amerikanischer Soldat das Foto aufgenommen und schickst es in einem Brief nach Hause. Berichte, wie du die Deutschen in den ersten Nachkriegsmonaten erlebst. Nimm auch den Text zu Hilfe.

Q2 **Mutter und Tochter in einer Notwohnung in Berlin**
Foto, 1945

C: Schreibe auf, was Frau und Kind über ihr tägliches Leben erzählen könnten.

Q3 **Köln im Juni 1945**

Der englische Schriftsteller Stephen Spender war von Juni 1945 bis März 1946 durch Deutschland gereist. 1946 beschreibt er seine Eindrücke:

In Hagen schon hatte ich große Zerstörungen gesehen (…). Erst in Köln aber wurde mir bewußt, was totale Zerstörung bedeutete. Beim ersten Durchfah-
5 ren schien es mir, als sei dort auch nicht ein einziges Haus übrig geblieben. Noch stehen zwar viele Mauern, aber sie sind wie dünne Masken vor der feuchten, hohlen, stinkenden Leere ausge-
10 waideter Innenräume. Ganze Straßenzüge, von denen nur noch die Mauern der Häuser stehen, sind schrecklicher als Straßen, die dem Erdboden gleich sind. Sie sind unheimlicher und bedrü-
15 ckender.

Tatsächlich sind nur wenige Häuser Kölns bewohnbar geblieben, insgesamt vielleicht dreihundert, wie man mir sagt. Von einer Straße geht man
20 in die andere mit Häusern, deren Fenster hohl und geschwärzt wirken – wie die offener Münder verkohlter Leichen. Hinter diesen Fenstern gibt es nichts mehr außer Decken, Möbeln, Teppich-
25 fetzen, Büchern; alles zusammen ist in die Keller der Häuser abgestürzt und liegt dort zusammengepreßt zu einer feuchten Masse.

Durch die Straßen Kölns schleppen
30 sich tagein, tagaus Tausende von Menschen; dieselben, die noch vor wenigen Jahren die Straßen dieser Stadt bevölkerten und an den Schaufenstern entlang bummelten oder vor den Kinos
35 warteten, in die Oper gingen oder sich ein Taxi herbeiwinkten; dieselben, die einst ganz normale Bürger einer großen Stadt waren (…).

Jetzt bedarf es großer Phantasie, sich
40 des Kölns zu erinnern, das ich vor zehn

Jahren so gut kannte. Nichts ist mehr da. (…) Die Menschen, die dort leben, scheinen gar nicht zu Köln zu gehören. Sie gleichen vielmehr einem Stamm
45 von Nomaden, die inmitten einer Wüste eine Ruinenstadt entdeckt und dort ihr Lager aufgeschlagen haben, in ihren Kellern hausen und zwischen den Trümmern nach Beute suchen (…).
50 Die große Stadt sieht wie ein Leichnam aus und stinkt auch so, von all dem nicht weggeräumten Müll, all den Leichen, die immer noch unter Bergen von Schutt und Eisen begraben liegen.
55 Und obwohl die Straßen teilweise ge-

räumt sind, gibt es noch viele Krater, und einige der Nebenstraßen sind unpassierbar. Immer noch gibt es ganze Landschaften völlig unberührter Ru-
60 inenfelder. (…)

Die Wirkung dieser Leichenstädte ist tief entmutigend und ergreift jeden, der in Deutschland lebt und arbeitet, die Besatzungsmächte ebenso wie die
65 Deutschen. Die Zerstörung ist ernst in mehr als nur einem Sinn.

Stephen Spender, Deutschland in Ruinen. Ein Bericht, Übers.: Joachim Utz, Frankfurt am Main 1998, S. 36–39.

1945   2012

Q4 Frauen in Köln beim Kohlenklau im bitterkalten Nachkriegswinter 1946/47

D: Die Frauen auf dem Foto begehen eine Straftat. Schreibe auf, wie sie sich rechtfertigen könnten.

Q5 Die Kartoffeltrecks

Aus der „Stuttgarter Zeitung", Juni 1946:
Quer durch die britisch besetzte Zone Deutschlands (…) geht seit vielen Wochen ein seltsamer Zug vor sich, der in seiner Unbeirrbarkeit an die Gesetzmä-
5 ßigkeit des Vogelzuges erinnert. Auch die Menschen, die hier ziehen, folgen einem Gesetz: dem Gesetz des Hungers und der Not. Eigentlich „steigt" man nicht in den Zug. Man stürmt den
10 Zug. (… Die Menschen) stehen viele Stunden im rüttelnden Zug, (…) sie kommen tagelang nicht aus den Kleidern, sie müssen Stolz und Scham in sich niederzwingen, wenn sie von Hof
15 zu Hof gehen, und sie fühlen sich mit ihren Kartoffeln nicht sicher, ehe sich die Wohnungstür hinter ihnen geschlossen hat. (…) Die Bauern gaben. Zuerst viel, dann immer weniger. Die Bäue-
20 rin teilte es ein, sie gab jedem ein paar Pfund. (…) Und wenn unter ein paar hundert (Menschen) einer ist, der etwa die Fahrt macht, um die Kartoffeln auf dem Schwarzen Markt zu verschieben
25 – die Kartoffelsucher wären die ersten, die ihn steinigten, wenn sie wüßten, daß da ein Bandit aus ihrer Not ein Geschäft macht.

Hans Schlange-Schöningen, Im Schatten des Hungers, Hamburg 1955, S. 69–71.

Q6 Nachkriegsleben in der Stadt

Hannelore König, geboren 1934, erinnert sich an ihre Kindheit 1945:
Meine Mutter hatte für uns eine eigene Wohnung organisiert, die der Frau des Lehrers gehörte. Sie ist in eine 1-Zimmer-Wohnung gezogen und wir haben
5 ihr dafür Brot, Mohrrüben, Butter und Zucker geschenkt. Die Hausbesitzerin mussten wir ebenfalls mit Naturalien bestechen. Wir sind eingezogen und hatten erstmals ein Dach über den
10 Kopf, Säcke vor den Türen und ein Bett. Wir hausten alle zusammen in der Küche.
Mutter mußte als Trümmerfrau arbeiten. Wir gingen manchmal mit, um
15 Holz aus den Trümmern zu holen. Das war sehr gefährlich, aber wir hatten ja nichts zu heizen. Nachts sind wir, und das haben alle gemacht, Kohlen klauen gegangen am Bahnhof. Und ich bin mit
20 meiner Oma in den Wald gefahren. Dort haben wir Holz gelesen.

Sibylle Meyer/Eva Schulze, Wie wir das alles geschafft haben, München 1988, S. 122 f.

Q7 Nachkriegsleben auf dem Dorf

Ein Zeitzeuge (geb. 1937) erinnert sich:
Von schwerer Jugend nach 1945 ist häufig die Rede. Ich habe diese Zeit demgegenüber als besonders aufregend durchaus positiv in Erinnerung. Bei uns
5 auf dem Hof und Häusern drumherum waren circa 100 Flüchtlinge einquartiert, darunter 28 Kinder und Jugendliche. So viele hat es dort weder vorher noch nachher wieder gegeben. Wir
10 waren ständig draußen, beobachteten Bauern, die schwarz (verboten) schlachteten, Liebespaare, die heimlich in die Scheune gingen, Landser (einfache Soldaten), die Papiere oder ihre Munition
15 im Moor versteckten, wo wir unsere Bude hatten, oder Orden und Uniformlitzen verschwinden ließen, um sich „ziviler" zu machen. Wir wußten also meistens vor den Erwachsenen, wo Gewehre,
20 Patronen oder Handgranaten lagen, einmal fanden wir sogar eine Panzerfaust. All das haben wir heimlich gesammelt und gehortet. Manchmal machten wir damit etwas mehr. (…) Ein Junge ver-
25 lor bei dem Versuch, möglichst spät und möglichst genau ein Eichhörnchen zu treffen, seine Hand, später sogar seinen Arm, weil der sich entzündet hatte.

Alexander v. Plato/Almut Leh, Ein unglaublicher Frühling. Erfahrene Geschichte im Nachkriegsdeutschland 1945–1948, Bonn 1997, S. 247.

Q8 Rachsucht hilft nicht

Der Fotoreporter Henry Ries, selbst 1938 aus Deutschland geflohen, schreibt in einem Brief vom 9. September 1945:

Im Zentrum der Stadt sieht es schlimm aus! Wo und wie drei Millionen Berliner unterkommen, ist mir ein Rätsel. Auf den fast lautlosen Straßen sieht man
5 nur wenige Menschen. Die meisten bewegen sich mürrisch und deprimiert und kaum miteinander redend durch die sonnige Trümmerwüste. (…)
Was mich stört, ist, dass die Mehrzahl
10 der Berliner uns mit ihren Verlusten beeindrucken will, um in ihrem Existenzkampf vorteilhafte Beziehungen mit uns Amis anzuknüpfen. (…)
Nach nur einer Woche in Berlin sollte
15 ich mir keine schnellen Urteile erlauben. Aber je länger ich mich mit Himmlers (Reichsführer SS) geheimen Dokumenten beschäftige, besonders mit der Übersetzung der Beschreibungen von
20 unmenschlichen Versuchen an Menschen, umso mehr wird mir bewusst, wie viel Glück ich hatte, noch rechtzeitig Nazi-Deutschland verlassen zu haben – und nicht nur wegen der drohen-
25 den physischen Zerstörungen, sondern auch, weil ich nicht ein Opfer der moralischen Vernichtung wurde.
In mir brodelt ein emotionales Gemisch: Haben die Deutschen dieses Chaos ver-
30 dient? Wahrscheinlich – zumindest ein großer Teil von ihnen. Aber wie kann ich, wenn ich hungrige Menschen, verkrüppelte Menschen, leidende Menschen, verhärmte Menschen sehe, alle
35 umgeben von Trümmern, viele total verarmt, einige hilflos verloren, wie kann ich angesichts dieses Leids kein Mitleid empfinden? Rachsucht hilft überhaupt nicht.

Henry Ries, Ich war ein Berliner, Berlin 2001, S. 84.

Q9 Die amerikanische Militärbehörde zwingt die Weimarer Bevölkerung, das KZ Buchenwald zu besichtigen.

✎ E: Nenne Gründe für den amerikanischen Befehl. Wie könnten die Weimarer reagiert haben?

Q10 Überlebende eines KZ

Aus dem Tagebuch des britischen Offiziers Basil N. Reckitt:

Freitag, den 13. April 1945
Vom Stab des Korps kam an uns der Befehl, Verpflegung zu einem Konzentrationslager in einem Ort namens Hunswin-
5 kel zu transportieren. (…) Ein einarmiger belgischer Priester begrüßte uns in seiner Rolle als Lagerführer. Die Gestapo-Wachen waren geflohen (…). Im Lager waren noch einige der ursprünglichen
10 Insassen verblieben, die wegen geringfügiger politischer Verbrechen oder nur, weil sie jüdische Blutsverwandte hatten, dort waren. (…) Einige waren so abgemagert, dass über ihren Knochen statt
15 Fleisch nur noch Haut war. Sie waren gerade noch in der Lage zu laufen, ganz langsam und mit wackelndem, unsicherem Gang. (…)
Dienstag, den 17. April 1945
20 Auf der Rückfahrt machten wir einen Umweg, um zwei der Insassen bei sich zu Hause abzusetzen. Eine der Frauen war so schwach, dass zwei Soldaten sie praktisch in ihr Haus tragen mussten.
25 Das Wiedersehen mit ihrer Familie, von der sie anfänglich kaum erkannt wurde, war erschütternd. Sie war zwei Jahre lang fort gewesen.

Alexander v. Plato/Almut Leh, Ein unglaublicher Frühling. Erfahrene Geschichte im Nachkriegsdeutschland 1945–1948, Bonn 1997, S. 214 f.

---

1. Stelle zusammen, welche Gefahren in den zerstörten Städten lauerten (Q3).

2. Schreibe Q5 in einen sachlichen Bericht zur Versorgungslage um.

3. Lege dar, wodurch sich Q6 und Q7 unterscheiden. Welche Ursachen siehst du für die Unterschiede?

4. Beurteile die Haltung Henry Ries' gegenüber den Deutschen (Q8).

5. Schreibe aus der Sicht des Offiziers Reckitt einen Artikel für eine deutsche Zeitung, mit dem du möglichst viele Deutsche zum Nachdenken bringen willst (Q10).

1945   2012

Was soll aus Deutschland werden?

Deutschland hatte bedingungslos kapituliert. Nun mussten die Siegermächte vorgeben, wie es mit Deutschland weitergehen sollte. Wie werden sie sich entscheiden?

✎ A: Verfasse je einen Bericht aus amerikanischer und sowjetischer Sicht über die Verhandlungen und Ergebnisse von Potsdam.

📖 Über den Kalten Krieg kannst du auf den Seiten 170–197 noch einmal nachlesen.

Die Besatzungsherrschaft beginnt

Bereits während des Krieges hatten Großbritannien, die USA und die Sowjetunion über eine europäische Nachkriegsordnung beraten. Unmittelbar nach dem Kriegsende wurde Deutschland in vier Besatzungszonen und die Hauptstadt Berlin in vier Sektoren aufgeteilt. Die militärischen Oberbefehlshaber der vier Besatzungsmächte übernahmen die Regierungsgewalt. Das Deutsche Reich existierte nicht mehr.

Schwierige Verhandlungen in Potsdam

Zwei Monate nach der Kapitulation Deutschlands begann die Potsdamer Konferenz, auf der die Regierungschefs der drei Siegerstaaten, USA, Großbritannien und Sowjetunion, über die Zukunft Deutschlands berieten. Jedoch erwies sich bereits in Potsdam das Klima als frostig. Meinungsverschiedenheiten zwischen den Westmächten und der UdSSR kündigten den Kalten Krieg schon an. Einig waren sich die Siegermächte darin, dass in Deutschland der Nationalsozialismus so gründlich ausgerottet werden sollte, dass er nie mehr wieder erstehen konnte. Völlig unterschiedliche Vorstellungen hatten die Westmächte und die Sowjetunion hingegen darüber, wie ein neues Deutschland künftig gestaltet werden könnte. Und an zwei Detailfragen drohte die Konferenz schließlich zu scheitern.

Streitpunkt Reparationen

Die Alliierten waren sich einig, dass Deutschland für die Kriegszerstörungen aufkommen muss. Die Sowjetunion forderte Reparationen in Höhe von 20 Milliarden Dollar. Das lehnten die Westmächte ab. Beide hatten Bedenken, ob Deutschland diese gewaltige Summe jemals aufbringen könne. Für die stark zerstörte Sowjetunion war eine Rücksichtnahme auf Deutschlands

Q1 Die Teilnehmer der Potsdamer Konferenz
Foto 28. Juli 1945
vorn, v. l. n. r.: der englische Premierminister Attlee, der US-Präsident Truman, der sowjetische Staats- und Parteichef Stalin
dahinter, v. l. n. r.: US-Präsidentenberater Admiral Leahy, der britische Außenminister Bevin, der US-Außenminister Byrnes, der sowjetische Außenminister Molotow

✎ B: Schreibe zu dem Foto einen kurzen Pressebericht. Beziehe dabei den Text mit ein.

Leistungsfähigkeit undenkbar. Die Ablehnung einer fest vereinbarten Summe wertete Stalin als einen Versuch, die Sowjetunion um ihren gerechten Anteil zu betrügen.

Streitpunkt deutsche Ostgrenze

Während des Krieges war vereinbart worden, dass die Sowjetunion einen Teil der Ostgebiete Polens erhalten und Polen im Gegenzug dafür mit deutschen Gebieten entschädigt werden sollte. Ohne Rücksprache hatte die UdSSR einen Großteil der deutschen Gebiete östlich der Oder und der (westlichen) Neiße unter polnische Verwaltung gestellt. Diese Grenzziehung lehnten die beiden Westmächte ab. Sie befürchteten, dass nach dem Verlust der Ostgebiete die deutsche Landwirtschaft nicht mehr genügend Nahrungsmittel produzieren würde und sie deswegen mehrere Millionen Deutsche in ihren Besatzungszonen ernähren müssten.

Ein Kompromiss wird geschlossen

Am 2. August 1945 einigten sich die Alliierten mit ihren Unterschriften unter dem Potsdamer Abkommen schließlich auf einen Kompromiss: Die Westmächte akzeptierten die polnische Verwaltung der deutschen Gebiete östlich der Oder/Neiße-Linie. Dafür verzichtete die Sowjetunion auf ihre hohen Reparationsforderungen, zumal ihr zusätzliche Reparationen aus den westlichen Zonen zugestanden wurden. Das Potsdamer Abkommen war kein völkerrechtlicher Vertrag, sondern nur eine diplomatische Erklärung. Ein offizieller Friedensvertrag mit Deutschland sollte später abgeschlossen werden. Aufgrund des Kalten Krieges kam es jedoch nie dazu.

Auf der Suche nach einer neuen Heimat

Die Festlegungen von Potsdam besiegelten auch das Schicksal unzähliger Deutscher in den deutschen Ostgebieten sowie in Ost- und Südosteuropa. Bereits in den letzten Kriegsmonaten waren Millionen Deutsche vor den vorrückenden sowjetischen Soldaten geflohen. Es herrschte Chaos; Familien wurden getrennt und viele Menschen kamen ums Leben. Viele waren aber auch in ihrer Heimat geblieben.

Nach Kriegsende begann vor allem in Polen und der Tschechoslowakei eine Massenvertreibung der deutschen Bevölkerung – angetrieben von Hass und Rache gegen die ehemaligen deutschen Besatzer. Nach dem Abschluss des Potsdamer Abkommens begann die vereinbarte geordnete Umsiedlung aus den ehemaligen Gebieten des Deutschen Reiches östlich der Oder und Neiße sowie aus anderen Staaten Ost- und Südosteuropas. Die Betroffenen verloren nicht nur ihre Heimat, sondern sie büßten nahezu ihren gesamten Besitz ein. In Massentransporten gelangten sie in die vier Besatzungszonen. Dort gab es für sie oft keinen Wohnraum und keine Arbeit. Nicht selten sahen sie sich Misstrauen und Anfeindungen von allen Seiten ausgesetzt. Viele hofften noch jahrelang auf eine Rückkehr in ihre Heimat. Wenn es keine Rückkehr geben würde, dann mussten die Flüchtlinge, Vertriebenen und Umsiedler integriert werden. Eine Aufgabe, die viele Jahre in Anspruch nehmen sollte.

✎ C: Beschreibe die dargestellte Szene und schließe auf das Schicksal der Gruppe.

Q2 Flüchtlinge laufen 1945 durch Berlin.

1945   2012

Q3 Ziele für Deutschland

Aus dem „Potsdamer Abkommen":

Die Ziele der Besetzung Deutschlands, durch welche der Kontrollrat sich leiten lassen soll, sind:

(I) Völlige Abrüstung und Entmilitarisie-
5 rung Deutschlands und die Ausschaltung der gesamten deutschen Industrie, welche für eine Kriegsproduktion benutzt werden kann oder deren Überwachung. (…)

10 (II) Das deutsche Volk muss überzeugt werden, dass es eine totale militärische Niederlage erlitten hat und dass es sich nicht der Verantwortung entziehen kann für das, was es selbst da-
15 durch auf sich geladen hat, dass seine eigene mitleidlose Kriegsführung und der fanatische Widerstand der Nazis die deutsche Wirtschaft zerstört und Chaos und Elend unvermeidlich ge-
20 macht haben.

(III) Die Nationalsozialistische Partei mit ihren angeschlossenen Gliederungen und Unterorganisationen ist zu 45 vernichten (…), jeder nazistischen Be-
25 tätigung und Propaganda ist vorzubeugen.

(IV) Die endgültige Umgestaltung des deutschen politischen Lebens auf demokratischer Grundlage und eventu-
30 elle friedliche Mitarbeit Deutschlands am internationalen Leben sind vorzubereiten. (…) In praktisch kürzester Frist ist das deutsche Wirtschaftsleben
35 zu dezentralisieren mit dem Ziel der Vernichtung der bestehenden übermäßigen Konzentration der Wirtschaftskraft, dargestellt insbesondere durch Kartelle, Syndikate, Trusts und andere 60 Monopolvereinigungen. (…)

40 Während der Besatzungszeit ist Deutschland als eine wirtschaftliche Einheit zu betrachten. (…)

Die Bezahlung der Reparationen soll dem deutschen Volke genügend Mittel 45 belassen, um ohne eine Hilfe von außen zu existieren. Bei der Aufstellung des Haushaltsplanes Deutschlands sind die nötigen Mittel für die Einfuhr bereitzustellen. (…)

50 Die Reparationsansprüche der UdSSR sollen durch Entnahmen aus der von der UdSSR besetzten Zone in Deutschland und durch angemessene deutsche Auslandsguthaben befriedigt 55 werden. (…) bis zur endgültigen Festlegung der Westgrenze Polens (kommen), die früheren deutschen Gebiete östlich der (Oder/Neiße-Linie …) unter die Verwaltung des polnischen Staa-
60 tes (… und werden) in dieser Hinsicht nicht als Teil der sowjetischen Besatzungszone in Deutschland betrachtet.

Wolfgang Benz, Potsdam 1945, 4. Aufl., München 2005, S. 207–225.

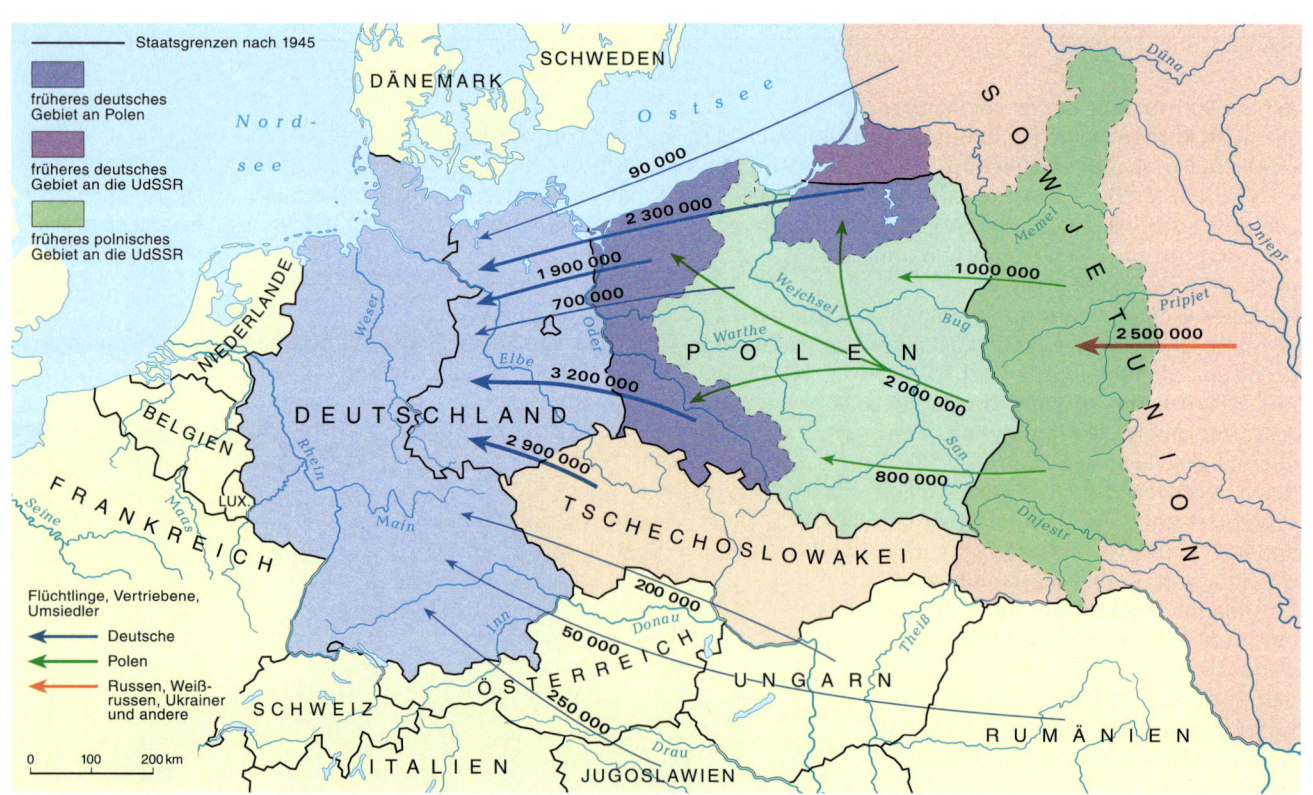

Staatsgrenzen nach 1945
früheres deutsches Gebiet an Polen
früheres deutsches Gebiet an die UdSSR
früheres polnisches Gebiet an die UdSSR

Flüchtlinge, Vertriebene, Umsiedler
— Deutsche
— Polen
— Russen, Weißrussen, Ukrainer und andere

0   100   200 km

D1 Bevölkerungsverschiebung nach 1945

✎ D: Stelle die Anzahl der Flüchtlinge, Vertriebenen und Umsiedler für die jeweiligen Gruppen zusammen.

Informiere dich, in welchen Gebieten in Ost- und Südosteuropa Deutsche lebten und wie sie dahin gekommen waren.

◎ Auf der CD-ROM findest du eine dynamische Karte.

Q4 Deutsche Umsiedlerfamilie aus Ungarn in einem Flüchtlingslager in Ulm
Foto, 1947

✎ E: Ein Zeitungsreporter und ein Fotograf sind in das Lager gekommen, um einen Bericht zu verfassen. Die Familienmitglieder haben die Gelegenheit, den Ulmer Zeitungslesern etwas mitzuteilen. Schreibe mindestens drei Sätze auf, die du formulieren würdest.

◎ Eine Aufgabe zu diesem Foto findest du auch auf der CD-ROM.

Q5 Vertreibung aus dem Sudetenland
Ein Bericht von Josephine M., der im Mai 1947 aufgezeichnet wurde:
Ich und mein 84-jähriger Mann wurden von den Tschechen im Mai 1945 in ein Lager zusammengetrieben. Mein Mann musste in einer 40 m tie-
5 fen Sandgrube schwer arbeiten, ohne Essen. Dabei wurden die Männer geschlagen. (…) Bevor wir fortmußten, erhängte sich der Bürgermeister von Ober-Gerspitz. S. ist sein Name. Eine
10 Bauersfrau sprang aus Verzweiflung ins Wasser und wurde als Leiche gefunden. Ihr Name ist F. Eines Abends wurden wir ausgewiesen, ich (…) stand bei meinem Haus und durfte mir nicht ei-
15 nen Mantel oder ein Kleid holen. Notdürftig bekleidet mußten wir die ganze Nacht marschieren unter allen möglichen Schikanen. Die Tschechen schossen ohne Pausen, nächsten Tag hatten
20 wir nur kurze Rast und mußten ohne Essen bis zur österreichischen Grenze. Da wurde mir noch das letzte Geld abgenommen. Viele Leute konnten diese Strapazen nicht ertragen, fielen nieder,
25 da zeigten uns die Tschechen den Gumiknüppel und viele wurden geprügelt. (…) Wir kamen in der Nacht über die Grenze und mußten im Freien übernachten. (…) Ich sehne den Tag herbei
30 und habe nur noch den einen Wunsch, unser geliebtes Sudentenland wieder unsere Heimat nennen zu dürfen.
Wolfgang Benz, Potsdam 1945. Besatzungsherrschaft und Neuaufbau im Vier-Zonen-Deutschland, München 1986, S. 225ff.

Q6 Gleiches Recht auch im Alltag
Aus der Charta der deutschen Heimatvertriebenen vom 5. August 1950:
1. Wir Heimatvertriebenen verzichten auf Rache und Vergeltung. Dieser Entschluß ist uns ernst und heilig im Gedenken an das unendliche Leid,
5 welches im besonderen das letzte Jahrzehnt über die Menschheit gebracht hat. 2. Wir werden jedes Beginnen mit allen Kräften unterstützen, das auf die Schaffung eines geeinten Europa gerichtet ist, in dem die Völker ohne Furcht
10 und Zwang leben können. 3. Wir werden durch harte, unermüdliche Arbeit teilnehmen am Wiederaufbau Deutschlands und Europas. (…) Den Menschen mit Zwang von seiner Heimat trennen,
15 bedeutet, ihn im Geiste töten. Wir haben dieses Schicksal erlitten und erlebt. Daher fühlen wir uns berufen zu verlangen, daß das Recht auf Heimat (…) anerkannt und verwirklicht wird. (…) Da-
20 rum fordern und verlangen wir (…): 1. Gleiches Recht als Staatsbürger nicht nur vor dem Gesetz, sondern auch in der Wirklichkeit des Alltags. 2. Gerechte
25 und sinnvolle Verteilung der Lasten des letzten Krieges (…) 4. Tätige Einschaltung der deutschen Heimatvertriebenen in den Wiederaufbau Europas.
Zit. nach: www.hdg.de/lemo/html/dokumente/ JahreDesAufbausInOstUndWest_erklaerung-ChartaDerHeimatvertriebenen/index.html (15. Februar 2012).

1. Trage in eine Tabelle ein, welche politischen und wirtschaftlichen Festlegungen für Deutschland in Potsdam getroffen wurden. Kommentiere deine Ergebnisse (Q3).

2. Stell dir vor, du müsstest der alten Frau M. erklären, dass das Sudetenland nie mehr wieder ihre Heimat werden kann. Schreibe deine Argumente auf (Q5).

3. Skizziere das Selbstverständnis der Heimatvertriebenen und lege dar, welche Schlussfolgerungen die Charta über die Stellung der Flüchtlinge in der westdeutschen Aufnahmegesellschaft erlaubt (Q6).

4. Befrage deine Eltern oder Großeltern, ob und wie deine Familie von Flucht und Vertreibung betroffen war. Lasse dir auch erzählen, wie sie die Eingliederung der Flüchtlinge, Vertriebenen und Umsiedler erlebt haben. Trage deine Recherchen in der Klasse vor. Nutze dazu auch Fotos oder alte Schriftstücke.

1945   2012

Der politische Neubeginn

In Potsdam war beschlossen worden, alle Voraussetzungen dafür zu schaffen, dass ein Wiedererstarken des Nationalsozialismus ein für alle Mal verhindert wurde. Doch welche Maßnahmen waren dafür wirklich geeignet? Und welche Ergebnisse brachten sie?

Der Nürnberger Kriegsverbrecherprozess

✎ A: Stelle tabellarisch die Entwicklungen in den westlichen Besatzungszonen und der sowjetischen Besatzungszone gegenüber.

Die vier Besatzungsmächte waren sich einig, dass die Verantwortlichen für die nationalsozialistischen Verbrechen bestraft werden sollten. Dazu gründeten sie einen Internationalen Militärgerichtshof mit Sitz in Nürnberg. Dort wurde am 20. November 1945 der Prozess gegen 22 mutmaßliche Hauptkriegsverbrecher eröffnet. Die Anklage lautete auf Verbrechen gegen den Frieden, Kriegsverbrechen und Verbrechen gegen die Menschlichkeit. Nach einjähriger Prozessdauer wurden die Urteile gefällt: Zwölf Angeklagte wurden zum Tode verurteilt, drei zu lebenslänglicher Haft und vier zu langjährigen Gefängnisstrafen. Nur drei wurden freigesprochen.

Entnazifizierung in den Westzonen

Aber nicht nur die Nazigrößen sollten zur Verantwortung gezogen werden. Genauso wichtig war es, die Schuld aufzudecken, die viele andere auf sich geladen hatten und diese entsprechend zu bestrafen. In den drei Westzonen wurden dazu sogenannte Spruchkammern eingerichtet. Dort mussten Millionen Deutsche über ihre Vergangenheit in der nationalsozialistischen Diktatur Auskunft geben. Danach entschieden die Mitglieder der Spruchkammern, ob der oder die Betreffende als „hauptschuldig", als „belastet" oder als „Mitläufer" eingestuft wurde. Dieses Verfahren erwies sich als schwierig, denn oft lagen keine belastenden Dokumente vor. Andererseits versuchten sich Beschuldigte von jedem Verdacht reinzuwaschen, indem sie entlastende Aussagen von Bekannten vorwiesen. Bis 1950 überprüften die Spruchkammern ca. sechs Millionen Menschen. Nur jeder 200. Beschuldigte wurde als „Hauptschuldiger" oder „Belasteter" eingestuft. Viele kamen als „Mitläufer" davon.

Q1 Urteilsverkündung auf dem Nürnberger Kriegsverbrecherprozess
In den beiden hinteren Reihen die Angeklagten, davor ihre Verteidiger

✎ B: Versuche aus der Haltung und den Gesichtsausdrücken zu schließen, wie die Angeklagten auf die Urteile reagierten.

Q2 Habe ich den nicht schon mal gesehen?
Karikatur aus der Zeitschrift „Der Spiegel", 15. Februar 1947

C: Entschlüssele die Karikatur. Stelle fest, welche Haltung der Zeichner zur Umerziehung einnimmt.

Reeducation

Die Alliierten hatten sich in Potsdam geeinigt, dass die Umgestaltung Deutschlands auf demokratischer Grundlage erfolgen sollte. Nach zwölf Jahren Diktatur war dazu ein Umdenken der Deutschen notwendig. In den Westzonen sollte das durch die sogenannte Reeducation (Umerziehung) erreicht werden. Eine wichtige Rolle spielte dabei die Schule. Zunächst wurden alle vorhandenen Schulbücher verboten und durch Neuentwicklungen ersetzt. Auch die Lehrkräfte wurden überprüft. Allerdings fehlte für einen Austausch ausreichendes unbelastetes Personal. So unterrichteten wenige Jahre nach dem Krieg fast alle ehemaligen Lehrer wieder. Zeitungen, Zeitschriften, Rundfunk und Film hatten für die Umerziehung der Erwachsenen einen wichtigen Beitrag zu leisten. Das Ausstrahlen von Rundfunkprogrammen und die Herausgabe von Presseerzeugnissen oblag zunächst den Besatzungsbehörden. Allmählich gaben sie diese Aufgaben aber in die Hände demokratisch denkender und handelnder Deutscher. Eine demokratische Medienkultur begann sich zu entwickeln.

Entnazifizierung in der Ostzone

Auch in der sowjetisch besetzten Zone wurde eine Entnazifizierung durchgeführt. Davon waren allerdings nur die NSDAP-Mitglieder betroffen. Konsequenter als im Westen ging man dabei mit Verwaltungsangestellten, Beamten, Juristen, Hochschullehrern und Lehrern um. Sie verloren fast alle ihre Anstellungen und beruflichen Perspektiven. Das fehlende Fachpersonal wurde vielfach durch Menschen ersetzt, die in Schnellkursen ausgebildet worden waren. So waren beispielsweise in den Schulen die sogenannten Neulehrer in der Mehrzahl. Im Februar 1948 erklärte die sowjetische Militärregierung die Entnazifizierung in der Ostzone für abgeschlossen. Ehemalige Nazis wurden nun auch hier integriert, wenn sie sich der neuen Herrschaft bedingungslos anpassten.

Diese Konsequenz bei der Entnazifizierung brachte den Sowjets enorme politische Vorteile. Sie konnten auf diese Weise alle wichtigen Stellen mit Personen besetzen, die ihnen treu ergeben waren. Eine große Hilfe waren ihnen dabei deutsche Kommunisten, die viele Jahre im sowjetischen Exil gelebt hatten und dort ausgebildet worden waren. Unter dem Vorwand der Entnazifizierung ging die sowjetische Militärregierung auch gegen Kritiker und vermeintliche Gegner vor. Das betraf auch ehemalige Gegner der Nationalsozialisten. Insgesamt wurden bis 1950 ca. 150 000 Menschen willkürlich verhaftet und z. T. in ehemaligen Konzentrationslagern interniert. Ein Drittel starb aufgrund der schlechten Haftbedingungen. Eine unbekannte Zahl wurde in sowjetische Straflager gebracht. Ihr Schicksal ist mitunter bis heute unbekannt geblieben. Mit diesen Maßnahmen wurden in der sowjetisch besetzten Zone frühzeitig die Weichen für eine neue – eine kommunistische – Diktatur gestellt.

Anfänge politischen Lebens in den Westzonen

Eine demokratische Umgestaltung konnte nur gelingen, wenn die Deutschen wieder politisch aktiv wurden. Die drei Westalliierten erlaubten das zunächst nur auf lokaler Ebene. Dann gestatteten sie die Gründung von Parteien. Zuerst nahmen Parteien aus der Zeit der Weimarer Republik ihre Arbeit wieder auf. Dazu gehörten die SPD und die KPD. Dann wurden drei bürgerliche Parteien neu gegründet: die CDU, die CSU und die FDP. Noch wurden die Parteien von der jeweiligen Besatzungsmacht überwacht und für alle Aktivitäten, die über eine Besatzungszone hinausgingen, benötigten sie eine Genehmigung. Nachdem die Amerikaner, Briten und Franzosen im Herbst 1945 mit der Gründung von Bundesländern begonnen hatten, ergaben sich Möglichkeiten der politischen Mitbestimmung in den Länderparlamenten.

Die politische Entwicklung in der sowjetischen Besatzungszone

Auch in der sowjetischen Besatzungszone begann sich sehr bald neues politisches Leben zu regen. Schon vor dem Beginn der Potsdamer Konferenz war die Gründung von Parteien zugelassen worden, sodass sich ein vergleichbares Parteienspektrum wie in den Westzonen bildete. Allerdings waren die Kommunisten davon überzeugt, dass ihnen allein die politische Führung zustünde. Als die KPD erkennen musste, dass sie in demokratischen Wahlen keine eigene Mehrheit erlangen würde, strebte sie den Zusammenschluss mit der SPD an: 1946 wurde die „Sozialistische Einheitspartei Deutschlands" (SED) gegründet. Danach wurde die SPD von der sowjetischen Militärregierung verboten.

Auch in der Ostzone übernahmen nun die Deutschen wieder politische Ämter. Die sowjetischen Machthaber sorgten gemeinsam mit den Kommunisten allerdings dafür, dass die SED stets in der Mehrheit war und sich die anderen Parteien ihrem Willen unterordneten.

Q3 Versammlung in Dresden in Vorbereitung der SED-Gründung
Foto, 15. Januar 1946

D: Zwei befreundete Mitglieder der SPD nehmen an der Versammlung teil. Der eine ist für die Vereinigung mit der KPD, der andere hält das nicht für richtig. Stellt ein Gespräch zwischen den beiden Freunden nach. Bezieht die Argumente aus der Losung auf dem Foto und aus dem Text auf dieser Seite ein.

Q4 Deutsche Gefangene in einem amerikanischen Internierungslager während der Reeducation
Foto, 1945

✎ E: Berichte aus der Sicht eines amerikanischen Reporters über den Vorgang, der auf dem Foto gezeigt wird. Gehe insbesondere auf die Reaktion der abgebildeten Männer ein.

Q5 Die Entnazifizierung – ein Erfolg?
Walter Dorn, Berater der US-Militärregierung, schreibt 1949:

Wenn die Entnazifizierung in ganz Deutschland wirksam werden sollte, hätte sie in allen vier Zonen einheitlich durchgeführt werden müssen. Als diese
5 Einheitlichkeit unwiederbringlich verloren war, büßte die Entnazifizierung viel von ihrer Bedeutung bei der deutschen Bevölkerung ein. Es genügte ja nicht, ein früheres Parteimitglied in der einen
10 Zone als Belasteten zu verurteilen, wenn es in einer anderen ein hohes öffentliches Amt bekleiden konnte. (…) Zwar gab es oberflächliche Ähnlichkeiten im Vorgehen der vier Zonen; in Wirklich-
15 keit verfolgte jedoch jeder Zonenkommandeur seine eigene Richtung. (…) Als der sowjetische Kommandeur schließlich im März 1948 das Entnazifizierungsprogramm als beendet erklärte und die
20 Entnazifizierungsausschüsse auflöste, wurde es äußerst schwierig, in irgendeiner Zone das Entnazifizierungsprogramm noch weiter fortzuführen. (…) Auch war das Gesetz viel zu kompliziert,
25 um von Laien ohne juristische Ausbildung wirksam angewandt zu werden.

Klaus-Jörg Ruhl (Hrsg.), Neubeginn und Restauration. Dokumente zur Vorgeschichte der Bundesrepublik Deutschland 1945–1949, München 1989, S. 290 ff.

Q6 Neue Lügen, neuer Hass?
Die hessische Leitung der evangelischen Kirche verkündet zur Jahreswende 1947/48:

(…) der Versuch, den Nationalsozialismus mit den Mitteln dieses Gesetzes (Gesetz über die Entnazifizierung) aus-
5 zurotten, ist auf der ganzen Linie gescheitert. Dagegen hat diese Art der Denazifizierung zu Zuständen geführt, die auf Schritt und Tritt an die hinter uns liegenden Schreckensjahre erinnern.
10 Hunderttausende von Menschen stehen unter beständigem Druck und erliegen der Versuchung, zu aller erdenklichen Unwahrhaftigkeit und Lüge zu greifen, um sich reinzuwaschen. Zehn-
15 tausende haben Arbeit und Brot verloren oder warten in Internierungslagern auf ihren Spruch oder nach längst gefälltem Spruch auf die Freilassung. (…) Die evangelische Kirche hat sich des
20 öfteren dafür eingesetzt, daß nur (…) nachgewiesene Vergehen und Verbrechen bestraft werden sollten; aber sie ist nicht gehört worden. (…) Unser Volk ist nicht auf den Weg der Versöhnung geführt worden, sondern auf den Weg
25 der Vergeltung, und die (…) Saat des neuen Hasses ist üppig aufgegangen.

Kirchliches Jahrbuch für die evangelische Kirche in Deutschland 1945–1948, Gütersloh 1950, S. 206 ff.

Q7 Neue Chancen?
Aus einem Beschluss des SED-Parteivorstandes vom 20. Juni 1946:

Auch die nominellen Mitglieder der NSDAP haben auf Grund ihrer Mitgliedschaft zur Nazipartei einen Teil Schuld und Mitverantwortung auf sich gela-
5 den. In dem verflossenen Jahre haben aber zahlreiche ehemalige einfache Mitglieder der Hitlerpartei in den Gemeinden und Städten loyal beim demokratischen Wiederaufbau mitgearbei-
10 tet. Sie haben damit bekundet, daß ihre frühere Einstellung falsch war, andere sind auf dem Wege, anzuerkennen, daß sie nur durch eigene praktische Mitarbeit wiedergutmachen können, was sie
15 in der Vergangenheit an Schuld auf sich geladen haben. Auf Grund dieser Erwägungen hält die Sozialistische Einheitspartei Deutschlands den Zeitpunkt für gekommen, das Problem der Eingliede-
20 rung der Massen der ehemaligen einfachen Mitglieder und Mitläufer der Nazipartei in den demokratischen Aufbau Deutschlands einer Lösung entgegenzuführen. (…) Die Sozialistische Ein-
25 heitspartei Deutschlands tritt dafür ein, daß allen, die guten Willens sind, die Möglichkeit zur Mitarbeit und zu einem neuen Leben gegeben wird.

Dokumente der Sozialistischen Einheitspartei, Bd. 1, Berlin 1952, S. 52 f.

Q8 Deutschland am Scheideweg

Plakat der amerikanischen Militärregierung

✎ F: Erläutere die Aussage des Plakats.

Q9 Neue politische Freiheiten

Aus einer Rede des amerikanischen Außenministers Byrnes am 6. September 1946 in Stuttgart:

Die Alliierten mussten vorübergehend die Aufgaben des zertrümmerten deutschen Staates übernehmen (…) und konnten die Führer und Günstlinge des
5 Nazismus nicht in Schlüsselstellungen belassen, in denen sie ihren Einfluß wieder geltend gemacht hätten. Sie mußten gehen. Es war jedoch niemals die Absicht der amerikanischen Regierung,
10 dem deutschen Volk das Recht zu versagen, seine eigenen inneren Angelegenheiten wahrzunehmen, sobald es in der Lage sein würde, dieses auf demokratische Art und unter aufrichtiger Achtung
15 der Menschenrechte und grundsätzlichen Freiheiten zu tun. (…) Die Vereinigten Staaten treten für die baldige Bildung einer vorläufigen deutschen Regierung ein. (… Ein) deutscher Natio-
20 nalrat (bestehend aus den demokratisch gewählten Ministerpräsidenten der Länder) soll auch mit der Vorbereitung des Entwurfes einer Bundesverfassung für Deutschland beauftragt
25 werden, die u. a. den demokratischen Charakter des neuen Deutschlands, die Menschenrechte und die grundsätzlichen Freiheiten aller seiner Einwohner sichern soll. (…) Die Vereinig-
30 ten Staaten können Deutschland die Leiden nicht abnehmen, die ihm der von seinen Führern angefangene Krieg zugefügt hat. Aber (sie) haben nicht den Wunsch, diese Leiden zu vermeh-
35 ren oder dem deutschen Volk die Gelegenheit zu verweigern, sich aus diesen Nöten herauszuarbeiten.

Klaus-Jörg Ruhl (Hrsg.), Neubeginn und Restauration. Dokumente zur Vorgeschichte der Bundesrepublik Deutschland 1945–1949, München 1989, S. 448ff.

Q10 Ablehnung einer Einheitspartei

Aus einer Rede des SPD-Vorsitzenden Kurt Schumacher vom 5. Oktober 1946:
Wir sind die Vertreter des deutschen arbeitenden Volkes und damit der deutschen Nation. Wir sind als bewußte Internationalisten bestrebt, mit allen
5 internationalen Faktoren im Sinne des Friedens, des Ausgleichs und der Ordnung zusammenzuarbeiten. Aber wir wollen uns nicht von einem Faktor ausnützen lassen.
10 Im Sinne der deutschen Politik ist die kommunistische Partei überflüssig. Ihr Lehrgebäude ist zertrümmert, ihre Linie durch die Geschichte widerlegt. Nachdem ihre Hoffnung, sich als füh-
15 rende Arbeiterpartei zu etablieren und zur einzigen Arbeiterpartei entwickeln zu können, von den Tatsachen so völlig unmöglich gemacht wird, muss sie nach dem großen Blutspender su-
20 chen. Das Rezept ist die Einheitspartei, die einen Versuch darstellt, der Sozialdemokratischen Partei eine kommunistische Führung aufzuzwingen. Eine sozialdemokratische Partei unter kom-
25 munistischer Führung wäre aber eine kommunistische Partei.

Rainer A. Müller (Hrsg.), Deutsche Geschichte in Quellen und Darstellung, Bd. 10, Stuttgart 1998, S. 72 f.

Q11 Plakat zur Anwerbung von Neulehrern in der sowjetischen Besatzungszone aus dem Jahr 1945

✎ G: Erkläre, welcher Eindruck mit dem Plakat vermittelt wurde.

Q12 „Es muß demokratisch aussehen"
Wolfgang Leonhard, ein aus Moskau eingeflogener Funktionär der KPD, beschreibt, wie die Kommunisten die Verwaltung Berlins organisierten:
Ulbricht erklärte uns: „Die Bezirksverwaltungen müssen politisch richtig zusammengestellt werden. Kommunisten als Bürgermeister können wir nicht brau-
5 chen. (…) Die Bürgermeister sollen in den Arbeiterbezirken in der Regel Sozialdemokraten sein. In den bürgerlichen Vierteln (…) müssen wir an die Spitze einen bürgerlichen Mann stellen. (…) Am
10 besten, wenn er ein Doktor ist; er muß aber gleichzeitig auch Antifaschist sein und ein Mann, mit dem wir gut zusammenarbeiten können. (…) In den Arbeitervierteln müssen wir vor allem viele
15 Sozialdemokraten heranziehen oder parteilose Antifaschisten aus der Arbeiterklasse, die mit uns eng zusammenarbeiten. In den bürgerlichen Vierteln müssen wir möglichst viele Bürgerliche finden.
20 Für den stellvertretenden Bürgermeister, für Ernährung, für Wirtschaft und Soziales sowie für Verkehr nehmen wir am besten Sozialdemokraten, die verstehen was von Kommunalpolitik. (…) Der erste
25 stellvertretende Bürgermeister, der Dezernent für Personalfragen und der Dezernent für Volksbildung – das müssen unsere Leute sein. Dann müßt ihr noch einen ganz zuverlässigen Genossen in je-
30 dem Bezirk ausfindig machen, den wir für den Aufbau der Polizei brauchen. (…) Es ist doch ganz klar: Es muß demokratisch aussehen, aber wir müssen alles in der Hand haben." Nun war wirklich al-
35 les klar.

Wolfgang Leonhard, Die Revolution entlässt ihre Kinder, Köln/Berlin 1955, S. 363 ff.

◎ Du kannst diese Textquelle auf der CD-ROM untersuchen.

1. Untersuche die Ergebnisse der Entnazifizierung in den Westzonen (Q5, Q6, VT).

2. Erläutere, warum die hessische Kirchenleitung im Zusammenhang mit der Entnazifizierung von neuen Lügen und neuem Hass spricht (Q6).

3. Stelle anhand von Q6 die Haltung der SED zur Entnazifizierung dar. Beachte auch, wann das Dokument entstanden ist.

4. Verfasse einen Zeitungsbericht mit Kommentar über die Rede Byrnes. Wähle dir dabei entweder eine britische, deutsche oder eine sowjetische Zeitung aus (Q9).

5. Arbeite heraus, weshalb viele SPD-Mitglieder eine Vereinigung mit der KPD ablehnten (Q10).

6. Setze dich mit dem Demokratieverständnis Ulbrichts auseinander (Q12).

7. Bereite einen Kurzvortrag über die „Reeducation in Deutschland nach 1945" vor.

1945   2012

Wirtschaftliche Weichenstellung in Ost und West

In Potsdam einigten sich die Alliierten auf die wirtschaftliche Einheit Deutschlands. Doch die Wirklichkeit sah ganz anders aus. Wo lagen die Ursachen dafür?

✎ A: Schreibe aus der Sicht eines ausländischen Beobachters einen Zeitungsartikel unter der Überschrift „Kann die wirtschaftliche Einheit Deutschlands noch gerettet werden?"

Der Marshallplan – ein Hilfsprogramm für ganz Europa?

Alle europäischen Staaten befanden sich nach dem Krieg in einer tiefen Wirtschafts- und Finanzkrise. Im Interesse einer stabilen demokratischen Entwicklung Europas und aus Furcht vor einer Ausweitung des sowjetischen Einflusses strebten die USA wirtschaftliche Hilfen für Europa an. Der amerikanische Außenminister George C. Marshall forderte 1947 ein umfassendes Hilfsprogramm – finanziert durch die Vereinigten Staaten. Aus diesem „Marshallplan" konnten alle europäischen Staaten Geld erhalten. Bedingung dafür war, dass sie sich vorher über eine gemeinsame europäische Wirtschaftspolitik verständigten. Das akzeptierte die Sowjetunion nicht, da sie ein freies marktwirtschaftliches Wirtschaftssystem und jede Einflussnahme des Westens in dem von ihr kontrollierten Osteuropa ablehnte. Daher zwang die Sowjetunion auch alle Staaten in ihrem Einflussbereich, das Programm abzulehnen.

Schließlich erklärten sich 16 westeuropäische Länder bereit, wirtschaftlich zusammenzuarbeiten. Zur Verteilung der Gelder wurde die „Organization for European Economic Cooperation" (OEEC) gegründet, die zu einer der Keimzellen der europäischen Integration wurde. Von 1948 bis 1952 flossen im Rahmen des Marshallplans mehr als 11 Milliarden US-Dollar nach Europa. Diese Finanzhilfen mussten – mit Ausnahme Deutschlands – nicht zurückgezahlt werden. Allerdings sicherten sich die USA zwei Vorteile: Mit dem Geld durften nur amerikanische Waren importiert werden und 50 % der Lieferungen hatten auf amerikanischen Schiffen zu erfolgen.

Währungsreform in den Westzonen

In Deutschland war die Reichsmark praktisch wertlos geworden, denn es war sehr viel mehr Geld in Umlauf, als Wirtschaftsleistung vorhanden war. Eine neue, stabile Währung musste her, um den Marshallplan durchführen und die Wirtschaft wiederbeleben zu können. Deswegen führten die Westmächte im Juni 1948 in ihren Zonen die „Deutsche Mark" (DM) ein. Jede Deutsche bzw. jeder Deutsche erhielt pro Kopf zunächst 40 DM, im August weitere 20 DM. Sparguthaben wurden 10 : 1 abgewertet. Gleichzeitig mit der Währungsreform wurde eine Reihe von Gesetzen zur Preisbindung und Marktkontrolle ungültig. Damit wurde wieder marktwirtschaftliches Handeln möglich. Allerdings gab es auch scharfe Proteste von Gewerkschaften und SPD gegen die sozialen Folgen des Wegfallens der Gesetze, denn damit waren z. B. die Preise für Grundnahrungsmittel nicht mehr staatlich festgesetzt und stiegen an.

Q1 Schaufenster einer Fleischerei nach der Währungsreform

✎ B: Schreibe auf, was die Frauen wohl sagten, als sie das Angebot sahen.

Auf dem Weg in die sozialistische Zentralwirtschaft

Eine ganz andere Entwicklung nahm die sowjetische Besatzungszone. Auch im Bereich der Wirtschaft sollte das sowjetische Modell durchgesetzt werden. An die Stelle der freien Unternehmen traten nach und nach zentral gelenkte Staatsbetriebe – sogenannte Volkseigene Betriebe (VEB). Dazu nutzten die neuen Machthaber auch die Entnazifizierung aus. Sie verbreiteten die kommunistische These, dass die „Monopolherren" (Großunternehmer) und „Landjunker" (Großgrundbesitzer) die nationalsozialistische Diktatur und den Krieg erst ermöglicht hätten. Demzufolge wäre es gerecht und angemessen, sie zu enteignen und als Klasse zu vernichten. Bereits Anfang September 1945 wurden daher Verordnungen über die Durchführung einer „Bodenreform" erlassen. Danach wurde jeder Grundbesitzer, der über mehr als 100 Hektar Land verfügte, enteignet. Dieses Land wurde zunächst an Kleinbauern aufgeteilt. Einige Jahre später wurden die Bauern jedoch gezwungen, ihren Grund und Boden in Genossenschaften einzubringen. Auch mehr als die Hälfte aller Industriebetriebe und sämtliche Banken wurden enteignet. In der Realität trafen die Enteignungen nicht nur ehemalige Nationalsozialisten, sondern generell Guts- und Fabrikbesitzer. Ihre mögliche Verhaftung vor Augen flohen Tausende in die westlichen Besatzungszonen und ließen ihr Eigentum zurück. Mit diesen Maßnahmen hatte die sowjetische Militärregierung den Grundstein dafür gelegt, ihre Besatzungszone nach kommunistischem Vorbild umzugestalten.

Verschärft wurde die Entwicklung noch dadurch, dass die Sowjetunion aus ihrer Zone alles abtransportierte, was möglich war. Diese Demontagen legten ganze Wirtschaftsstandorte lahm. Die Währungsreform im Westen wurde zum Anlass dafür genommen, auch in der sowjetischen Zone eine eigene Währung einzuführen und jede Zusammenarbeit mit dem Westen einzustellen.

Q2 Plakat von 1945 aus der SBZ zur Bodenreform

✎ C: Erläutere die politische Aussage des Plakats. Mit welchen Gefühlen wird hier ganz bewusst gearbeitet?

1945   2012

Q3 Plakat für den Marshallplan
Bundesrepublik 1947

D: Suche nach Hinweisen für die Förderung der Zusammenarbeit von Staaten durch den Marshallplan.

Q4 Ankündigung des Marshallplans

Aus einer Rede des amerikanischen Außenministers Marshall am 5. Juni 1947:

Es hat sich in den letzten Monaten herausgestellt, daß (durch den Zweiten Weltkrieg) das gesamte europäische Wirtschaftssystem aus den Angeln ge-
5 hoben wurde. (…) In Wahrheit liegt die Sache so, daß Europas Bedarf an ausländischen Nahrungsmitteln und anderen wichtigen Gütern – hauptsächlich aus Amerika – während der nächsten
10 drei oder vier Jahre um so viel höher liegt als seine gegenwärtige Zahlungsfähigkeit, daß beträchtliche zusätzliche Hilfsleistungen notwendig sind, wenn es nicht in einen wirtschaftlichen, sozi-
15 alen und politischen Verfall sehr ernster Art geraten soll. Die Lösung liegt (…) in der Wiederherstellung des Vertrauens bei den europäischen Völkern auf die wirtschaftliche Zukunft ihrer
20 Länder und ganz Europas. (…) Es ist nur logisch, daß die Vereinigten Staaten alles tun, was in ihrer Macht steht, um die Wiederherstellung gesunder wirtschaftlicher Verhältnisse in der Welt
25 zu fördern, ohne die es keine politische Stabilität und keinen sicheren Frieden geben kann. Unsere Politik richtet sich nicht gegen irgendein Land oder irgendeine Doktrin, sondern gegen Hun-
30 ger, Armut, Verzweiflung und Chaos. Ihr Zweck ist die Wiederbelebung einer funktionierenden Weltwirtschaft, damit die Entstehung politischer sozialer Bedingungen ermöglicht wird, unter
35 denen freie Institutionen existieren können. (…) Jeder Regierung, die bereit ist, beim Wiederaufbau zu helfen, wird die volle Unterstützung der Regierung der Vereinigten Staaten gewährt wer-
40 den, dessen bin ich sicher. Aber eine Regierung, die durch Machenschaften versucht, die Gesundung der anderen Länder zu hemmen, kann von uns keine Hilfe erwarten.

Klaus-Jörg Ruhl (Hrsg.), Neubeginn und Restauration. Dokumente zur Vorgeschichte der Bundesrepublik Deutschland 1945–1949, München 1989, S. 368 ff.

Q5 Die Sowjetunion und der Marshallplan

Der sowjetische Außenminister Molotow sagt am 2. Juli 1947 in Paris:

Damit ist die Frage der amerikanischen Wirtschaftshilfe (…) für die britische und die französische Regierung zum Vorwand geworden, auf der Schaffung
5 einer Organisation zu bestehen, welche (…) sich in die inneren Angelegenheiten dieser Länder einmischt. (…) Wozu kann dies führen? Heute kann ein Druck auf Polen ausgeübt werden,
10 mehr Kohlen zu produzieren, und sei es auf Kosten anderer polnischer Industrien, die eingeschränkt werden würden, weil irgendwelche europäischen Länder hieran interessiert sind. Mor-
15 gen werden sie sagen, die Tschechoslowakei solle aufgefordert werden, ihre landwirtschaftliche Produktion zu erhöhen und ihren Maschinenbau einzuschränken, um Maschinen von anderen
20 europäischen Ländern zu erhalten (…). Was wird von der wirtschaftlichen Unabhängigkeit und Souveränität solcher europäischer Länder übrig bleiben? Wie können unter solchen Umständen die
25 kleinen Länder und die schwächeren Staaten ihre nationale Wirtschaft und die Unabhängigkeit ihres Staates sichern? (…) Das wird dahin führen, daß (…) die amerikanischen Kredite nicht
30 dem wirtschaftlichen Wiederaufbau Europas dienen, sondern der Ausspielung der einen europäischen Länder gegen die anderen europäischen Länder, je nachdem, wie es einigen starken
35 Mächten, die nach der Herrschaft streben, zweckdienlich erscheint.

Klaus-Jörg Ruhl (Hrsg.), Neubeginn und Restauration. Dokumente zur Vorgeschichte der Bundesrepublik Deutschland 1945–1949, München 1989, S. 372 ff.

Q6 Plakat gegen den Marshallplan aus der SBZ 1948

E: Vergleiche die Aussage des Plakats mit den politischen Realitäten.

---

1. Fasse die Botschaft Marshalls in Form eines Zeitungsartikels zusammen (Q4).

2. Benenne Gründe, warum der Marshallplan auch den USA zugutekam (Q4, VT).

3. Bewerte Molotows Haltung zum Marshallplan. Beurteile seine Argumente und vergleiche sie mit Marshalls Argumenten (Q4, Q5).

4. Stelle Gewinner und Verlierer der Währungsreform gegenüber (Q1, VT).

1945   2012

Die doppelte Staatsgründung

In der Frage nach der Zukunft Deutschlands gab es kaum noch Gemeinsamkeiten zwischen Ost und West. Das hatte schließlich weitreichende Folgen für die Deutschen.

A: Zeichne eine Zeitleiste zur Gründung der Bundesrepublik Deutschland.

Zu den Besatzungszonen und Staatsgründungen findest du auf der CD-ROM eine dynamische Karte.

Vorbereitung eines Weststaates

Drei Jahre nach Kriegsende schien es an der Zeit, dass Deutsche wieder selbst Verantwortung für ihr Land übernahmen. Im Juni 1948 beauftragten die Militärgouverneure der Westzonen die westdeutschen Ministerpräsidenten, eine verfassunggebende Versammlung einzuberufen. Für die Ministerpräsidenten war das eine schwierige Situation. Einerseits befürworteten sie die Chance, einen neuen deutschen Staat zu gründen. Andererseits wollten sie Deutschland nicht spalten. Alle Versuche, eine gemeinsame Politik aller west- und ostdeutscher Ministerpräsidenten zu erreichen, scheiterten jedoch. So akzeptierten die westdeutschen Politiker schließlich die Gründung eines Weststaates. Der sollte jedoch nur vorläufigen Charakter haben und für die Aufnahme der Ostzone offen bleiben.

Das Grundgesetz entsteht

Zunächst wurde der sogenannte Parlamentarische Rat gegründet, dessen Mitglieder von den Länderparlamente gewählt wurden. Er erhielt den Auftrag, eine Verfassung auszuarbeiten. Sie wurde als „Grundgesetz" bezeichnet und sollte nur so lange gelten, bis die Einheit Deutschlands wiederhergestellt sei.

Bei ihrer Arbeit ließen sich die „Mütter und Väter des Grundgesetzes" von den Erfahrungen der Weimarer Republik und der nationalsozialistischen Diktatur leiten. Die Bundesrepublik erhielt ein parlamentarisches Regierungssystem, in dem der Bundeskanzler eine starke Stellung einnahm, während dem Bundespräsidenten nur eingeschränkte Rechte zugewiesen wurden. Der neue Staat war föderal aufgebaut. Die Bundesländer erhielten im Bundesrat umfassende Mitbestimmungsrechte. Um die neue Staatsordnung besonders zu sichern, wurde als höchstes Gericht das Bundesverfassungsgericht gegründet.

„So — und achten Sie auf eine gute Erziehung!"

Q1 „So – und achten Sie auf eine gute Erziehung!"
Federzeichnung von Mirko Szewczuk, 1949

B: Erläutere die Rolle der Westalliierten gegenüber den Westdeutschen. Wie stellt sich umgekehrt das Verhältnis aus deutscher Sicht dar?

Q2 Fackelzug der FDJ anlässlich der Gründung der DDR
11. Oktober 1949

C: Beschreibe das Foto. Welche Wirkung sollte und konnte mit dem Aufmarsch erreicht werden?

Die Geburtsstunde der Bundesrepublik Deutschland

Nachdem mit Ausnahme Bayerns alle Länderparlamente dem Grundgesetzentwurf zugestimmt hatten (Bayern schloss sich dieser Mehrheit an), trat das Grundgesetz am 23. Mai 1949 in Kraft. Damit war die Bundesrepublik Deutschland gegründet. Zur provisorischen Bundeshauptstadt wurde Bonn bestimmt. Am 14. August fanden die ersten Bundestagswahlen statt. Am 15. September wählte der Bundestag Konrad Adenauer (CDU), der eine Koalitionsregierung aus CDU/CSU, FDP und Deutsche Partei bildete, mit nur einer Stimme Mehrheit zum Bundeskanzler. Drei Tage zuvor war Theodor Heuss (FDP) von der Bundesversammlung zum ersten Bundespräsidenten gewählt worden.

Die Gründung der DDR

Auch in der sowjetischen Besatzungszone wurde die Gründung eines deutschen Staates vorbereitet. Auf Initiative der SED tagte im Dezember 1947 der Erste Deutsche Volkskongress. Die Delegierten kamen überwiegend aus der Ostzone. Auf der Tagung wurden die Einheit Deutschlands und der Abschluss eines Friedensvertrages propagiert. Außerdem wurde die Ausarbeitung einer Verfassung für ganz Deutschland beschlossen. Dem Ersten Volkskongress fehlte jedoch die demokratische Legitimation. Seine Mitglieder wurden teils von Parteien und Massenorganisationen, teils von öffentlichen und Betriebsversammlungen delegiert. Mit dem dritten und letzten Volkskongress im Mai 1949 wurde der Bevölkerung in der SBZ und Ost-Berlin erstmalig eine „Einheitsliste" vorgelegt, auf der sowohl die Kandidaten als auch die Mandatsverteilung bereits festgelegt waren. Die Wähler konnten nur noch insgesamt zustimmen oder ablehnen. Damit sicherte sich die SED ihre Macht. Am 7. Oktober 1949 erklärte sich der Deutsche Volksrat zur Provisorischen Volkskammer und die DDR als gegründet. Erster Präsident war Wilhelm Pieck, erster Ministerpräsident Otto Grotewohl.

D: Vergleiche die Entstehung der DDR mit der Gründung der Bundesrepublik Deutschland.

Die beiden deutschen Staaten bleiben unter Aufsicht

Trotz Staatsgründungen waren die Deutschen noch nicht völlig unabhängig. Die Westalliierten hatten sich zentrale Kontrollrechte über die Bundesrepublik gesichert. Diese wurden in einem „Besatzungsstatut" festgeschrieben, das kurz nach der Gründung der Bundesrepublik in Kraft trat. An die Stelle der Militärgouverneure als höchste alliierte Regierungsgewalt traten drei zivile „Hohe Kommissare", die die Bundesregierung und die Länderregierungen kontrollieren sollten und gleichzeitig für die Außenpolitik der Bundesrepublik zuständig waren. Auch die DDR blieb unter der Aufsicht ihrer Besatzungsmacht, es gab allerdings wesentlich weniger Mitbestimmungsrechte für die Bürger.

1945   2012

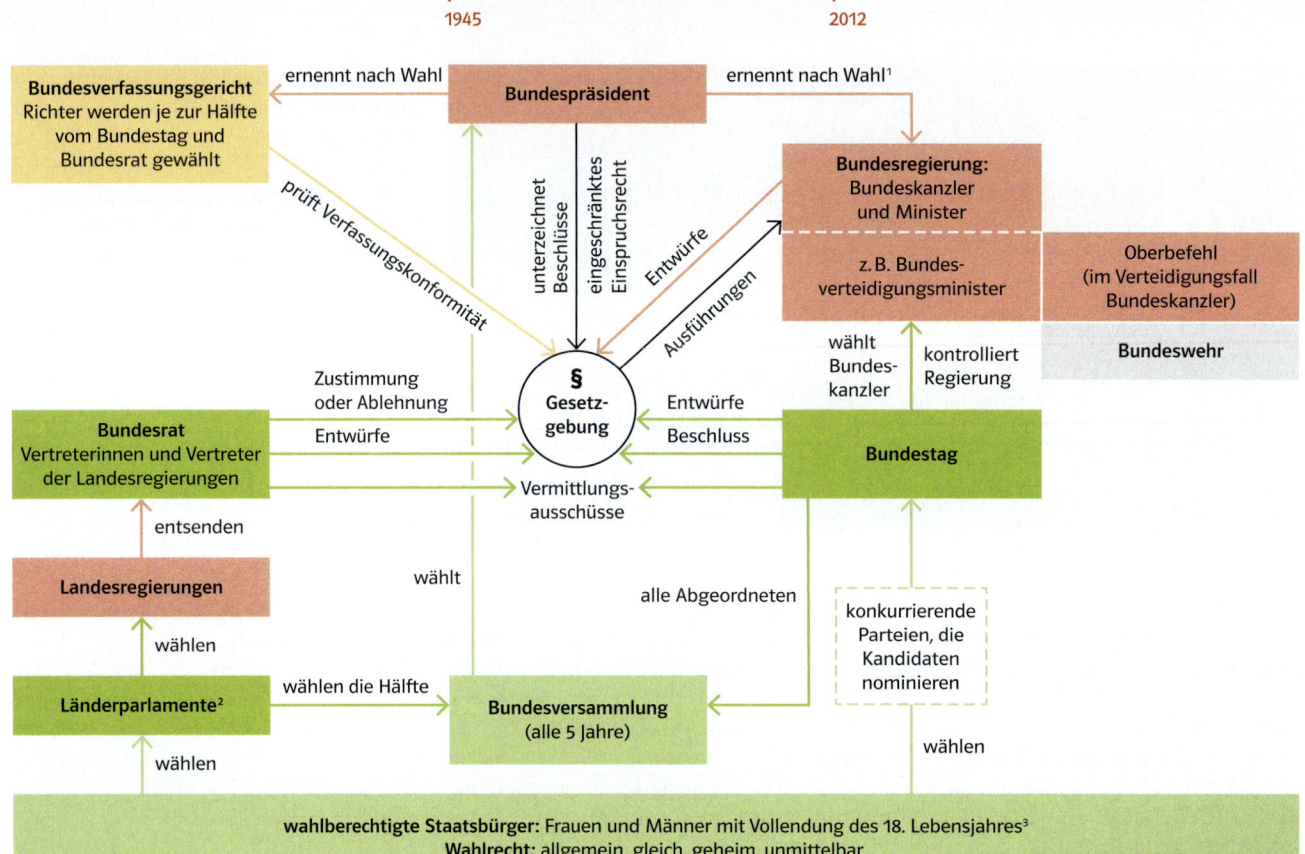

D1 Der Staatsaufbau der Bundesrepublik

[1] Der Bundespräsident ernennt den vom Bundestag gewählten Bundeskanzler und nach dessen Vorschlägen die Bundesminister.

[2] Die Länderparlamente wählen den jeweiligen Regierungschef, der die Minister beruft.

[3] 1949 betrug das Wahlalter 21 Jahre.

E: Vergleiche das Grundgesetz mit der Verfassung der Weimarer Republik (S. 83).

Diese Aufgabe kannst du mithilfe der CD-ROM bearbeiten.

Q3 Der Zweck des Grundgesetzes

Carlo Schmid (SPD) 1949 im Parlamentarischen Rat:

Wir haben unter Bestätigung der alliierten Vorbehalte das Grundgesetz zur Organisation der heute freigegebenen Hoheitsbefugnisse des deutschen Vol-
5 kes in einem Teile Deutschlands zu beraten und zu beschließen. Wir haben nicht die Verfassung Deutschlands oder Westdeutschlands zu machen. Wir haben keinen Staat zu errichten. Wofür schmie-
10 den wir dieses Instrument? Schmieden wir es, um Deutschland zu spalten? Wir schmieden es, weil wir es brauchen, um die erste Etappe auf dem Weg zur staatlichen Einigung aller Deutschen zurück-
15 zulegen! Noch liegen die weiteren Etappen außerhalb unseres Vermögens.

Carlo Schmid, Die Welt seit 1945, o. O. u. J. S. 169 f.

Q4 Grundrechte für alle

Aus dem Grundgesetz vom 23. Mai 1949:

Vorspruch

Im Bewusstsein seiner Verantwortung vor Gott und den Menschen, von dem Willen beseelt, seine nationale und
5 staatliche Einheit zu wahren und als gleichberechtigtes Glied in einem vereinten Europa dem Frieden der Welt zu dienen, hat das deutsche Volk in den Ländern (…), um dem staatlichen Le-
10 ben für eine Übergangszeit eine neue Ordnung zu geben, (…) dieses Grundgesetz der Bundesrepublik Deutschland beschlossen. Es hat auch für jene Deutschen gehandelt, denen mitzuwir-
15 ken versagt war. Das gesamte deutsche Volk bleibt aufgefordert, in freier Selbstbestimmung die Einheit und Freiheit Deutschlands zu vollenden.

Art. 1 (1) Die Würde des Menschen
20 ist unantastbar. Sie zu achten und zu schützen ist Verpflichtung aller staatlichen Gewalt. (2) Das deutsche Volk bekennt sich darum zu unverletzlichen und unveräußerlichen Menschenrech-
25 ten als Grundlage jeder menschlichen Gemeinschaft, des Friedens und der Gerechtigkeit in der Welt. (3) Die nachfolgenden Grundrechte binden Gesetzgebung, Verwaltung und Rechtsprechung
30 als unmittelbar geltendes Recht.

Klaus-Jörg Ruhl (Hrsg.), Neubeginn und Restauration. Dokumente zur Vorgeschichte der Bundesrepublik Deutschland 1945–1949, München 1989, S. 372 ff.

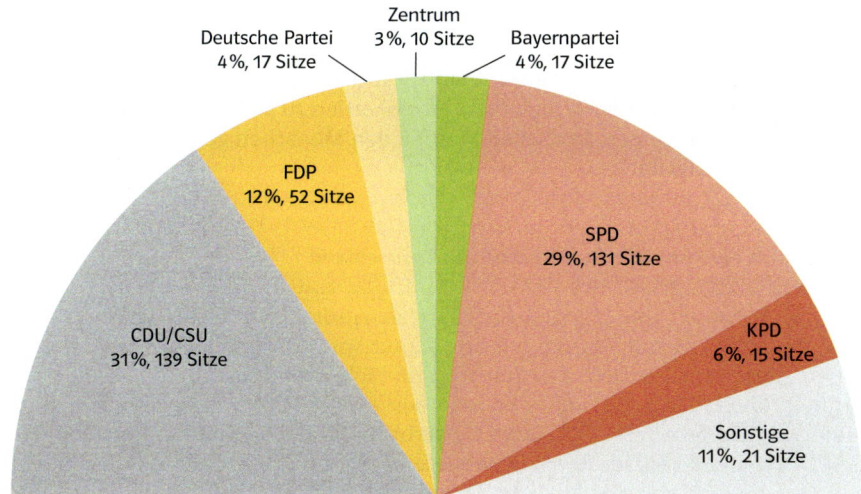

Deutsche Partei
4 %, 17 Sitze

Zentrum
3 %, 10 Sitze

Bayernpartei
4 %, 17 Sitze

FDP
12 %, 52 Sitze

SPD
29 %, 131 Sitze

CDU/CSU
31 %, 139 Sitze

KPD
6 %, 15 Sitze

Sonstige
11 %, 21 Sitze

D2 Ergebnisse der Bundestagswahl vom 14. August 1949

F: Prüfe, welche Regierungskoalitionen möglich gewesen wären.

Q5 Die antifaschistisch-demokratische Ordnung der DDR

Aus einer Rede von Walter Ulbricht, Januar 1949:

Wir haben uns bereits seit 1945 bemüht, gemeinsam mit den anderen Parteien und Massenorganisationen des antifaschistisch-demokratischen Blocks die
5 Grundlage für eine solche friedliche, demokratische Entwicklung zu schaffen. (… Es handelt sich um eine) antifaschistisch-demokratische Ordnung, das heißt: Die faschistischen Kriegsver-
10 brecher und Kriegsinteressenten wurden entmachtet; es wurden bedeutende strukturelle Veränderungen in Staat und Wirtschaft durchgeführt. Es erfolgte eine demokratische Umwäl-
15 zung in der sowjetischen Besatzungszone Deutschlands. Durch die Enteignung der Kriegsverbrecher gingen die Schlüsselstellungen in der Wirtschaft in die Hände des Volkes über. (…) Es
20 genügt nicht mehr, von der führenden Rolle der Arbeiterklasse zu reden. Es ist vielmehr notwendig, daß sich die Arbeiterklasse täglich ihre führende Rolle erwirbt, (…) indem sie unter Führung
25 ihrer Partei, der Sozialistischen Einheitspartei, (…) eine breite Bewegung für den demokratischen Aufbau entfaltet.

Werner Ripper (Hrsg.), Weltgeschichte im Aufriß. Deutschland im Spannungsfeld der Siegermächte, Frankfurt am Main 1982, S. 277 f.

Q6 Die DDR – kein Staat

Der Vorsitzende der SPD und Oppositionsführer im Deutschen Bundestag, Kurt Schumacher, kommentiert am 15. Oktober 1949 die Gründung der DDR:

Man kann erfolgreich bestreiten, daß der neue Oststaat überhaupt ein Staat ist (…) er ist eine Äußerungsform der
5 russischen Außenpolitik. Noch weniger aber ist dieser sogenannte Oststaat neu. Er besteht tatsächlich seit 1945. Er hatte ursprünglich keine deutschen zentralen Organe. Dafür funktionierte die sowjetische Militäradminis-
10 tration gegenüber den fünf Ländern der Ostzone und Berlin als Ersatz für eine zentrale deutsche Stelle. (… Der Oststaat) bedeutet die Anerkennung der Tatsache, daß bis auf weiteres das
15 große russische Unternehmen, ganz Deutschland in die politischen, gesellschaftlichen, wirtschaftlichen und kulturellen Formen der Sowjets hineinzuzwingen, gescheitert ist. Die Loslösung
20 der Ostzone durch die Russen, wie sie 1945 radikal und erfolgreich eingeleitet wurde, bedeutet das Hinausdrängen der westalliierten Einflüsse und der internationalen Kritik. Es war aber zur
25 gleichen Zeit das Ende jeder demokratischen Freiheit der Deutschen in dieser Zone. (…) die Etablierung dieses sogenannten Oststaates (ist) eine Erschwerung der deutschen Einheit. Die Verhin-
30 derung dieser Einheit aber kann dieses Provisorium im Osten nicht bedeuten, weil das deutsche Volk und besonders die Bevölkerung der Ostzone Gebilde russischer Machtpoliti auf deutschem
35 Boden ablehnt.

Wolfgang Benz, Die Gründung der Bundesrepublik, München 1984, S. 160 f.

1. Arbeite heraus, welche Lehren im Grundgesetz aus der deutschen Geschichte gezogen wurden (Q4).

2. Vergleiche den Text des Grundgesetzes mit den Ausführungen Carlo Schmids (Q3, Q4).

3. Vergleiche die Positionen Ulbrichts und Schumachers miteinander (Q5, Q6).

I
1945

I
2012

Herrschaft im geteilten Deutschland

Sowohl die Bundesrepublik Deutschland als auch die Deutsche Demokratische Republik nahmen für sich in Anspruch, Demokratien zu sein. Wie wurde die Herrschaft in den beiden deutschen Staaten den Menschen gegenüber begründet und gerechtfertigt?

Ankunft im Westen – die Bundesrepublik Deutschland

Vor dem Hintergrund des Ost-West- Konflikts trat der erste Bundeskanzler Konrad Adenauer entschieden für die enge Anbindung an den Westen und eine Aussöhnung mit Frankreich ein. Daher war die Rangfolge seiner politischen Absichten Freiheit, Frieden und danach erst eine mögliche deutsche Einheit. Diese Ziele versuchte er jederzeit energisch zu verwirklichen und legte dabei sein ganzes politisches Gewicht in die Waagschale. Zu seinem großen Gegenspieler wurde der SPD-Vorsitzende Kurt Schumacher. Auch er befürwortete die Bindung an westliche Demokratien. Zugleich ließ er aber keinen Zweifel an seinem politischen Ziel: ein ungeteiltes demokratisches sozialistisches Deutschland. Erst in den Jahren des wirtschaftlichen Aufschwungs verlor diese Vorstellung an Anziehungskraft für die Wähler. Die Stimmenzahl für die SPD ging deutlich zurück.

Abgrenzung nach Osten – Der Antikommunismus als Staatsdoktrin

Mit Blick auf die Zustände in der DDR prägte während des Kalten Krieges ein klarer Antikommunismus das politische Klima der Bundesrepublik. So wurde zum Beispiel 1956 die KPD verboten. Und mit dem Godesberger Programm von 1959 sagte sich die SPD endgültig vom Marxismus los. Damit wandelte sie sich von der sozialistischen Klassenpartei zu einer sozialdemokratischen Volkspartei, die sich weiten Teilen der Gesellschaft öffnete.

Sowohl die Hinwendung zu den westlichen Werten als auch der Antikommunismus wurden von den meisten Bürgern geteilt. Vor allem bildete aber der wirtschaftliche Erfolg der Bundesrepublik das zunehmend sichere Fundament eines demokratischen Staates, dem seine Bürger zustimmten.

Abgrenzung nach Westen – Antifaschismus als Staatsdoktrin der DDR

Als die DDR gegründet wurde, war die Begeisterung für das große Ziel des Sozialismus bei einem Teil der jugendlichen „Aufbaugeneration" durchaus stark und echt. Mit der Aussicht auf dauerhaften Frieden und eine sozial gerechte

A: Stelle die wichtigsten politischen Merkmale der beiden deutschen Staaten einander gegenüber. Finde jeweils Argumente dafür, warum es auf beiden Seiten immer heftige Kritiker, aber auch eifrige Befürworter gab.

Q1 Schumacher: „Das dürfen wir aber auch nicht vergessen!"
Karikatur aus dem Hamburger Abendblatt, 19. September 1951
1 Konrad Adenauer
2 Kurt Schumacher

B: Erläutere, welche politischen Ziele der Karikaturist aufs Korn nimmt. Lasse auch den deutschen Michel in der Bildmitte zu Wort kommen.

Q2 17. Juni 1953 auf dem Potsdamer Platz in Berlin
Menschen wehren sich mit Steinen gegen sowjetische Panzer.

C: Schreibe aus der Sicht eines Westberliner Journalisten über die Szene auf dem Foto.

Gesellschaft versuchten die Herrschenden die Menschen an sich zu binden. Gleichzeitig grenzte sich die DDR-Führung gegen eine angeblich „imperialistische und revanchistische" Bundesrepublik ab, in der die Altnazis immer noch das Sagen hätten. Da eine Reihe kommunistischer Funktionsträger tatsächlich unter den Nationalsozialisten gelitten und auch Widerstand geleistet hatte, wurde dem Weststaat das Bild einer konsequent antifaschistischen demokratischen Republik entgegengesetzt.

Doch bald zeigte sich, dass die demokratische Mitbestimmung der Bevölkerung keineswegs erwünscht war. Das Parlament der DDR, die Volkskammer, wurde völlig von der SED beherrscht. Opposition wurde nicht zugelassen. Hier entstand die Diktatur einer Minderheit über das Volk nach sowjetischem Vorbild. Gegen die Willkür des Staates konnte sich kein Bürger juristisch wehren, denn es gab weder ein Verwaltungs- noch ein Verfassungsgericht.

Der Volksaufstand vom 17. Juni 1953

Am 17. Juni 1953 streikten Berliner Bauarbeiter gegen das Heraufsetzen der Arbeitsnormen. Der Streik weitete sich schnell zu einem spontanen Volksaufstand in der ganzen DDR aus. Daraufhin wurde der Ausnahmezustand verhängt und sowjetische Panzer fuhren auf. Der Aufstand wurde erstickt, bevor er zu einer breiten Demokratiebewegung werden konnte.

„Schild und Schwert der Partei" – der Staatssicherheitsdienst der DDR

Die SED-Herrschaft wurde immer von der Mehrheit ihrer Bürger abgelehnt, zumal an der Westgrenze der DDR das Erfolgsmodell ständig sichtbar war. Andererseits misstrauten die herrschenden Parteioberen den Volksmassen, in deren Namen sie angeblich die Herrschaft ausübten. Deswegen bauten sie mit dem Ministerium für Staatssicherheit einen gewaltigen Überwachungsapparat auf. Die „Stasi" war praktisch allgegenwärtig: In Betrieben, Schulen, Massenorganisationen, Blockparteien, Kultureinrichtungen, sogar in Kirchen wurden Kritiker und vermeintliche Feinde ausspioniert. Zahllose politische Gegner wurden zu langjährigen Haftstrafen verurteilt; in den ersten Jahren wurde sogar die Todesstrafe verhängt. Das wäre allerdings ohne die tätige Mithilfe Hunderttausender eifriger Zuträger und Schnüffler als „informelle Mitarbeiter" (IM) nicht möglich gewesen. Niemals bisher unterhielt ein Staat im Verhältnis zu seiner Bevölkerungszahl einen größeren Sicherheitsapparat als die DDR.

Blockpartei
So wurden in der DDR die neben der SED bestehenden Parteien genannt. Formal waren sie zwar eigenständig, aber immer von der SED abhängig und beherrscht.

Die Demokratie muss sich bewähren

Die westdeutsche Demokratie hatte manche Bewährungsprobe zu bestehen. Als ab 1966 eine „Große Koalition" aus CDU/CSU und SPD regierte, gab es im Bundestag mit der FDP nur eine sehr kleine Opposition. Deswegen formierten sich linke Gruppen zu einer außerparlamentarischen Opposition (APO). Diese engagierte sich unter anderem gegen die geplanten Notstandsgesetze, die in Krisenfällen die Grundrechte vorübergehend einschränken durften. Nach der Verabschiedung dieser Grundgesetzänderung zerfiel die APO schnell. Doch ein kleiner Teil von ihr radikalisierte sich in der Folgezeit und bildete die terroristische „Rote Armee Fraktion" (RAF). Mit Entführungen und Morden hochrangiger Politiker und Wirtschaftsvertreter wollte sie das „kapitalistische System" zerstören. Sie konnte aber die Bevölkerung damit nicht beeinflussen, im Gegenteil, die Mehrzahl der Bürger lehnte sie und ihre Verbrechen ab.

Zeit für Veränderungen

Nach der Wahl Willy Brandts im Jahr 1969 zum Kanzler ging die Politik weiter auf die Bevölkerung zu. Brandt wollte „mehr Demokratie wagen" und setzte eine Reihe gesellschaftlicher Reformen durch: Das Volljährigkeitsalter wurde von 21 auf 18 Jahre herabgesetzt, nicht eheliche Kinder rechtlich den ehelichen gleichgestellt, das Eherecht reformiert und der Rechtsstaat insgesamt liberalisiert. Eine Bildungsreform ergriff Schulen und Hochschulen, finanzielle Fördermaßnahmen sorgten für mehr Chancengleichheit im Bildungsbereich. Somit erfolgte eine Liberalisierung der Gesellschaft, die auch später nicht mehr rückgängig zu machen war.

Veränderungen gab es auch hinsichtlich der politischen Betätigung außerhalb der etablierten Parteien. In zahlreichen Bürgerinitiativen nahmen viele Menschen ihre demokratischen Rechte wahr. Aus der Umwelt- und Friedensbewegung gingen die Grünen hervor. Sie selbst wollten ursprünglich keine Partei im üblichen Sinne sein, sondern waren bestrebt, basisdemokratische Vorstellungen zu verwirklichen. 1983 zogen sie erstmals in den Bundestag ein. Und bald mussten alle Parteien über die Fragen von Ökologie, Nachhaltigkeit und Gleichberechtigung der Frauen nachdenken, um im Wettbewerb der politischen Ideen weiter bestehen zu können.

Reformen auch in der DDR?

Mit der Parole der Einheit von Wirtschafts- und Sozialpolitik wollte Erich Honecker als Nachfolger Walter Ulbrichts ab 1971 nicht nur den deutlichen Rückstand im Konsum und Wohnungsbau beseitigen. Er gedachte sogar, die Bundesrepublik zu überholen. Ostberlin wurde als Hauptstadt ausgebaut mit dem Fernsehturm im Zentrum, modernen Hotels und dem Palast der Republik. Erste Städtepartnerschaften mit westlichen Kommunen und vor allem auch die Weltjugendfestspiele von 1973 zeigten eine angeblich weltoffene DDR. Ein weitgefächertes Sozialprogramm mit Familien fördernden Maßnahmen oder dem Ausbau der Urlaubsmöglichkeiten sollte die Bevölkerung stärker an den Staat und die Partei binden. Dieses durchaus anspruchsvolle Ziel stand jedoch ohne solide volkswirtschaftliche Finanzierung da und trieb den Staat schließlich in den wirtschaftlichen Ruin.

✎ D: Erläutere, welche Zwecke mit der Veröffentlichung solcher Bilder verfolgt wurden.

Einheit von Wirtschafts- und Sozialpolitik
Wirtschafts- und sozialpolitisches Konzept der SED ab 1971. Damit sollten die Menschen zu höheren Arbeitsleistungen angespornt werden. Dafür wurde ihnen ein höherer Lebensstandard durch steigende Löhne und Renten, eine bessere Versorgung mit Wohnungen, Urlaubsplätzen, medizinischen Leistungen usw. in Aussicht gestellt.

Q3 Honecker übergibt einer Berliner Familie eine Neubauwohnung
Anwesend sind weitere hohe SED-Funktionäre. Foto, 1980er-Jahre

Q4 Das Maß ist voll

Forderungen von Aufständischen am 17. Juni 1953 an die Regierung der DDR:

Wir Werktätigen des Kreises Bitterfeld fordern von Ihnen:

1. Rücktritt der sogenannten Deutschen Demokratischen Regierung, die sich
5 durch Wahlmanöver an die Macht gebracht hat

2. Bildung einer provisorischen Regierung aus den fortschrittlichen Werktätigen

10 3. Zulassung sämtlicher großen demokratischen Parteien Westdeutschlands

4. Freie, geheime, direkte Wahlen in vier Monaten

5. Freilassung sämtlicher politischen
15 Gefangenen (direkt politischer, sogenannter Wirtschaftsverbrecher und konfessionell Verfolgter)

6. Sofortige Abschaffung der Zonengrenze und Zurückziehung der Vopo
20 (Volkspolizei)

7. Sofortige Normalisierung des sozialen Lebensstandards

8. Sofortige Auflösung der sogenannten Nationalarmee

25 9. Keine Repressalien gegen einen Streikenden

Ilse Spittman/Karl Wilhelm Fricke, 17. Juni 1953, Köln 1982, S. 15.

Q5 Ein Dichter bekennt sich

Bertolt Brecht in einem nicht veröffentlichten Gedicht zum 17. Juni 1953:

Die Lösung

Nach dem Aufstand des 17. Juni

Ließ der Sekretär des Schriftstellerverbandes

5 In der Stalinallee Flugblätter verteilen,

Auf denen zu lesen war, daß das Volk

Das Vertrauen der Regierung verscherzt habe

Und es nur durch verdoppelte Arbeit
10 Zurückerobern könne. Wäre es da

Nicht einfacher, die Regierung

Löste das Volk auf und

Wählte ein anderes?

Bertolt Brecht, Gesammelte Werke in 20 Bänden, Bd. 10, Frankfurt am Main 1967, S. 1009.

Q6 Sternmarsch nach Bonn als Protest gegen die geplanten Notstandsgesetze am 11. Mai 1968

✎ E: Erkläre, mit welchem Argument die Teilnehmer auf diesem Bild auftreten. Versuche, es mithilfe von Q8 zu entkräften.

Q7 Notstand der Demokratie

Aus einer Rede von Hans-Jürgen Krahl, Bundesvorstand des Sozialistischen Deutschen Studentenbundes, Frankfurt am Main 1968:

Die Demokratie in Deutschland ist am Ende; die Notstandsgesetze stehen vor ihrer endgültigen Verabschiedung. 5 Trotz der massenhaften Proteste (…) in den letzten Jahren sind dieser Staat und seine Bundestagsabgeordneten entschlossen, unsere letzten spärlichen demokratischen Rechtsansprü-10 che in diesem Land auszulöschen. (…) Wir haben nur eine einzige Antwort auf die Notstandsgesetze zu geben: Wenn Staat und Bundestag die Demokratie vernichten, dann hat das Volk das Recht 15 und die Pflicht, auf die Straße zu gehen und für die Demokratie zu kämpfen: Wenn die Volksvertreter die Interessen des Volkes nicht mehr vertreten, dann wird das Volk seine Interessen selbst 20 vertreten. (…)

Eine soziale Demokratie lebt nur durch die aufgeklärte Selbsttätigkeit der mündigen Massen.

Detlev Claussen/Regine Dermitzel (Hrsg.), Universität und Widerstand: Versuch einer politischen Universität in Frankfurt, Frankfurt am Main 1968, S. 34–41.

Q8 Das Gesetz ist notwendig

Aus der Begründung der Vorlage für die Notstandsgesetze im Bundestag 1968:

Der vorliegende Entwurf hält unter parlamentarischen und rechtsstaatlichen Gesichtspunkten jeden Vergleich mit jeder Vorsorgeregelung für den Notfall 5 aus, die es auf der Welt gibt. (…) Es ist nicht wahr, dass durch diesen Entwurf die staatsbürgerlichen Freiheiten beseitigt werden. (…) Es ist nicht wahr, dass durch diese Vorlage der Bürger-10 krieg vorbereitet wird. (…)

Dieses Gesetz ist notwendig, um die lebensnotwendige Versorgung der Bevölkerung und der Streitkräfte und den Schutz der Bevölkerung im Vertei-15 digungsfall sicherzustellen (…). Dieses Gesetz ist notwendig, um der Zusammenfassung der Hilfsmittel von Bund und Ländern bei Naturkatastrophen und schweren Unglücksfällen 20 die Rechtsgrundlage zu geben. Dieses Gesetz ist notwendig, um von innen drohende Gefahren für die demokratische Verfassungsordnung unserer Bundesrepublik abzuwehren, von welcher 25 Seite und mit welchen Mitteln sie auch kommen möge.

Verhandlungen des 5. Deutschen Bundestages, Bd. 69, Bonn 1968, S. 834 f.

1945

2012

Q9 Arbeitgeberpräsident Hanns-Martin Schleyer als Geisel der RAF, 1977

Er wurde von seinen Entführern erschossen, nachdem es nicht gelang, Gesinnungsgenossen freizupressen.

F: Stelle dir vor, du könntest dich mit einem Sympathisanten der RAF unterhalten. Was würdest du ihm sagen?

Q10 Mehr Demokratie wagen

Aus der Regierungserklärung des Bundeskanzlers Willy Brandt vom 28. Oktober 1969:

Wir wollen mehr Demokratie wagen. (…) Mitbestimmung, Mitverantwortung in den verschiedensten Bereichen unserer Gesellschaft wird eine bewe-
5 gende Kraft der kommenden Jahre sein. Wir können nicht die perfekte Demokratie schaffen. Wir wollen eine Gesellschaft, die mehr Freiheit bietet und mehr Mitverantwortung fordert. (…)
10 Diese Regierung redet niemandem nach dem Mund. Sie fordert viel, nicht nur von anderen, sondern auch von sich selbst. Sie setzt konkrete Ziele. Diese Ziele sind nur zu erreichen, wenn sich
15 manches ändert im Verhältnis des Bürgers zu seinem Staat und seiner Regierung.

Die Regierung kann in der Demokratie nur erfolgreich wirken, wenn sie getra-
20 gen wird vom demokratischen Engagement der Bürger. Wir haben so wenig Bedarf an blinder Zustimmung, wie unser Volk Bedarf hat an gespreizter Würde und hoheitsvoller Distanz. Wir
25 suchen keine Bewunderer; wir brauchen Menschen, die kritisch mitdenken, mitentscheiden und mitverantworten. Das Selbstbewußtsein dieser Regierung wird sich als Toleranz zu erken-
30 nen geben. Sie wird daher auch jene Solidarität zu schätzen wissen, die sich in Kritik äußert. Deshalb suchen wir das Gespräch mit allen, die sich um diese Demokratie mühen. (…)
35 Wir stehen nicht am Ende unserer Demokratie, wir fangen erst richtig an. Wir wollen ein Volk der guten Nachbarn werden im Innern und nach außen.

Dieter Grosser/Stephan Bierling/Beate Neuss (Hrsg.), Deutsche Geschichte in Quellen und Darstellung, Bd. 11, Stuttgart 1996, S. 35 f., 50 f.

SEIT 31 TAGEN GEFANGENER

Q11 „Warum gibt es in der DDR keine Opposition?"

Aus einem Artikel der SED-Zeitung „Neues Deutschland" vom 17. Mai 1957:
Manche Bürger fragen, warum es bei uns keine Opposition gibt, und meinen, zu einer richtigen Demokratie gehöre doch auch eine Opposition. Demokratie
5 herrscht aber nicht dort, wo verschiedene Parteien gegeneinander auftreten, wo die Kraft der Arbeiterklasse gespalten ist und eine Opposition besteht. Im Gegenteil, das Vorhandensein
10 oppositioneller Kräfte in bürgerlich-kapitalistischen Staaten offenbart den immer schärfer hervortretenden Interessengegensatz zwischen den sich an der Macht befindlichen Monopolisten
15 und Militaristen und der von der Macht ausgeschlossenen unterdrückten Bevölkerung. (…)
In unserer Deutschen Demokratischen Republik sind die Kriegsverbrecher, Mo-
20 nopolisten und Junker entmachtet. Hier gehören die Fabriken und Banken dem Volk. Die Armee, Polizei und Justiz – die Machtmittel des Staates – sind Instru-
25 mente der Werktätigen. Es gibt keinen Gegensatz zwischen der Politik unserer Regierung und den Interessen der gesamten Bevölkerung.

Eine Opposition in der DDR könnte doch nur gegen die Politik unserer Re-
30 gierung gerichtet sein. Sie müsste sich also gegen die Einführung der 45-Stunden-Woche, gegen den Bau von zusätzlich hunderttausend Wohnungen, gegen unsere niedrigen Mieten, gegen die
35 Stabilität unserer Preise, (…) gegen die hohen Ausgaben für Wissenschaft und Kultur und gegen unsere Friedenspolitik richten. Sie müsste sich gegen die Einheit der Arbeiterklasse, gegen unse-
40 ren Arbeiter-und-Bauern-Staat richten. Sie müsste für den Einsatz von Militaristen und Faschisten in hohe Machtpositionen, für den NATO-Kriegspakt und für die Vorbereitung eines Atom-
45 krieges sein. Solch eine Opposition zu dulden wäre verbrecherisch.

Merith Niehuss/Ulrike Lindner (Hrsg.), Deutsche Geschichte in Quellen und Darstellung, Bd. 10, Stuttgart 1998, S. 401 f.

Q12 In den Händen der Stasi

Anlässlich des 20. Jahrestages der DDR-Gründung am 7. Oktober 1969 riefen zwei Berliner junge Mädchen mit Flugblättern zu einem Treffen Jugendlicher auf. Am 4. Oktober wurden beide von der Staatssicherheit verhaftet. Sie blieben bis zum 19. Februar 1970 in Untersuchungshaft und wurden mehrfach verhört. Beide wurden zu zehn Monaten Haft auf Bewährung verurteilt. Aus einem Vernehmungsprotokoll vom 4. Oktober 1969, in der Zeit von 18:00 bis 24:00 Uhr:

Da ich und die genannten Jugendlichen
5 die Meinung vertreten, dass es eine persönliche Freiheit wie z.B. in Westdeutschland in der DDR nicht gibt, gab es oft solche Probleme, über die wir uns unterhielten. Durch das Abhören west-
10 licher Rundfunksender und des Sehens von Westfernsehsendungen hatten wir uns informiert, wie z.B. in Westdeutschland die Jugendlichen ihren Protest hinsichtlich bzw. gegenüber der bestehenden Gesellschaftsordnung zum Ausdruck bringen. Dabei kam in Gesprächen, die ich mit genanntem Personenkreis führte, auch zum Ausdruck, dass solcherlei Ak-
15 tionen in der DDR unmöglich seien, das Recht der freien Meinungsäußerung in der Verfassung der DDR zwar formal bestünde, uns aber nicht erlaubt sei, für solche Forderungen öffentlich aufzutreten,
20 wie z.B. den Jugendlichen selbst zu überlassen, sich entsprechend ihrem Willen zu kleiden bzw. von Seiten der Staatsorgane der DDR und anderer Bürger be-
25 vormundet und gegängelt werden. Ich meine damit solche Maßnahmen wie Ausweiskontrollen (…), Forderungen nach einem normalen Haarschnitt und Ähnliches. (…)
30 Da ich aus Erfahrungen weiß, dass an solchen Feiertagen wie dem 1. Mai und dem 7. Oktober ohnehin viel Jugendliche in der Karl-Marx-Allee sich aufhalten, kam ich auf den Gedanken, dass
35 man die Jugendlichen dort sammeln könne, damit sie dort ihren Protest (…) zum Ausdruck bringen, wobei ich hierbei erwartete, dass dort anwesende Bürger und die Volkspolizei etwas un-
40 ternehmen würden.

Christoph Hamann/Axel Janowitz (Hrsg.), Feindliche Jugend? Verfolgung und Disziplinierung Jugendlicher durch das Ministerium für Staatssicherheit, Berlin 2006, S. 116.

Q13 Anlässlich der offiziellen Ehrung Karl Liebknechts und Rosa Luxemburgs am 17. Januar 1988 tragen DDR-Regimekritiker Transparente mit Zitaten von Rosa Luxemburg.

G: Bringe die beiden Abbildungen in einen Zusammenhang und erläutere, warum die Regimekritiker diesen Weg des Protests wählten.

Q14 Karikatur von Fritz Behrendt, Frankfurter Allgemeine Zeitung, 20. Januar 1988

1. Schreibe anhand der Quellen Q4 und Q5 einen Kommentar zu den Problemen in der DDR im Jahre 1953.

2. Begründe, weshalb die geplanten Notstandsgesetze eine gewaltige Protestwelle hervorbrachten (VT, Q7).

3. Analysiere die Regierungserklärung Willy Brandts und schreibe auf, welches Demokratieverständnis darin zum Ausdruck kommt. Führe Beispiele aus deinen Erfahrungen auf, in denen dieses Demokratieverständnis umgesetzt wird (Q10).

4. Erkläre an einem möglichen Beispiel, warum das Gesetz hilfreich sein und sogar Leben retten kann (Q8).

5. Setze dich aus der Sicht eines demokratischen Regimekritikers mit dem Artikel im Neuen Deutschland auseinander. Welcher Charakter der DDR kommt hierin zum Ausdruck (Q11)?

Nutze für die Lösung der Aufgabe die CD-ROM.

6. Beurteile die Haltung des von der Staatssicherheit verhafteten Mädchens. Schreibe aus westlicher Sicht einen Aufruf zu ihrer Freilassung (Q12).

1945   2012

Die Außenpolitik der beiden deutschen Staaten

Wenige Jahre nach dem Krieg strebten zwei selbstbewusste deutsche Staaten danach, wieder als geachtete und gleichberechtigte Mitglieder in die internationale Staatengemeinschaft aufgenommen zu werden. Welche Spielräume hatten sie dabei unter den Bedingungen des Kalten Krieges? Welche Ergebnisse brachten ihre außenpolitischen Bemühungen?

Wie souverän sind die beiden deutschen Staaten?

✎ A: Stelle die außenpolitischen Meilensteine der beiden deutschen Staaten in einem Schaubild dar.

In den ersten Jahren des Bestehens der Bundesrepublik wurde deren Außenpolitik von den drei westlichen Besatzungsmächten entschieden. Erst 1951 wurde ein Auswärtiges Amt eingerichtet. Am 5. Mai 1955 erhielt die Bundesrepublik ihre volle Souveränität und damit sämtliche außenpolitischen Befugnisse. Lediglich in der Berlin-Frage, der Wiedervereinigung und der Regelung eines Friedensvertrages mit allen vier Siegermächten durfte sie nicht alleine entscheiden.

In der DDR wurde sofort mit der Staatsgründung das Ministerium für auswärtige Angelegenheiten eingerichtet. Der jeweilige Außenminister hatte allerdings die Beschlüsse umzusetzen, die im Politbüro der SED gefasst wurden. Da die kommunistische Führungselite ihre Politik stets mit Moskau abzustimmen hatte, war klar, dass auch die Außenpolitik der DDR immer nur mit sowjetischer Billigung ausgeübt werden konnte. Daran änderte sich auch nichts, als die UdSSR 1954 der DDR die Souveränität übertrug.

Außenpolitik im Zeichen der Blockbildung

Adenauers Orientierung auf die Westintegration war lange Zeit maßgeblich für die bundesdeutsche Außenpolitik. Dabei war es dem Kanzler besonders wichtig, die nach zwei Weltkriegen tief sitzenden französischen Sicherheitsbedenken gegenüber Deutschland zu beseitigen und das Vertrauen Frankreichs zu gewinnen. Gekrönt wurde diese Politik durch die Unterzeichnung des deutsch-französischen Freundschaftsvertrages vom Januar 1963. Genauso wichtig waren das deutsche Engagement für die europäische Einigung sowie ein gutes Verhältnis zur westlichen Führungsmacht Amerika.

Demgegenüber traten bis in die 1960er-Jahre Fragen der Verständigung mit dem Osten in den Hintergrund. Das zeigte sich 1952, als eine Einbindung der Bundesrepublik in die geplante Europäische Verteidigungsgemeinschaft auf

Q1 Der französische Staatspräsident de Gaulle und Bundeskanzler Adenauer nach der Unterzeichnung des deutsch-französischen Freundschaftsvertrages am 22. Januar 1963

✎ B: Schreibe aus der Sicht eines Franzosen, der den Zweiten Weltkrieg miterlebt hat, einen Kommentar zu diesem Bild. Finde auch eine treffende Überschrift zu deinem Kommentar.

Q2 Die Mutter eines Kriegsgefangenen dankt Bundeskanzler Adenauer
nach seiner Rückkehr aus Moskau.
Foto, 14. September 1955, Flughafen
Köln/Bonn

✎ C: Versetze dich in die Rolle der
Frau und notiere, was sie gesagt haben
könnte.

der Tagesordnung stand. Darüber beunruhigt, bot der sowjetische Diktator Stalin den Westmächten die Wiedervereinigung eines neutralen und weitgehend
entwaffneten Deutschlands an. Die Ernsthaftigkeit dieser Note ist bis heute umstritten. Während ein Teil der Westdeutschen darin einen Weg zur Wiedervereinigung sah, stellte für Konrad Adenauer diese Note nur einen Versuch Stalins
dar, zwischen die Westmächte und die Bundesrepublik einen Keil zu treiben,
und er drängte die Alliierten, sich nicht auf Verhandlungen einzulassen.
Die DDR-Außenpolitik war zunächst auf die enge Einbindung in den Ostblock
orientiert. 1950 schloss sie einen Vertrag mit Polen, der die Oder-Neiße-Linie als Grenze anerkannte und mit dem auf die ehemaligen deutschen Ostgebiete verzichtet wurde. Im gleichen Jahr wurde die DDR Mitglied im Rat
für gegenseitige Wirtschaftshilfe (RGW), dem östlichen Gegenstück zur Europäischen Gemeinschaft im Westen. In den Folgejahren wurden zahlreiche
Freundschaftsverträge mit Ostblockstaaten unterzeichnet. Ein Höhepunkt
war der „Vertrag über Freundschaft, gegenseitigen Beistand und Zusammenarbeit zwischen der DDR und der UdSSR" von 1964.

Der Bonner Alleinvertretungsanspruch

Die Bundesregierung erhob den Anspruch, ganz Deutschland zu vertreten, da
nur sie durch demokratische Wahlen legitimiert sei. Das spiegelte sich auch
in ihrer Außenpolitik wider. Der Staatssekretär im Auswärtigen Amt, Walter
Hallstein, setzte durch, dass allen Staaten, die die DDR völkerrechtlich aner-
kannten, der Abbruch der diplomatischen Beziehungen zur Bundesrepublik
drohte. Diese sogenannte Hallstein-Doktrin bestimmte viele Jahre die bundesdeutsche Außenpolitik.
Gegenüber der Sowjetunion gab Konrad Adenauer diesen Grundsatz jedoch
auf. Am 8. Mai 1955 reiste er auf Einladung der sowjetischen Führung nach
Moskau. Zu diesem Zeitpunkt wurden noch fast 10000 deutsche Kriegsgefangene in sowjetischen Lagern festgehalten. Adenauer wurde angeboten, dass
die Kriegsgefangenen frei kämen, wenn zwischen beiden Staaten diplomatische Beziehungen aufgenommen würden. Der Kanzler ging darauf ein, denn
er wollte sich nicht dem Vorwurf aussetzen, deutsche Interessen ungenü-
gend zu vertreten. Die Gefangenen kehrten nach Adenauers Moskau-Besuch
tatsächlich heim. Die UdSSR wertete die Aufnahme der diplomatischen Beziehungen als Anerkennung ihrer Sicht, dass es zwei deutsche Staaten gäbe.

1945

2012

Das Streben der DDR nach internationaler Anerkennung

Die Machthaber der DDR hielten ihren Staat immer für das bessere Deutschland und hätten ihn auch gern in der internationalen Öffentlichkeit so gesehen. Durch die feste Einbindung in den Ostblock war die DDR aber bald von der freien Welt isoliert. Auch die Hallstein-Doktrin hatte dazu ihren Beitrag geleistet. So wurde das Bemühen um staatliche Anerkennung zu einer festen Größe in der DDR-Außenpolitik. In der zweiten Hälfte der 1960er-Jahre versuchte die SED-Führung, mit wirtschaftlichen, politischen und militärischen Hilfsangeboten junge, in die Unabhängigkeit entlassene Nationalstaaten an sich zu binden. Als Gegenleistung folgte die diplomatische Anerkennung. Weitere Staaten, darunter auch westliche Demokratien wie Schweden oder Österreich, erkannten die DDR an. Hatten 1972 erst 20 Staaten Botschaften in der DDR eingerichtet, waren es 1978 bereits 123. Im Jahr 1973 wurden schließlich beide deutsche Staaten in die UNO aufgenommen.

Willy Brandts neue Ostpolitik

Vor dem Hintergrund der Entspannung im Kalten Krieg hatte die SPD seit 1960 ihre außenpolitischen Grundpositionen neu definiert. Sie wollte sowohl die Westbindung der Bundesrepublik beibehalten, als auch den Ostblockstaaten, vor allem der DDR, weiter entgegenkommen. Willy Brandt setzte als Kanzler ab 1969 dieses Konzept um. Sein Ziel war es, die in Osteuropa gegebenen territorialen Verhältnisse anzuerkennen und mehr Kontakte zwischen den Menschen in den beiden deutschen Staaten zu ermöglichen. Damit sollte der innerdeutsche Zusammenhalt gewahrt und die Lebensfähigkeit Westberlins gesichert werden. Trotz heftiger innenpolitischer Auseinandersetzungen gelang es der Regierung Brandt, Verträge mit der UdSSR und Polen abzuschließen, die der internationalen Verständigung dienten.

Über die Schritte zur europäischen Einigung kannst du noch einmal auf den Seiten 210–215 nachlesen.

Deutsche Außenpolitik nach der Wiedervereinigung

Im Zuge der Wiedervereinigung erhielt Deutschland von den ehemaligen alliierten Siegermächten die volle Souveränität. Damit waren und sind aber auch große Erwartungen an seine Außenpolitik geknüpft. Die internationale Staatengemeinschaft, allen voran die USA, fordert, dass Deutschland mehr Verantwortung für die Verteidigung der westlichen Wertegemeinschaft übernimmt. Wie kompliziert das vor dem Hintergrund der deutschen Geschichte sein kann, zeigten beispielsweise die heftigen Diskussionen über den Einsatz deutscher Soldaten außerhalb des NATO-Gebiets. So war es bei Kriegshandlungen im ehemaligen Jugoslawien in den 1990er-Jahren und so zeigt es sich bei dem Einsatz der Bundeswehr in Afghanistan.

Q3 Kniefall Willy Brandts vor dem Denkmal für die Opfer des Warschauer Gettoaufstandes am 7. Dezember 1970

D: Dieses Foto ging um die Welt. Begründe, weshalb es so viel Aufsehen erregte.

Q4 Adenauers Außenpolitik

Aus der Regierungserklärung Konrad Adenauers vom 20. September 1949:

Unter den Bundesministerien fehlt ein Außenministerium. Ich habe auch nicht den an mich herangetragenen Wünschen stattgegeben, ein Ministe-
5 rium für zwischenstaatliche Beziehungen einzurichten. Ich habe das deshalb nicht getan, weil nach dem Besatzungsstatut die auswärtigen Angelegenheiten, unter Einschluß internationaler
10 Abkommen, die von Deutschland oder im Namen Deutschlands abgeschlossen werden, Sache der Alliierten Hohen Kommission für die drei Zonen sind.

Wenn wir demnach auch kein Minis-
15 terium des Auswärtigen haben, so bedeutet das keineswegs, daß wir damit auf jede Betätigung auf diesem Gebiete Verzicht leisten. Das Paradoxe unserer Lage ist ja, daß – obgleich die auswär-
20 tigen Angelegenheiten Deutschlands von der Alliierten Hohen Kommission wahrgenommen werden – jede Tätigkeit der Bundesregierung oder des Bundesparlaments auch in inneren An-
25 gelegenheiten Deutschlands irgendwie eine ausländische Beziehung in sich schließt. Deutschland ist infolge Marshallplan (… und Besatzungsstatuts) enger mit dem Auslande verflochten
30 als jemals zuvor. (…)

Und nun lassen Sie mich übergehen zu Fragen, die uns in Deutschland außerordentlich am Herzen liegen und die für unser gesamtes Volk Lebensfra-
35 gen sind. Es handelt sich um (… das) Abkommen von (…) Potsdam und die Oder-Neiße-Linie.

Im Potsdamer Abkommen heißt es ausdrücklich: Die Chefs der drei Regierun-
40 gen, das sind die Vereinigten Staaten, England und Sowjetrußland, haben ihre Absicht bekräftigt, daß die endgültige Bestimmung der polnischen Westgrenzen bis zur Friedenskonferenz vertagt
45 werden muß. Wir können uns daher unter keinen Umständen abfinden mit einer von Sowjetrußland und Polen später einseitig vorgenommenen Abtrennung dieser Gebiete. (…)
50 Die Bundesregierung wird allen diesen Fragen die größte Aufmerksamkeit widmen und sich dafür einsetzen, daß auch das uns zustehende Recht geachtet wird. (…)

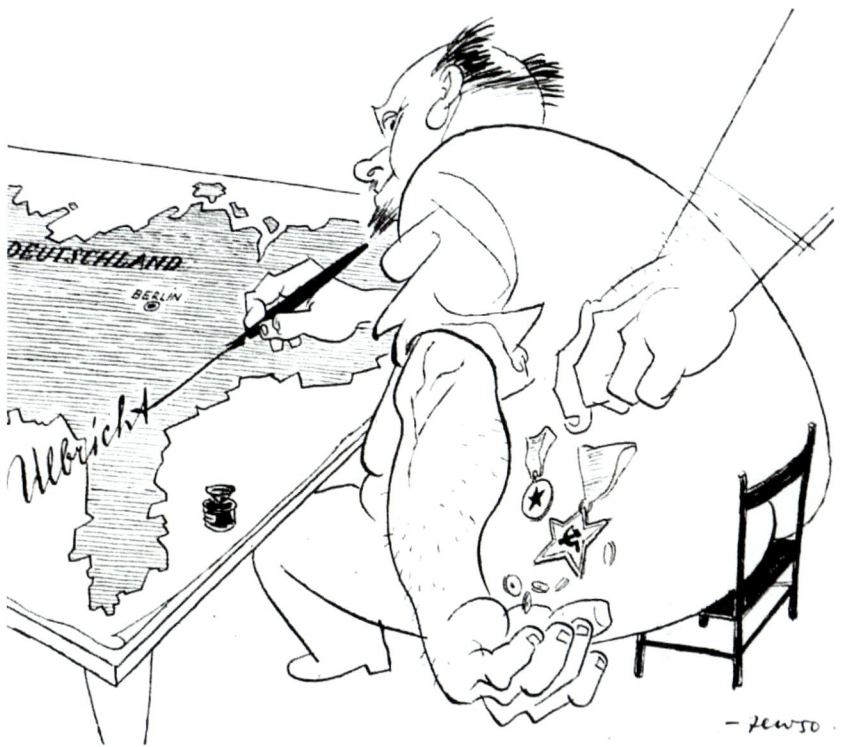

Q5 „Für ein Linsengericht"

Karikatur von Mirko Szewczuk, 1950 Walter Ulbricht erkennt die Oder-Neiße-Linie als Ostgrenze an.

E: Erkläre, welches Urteil der Zeichner zur DDR-Außenpolitik abgibt.

55 Der deutsch-französische Gegensatz, der Hunderte von Jahren die europäische Politik beherrscht hat, (…) muß endgültig aus der Welt geschafft werden. (…)
60 Wir sind entschlossen, alles zu tun, was in unserer Kraft steht, um diesen vorgezeichneten Weg zur Sicherung des Friedens zu gehen. Wenn ich aber vom Frieden spreche, dann muß ich auf
65 die Teilung Deutschlands zurückkommen. Ich fürchte, daß in Europa keine Ruhe eintreten wird, wenn sie nicht verschwindet. Sie ist durch die Spannungen herbeigeführt worden, die
70 zwischen den Siegermächten entstanden sind. Auch sie werden vorübergehen. Wir hoffen, daß dann der Wiedervereinigung mit unseren Brüdern und Schwestern in der Ostzone und in Ber-
75 lin nichts mehr im Wege steht.

Merith Niehuss/Ulrike Lindner (Hrsg.), Deutsche Geschichte in Quellen und Darstellung, Bd. 10, Stuttgart 1998, S. 196 f., 200 f.

Q6 Das französische Sicherheitsbedürfnis

Bundeskanzler Adenauer erklärt im November 1949 in der Wochenzeitung „DIE ZEIT":

Die Sicherheitsfrage ist tatsächlich die Kernfrage des deutsch-französischen Verhältnisses. (…) Es nützt nichts, daß wir tatsächlich ungefährlich sind, son-
5 dern es kommt darauf an, ob Frankreich uns für gefährlich hält. (…) Ob uns das heutige französische Sicherheitsbedürfnis überholt vorkommt, ob es tatsächlich überholt ist, dies alles ist nicht
10 entscheidend. Auch wenn Frankreich sich im Irrtum befindet, so ist sein Verlangen nach Sicherheit doch psychologisch vorhanden und also eine politische Tatsache, mit der wir zu rechnen
15 haben. Wir tun daher gut daran, wenn wir auch uns überflüssig erscheinende Sicherheiten in Kauf nehmen, sofern unsere Existenz hierdurch nicht ernstlich gefährdet wird.

Die ZEIT vom 3. November 1949, S. 1.

1945   2012

Q7 „Die Unterschrift des Jahres"

Karikatur von Hanns Erich Köhler, 1970

✎ F: Vergleiche die Karikatur mit Q5. Stelle fest, wodurch sich die Meinungen der beiden Zeichner unterscheiden.

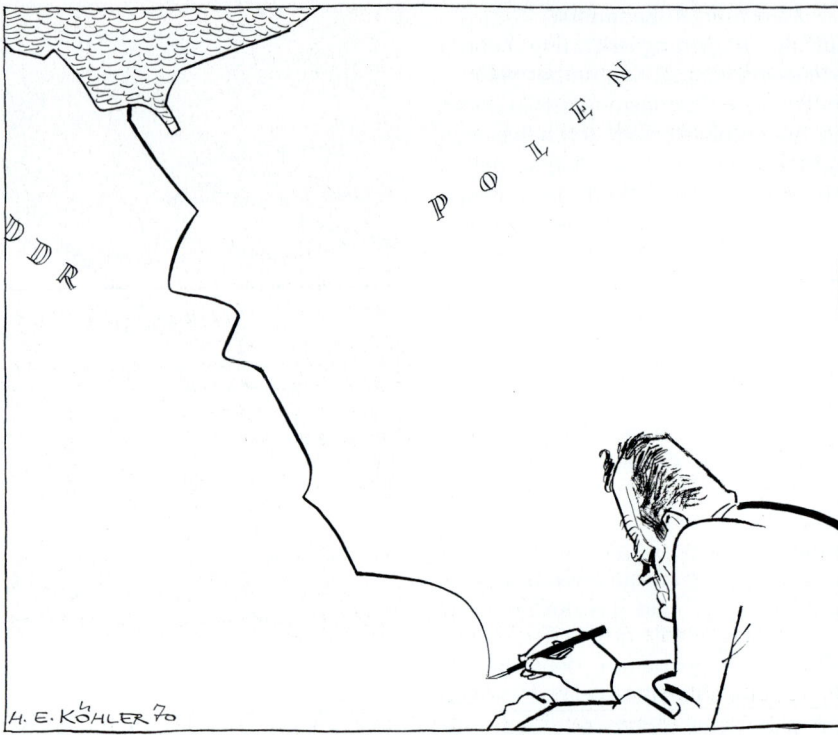

H. E. KÖHLER 70

Q8 Die neue Ostpolitik

Aus der Regierungserklärung Willy Brandts vom 28. Oktober 1969:

Unser nationales Interesse erlaubt es nicht, zwischen dem Westen und dem Osten zu stehen. Unser Land braucht die Zusammenarbeit und Abstimmung
5 mit dem Westen und die Verständigung mit dem Osten.

Auf diesem Hintergrund sage ich mit starker Betonung: Das deutsche Volk braucht den Frieden im vollen Sinne
10 dieses Wortes auch mit den Völkern der Sowjetunion und allen Völkern des europäischen Ostens. Zu einem ehrlichen Versuch der Verständigung sind wir bereit, damit die Folgen des Unheils
15 überwunden werden können, das eine verbrecherische Clique über Europa gebracht hat.

Dabei geben wir uns keinen trügerischen Hoffnungen hin: Interessen,
20 Machtverhältnisse und gesellschaftliche Unterschiede sind weder (…) aufzulösen noch dürfen sie vernebelt werden. (…)

In Fortsetzung der Politik ihrer Vorgän-
25 gerin erstrebt die Bundesregierung gleichmäßig verbindliche Abkommen über den gegenseitigen Verzicht auf Anwendung oder Androhung von Gewalt. Die Bereitschaft dazu gilt – ich
30 darf es wiederholen – auch gegenüber der DDR. Ebenso unmißverständlich will ich sagen, daß wir gegenüber der uns unmittelbar benachbarten Tsche-
10 choslowakei zu den Abmachungen be-
35 reit sind, die über die Vergangenheit hinausführen.

Die Politik des Gewaltverzichts, die die territoriale Integrität des jeweiligen Partners berücksichtigt, ist nach
40 der festen Überzeugung der Bundesregierung ein entscheidender Beitrag zur Entspannung in Europa. Gewaltverzichte würden eine Atmosphäre schaffen, die weitere Schritte möglich macht.

Dieter Grosser/Stephan Bierling/Beate Neuss (Hrsg.), Deutsche Geschichte in Quellen und Darstellung, Bd. 11, Stuttgart 1996, S. 49 f.

Q9 Schritte zur Verständigung

Aus einer gemeinsamen Erklärung des Bundestages vom 17. Mai 1972 zu den Verträgen von Moskau und Warschau:
1. Zu den maßgebenden Zielen unserer Außenpolitik gehört die Erhaltung des Friedens in Europa und die Sicherheit der BRD. Die Verträge mit Moskau
5 und Warschau, in denen die Vertragspartner feierlich und umfassend auf die Anwendung und Androhung von Gewalt verzichten, sollen diesen Zielen dienen. Sie sind wichtige Elemente des
10 Modus vivendi (Übereinkunft), den die BRD mit ihren östlichen Nachbarn herstellen will.
2. Die Verpflichtungen, die die BRD in den Verträgen eingegangen ist, hat sie
15 im eigenen Namen auf sich genommen. Dabei gehen die Verträge von heute tatsächlich bestehenden Grenzen aus, deren einseitige Änderungen sie ausschließen. Die Verträge neh-
20 men eine friedensvertragliche Regelung für Deutschland nicht vorweg und schaffen keine Rechtsgrundlage für die heute bestehenden Grenzen.
3. Das unveräußerliche Recht auf
25 Selbstbestimmung wird durch die Verträge nicht berührt. Die Politik der BRD, die eine friedliche Wiederherstellung der nationalen Einheit im europäischen Rahmen anstrebt, steht nicht im
30 Widerspruch zu den Verträgen. (…) Mit der Forderung auf Verwirklichung des Selbstbestimmungsrechts erhebt die BRD keinen Gebiets- und Grenzänderungsanspruch.

Wolfgang Lautemann/Manfred Schlenke (Hrsg.), Geschichte in Quellen, Bd. 7, München 1980, S. 551.

Q10 Der Staatsratsvorsitzende der DDR, Walter Ulbricht, und der Präsident der Vereinigten Arabischen Republik (Ägypten), Gamal Abdel Nasser, am Kairoer Zentralbahnhof, 24. Februar 1965

G: Kommentiere das Ereignis einmal aus westlicher, einmal aus östlicher Sicht.

Q11 Internationale Anerkennung der DDR

Walter Ulbrichts Staatsbesuch in Ägypten (damaliger Name: Vereinigte Arabische Republik) war seine erste Auslandsreise in ein nichtsozialistisches Land. Seine Ehefrau Lotte Ulbricht schreibt darüber:

Die verzweifelten und oft grotesken Bemühungen der Bonner Regierung, die Reise des Staatsratsvorsitzenden in die VAR zu verhindern, hatten die ganze
5 Welt und in erster Linie natürlich unsere Bürger auf diese Reise aufmerksam gemacht. So gut hätten wir das mit der besten Propaganda nicht geschafft. (…) Vor mir liegt das umfangreiche Rei-
10 seprogramm; daraus ist zu entnehmen, daß für den Empfang Walter Ulbrichts alle Ehrungen vorgesehen sind, die einem Staatsoberhaupt beim Besuch eines fremden Landes zukommen. Unser
15 Arbeiter-und-Bauern-Staat gilt also etwas in der Welt! (…) Nun ist es soweit, wir fahren in den Kairoer Hauptbahn-

hof ein. Noch bevor der Zug zum Stehen kommt, dröhnen – zum zweiten Male
20 heute! 21 Salutschüsse. Die Riesenhalle ist voller Menschen. Kaum hält der Zug, erfüllen Rufen, Klatschen und Jubel die Halle. (…) Rosenblätter und Konfetti wirbeln in der Luft. Fotografen und
25 Journalisten sind kaum zu bändigen. Als beide Staatsoberhäupter aus der Halle treten, bricht auf dem Vorplatz, auf dem sich Hunderttausende Kairoer versammelt haben, ein Orkan los, wie
30 ich ihn bisher nirgends erlebt habe. Er läßt auf der ganzen Fahrt bis zum Kubbeh Palast [Sitz des ägyptischen Staatspräsidenten] nicht nach und zeigt ganz deutlich: Das ist die Antwort der arbei-
35 tenden Menschen von Kairo auf die Bonner Hetze gegen die Reise Walter Ulbrichts in die VAR.

Lotte Ulbricht, Eine unvergeßliche Reise, Leipzig/Berlin 1966, S. 13 ff.

Q12 Das vereinte Deutschland

Aus der Regierungserklärung Helmut Kohls vom 30. Januar 1991:

Mit der Wiedergewinnung der vollen Souveränität wächst uns Deutschen nicht nur mehr Handlungsfreiheit, sondern auch mehr Verantwortung zu. So
5 sehen es auch unsere Partner in der Welt. (…) Es geht jetzt darum, daß das vereinte Deutschland seine Rolle im Kreis der Nationen annimmt mit allen Rechten und mit allen Pflichten. Dies
10 wird zu Recht von uns erwartet und wir müssen dieser Erwartung gerecht werden. Es gibt für uns Deutsche keine Nische in der Weltpolitik. Es darf für Deutschland keine Flucht aus der Ver-
15 antwortung geben.

Bulletin (Presse und Informationsamt der Bundesregierung) Nr. 11 vom 31. Januar 1991.

1. Erläutere die Grundpositionen der Außenpolitik Adenauers. Auf welche besonderen Probleme und Schwierigkeiten bei ihrer Umsetzung weist er hin (Q4, Q6)?

2. Nimm Stellung, ob die außenpolitische Grundorientierung der Bundesregierung unter Willy Brandt die Außenpolitik Adenauers fortsetzt, verändert oder ergänzt (VT, Q8, Q9).

3. Beschreibe, wie die DDR versuchte, internationale Anerkennung zu erlangen (VT, Q11).

4. Erkläre, wie sich die Rolle der deutschen Außenpolitik nach der Wiedervereinigung gewandelt hat (VT, Q12).

5. Informiere dich darüber, welche neuen Aufgaben die Bundesrepublik in der internationalen Politik in jüngster Vergangenheit übernommen hat.

1945   2012

Zwei Staaten – eine Nation?

Nach der Gründung der Bundesrepublik und der DDR stellten sich viele Deutsche die bange Frage, ob sie jemals wieder gemeinsam in einem Staat leben würden. Gehörten sie denn nicht alle der deutschen Nation an? Hatten sie nicht das gleiche Recht wie andere Nationen auch? Oder hatten sie dieses Recht durch die nationalsozialistischen Verbrechen verspielt? Wie gingen die beiden deutschen Staaten mit diesen Fragen um?

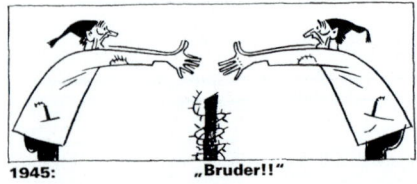

1945: „Bruder!!"

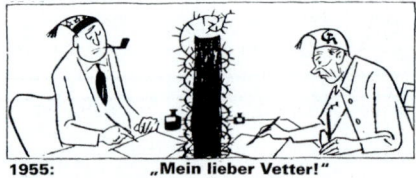

1955: „Mein lieber Vetter!"

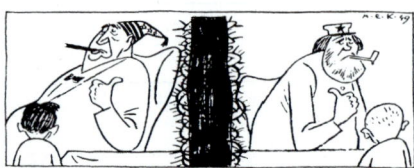

1965: „Ach ja, – Wir haben irgendeinen entfernten Verwandten im Ausland."

Q1 Karikaturenfolge von Hanns Erich Köhler (1949)

A: Interpretiere die Karikatur. Beachte dabei die Entstehungszeit.

B: Stelle die Deutschlandpolitik der Bundesrepublik und der DDR im Lauf der Jahrzehnte dar. Vergleiche die Entwicklung mit der Karikatur Q1.

Die Bundesrepublik als Nachfolgestaat des Deutschen Reiches?

Lange Zeit herrschte in der Bundesrepublik weitgehend Übereinstimmung darüber, dass nur sie berechtigt sei, für das gesamte deutsche Volk zu sprechen und dessen Selbstbestimmungsrecht zu vertreten. Begründet wurde dies damit, dass im Gegensatz zur DDR die Staatsgründung auf dem Wege demokratischer Wahlen erfolgt war. Daraus ergab sich andererseits aber auch die Pflicht, die Wiedervereinigung anzustreben. Das entsprach zudem dem Grundgesetz.

Doch im Laufe der Jahre begann sich die Einstellung zur deutschen Einheit allmählich zu wandeln. Immer mehr Menschen hatten sich in der Zweistaatlichkeit so eingerichtet, dass für sie die Frage der deutschen Nation kaum noch eine Rolle spielte. Nicht wenige – vor allem die Linken – betrachteten die deutsche Teilung als verdiente Strafe für die Entfesselung des Zweiten Weltkrieges und den Holocaust. So war es kein Wunder, dass viele die Anerkennung der DDR als souveränen Staat forderten.

Die DDR – das bessere Deutschland?

Auch in der DDR hielt sich anfangs der Wille zur Einheit. Die SED vertrat die Position, es gäbe nur eine deutsche Nation und die könne naturgemäß nur in einem deutschen Staat leben – natürlich unter sozialistischen Bedingungen. Nachdem Mitte der 1950er-Jahre die Bundesrepublik in die NATO und die DDR in den Warschauer Pakt eingetreten waren, wurde diese These unglaubwürdig. Nun verkündete die SED-Führung, es gäbe zwar zwei deutsche Staaten, aber nur eine deutsche Nation. Zur Begründung musste die deutsche Geschichte herhalten: Angeblich lief alle Entwicklung seit Jahrhunderten auf die Errichtung eines „fortschrittlichen Arbeiter- und Bauernstaates" zu. So sah sich die DDR nicht nur als das bessere Deutschland, sondern sie vereinnahmte auch Persönlichkeiten wie Luther, Schiller, Goethe, ja schließlich sogar Bismarck und Friedrich II. als ihre historischen Vorläufer. Doch auch diese Theorie hielt sich nicht lange. Honecker prägte schließlich die Formel „Zwei Staaten – zwei Nationen". Angeblich existierte eine sozialistische deutsche Nation neben einer bürgerlichen. Und die sozialistische Nation brauche einen sozialistischen Staat. Diese Absage an eine gemeinsame deutsche Nation zeigte sich auch darin, dass nun die eigene Nationalhymne wegen der Zeile „Deutschland, einig Vaterland" nicht mehr gesungen wurde.

Kurswechsel in der Deutschlandpolitik

Vor dem Hintergrund seiner neuen Ostpolitik leitete Willy Brandt auch Veränderungen in der Deutschlandpolitik ein. In Erfurt trafen sich 1970 zum ersten Mal die Regierungschefs der beiden deutschen Staaten, Willy Brandt und Willi Stoph. Unter dem Motto „Wandel durch Annäherung" versuchte die Bundesrepublik, gutnachbarliche Beziehungen auf der Basis der Gleichberechtigung herzustellen. Dem lag der Gedanke zugrunde, dass die DDR nur zu Zugeständnissen – vor allem im Bereich der Menschenrechte – gebracht werden könnte, wenn man sich vorsichtig annäherte. Diese Politik fand ihren Höhepunkt im Grundlagenvertrag von 1972, in dem beide Seiten die Unverletzlichkeit der zwischen ihnen bestehenden Grenzen bekräftigten und ihre Unabhängigkeit und Selbstständigkeit als Staaten respektierten. Im Verständnis der Bundesrepublik war aber die DDR weiterhin nicht Ausland, deshalb wurden in Bonn und Ost-Berlin keine Botschaften errichtet, sondern lediglich „Ständige Vertretungen" des jeweils anderen Staates.

Deutsch-deutsche Vernunftpartnerschaft

Als Ende der 1970er-Jahre ein neuer Rüstungswettlauf begann, fühlten sich beide deutsche Staaten an der Nahtstelle der Blocksysteme besonders bedroht. Deswegen strebten sie nach einer Partnerschaft der Vernunft. In kleinen Schritten wurden praktische Fragen auf den Gebieten der Wirtschaftsbeziehungen, des Postwesens und des Verkehrs geklärt. Seit der Mitte der 1980er-Jahre entwickelten sich sogar Dutzende von Städtepartnerschaften mit gegenseitigen Besuchsmöglichkeiten – allerdings auf Seiten der DDR nur für einen ausgewählten Personenkreis.

Anfang September 1987 wurde der SED-Generalsekretär Erich Honecker in Bonn mit allen Ehren empfangen, die dem Oberhaupt eines souveränen Staates zustehen. Dies war sicher der Höhepunkt seines politischen Lebens, denn Unabhängigkeit und Gleichberechtigung der beiden deutschen Staaten wurden damit belegt. Allerdings hielt Kanzler Kohl auch bei dieser Gelegenheit ausdrücklich am Auftrag des Grundgesetzes zur Vollendung der Einheit und Freiheit Deutschlands in freier Selbstbestimmung fest.

Dass der Gedanke an die deutsche Nation auch nach vierzig Jahren noch wach war, zeigte sich, als Helmut Kohl im Dezember 1989 zu einem Besuch in Dresden weilte. Dort hallte ihm „Deutschland, einig Vaterland" entgegen. Diese Zeile aus der DDR-Nationalhymne wurde zum sprachlichen Symbol für den Wunsch nach einer Wiedervereinigung der beiden deutschen Staaten.

Q2 Staatsbesuch Erich Honeckers am 7. September 1987 in Bonn

C: Schreibe zwei Kommentare zu dieser Szene, einen aus der Sicht der CDU, einen aus der Sicht der SED.

1945   2012

Q3 Nation als umschließendes Band

Aus der Rede des Bundeskanzlers Willy Brandt zur „Lage der Nation" im Deutschen Bundestag am 14. Januar 1970:

25 Jahre nach der bedingungslosen Kapitulation des Hitlerreiches bildet der Begriff der Nation das Band um das ge-spaltene Deutschland. Im Begriff der Na-
5 tion sind geschichtliche Wirklichkeit und politischer Wille vereint. Nation umfaßt und bedeutet mehr als gemeinsame Sprache und Kultur, als Staats- und Gesellschaftsordnung. Die Nation gründet
10 sich auf das fortdauernde Zusammengehörigkeitsgefühl der Menschen eines Volkes. Niemand kann leugnen, daß es in diesem Sinne eine deutsche Nation gibt und geben wird, soweit wir voraus-
15 zudenken vermögen. (…) Niemand darf sich der trügerischen Hoffnung hingeben, den Auseinandersetzungen entgehen zu können, die unausweichlich sind, weil Deutschland eben nicht nur staat-
20 lich gespalten ist, sondern weil sich auf seinem Boden völlig unterschiedliche Gesellschaftssysteme gegenüberstehen. In diesem Punkt sind wir uns mit Ulbricht einig: Zwischen unserem Sys-
25 tem und dem, was drüben Ordnung geworden ist, kann es keine Mischung, keinen faulen Kompromiß geben.

Stenographische Protokolle des 6. Deutschen Bundestages, Januar 1970, S. 840 ff.

Q4 Ein schlechter Vertrag?

Aus einer Bundestagsrede des CDU-Abgeordneten Rainer Barzel vor der Verabschiedung des Grundlagenvertrages mit der DDR, 15. Dezember 1972:

Ich muss ein Wort zu der Ankündigung des Herrn Bundeskanzler sagen, am 21. Dezember (…) den Grundvertrag unterschreiben zu lassen, (…) obwohl der
5 Schießbefehl (an der innerdeutschen Grenze) andauert (…). Trotz dieser Erfahrung wollen Sie einen so weitgehenden Vertrag ohne verbindlich gesicherte,

10 ausreichende menschliche Erleichterungen unterschreiben. (…) Dieser Vertrag – schlecht und eilig ausgehandelt, ohne angemessene Leistung und Gegenleistung – soll (…) dem Frieden dienen.
15 Frieden aber (…) ist doch (…) eine Sache der Menschenrechte. Ebenso sieht es doch die Satzung der Vereinten Nationen vor, auf die dieser schlechte Vertrag vielfach Bezug nimmt. (…)
20 Mit der Unterschrift unter den Grundvertrag bereiten Sie der DDR den Weg in die UNO, ohne dass diese auch nur die mindesten Zusicherungen gemacht hätte (…) den Bürgern der DDR die in
25 der UNO-Charta beschworenen Menschenrechte zu gewährleisten. (…) Demokraten, wenn sie wie dieses ganze Haus zum Frieden entschlossen sind, müssen oft und manchmal für lange
30 Zeit Unrecht hinnehmen. Aber Demokraten sollten dies nie bestätigen.

Irmgard Wilharm (Hrsg.), Deutsche Geschichte 1962–1983, Dokumente in zwei Bänden, Frankfurt am Main 1983, S. 88.

Q5 Wandel durch Annäherung

Der SPD-Politiker Egon Bahr in einer Rede vor der Evangelischen Akademie in Tutzing am 15. Juli 1963:

Wir haben gesagt, daß die Mauer ein Zeichen der Schwäche ist. Man könnte auch sagen, sie war ein Zeichen der Angst und des Selbsterhaltungstrie-
5 bes des kommunistischen Regimes. Die Frage ist, ob es nicht Möglichkeiten gibt, diese durchaus berechtigten

Sorgen dem Regime graduell so weit zu nehmen, daß auch die Auflockerung
10 der Grenzen und der Mauer praktikabel wird, weil das Risiko erträglich ist. Das ist eine Politik, die man auf die Formel bringen könnte: Wandel durch Annäherung. Ich bin fest davon überzeugt, daß
15 wir Selbstbewußtsein genug haben können, um eine solche Politik ohne Illusion zu verfolgen, die sich außerdem nahtlos in das westliche Konzept der Strategie des Friedens einpaßt, denn
20 sonst müßten wir auf ein Wunder warten, und das ist keine Politik.

Deutschland Archiv 8/1973, S. 862 ff.

Q6 Die deutsche Frage im Unterricht

Aus dem Beschluss der Kultusministerkonferenz der Bundesrepublik vom 23. November 1978:

Die Behandlung der deutschen Frage im Unterricht muß davon ausgehen, dass die Wiedervereinigung zur Zeit nicht zu erreichen ist. Der Unterricht
5 soll aber zu der Einsicht führen, daß wir dieses nationale Ziel gemäß unserem politischen Selbstverständnis dennoch im Hinblick auf künftige Entwicklungen verfolgen und nicht aufgeben.
10 Sich dafür zu engagieren, steht nicht im Gegensatz zu einer nüchternen realistischen Beurteilung der Lage und ist weder doppelbödig noch unaufrichtig, sondern entspricht der offengelegten
15 politischen Zielsetzung der Bundesrepublik Deutschland.

Informationen zur politischen Bildung Nr. 192, Bonn 1981, S. 1.

Q7 „Menschliche Erleichterungen"

Karikatur von Baumeister, 1973

✎ D: Erläutere die Aussage der Karikatur. Stelle begründet dar, welcher politischen Seite der Künstler zuneigt.

Q8 „... und der mitgelieferte Damokles-Brieföffner"

Karikatur des westdeutschen Grafikers Wolfgang Hicks anlässlich einer Einladung der DDR an die Bundesrepublik zu Gesprächen über einen Vertragsvorschlag über die innerdeutschen Beziehungen, 1969

1 Bundesminister für besondere Aufgaben Horst Ehmke (SPD)
2 Bundeskanzler Willy Brandt (SPD)
3 Außenminister Walter Scheel (FDP)
4 SPD-Fraktionsvorsitzender Herbert Wehner

E: Interpretiere die Karikatur und entwirf ein Antwortschreiben an die DDR aus der Sicht der dargestellten Personen.

... und der mitgelieferte Damokles-Brieföffner

Q9 Die deutsche Frage aus DDR-Sicht

Aus den Verfassungen der DDR:

Artikel 1, Auszug:

1949: Deutschland ist eine unteilbare
20 Republik; sie baut auf den deutschen Ländern auf. (...) Es gibt nur eine deut-
5 sche Staatsangehörigkeit.

1968: Die Deutsche Demokratische Republik ist ein sozialistischer Staat deutscher Nation. Sie ist die politische Organisation der Werktätigen in Stadt
10 und Land, die gemeinsam unter Führung der Arbeiterklasse und ihrer marxistisch-leninistischen Partei den Sozialismus verwirklichen.

1974: Die Deutsche Demokratische Re-
15 publik ist ein sozialistischer Staat der Arbeiter und Bauern. Sie ist die politische Organisation der Werktätigen in Stadt und Land unter Führung der Arbeiterklasse und ihrer marxistisch-leni-
10 nistischen Partei.

Matthias Judt (Hrsg.), DDR-Geschichte in Dokumenten, Berlin 1997, S. 508 f.

Q10 Absage an die Einheit?

Aus einem Interview Erich Honeckers mit AP am 4. Juni 1974:

Es gibt zwei Staaten, die sozialistische DDR und die kapitalistische BRD, die
20 sich grundverschieden entwickeln, und es gibt Bürger der DDR und Bürger der
5 BRD. Normale Beziehungen zwischen diesen beiden Staaten können nur solche der friedlichen Koexistenz sein. Auf ihrer soliden Grundlage gestalten sich die Dinge zum Nutzen der Menschen.
10 Heute über das zu sprechen, was Sie ein Zusammenkommen in der Zunkunft nennen, ist müßig. Fest steht: Sozialismus und Kapitalismus lassen sich nicht unter ein Dach bringen. Im Übrigen ha-
15 ben auch Politiker westlicher Staaten mehrfach betont, dass sie derselben Ansicht sind. Für die DDR gibt es kein Zurück zum Kapitalismus, und der Weg zum Sozialismus in der BRD ist eine in-
20 nere Angelegenheit unseres Nachbarlandes.

Archiv der Gegenwart, Bd. 7, St. Augustin 2000, S. 6250 f.

---

1. Erläutere, welche Bedeutung Bundeskanzler Brandt der Nation zumaß und welche Auswirkungen das auf seine Deutschlandpolitik hatte (VT, Q3).

2. Vergleiche die Deutschlandpolitik der von der SPD geführten Regierung mit den politischen Vorstellungen der Opposition. Welche grundsätzlichen Unterschiede werden dabei deutlich (Q4–Q6)?

Die Textquelle Q5 kannst du auch auf der CD-ROM untersuchen.

3. Beschreibe, wie in den verschiedenen Verfassungen der DDR die Frage der deutschen Nation beantwortet wird (Q9).

4. Schreibe aus der Sicht eines kritischen DDR-Bürgers eine Einschätzung zu Honeckers Deutschlandpolitik (Q10).

5. Befrage deine Eltern und Großeltern, welche Rolle die Einheit Deutschlands in ihrem Leben gespielt hat. Stelle die Ergebnisse deiner Befragung in der Klasse vor.

1945   2012

Eine Grenze teilt Deutschland

Nichts hat die Teilung Deutschlands so stark symbolisiert wie die DDR-Grenzanlagen und der Befehl an die DDR-Grenztruppen, jeden Fluchtversuch zu verhindern und dabei den Tod des Flüchtlings bewusst in Kauf zu nehmen. Warum mauerte sich die DDR im wahrsten Sinne des Wortes ein? Was bedeutete für die Menschen das Leben mit der innerdeutschen Grenze?

Von der Demarkationslinie zur Grenze

Noch vor der Gründung der beiden deutschen Staaten nahm die Demarkationslinie zwischen Ost und West immer stärker den Charakter einer innerdeutschen Grenze an. 1946 sperrte die sowjetische Besatzungsmacht die Grenze zu den drei westlichen Zonen und seit 1948 benötigte derjenige, der von den Westzonen in die sowjetische Besatzungszone reisen wollte, zusätzlich eine Aufenthaltsgenehmigung der Sowjetbehörden.

Im Mai 1952 beschloss der Ministerrat der DDR, an der Grenze eine 5 km breite Sperrzone zu errichten. Diese Zone durfte fortan nur noch an bestimmten Kontrollstellen und mit Sondergenehmigung betreten werden. Aus dieser Sperrzone vertrieb die Staatssicherheit 1952 und 1961 rund 50 000 als politisch unzuverlässig eingestufte Personen und siedelte sie im DDR-Hinterland an.

Der 13. August 1961 und die Folgen

Trotz dieser Maßnahmen flohen viele DDR-Bürger in den Westen, bis zum Sommer 1961 waren es circa 2,5 Millionen. Politische Unfreiheit und Unzufriedenheit mit dem Lebensstandard waren die häufigsten Gründe dafür. Mehr als die Hälfte floh über Westberlin, denn Berlin hatte auf Grund des Vier-Mächte-Status bis dahin offene Sektorengrenzen. Weil vor allem junge und gut ausgebildete Facharbeiter und Hochschulabsolventen die DDR verließen, fehlten der DDR-Wirtschaft bald wichtige Arbeitskräfte. Mit dem Einverständnis der UdSSR ließ daher die SED in der Nacht vom 12. zum 13. August entlang der Sektorengrenze einen Stacheldrahtverhau und Steinwälle errichten. Von einem Tag auf den anderen wurden Familien für Jahre getrennt. In den folgenden Monaten wurde auch die Grenze zwischen der DDR und der Bundesrepublik nahezu unüberwindlich ausgebaut. Nach den amtlichen Unterlagen

A: Schreibe in eine Tabelle, welche Auswirkungen die innerdeutsche Grenze für die Menschen in der DDR und für die Menschen in der Bundesrepublik hatte.

Q1 Bau der Berliner Mauer am 13. August 1961

B: Beschreibe, welche unterschiedlichen Personengruppen auf dem Foto zu erkennen sind. Ordne diesen Personengruppen Aufgaben zu, die sie zu erfüllen hatten.

Du kannst zur Lösung der Aufgabe die CD-ROM benutzen.

Q2 Grenzsoldaten beugen sich über einen Flüchtling, den sie erschossen haben.
Willi Block kam am 7. Februar 1966 im Alter von 30 Jahren im Todesstreifen bei Berlin-Spandau ums Leben.

C: Versuche, dich in die Lage eines der beiden Grenzsoldaten zu versetzen. Welche Gedanken und Gefühle könnten ihn bewegt haben?

verloren von 1961 bis 1989 insgesamt 238 Menschen bei dem Versuch, die innerdeutsche Grenze zu überwinden, ihr Leben. Ihre genaue Zahl wird wohl niemals festzustellen sein. Wer bei der Flucht gefasst wurde, hatte mit einer Haftstrafe zu rechnen. Viele dieser Häftlinge wurden wie andere politische Gefangene von der Bundesrepublik freigekauft und durften in den Westen umsiedeln. Neben Tragödien gab es aber auch immer wieder geglückte Fluchten. Manche überwanden den Metallgitterzaun, benutzten Sport- oder Agrarflugzeuge, kamen über die Elbe oder wurden von Fluchthelfern durch die Sperranlagen geschleust. Wer die DDR verlassen wollte, konnte auch einen Ausreiseantrag stellen. Dessen Genehmigung dauerte oft sehr lange und war von der Willkür der Behörden abhängig.

DDR-Bürger arrangieren sich

Den DDR-Bewohnern blieb nichts anderes übrig, als sich in die politische Ausweglosigkeit zu fügen. Seit 1964 durften DDR-Bürger im Rentenalter einmal pro Jahr für vier Wochen ihre Verwandten in der Bundesrepublik oder im Westteil Berlins besuchen. Bei Todesfällen oder Krankheiten war eine weitere Reise möglich. Ansonsten blieben Westreisen ein Privileg von Wissenschaftlern, Sportlern, Künstlern und Geschäftsreisenden, die als zuverlässig und loyal eingestuft wurden.

Die Auswirkungen der Grenze auf die Bundesrepublik

Auf bundesrepublikanischer Seite hatte die Undurchlässigkeit der Grenze zur Folge, dass ein etwa 40 km breiter Streifen in eine absolute Randlage geriet und wirtschaftlich stark unterentwickelt war. Die Bundesregierung versuchte, dieses Zonenrandgebiet über Steuervorteile für Gewerbeansiedlungen, Subventionen und Maßnahmen der Verkehrserschließung zu fördern.
Die Bundesbürger spürten natürlich auch die Einschränkungen im Besuchsverkehr. Nach und nach wurden aber Erleichterungen mit der DDR ausgehandelt. Weihnachten 1963 durften Westberliner erstmals ihre Verwandten im Ostteil der Stadt besuchen, seit Juni 1973 hatten die Bewohner von 56 grenznahen Städten und Kreisen der BRD die Möglichkeit, zu Tagesbesuchen in grenznahe Bereiche der DDR zu reisen. Besuche in der DDR waren aber immer mit dem Zwangsumtausch einer bestimmten D-Mark-Summe in „Mark der DDR" im Verhältnis 1:1 verbunden.

1945   2012

D1 Skizze der Grenzsperranlagen

1 Grenzverlauf mit Grenzsteinen;
2 Grenzhinweisschild bzw. -pfahl
unmittelbar vor dem Grenzverlauf;
3 DDR-Grenzsäule (ca. 1,8 m hoch,
schwarz-rot-gold mit DDR-Emblem)
4 Abgeholzter und geräumter Gelän-
destreifen; 5 Einreihiger Metallgitterzaun (ca. 3,2 m hoch); 6 Durchlass im
Metallgitterzaun; 7 Kfz-Sperrgraben
(mit Betonplatten befestigt); 8 ca. 6 m
bzw. 2 m breiter Kontrollstreifen (Spu-
rensicherungsstreifen); 9 Kolonnen-
weg mit Fahrspurplatten (Lochbeton);
10 Lichtsperre; 11 Anschlusssäule für
das erdverkabelte Grenzmeldenetz;
12–14 Beobachtungstürme aus Beton;
15 Beobachtungsbunker; 16 Hunde-
laufanlage; 17 Schutzstreifenzaun mit
elektronischen und akustischen Sig-
nalanlagen und Schalteinrichtungen;
18 Stromverteilungs-/und Schalteinrichtungen am modifizierten Schutzstreifenzaun; 19 Hundefreilaufanlage;
20 Durchlasstor im Schutzstreifenzaun
mit Signaldrähten; 21 Betonsperr-
mauer/Sichtblende; 22 Kontrollpassier-
punkt zur Sperrzone

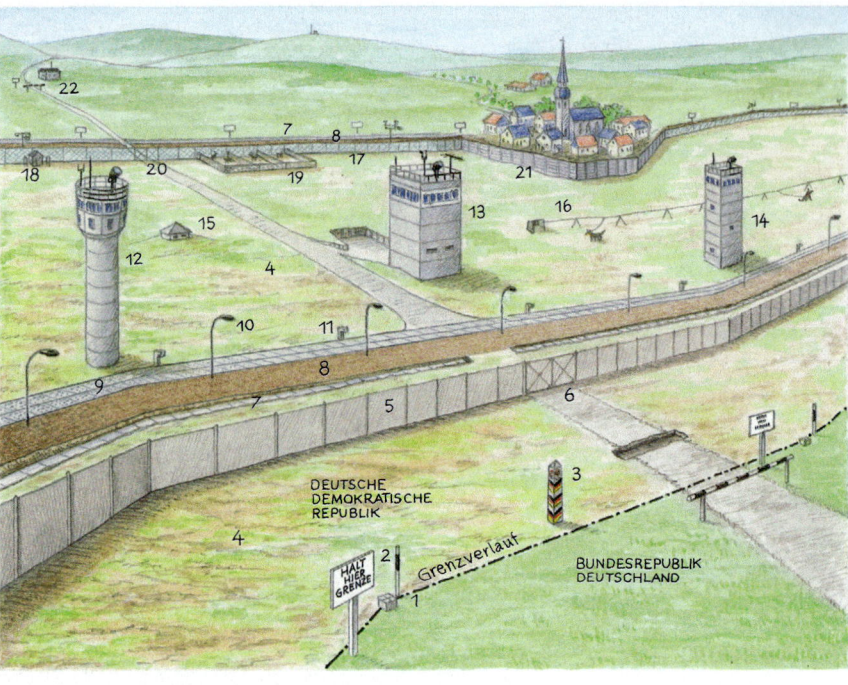

✎ D: Stell dir vor, du könntest dir von
bundesdeutscher Seite die Grenzanlagen anschauen. Schreibe einen Bericht
darüber, welche Wirkung sie auf dich
ausüben.

Q3 Schüsse auf Verräter?

Albert Norden, Mitglied des Politbüros
des ZK der SED, sagt 1963 vor Soldaten
der Berliner Gruppen der Nationalen
Volksarmee:
Ich sage, jeder Schuß aus der Maschi-
nenpistole eines unserer Grenzsiche-
rungsposten zur Abwehr solcher Verbrechen rettet in der Konsequenz
5 Hunderten von Kameraden, rettet
Tausenden Bürgern der DDR das Leben
und sichert Millionenwerte an Volksver-
mögen.
Ihr schießt nicht auf Bruder und
10 Schwester, wenn ihr mit der Waffe den
Grenzverletzer zum Halten bringt. Wie

kann der euer Bruder sein, der die Republik verrät, der die Macht des Volkes
verrät, der die Macht des Volkes antas-
15 tet! Auch der ist nicht unser Bruder,
der zum Feinde desertieren will. Mit
Verrätern muß man sehr ernst sprechen. Verrätern gegenüber menschliche Gnade zu üben, heißt unmensch-
20 lich am ganzen Volk handeln.
Volksarmee Nr.41/1963.

Q4 Fluchtversuche

Nach einem gescheiterten Fluchtversuch und einer Verurteilung 1972 versuchte Bertold Starke im Dezember
1988 nochmals die Flucht und wird erneut gefasst. Er wird zu einem Jahr und
vier Monaten Freiheitsstrafe verurteilt.
Nach Verbüßung von 8 ½ Monaten wird
er von der Bundesrepublik freigekauft
und abgeschoben:
Am 12.12.1988 fuhr ich mit meinem PKW
zunächst bis Teltow in Richtung Bahnhof. Dort endet das Gleis der Reichsbahn in Richtung Berlin. Ich kam am
5 12.12.1988 gegen 1.00 Uhr am genann-

ten Ort an und habe mich dann eine
Zeitlang versteckt. Ich versuchte dann
über die dort vorhandenen Grenzzäune
nach Berlin West zu gelangen. Ich hatte
10 bereits die Zäune im Vorfeld des hohen
Streckmetallgitterzauns überwunden
und wollte nun das letzte Hindernis
nehmen. Ich hatte schon den letzten
Zaun erreicht, es gelang mir aber nicht,
15 die Oberkante zu ergreifen und mich
hochzuziehen. Vorher war noch ein
Wachhund der Grenzsoldaten auf mich
aufmerksam geworden, als ich in der
Nähe des Signalzaunes war. Er hat aber
20 kaum gebellt. Als ich mich nun vor dem
Zaun befand, kamen insgesamt acht
Grenzsoldaten und nahmen mich fest.
Ich hatte noch keinerlei Sachen über
den Zaun geworfen. Ich wurde mehr-
25 fach angerufen, und es wurde auch ge-
schossen. Ich habe aber nicht bemerkt,
daß die Schüsse in meiner Nähe ein-
schlugen.
Heiner Sauer/Hans Otto Plumeyer, Der Salz-
gitter Report, Frankfurt am Main/Berlin 1991,
S. 159 f.

Q5 Brautpaar in Westberlin an der Mauer, 5. September 1961

Die Braut kann ihre Eltern in Ostberlin nur von Weitem sehen.

✎ E: Schreibe einen Tagebucheintrag aus der Sicht der jungen Frau.

Q6 Flucht aus der DDR 1989

Mario Wächtler ist einer der letzten DDR-Flüchtlinge. Er schwimmt 1989 über die Ostsee in den Westen. Die Cellesche Zeitung berichtete über seine Flucht:

„Ich hatte zwar genug Geld, aber man hat ja für sein Geld nichts bekommen. Außerdem wollte ich reisen, wo-
5 hin ich wollte und nicht nur in die sozialistischen Staaten. (…) Im Urlaub in Mecklenburg habe ich die Häuser am Timmendorfer Strand in Schleswig-Holstein gesehen, die zum Greifen nahe schienen." (…) Also macht er 20
10 sich am 2. September in seinem Wohnort Karl-Marx-Stadt – heute Chemnitz – mit seinem Trabi auf den Weg in Richtung Küste. (…) Als Startpunkt für seine Flucht hat Wächtler die Wohlenberger 25
15 Wiek westlich von Wismar ausgesucht. Er zieht einen Neoprenanzug an, tarnt die freien Körperstellen mit Damens-
trumpfhosen und steigt gegen 23 Uhr im Schutz der Dunkelheit ins Wasser. 30 Als es hell wird, schwimmt er immer noch und fühlt sich gut. (…) Mit Tagesanbruch wächst die Gefahr, von den DDR-Grenzschützern entdeckt zu werden. Tatsächlich passieren ihn zwei Pa- 35 trouillenboote, zunächst scheinen sie ihn aber nicht zu bemerken. Gesehen hat ihn allerdings der westdeutsche Kapitän der westdeutschen Fähre „Peter Pan", die vom schwedischen Trelleborg nach Travemünde unterwegs ist. Die Fähre ändert ihren Kurs und lässt ein Rettungsboot zu Wasser. Das sehen auch die DDR-Grenzer und steuern auf Wächtler zu, ein regelrechtes Wettrennen beginnt. Das Rettungsboot erreicht den Flüchtling zuerst, Wächtler ist in Sicherheit.

Cellesche Zeitung vom 26. August 2004, S. 17.

1. Die DDR-Verantwortlichen verteidigten sich nach 1989 immer mit der Aussage, es habe keinen offiziellen Schießbefehl gegeben. Setze dich mit dieser Behauptung anhand von **Q3** auseinander.

2. Im offiziellen DDR-Sprachgebrauch war die Mauer ein „Antifaschistischer Schutzwall". Erkläre, was die Machthaber mit einem solchen Begriff bezweckten (**VT, Q3**).

3. Verfasse ein Gespräch zwischen zwei Geschwistern, von denen die
oder der eine die DDR unbedingt verlassen will. Der oder die andere will ihm oder ihr das ausreden (**VT, Q4, Q6**).

4. Befrage deine Eltern oder Großeltern darüber, welche Erinnerungen sie an den 13. August 1961 haben und wie er ihr Leben beeinflusst hat.

1945   2012

Soziale Marktwirtschaft im Westen

Die beiden deutschen Staaten unterschieden sich auch grundlegend in ihrer Wirtschaftspolitik. In der Bundesrepublik wurde frühzeitig ein Wirtschaftsmodell entwickelt, das sich bis heute behauptet hat. Wodurch zeichnet es sich aus?

Ein Wirtschaftswunder?

Die Wirtschaftspolitik der Bundesrepublik wurde lange Zeit von ihrem ersten Wirtschaftsminister Ludwig Erhard geprägt. Sein Konzept ging davon aus, dass Produktion und Handel durch die Nachfrage am Markt reguliert würden. Doch gleichzeitig sollte der Staat kontrollierend und steuernd in die Wirtschaft eingreifen können, wenn es notwendig war. Damit sollte der freie Wettbewerb vor übermäßiger Monopolbildung geschützt, unzumutbare soziale Ungleichheiten ausgeglichen und damit Wohlstand für alle erreicht werden. Dieses Konzept wird als soziale Marktwirtschaft bezeichnet. Zu den Instrumenten dieser Wirtschaftspolitik gehören z. B. direkte Kinderbeihilfen, Miet- und Wohnungsbauzuschüsse sowie in den ersten Jahren die Zahlung eines Lastenausgleichs für Verluste im Krieg. Nach anfänglichen Härten und Schwierigkeiten stiegen in Westdeutschland die Produktions- und Exportdaten rasant, die Zahl der Arbeitslosen sank bis 1961 auf unter 1 Prozent. Für breite Bevölkerungsschichten verbesserten sich die Lebensverhältnisse dank erheblicher Lohnzuwächse. Niemals zuvor waren die Menschen in Westdeutschland schneller zu Wohlstand gekommen als in den ersten 20 Jahren nach der Gründung der Bundesrepublik, sodass bald von einem „Wirtschaftswunder" gesprochen wurde. Benachteiligt waren anfangs allerdings die nicht mehr Berufstätigen. Das besserte sich erst, als 1957 ein neues Rentensystem eingeführt wurde. Von da an zahlten die Erwerbstätigen in die Rentenversicherung ein, die die Rente für die Ruheständler im gleichen Zeitraum auszahlte. Rentenerhöhungen wurden zudem an die Entwicklung der Löhne und Gehälter gebunden,

Strukturänderungen in der Wirtschaft

Im Laufe der Zeit veränderte sich die Struktur der bundesdeutschen Wirtschaft. Die Landwirtschaft war davon relativ früh betroffen. Viele Arbeitskräfte wanderten nämlich in den gewerblichen Sektor ab, weil dort höhere Löhne gezahlt wurden. Diesen Nachteil gegenüber der gewerblichen Wirtschaft versuchte die Bundesregierung ab 1956 mit einem staatlichen Förderprogramm

✎ **A:** Schreibe einen Eintrag für ein Schülerlexikon zum Begriff „soziale Marktwirtschaft".

✎ **B:** Liste die Veränderungen auf, die in der bundesdeutschen Wirtschaft in den 40 Jahren bis 1989 vorgenommen wurden.

Q1 In einer Duisburger Neubausiedlung, 1960er-Jahre

✎ **C:** Versetze dich in die Lage einer der abgebildeten Personen und erzähle über deine Lebensverhältnisse in der Zeit, in der das Foto aufgenommen wurde.

auszugleichen. 1962 wurde die westdeutsche Agrarpolitik in den gemeinsamen europäischen Agrarmarkt eingegliedert, wodurch sich der Strukturwandel in der Landwirtschaft noch mehr beschleunigte. „Wachsen oder Weichen" wurde zur Devise in der Landwirtschaft. Dennoch schwand in der Bundesrepublik die Bedeutung des landwirtschaftlichen Sektors mehr und mehr.

Der Steinkohlebergbau im Ruhrgebiet war ab Ende der 1950er-Jahre ebenfalls von einer Strukturkrise betroffen. Wegen billiger Importkohle sowie des günstigen und leichter zu bekommenden Erdöls lohnte der Kohleabbau kaum noch. Zechenstilllegungen und Entlassungen in großem Ausmaß waren die Folge. Bundeskanzler Erhard vertraute darauf,

Q2 **Demonstration in Dortmund am 31. März 1967 gegen die Schließung der Zeche Hansa in Dortmund-Huckarde**

✏️ D: Schreibe eine kurze Rundfunkreportage zu dem Bild.

dass der Markt die Krise selbst überwinden würde und lehnte ein Eingreifen des Staates in den Wirtschaftsprozess ab. Stattdessen forderte er die Betroffenen auf, den „Gürtel enger zu schnallen". Die an wirtschaftliches Wachstum gewöhnten Bundesbürger reagierten mit Angst und Protest. Die neue Regierung aus CDU/CSU und SPD begann 1966, darauf politisch zu reagieren. Sie erließ Gesetze, die dem Staat erlaubten, in großem Maße Schulden aufzunehmen. Mit diesem Geld sollten Konjunkturprogramme aufgelegt und dadurch die Wirtschaft aus der Talsohle geführt werden. In wirtschaftlich besseren Zeiten sollten die Staatsschulden dann aus den Steuermehreinnahmen zurückgezahlt werden. In den Folgejahren stieg die Staatsverschuldung aufgrund notwendiger Ausgaben für die von Strukturproblemen betroffenen Menschen, Wirtschaftszweige und Regionen jedoch auf immer neue Rekordhöhen.

Arbeitslosigkeit – ein Dauerproblem des Westens

In den 1970er-Jahren begann in der Bundesrepublik wie in anderen Industriestaaten eine weitgehende Umgestaltung der Arbeitswelt. Sie war von neuen revolutionierenden Techniken – insbesondere der Computertechnik – gekennzeichnet. Rationalisierung und Automatisierung von Produktionsabläufen führten zu einem enormen Anstieg der Produktivität. Das wiederum führte zu einem massenhaften Abbau von Arbeitsplätzen, insbesondere in der Schwerindustrie und vor allem für Minderqualifizierte. So war die Bundesrepublik seit 1983 mit einer Sockelarbeitslosigkeit von etwa 2 Millionen Arbeitslosen konfrontiert. Vollbeschäftigung rückte in weite Ferne.

Ökologie und Wirtschaft

1972 erregte der „Club of Rome" – eine internationalen Vereinigung von Wissenschaftlern, Wirtschafts- und Kulturfachleuten sowie Politikern – mit einer Studie großes Aufsehen. In der Schrift „Die Grenzen des Wachstums" prognostizierten die Experten, dass die natürlichen Rohstoffe schon sehr bald so knapp würden, dass ein wirtschaftliches Umdenken erfolgen muss. Doch das ökologische Bewusstsein entwickelte sich erst allmählich. Die Bundesregierung unter Willy Brandt nahm zwar den Umweltschutz in ihre Reformpolitik auf, ein eigenes Bundesministerium für Umwelt wurde aber erst 1986 gegründet. Ökologisches Denken fand seine Entsprechung in der Wirtschaft vor allem in Unternehmen, die sich auf die Nutzung alternativer Energien spezialisierten.

Q3 Buchcover

1945   2012

Q4 „Nie Wieder"

Plakat der Industrie zur Unterstützung der CDU und Ludwig Erhards im Bundestagswahlkampf 1953

✎ E: Erkläre, worauf das Plakat Bezug nimmt. Nenne Gründe, warum die Industrievertreter für Ludwig Erhard Wahlkampf betreiben. Nimm dazu auch den Text Q5 zu Hilfe.

Q5 Ordnung in der Marktwirtschaft

Ludwig Erhard schreibt 1957 über die Chancen und Gefahren der sozialen Marktwirtschaft:

Eine Wirtschaftspolitik ist nur dann und nur so lange für gut zu erachten, als sie den Menschen schlechthin zum Nutzen und Segen gereicht. Wer diesen
5 Gedanken zu Ende führt, muß mit mir zu der Feststellung gelangen, daß es in jeder Volkswirtschaft wohl Gruppeninteressen gibt, daß diese aber nicht als Elemente der Wirtschaftspolitik anzu-
10 erkennen sind, und daß sich aus dem Widerstreit der Interessen auch keine fruchtbare Synthese ableiten läßt. Eine Atomisierung der Volkswirtschaft in Gruppeninteressen ist deshalb nicht zu
15 dulden. (…) Ich möchte hierbei das vielleicht etwas banal erscheinende Bild eines Fußballspiels gebrauchen dürfen. Da bin ich der Meinung, daß ebenso wie der Schiedsrichter nicht mitspie-
20 len darf, auch der Staat nicht mitzuspielen hat. Eines ist bei einem guten Fußballspiel als wesentliches Merkmal zu erkennen: Das Fußballspiel folgt bestimmten Regeln, und diese stehen
25 von vornherein fest. Was ich mit einer marktwirtschaftlichen Politik anstrebe, das ist, um im genannten Beispiel zu bleiben, die Ordnung des Spiels und die für dieses Spiel geltenden Regeln auf-
30 zustellen. (…)

Es muß (…) daher im ureigensten Interesse jeder organischen Sozialpolitik liegen, eine zugleich expansive wie auch stabile Wirtschaft sicherzustellen
35 und Sorge zu tragen, daß die Prinzipien, nach denen die Wirtschaft geordnet ist, erhalten bleiben und weiter ausgebaut werden. (…)

Ich bin in der letzten Zeit allenthalben
40 erschrocken, wie übermächtig der Ruf nach kollektiver Sicherheit im sozialen Bereich erschallte. Wo aber sollen wir hinkommen und wie wollen wir den Fortschritt aufrechterhalten, wenn wir
45 uns immer mehr in eine Form des Zusammenlebens von Menschen begeben, in der niemand mehr die Verantwortung für sich selbst zu übernehmen bereit ist und jedermann Sicherheit im
50 Kollektiv gewinnen möchte. (…) Dieser Drang und Hang ist mehr als alles andere geeignet, die echten menschlichen Tugenden: Verantwortungsfreudigkeit, Nächsten- und Menschenliebe,
55 das Verlangen nach Bewährung, die Bereitschaft zur Selbstvorsorge und noch vieles Gute mehr allmählich aber sicher absterben zu lassen – und am Ende steht vielleicht nicht die klassen-
60 lose, wohl aber die seelenlos mechanisierte Gesellschaft.

Ludwig Erhard, Wohlstand für Alle, Düsseldorf 1957, S. 136 ff. und 257–260.

DARUM weiterhin Aufstieg und Fortschritt durch ERHARDS SOZIALE MARKTWIRTSCHAFT

D1 Steinkohlenbergbau in der Bundesrepublik 1957–1985

Jahr	Ruhr (in 1000 t)	Saar (in 1000 t)	Revier Aachen (in 1000 t)	Ibbenbühren (in 1000 t)	Förderung insgesamt (in 1000 t)	Beschäftigte insgesamt (in 1000)
1957	123,2	16,3	7,6	2,3	149,4	607,3
1960	115,5	16,2	8,2	2,4	142,3	490,2
1965	110,9	14,2	7,8	2,2	135,1	377,0
1970	91,1	10,5	6,9	2,8	111,3	252,7
1975	75,9	9,0	5,7	1,8	92,4	202,3
1980	69,2	10,1	5,1	2,2	86,6	186,2
1985	64,0	10,7	4,7	2,4	81,8	166,2

www.nrw2000.de/nrw/wirtschaftswunder.htm
(16. Februar 2012).

F: Werte die Statistiken bezüglich der Entwicklung der Bergbauregionen in der Bundesrepublik aus. Schlage Maßnahmen als Antwort darauf vor.

D2 Entwicklung der Arbeitslosigkeit 1950–1985

Jahr	Bundesrepublik und Westberlin	
	Arbeitslose	Arbeitslosenquote in %
1950	1 868 504	11,0
1955	1 073 576	5,6
1960	270 678	1,3
1965	147 352	0,7
1970	148 846	0,7
1975	1 074 217	4,7
1980	888 900	3,8
1985	2 304 014	9,3

Bundesagentur für Arbeit, Nürnberg

G: Stelle die Entwicklung der Arbeitslosigkeit in einem Säulendiagramm dar. Trage auf der x-Achse verschiedene Phasen der Wirtschaftsentwicklung ein und kommentiere sie mithilfe des VT.

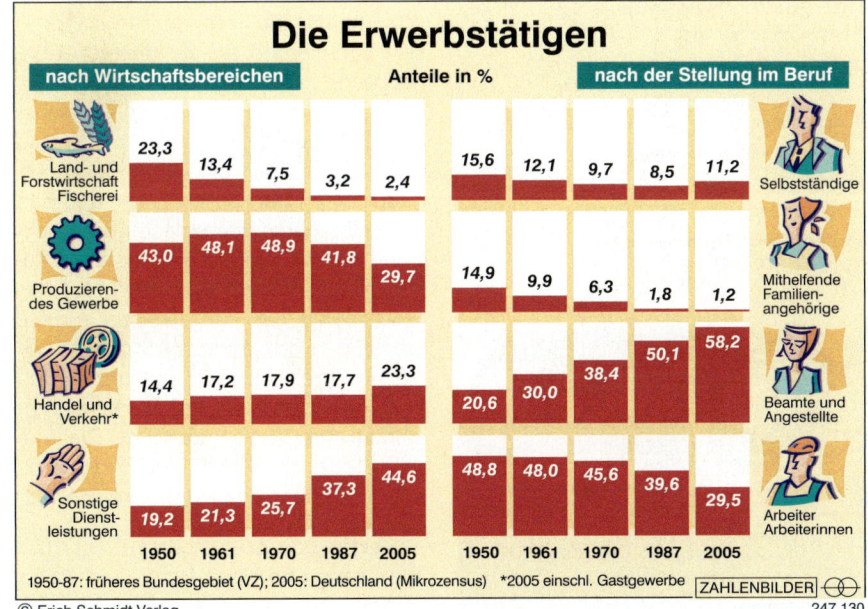

Die Erwerbstätigen

nach Wirtschaftsbereichen — Anteile in % — nach der Stellung im Beruf

Land- und Forstwirtschaft Fischerei: 23,3 | 13,4 | 7,5 | 3,2 | 2,4
Produzierendes Gewerbe: 43,0 | 48,1 | 48,9 | 41,8 | 29,7
Handel und Verkehr*: 14,4 | 17,2 | 17,9 | 17,7 | 23,3
Sonstige Dienstleistungen: 19,2 | 21,3 | 25,7 | 37,3 | 44,6

Selbstständige: 15,6 | 12,1 | 9,7 | 8,5 | 11,2
Mithelfende Familienangehörige: 14,9 | 9,9 | 6,3 | 1,8 | 1,2
Beamte und Angestellte: 20,6 | 30,0 | 38,4 | 50,1 | 58,2
Arbeiter Arbeiterinnen: 48,8 | 48,0 | 45,6 | 39,6 | 29,5

1950 | 1961 | 1970 | 1987 | 2005

1950-87: früheres Bundesgebiet (VZ); 2005: Deutschland (Mikrozensus) *2005 einschl. Gastgewerbe ZAHLENBILDER 247 130

© Erich Schmidt Verlag

D3 Strukturveränderungen in der Wirtschaft

H: Erkläre, wie sich die Wirtschaftsstruktur verändert hat, und schließe daraus, was das für die Menschen bedeutete.

---

1. Untersuche die Aussagen Ludwig Erhards zur sozialen Marktwirtschaft. Stelle insbesondere heraus, welche Rolle er dem Staat zuschreibt und welche Forderungen er an die gesamte Gesellschaft stellt (Q5).

2. Setze dich mit den Schattenseiten einer ständig auf wirtschaftliches Wachstum orientierten Gesellschaft auseinander. Welche Lösungsstrategien werden heute diskutiert (VT, Q3)?

3. Befrage deine Eltern oder Großeltern darüber, welche Erinnerungen sie mit dem Begriff „Wirtschaftswunder" verbinden. Fertige zu dem Thema eine Bildcollage an.

1945   2012

Werbung als historische Quelle untersuchen

Historische Werbung kann uns Aufschlüsse über das Alltagsleben von Menschen vergangener Zeit, über ihre Bedürfnisse, Wünsche und Vorstellungen geben. Denn Werbung hat nur dann Erfolg, wenn sie ihre Zielgruppe richtig anspricht, wenn sie deren Interessen trifft, sie geschickt lenkt oder erst weckt. Deshalb können wir aus historischer Werbung zeittypische Lebens- und Denkweisen rekonstruieren.

Autowerbung nach dem Zweiten Weltkrieg
Der wirtschaftliche Aufstieg Westdeutschlands nach dem Zweiten Weltkrieg verbessert die Konsummöglichkeiten für breitere Bevölkerungsschichten. Beim Essen geht es nicht mehr nur um das alltägliche Überleben, sondern um Genuss und Überfluss; man hat eine eigene Wohnung und richtet sich ein mit Möbeln und Haushaltsgeräten; das Reisen wird für immer mehr Menschen erschwinglich; und es beginnt die individuelle Motorisierung mit Motorrad, Motorroller und vor allem Automobil. All dies wird von der Werbung begleitet und vorangetrieben.

Vor dem Zweiten Weltkrieg waren Autos nur für wenige Menschen erschwinglich. Die Produzenten wandten sich vorwiegend an ein überschaubares, aber zahlungskräftiges Publikum. Nach dem Krieg sind dann zunächst kleine, billige und sparsame Modelle gefragt: Man ist froh, wenn man überhaupt einen „fahrbaren Untersatz" hat. Erst allmählich wächst auch die Nachfrage nach luxuriöseren Typen. Vor allem aber etabliert sich seit Mitte der 1950er-Jahre die „Mittelklasse" für die langsam wachsenden Ansprüche einer größeren Kundschaft. Nun werden auch Motorleistung und Markenimage stärker zum Werbeargument. Die Modellpalette der Autobauer bringt eine immer stärkere soziale Differenzierung zum Ausdruck.

So ist das beim NSU-Prinz:
Die ganze Familie kommt in den Genuß seiner Vorzüge.
Die chauffierenden Väter - und natürlich auch die Herren Söhne - haben ihre helle Freude an der prächtigen Motorleistung, an der überragenden Straßenlage, kurzum am sicheren, zügigen und sportlichen Prinz-Fahren.
Und die übrige Familie freut sich an der großen Wirtschaftlichkeit dieses Automobils, das solide und anspruchslos mit einem Taschengeld zu unterhalten ist.
Beim sparsamen Prinz bleibt noch genügend übrig für die große Urlaubsreise und für das erholsame Wochenende.
Die Prinz-Fahrer wissen es:

Wohl dem, der einen PRINZ besitzt!

Q1 Werbeanzeige für den NSU-Prinz aus der Frauenzeitschrift „Constanze", 1960, 25x17 cm

Methodische Arbeitsschritte

1 Beschreiben

- Beschreibe deinen ersten Eindruck von der Werbung.
- Nenne Dinge, die dir besonders ins Auge fallen.

2 Untersuchen

- Benenne die einzelnen Elemente der Darstellung und ihr Verhältnis zueinander.
- Untersuche die Farbgebung und ihre Funktion.
- Stelle fest, wie das Produkt bildhaft dargestellt wird (Foto oder Zeichnung; realistisch oder verfremdet; einzeln oder eingebettet in eine Szene).
- Untersuche den Charakter des Werbetextes (sachlich-informierend, erzählend, appellierend ...).

3 Deuten

- Charakterisiere zusammenfassend die „Botschaft" der Werbung.
- Benenne und begründe: Was scheint dir an dieser Werbung besonders zeittypisch zu sein?

Beschreiben

Im Vordergrund ist das beworbene Automobil mit geöffnetem Kofferraum abgebildet. Schräg links dahinter sitzt die Familie, der der Wagen gehört, vor einem Zelt; der Junge hantiert am Auto. Unter dem Bild fällt ein fett gedruckter Werbeslogan ins Auge.

Untersuchen

Den Kopf der Anzeige bildet ein Logo der Marke bzw. des Modells NSU-Prinz in Verbindung mit einem gerasterten Balken als Zierelement. Darunter steht ein längerer, klein gedruckter Werbetext. Im Zentrum der Anzeige befindet sich das Bild. Der Werbeslogan ist über den Doppelpunkt mit dem oberen Werbetext verbunden. Die Anzeige ist in einem einheitlichen Braunton gehalten.

Bei dem Bild handelt es sich um eine Fotografie (ev. auch um zwei zusammenmontierte Fotografien). Das Bild ist freigestellt, d. h. von der ursprünglichen Umgebung der Objekte ist nichts zu sehen. Der Wagen ist in Schrägansicht von seitlich-vorne fotografiert; sein Heck ist nicht zu sehen. Beides gemeinsam ergibt einen Eindruck von Dynamik.

Die Familie besteht aus den Eltern und zwei Kindern, einem Jungen und einem Mädchen. Sie scheint einen Zelturlaub zu machen und sitzt gerade beim Essen oder Kaffeetrinken. Der Junge holt Gegenstände aus dem Kofferraum des Wagens – dieser sitzt vorne, der Motor hinten. Damit wird demonstriert, dass der Junge mit dem Wagen besonders verbunden ist. Die Eltern scheinen zum Wagen hinzublicken, die Mutter macht eine Handbewegung zu ihm hin, als würden sie über ihn sprechen.

Der Text argumentiert einerseits (ohne dass genauere technische Angaben gemacht werden) mit den Fahrleistungen des Wagens, andererseits mit seiner Sparsamkeit: Der „Prinz" ist ein Familienwagen, den man sich leisten kann. Ausdrücklich wird die im Bild dargestellte Urlaubssituation im Text aufgegriffen. Ganz selbstverständlich wird der Vater als Fahrer angesprochen. Nur er und die „Herren Söhne" (auf dem Bild gibt es nur einen) interessieren sich für die Fahrleistungen des Wagens. Der Text mündet in den formelhaften, in keiner Weise markenspezifischen Slogan: „Wohl dem, der einen PRINZ besitzt!"

Deuten

Die Werbung stellt die Familienfreundlichkeit und Alltagstauglichkeit des Wagens in den Mittelpunkt. Die Ausstrahlung der Anzeige ist – mit passender farblicher Gestaltung – brav, geradezu bieder. Adressiert ist die Anzeige an eine „typische" Familie der Zeit, wie sie im Bild selber präsentiert wird. Sogar die Geschlechterrollen werden der Zeitmeinung entsprechend ausdrücklich angesprochen. Die Familie kann sich Auto und Urlaub eben gerade leisten, die Grenzen sind eng (Camping). Nur ein solcher Wagen macht das möglich. Er passt zur Familie – er gehört gewissermaßen dazu, diesen Anschein vermittelt das Bild.

---

1. Auf der CD-ROM findest du eine weitere Werbeanzeige. Analysiere sie mithilfe der Arbeitsschritte. Vergleiche die Ergebnisse mit Q1.

2. Suche in Zeitungen oder Zeitschriften nach heutiger Autowerbung. Untersuche sie nach demselben Muster. Stelle Elemente fest, die dir besonders zeittypisch zu sein scheinen.

1945   2012

Sozialistische Planwirtschaft im Osten

Die SED-Machthaber versprachen den DDR-Bürgern ein Leben in Wohlstand. Die sozialistische Art zu wirtschaften sei der westlichen Marktwirtschaft in allen Belangen überlegen, verkündeten sie. Doch was wurde am Ende aus all den vollmundigen Versprechungen?

A: Erläutere, wie sich die Verstaatlichung der gesamten Wirtschaft auf das Denken und die Motivation der Menschen auswirken musste.

Über die Enteignungen in der sowjetischen Besatzungszone kannst du auf der Seite 235 nachlesen.

VEB, LPG und PGH anstelle von Privatunternehmen

Die DDR-Machthaber hatten von Anfang an das Ziel, die Privatunternehmen abzuschaffen und staatlich kontrollierte Volkseigene Betriebe (VEB) an ihre Stelle zu setzen. Das war die Voraussetzung dafür, die gesamte wirtschaftliche Macht in ihren Händen zu konzentrieren. Schon vor der Gründung der DDR und in deren Anfangsjahren wurden große Unternehmen vor allem der Grundstoff- und Schwerindustrie sowie große Landgüter und sämtliche Banken enteignet. Später folgten dann mittlere und Kleinunternehmen; 1972 gab es praktisch keine Privatunternehmer mehr. In der Landwirtschaft übte die SED immer stärkeren Druck auf die Bauern aus, damit sie ihre Höfe aufgaben und gemeinsam in Landwirtschaftlichen Produktionsgenossenschaften (LPG) wirtschafteten – natürlich unter Führung von SED-genehmen Vorsitzenden. Zu Beginn der 1960er-Jahre war diese Kollektivierung im Wesentlichen abgeschlossen. Ganz ähnlich wurden private Handwerksbetriebe in die Produktionsgenossenschaften des Handwerks (PGH) gezwungen. Auch der Handel wurde verstaatlicht. Die staatliche Handelsorganisation (HO) und die Konsumgenossenschaft ersetzten nach und nach die privaten Händler.

Zentralverwaltungswirtschaft anstelle von Marktwirtschaft

Die Rolle der freien Unternehmer übernahmen in der DDR eine staatliche Planungsbehörde und deren nachgeordnete Verwaltungen. Alle wesentlichen Entscheidungen, angefangen von den Produktionszielen über die Investitionssummen bis hin zu Personal- und Lohnfragen wurden dort geplant und zum Gesetz erhoben. Man spricht deswegen auch von Planwirtschaft. Die Entscheidungsfreiheit der Leiter und Mitarbeiter in den Betrieben wurde damit ganz stark beschnitten. Eine derartige Entmündigung führte dazu, dass viele Menschen kaum noch motiviert waren, effizient zu arbeiten. Deswegen wurde der Wettbewerb zwischen den Einzelnen bzw. zwischen Arbeitsbrigaden eingeführt. Auszeichnungen und Belobigungen sollten die Stimmung heben und die Arbeitsleistungen steigern. Auch hierin orientierte sich die SED am sowjetischen Vorbild.

Q1 Auszeichnung einer LPG-Brigade in einem Dorf bei Erfurt, 1968

B: Schau dir die Haltung und den Gesichtsausdruck der Ausgezeichneten an und formuliere Gedanken, die ihnen durch den Kopf gehen könnten.

Q2 Aufmarsch zum 10. Jahrestag der Gründung der DDR in Ostberlin

C: Stell dir vor, du kommst als Angestellte oder Angestellter mit einem Freund oder einer Freundin eines VEB zu dem Aufmarsch und liest das Plakat. Welches Gespräch könnte sich zwischen euch entwickeln? Gestaltet einen solchen Dialog.

Von Plan zu Plan

1951 trat der erste Fünfjahresplan in Kraft. Der sah den vorrangigen Aufbau einer eigenen Schwerindustrie vor. Das war in gewisser Weise notwendig, denn der Osten Deutschlands war von den schwerindustriellen Zentren in Schlesien und im Ruhrgebiet abgeschnitten. Auch wegen erheblicher Demontageverluste und der Zahlung von Reparationsleistungen an die UdSSR aus der laufenden Produktion hatte die DDR schlechtere Startbedingungen als die Bundesrepublik. Zudem konnte sie auch nicht mit Auslandshilfen rechnen. Die Verantwortlichen planten dies jedoch lange Zeit einseitig auf Kosten der Konsumgüterindustrie und des Wohnungsbaus. Erst 1972 verkündete Erich Honecker die Einheit von Wirtschafts- und Sozialpolitik und räumte der Konsumgüterproduktion und dem Wohnungsbau den Vorrang ein.

Der Weg in den Ruin

Trotz ehrgeiziger Ziele blieb die wirtschaftliche Entwicklung der DDR immer hinter der der Bundesrepublik zurück. Das lag am System der Planwirtschaft: Die Zentralisation der wirtschaftlichen Entscheidungen führte dazu, dass die Betriebe nicht flexibel auf die Anforderungen des Marktes reagieren konnten und Fehlentscheidungen schwer zu korrigieren waren. Das führte nicht nur zur Unzufriedenheit über das Warenangebot bei der eigenen Bevölkerung, die DDR-Wirtschaft wurde auch immer weniger konkurrenzfähig im internationalen Handel. Daraus folgte, dass viele Produkte zum Schleuderpreis angeboten wurden, um wenigstens ein Minimum an Devisen einzunehmen. In den Folgejahren vernachlässigte die DDR den Ausbau des Verkehrsnetzes, die Sanierung des Altbaubestandes und die Modernisierung der Industrieanlagen. Die Auslandsverschuldung stieg von 1 Mrd. D-Mark im Jahr 1970 auf etwa 50 Mrd. im Jahr 1989. Im Herbst 1989 bestätigte eine von der SED in Auftrag gegebene Analyse den wirtschaftlichen Bankrott der DDR-Volkswirtschaft.

Alt und arm

Die ungünstige Wirtschaftsentwicklung ließ auch keinerlei Spielraum für das Rentensystem der DDR. Um die niedrige Rente den Löhnen anzupassen, richtete die DDR bereits 1968 eine freiwillige Zusatzrentenversicherung ein. Trotz der staatlichen Subventionierung des Grundbedarfs lebten viele Rentner in der DDR jenseits der Armutsgrenze.

Kranke Wälder, tote Flüsse

Obwohl die DDR den Umweltschutz 1968 in ihre Verfassung aufgenommen hatte und 1972 ein entsprechendes Ministerium einrichtete, befand sich die Umwelt in einem verheerenden Zustand. Für Umwelttechnik und Schutzmaßnahmen fehlte das Geld und so flossen giftige Industrieabwässer ungefiltert in die Flüsse, Abgase verpesteten die Luft.

Schwerindustrie-

Grundlage der Unabhängigkeit und des Wohlstandes

Q3 Werbeplakat für den ersten Fünfjahrplan der DDR, 1952

D: Diskutiert mithilfe des Textes, was für und was gegen die Aussage des Plakates spricht.

1945   2012

Q4 Grundlagen der sozialistischen Arbeitsverhältnisse

Aus dem DDR-Gesetzbuch der Arbeit in der geänderten Fassung vom 23. November 1966:

In der Deutschen Demokratischen Republik hat sich die Arbeiterklasse von der kapitalistischen Ausbeutung befreit und zu der Klasse erhoben, die mit ihren Ver-
5 bündeten den Staat und die Wirtschaft leitet und die Volksmassen auf dem Wege der bewussten Gestaltung ihres Lebens führt. Mit der Befreiung von der Ausbeutung und Unterdrückung hat die
10 Arbeiterklasse für sich, für die werktätigen Bauern, die Intelligenz und alle anderen Werktätigen die entscheidende Freiheit errungen. Die Arbeiter-und-Bauern-Macht und das Volkseigentum
15 garantieren erstmals in der Geschichte Deutschlands die Freiheit und die sozialen Rechte der Werktätigen. Das Recht auf Arbeit, das Recht auf gleichen Lohn für gleiche Arbeit, das Recht auf Bildung,
20 das Recht auf Erholung und das Recht auf Gesundheits- und Arbeitsschutz sowie auf materielle Versorgung bei Krankheit, Invalidität und Alter sind gesichert. Das sind entscheidende sozialistische Er-
25 rungenschaften der Werktätigen.

In der Deutschen Demokratischen Republik hat sich der Charakter der Arbeit grundlegend verändert. Aus der Last der unfreien Arbeit für schmarotzende
30 Ausbeuter wurde die freie Arbeit der Werktätigen für sich selbst und für die Gesellschaft. Im Prozeß der Arbeit vollzogen sich tiefgreifende Veränderungen, die auf dem neuen Verhältnis der
35 Menschen zur Arbeit und zueinander beruhen. Kameradschaftliche Zusammenarbeit und gegenseitige Hilfe bestimmen in zunehmendem Maße die Arbeit und führen zur Herausbildung
40 der sozialistischen Menschengemeinschaft. Im Prozeß der wissenschaftlich-technischen Revolution entfalten sich die von allen Fesseln befreiten schöpferischen Talente und Fähigkeiten der
45 Werktätigen. Die sozialistische Gemeinschaftsarbeit trägt in hohem Maße dazu bei, daß sich sozialistische Persönlichkeiten entwickeln. Die Arbeit wird zur Sache des Ruhmes und der Ehre.

Wolfgang Lautemann/Manfred Schlenke (Hrsg.),
Geschichte in Quellen, Bd. 7, München 1980,
S. 301.

196 **Wartburg 353 – zuverlässig und bequem**

Wartburg 353 - Automobile zeichnen sich aus durch:
- Leistungsvermögen
- enorme Zuverlässigkeit
- ausgezeichneten Fahrkomfort

Kennzeichnend für alle Modelle der GENEX ist die einheitliche, hochentwickelte und bewährte Technik sowie das serienmäßig hohe Ausstattungsniveau.

Spezielle langjährige Erfahrungswerte enthält das ständig verfeinerte und international anerkannte Frontantriebskonzept mit leistungsstarkem, robustem und nahezu wartungsfreiem, wassergekühltem Dreizylinder-Zweitaktmotor.

Als moderner und bequemer Reisewagen empfiehlt sich die Limousine 353 W und 353 S in drei Ausführungen. Sie ist viertürig und bie-

tet bequeme Sitzplätze für vier bis fünf Personen. Der Heckkofferraum hat ein Fassungsvermögen von 525 dm³.

Der »Tourist« – ein fünftüriges Kombi-Modell - hat außerdem alle Vorteile eines Vielzweckwagens. Durch schnell wandelbare Inneneinrichtung ergibt sich im Fahrzeugheck ein etwa 2000 dm³ großer Laderaum mit ebenem Boden.

Anhängerzugvorrichtung	siehe Katalogseite 193
Spoiler	siehe Katalogseite 191
Windabweiser	siehe Katalogseite 192

Ausstattung

Wartburg 353 S Limousine mit Stahlschiebedach

Das GENEX-PKW-Angebot

Sämtliche Autos werden fahrbereit übergeben. In unseren Preisen sind auch die Zulassungsgebühren, die Beschriftung und die Beschaffung der Nummernschilder sowie die Kosten für die Betankung enthalten.

Da auch die Bezahlung der Kraftfahrzeugsteuer und der Haftpflichtversicherung für das laufende Jahr inbegriffen ist, unterscheiden sich die Preise je nach Liefermonat.

Wartburg 353 S Tourist mit Stahlschiebedach

Q5 Seite aus einem GENEX-Katalog, 1988

Bundesbürger konnten über die eigens dafür eingerichtete Handelsform GENEX DDR-Bürgern Geschenke machen, die mit D-Mark bezahlt wurden. Das Angebot reichte von Lebens- und Genussmitteln über Bekleidung und Haushaltwaren bis hin zu Fertighäusern.

✎ E: Eine Frau in Köln möchte ihrem Bruder in der DDR ein Auto schenken. Ihr Mann lehnt das aus politischen Gründen ab. Spielt dieses Gespräch nach.

Q6 Geld und Tausch

Die DDR-Wirtschaft aus der Sicht einer Bundesbürgerin:

In der DDR regiert Geld die Welt nicht. Man hat ausreichend, um durchschnittlich zu leben, Wohnung und Grundnahrungsmittel zu bezahlen. Für Geld läßt sich wenig kaufen. Auf ein Auto wartet man zehn bis zwölf Jahre, eine Nacht und einen Tag steht man vor dem Laden Schlange, um einen Farbfernseher zu erwerben, Grund und Boden sind nicht käuflich, Häuser und Segelboote sind rar. Da Geld nicht viel wert ist, muß „der Rubel rollen". Man lebt für den Tag, die Stunde (…) Geld wäre kein Problem, gäbe es nur die Mark der DDR. Jedoch kursiert die D-Mark (West). Sie ist bei staatlichen Umtauschstellen in das staatliche Spielgeld „Forum-Scheck" einzutauschen. Mit „Forum-Schecks" zahlt der DDR Bürger in „Intershop"-Läden und erhält Jeans, Kaffee, Schnaps, Süßigkeiten, Kosmetika, Autozubehör der westlichen Hersteller. Das Westgeld, im Volksmund „buntes Geld" oder „blaue Fliesen" genannt, öffnet dem Besitzer viele Türen, beschafft rare Ersatzteile, lässt Handwerker pünktlich erscheinen. Auf dem „Schwarzen Markt" wird es „eins zu fünf" gehandelt. Dennoch ist nicht jede Ware dafür zu bekommen (es gibt sie einfach nicht).

Irene Böhme, Die da drüben. Sieben Kapitel DDR, Berlin/W. 1986, S. 72 ff.

Q7 Arbeit nur für den Export

Beschwerde einer Abgeordneten des Bezirks Karl-Marx-Stadt (Chemnitz) im Bezirkstag über die Bevorzugung modischer Exportmodelle, 1986:

Zur Veranschaulichung der Kollektion wurden den Abgeordneten Modelle vorgeführt. Einige gefielen uns sehr gut. Meistens waren das jedoch Exportmodelle. Von der Optik her fielen also diese Erzeugnisse sofort ins Auge. Auf die Frage, warum das so ist, wurde erklärt, dass für diese Modelle ein höherer Aufwand erforderlich ist: Steppnähte, Taschenklappen und anderes. Aber das sind doch gerade die Details, die ein Modell ansprechend machen. Was haben wir gekonnt, wenn wir für den Binnenmarkt Erzeugnisse mit geringerem Arbeitsaufwand produzieren, nur damit die Stückzahl eingehalten wird, die nicht gekauft werden, weil sie nicht den modischen Vorstellungen der Kunden entsprechen (…)?

Christian Heimann, Systembedingte Ursachen des Niedergangs der Wirtschaft. Das Beispiel der Textil und Bekleidungsindustrie 1945–1989, Frankfurt am Main 1997, S. 341.

D1 Ausstattung von DDR-Haushalten mit ausgewählten industriellen Konsumgütern

Auf 100 Haushalte entfielen in den angegebenen Jahren

André Steiner, Von Plan zu Plan. Eine Wirtschaftsgeschichte der DDR. München 2004, S. 157 und 189.

	1960	1965	1970	1975	1980
PKW	3,2	8,2	15,6	26,2	38,1
Fernsehgeräte	18,5	53,7	73,6	87,9	105,0
Kühlschränke	6,1	25,9	56,4	84,7	108,8
Waschmaschinen	6,2	27,7	53,6	73,0	84,4

D2 Ausstattungsgrad privater Haushalte mit ausgewählten langlebigen Gebrauchsgütern in der Bundesrepublik am 1. Januar des jeweiligen Jahres in Prozent

Statistisches Bundesamt Wiesbaden, Gruppe VII D.

✎ F: Interpretiere die Statistiken.

	1962/63	1969	1973	1978	1983
PKW	27,3	44,0	55,3	61,8	65,3
Fernsehgeräte	34,4	72,7	87,2	93,2	93,8
Kühlschränke	51,8	83,6	92,5	84,0	79,0
Kühl- und Gefrierkombination				14,4	20,1
Waschmaschinen					82,5
mit eingebauter Schleuder, Automat	8,6	38,8	58,5	69,6	
ohne eingebaute Schleuder	25,3	22,1	16,3	12,1	

---

1. Du liest als DDR- Bürgerin oder -Bürger im Gesetzbuch der Arbeit. Schreibe danach einen Leserbrief an die SED-Zeitung „Neues Deutschland" (Q4).

2. Stelle den Zusammenhang zwischen Planwirtschaft und den in Q6 und Q7 dargestellten Verhältnissen her.

3. „In der DDR gab es wenigstens keine Arbeitslosigkeit." Nimm zu dieser immer wieder geäußerten Behauptung Stellung (VT, Q6, Q7).

1945   2012

Die Gesellschaft verändert sich

Die beiden ersten Nachkriegsjahrzehnte schienen bestimmt zu sein vom Wiederaufbau, von der Sehnsucht nach einem Leben in geordneten Verhältnissen mit festen Normen und Regeln. Doch das sollte sich bald ändern ...

A: Stelle zusammen, welche Erscheinungen zeigten, dass sich ab den 1960er-Jahren die Gesellschaft in den beiden deutschen Staaten zu wandeln begann.

„Wir wollen nicht so sein wie ihr"

In der zweiten Hälfte der 1960er-Jahre wurde eine Generation erwachsen, die den Krieg nicht mehr miterlebt hatte. Das Bestreben ihrer Eltern, die Zeit des Nationalsozialismus rasch zu vergessen und das Glück im bescheidenen Wohlstand zu suchen, war nicht mehr ihre Welt. Die Zeit der traditionellen Jugendorganisationen wie Pfadfinder, Naturfreunde, kirchliche Jugendgruppen oder die sozialistischen Falken schien vorbei zu sein. Die jungen Leute hatten es satt, sich von den biederen Moralvorstellungen der Älteren gängeln zu lassen. Sie wollten sich ausprobieren, ihre Individualität ausleben. Dieses neue Selbstverständnis äußerte sich in einer völlig neuen Jugendkultur. Laute Rock- und Popmusik, lange Haare der Jungen, Miniröcke der Mädchen, sexuelle Freizügigkeit und das Experimentieren mit Drogen riefen Kopfschütteln und Entsetzen der Erwachsenen hervor. Diese neue Jugendbewegung war in den USA und in ganz Westeuropa verbreitet. Sie fasste auch in der DDR Fuß, jedoch in stark abgeschwächter Form.

Der Protest wird politisch

Die Jugendlichen wollten aber nicht nur im privaten Bereich Veränderungen bewirken. Vor allem Schüler und Studenten wandten sich in den späten 1960er-Jahren politischen Themen zu. Proteste gegen den Vietnam-Krieg, gegen autoritäre Strukturen an Universitäten und fehlende Bildungschancen für alle gehörten ebenso dazu wie die Forderung, endlich die NS-Vergangenheit aufzuarbeiten. Dabei entwickelten sich in der linken Jugendszene ganz neue Formen des politischen Protests. Die althergebrachte Demonstration schien ausgedient zu haben. Sitzblockaden, Besetzungen von Hörsälen und Universitätsrektoraten, Steinwürfe gegen Polzisten fanden viele Jugendliche wirkungsvoller.

In der DDR gab es vergleichbare Aktionen nicht. Wer aber genau hinschaute und hinhörte, dem konnte Kritik an den herrschenden Verhältnissen nicht verborgen bleiben. Die SED-Führung hatte von Anfang an großen Wert darauf gelegt, die jungen Leute von frühester Jugend an politisch zu beeinflus-

Q1 Protest gegen den Vietnamkrieg in Düsseldorf am 29. März 1969

B: Versuche anhand der Bilder, die die Jugendlichen in den Händen halten, ihre politische Haltung zu benennen.

sen. In der Pionierorganisation und in der Freien Deutschen Jugend (FDJ) sollten sie ihre Freizeit verbringen und für die Errichtung des Sozialismus willfährig gemacht werden. Doch die Jugendlichen orientierten sich trotz alledem an westlicher Kultur. Solange sie dabei den politischen Vorstellungen der linken Szene, wie dem Sozialistischen Deutschen Studentenbund, nahestanden, wurde das akzeptiert und sogar gefördert. Beispielsweise versuchten SED und FDJ, Beatgruppen und Liedermacher in ihre politisch-ideologische Arbeit einzubinden. Aber sobald die Jugendlichen Kritik an der DDR äußerten und demokratische Freiheiten forderten, ging die Staatsmacht gegen sie vor. Ausschluss von Oberschulen und Universitäten, ständige polizeiliche Kontrollen, Aufführungsverbote für Rockgruppen, aber auch Verhaftungen waren die üblichen Maßnahmen.

Die Frauenbewegung

Im Osten wie im Westen hatten die Frauen nach dem Krieg entscheidend zum Wiederaufbau beigetragen. Dabei spielte noch nicht so sehr der Wunsch nach Selbstständigkeit und Gleichberechtigung eine Rolle, sondern die Sorge, die Familie durchzubringen. In den 1950er- und 1960er-Jahren wurde die Hausfrau und Mutter wieder das bevorzugte gesellschaftliche Leitbild der Bundesrepublik. Das Gleichberechtigungsgesetz der Bundesrepublik verkündete 1957 zwar die Gleichstellung von Mann und Frau, aber die Wirklichkeit blieb in vielen Bereichen hinter dem Gesetz zurück. Dagegen formierte sich eine selbstbewusste Frauenbewegung. Seit Ende der 1960er-Jahre begannen die Frauen zunehmend den Beruf als Grundlage für ein selbst bestimmtes Leben anzusehen. Sie forderten Chancengleichheit, Karrieremöglichkeiten und eine familienfreundlichere Arbeitswelt.

In der DDR waren die Frauen von Anfang an den Männern juristisch gleichgestellt. Der chronische Arbeitskräftemangel in der DDR-Wirtschaft führte dazu, dass nahezu alle Frauen berufstätig waren – auch in typischen Männerberufen. Zudem zwangen die niedrigen Löhne die Frauen, zum Familienunterhalt beizutragen. Dadurch wurde das traditionelle Rollenverhalten aufgebrochen. Aber der Doppelbelastung waren die DDR-Frauen ebenso ausgesetzt wie die Frauen im Westen, auch wenn seit den 1970er-Jahren ein dichtes Netz von Kinderkrippen und Kindergärten ihnen die Vereinbarung von Mutterschaft und Beruf erleichterten. Und bei den Aufstiegschancen blieben auch DDR-Frauen den Männern unterlegen. Sie füllten zwar häufig niedere und mittlere Leitungsfunktionen wie Schulleiterposten aus, als Professorinnen, Betriebsleiterinnen oder Ministerinnen waren sie aber die absolute Ausnahme.

Q2 Frauendemonstration BRD 1977

C: Erkläre die Losung auf dem Transparent und formuliere weitere Forderungen der Frauen auf dem Bild.

1945   2012

Q3 Gastarbeiter demonstrieren in Berlin am Rande der Kommunalwahlen von 1981

D: Kommentiere die Forderungen der Demonstranten auf dem Foto.

Wird Deutschland bunter?

Mit dem Aufschwung der westdeutschen Wirtschaft fehlte es zunehmend an Arbeitskräften. Zuerst wurden die Lücken noch von den Flüchtlingen und Vertriebenen gefüllt. Doch das reichte schon bald nicht mehr aus. Deswegen schloss die Bundesregierung mit Italien, Spanien, Griechenland, der Türkei, Portugal und Jugoslawien Abkommen über die Anwerbung von Arbeitskräften. So kamen bis zum Anwerbestopp im Jahr 1973 circa 2,3 Millionen Arbeitskräfte in die Bundesrepublik. Ihre Frauen und Kinder folgten ihnen in der Regel nach kurzer Zeit. Auch fast 2,5 Millionen deutschstämmige Aussiedler vor allem aus Russland, Polen und Rumänien zogen in jener Zeit nach Westdeutschland. Hinzu kamen politisch Verfolgte aus Krisengebieten, die in der Bundesrepublik Asyl beantragten. Sie alle brachten ihre Lebensgewohnheiten, Traditionen und Religionen mit. Auch dadurch veränderte sich die deutsche Gesellschaft.

Seit der zweiten Hälfte der 1960er-Jahre nahm auch die DDR Vertragsarbeiter aus Polen, Ungarn, Vietnam, Mosambik und Angola auf. Einerseits sollten sie den Arbeitskräftemangel lindern, andererseits übernahm die DDR im Rahmen von Freundschaftsverträgen die Berufsausbildung junger Ausländer. Auch die DDR-Universitäten bemühten sich verstärkt um ausländische Studenten, zumal dies auch Deviseneinnahmen versprach. Die Integration der Ausländer in die DDR-Gesellschaft war allerdings nie vorgesehen. Nach Ablauf der jeweiligen Verträge kehrten sie in ihre Herkunftsländer zurück.

Technik verändert die Gesellschaft

Zwei Produkte der modernen Technik haben den Alltag der Menschen in den letzten Jahrzehnten grundlegend verändert: das Auto und der Fernseher. Mit dem Siegeszug des Autos ging in der Bundesrepublik der Ausbau der Autobahnen in den 1960er- und 1970er-Jahren einher. Mobilität wurde für die Menschen zum Inbegriff der Freiheit. Die DDR-Bürger hatten ganz ähnliche Wünsche. Allerdings hatten sie immer mit jahrelangen Lieferzeiten für Autos und mit dem ständigen Mangel an Ersatzteilen zu kämpfen. Und ihre automobile Freiheit erstreckte sich auf die Länder des Ostblocks und endete an der Westgrenze.

Seitdem in den 1960er-Jahren Fernsehgeräte zur Massenware wurden, verbrachten viele Menschen einen wachsenden Teil ihrer Freizeit vor diesem Medium – im Westen wie im Osten. Mit der Einführung und steten Zunahme von Privatsendern Mitte der 1980er-Jahre nahm dieser Trend noch zu. Das Fernsehen nahm so zunehmend auf das Konsumverhalten und den Erwartungshorizont der Menschen Einfluss und auch die Politiker nutzten das Medium verstärkt.

Q4 Moralische Zersetzung der Jugend
Der damalige Vorsitzende des FDJ-Zentralrates Erich Honecker sagt 1965 vor dem Zentralkomitees der SED:
Den Erscheinungen der amerikanischen Unmoral und Dekadenz wird nicht offen entgegengetreten. Das gilt besonders für den Bereich der heiteren Mu-
5 sik und der Unterhaltung, für einzelne literarische Arbeiten und leider auch für viele Sendungen im „DT64" (Rundfunksender). (…) Über eine lange Zeit hat „DT64" in seinem Musikprogramm ein-
10 seitig die Beat-Musik propagiert. In den Sendungen des Jugendsenders wurden in nicht vertretbarer Weise die Fragen der allseitigen Bildung und des Wissens junger Menschen, die verschiedensten
15 Bereiche der Kunst und der Literatur der Vergangenheit und Gegenwart außer acht gelassen. Hinzu kam, daß es im Zentralrat der Freien Deutschen Jugend eine fehlerhafte Beurteilung der
20 Beat-Musik gab. Sie wurde als musikalischer Ausdruck des Zeitalters der technischen Revolution „entdeckt". Dabei wurde übersehen, daß der Gegner diese Art Musik ausnutzt, um durch die
25 Übersteigerung der Beat-Rhythmen Jugendliche zu Exzessen aufzuputschen. Der schädliche Einfluß solcher Musik auf das Denken und Handeln von Jugendlichen wurde grob unterschätzt.
30 Niemand in unserem Staate hat etwas gegen eine gepflegte Beat-Musik. Sie kann jedoch nicht als die alleinige und hauptsächlichste Form der Tanzmusik betrachtet werden. Entschieden und
35 systematisch müssen ihre dekadenten Züge bekämpft werden, die im Westen in letzter Zeit die Oberhand gewannen und auch bei uns Einfluß fanden. Daraus entstand eine hektische, aufpeit-
40 schende Musik, die die moralische Zersetzung der Jugend begünstigt.
Neues Deutschland vom 16.12.1965.

Q5 Ein Gitarrist und die Sängerin Tamara Danz von der DDR-Rockband „Silly" auf der DDR-Veranstaltung „Rock für den Frieden" in Berlin 1982

🖊 E: Begründe aus der Sicht eines DDR-Jugendlichen, warum du solche Veranstaltungen trotz deren Staatsnähe gern besuchst.

Q6 Rockballade vom kleinen Otto
Text: Gerulf Pannach, Musik: Thomas Schoppe
Solche Texte führten dazu, dass die Leipziger Rockgruppe Klaus-Renft-Combo 1975 Aufführungsverbot bekam:

Seine Kinderjahre
Lagen ihm im Magen
Wie Steine, doch er weint nicht mehr
Manchmal sagte Otto
5 Leben ist wie Lotto
Doch die Kreuze macht ein Funktionär!

Ob ich nach Norden
Ob ich nach Norden
Ob ich nach Norden flieh?

10 Als er mal ein Foto
Sah vom großen Otto
Aus Hamburg an der Reeperbahn
Schrieb dem Namensvetter
Er: Du bist mein Retter
15 Der mir die Freiheit kaufen kann!

Hol mich nach Norden
Hol mich nach Norden
Hol mich oder ich flieh!

Die deutschen Mark, die harten
20 Ließen auf sich warten
Da ging er an die Autobahn
Und fuhr ungefährdet
Bis nach Wittenberge
Dort sprang er auf'n Elbekahn

25 Hol mich nach Norden
Hol mich nach Norden
Hol mich oder ich flieh!

Nimm mich mit oh Kapitän
Auf die Reise!
30 Nimm mich mit oh Kapitän
Durch die Schleuse!

Nach dem Tütenkleben
Wollt er nicht mehr leben
Er fuhr nach Wittenberge rauf
35 Und ging in die Elbe
Die Stelle war die selbe
Vielleicht taucht er in Hamburg wieder auf

Hol mich nach Norden
40 Hol mich nach Norden
Hol mich oder ich flieh!

© Hanseatic Musikverlag GmbH Co. KG

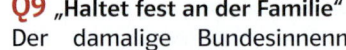

1945   2012

Q7 Was hat 1968 gebracht?

Der Schriftsteller und ehemaliges Mitglied des Sozialistischen Deutschen Studentenbundes Volkhard Brandes erinnert sich 1988:

Das größte Verdienst der Bewegung von '68 ist vielleicht – auch wenn wir das damals nicht so sahen – die Zersetzung der herrschenden Alltagskultur. 5 Wir können noch immer offener sprechen, freier denken und ungezwungener leben als vor der Revolte; die soziale Kontrolle über den Einzelnen ist weniger allmächtig. Was in den sechziger 10 Jahren als Emanzipationsprozeß begann, lebt bis heute fort. (…) Wir haben erfahren, daß man nur etwas bekommt, wenn man bereit ist, auch die Spielregeln zu durchbrechen. Wir haben aber 15 auch erfahren, daß es für einen Erfolg auf diesem Weg keine Garantie gibt und man sich blutige Nasen holen kann.

Volkhard Brandes, Wie der Stein ins Rollen kam. Frankfurt am Main 1988, S. 194.

Q8 Weiterbildung und Mütterlichkeit, Ölgemälde des DDR-Malers Erich Gerlach, 1971

✎ F: Erläutere, welche Probleme der Maler mit seinem Bild anspricht. Finde heraus, welche Position er dazu einnimmt.

Q9 „Haltet fest an der Familie"

Der damalige Bundesinnenminister Gerhard Schröder sagt in einer Rede bei der Hauptversammlung des Deutschen Bundesjugendringes am 19. November 1953 in Hamburg:

Die wichtigste Zelle des Staates ist die Familie. Sie ist die schützende Hülle, in der der junge Mensch aufwachsen und seine Gaben entwickeln soll. Im Geschwisterkreis, im Verhältnis von Eltern 5 und Kindern muß sich der Geist der Zusammenarbeit, der Toleranz und auch der Achtung gegenüber der Erfahrung der Älteren entwickeln. Solche Eigenschaften sind für das gesamte Staats- 10 wesen unerläßlich. Wo die Familien auseinanderbrechen, da wird der Staat in Gefahr sein, und keine noch so geniale Politik wird den Bestand des Volkes 15 sichern können. Wo aber in der jungen Generation der Wille zur Familie lebendig ist, und wo sich dieser Wille, die Aufgaben der Familie zu erfüllen, täglich bewährt, da wächst aus solchen Familien ein junges und lebensfähiges Volk. 20 Darum mein Wunsch an die Jugend: Haltet fest an Euren Familien! Bereitet Euch vor auf die Gründung eigener Familien, werdet Väter und Mütter, die die 25 Zukunft unseres Volkes in behutsamen, aber auch festen Händen tragen. […] Aber es gibt auch hier ganz klare Wünsche, die nur von der Jugend selbst erfüllt werden können: Die ganze Fülle 30 jugendlicher Aktivität und jugendlicher Lebenserwartung muß einmünden in die Freude am Beruf, in den Willen zur Leistung, in den Willen zur zuverlässigen qualifizierten Arbeit. Nicht das 35 rasche, das bequeme, das möglichst gute Geldverdienen sollte das erste Ziel der Jugend sein, sondern der Wunsch, Qualitätsarbeiter zu werden, gleichgültig, ob man in die Fabrik geht oder ob 40 man am Schreibtisch sitzt. Ein solcher Qualitätsarbeiter, vielseitig und solide ausgebildet, ist einigermaßen krisenfest. Er ist gleichzeitig das wichtigste Kapital für die Volkswirtschaft und da- 45 mit für das Aufblühen unseres ganzen Volkes und Staates.

Christoph Kleßmann (Hrsg.), Das gespaltene Land. Leben in Deutschland 1945 bis 1990, München 1993, S. 271f.

Q10 „Das ist doch kein Leben"

Aus einem Porträt über Regina W., Direktorin für Absatz und Außenwirtschaft im Kombinat Elektroapparatewerk Berlin-Treptow, Jahrgang 1940:
Würden Sie wieder Leiterin werden? „Nein. Ich möchte gern mit vielen Menschen zu tun haben. Aber Leiter würde ich nicht wieder werden." Aber Ihre Ar
5 beit macht Ihnen Spaß? „Ja, großen Spaß." (…)
Sie steht jeden Morgen um halb fünf auf und kommt selten vor sieben oder acht Uhr am Abend nach Hause. Auch
10 das ist nicht sicher (…). „Ich brauche mich gar nicht erst zu verabreden, ich komme doch nicht", oder: „Ich bin immer müde", und letztlich an einem Freitagabend: „Das ist doch kein Leben."
15 Befragt danach, wie sie sich denn ihr Leben vorstelle, sagt sie, so genau wüßte sie das auch nicht, vielleicht könne sie sich das gar nicht mehr vorstellen. Sie braucht auf jeden Fall mehr Zeit.
20 „Ich möchte mal ins Theater gehen, bevor es angefangen hat. Ich brauche mehr Zeit für mein Kind. Ich möchte mal wieder, wie als Studentin, einen ganzen Sonntag im Bett bleiben, lesen,
25 im Nachthemd durch das Zimmer gehen und wieder ins Bett, essen, Musik hören (…). Ich schlafe so gern." Sie kocht gern, trifft sich gern mit Freunden und Bekannten, liest gern, ist früher in alle Bib
30 liotheken gelaufen, freut sich über ihre Wohnung, die sie sich schön gemacht hat und in der sie selten ist. Kurz: Ihr macht das Leben Spaß. Dazu gehört ihre Arbeit, aber dazu gehört mehr. Für das
35 Mehr bleibt wenig Zeit. Darum sagt Regina W. an jenem Freitagabend, manchmal hätte sie es satt (…).

FÜR DICH. Illustrierte Zeitschrift für die Frau, Monika Maron, Heft 6/1974, S. 7f.

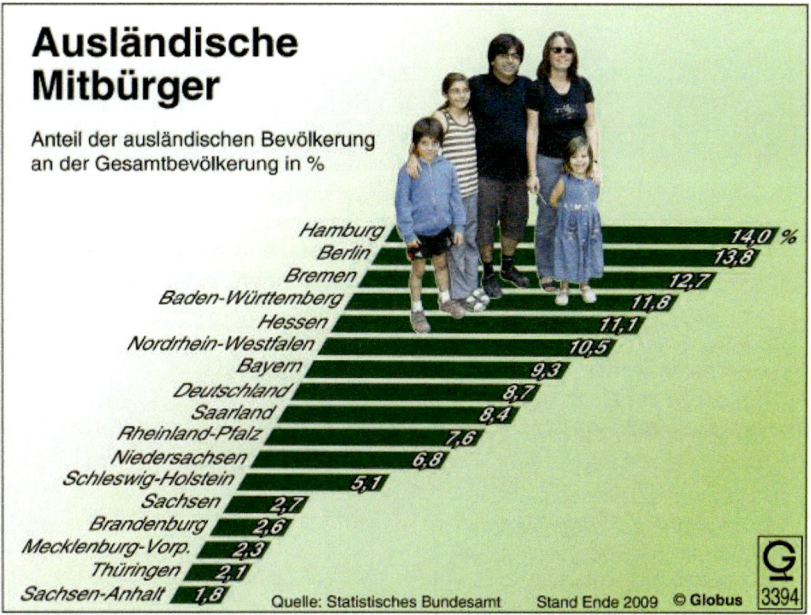

Ausländische Mitbürger

Anteil der ausländischen Bevölkerung an der Gesamtbevölkerung in %

Hamburg	14,0 %
Berlin	13,8
Bremen	12,7
Baden-Württemberg	11,8
Hessen	11,1
Nordrhein-Westfalen	10,5
Bayern	9,3
Deutschland	8,7
Saarland	8,4
Rheinland-Pfalz	7,6
Niedersachsen	6,8
Schleswig-Holstein	5,1
Sachsen	2,7
Brandenburg	2,6
Mecklenburg-Vorp.	2,3
Thüringen	2,1
Sachsen-Anhalt	1,8

Quelle: Statistisches Bundesamt   Stand Ende 2009   © Globus 3394

D1 Anteil der in Deutschland lebenden Ausländer an der Gesamtbevölkerung

✎ G: Untersuche den Ausländeranteil in den Bundesländern und erläutere die Gründe für die großen Unterschiede.

Q11 Fernsehfreier Tag

1978 schreibt der damalige Bundeskanzler Helmut Schmidt:
Das Fernsehen ist ein sehr attraktives und bestimmendes Medium. Das Gerät steht im Wohnzimmer, und es genügt ein Knopfdruck, um es einzuschalten.
5 Es ist schwer, sich dieser Anziehungskraft zu entziehen und einen Schritt zu anderen Formen der Kommunikation zu machen. Gerade deswegen meine ich, jeder einzelne, jede Familie sollte
10 sich bewußt die Chance geben, zu erproben, zu erfahren, zu lernen, was alles man an einem Tag ohne Fernsehen machen könnte – notfalls zu erfahren, daß man nicht mehr miteinander reden
15 kann. (…)Ich will dazu anregen, mit der modernen Technik souveräner umzugehen. Es geht um eine Verbesserung der unmittelbaren, zwischenmenschlichen Kommunikation. Es geht darum,
20 mehr miteinander zu reden, mehr miteinander zu tun, überhaupt mehr miteinander zu leben. Es geht um eine vernünftige, mitmenschliche Alternative zum Dauerfernsehen. Unsere Gemein
25 schaft, unser Land würde dabei gewinnen, wenn der Fernseher häufiger ausgeschaltet bliebe.

Helmut Schmidt, Plädoyer für einen fernsehfreien Tag. Ein Anstoß für mehr Miteinander in unserer Gesellschaft, in: Die ZEIT vom 26. Mai 1978.

---

1. Nimm Stellung zu Honeckers Angriffen auf die Jugendkultur (Q4).

2. Weise anhand der Ballade von Q6 nach, dass es in der DDR durchaus wirkungsvolle politische Proteste gab.

3. Über die dauerhafte Wirkung der Jugendproteste gibt bis heute unterschiedliche Auffassungen. Befrage deine Eltern dazu und vergleiche ihre Aussagen mit denen von Volkhard Brandes (Q7).

4. Arbeite aus Q9 heraus, welche Erwartungen die Politik in den 1950er-Jahren an die Jugend der Bundesrepublik hatte. Stelle diese Erwartungen dem Selbstverständnis der nachfolgenden Generation gegenüber (VT).

5. Schreibe aus der Sicht der Regina W. Forderungen an die SED bezüglich der Umsetzung der Gleichstellung von Mann und Frau (Q10).

6. Verfasse einen Leserbrief zu der Position, die Helmut Schmidt in der „Zeit" veröffentlichte (Q11).

1945   2012

Zeitzeugen befragen

Zeitzeugen machen Geschichte lebendig und bieten Informationen, die oft nicht in Lehrbüchern stehen. Die Aussagen von Zeitzeugen sind historische Quellen. Und wie alle anderen Quellen müssen sie kritisch befragt werden. Denn die Erinnerungen von Menschen werden durch viele Faktoren beeinflusst: Unangenehme Ereignisse werden verdrängt oder nachträglich beschönigt bzw. rechtfertigt. Erinnerungen verblassen im Laufe der Zeit oder werden einfach vergessen. Das Erlebte wird aus der heutigen Sicht beurteilt. Wertvoll sind Zeitzeugenaussagen besonders, wenn es darum geht, den Alltag der Menschen zu erkunden.

Q1 Herr Adler mit seiner „Vespa" an der Tankstelle vor einer kleinen Pension in Frankreich, 1953

Vorbereiten

Stefan und Laura gehen in die 9. Klasse. Im Geschichtsunterricht wird das Thema „Das Leben in der Bundesrepublik der 1950er-Jahre" behandelt. Die Schülerinnen und Schüler haben die Aufgabe, Referate dazu vorzubereiten. Laura und Stefan haben sich für das Thema: „Die ersten Urlaubsreisen nach dem Krieg" entschieden. In Lauras Nachbarhaus wohnt eine alte Dame, von der sie weiß, dass sie früher mit ihrem Mann gern und viel verreist ist. Sie kann sicher zu dem Thema viel erzählen. Deswegen wollen Laura und Stefan ein Zeitzeugeninterview mit ihr führen. Frau Adler ist einverstanden und sie vereinbaren einen Termin. Ein wenig Vorbereitungszeit möchte die alte Dame aber haben, denn sie möchte Fotos und Souvenirs heraussuchen. In der Zwischenzeit machen sich Laura und Stefan mit dem Thema vertraut. Zuerst suchen sie in ihrem Geschichtsbuch nach Informationen. In der Bibliothek leihen sie sich einige Bücher zur Geschichte der frühen Bundesrepublik aus und sie schauen sich ein Video über die sogenannte Reisewelle der 1950er- und 1960er-Jahre an. Nun wissen sie, dass seit Mitte der 1950er-Jahre viele Deutsche das erste Mal nach dem Krieg in Urlaub gefahren sind, die meisten mit der Bahn oder mit dem Motorrad, manche auch schon mit dem Auto. Die Urlaubsreise war etwas Besonderes und man konnte sie sich nicht jedes Jahr leisten. Dann schreiben die beiden die Fragen auf, die sie Frau Adler stellen wollen: Wohin reiste man damals? Wie bereitete man sich vor? Wie lange dauerte eine Urlaubsreise? Was nahm man mit? Wie teuer war die Reise?

Befragen

Frau Elfriede Adler ist 1918 geboren. Sie erinnert sich noch recht gut an eine dreiwöchige Reise mit einer Vespa, die sie und ihren Mann Dr. Walter Adler im Frühjahr 1953 über Frankreich bis ins spanische Alicante führte. Sie seien damals einfach drauflosgefahren und als sie in Frankreich waren, „habe der Walter dann immer weitergewollt, bis der Urlaub und das Geld zu Ende waren". Die Fahrt durch Frankreich sei „nicht ganz ohne" gewesen, erzählt Frau Adler, schließlich sei der Krieg noch keine 10 Jahre zu Ende gewesen. Manchmal hätten sich die Tankstellenpächter geweigert, ihnen als Deutsche für ihre Vespa Benzin zu verkaufen. Sie hätten damals kaum Geld mit auf die Reise nehmen können, denn es gab pro Person in Westdeutschland nur für 30,00 D-Mark Devisen, also ausländi-

Methodische Arbeitsschritte

1 Vorbereiten

- Überlege, zu welchem Thema, unter welcher Perspektive und zu welchem Zweck du einen Zeitzeugen sinnvoll interviewen kannst.
- Mache Zeitzeugen ausfindig. Adressen für Hilfe sind: Altersheime, Altenbegegnungsstätten, das Pfarramt, das Bürgermeisteramt, Vereine und Verbände.
- Vereinbare einen Gesprächstermin.
- Befrage Zeitzeugen in vertrauter Umgebung.
- Schreibe dir Stichworte zu den Themen auf, über die du etwas erfahren willst.

2 Befragen

- Höre dem Zeitzeugen geduldig zu und falle ihm nicht ins Wort.
- Notiere dir die persönlichen Daten deines Zeitzeugen (Name, Alter, Geburtsort, Beruf u.a.).
- Vorsicht beim Einsatz von Recordern. Besser ist, du hörst aufmerksam zu und machst dir ein paar Notizen.

3 Auswerten

- Ordne deine Notizen.
- Überprüfe anhand von Sachbüchern, Quellen oder weiterer Zeitzeugen, welche Aussagen du für glaubhaft, welche eher für unwahrscheinlich hältst.
- Ordne die Aussagen in einen größeren Zusammenhang ein und lege dar, welche Erkenntnisse du durch die Zeitzeugenbefragung zu einem Thema gewonnen hast.

sches Geld. Getrocknete Pflaumen und Würfelzucker seien ihre Notration gewesen. Ansonsten erinnert sich Frau Adler vor allem an Baguette, das sie in großen Mengen gegessen hätten. Bevor es losgehen konnte, mussten sie jede Menge Papierkram erledigen, aber sie hätten es gern gemacht. Frau Adler weiß von Pannen mit der Vespa, besonders die Reifen seien häufig platt gewesen. Sie erzählt, wie sie mit einem Rucksack und einem Koffer drei Wochen ausgekommen sind und sie erinnert sich an den Deutschen aus Frankfurt im Auto, der ihnen in Alicante 40,00 D-Mark lieh, damit sie Geld für das Benzin für die Rückreise gehabt hätten. Zu Hause habe ihr Mann das Geld sofort zurückgezahlt. Im Laufe des Gesprächs zeigt Frau Adler eine ganze Reihe von Schwarz-Weiß-Fotos der Reise.

Auswerten

Nach dem Gespräch mit Frau Adler ordnen Laura und Stefan ihre Notizen. Einiges wollen sie noch einmal überprüfen, denn sie wissen nicht so recht, ob das, was Frau Adler erzählt hat, der typische Urlaub in den 1950er-Jahren war. Die Schwierigkeiten der Adlers in Frankreich erscheinen nach dem, was sie über die deutsch-französische Geschichte wissen, nachvollziehbar. Das, was sie über Verpflegung und Gepäck gehört haben, klingt für ihre Ohren zwar unwahrscheinlich, aber so war es wohl damals, denken beide. Vorsichtshalber wollen sie aber noch andere Informationen einholen. Beide verstehen zuerst nicht, warum Frau Adler so lange und ausführlich von den Devisen und Papieren erzählte. Sie forschen nach und entdecken, dass es damals noch keine

einheitliche Währung gab und dass Währungen nicht frei und unbegrenzt bei Banken getauscht und ausgeführt werden durften. Ob die Geschichte des netten Mannes mit den 40,00 D-Mark wirklich so war, können sie nicht überprüfen. Sie würden jedenfalls keinem Wildfremden so eine große Summe Geld leihen. Auf alle Fälle wissen sie aber, dass die geschilderte Reise auch für damalige Zeiten etwas Besonderes war. Denn bei ihren weiteren Nachforschungen finden sie heraus, dass Anfang der 1950er-Jahre nur ungefähr ein Drittel der Bundesbürger in den Urlaub fuhr. Und diejenigen, die sich einen Urlaub leisteten, reisten meistens noch nicht so weit wie die Adlers. Das Ehepaar Adler gehörte also mit zu den Ersten, die die große Reiselust der Deutschen begründeten.

1. Führt unter Eltern bzw. Großeltern eine Umfrage durch, welche Reiseziele in den 1950er- und 1960er-Jahren angesteuert wurden. Bereitet die Ergebnisse in Wort und Bild auf und vergleicht sie mit heutigen Reisezielen.

2. Stelle eine Liste mit Themen zusammen, zu denen Zeitzeugen wichtige Informationen beibringen können, die so nicht in einem Sachbuch stehen.

1945

2012

Vergangenheit, die nicht vergeht

Wie lebt man mit einer Geschichte, die von Rassenhass und Volksverhetzung, von Völkermord und Kriegsverbrechen geprägt ist? Diese Frage mussten sich nach 1945 alle Deutschen stellen. Welche unterschiedlichen Antworten fanden sie darauf?

A: Erkläre, inwiefern man von einem Missbrauch des Antifaschismus durch die DDR-Machthaber sprechen kann.

Antifaschismus als Mittel zur politischen Legitimation

Die Zeit des Nationalsozialismus hatte im Selbstverständnis der DDR von Anfang an einen hohen Stellenwert. Die DDR-Geschichtsschreibung interpretierte den Nationalsozialismus als die radikalste Form bürgerlicher Herrschaft, die es zu beseitigen galt. Das deutsche Volk war nach dieser Deutung von einer kleinen Clique gewissenloser Nazis und ihrer monopolkapitalistischen Hintermänner verführt worden. Damit war die Mehrheit der Ostdeutschen von persönlicher Schuld freigesprochen und brauchte sich nicht mehr damit auseinanderzusetzen. Mit solchen Argumenten definierte sich die DDR als neuer sozialistischer, antifaschistischer Staat, der nichts mit der NS-Vergangenheit zu tun hatte. Aufgrund dieser Logik lehnte die SED auch die Zahlung von Entschädigungen an Israel ab. Wurden NS-Täter in der DDR entdeckt, richtete sich ihre juristische Verfolgung danach, welches politische Kapital daraus geschlagen werden konnte. Hart bestraft wurden sie immer dann, wenn die SED damit nachweisen wollte, dass im Gegensatz zur Bundesrepublik in der DDR eine wirkliche Aufarbeitung der Vergangenheit erfolge.

Verordneter Antifaschismus

Über viele Jahre hinweg wurde in der DDR ein Geschichtsbild von der NS-Zeit verbreitet, das sich einseitig dem kommunistischen Widerstand zuwandte. Auch wenn der bürgerliche, religiöse und militärische Widerstand nicht völlig verschwiegen werden konnte, so wurde doch die KPD immer als die führende Kraft dargestellt. Viele Bereiche der Geschichte wurden entweder gar nicht erforscht oder in der Öffentlichkeit verschwiegen. Dazu gehörten z. B. die Verfolgung und Vernichtung der Sinti und Roma, der Homosexuellen und der Behinderten sowie das Mitwirken der Bevölkerung an Verfolgung und Vernichtung. Der Völkermord an den europäischen Juden fand in der DDR-Geschichtsschreibung erst in den späten 1980er-Jahren den ihm angemessenen Stellenwert.

Q1 Kundgebung in Ostberlin zu Ehren der Opfer des Faschismus am 14. September 1975

B: Vergleiche die Bilder Q1 und Q2 miteinander und erläutere, welche unterschiedlichen Schwerpunkte in der Vergangenheitsaufarbeitung der beiden deutschen Staaten zum Ausdruck kommen.

Das Vermächtnis des antifaschistischen Widerstandskampfes lebt fort in unseren Taten für Sozialismus und Frieden

Opfer statt Täter

In den ersten Jahren der Bundesrepublik wollten die meisten Bürger nichts mit der braunen Vergangenheit zu tun haben. Sie verdrängten die NS-Verbrechen. Stattdessen nahmen sie sich selbst als Opfer wahr: Opfer der Verführungskünste eines dämonischen Hitler, Opfer des alliierten Bombenkrieges, Opfer von Vertreibungen, Opfer der Kriegsniederlage. Daraus resultierte eine Politik, die sich das Ziel setzte, verurteilte NS-Täter zu amnestieren und die wegen nationalsozialistischer Betätigung entlassenen Beamten und Berufssoldaten wieder einzustellen. Während bei Bundeswehroffizieren deren Verhalten während der NS-Zeit überprüft wurde, hielten die Politiker das bei Richtern, hohen Ministerialbeamten und Universitätsprofessoren nicht für nötig.

Späte Gerechtigkeit

Auf die Dauer waren ungesühnte nationalsozialistische Verbrechen nicht zu verheimlichen. Um sie bundesweit aufzuklären, wurde 1958 in Ludwigsburg die „Zentralstelle zur Aufklärung nationalsozialistischer Verbrechen" gegründet. Unter ihrer Mitwirkung wurden 1963–1965 die Frankfurter Auschwitz-Prozesse gegen das Lagerpersonal geführt. Dadurch wurde den Menschen in der Bundesrepublik das ganze Ausmaß der nationalsozialistischen Mordmaschine vor Augen geführt. Doch es dauerte noch bis in die 1980er-Jahre, bevor der Holocaust als ein von Deutschen verursachter einzigartiger Zivilisationsbruch allgemein anerkannt wurde. Andererseits bekannte sich die Bundesrepublik sehr früh zu ihrer Verantwortung gegenüber dem Staat Israel und leistete Wiedergutmachung. 1996 führte die Regierung den Holocaust-Gedenktag am 27. Januar ein und 1999 fasste der Bundestag den Beschluss, in Berlin ein zentrales Mahnmal für die Opfer des Holocaust zu errichten. Auch der christliche und national-konservative Widerstand der Männer um den 20. Juli 1944 erfuhr seine Würdigung, dafür wurde aber der kommunistische Widerstand ausgeblendet.

Die Auseinandersetzung ist nicht zu Ende

In jüngster Zeit haben neue Themen in die historische Forschung Einzug gehalten, die ein differenzierteres Bild auf unsere Vergangenheit geben. So wurde beispielsweise die Rolle der Wehrmacht und der Polizei genauer untersucht. Dabei kamen viele bislang unbekannte Verbrechen ans Tageslicht. Andererseits rückten auch einzelne Menschen in den Blick, die ihre dienstlichen und privaten Handlungsspielräume nutzten, um rassisch und politisch Verfolgten zu helfen.

C: Finde heraus, in welchen Punkten die Sicht der Bundesrepublik auf die NS-Vergangenheit der DDR-Sicht ähnlich ist und in welchen Punkten sie sich besonders abhebt.

Q2 Willy Brandt besucht während eines Staatsbesuchs in Israel die Gedenkstätte Yad Vashem für die Opfer der Shoa, 7. Juni 1973

1945　　　　　　　　　2012

Q3 NS-Vergangenheit in einem DDR-Geschichtsbuch

Zusammenfassender Merktext aus dem Lehrbuch „Geschichte" für die Klasse 10 aus dem Jahre 1977:

Der Sieg der Sowjetunion und ihrer Verbündeten über die faschistischen Aggressoren befreite das deutsche Volk vom Faschismus und eröffnete ihm die
5 historische Chance, eine grundlegende Wende in seiner Geschichte einzuleiten.
Die Befreiung durch die Sowjetunion schuf günstige Bedingungen, um in
10 Deutschland unter Führung der Arbeiterklasse eine antiimperialistisch-demokratische Umwälzung zu vollziehen und dem Sozialismus den Weg zu bahnen.
15 – Im Zuge der Befreiungsmission der Sowjetunion wurde in der sowjetischen Besatzungszone der faschistische Staatsapparat radikal vernichtet. Die sozialistische Besatzungsmacht
20 förderte die Entwicklung der antifaschistisch demokratischen Kräfte des deutschen Volkes und gewährleistete die Bildung revolutionär-demokratischer Staatsorgane. Das war ein we-
25 sentlicher Unterschied zur Situation im Jahre 1918 und erleichterte den Kampf der deutschen Arbeiterklasse um eine antiimperialistisch-demokratische Entwicklung.
30 – Im Unterschied zur Zeit nach dem Ersten Weltkrieg verfügte die deutsche Arbeiterklasse nach dem Zweiten Weltkrieg über eine kampfgestählte Kommunistische Partei. In Fortsetzung
35 des Kampfes gegen den Faschismus begann unmittelbar nach der Befreiung Deutschlands vom faschistischen Joch unter Führung der KPD der Kampf um die antifaschistisch demokratische Um-
40 wälzung in Deutschland. Mit dem Aufruf vom 11. Juni 1945 (damit warb die KPD für die Zusammenarbeit aller bestehenden Parteien) gab die KPD dem deutschen Volk ein klares Programm,
45 mit dem sie auf die endgültige Beseitigung der Wurzeln des Faschismus und auf die demokratische Neugestaltung Deutschlands orientierte.

Wolfgang Bleyer (Hrsg.), Geschichte. Lehrbuch für Klasse 10, Berlin (Ost) 1977, S. 57.

Q4 „Das haben wir nicht gelernt"

Aus einem Artikel der Schriftstellerin Christa Wolf (1929–2011) für die DDR-
20 Zeitschrift „Wochenpost", geschrieben am 21. Oktober 1989:

Das Dogma von den „Siegern der Geschichte" (…) hat dazu beigetragen, das Verstehen zwischen den Generati-
25 onen in unserem Land zu erschweren. Eine kleine Gruppe von Antifaschisten, die das Land regierte, hat ihr Siegesbewußtsein zu irgendeinem nicht genau zu bestimmenden Zeitpunkt aus prag-
30 matischen Gründen auf die ganze Bevölkerung übertragen. Die „Sieger der Geschichte" hörten auf, sich mit ihrer wirklichen Vergangenheit, der der Mitläufer, der Verführten, der Gläubigen in
35 der Zeit des Nationalsozialismus auseinanderzusetzen. Ihren Kindern erzählten sie meistens wenig oder nichts von ihrer eigenen Kindheit und Jugend. Ihr untergründig schlechtes Gewissen machte sie ungeeignet, sich den stali-
20 nistischen Strukturen und Denkweisen zu widersetzen, die lange Zeit als Prüfstein für „Parteilichkeit" und „Linientreue" galten und bis heute nicht radikal und öffentlich aufgegeben wurden.
25 Die Kinder dieser Eltern, nun schon ganz und gar „Kinder der DDR", selbstunsicher, entmündigt, häufig in ihrer Würde verletzt, wenig geübt, sich in Konflikten zu behaupten, gegen unerträgliche Zu-
30 mutungen Widerstand zu leisten, konnten wiederum ihren Kindern nicht genug Rückhalt geben, ihnen nicht das Kreuz stärken, ihnen, außer dem Drang nach guten Zensuren, keine Werte ver-
35 mitteln, an denen sie sich hätten orientieren können.

Christa Wolf, Im Dialog. Aktuelle Texte, Frankfurt am Main 1990, S. 95 f.

Q5 Protest gegen die Wehrmachtsausstellung in Bonn, 1998

In der Wanderausstellung des Hamburger Instituts für Sozialforschung wurden Exponate ausgestellt, die die Verstrickung der Wehrmacht in nationalsozialistische Verbrechen zeigen. Inzwischen gilt dies als nachgewiesen, nur der Umfang ist strittig.

✎ D: Schreibe auf, was du von der Vergangenheitsaufarbeitung der dargestellten Jugendlichen hältst.

Q6 Wir sind kein Volk von Mördern

Aus der Rede des Bundestagsabgeordneten Ernst Benda (1925–2009; CDU) in der Debatte des Deutschen Bundestages über die Verjährung nationalsozialistischer Verbrechen am 10. März 1965:

Meine Damen und Herren! Ich komme zum Schluß mit einem anspruchsvollen Wort, das mir ein Kollege gesagt hat, (…) der (…) einer völlig anderen
5 Meinung ist als ich. Er hat mir gegenüber gemeint, man müsse um der Ehre der Nation willen mit diesen Prozessen Schluß machen. Meine Damen und Herren, Ehre der Nation, hier ist für mich
10 einer der letzten Gründe, warum ich meine, daß wir hier die Verjährungsfrist verlängern bzw. aufheben müßten. (Beifall bei der SPD und der CDU/CSU.) Ich stimme völlig denen zu, die sagen
15 (…), daß es natürlich ein Irrtum wäre, wenn wir meinten, wir könnten das, was in unserem Lande und unserem Volke geschehen ist, dadurch erledigen, daß wir stellvertretend, sozusagen
20 symbolisch, einige ins Zuchthaus schicken und dann meinen, nun sind wir fein heraus. (…) Aber ich bestehe darauf und es gehört für mich zum Begriff der Ehre der Nation, zu sagen, daß die-
25 ses deutsche Volk doch kein Volk von Mördern ist und daß es diesem Volke doch erlaubt sein muß, ja daß es um seiner willen dessen bedarf, daß es mit diesen Mördern nicht identifiziert wird,
30 sondern von diesen Mördern befreit wird, daß es, besser gesagt, deutlicher gesagt, sich selber von diesen Mördern befreien kann. (…)
Und es gibt (…) dieses Wort an dem
35 Mahnmal in Jerusalem für die sechs Millionen ermordeten Juden (…): Das Vergessenwollen verlängert das Exil, und das Geheimnis der Erlösung heißt Erinnerung.

Zur Verjährung nationalsozialistischer Verbrechen, Teil 1, Bonn 1980, S. 165 f.

Q7 Holocaust-Mahnmal in Berlin

✎ E: Lege dar, welche Aussage des Mahnmals sich dir sofort erschließt. Informiere dich anschließend über Konzept und Anlage und überprüfe beides anhand des Bildes.

Q8 Die Vergangenheit annehmen

Aus der Ansprache des damaligen Bundespräsidenten Richard von Weizsäcker am 8. Mai 1985 auf der Gedenkfeier zum 40. Jahrestag des Kriegsendes:

Schuld oder Unschuld eines ganzen Volkes gibt es nicht. Schuld ist, wie Unschuld, nicht kollektiv, sondern persönlich. (…) Der ganz überwiegende Teil
5 unserer heutigen Bevölkerung war zur damaligen Zeit entweder im Kindesalter oder noch gar nicht geboren. Sie können nicht eine eigene Schuld bekennen für Taten, die sie gar nicht begangen
10 haben. (…) Aber die Vorfahren haben ihnen eine schwere Erbschaft hinterlassen. Wir alle, ob schuldig oder nicht, ob alt oder jung, müssen die Vergangenheit annehmen. Wir alle sind von ihren
15 Folgen betroffen und für sie in Haftung genommen. Jüngere und Ältere müssen und können sich gegenseitig helfen zu verstehen, warum es lebenswichtig ist,
20 die Erinnerung wachzuhalten. Es geht nicht darum, Vergangenheit zu bewältigen. Das kann man gar nicht. Sie läßt sich ja nicht nachträglich ändern oder ungeschehen machen. Wer aber vor der Vergangenheit die Augen verschließt,
25 wird blind für die Gegenwart. Wer sich der Unmenschlichkeit nicht erinnern will, der wird wieder anfällig für neue Ansteckungsgefahren (…) Die Jungen sind nicht verantwortlich für das, was
30 damals geschah. Aber sie sind verantwortlich für das, was in der Geschichte daraus wird.

Zit. nach: www.hdg.de/lemo/html/dokumente/ NeueHerausforderungen_redeVollstaendig-RichardVonWeizsaecker8Mai1985/ (15. Februar 2012).

---

1. Gib mit deinen Worten wieder, welches Geschichtsbild in dem DDR-Lehrbuch vermittelt wird. Beurteile diesen Merktext (Q3).

2. Arbeite heraus, welches Urteil Christa Wolf über den Antifaschismus in der DDR fällt. Formuliere eine Antwort darauf (Q4).

3. Vergleiche die Auffassungen Ernst Bendas und Richard von Weizsäckers zu der Frage, wie man mit der NS-Vergangenheit umgehen soll (Q6, Q8).

4. Informiere dich, welche Gedenkstätten oder Mahnmale, die sich mit der NS-Vergangenheit auseinandersetzen, es in deiner Stadt oder Region gibt. Wähle eines aus und stelle es in geeigneter Form vor.

1945   2012

Die friedliche Revolution in der DDR

Im Herbst 1989 schaute die Welt auf die DDR – zuerst mit Bangen und Sorgen, dann mit Freude und Jubel. In Leipzig, Dresden, Berlin, Jena und vielen anderen Städten ereigneten sich Dinge, die noch vor Kurzem niemand für möglich gehalten hätte. Wie kam es dazu?

A: Erläutere den Begriff „friedliche Revolution" im Vergleich zu den Revolutionen, die du bisher kennengelernt hast.

Das Ende der DDR zeichnet sich ab

Versorgungskrisen und politische Unfreiheit schürten in den 1980er-Jahren die Unzufriedenheit in der Bevölkerung. Unter dem schützenden Dach der Kirchen schlossen sich Umwelt-, Friedens- und Menschenrechtsgruppen zusammen. Doch selbst als Michail Gorbatschow in der Sowjetunion eine Reformpolitik einleitete, hielt die starrsinnige SED-Führung weiterhin Reformen in Staat und Wirtschaft für überflüssig. Der wirtschaftliche Niedergang ließ sich schließlich nicht mehr verschleiern. Mit einem enormen Haushaltsdefizit und einer Auslandsverschuldung von 50 Milliarden Dollar stand die DDR vor dem Staatsbankrott.

Die große Flucht

Im Mai 1989 beobachteten Bürgerrechtsgruppen die Stimmauszählung bei den Kommunalwahlen und machten die Wahlfälschungen öffentlich. Das Maß schien voll. Im Sommer stellten über 120 000 DDR-Bürger einen Ausreiseantrag in die Bundesrepublik. Gleichzeitig flohen Tausende über Ungarn nach Österreich. Die ungarische Regierung hatte, ohne Absprache mit anderen Ostblockstaaten, die Sperranlagen an der Westgrenze abgebaut. Seit September konnten die Flüchtlinge die Grenze ganz legal überschreiten. Viele andere versuchten ihre Ausreise zu erzwingen, indem sie Einlass in die bundesdeutschen Botschaften in Warschau und Prag erwirkten. Wohl um die Jubelfeiern zum 40. Jahrestag der DDR nicht zu stören, durften am 30. September mehrere Tausend Menschen ausreisen, die in der Prager Botschaft ausgeharrt hatten. In Sonderzügen erreichten sie Anfang Oktober die Bundesrepublik.

„Wir sind das Volk"

Unterdessen nahmen die Proteste in der DDR zu. Seit September schlossen sich den traditionellen Friedensgebeten jeden Montagabend in der Leipziger Nikolaikirche Demonstrationszüge an. Trotz begründeter Ängste, die SED-Führung könnte die Montagsdemonstrationen mit Waffengewalt beenden, kamen immer mehr Menschen. Unter der Losung „Wir sind das Volk" breiteten sich Forderungen nach Demokratie und Mitbestimmung als friedliche Revolution über das Land aus. Die Hilflosigkeit der Machthaber beschrieb ein Mitglied der SED-Führung so: „Auf alles waren wir gefasst, nur nicht auf Kerzen und Gebete."

Q1 Demonstration in Leipzig am 13. November 1989

B: Erläutere die Aufschriften auf den Transparenten und nimm Stellung dazu.

Q2 Eine Westberlinerin begrüßt eine Frau aus dem Ostteil der Stadt, 10. November 1989

C: Schreibe Sprechblasen für die Menschen auf dem Bild.

Die letzten Tage des Politbüros

Die pompösen Feierlichkeiten zum 40. Jahrestag der DDR wurden von Demonstrationen und Verhaftungen begleitet. Als Rettungsversuch in letzter Minute stürzte das Politbüro am 18. Oktober Erich Honecker und wählte Egon Krenz zu seinem Nachfolger, der aber von der Bevölkerung als Vertreter der alten Machtelite abgelehnt wurde. Trotz erleichterter Ausreisegesetze nahmen die Proteste und Großdemonstrationen weiter zu.

Die Mauer ist auf!

So geriet die DDR immer mehr unter Druck. Am Abend des 9. November gab der Berliner SED-Funktionär Günter Schabowski auf einer Pressekonferenz freie Reisemöglichkeiten in den Westen bekannt. Sofort strömten Tausende zu den Übergängen der Sektorengrenze in Berlin, die von den hilflosen und uninformierten Grenztruppen nach kurzem Zögern geöffnet wurden. Die Mauer war gefallen. Das war die Abdankungserklärung des Systems.

„Wir sind ein Volk"

Inzwischen hatten Reformkräfte und Parteivertreter einen „Runden Tisch" zur Beratung und Kontrolle der Regierung gebildet. Seine Hauptforderung war eine neue demokratische Verfassung für die DDR. Bundeskanzler Kohl trug gleichzeitig dem Bundestag ein Zehn-Punkte-Programm für Deutschland vor, an dessen Ende die Möglichkeit einer Wiedervereinigung stand. Zu dieser Zeit begannen sich die Wünsche und Sehnsüchte der Bevölkerung zu wandeln. Unter der Losung „Wir sind ein Volk" wurde die Einheit der beiden deutschen Staaten gefordert.

Freie Wahlen in der DDR

Bei den ersten und einzigen freien Parlamentswahlen in der DDR am 18. März 1990 bewarben sich neben der SED, die sich jetzt PDS nannte, mehr als 30 neue politische Gruppierungen und Parteien. Die neugegründete SPD wurde von der West-SPD unterstützt, während sich die CDU anfangs schwertat, die Ost-CDU als Partner anzuerkennen, hatte diese doch als Blockpartei die SED-Politik lange mitgetragen. Ausschlaggebend für den Wahlsieg der von der CDU beherrschten konservativen „Allianz für Deutschland" war ihr Versprechen einer baldigen Wirtschafts- und Währungsunion. Die DDR war somit abgewählt.

1945 | 2012

Q3 Karikatur von Horst Haitzinger, 7. November 1989

✏️ D: Erkläre, welche Befürchtungen zum Ausdruck kommen. Beurteile die Karikatur aus heutiger Sicht.

Q4 Warum wollen die DDR-Bürger weg?

Aus einem Stasi-Bericht über Motive der Flüchtlinge vom 9. September 1989:
Die Vorzüge des Sozialismus, wie zum Beispiel soziale Sicherheit und Geborgenheit, werden zwar anerkannt, im Vergleich mit aufgetretenen Prob-
5 lemen und Mängeln jedoch als nicht mehr entscheidende Faktoren angesehen. (…) Das geht einher mit der Auffassung, daß die Entwicklung keine spürbaren Verbesserungen für die Bür-
10 ger bringt, sondern es auf den verschiedensten Gebieten in der DDR schon einmal besser gewesen sei. (…)
Als wesentliche Gründe/Anlässe für Bestrebungen zur ständigen Ausreise
15 bzw. das ungesetzliche Verlassen der DDR – die auch in Übereinstimmung mit einer Vielzahl von Eingaben an zentrale und örtliche Organe/Einrichtungen stehen – werden angeführt:
20 – Unzufriedenheit über die Versorgungslage
– Verärgerung über unzureichende Dienstleistungen
– Unverständnis für Mängel in der
25 medizinischen Betreuung und Versorgung
– Eingeschränkte Reisemöglichkeiten innerhalb der DDR und nach dem Ausland
30 – Unbefriedigende Arbeitsbedingungen und Diskontinuität im Produktionsablauf
– Unzulänglichkeiten/Inkonsequenz bei der Anwendung/Durchsetzung
35 des Leistungsprinzips sowie Unzufriedenheit über die Entwicklung der Löhne und Gehälter
– Verärgerung über bürokratisches Verhalten (…) sowie über Herzlosig-
40 keit im Umgang mit den Bürgern
– Unverständnis über die Medienpolitik der DDR (…)
Den größten Umfang im Motivationsgefüge nimmt die Kritik an der Ver-
45 sorgung der Bevölkerung ein. Auf Unverständnis stoßen vor allem anhaltende Mängel bei der kontinuierlichen Versorgung mit hochwertigen Konsumgütern (…) sowie Ersatzteilen, mit
50 Baustoffen und Baumaterialien sowie mit bestimmten Waren des täglichen Bedarfs (zum Beispiel hochwertige Lebensmittel, Frischobst, Gemüse, häufig wechselnde Artikel der „1000 kleinen
55 Dinge"). (…)
Diese Argumentation erfährt ihre Zuspitzung durch den Verweis darauf, daß die Besitzer von Devisen (…) im wesentlichen alles erwerben könnten.
60 Es wird Kritik am sogenannten doppelten Währungssystem, an Intershops, Valutahotels und an „Privilegien" für Devisenbesitzer geübt.

Arnim Mitter/Stefan Wolle (Hrsg.), Ich liebe euch doch alle. Befehle und Lageberichte des MfS, Berlin 1990, S. 141 ff.

Q5 Nichts begriffen?

Aus einer Stellungnahme des SED-Politbüros zur Ausreiseproblematik vom 11. Oktober 1989:
Der Sozialismus braucht jeden. Er hat Platz und Perspektive für alle. Er ist die Zukunft der heranwachsenden Generationen. Gerade deshalb läßt es uns
5 nicht gleichgültig, wenn sich Menschen, die hier arbeiteten und lebten, von unserer Deutschen Demokratischen Republik losgesagt haben. Viele von ihnen haben die Geborgenheit der
10 sozialistischen Heimat und eine sichere Zukunft für sich und ihre Kinder preisgegeben. Sie sind in unserem Land aufgewachsen, haben hier ihre berufliche Qualifikation erworben und sich ein gu-
15 tes Auskommen geschaffen. Sie hatten ihre Freunde, Arbeitskollegen und Nachbarn. Sie hatten eine Heimat, die sie brauchte und die sie selbst brauchen. Die Ursachen für ihren Schritt mö-
20 gen vielfältig sein. Wir müssen und werden sie auch bei uns suchen, jeder an seinem Platz, wir alle gemeinsam.
Viele von denen, die unserer Republik in den letzten Monaten den Rücken ge-
25 kehrt haben, wurden Opfer einer großangelegten Provokation. Wiederum bestätigt sich, dass sich der Imperialismus der BRD mit einem sozialistischen Staat auf deutschem Boden niemals abfin-
30 den wird, Verträge bricht und das Völkerrecht missachtet. Mit dem 40. Jahrestag der Gründung der Deutschen Demokratischen Republik glaubten imperialistische Kräfte den geeigne-
35 ten Zeitpunkt gefunden zu haben, um mit einer hasserfüllten Kampagne ihrer Massenmedien Zweifel am Sozialismus und seiner Perspektive zu verbreiten.

Deutschland Archiv 12/1989, S. 1435 ff., zit. nach: Informationen zur politischen Bildung Nr. 250, Der Weg zur Einheit. Deutschland seit Mitte der achtziger Jahre, Bonn 1996, S. 20.

Q6 In der Leipziger Innenstadt am 7. Oktober 1989, zwei Tage vor der nächsten Montagsdemonstration

✎ E: Du hast dir vorgenommen, an der nächsten Montagsdemonstration teilzunehmen. Zwei Tage zuvor erlebst du die Szene, die auf dem Foto zu sehen ist. Am Abend vertraust du deine Gedanken deinem Tagebuch an. Schreibe einen solchen Tagebucheintrag.

Q7 Die Welt blickt auf uns Deutsche

Aus einem Beitrag des damaligen Bundesaußenministers Hans-Dietrich Genscher bei einer Podiumsdiskussion in Halle am 17. Dezember 1989:

Heute bin ich zu Ihnen gekommen, um im Gespräch mit Ihnen von Ihren Vorstellungen zu hören, aber auch von Ihren Erwartungen an uns in der Bundes-
5 republik. Ich bin gekommen, um Ihnen zu danken für die Würde, die Besonnenheit und die Verantwortung, mit der Sie friedlich für Freiheit und Demokratie, für freie Wahlen, für Recht und Gerech-
10 tigkeit eintreten.

Das ehrt unsere ganze Nation. Jahrzehnte der Trennung haben aus einer deutschen Nation nicht zwei gemacht. Es gab nicht, und es gibt nicht
15 eine kapitalistische und eine sozialistische deutsche Nation – es gibt nur eine deutsche Nation.

Daß wir heute dieses Gespräch führen können, das haben Sie bewirkt.
20 Ihre Friedensgesinnung, Ihre Brüderlichkeit und Ihre Toleranz, die Ablehnung der Gewalt gegenüber dem Nächsten macht die moralische Stärke Ihres Bemühens aus. Diese Friedensge-
25 sinnung, der Freiheitswille, diese Brüderlichkeit und diese Toleranz werden auch in Zukunft gebraucht werden.

Ich möchte Sie ermutigen, so Ihren Weg weiterzugehen, denn ein neuer
30 Anfang verlangt Freiheit, Gerechtigkeit und Demokratie. Nichts wird wieder so sein, wie es war – nicht bei uns, nicht bei Ihnen. Aus dem, was hier geschieht, kann eine neue politische Kul-
35 tur entstehen, die auch den Menschen in der Bundesrepublik Deutschland vieles geben kann. (…)

Sie nehmen nun Ihr Schicksal in die eigenen Hände. Sie wollen in freien Wah-
40 len entscheiden über Ihre politische, gesellschaftliche und wirtschaftliche Ordnung. Sie werden auch entscheiden über das Verhältnis der beiden deutschen Staaten zueinander und auch da-
45 rüber, wie Sie die Zukunft unserer deutschen Nation sehen. (…)

Was immer Sie in der DDR entscheiden werden über Ihre innere Ordnung, über das Verhältnis der beiden deutschen
50 Staaten zueinander und über unsere deutsche Zukunft: Wir werden es respektieren.

Die Welt blickt auf uns Deutsche.

Die friedliche Revolution für Freiheit
55 und Menschenrechte, die sich hier vollzieht, hat dem Ansehen der ganzen Nation gedient.

Es gibt nur eine deutsche Nation. Beitrag beim Podiumsgespräch in der Marktkirche zu Halle am 17. Dezember 1989, zit. nach: Sternstunde der Deutschen, Hans-Dietrich Genscher im Gespräch mit Ulrich Wickert, Stuttgart/Leipzig 2000, S. 154 ff.

---

1. Stelle aus den Quellen **Q4** und **Q5** die Hauptprobleme der DDR zusammen; schreibe dazu einen politischen Kommentar, der außer der Faktenebene auch die Sprache berücksichtigt.

2. Kennzeichne die Haltung Genschers gegenüber den DDR-Bürgern und zur deutschen Nation (**Q7**).

3. Befrage ältere Menschen aus deiner Umgebung, wie sie die Ereignisse in der DDR 1989 wahrgenommen haben. Stelle die Aussagen in einer Übersicht zusammen.

1945   2012

Wir sind wieder eins

Nach der vierzigjährigen Teilung Deutschlands glaubte kaum noch jemand an ihre Überwindung. Doch dann ging es mit einem Mal ganz schnell. Vielen erschien das alles wie ein Wunder. Doch das „Wunder" war eine schwierige Aufgabe – und ist es bis heute geblieben.

✎ A: Zeichne eine Zeitleiste zur Vereinigung der beiden deutschen Staaten vom Sommer 1989 bis zum Oktober 1990.

Die deutsche Einheit wird vorbereitet

Nach der Volkskammerwahl in der DDR begannen die Politiker der beiden deutschen Staaten die Wiedervereinigung vorzubereiten. Noch war nicht klar, auf welchem Weg sie erfolgen sollte. Zunächst einigten sich die Verhandlungspartner, am 1. Juli 1990 eine Währungs-, Wirtschafts- und Sozialunion miteinander einzugehen. Zu diesem Zeitpunkt wurde die DM in der DDR eingeführt. Löhne und Renten wurden im Verhältnis 1:1 eingetauscht, höhere Sparguthaben im Verhältnis 2:1. Die soziale Marktwirtschaft sollte die Planwirtschaft ersetzen. Dazu wurde die sogenannte Treuhandanstalt gegründet, der die volkseigenen Betriebe unterstellt wurden. Aufgabe der Treuhandanstalt war, die Betriebe zu privatisieren oder stillzulegen, wenn sich kein Käufer fand.

Von den „Zwei-plus-Vier-Gesprächen" zur „Berliner Republik"

Die vier Siegermächte des Zweiten Weltkrieges hatten niemals einen Friedensvertrag mit Deutschland abgeschlossen. Deswegen war es notwendig, mit ihnen die außenpolitischen Konsequenzen der Einheit auszuhandeln. Das betraf vor allem die Garantie der Grenzen und die Stärke und Bündniszugehörigkeit einer deutschen Armee. Nach mehreren sogenannten Zwei-plus-Vier-Gesprächen unterzeichneten die ehemaligen Alliierten und die beiden deutschen Staaten im September in Moskau den „Vertrag über die abschließende Regelung in Bezug auf Deutschland". Damit war der Weg zur staatlichen Einheit offen.

Inzwischen war von der DDR und der Bundesrepublik ein Einigungsvertrag unterzeichnet worden, der maßgebliche politische und rechtliche Fragen regelte.

Nach einem entsprechenden Beschluss der Volkskammer traten am 3. Oktober 1990 die fünf Bundesländer der DDR der Bundesrepublik Deutschland bei. Im Juni 1991 beschloss der Bundestag, den Sitz von Parlament und Regierung nach Berlin zu verlegen.

Q1 Unterzeichnung des Zwei-plus-Vier-Vertrages am 12. September 1990 in Moskau

Die Unterzeichnenden sind von links nach rechts: der amerikanische Außenminister James Baker, der britische Außenminister Douglas Hurd, der sowjetische Außenminister Eduard Schewardnadse, der französische Außenminister Roland Dumas, der Außenminister der DDR Lothar de Maizière und der Bundesaußenminister Hans-Dietrich Genscher

✎ B: Verfasse zu diesem Foto einen Artikel für eine ostdeutsche Zeitung.

Q2 „Du hast also die Streckenzusammenlegung gewählt, schön und gut – aber das ist doch schwieriger als ich zuerst dachte!"
Karikatur von Jupp Wolter

C: Erläutere mithilfe des Textes die Botschaft der Karikatur.

Die Mühen des Zusammenwachsens

Am Anfang waren die Menschen der neuen Bundesländer in Aufbruchstimmung und hofften auf die schnelle Angleichung des Lebensstandards mit dem Westen. Die Umstellung der Planwirtschaft auf eine Marktwirtschaft führte jedoch zum Zusammenbruch vieler veralteter Betriebe, die nicht mehr konkurrenzfähig waren. Viele verloren ihren Arbeitsplatz, vor allem Frauen. Gut ausgebildete, vor allem jüngere Leute wanderten in den Westen ab. Ganze Landstriche im Osten verödeten.

Als problematisch erwies sich auch der im Einigungsvertrag festgeschriebene Grundsatz „Rückgabe vor Entschädigung". Ehemalige Besitzer von Immobilien und Betrieben, die aus der DDR geflohen oder enteignet worden waren, forderten nun ihr früheres Eigentum zurück. Das stieß auf Unverständnis der jahrelangen Nutzer und führte zu langwierigen Rechtsstreitigkeiten. Oft kam es auch zu Missverständnissen zwischen den Menschen aus Ost und West. Die Übernahme der bundesdeutschen Verwaltungs- und Rechtsstrukturen brachte es mit sich, dass zahlreiche Führungspositionen mit Experten aus dem Westen besetzt wurden. Nicht wenige Ostdeutsche empfanden dies als Fremdbestimmung. Andererseits warfen Westdeutsche den Menschen im Osten Undankbarkeit und überzogenes Anspruchsdenken vor.

Enttäuscht waren viele DDR-Bürgerrechtler auch darüber, dass die ehemals Mächtigen aus juristischen Gründen nur milde oder gar nicht bestraft wurden, wenn sie wegen Verstößen gegen die Menschenrechte angeklagt wurden.

Wächst trotzdem zusammen, was zusammengehört?

Trotz aller Schwierigkeiten kann die Einheit gelingen, auch wenn es sicher länger dauert, als manche erwartet hatten. Mit mehr als einer Billion Euro an Steuergeldern und Privatinvestitionen erhielten die neuen Bundesländer eine moderne Infrastruktur im Verkehr und der Telekommunikation. Neue Unternehmen wurden geschaffen und zukunftsfähige Betriebe modernisiert. Auch ostdeutsche Unternehmer bauten sich neue Existenzen auf und stellten Arbeitskräfte ein. Das war fast immer schwer, weil ihnen das dafür notwendige Kapital nicht in ausreichendem Maße zur Verfügung stand. Und auch für die von Arbeitslosigkeit betroffenen Menschen wurde durch enorme soziale Leistungen gesorgt, was allerdings die Staatsschulden erheblich ansteigen ließ. Mut macht auch, dass Angela Merkel, die als erste Frau Bundeskanzlerin wurde, aus der untergegangenen DDR stammt.

D: Versuche zu erklären, warum es im Einigungsprozess Schwierigkeiten gab und gibt. Beziehe dabei auch den Zeitstrahl aus Aufgabe A mit ein.

Immobilien
Häuser, Betriebsanlagen und Grundstücke

1945   2012

D1 Der Zwei-plus-Vier-Vertrag von 1990

E: Erläutere die Bestimmungen des Vertrages.

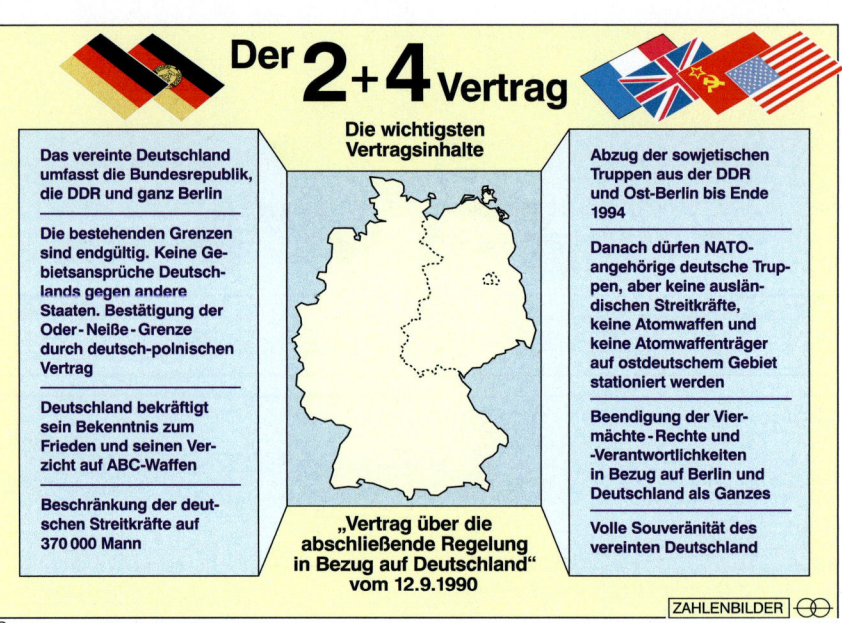

Der 2+4 Vertrag

Die wichtigsten Vertragsinhalte

Das vereinte Deutschland umfasst die Bundesrepublik, die DDR und ganz Berlin

Die bestehenden Grenzen sind endgültig. Keine Gebietsansprüche Deutschlands gegen andere Staaten. Bestätigung der Oder-Neiße-Grenze durch deutsch-polnischen Vertrag

Deutschland bekräftigt sein Bekenntnis zum Frieden und seinen Verzicht auf ABC-Waffen

Beschränkung der deutschen Streitkräfte auf 370 000 Mann

Abzug der sowjetischen Truppen aus der DDR und Ost-Berlin bis Ende 1994

Danach dürfen NATO-angehörige deutsche Truppen, aber keine ausländischen Streitkräfte, keine Atomwaffen und keine Atomwaffenträger auf ostdeutschem Gebiet stationiert werden

Beendigung der Viermächte-Rechte und -Verantwortlichkeiten in Bezug auf Berlin und Deutschland als Ganzes

Volle Souveränität des vereinten Deutschland

„Vertrag über die abschließende Regelung in Bezug auf Deutschland" vom 12.9.1990

ZAHLENBILDER

© Bergmoser + Höller Verlag AG   58 310

Q3 Wie löst man das deutsche Problem?

François Mitterrand in einem Rundfunkinterview am 25. März 1990 zum Vereinigungsprozess:

Wir sind mit der Geschichte vertraut. Seit 1000 Jahren schon sind wir die Nachbarn der Deutschen. Diese wa-
5 ren immer schon ein großes Volk, das manchmal vereinigt, meist aber geteilt war. (…) Um das deutsche Problem in den Griff zu bekommen, muß man über das Problem des deutsch-französischen Paares hinausblicken – dabei muß man
10 allerdings darauf achten, daß es zusammenhält – und sich mit dem Problem Gesamteuropas auseinandersetzen.

Informationen zur politischen Bildung Nr. 250, Der Weg zur Einheit. Deutschland seit Mitte der achtziger Jahre, Bonn 1996, S. 38.

Q4 Wird Deutschland zu mächtig?

Die britische Premierministerin Margaret Thatcher in ihren Memoiren:

Ein wiedervereinigtes Deutschland ist schlichtweg viel zu groß und zu mächtig, als dass es nur einer von vielen Mitstreitern auf dem europäischen Spiel-
5 feld wäre. (…) Nur das militärische und politische Engagement der USA in Europa und die engen Beziehungen zwischen den beiden anderen starken, souveränen Staaten Europas, nämlich
10 Großbritannien und Frankreich, können ein Gleichgewicht zur Stärke der Deutschen bilden. In einem europäischen Superstaat wäre dergleichen niemals möglich.

Margaret Thatcher, Downing Street No. 10. Die Erinnerungen, Düsseldorf 1993, S. 1095 f.

Q5 Keine Befürchtungen

US-Präsident George Bush in einem Interview der New York Times vom 25. Oktober 1989:

Ich teile die Sorge mancher europäischer Länder über ein wiedervereinigtes Deutschland nicht, weil ich glaube, dass Deutschlands Bindung an und Ver-
5 ständnis für die Wichtigkeit des (atlantischen) Bündnisses unerschütterlich ist. Und ich sehe nicht, was einige befürchten, dass Deutschland, um die Wiedervereinigung zu erlangen, einen
10 neutralistischen Weg einschlägt (…).

New York Times vom 25. Oktober 1989.

Q6 Die Geschichte wird entscheiden

Der sowjetische Präsident Michail Gorbatschow in einem Rundfunkinterview am 30. Januar 1990:

Auf keinen Fall darf man die Interessen der Deutschen schmälern, denn ich bin für einen realistischen Prozess. Wenn wir sagen, die Geschichte wird die
5 Dinge entscheiden, und ich habe das viele Male getan, dann wird das auch so sein, und ich glaube, dass sie bereits ihre Korrekturen einbringt.

Deutschland Archiv 3/1990, S. 468.

Q7 Was meiner Generation wichtig war

Der Schriftsteller Patrick Süskind, geboren 1949, schreibt 1990:

Freilich hatte man uns in der Schule beigebracht, daß die Teilung Deutschlands nicht von Dauer sei, daß die Präambel des Grundgesetzes jeden bundesdeut-
5 schen Politiker verpflichtete, auf ihre Überwindung hinzuarbeiten, daß die Bundesrepublik und ihre Hauptstadt Bonn nur ein Provisorium darstellten. Aber das haben wir schon damals nicht
10 geglaubt und glaubten es mit den Jahren immer weniger. (…) Ansonsten schauten wir nach Westen oder nach Süden. Österreich, die Schweiz, Venetien, die Toskana, das Elsaß, die Pro-
15 vence, ja selbst Kreta, Andalusien oder die Äußeren Hebriden lagen uns – um nur von Europa zu sprechen – unendlich viel näher als so (…) Ländereien wie Sachsen, Thüringen, Anhalt, Meck-
20 len- oder Brandenburg, die wir höchstens notgedrungen rasch durchquerten, um auf der Transitstrecke rasch nach Berlin-West zu gelangen. Was hatten wir mit Leipzig, Dresden oder Halle
25 im Sinn? Nichts. Aber alles mit Florenz, Paris oder London.

Patrick Süskind, Deutschland – eine Midlife-Crisis, in: Ulrich Wickert (Hrsg.), Angst vor Deutschland, Hamburg 1990, S. 111 ff.

Q8 Die Welt blickt auf uns Deutsche

Altbundeskanzler Willy Brandt am 10. November 1990 vor dem Schöneberger Rathaus in Berlin:

Sicher ist, daß nichts im anderen Teil Deutschlands wieder so werden wird, wie es war. (…) Meine Überzeugung war es immer, daß die betonierte Tei-
5 lung und daß die Teilung durch Stacheldraht und Todesstreifen gegen den Strom der Geschichte standen. (…) Ich erinnere uns auch daran, daß das alles nicht erst am 13. August 1961 begon-
10 nen hat. Das deutsche Elend begann mit dem terroristischen Nazi-Regime und dem von ihm entfesselten Krieg. (…) Aus dem Krieg und auch aus der Veruneinigung der Siegermächte er-
15 wuchs die Spaltung Europas, Deutschlands und Berlins. Jetzt wächst zusammen, was zusammengehört.

Willy Brandt, „… was zusammengehört", Reden zu Deutschland, Bonn 1990, S. 37 ff.

„... NOCH'N PAAR EIGENBLUT-SPRITZEN UND MAN SIEHT KAUM NOCH NE NARBE!"

Q9 „ . . . noch 'n paar Eigenblut-Spritzen und man sieht kaum noch 'ne Narbe!"

Karikatur von Horst Haitzinger, 1995

✎ F: Erkläre, wie der Karikaturist Kanzler Kohls Einigungspolitik einschätzt.

◉ Eine Aufgabe zu dieser Karikatur findest du auch auf der CD-ROM.

Q10 Vieles ist heute so normal

Der Pfarrer, Bürgerrechtler und CDU-Politiker Rainer Eppelmann sagt 1992 in einem Interview:

Viele Ostdeutsche haben vergessen, was sie 1980, 1985 oder 1988 gequält hat. Sie haben vergessen, was im Herbst 1989 auf ihren Plakaten gestanden hat, weil das
5 heute alles schon so normal ist. (…) 16 Millionen haben doch nach der Devise gelebt: Schnauze halten, Hintern an die Wand und nur nicht auffallen. (…) Viele kommen doch deshalb in dem neuen
10 Deutschland nicht recht klar, weil sie diese Verhaltenweisen noch tief in sich drin haben. (…) Ich glaube, niemand hat so recht begriffen, daß es schon zwei Menschenalter her ist, als wir im Osten
15 das letzte Mal so etwa wie Marktwirtschaft oder Demokratie erlebt haben. (…) Wer meint, die Stasi sei das Thema, um DDR-Geschichte aufzuarbeiten, läßt zu vieles unter den Tisch fallen. Unter
20 dem System haben viele noch ganz an-

ders gelitten. Zum Beispiel unter Margot
10 Honeckers Bildungswesen: Allen, die in der DDR geboren wurden, ist die Zunge gespalten und mindestens ein Rücken-
25 wirbel rausgenommen worden.

PZ extra Wir in Europa, Nr. 15, 1992, S. 6 f.

Q11 Unser Volk ist frei

Bundespräsident Horst Köhler in seiner Rede zum Tag der Deutschen Einheit am 3. Oktober 2008 in Hamburg:

Die DDR ist Vergangenheit. Dabei vergessen wir nicht, dass die einzelnen Geschichten der Menschen in der DDR nicht nur vom System und seinem Un-
5 recht geprägt waren. Die meisten haben hart gearbeitet, viel geleistet, sie haben sich umeinander gekümmert, miteinander gelebt, gelitten und gefeiert. Es gab in der DDR Glück, Erfolge und Erfüllung.

Nicht wegen, sondern oft trotz der SED-Diktatur. (…) Praktisch war es unmöglich, im Vereinigungsprozess immer genau zu wissen, was die richtige Entscheidung ist. Und deshalb wollen wir
15 nicht länger so tun, als sei alles immer nur richtig gewesen. Ich stoße heute in Ostdeutschland auf viel Freude am Erreichten, auf Stolz an der eigenen Leistung und auf Selbstbewusstsein. Sicher:
20 Manches dauert länger als gedacht, es gab und gibt Härten und Enttäuschungen. (…) Unser Volk ist frei und politisch geeint. Wir leben in sicheren Grenzen, umgeben von Freunden und Partnern.
25 Wir genießen so großen Wohlstand wie wenige, und wir halten die Demokratie und das Recht hoch. Wir finden zu uns selbst.

www.bundespraesident.de/Reden-und-Interviews (Stand: 10.06.2009).

---

1. Vergleiche die Aussagen der Quellen Q4–Q6 miteinander und erkläre sie mit der Interessenlage der einzelnen Mächte.

2. Versetze dich in die Lage eines DDR-Schriftstellers, der ungefähr so alt ist wie Patrick Süskind. Antworte Süskind auf seine Ausführungen (Q7).

3. Stelle in einer Tabelle zusammen, wie Brandt, Eppelmann und Köhler den Einigungsprozess beurteilen. Schreibe in eine eigene Spalte dein Urteil (Q8, Q10, Q11).

1945   2012

1. Ein Silbenrätsel lösen: wichtige Begriffe der deutschen Geschichte seit 1945 kennen

Trage die richtigen Antworten in dein Heft ein. Die in Klammern angegebenen Buchstaben ergeben ein Lösungswort.

ba – bo – brandt – cha – da – de – den – deut – ein – en – ent – er – fe – fi – form – form – frau – ge – gor – grund – heit – il – kom – kon – ly – mar – mau – mer – mer – mi – mon – mons – mu – na – nal – nen – plan – plan – pots – re – re – renz – rung – rungs – schaft – sche – setz – shall – si – sta – tags – tio – tra – trüm – tschow – wäh – wahl – wil – wirt – zi – zie

1. Auf diesem Treffen berieten die Siegermächte 1945 über die Zukunft Deutschlands (18)
2. Sie beseitigten die Schuttberge nach den Kriegszerstörungen (11)
3. Finanzhilfe der USA zum Aufbau der westeuropäischen Wirtschaft (4)
4. Versuch der Alliierten, die Beteiligung der Deutschen an der NS-Diktatur aufzuarbeiten (5)
5. Umverteilung der landwirtschaftlichen Anbaufläche durch Enteignung (11)
6. Einführung einer neuen Währung in den Westzonen (14)
7. Bezeichnung der 1949 verabschiedeten „vorläufigen" Verfassung der Bundesrepublik (7)
8. Wirtschaftsmodell der DDR (4)
9. Dieser Kanzler wollte in der Bundesrepublik „mehr Demokratie wagen" (1)
10. Überwachungs- und Bespitzelungsinstanz in der DDR (Kurzform) (3)
11. Staatschef der Sowjetunion, der in seinem Land für Reformen sorgte (3)
12. Ihre Fälschung löste Bürgerproteste in der DDR aus (11)
13. Diese Protestkundgebungen der DDR-Bürger führten zum Untergang ihres Staates (7)
14. Bauwerk, das am 9. November 1989 fiel (4)
15. Am 3. Oktober 1990 wurde sie vollendet (11)

2. Staatsformen untersuchen: Unterschiede und Gegensätze der beiden deutschen Staaten kennzeichnen (Urteilskompetenz)

Übertrage die Tabelle in dein Heft und trage Unterschiede beider deutscher Staatsformen zusammen. Unterscheide dabei politische, wirtschaftliche und gesellschaftliche Aspekte.

	Bundesrepublik	**DDR**
Herrschaftssystem	– –	– –
Wirtschaftsmodell	– –	– –
gesellschaftliche Gegebenheiten	– –	– –

3. Eine Karikatur auswerten: die Ereignisse in der DDR im Herbst 1989 (Analysekompetenz, Urteilskompetenz)

Beschreibe die Karikatur Q1, deute ihren Inhalt und ordne ihre Aussage in den geschichtlichen Zusammenhang dieses Kapitels ein. Beachte dabei auch den Titel der Karikatur.

Q1 Abstimmung mit den Füßen
Karikatur von Joachim Kohlbrenner, „Die Tageszeitung", September 1989

4. Demo-Slogans analysieren: Forderungen der DDR-Bürger aus dem Herbst 1989 in den historischen Kontext einordnen (Analysekompetenz, Urteilskompetenz)

Erläutere die Parolen und Slogans, die 1989 auf den Demonstrationen der DDR-Bürger gerufen und gezeigt wurden. Versuche, die Slogans chronologisch zu ordnen und begründe deine Zusammenstellung. Formuliere fünf weitere mögliche Forderungen der DDR-Bürger.

> Wir sind das Volk

> Wir sind ein Volk

> Visafrei bis Hawaii

> Keine Experimente mehr – Wiedervereinigung jetzt

> Wir lassen uns nicht BRDigen

> Die Mauer muss weg

> Wir wollen keine Gewalt – wir wollen Veränderung

> Kaputte Städte, Wälder, Seen – SED wir danken schön

> Jetzt oder nie – Demokratie

> Stasi in den eigenen Knast

> Wir bleiben hier

> Wir wollen raus

5. Eine Textquelle auswerten: zum Stand der deutschen Einheit (Analysekompetenz, Urteilskompetenz, narrative Kompetenz)

Wie beurteilt der Philosoph und Theologe Richard Schröder das bisherige Zusammenwachsen von Westdeutschen und Ostdeutschen? Arbeite seine Position aus der Textquelle heraus. Formuliere anschließend eine eigene Stellungnahme.

Q2 „Eine unglaubliche Umstellungsleistung"

Der Philosoph und Theologe Richard Schröder engagierte sich 1989 als DDR-Bürgerrechtler für den Sturz der SED-Diktatur. In der Frankfurter Allgemeinen Zeitung zieht er Bilanz über das Zusammenwachsen von Ost und West:
Von allen ehemals sozialistischen Ländern hat Ostdeutschland den höchsten Lebensstandard und die beste Infrastruktur. Aber dieser Vergleich wird
5 in Ost und West vermieden. Im Westen fragt man: Warum sind die noch nicht wie wir? – als wenn es gar keine Westmacken gäbe, auf die wir lieber verzichteten. Und im Osten: Warum leben wir
10 noch nicht wie sie, sondern mit 70 Prozent Westlohn und doppelt so vielen Arbeitslosen? Der Blick nach Westen verdeckt im Osten auch den Vergleich mit den DDR-Verhältnissen. Manche – eine
15 Minderheit – verklären sie. (…)

Und warum sind die Ostdeutschen nicht dankbarer? Die einseitige Forderung von Dankbarkeit ruiniert jede Beziehung, da sie das Eingeständnis fortdauernder Ab-
20 hängigkeit einschließt (…). Und warum eigentlich dankt niemand den Ostdeutschen, deren Zivilcourage im Herbst 1989 die deutsche Einheit möglich machte und die eine unglaubliche Umstellungs-
25 leistung erbracht haben? Zweifellos haben sie den größeren Teil der Kriegsfolgelasten zu tragen gehabt. (…)
Die deutsche Einheit ist weiter vorangeschritten als die italienische, hat ein
30 Italiener bemerkt. Bloß die Deutschen glauben das nicht, weil sie an übertriebenen Maßstäben leiden und die schlechten Nachrichten besonders lieben. Im Ausland hält man die deutsche
35 Einigung für gelungen.

Richard Schröder, Was ist mit dem Osten los?, in: Frankfurter Allgemeine Zeitung vom 25. August 2005.

6. Eine Karikatur auswerten: Zusammenwachsen von Ost und West (Analysekompetenz, Urteilskompetenz)

Fasse die Aussage der Karikatur mit deinen eigenen Worten zusammen und nimm Stellung zu dieser Aussage.

Q3 „Hier hat einst eine schreckliche Mauer die Menschen getrennt"
Karikatur von Barbara Henniger, Berliner Tagesspiegel, November 1996

Eine Zeitleiste erstellen Band 1, S. 14/15

Methodische Arbeitsschritte

1 Die Planung

- Bestimmt Thema und Zweck der Zeitleiste.
- Berechnet Maßstab und Platzbedarf.
- Tragt die Zeitskala ein und nehmt die Markierung von Abschnitten vor.
- Besprecht untereinander, zu welchen Ereignissen, Personen oder Begriffen ihr Eintragungen vornehmen wollt (am besten dann, wenn ein Thema im Unterricht abgeschlossen ist).

2 Die Zeitleistenbausteine

- Schreibt eure Texte vor und besprecht sie miteinander.
- Sammelt passende Bilder und andere zusätzliche Materialien, wählt sie gemeinsam aus und formuliert Unterschriften dazu.

3 Die Ausgestaltung

- Klärt genau, wo welcher „Baustein" in der Zeitleiste hinkommen soll; tragt, klebt oder malt dann ein, was ihr geplant habt.
- Überlegt gemeinsam, welche Verzierungen ihr noch vornehmen könnt (Farbe, Symbole).

Sachquellen untersuchen Band 1, S. 18/19

Methodische Arbeitsschritte

1 Beschreiben

- Stelle fest, um welchen Gegenstand es sich handelt.
- Sieh ihn an, nimm ihn in die Hand, probiere ihn aus.

2 Untersuchen

- Beantworte die folgenden Fragen:
  — Aus welchen Materialien ist der Gegenstand?
  — Aus welcher Zeit stammt er vermutlich?
  — Wozu diente er?
  — Wie wurde er gehandhabt und von wem?
  Dafür musst du dir unter Umständen zusätzliche Informationen aus Lexika, Sachbüchern, dem Internet oder von Experten besorgen. Als Experten können oft ältere Menschen dienen.

3 Deuten

- Überlege, was du aus dem Gegenstand über das Leben von Menschen früher entnehmen kannst. Welche Bedeutung hatte er für sie? Notiere Fragen, die sich an den Gegenstand anknüpfen und zu deren Beantwortung du weitere Informationen brauchst.
- Stelle abschließend fest, ob der Gegenstand für unser heutiges Leben noch eine Rolle spielt. Ist er durch andere ersetzt worden? Was lässt sich daraus über die Lebensweise der Menschen und ihren Wandel ablesen?

Einen Verfassertext auswerten Band 1, S. 30/31

Methodische Arbeitsschritte

1 Überblick

- Lies den ganzen Text einmal zügig durch. Um welches Thema und um welche Fragestellungen geht es?
- Notiere eine Überschrift und Stichwörter auf deinem Arbeitsblatt.

2 Untersuchung

- Finde Begriffe, mit denen du den Text gliedern kannst.
- Notiere die wichtigsten Gedanken eines jeden Abschnitts. Zum Beispiel: Welche Ereignisse und Entwicklungen werden genannt; wer sind die Handelnden; mit welchen Begriffen werden die historischen Situationen und Abläufe benannt; wie werden sie bewertet?
- Untersuche, wie der Verfasser seine Informationen und Argumentationen sprachlich darbietet. Zum Beispiel: Zeitliche Bezüge werden ausgedrückt durch „vorher", „nachher", „plötzlich" oder „danach"; Begründungen durch „weil", „da", „deshalb", „deswegen"; gegensätzliche Wertungen oder Widersprüche durch „einerseits — andererseits", „obwohl", „trotzdem", „manche meinen"; Unsicherheit oder Vorbehalte durch „vielleicht", „vermutlich", „wahrscheinlich".

3 Zusammenfassung

- Fasse die wichtigsten Informationen des Textes knapp zusammen und bringe sie in eine eigene Form. Dafür kannst du zum Beispiel
  — den Inhalt des Textes in wenigen eigenen Sätzen formulieren,
  — eine Stichwortliste erstellen (etwa mit einander widersprechenden Argumenten oder Wertungen),
  — eine Tabelle gestalten,
  — die Aussage des Textes in einer Strukturskizze wiedergeben.

Rekonstruktionszeichnungen untersuchen Band 1, S. 42/43

Methodische Arbeitsschritte

1 Beschreiben

- Stelle fest, worum es bei der Rekonstruktionszeichnung geht. Die Unterschrift gibt dir dazu Informationen.
- Handelt es sich um einen einzelnen Gegenstand, ein Bauwerk, eine historische Szene ...?
- Ordne das Thema in Zeit und Raum ein.
- Überlege, was du bereits über das Thema weißt.

2 Untersuchen

- Welche Gegenstände sind zu sehen?
- Welche baulichen oder technischen Einzelheiten kann man erkennen?
- Was lässt sich über die Funktionsweise erkennen?
- Welche Personen sind abgebildet?
- Welche Tätigkeiten üben sie aus?
- Welche Darstellungsweise wurde gewählt: farbig oder schwarz-weiß, einige wenige Dinge oder viele Details, welche Perspektive?
- Geht es um Sachinformation oder um Atmosphäre und Dramatik?

3 Deuten

- Was sagt die Rekonstruktionszeichnung über das Thema aus?
- Ist erkennbar, was man über das Thema tatsächlich weiß und wo Ergänzungen vorgenommen wurden? Woran erkennst du das?
- Was würdest du möglicherweise an der Rekonstruktionszeichnung kritisieren? Begründe deine Kritik.

Ein Schaubild erklären   Band 1, S. 66/67

Methodische Arbeitsschritte

1 Thema

- Stelle fest, welches Thema das Schaubild behandelt. Die Unterschrift gibt dir dazu Informationen.
- Ordne das Thema in Zeit und Raum ein. Manchmal geben Schaubilder Zustände wieder, die nur für kurze Zeit und nur für bestimmte Länder oder Gebiete galten. Andere zeigen gesellschaftliche Zustände, die für viele Länder und über lange Zeit typisch waren oder sind.

2 Untersuchung

- Stelle fest, welche Bestandteile das Schaubild hat. Das können zum Beispiel Kästchen, Kreise, Linien, Pfeile, Figuren oder Zeichen sein.
- Untersuche die Bedeutung der einzelnen Bestandteile des Schaubildes. Finde heraus, wofür verwendete Farben, Formen und Zeichen stehen.
- Überlege, welchen Zusammenhang es zwischen dem Thema und der Form des Schaubildes gibt.

3 Deutung

- Arbeite heraus, wie die einzelnen Bestandteile miteinander verknüpft sind und was das bedeutet: Stehen sie z.B. nebeneinander oder untereinander, sind sie mit Pfeilen verbunden und was heißt das?
- Erkläre, welches Verhältnis zwischen Personen oder Menschengruppen durch das Schaubild deutlich wird.
- Fasse zusammen, was du über das dargestellte Thema erfahren hast.

Textquellen auswerten   Band 1, S. 76/77

Methodische Arbeitsschritte

1 Inhalt erfassen

- Lies dir den Text zuerst einmal genau durch, damit du weißt, worum es geht. Achte dabei besonders auf die genannten Personen sowie Orts- und Zeitangaben.
- Kläre alle Wörter und Aussagen, die du nicht verstehst, entweder mit einem Wörterbuch oder frage deine Lehrerin/ deinen Lehrer.
- Unterteile den Text in Sinnabschnitte, die jeweils einen Gedanken ausdrücken, und schreibe für jeden davon eine Überschrift.
- Fasse jetzt den Text mit deinen Worten so zusammen, dass alle Sinnabschnitte berücksichtigt sind.

2 Untersuchen

- Nun weißt du, was in dem Text steht. Aber es könnte ja sein, dass der Verfasser des Textes ziemlich unwissend war oder eine einseitige Meinung vertrat. Deshalb musst du dich über den Verfasser informieren, z.B. mit einem Lexikon.
- Stelle fest, wer den Text verfasst hat, an welches Publikum er sich richtete und mit welcher Absicht er das tat.
- Kläre, mit welchem zeitlichen Abstand vom Geschehen der Verfasser schrieb und wie er an sein Wissen darüber gelangt ist.
- Kläre ferner, ob der Verfasser vielleicht eine einseitige Meinung vertritt. Hinweise dazu könntest du im Text oder in deinem Wissen über den Verfasser oder durch Vergleich mit einer anderen Quelle finden.

3 Deuten

- Ordne die Quelle in den geschichtlichen Zusammenhang ein. Du kannst z.B. den Verfassertext zu Hilfe nehmen.
- Fasse zusammen, was die Quelle über das historische Thema aussagt.
- Formuliere deine eigene Deutung des historischen Sachverhalts unter Einbezug der Quelle und anderer Informationen.

Geschichtskarten verstehen   Band 1, S. 94/95

Methodische Arbeitsschritte

1 Beschreiben

- Stelle fest, welches Thema die Karte behandelt.
- Bestimme den geografischen Ausschnitt der Karte.
- Benenne den Zeitpunkt oder Zeitraum, auf den sich die Karte bezieht. Stelle fest, ob die Karte einen Zustand oder eine Entwicklung zeigt.

2 Untersuchen

- Schreibe alle einzelnen Informationen auf, die du der Karte entnehmen kannst.
- Nimm gegebenenfalls dafür notwendige Berechnungen vor.

3 Deuten

- Fasse die wichtigsten Aussagen der Karte zusammen.
- Verknüpfe die Kartenaussagen mit Kenntnissen, die du schon hast.
- Überlege, auf welche Fragen die Karte keine Antwort gibt.
- Überlege, ob die Kartendarstellung unter Umständen Probleme aufwirft.

Wichtige Abkürzungen auf Geschichtskarten

Bsm.	Bistum	Hzmer.	Herzogtümer
Ebsm.	Erzbistum	Kgr.	Königreich
Ehzm.	Erzherzogtum	Ksr.	Kaiserreich
Fsm.	Fürstentum	Kfsm.	Kurfürstentum
Fsmer.	Fürstentümer	Lgft.	Landgrafschaft
Gft.	Grafschaft	Mgft.	Markgrafschaft
Ghzm.	Großherzogtum	Rep.	Republik
Hzm.	Herzogtum		

Ein Standbild untersuchen   Band 2, S. 28/29

Methodische Arbeitsschritte

1 Beschreiben

- Stelle fest, welche Personen dargestellt werden: Handelt es sich um lebende Personen, um Götter oder um Figuren, die stellvertretend für ein Volk oder eine Gruppe stehen? Werden sie bei bestimmten Handlungen dargestellt?
- Informiere dich, wann und von wem das Standbild geschaffen wurde.
- An welchem Ort wurde die Darstellung gezeigt?
- Welche Einzelheiten fallen dir besonders auf?

2 Untersuchen

- Finde heraus, wer der Auftraggeber/die Auftraggeberin war. Welche Gründe hatte er/sie für den Auftrag?
- Untersuche die Einzelheiten:
  — Wie werden die Personen dargestellt?
  — Welche Haltung nehmen sie ein? Wie sind Kleidung und Haare gestaltet worden?
  — Wie groß ist die Darstellung im Verhältnis zum Vorbild?
  — Wie werden Handlungen und Szenen dargestellt? Wer steht dabei im Mittelpunkt?
  — Gibt es Einzelheiten im Bild, die symbolisch gemeint sind?

3 Deuten

- Fasse zusammen, wie das Standbild auf dich wirkt und wie es wohl auf die Menschen zur Entstehungszeit gewirkt haben muss.
- Erkläre, was die dargestellte Person oder der Auftraggeber den Betrachtern mitteilen wollten.

Symbole erschließen   Band 2, S. 48/49

Methodische Arbeitsschritte

1 Beschreiben

- Beschreibe, welche Personen, Tiere, Gegenstände, Zeichen usw. dargestellt sind.
- Entscheide, welche Teile des Dargestellten wirkliche Dinge abbilden und welche symbolische Bedeutung haben.
- Stelle fest, in welchem Zusammenhang das Symbol/die Symbole verwendet werden (z.B. auf Münzen, Gebrauchsgegenständen, Flaggen, Denkmälern usw.).

2 Untersuchen

- Finde heraus, was das Symbol oder die Symbole bedeuten. Beachte dabei, dass Symbole in unterschiedlichen Zeiten und Zusammenhängen Verschiedenes bedeuten können.

Wenn du die Bedeutung eines Symbols nicht erschließen kannst, schlage unter dem entsprechenden Stichwort (z.B. „Heiligenschein") in einem Lexikon für Symbole nach. Du kannst auch im Internet recherchieren.

3 Deuten

- Ordne die Bedeutung der Symbole in den Gesamtzusammenhang ein und fasse zusammen, was damit ausgesagt wird. Was bedeutete die symbolische Darstellung für die Menschen der damaligen Zeit? Was kann man daraus z.B. über das Denken der Menschen, über religiöse Vorstellungen, über Herrschaftsverhältnisse oder über politische Ziele erfahren?

Bilder untersuchen   Band 2, S. 68/69

Methodische Arbeitsschritte

1 Beschreiben

- Beschreibe deinen ersten Eindruck von dem Bild.
- Stelle fest, was darauf besonders ins Auge fällt.
- Nenne Einzelheiten, die du auf dem Bild siehst.

2 Untersuchen

- Benenne das Thema des Bildes.
- Finde heraus, welche einzelnen Personen, historischen Ereignisse, Gegenstände dargestellt sind. (Hierfür benötigst du oft Zusatzinformationen.)
- Analysiere die verwendeten Darstellungsmittel:
  — Bildaufbau (Bildteile; Vorder-, Mittel-, Hintergrund; besondere Anordnung)
  — Perspektive (Zentral- oder Bedeutungsperspektive; Auf- oder Untersicht)
  — Figurendarstellung (Körperhaltung; Blickrichtung; Mimik; Gestik)
  — Größenverhältnisse
  — Licht- und Farbwirkungen

3 Deuten

- Formuliere die Gesamtaussage des Bildes.
- Erkläre, welche für die Zeit typischen Sichtweisen, Vorstellungen oder Haltungen das Bild deutlich werden lässt.

Urkunden auswerten   Band 2, S. 72/73

Methodische Arbeitsschritte

1 Beschreiben

- Sieh dir zunächst die Abbildung der lateinischen Originalurkunde (Faksimile) an und halte fest, was du erkennst.
- Lies dir die deutsche Übersetzung durch und fasse den Inhalt des Textes zusammen.
- Vergleiche die Übersetzung mit dem Faksimile.
- Suche in der deutschen Übersetzung die einzelnen Bestandteile einer Urkunde und markiere sie.
- Gliedere die Urkunde in die drei Hauptteile. Versuche, im Faksimile zu erkennen, wie der Schreiber die Gliederung gestaltet hat.

2 Untersuchen

- Untersuche das Schriftbild auf Zeichen, Wörter oder Namen, die größer geschrieben sind als die übrige Schrift.
- Stelle dann die Informationen zusammen, die du der deutschen Übersetzung entnehmen kannst: über den Aussteller der Urkunde und den Schreiber, über den Adressaten und die ihm verliehenen Rechte und über die praktischen Umstände der Rechtshandlung.
- Überlege, mit welcher Absicht und unter welchen Umständen die Urkunde ausgestellt wurde und welche Wirkung sie hatte.

3 Deuten

- Versuche nun, die Urkunde in den historischen Zusammenhang einzuordnen und ihre Bedeutung zu erschließen. Frage dich z.B.:
  — Welche Informationen aus den vorhergehenden Kapiteln werden durch diese Urkunde gestützt?
  — Erwähnt die Urkunde einen für dich neuen Aspekt?

Textquellen untersuchen: eine Rede   Band 2, S. 94/95

Methodische Arbeitsschritte

1 Beschreibung

- Wie bei allen Textquellen musst du zuerst folgende Fragen beantworten:
  — Worum geht es in dem Text? Was ist das Thema, was der Inhalt?
  — Wann ist der Text entstanden? Wer ist der Redner? An wen wendet er sich? In welcher Situation und warum tut er das?
- Schlage unbekannte Begriffe nach.

2 Untersuchung

- Nimm dir die einzelnen Aussagen oder Sinnabschnitte vor und stelle fest, wie der Redner seine Zuhörer zu überzeugen sucht:
  — Gibt der Redner Tatsachen wieder oder bloße Meinungen?
  — Welche Absichten verfolgt der Redner? Ordne jede Aussage einem/mehreren der folgenden Begriffe zu: „etwas rechtfertigen", „Unerwünschtes tadeln", „Erwünschtes loben", „Ängste, Hoffnungen, Wünsche wecken".

3 Deutung

- Prüfe die Wirkung der Rede, indem du folgende Fragen beantwortest:
  — Welche Gedanken/Gefühle könnten die Aussagen bei einem Anhänger des Redners auslösen (hier z.B. bei einem christlichen Ritter)?
  — Bei welchen Aussagen würde ein Gegner (hier z.B. ein Muslim) protestieren?
  — Welche Aussagen würdest du als zweifelhaft, übertrieben oder Schwarz-Weiß-Malerei bezeichnen?

Einen Grundriss auswerten   Band 2, S. 122/123

Methodische Arbeitsschritte

1 Beschreiben

- Stelle fest, was auf dem Grundriss dargestellt ist. Handelt es sich um ein einzelnes Gebäude oder eine große Anlage mit verschiedenen Teilen?
- Informiere dich, aus welcher Zeit der Grundriss stammt und wer ihn angefertigt hat. Handelt es sich um ein Original oder eine Nachzeichnung?
- Erläutere, wie die Einzelteile dargestellt sind: z.B. Mauern, Eingänge, Türen, Fenster, verschiedene Stockwerke, Türme usw.

2 Untersuchen

- Benenne die verschiedenen Bestandteile, die du erkennst. Welche Teile erscheinen dir besonders wichtig? Unterscheide z.B. Haupt- und Nebengebäude, Wege. Beschreibe die Lage der einzelnen Bestandteile zueinander.
- Untersuche, welche Auskünfte der Grundriss über die Größe der Anlage oder die Abmessungen einzelner Teile gibt.
- Finde heraus, welche Funktionen die einzelnen Bestandteile hatten.

3 Deuten

- Fasse zusammen, was der Grundriss über Arbeits- und Lebensgewohnheiten der Menschen aussagt, die das Gebäude oder die Anlage nutzten.
- Erkläre, welche Bedeutung die Anlage für die Menschen in der damaligen Zeit hatte.

Bauwerke untersuchen   Band 2, S. 150/151

Methodische Arbeitsschritte

1 Beschreiben

- Stelle fest, um was für ein Gebäude es sich handelt und wann es errichtet wurde.
- Beschreibe die Lage des Bauwerks in der Stadt und suche eine Erklärung dafür.
- Bestimme die Maße des Gebäudes, also Länge, Breite und Höhe.
- Beschreibe die einzelnen Teile des Bauwerks und stelle fest, in welchem Baustil es erbaut wurde.

2 Untersuchen

- Bestimme anhand der einzelnen Bestandteile und Räume die Funktion (Aufgabe, Zweck) des Bauwerkes.
- Informiere dich, wer das Bauwerk errichten ließ und ob es einen bestimmten Anlass dafür gab.
- Erkundige dich, wer die Bauarbeiten bezahlt hat.
- Untersuche die Baugeschichte: Wurden z.B. Teile nachträglich an- oder umgebaut?

3 Deuten

- Stelle Vermutungen an, wie das Bauwerk auf die Menschen wirkte und welche Absichten der Erbauer damit verfolgte.
- Finde heraus, ob sich das Bauwerk im Laufe der Zeit veränderte: Wurde es zerstört, wiederaufgebaut, restauriert oder umgebaut? Welche Gründe gab es dafür?
- Triff Aussagen über den heutigen Verwendungszweck. Hat er sich geändert, dann erkläre, warum.

Jugendliteratur kritisch lesen   Band 2, S. 178/179

Methodische Arbeitsschritte

1 Beschreiben

- Fasse kurz zusammen, worum es in dem Buch geht.
- Kläre, in welcher Zeit und an welchem Ort die Handlung spielt, wer die Hauptpersonen sind und in welchem Verhältnis sie zueinander stehen.

2 Untersuchen

- Charakterisiere die Hauptfiguren mit passenden Adjektiven. Ordne sie bestimmten gesellschaftlichen Gruppen zu.
- Kläre die Erzählperspektive.
- Suche nach Informationen, die über die erzählte Zeit Aufschluss geben.
- Beschreibe die Konflikte, die im Mittelpunkt der Handlung stehen, und finde Gründe für deren Ursache.

3 Deuten

- Überlege, was das Buch über die Zeit aussagt, in der die Handlung spielt.
- Stelle fest, welche Deutung der historischen Ereignisse oder Probleme dem Leser nahegelegt werden.
- Finde heraus, welche Werte und Überzeugungen der Deutung zugrunde liegen.

Historische Karten analysieren   Band 2, S. 186/187

Methodische Arbeitsschritte

1 Beschreiben

- Stelle fest, um welche Art von Karte es sich handelt (Weltkarte, Karte einer bestimmten Region).
- Beschreibe deinen ersten Eindruck von dieser Karte.
- Halte fest, was dir darauf besonders ins Auge fällt.
- Nenne Einzelheiten, die du auf der Karte erkennst.

2 Untersuchen

- Informiere dich, wann und wo die Karte entstanden ist.
- Stelle fest, wie die Karte aufgebaut ist: Wie sind die Himmelsrichtungen festgelegt? Wie sind die Erdteile, Ozeane und Flüsse angeordnet? Wie ist die Karte beschriftet usw.?
- Benenne die Länder, Städte, Flüsse, Meere, Gebirge, die du erkennen kannst.
- Entschlüssele dargestellte Personen oder Tiere oder Symbole. Dazu wirst du oft weitere Informationen suchen müssen.
- Halte fest, welche Einzelheiten besonders hervorgehoben sind.

3 Deuten

- Vermute, zu welchem Zweck die Karte angefertigt wurde.
- Erläutere, welche geografischen Kenntnisse die Schöpfer der Karte bereits hatten.
- Leite aus den Symbolen und ihrer Anordnung auf der Karte ab, welche religiösen Vorstellungen die Menschen zur Entstehungszeit der Karte hatten.
- Fasse zusammen, welches Weltbild in der Karte zum Ausdruck kommt.

Flugschriften analysieren   Band 2, S. 206/207

Methodische Arbeitsschritte

1 Beschreiben

Gehe vor wie bei einer Bildauswertung:
- Beschreibe deinen ersten Eindruck von dem Bild.
- Stelle fest, was darauf besonders ins Auge fällt.
- Nenne Einzelheiten, die du erkennen kannst (Personen, Gegenstände, Gebäude usw.).

2 Untersuchen

- Finde heraus, welche Personen im Mittelpunkt stehen, welche eher am Rand.
- Beschreibe, womit die Personen beschäftigt sind.
- Untersuche die Form der Darstellung. Berücksichtige dabei Stilmittel wie Größe, Kleidung, Anordnung der Personen und Gegenstände.
- Überlege, welche Bildelemente Symbole darstellen oder symbolisch gemeint sind.
- Suche nach Texten oder Namen und entschlüssele sie.

3 Deuten

- Finde heraus, auf welches Ereignis sich das Spottbild beziehen könnte.
- Überlege, wie der Künstler die Ereignisse beurteilt und welche Personen er mit seiner Darstellung erreichen wollte.

Herrscherbilder auswerten   Band 3, S. 16/17

Methodische Arbeitsschritte

1 Beschreiben

- Beschreibe deinen ersten Eindruck von dem Bild.
- Stelle fest, was darauf besonders ins Auge fällt.
- Nenne Einzelheiten, die du auf dem Bild siehst.

2 Untersuchen

- Finde heraus, um welchen Herrscher es sich handelt.
- Untersuche, wie die Herrscherfigur dargestellt wurde (Anordnung auf dem Bild, Körperhaltung, Gesten und Mimik, Blickrichtung, Kleidung) und welche Perspektive der Maler gewählt hat (von unten oder oben).
- Kläre, mit welchen Herrschaftssymbolen der Herrscher dargestellt wird und welche Bedeutung diese haben. (Hierfür benötigst du oft Zusatzinformationen.)
- Finde heraus, welche künstlerischen Mittel der Maler verwendet hat (Farben, Lichtwirkung, Größe, Format, verwendetes Material).
- Informiere dich über den Künstler, die Entstehung des Bildes und seine Verwendung.

3 Deuten

- Formuliere zusammenfassend die Wirkung, die das Bild auf die Mitmenschen des Herrschers (seine Zeitgenossen) erzielen sollte.
- Erkläre, welcher Herrschaftsanspruch in dem Bild deutlich wird.

Ein Verfassungsschaubild auswerten   Band 3, S. 54/55

Methodische Arbeitsschritte

1 Beschreiben

· Stelle fest, um die Verfassung welchen Landes es sich handelt.
· Ordne die Verfassung in die Zeit ein.
· Informiere dich, wer die Verfassung ausgearbeitet und in Kraft gesetzt hat und unter welchen historischen Umständen das geschah (z.B. während einer Revolution).

2 Untersuchen

· Stelle fest, welche Bestandteile das Schaubild hat.
· Untersuche, welche Bedeutung die verschiedenen Elemente (Farben, Pfeile, Symbole) haben.
· Stelle fest, wer wahlberechtigt ist, wer nicht, welche Gremien gewählt werden und wie oft Wahlen stattfinden.
· Untersuche, welche staatlichen Teilgewalten es gibt und welche Bestandteile sie haben.
· Kläre, welche Beziehungen es zwischen den einzelnen Teilgewalten gibt.

3 Deuten

· Fasse zusammen, um welche Staatsform es sich handelt.
· Beurteile, ob mit der Verfassung alle Mitglieder der Gesellschaft die gleichen staatsbürgerlichen Rechte haben und wer eventuell ausgeschlossen ist.
· Formuliere, wie demokratisch aus deiner Sicht die Verfassung ist.

Eine Internetrecherche durchführen   Band 3, S. 78/79

Methodische Arbeitsschritte

1 Suchen

· Finde geeignete Stich- bzw. Schlagwörter, mit denen du suchen willst.
· Benutze für deine Suche eine bestimmte Seite, die du schon kennst, oder eine Suchmaschine.

2 Überprüfen

· Überprüfe die gefundenen Seiten, ob sie dir wichtige oder überflüssige Informationen liefern.
· Kläre die Glaubwürdigkeit der Seite, indem du
  – nach dem Namen des Verfassers oder der Institution und gegebenenfalls nach der Adresse des Urhebers suchst;
  – den Zeitpunkt der Veröffentlichung feststellst;
  – die Absicht des Verfassers hinterfragst;
  – prüfst, ob Bilder und Quellen mit korrekten Nachweisen versehen sind.

3 Auswerten

· Wähle die wichtigsten Informationen aus.
· Stelle die Informationen unter einer Gliederung zusammen.
· Präsentiere das Ergebnis deiner Recherche (als zusammenhängenden Text, als PowerPoint-Präsentation, als Vortrag, als Plakat usw.).
· Überprüfe deine Vorgehensweise und überlege dir Verbesserungsmöglichkeiten.

Karikaturen auswerten Band 3, S. 100/101

Methodische Arbeitsschritte

1 Beschreiben

- Beschreibe die gezeichneten Personen, Tiere und Gegenstände sorgfältig. Achte dabei auch auf die Größendarstellungen und verbindende Elemente.
- Wenn eine Beschreibung oder Beschriftung vorhanden ist, stelle eine Beziehung zwischen dem Abgebildeten und dem Text her.

2 Untersuchen

- Finde so viel wie möglich über den geschichtlichen Hintergrund heraus: über abgebildete Personen oder wichtige Gegenstände, das Entstehungsjahr, den Ort der Veröffentlichung (bei einer Zeitung oder Zeitschrift), den Leserkreis der Zeitung oder Zeitschrift.
- Nutze dazu Geschichtsbücher über die Zeit, in der die Karikatur entstanden ist, und auch andere Informationsquellen (z.B. Lexika, Internet).
- Untersuche die dargestellten Personen und Gegenstände.

3 Deuten

- Versuche zu klären, welche persönliche Meinung der Zeichner mit der Karikatur verbreiten wollte.
- Beziehe Stellung zu der Aussage der Karikatur.

Ein Lied als historische Quelle Band 3, S. 104/105

Methodische Arbeitsschritte

1 Beschreiben

- Beschreibe die äußere Form des Liedes (Strophen, Refrain, Reime).
- Fasse die zentrale Aussage jeder Strophe zusammen.
- Charakterisiere die Sprache des Liedtextes.
- Beschreibe deine ersten Eindrücke von der Melodie des Liedes.
- Benenne die Merkmale der Melodie. Benutze dazu das Schema D1.
- Überlege, welche Stimmung mit dem Lied zum Ausdruck gebracht wird.

2 Untersuchen

- Stelle fest, wer den Liedtext geschrieben hat und von wem die Melodie stammt.
- Untersuche, welche politischen oder geschichtlichen Ereignisse im Lied erwähnt werden.
- Ordne das Lied in seinen historischen Zusammenhang ein.
- Überlege, wie Text und Melodie zusammenpassen. Suche nach musikalischen Mitteln, die möglicherweise die Aussage des Textes verstärken.

3 Deuten

- Überlege, welchen Standpunkt der Autor zu den besungenen Ereignissen hatte.
- Stelle Vermutungen an, wer das Lied gesungen haben mag und welche politische Einstellung man mit dem Singen des Liedes zeigen wollte.
- Versuche herauszufinden, welche Wirkung das Lied bei seiner Entstehung hatte.
- Erkundige dich, ob das Lied heute noch gesungen wird und ob es heute noch eine Bedeutung hat.

Eine Statistik interpretieren   Band 3, S. 134/135

Methodische Arbeitsschritte

1 Beschreiben

- Stelle fest, worum es in der Statistik geht. Die Überschrift gibt dir dazu bereits Informationen.
- Kläre, welcher Zeitraum dargestellt wird.
- Finde heraus, in welchen Größen/Einheiten das Zahlenmaterial angegeben wird.

2 Untersuchen

- Finde heraus, von wem die Statistik stammt. Kläre, wann, wo und in welcher Absicht sie veröffentlicht worden ist. (Meistens wirst du dazu Zusatzinformationen brauchen.)
- Beschreibe die Entwicklung, die du erkennen kannst. Stelle fest, ob es auffällige Entwicklungen gibt (z.B. deutliche Sprünge, Fortschritte/Rückschritte, Gleichbleibendes).
- Suche nach einer Erklärung, falls Daten unvollständig sind.
- Überlege, ob eine andere Darstellungsweise infrage kommt, welche die Aussage anschaulicher macht (z.B. Prozentzahlen).
- Überlege, welche zusätzlichen Informationen dir nützlich sein könnten.

3 Deuten

- Fasse zusammen, welche einzelnen Informationen du erhalten hast. Erkläre, was sie über den dargestellten Zeitraum aussagen.
- Überlege, ob im Untersuchungszeitraum wichtige historische Ereignisse Einfluss auf die Daten genommen haben könnten.
- Beurteile, ob die Statistik dir dabei helfen konnte, die Zusammenhänge zu klären, die du zu untersuchen hattest.

Fotografien auswerten   Band 3, S. 142/143

Methodische Arbeitsschritte

1 Beschreiben

Bei der Beschreibung eines Fotos ist es wichtig, dass du dir das Foto zunächst genau anschaust.

- Beschreibe, was dir spontan auffällt.
- Halte fest, welche Szene/welcher Vorgang dargestellt ist.
- Erkläre, wie das Foto aufgebaut ist, was sich in der Mitte, was sich im Vorder-, was sich im Hintergrund befindet.

2 Untersuchen

- Beschreibe, welche Personen erkennbar und wie sie dargestellt sind.
- Untersuche, welche Gegenstände erkennbar sind.
- Schildere, wie die abgebildete Szene/der abgebildete Vorgang auf dich wirkt.

Manche Dinge lassen sich besser verstehen, wenn man nähere Informationen besitzt. Zur Bearbeitung der folgenden Aufgaben wirst du in der Regel Zusatzinformationen brauchen:

- Kläre, wann das Foto entstanden ist.
- Versuche herauszufinden, ob das Foto eine Auftragsarbeit ist und wer gegebenenfalls der Auftraggeber ist.
- Stelle Vermutungen an, für welches Publikum das Foto aufgenommen worden ist.
- Beurteile, ob das Foto gestellt oder ein Schnappschuss ist.

3 Deuten

- Überlege, was das Foto ausdrückt und ob es eine Botschaft vermittelt.
- Fasse zusammen, welche Erkenntnisse du aus dem Abgebildeten gewinnst.
- Überlege, ob diese Erkenntnisse vom Fotografen gewollt sind.
- Deute das Foto mithilfe deines Hintergrundwissens.

Historienbilder untersuchen Band 3, S. 164/165

Methodische Arbeitsschritte

1 Beschreiben

Dieser erste Schritt ist bei allen Arten von Bildern gleich (siehe S. 298).
- Beschreibe deinen ersten Eindruck von dem Bild.
- Stelle fest, was darauf besonders ins Auge fällt.
- Nenne Einzelheiten, die du auf dem Bild siehst.

2 Untersuchen

- Benenne das Thema des Bildes.
Finde heraus:
- Wer hat das Bild gemalt?
- Aus welchem Grund hat der Künstler dieses Thema gewählt?
- Hat der Künstler einen Auftrag für sein Werk erhalten und wie lautet dieser?
- Wie groß ist der zeitliche Abstand zwischen dem dargestellten Ereignis und der Entstehungszeit des Werks?
- Was konnte der Künstler über das historische Ereignis tatsächlich wissen, was hat er hinzuerfunden, was bewusst beiseite gelassen oder verändert?
- Untersuche, welche Personen im Mittelpunkt stehen und wie sie dargestellt sind.
Bei der Untersuchung der Darstellungsmittel kannst du so vorgehen wie bei jeder anderen Bildauswertung.

3 Deuten

- Wie wird das historische Ereignis insgesamt gewertet und gedeutet?
- Welche Verknüpfung des historischen Ereignisses mit der Gegenwart legt das Bild nahe?
- Welche Botschaft oder Lehre für die Gegenwart und Zukunft soll der Betrachter dem Bild entnehmen?

Methodentraining: Denkmäler untersuchen Band 3, S. 172/173

Methodische Arbeitsschritte

1 Beschreiben

- Beschreibe die äußere Erscheinungsform des Denkmals (figürliche Plastik, Relief, Bauform wie Säule, Kubus, Wand etc.).
- Benenne Zeichen und Symbole, die du an dem Denkmal findest (Kreuz, Adler, Fahne etc.).
- Gib die Inschriften wieder, die du an dem Denkmal findest.
- Beschreibe den Standort und die Umgebung des Denkmals (Platz, Friedhof, Hain, Park etc.).

2 Untersuchen

- Stelle fest, um welchen Typ von Denkmal es sich handelt (Mahnmal, Siegesdenkmal, Heldendenkmal, Standbild etc.).
- Finde anhand geeigneter Informationen und Materialien heraus, welche Absichten die Erbauer des Denkmals verfolgten.
- In welchem politischen und gesellschaftlichen Zusammenhang wurde es errichtet?
- Wie wurde es in seiner Geschichte wahrgenommen und genutzt (Gedenkveranstaltungen)?

3 Deuten

- Charakterisiere den baulichen Gesamtausdruck des Denkmals.
- Fasse die Gesamtaussage des Denkmals zusammen und erläutere, welche Rolle die einzelnen Elemente dabei spielen.
- Diskutiere die Bedeutung dieses Denkmals in der heutigen Zeit.

Eine politische Rede analysieren   Band 3, S. 206/207

Methodische Arbeitsschritte

1 Beschreiben

- Finde heraus, wer die Rede gehalten hat, wann und vor wem der Redner oder die Rednerin gesprochen hat.
- Finde heraus, zu welchem Thema der Redner/die Rednerin spricht.
- Lies dir den Text zuerst einmal genau durch.
- Bilde Sinnabschnitte und versieh diese mit einer Überschrift.
- Fasse den Text der Rede mit eigenen Worten zusammen.

2 Untersuchen

- Informiere dich über den Verfasser/die Verfasserin der Rede.
- Untersuche, was der Anlass der Rede war.
- Finde heraus, welche Bedeutung der Ort hatte, an dem die Rede gehalten wurde.
- Informiere dich darüber, wie wichtig das Thema zum Zeitpunkt der Rede war.
- Untersuche, wie der Redner seine Zuhörer zu überzeugen versuchte.
- Stelle fest, an welchen Stellen die Zuhörer ihre Meinung geäußert haben.
- Überlege, was die im Protokoll festgehaltenen Äußerungen der Zuhörer bedeuten könnten.

3 Deuten

- Ordne die Rede in einen größeren Zusammenhang der Geschichte ein (z.B. in einen Krieg oder einen Wahlkampf).
- Fasse zusammen, was die Rede über die Politik zu der entsprechenden Zeit aussagt.
- Formuliere deine Meinung zu den Aussagen des Redners oder der Rednerin.

Feldpostbriefe auswerten   Band 4, S. 22/23

Methodische Arbeitsschritte

1 Beschreiben

Wie bei anderen Textquellen musst du zuerst folgende Fragen beantworten:
- Wann und wo wurde der Brief geschrieben?
- Wer ist der Absender und an wen hat er geschrieben?
- Was teilt der Verfasser in dem Brief mit?

2 Untersuchen

- Finde heraus, in welcher Situation der Brief geschrieben wurde. (Hierfür benötigst du oft Zusatzinformationen, z.B. welchen Verlauf nahm der Krieg zu der Zeit, in der der Brief verfasst wurde.)
- Überlege, was den Verfasser/die Verfasserin veranlasst haben könnte, den Brief zu schreiben.
- Versuche, Näheres über den Verfasser herauszubekommen, z.B. seinen Dienstgrad.
- Unterscheide, bei welchen Aussagen es sich um Tatsachen, bei welchen um Meinungen handelt.
- Finde heraus, welche Gefühle und welches Bild vom Krieg in dem Brief zum Ausdruck kommen. Welche sprachlichen Mittel hat der Verfasser dafür gewählt?

3 Deuten

- Formuliere, welche Wirkung der Brief auf den Empfänger erzielen könnte.
- Erkläre, was der Brief über die Stimmung an der Front oder zu Hause aussagt.
- Überprüfe, ob die Aussagen des Briefes mit der Berichterstattung durch die Militärführung oder durch Regierungsstellen übereinstimmen.
- Versuche zu begründen, warum es möglicherweise Abweichungen, aber auch Übereinstimmungen gibt.
- Stelle Vermutungen darüber an, welchen Sinn der Schreiber in dem Krieg sah.

Politische Malerei untersuchen   Band 4, S. 46/47

Methodische Arbeitsschritte

1 Beschreiben

Der erste Schritt ist bei allen Arten von Bildern gleich:
- Beschreibe deinen ersten Eindruck von dem Bild.
- Stelle fest, was darauf besonders ins Auge fällt.
- Nenne Einzelheiten, die du auf dem Bild siehst.

2 Untersuchen

- Benenne das Thema des Bildes.
- Informiere dich über den Künstler.

Finde heraus:
- Welche gesellschaftlichen oder politischen Entwicklungen, Vorgaben, Beschlüsse, Erklärungen, kann man mit diesem Bild in Zusammenhang bringen?
- Hat der Künstler einen Auftrag für sein Werk erhalten und wie lautet dieser?
- Aus welchem Grund hat der Künstler das Motiv gewählt?
- Welche Personen stehen im Mittelpunkt und wie sind sie dargestellt?
- Welche Darstellungsmittel (Farben, Licht, Perspektive, Format) hat der Künstler gewählt?
- Was hat er gegenüber der Wirklichkeit weggelassen, hinzugefügt oder verändert?

3 Deuten

- Wie wird das dargestellte Geschehen insgesamt gewertet und gedeutet?
- Welche Verknüpfungen zwischen politischen Programmen und der Gegenwart des Künstlers legt das Bild nahe?
- Welche Botschaft oder Lehre für die Gegenwart und Zukunft soll der Betrachter dem Bild entnehmen?
- Formuliere zusammenfassend die Wirkung, die das Bild auf die Betrachter ausüben soll.
- Stelle mögliche Widersprüche zwischen der Darstellung und der historischen Wirklichkeit heraus.

Das Aussehen von öffentlichen Gebäuden als Botschaft entschlüsseln   Band 4, S. 64/65

Methodische Arbeitsschritte

1 Beschreiben

- Beschreibe das Gebäude in seinen hauptsächlichen Bestandteilen.
- Benenne auffällige Besonderheiten (Größe, Bauweise, Farben, Verzierungen, Inschriften usw.).
- Beschreibe die Umgebung des Gebäudes.

2 Untersuchen

Informiere dich darüber,
- wann das Gebäude errichtet wurde,
- wie groß es ist,
- ob es immer so ausgesehen hat,
- wofür es genutzt wurde und wird.

3 Deuten

- Überlege, ob dir Ähnlichkeiten mit bekannten Gebäuden auffallen und ob das beabsichtigt sein könnte.
- Beschreibe, welchen Eindruck das Gebäude auf dich macht.
- Schreibe nieder, welche Botschaft das Gebäude wohl dem Betrachter vermitteln soll.

Politische Plakate analysieren Band 4, S. 86/87

Methodische Arbeitsschritte

1 Beschreiben

- Beschreibe das Bild. Achte dabei auch auf kleinste Gegenstände und Texte, die Verteilung von Licht und Schatten, Farben und die Anordnung der Texte.
- Stelle fest, was auf dem Plakat besonders ins Auge fällt.
- Nenne Einzelheiten, die du auf dem Plakat siehst.

2 Untersuchen

- Stelle fest, wer das Plakat in Auftrag gegeben hat.
- Finde heraus, aus welchem Grund das Plakat in Auftrag gegeben wurde.
- An wen wandte sich das Plakat?
- Untersuche, welche Symbole und welche Anspielungen auf historische Ereignisse du erkennen kannst.
- Untersuche den Text des Plakats.

3 Deuten

- Ordne das Plakat in den historischen Zusammenhang ein.
- Überlege, welches Ziel der Auftraggeber mit dieser Form der Gestaltung und den Texten zu erreichen versucht.
- Versuche zu beurteilen, wie dieses Plakat auf die Wählerinnen und Wähler gewirkt haben könnte.

Romane als Spiegel ihrer Zeit lesen Band 4, S. 102/103

Methodische Arbeitsschritte

1 Beschreiben

- Fasse kurz zusammen, was Thema des Buches ist, wo und wann die Handlung spielt, welche Personen vorkommen und in welcher Beziehung sie zueinander stehen.
- Beschreibe die Probleme, mit denen sich die Hauptpersonen auseinandersetzen müssen.
- Schreibe auf, welche Entwicklung die wichtigsten Personen des Romans durchlaufen. Notiere die Schlüsselstellen des Romans, an denen sich die Entwicklung besonders gut ablesen lässt.

2 Untersuchen

- Beschreibe, wie die Darstellung der Personen und ihrer Handlungen auf dich gewirkt hat.
- Informiere dich, wie der Roman in der Öffentlichkeit aufgenommen wurde, und vergleiche deine Eindrücke mit der Wirkung auf die Zeitgenossen.
- Überlege, mit welchen literarischen Mitteln der Autor diese Wirkung erreicht.
- Recherchiere, welchen persönlichen Bezug der Autor zum Thema des Romans hatte und woher er seine Informationen nahm.

3 Deuten

- Erkläre, inwieweit die Probleme der Handelnden typisch sind für die Menschen der Zeit. Prüfe, ob bestimmte Gruppen hierdurch besonders betroffen waren.
- Halte schriftlich fest, welche Einblicke du durch den Roman in die Verhältnisse der damaligen Gesellschaft erhalten hast.

Fotos als Propagandamittel erkennen Band 4, S. 128/129

Methodische Arbeitsschritte

1 Beschreiben

Bei der Beschreibung eines Fotos ist es wichtig, dass du dir das Foto zunächst genau anschaust.
- Beschreibe deine spontanen Eindrücke.
- Halte fest, welche Szene/welcher Vorgang dargestellt ist.
- Erkläre, wie das Foto aufgebaut ist, was sich in der Mitte, was sich im Vorder-, was sich im Hintergrund befindet.

2 Untersuchen

- Beschreibe genau, was erkennbar ist und wie es dargestellt wird.
- Schildere, wie die abgebildete Szene/der abgebildete Vorgang auf dich wirkt.

Um festzustellen, ob es sich um ein Propagandafoto handelt, wirst du in der Regel Zusatzinformationen brauchen, die du z.B. im Internet finden kannst:
- Kläre, wann das Foto entstanden ist. Versuche herauszufinden, ob das Foto eine Auftragsarbeit ist und wer gegebenenfalls der Auftraggeber ist.
- Finde heraus, für welches Publikum das Foto aufgenommen worden ist.
- Beurteile, ob das Foto gestellt oder ein Schnappschuss ist.

3 Deuten

- Überlege, was das Foto ausdrückt und ob es eine Botschaft vermittelt.
- Fasse zusammen, welche Erkenntnisse du aus dem Abgebildeten gewinnst. Überlege, ob diese Erkenntnisse vom Fotografen/Auftraggeber gewollt sind.
- Überlege, welche Fragen das Foto aufwirft, die anhand des Bildes selber nicht beantwortet werden können.

Dokumentarfilme auswerten Band 4, S. 164/165

Methodische Arbeitsschritte

1 Beschreiben

Bevor du dir den Dokumentarfilm anschaust, solltest du dir Hintergrundinformationen zu folgenden Punkten beschaffen.
- Ist der Film zeitnah zum Ereignis entstanden? Dann ist der Film selbst eine Quelle. Oder ist er neueren Datums, also mit deutlichem zeitlichen Abstand zum Geschehen entstanden? Dann ist er als eine Darstellung zu verstehen.
- Wie ist der Film entstanden (Auftraggeber, Regisseur, Finanzierung usw.)?
- Vor welchem Hintergrund ist der Film entstanden (z.B. Jubiläum oder sonstiger Anlass)?
- Welche Reaktionen gab es auf den Film (Kritiken in Zeitungen; wurde er zensiert oder gar verboten)?

2 Untersuchen

Sieh dir den Dokumentarfilm an und notiere dir Besonderheiten, die dir auffallen. Du kannst dazu den Film stoppen und dir die Zeitangabe dazu notieren, damit du die Stelle später wiederfindest.
- Welchen spontanen Eindruck hinterlässt der Film bei dir?
- Wovon handelt der Film?
- Gibt es dokumentarische Aufnahmen? Kommen Zeitzeugen zu Wort? Werden Stellungnahmen von Experten eingeblendet? Gibt es nachgestellte Szenen? Welche Anteile haben die einzelnen Einspielungen?
- Werden unterschiedliche Beurteilungen des historischen Geschehens deutlich? Oder stellt der Film nur eine Meinung oder eine These dar?

3 Deuten

- Überlege, ob es in dem Film eine Schlüsselsszene gibt, die stellvertrend für die Gesamtaussage des Films stehen könnte.
- Fasse die Aussageabsicht des Regisseures/Auftraggebers in wenigen Sätzen zusammen und belege dein Urteil mit aussagekräftigen Szenen.
- Beurteile die Qualität des Dokumentarfilms aus deiner Perspektive und mithilfe deines Hintergrundwissens.

Historische Spielfilme auswerten   Band 4, S. 186/187

Methodische Arbeitsschritte

1 Beschreiben

Schau dir den Film an und notiere:
- Wann und von wem wurde der Film gedreht?
- Welches Thema hat er zum Inhalt?
- Welche Ereignisse werden besonders herausgestellt, welche nur am Rande gezeigt?
- Wer sind die handelnden Personen? Wie sind sie dargestellt?
- Welche Szenen sind für das Verständnis des historischen Inhalts besonders wichtig?

Fasse deine Gesamteindrücke zusammen.

2 Untersuchen

Sieh dir die Schlüsselszenen noch einmal an und finde heraus:
- Welche Personen bringen die historische Entwicklung voran?
- Wie werden die handelnden Personen dargestellt?
- Mit welchen Mitteln geschieht das? Beachte die Kameraeinstellung (groß, klein, nah, fern, Details), Kameraperspektive (von oben, von unten, Normalsicht usw.), Kamerabewegung, Beleuchtung, Ton (Musik, Geräusche, Kommentare usw.).

Recherchiere, welche Handlungen den historischen Tatsachen entsprechen und welche erfunden sind.

3 Deuten

- Wie wird das historische Ereignis insgesamt gewertet und gedeutet?
- Welche Botschaft oder Lehre soll der Zuschauer vermittelt bekommen?
- Notiere, welche Wertungen und Deutungen deiner Meinung nach kritikwürdig sind.

Werbung als historische Quelle untersuchen   Band 4, S. 266/267

Methodische Arbeitsschritte

1 Beschreiben

- Beschreibe deinen ersten Eindruck von der Werbung.
- Nenne Dinge, die dir besonders ins Auge fallen.

2 Untersuchen

- Benenne die einzelnen Elemente der Darstellung und ihr Verhältnis zueinander.
- Untersuche die Farbgebung und ihre Funktion.
- Stelle fest, wie das Produkt bildhaft dargestellt wird (Foto oder Zeichnung; realistisch oder verfremdet; einzeln oder eingebettet in eine Szene).
- Untersuche den Charakter des Werbetextes (sachlich-informierend, erzählend, appellierend …).

3 Deuten

- Charakterisiere zusammenfassend die „Botschaft" der Werbung.
- Benenne und begründe: Was scheint dir an dieser Werbung besonders zeittypisch zu sein?

Zeitzeugen befragen   Band 4, S. 278/279

Methodische Arbeitsschritte

1 Vorbereiten	**2** Befragen	**3** Auswerten
· Überlege, zu welchem Thema, unter welcher Perspektive und zu welchem Zweck du einen Zeitzeugen sinnvoll interviewen kannst. · Mache Zeitzeugen ausfindig. Adressen für Hilfe sind: Altersheime, Altenbegegnungsstätten, das Pfarramt, das Bürgermeisteramt, Vereine und Verbände. · Vereinbare einen Gesprächstermin. · Befrage Zeitzeugen in vertrauter Umgebung. · Schreibe dir Stichworte zu den Themen auf, über die du etwas erfahren willst.	· Höre dem Zeitzeugen geduldig zu und falle ihm nicht ins Wort. · Notiere dir die persönlichen Daten deines Zeitzeugen (Name, Alter, Geburtsort, Beruf u. a.). · Vorsicht beim Einsatz von Recordern. Besser ist, du hörst aufmerksam zu und machst dir ein paar Notizen.	· Ordne deine Notizen. · Überprüfe anhand von Sachbüchern, Quellen oder weiterer Zeitzeugen, welche Aussagen du für glaubhaft, welche eher für unwahrscheinlich hältst. · Ordne die Aussagen in einen größeren Zusammenhang ein und lege dar, welche Erkenntnisse du durch die Zeitzeugenbefragung zu einem Thema gewonnen hast.

Hinweise für das Lösen der Aufgaben

Damit du weißt, was von dir beim Lösen der Aufgaben erwartet wird, wenn du aufgefordert wirst, etwas zu erläutern, beschreiben, skizzieren usw., ist hier eine kleine Übersicht für dich zusammengestellt.

Arbeite heraus: Du liest einen oder mehrere Texte unter einem bestimmten Gesichtspunkt und gibst die wichtigsten Gedanken dazu mit deinen Worten wieder.

Begründe: Du suchst in Texten und Materialien nach Gründen, warum sich Ereignisse in einer bestimmten Form zugetragen oder warum Menschen in einer bestimmten Art und Weise gehandelt haben. Anschließend gibst du die Zusammenhänge ausführlich mit deinen Worten wieder. (Beispiel: Die Menschen der Altsteinzeit konnten nie sehr lange an einem Ort bleiben, weil …)

Beschreibe: Du gibst wieder, was du auf einem Bild, in einem Text oder einem anderen Material zu einem Thema erkennen kannst.

Besprecht/tauscht euch aus: Du tauschst mit anderen Meinungen über Ereignisse oder Handlungen aus. Dabei gehst du auf deine Gesprächspartner ein und begründest deine Meinung. (Beispiel: Ich sehe das ganz genauso, weil … Ich bin anderer Meinung, denn … Ich möchte noch etwas hinzufügen …)

Bewerte: Du vergleichst eine Aussage oder eine Behauptung zu einem historischen Sachverhalt mit dem, was du darüber weißt und entscheidest, ob die Aussage oder die Behauptung zutrifft oder nicht. Du äußerst dich auch dazu, wie du zu einem Sachverhalt bzw. zum Handeln von Menschen in einer bestimmten Situation stehst. (Beispiel: Etwas ist richtig oder falsch, gerecht oder ungerecht, gut oder schlecht, grausam oder gerechtfertigt usw.) Du begründest, warum du zu diesem Urteil gelangt bist.

Charakterisiere: Du führst die wichtigsten Merkmale auf, die eine Handlung, ein Ereignis oder einen Zustand am besten beschreiben.

Diskutiert: Du tauschst mit Gesprächspartnern Meinungen zu einer Frage- oder Problemstellung aus. Dabei wägt ihr ab, was für einen bestimmten Standpunkt spricht und was dagegen.

Erkläre: Du äußerst dich ausführlich zu Abläufen, Ereignissen, Zuständen oder Handlungen und machst dabei Gründe und Zusammenhänge deutlich.

Erläutere/skizziere: Du stellst Sachverhalte oder Handlungen ausführlich dar. Dabei entscheidest du selbst, was du für besonders wichtig hältst und du demzufolge sehr genau darlegst, was du nur kurz erwähnst oder was du weglassen willst.

Erörtere/stelle dar/lege dar: Du äußerst dich ausführlich zu einem historischen Ereignis, einem Zustand oder einem Handlungsablauf und versuchst dabei, unterschiedliche Sichtweisen einzubringen. (Beispiel: Einerseits waren die Römer Eroberer und wurden von den Germanen bekämpft. Aber andererseits brachten die Römer viele Lebensgewohnheiten in die eroberten Gebiete, die dort gern übernommen wurden …)

Erkundige dich/informiere dich: Du besorgst dir Informationen zu bestimmten Sachverhalten in von dir selbst gewählten unterschiedlichen Medien (Bücher, Zeitschriften, Zeitungen, Fernsehsendungen, Internetseiten usw.) oder durch Befragen anderer Menschen (Eltern, Lehrer, Fachleute, Zeitzeugen usw.). Anschließend stellst du das Ergebnis in geeigneter Form zusammen.

Fasse zusammen: Du liest einen oder mehrere längere Texte und gibst den Inhalt in verkürzter Form wieder.

Finde heraus: Du suchst aus verschiedenen Texten und Materialien nach Antworten auf Fragen bzw. auf Lösungen bestimmter Probleme und formulierst diese mit deinen Worten.

Gib ... wieder: Du suchst aus einem oder mehreren Texten nach wichtigen Aussagen/Informationen und wiederholst diese.

Liste auf/stelle zusammen: Du schreibst Informationen in Form von kurzen Sätzen, Wortgruppen, Tabellen usw. auf.

Nenne: Du entnimmst einzelne Begriffe und Informationen aus vorgegebenen Texten und Materialien.

Ordne ein/zu: Du sortierst Informationen unter bestimmte Überschriften oder Oberbegriffe.

Prüfe/überprüfe: Du vergleichst Informationen aus den Materialien mit vorhandenen Kenntnissen und stellst fest, ob beides übereinstimmt oder sich widerspricht.

Schließe auf etwas: Du entnimmst einem Material Aussagen und denkst darüber nach, was die Gründe dafür sein könnten. (Beispiele: Ein Kriegsgegner wird besonders grausam beschrieben, weil der Schreiber die eigenen Taten rechtfertigen möchte. Ein Herrscher wird übernatürlich groß gemalt, weil damit seine Macht gezeigt werden soll.)

Stelle fest: Du entnimmst einem Material oder mehreren Materialien Informationen und formulierst zweifelsfrei feststehende Aussagen, ohne sie weiter zu bewerten oder zu kommentieren. (Beispiel: 476 n. Chr. wurde der letzte weströmische Kaiser abgesetzt.)

Stelle gegenüber: Du beschreibst verschiedenartige Informationen, Aussagen oder Sachverhalte, ohne sie zu kommentieren oder zu bewerten.

Überlege: Du suchst nach logischen Erklärungen dafür, warum sich Vorgänge oder Ereignisse in der Vergangenheit in einer bestimmten Art und Weise abgespielt haben. (Beispiel: Um gemeinschaftlich jagen zu können, mussten sich die Steinzeitmenschen miteinander verständigen können.)

Unterscheide: Du ordnest unterschiedliche Aussagen in zwei oder mehrere Gruppen ein und begründest, welche Merkmale für dich dabei von Wichtigkeit waren.

Untersuche: Du stellst an ein Material oder mehrere Materialien gezielt Fragen, beantwortest diese und begründest deine Antworten.

Vergleiche: Du stellst unterschiedliche Aussagen/Informationen gegenüber und findest heraus, worin sie sich gleichen, ähnlich sind oder sich völlig unterscheiden.

Zähle auf: Du entnimmst einem Text oder einem anderen Material einzelne Aussagen und ordnest sie sinnvoll. (Beispiel: Ötzis Ausrüstung: 1. Bekleidung: Grasmantel, Mütze aus Bärenfell ... 2. Waffen: Pfeile ... 3. Werkzeuge: ...)

Bei den folgenden Aufgabenstellungen musst du dich immer in die jeweils angegebene Zeit und in eine bestimmte Person hineinversetzen. Du musst also immer bedenken, das Denken und Handeln der Menschen und ihre Möglichkeiten waren ganz andere als heute.

Schreibe einen Tagebucheintrag: Du vertraust dich nur dem Tagebuch an, kannst also deine ganz persönliche Sicht und deine Gefühle zum Ausdruck bringen, ohne auf andere Rücksicht zu nehmen.

Schreibe einen Brief: Du musst dir genau überlegen, wer der Adressat deines Briefes ist und wie du zu ihm stehst. Der Empfänger des Briefes erwartet, dass du dich klar und verständlich ausdrückst, dass er genau weiß, worüber du ihm schreibst, und er möchte deine Meinung, deine Gedanken und vielleicht auch deine Gefühle erkennen.

Schreibe einen Zeitungsartikel: Du schreibst für ein großes Publikum und kannst nicht ohne Weiteres wissen, welche Kenntnisse die Leser haben. Also musst du kurz erläutern, worum es geht. Du möchtest auch deine Meinung zu dem Ereignis oder Sachverhalt darlegen. Um die Leser zu überzeugen, brauchst du gute Argumente. Denke auch daran, dass ein Zeitungsartikel immer auch eine bestimmte Form hat: Überschrift, vielleicht eine Unterüberschrift oder eine kurze Einführung.

Verfasse eine Rede: Mit einer Rede möchtest du viele Leute von deiner Meinung überzeugen. Du musst alles kurz auf den Punkt bringen und wirkungsvoll begründen. Wenn du deine Rede vorträgst, achte darauf, dass du gut ankommst (Fragestellungen, geschickte Pausen, veränderte Stimmlage usw.)

Gestalte ein Flugblatt/ein Plakat: Du musst deine Botschaften auf wenige aussagekräftige Schlagwörter zusammenfassen. Bilder oder Symbole müssen auf den ersten Blick entschlüsselt werden können. Plakate müssen auch groß genug sein, um von Weitem erkannt zu werden.

Führe ein Interview: Fragen und Antworten musst du vorbereiten. Bedenke dabei sehr genau, was du herausbekommen möchtest und was die Menschen, die du darstellst, überhaupt wissen konnten.

Literaturtipps

Der Erste Weltkrieg: Urkatastrophe des 20. Jahrhunderts

Adams, Simon: Der Erste Weltkrieg. Vom Attentat in Sarajevo bis zum Friedensvertrag von Versailles. Hildesheim 2002.

De Sterck, Marita: Morgen, wenn Frieden ist. Düsseldorf 2006.

Frank, Rudolf: Der Junge, der seinen Geburtstag vergaß. Ravensburg 1988.

Fritsche, Olaf: Wüstenmatrosen. Hamburg 2008.

Lawrence, Iain: Der Herr der Nussknacker. Stuttgart 2004.

Morpurgo, Michael: Als die Wale kamen. Hamburg 2002.

Morpurgo, Michael: Schicksalsgefährten. Hamburg 2004.

Morpurgo, Michael: Mein Bruder Charlie. Hamburg 2007.

Schröder, Rainer M.: Die wahrhaftigen Abenteuer des Felix Faber. Würzburg 1997.

Schröder, Rainer M.: Rotes Kap der Abenteuer. Würzburg 2003.

Vom Zarenreich zur Weltmacht Sowjetunion

Däs, Nelly: Das Mädchen vom Fährhaus. Recklinghausen 1988.

Herling, Gustaw: Welt ohne Erbarmen. München 2000.

Lugowskaja, Nina: Ich will leben. Tagebuch aus Moskau 1932–1937. München 2008.

Pristawkin, Anatoli: Wir Kuckuckskinder. Berlin 1991.

Pristawkin, Anatoli: Schlief ein goldenes Wölkchen. Frankfurt a. M. 1994.

Sedgwick, Marcus: Rot wie Blut – Weiß wie Schnee. München 2009.

Der Aufstieg der USA zur Weltmacht

Englert, Sylvia: Cowboys, Gott und Coca-Cola. Die Geschichte der USA. München 2005.

Gercke, Doris: Für eine Hand voll Dollar. München 2001.

Jeier, Thomas: Emmas Weg in die Freiheit. Ravensburg 2009.

Zitelmann, Arnulf: Keiner dreht mich um. Die Lebensgeschichte des Martin Luther King. Weinheim und Basel 1985.

Die Weimarer Republik

Bayer, Ingeborg: Der Drachenbaum. Würzburg 1988.

Berger, Peter: Im roten Hinterhaus. Würzburg 1975/2002.

Fallada, Hans: Wolf unter Wölfen. Reinbek 1991.

Fährmann, Willi: Zeit zu lieben, Zeit zu hassen. Würzburg 1995/2007.

Hetmann, Frederik: Rosa L. Frankfurt a. M. 1990.

Julius, Cornelia: Von feinen und von kleinen Leuten. Alltagsgeschichte in Lebensberichten aus den Jahren 1918–1931. Weinheim 1983.

Keun, Irmgard: Das kunstseidene Mädchen. Berlin 2001.

Kordon, Klaus: Mit dem Rücken zur Wand. Weinheim 1999.

Kordon, Klaus: Die roten Matrosen oder Ein vergessener Winter. Weinheim 2003.

Kutsch, Angelika (Hrsg.): Träume brauchen nicht viel Platz. Wunschträume 1918–1948. München 1989.

Remarque, Erich Maria: Der schwarze Obelisk. Köln 1989.

Roth, Joseph: Rechts und Links. Köln 1985.

Roth, Joseph: Zipper und sein Vater. Köln 1986.

Roth, Joseph: Hotel Savoy. Köln 1989.

Vinke, Hermann: Carl von Ossietzky. Ravensburg 1987.

Nationalsozialismus und Zweiter Weltkrieg

Bartsch, Elisabet/Kammer, Hilde: Jugendlexikon Nationalsozialismus. Reinbek 2007.

Bruckner, Winfried/Nöstlinger, Christine/Renate Welsh u. a.: Damals war ich vierzehn. Jugend im Dritten Reich. Eine Sammlung von Geschichten und Berichten. Ravensburg 2005.

Campbell Bartoletti, Susan: Jugend im Nationalsozialismus. Berlin 2008.

Dijk, van Lutz: Der Partisan. Frankfurt a. M. 1991.

Dijk, van Lutz: Der Attentäter. Hintergründe der Pogromnacht 1938: die Geschichte von Herschel Grynszpan. München 2003.

Diekman, Miep, Hilarova, Dagmar: Ich habe keinen Namen. Würzburg 1982.

Eggebrecht, Axel: Volk ans Gewehr. Chronik eines Berliner Hauses 1930–1934. Berlin u. Bonn 1985.

Eisenstein, Bernice: Ich war das Kind von Holocaust-Überlebenden. Berlin 2007.

Elias, Mirjam: Geheimversteck Hotel Atlantic. Eine wahre Geschichte. Frankfurt a. M. 2008.

Finckh, Renate: Mit uns zieht die neue Zeit. Würzburg 1989.

Frank, Anne: Anne Frank Tagebuch. Fassung v. Otto H. Frank. Frankfurt a. M. 2008.

Frank, Anne: Geschichten und Ereignisse aus dem Hinterhaus. Frankfurt a. M. 2005.

Franz, Cornelia: Verrat. München 2000.

Fried, Amelie: Schuhhaus Pallas. Wie meine Familie sich gegen die Nazis wehrte. München 2008.

Gehrts, Barbara: Nie wieder ein Wort davon? München 2003.

Ginz, Petr: Prager Tagebuch 1941–1942. Berlin 2007.

Gutman, Claude: Das leere Haus. Ravensburg 1992.

Keneally, Thomas: Schindlers Liste. München 2002.

Kerr, Judith: Warten bis der Frieden kommt. Ravensburg 2004.

Klemperer, Victor: Das Tagebuch 1933–1945. Eine Auswahl für junge Leser. Berlin 2002.

Körner, Torsten: Die Geschichte des Dritten Reiches. Frankfurt a. M. 2008.

Korschunow, Irina: Er hieß Jan. München 2006.

Leeuw, Jan De: Falsche Bilder. München 2000.

Lewin, Waltraud: Paulas Katze. Ein Haus in Berlin 1935. Ravensburg 2009.

Marcovicz, Digne M.: Massel. Letzte Zeugen. München 2007.

Noack, Hans-Georg: Die Webers: eine deutsche Familie. Ravensburg 1980.

Orlev, Uri: Lauf, Junge, lauf. Weinheim 2004.

Ossowski, Leonie: Stern ohne Himmel. Weinheim 1995.

Pausewang, Gudrun: Reise im August. Ravensburg 1992.

Pausewang, Gudrun: Die Verräterin. Ravensburg 1999.

Petri, Walther (Hrsg.): Das Tagebuch des Dawid Rubinowicz. Weinheim 1988.

Pressler, Mirjam: Malka Mai. Weinheim 2004.

Pressler, Mirjam: Die Zeit der schlafenden Hunde. Weinheim 2005.

Pressler, Mirjam: Ich sehne mich so. Die Lebensgeschichte der Anne Frank. Weinheim 2008.

Recheis, Käthe: Geh heim und vergiß alles. München 1992.

Rhue, Morton: Die Welle. Ravensburg 2008.

Richter, Hans-Peter: Die Zeit der jungen Soldaten. München 1994.

Richter, Hans-Peter: Wir waren dabei. Würzburg 2001.

Rifbjerg, Klaus: Kesse und kein Wort vom Krieg. Hamburg 1990.

Ross, Carlo: … aber Steine reden nicht. Recklinghausen 1989.

ter Haar, Jaap: Oleg oder Die belagerte Stadt. München 1986/2009.

Schulz, Hermann: Flucht durch den Winter. Weinheim 2004.

Siegal, Aranka: Weißt du nicht, daß du Jüdin bist? Eine Kindheit in Ungarn 1939–1944. Ravensburg 1985.

Stojka, Ceija: Träume ich, dass ich lebe? Befreit aus Bergen-Belsen. München 2009.

Tellegen, Anton: Ich war fünfzehn und zum Glück groß für mein Alter. Hamburg 1987.

Tuckermann, Anja: „Denk nicht, wir bleiben hier!" Die Lebensgeschichte des Sinto Hugo Höllenreiner. München 2005.

Vinke, Hermann: Das kurze Leben der Sophie Scholl. Ravensburg 1997.

Vinke, Hermann: Das Dritte Reich. Eine Dokumentation mit zahlreichen Biografien und Abbildungen. Ravensburg 2005.

Winkenbach, Marieluise: Drei Liter für Hitler. Eine Jugend im Zweiten Weltkrieg. Rheinbach 2007.

Yolen, Jane: Chaja heißt leben. Ravensburg 1992.

Zehrer, Martin: Als Herr Weimar starb. Donauwörth 2005.

Zusak, Markus: Die Bücherdiebin. München 2008.

Die Welt nach 1945

Almond, David: Feuerschlucker. München 2005.

Elmer, Robert: Nächstes Jahr in Jerusalem. Marburg 2008.

Flug, Noah/Schäuble, Martin: Die Geschichte der Israelis und Palästinenser. München 2007.

Fourçans, André: André Fourçans erklärt die Globalisierung. Frankfurt a. M. 2008.

Golan, Shammai: Schatz kommt. München 1999.

Hroub, Khaled: Hamas. Die islamische Bewegung in Palästina. Heidelberg 2009.

Jeier, Thomas: Die Sterne über Vietnam. Wien 2005.

Myers, Walter Dean: Himmel über Falludscha. Köln 2009.

Och, Sheila: Das Salz der Erde und das dumme Schaf. Würzburg 1994.

Wolffsohn, Michael: Wem gehört das Heilige Land? München 2009.

Weidenfeld, Werner: Europa leicht gemacht. Antworten für junge Europäer. München 2008.

Zenatti, Valérie: Leihst du mir deinen Blick? Eine e-mail-Freundschaft zwischen Jerusalem und Gaza. Hamburg 2006.

Deutschland nach 1945

Bentele, Günther: Augenblicke der Geschichte. Die Moderne. München 2008.

Bollwahn, Barbara: Der Klassenfeind + ich. Stuttgart 2007.

Dammann, Rüdiger, Plenzdorf, Ulrich (Hrsg.): Ein Land genannt die DDR. Frankfurt a. M. 2005.

Fritsche, Susanne: Die Mauer ist gefallen. Eine kleine Geschichte der DDR. München 2004.

Fuchs, Gerd: Die Amis kommen. Reinbek 1984.

Härtling, Peter: Krücke. Weinheim 1994.

Härtling, Peter: Reise gegen den Wind. Wie Primel das Ende des Krieges erlebt. Weinheim 2003.

Hildebrand, Katja: Zwischen uns die Mauer. Stuttgart 2006.

Kordon, Klaus: Ein Trümmersommer. Weinheim 1994.

Kordon, Klaus: Hundert Jahre und ein Sommer. Weinheim und Basel 1999.

Kordon, Klaus: Frank oder wie man Freunde findet. Weinheim und Basel 1999.

Kordon, Klaus: Der erste Frühling. Weinheim 2003.

Kordon, Klaus: Krokodil im Nacken. Weinheim 2004.

Kordon, Klaus: Julians Bruder. Weinheim 2006.

Lüddemann, Steffen: 50 Hertz gegen Stalin. Düsseldorf 2007.

Maar, Paul: Kartoffelkäferzeiten. Hamburg 2002.

Nöstlinger, Christine: Maikäfer, flieg! Mein Vater, das Kriegsende, Cohn und ich. Weinheim 2001.

Perrey, Hans-Jürgen: Zeitzeugen gesucht. Stuttgart 1988.

Poppe, Grit: Weggesperrt. Hamburg 2009.

Prinz, Alois: Lieber wütend als traurig. Die Lebensgeschichte der Ulrike Marie Meinhof. Weinheim 2003.

Schulze, Ingo: Neue Leben. München 2007.

Schwarz, Manfred: Die DDR - Zwischen Mauer, Trabi und Club-Cola. Hamburg 2009.

Rusch, Claudia: Meine freie deutsche Jugend. Frankfurt a. M. 2005.

Tetzlaff, Michael: Ostblöckchen. Eine Kindheit in der Zone. Berlin 2006.

Vinke, Hermann: Die DDR. Ravensburg 2008.

Vinke, Hermann: Die Bundesrepublik. Ravensburg 2009.

Anleitung zur Arbeit mit der CD

Anleitung zur Arbeit mit dem Methodenmodul „Bild"

Mit diesem Methodenmodul kannst du üben, Bildquellen auszuwerten. Dafür stehen dir verschiedene Werkzeuge zur Verfügung. Hier wird dir erklärt, wie du damit umgehen kannst.

Wenn du das Modul öffnest, siehst du als Erstes die Grundoberfläche. Sie ist in vier Bereiche unterteilt:

1. Die Funktionsleiste am oberen Rand

Sie ist bei allen Modulen auf dieser CD-ROM gleich. Hier findest du die wichtigsten Werkzeuge zur Bearbeitung eines Textes, z. B. Schriftart und -größe, Schriftverlauf, aber auch Drucken, Hilfe oder Zusatzinformationen.

2. Das Quellenfenster

Darin steht immer die Bildquelle mit einer Aufgabenstellung. Darüber sind die Werkzeuge zur Bildbearbeitung angeordnet. Du kannst z. B. Linien einzeichnen, Bereiche einfärben und noch vieles mehr. Hier einige Beispiele:

 Mit diesem Knopf kannst du das Bild auf Bildschirmgröße vergrößern, mit dem Minuszeichen kannst du es wieder verkleinern.

 Um einen Bildausschnitt zum Kommentieren auszuschneiden, musst du zuerst diesen Knopf drücken und danach mit gedrückter Maustaste den Bildausschnitt auswählen. Nach Loslassen der Maustaste wird der Bildausschnitt im Kommentarfenster (siehe unten) abgebildet.

Um eine Sprechblase in das Bild einzufügen, musst du diesen Knopf drücken und danach an die richtige Stelle im Bild klicken. Dort wird nun eine Sprechblase abgelegt. Diese Sprechblase kannst du anschließend im Kommentarfenster mit einem passenden Kommentar versehen.

3. Das Kommentarfenster

In diesem Fenster kannst du zu den ausgewählten Bildausschnitten und den eingefügten Sprechblasen jeweils eintragen, was du für die Untersuchung des Bildes für wichtig hältst. Mit dem kleinen Kreuz kannst du den Kommentar wieder löschen.

4. Das Textfenster/der Editor

In diesem Fenster kannst du abschließend deine Aufgabenlösung eintragen. Dafür stehen dir alle Textwerkzeuge aus der Funktionsleiste (siehe oben) zur Verfügung. Das Textfenster kann durch Ziehen des kleinen Pfeils in der Mitte nach oben vergrößert werden.

Gehe bei der Arbeit mit dem Methodenmodul „Bild" nach folgenden Schritten vor:

1. Lies die Aufgabe und schau dir die Bildquelle an.
2. Wähle die Bildausschnitte oder Sprechblasen aus, die dir besonders wichtig sind, und lege sie im Kommentarfenster ab.
3. Schreibe zu den Bildausschnitten Kommentare.
4. Löse im Textfenster die Aufgabe. Das kann eine Zusammenfassung oder auch eine kleine Geschichte zum Bild sein.
5. Drucke die bearbeitete Aufgabe aus.

Anleitung zur Arbeit mit dem Methodenmodul „Text"

Mit diesem Methodenmodul kannst du üben, Textquellen und Sachtexte auszuwerten. Dafür stehen dir verschiedene Werkzeuge zur Verfügung. Hier wird dir erklärt, wie du damit umgehen kannst.
Wenn du das Modul öffnest, siehst du als Erstes die Grundoberfläche. Sie ist in vier Bereiche unterteilt:

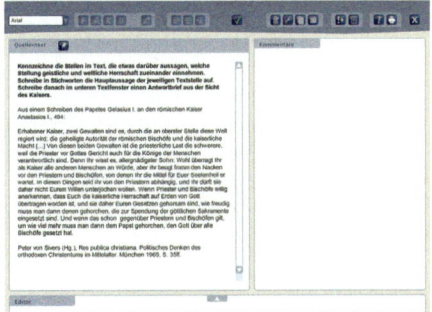

1. Die Funktionsleiste am oberen Rand

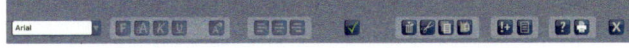

Sie ist bei allen Modulen auf dieser CD-ROM gleich. Hier findest du die wichtigsten Werkzeuge zur Bearbeitung eines Textes, z. B. Schriftart und -größe, Schriftverlauf, aber auch Drucken, Hilfe oder Zusatzinformationen.

2. Das Quellenfenster
Darin sind der auszuwertende Text und eine Aufgabenstellung angeordnet. Für die Arbeit an Texten stehen dir nur wenige Werkzeuge zur Verfügung. Du kannst vor allem Textbereiche markieren oder auch kopieren und dann in eines der anderen Fenster einfügen.

 Mit diesem Knopf kannst du vorher markierte Textbereiche im Kommentarfenster ablegen.

3. Das Kommentarfenster
Nachdem du im Textfenster Textausschnitte ausgewählt und den Kommentarknopf gedrückt hast, erscheinen diese im Kommentarfenster. In dem Feld unter dem jeweiligen Textausschnitt kannst du passende Erklärungen hinzufügen.

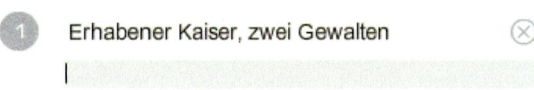

Wenn du mit der Maus über die Nummer gehst, wird der ausgewählte Textabschnitt im Quellenfenster noch einmal farblich hervorgehoben. Mit dem kleinen Kreuz kannst du deinen Kommentar wieder löschen.

4. Das Textfenster/der Editor
In dieses Fenster wirst du das Ergebnis der Textauswertung schreiben. Du kannst auch Teile des Textes oder den gesamten Text in dieses Fenster kopieren, wenn du das für die Aufgabenlösung benötigst. Dafür stehen dir alle Textwerkzeuge aus der Funktionsleiste (siehe oben) zur Verfügung. Das Fenster kann durch Ziehen des kleinen Pfeils in der Mitte nach oben vergrößert werden.

Gehe bei der Arbeit mit dem Methodenmodul „Text" nach folgenden Schritten vor:

1. Lies die Aufgabe und Textquelle im Quellenfenster.
2. Wähle entsprechend der Aufgabenstellung wichtige Textabschnitte aus, markiere sie und lege sie im Kommentarfenster ab.
3. Schreibe im Kommentarfenster zu den Textabschnitten deine Kommentare.
4. Löse im Textfenster abschließend die Aufgabe. Das kann eine kurze Zusammenfassung, eine ausführliche Erläuterung oder auch eine kleine Geschichte zum Text sein.
5. Drucke das Ergebnis deiner Arbeit aus.

Verzeichnis der Namen, Sachen und Begriffe

Verwendete Abkürzungen:
A = Abbildung; ägypt. = ägyptisch; amerik. = amerikanisch; brit. = britisch; chin. = chinesisch; dt. = deutsch; engl. = englisch; evang. = evangelisch; franz. = französisch; geb. = geboren, ital. = italienisch; irak. = irakisch; jüd. = jüdisch; K = Karte; poln. = polnisch; polit. = politisch; russ. = russisch; sowjet. = sowjetisch; sozial. = sozialistisch; span. = spanisch; SU = Sowjetunion; tschech. = tschechisch; ungar. = ungarisch; vietnam. = vietnamesisch

→ Verweis auf ein anderes Stichwort

Bei historischen Grundbegriffen, die im Buch in der Randspalte erläutert werden, ist die entsprechende Seitenzahl **halbfett** gesetzt.
Bei Herrschern und Amtsträgern werden so weit wie möglich die Regierungs-/Amtsdaten, bei allen anderen Personen die Lebensdaten angegeben.

132.Q5; 132.Q6 akg-images, Berlin; **133.Q9** akg-images, Berlin; **134.Q1** BPK (Kunstbibliothek, SMB), Berlin; **134.Q2** Ullstein Bild GmbH, Berlin; **135.Q3** BPK (Archiv Heinrich Hoffmann), Berlin; **136.Q5** BPK, Berlin; **137. Q9** Bayerisches Hauptstaatsarchiv, München; **138.Q1** Corbis (Hulton Deutsch Collection), Düsseldorf; **139. Q2** BPK, Berlin; **140.Q3** BPK, Berlin; **141.Q6 li; 141.Q6 re** CCC, www.c5.net (Kurt Halbritter), Pfaffenhofen a.d. Ilm; **142.Q1** Ullstein Bild GmbH (Imagno), Berlin; **143.Q2** BPK, Berlin; **144.Q3** akg-images, Berlin; **145. Q7** BPK, Berlin; **147.Q1** Süddeutsche Zeitung Photo (Scherl), München; **148.Q4** BPK, Berlin; **149.Q6** BPK, Berlin; **150.Q1** akg-images, Berlin; **152.Q4** akg-images, Berlin; **153.Q7** BPK, Berlin; **154.Q1** Staatsarchiv Bamberg (A 241 Nr. T 14006), Bamberg; **155.Q2** Süddeutsche Zeitung Photo (Scherl), München; **157. Q1** Ullstein Bild GmbH, Berlin; **157.Q2** BPK (Bayerische Staatsbibliothek/Archiv Heinrich Hoffmann), Berlin; **158.Q4** Süddeutsche Zeitung Photo (Scherl), München; **159.Q6** akg-images, Berlin; **159.Q7** akg-images (Wittenstein), Berlin; **160.Q1** Süddeutsche Zeitung Photo (SZ Photo), München; **161.Q2** Ullstein Bild GmbH (Alinari), Berlin; **162.Q5** ESWE Versorgungs AG, Wiesbaden; **162.Q6** BPK (Hilmar Pabel), Berlin; **163.Q8** akg-images, Berlin; **164.Q1** Arthaus Musik GmbH, Halle; **164.Q3 li** Eikon Media GmbH, Berlin; **164.Q3 re** © EIKON Media GmbH, Berlin; **166.1** Corbis (Hulton Deutsch Collection), Düsseldorf; **166.Mili** Scherl; **166.Mire** Corbis (Austrian Archives), Düsseldorf; **166.ore** BPK, Berlin; **166.ure** Süddeutsche Zeitung Photo (Scherl), München; **168.li** Ullstein Bild GmbH (dpa), Berlin; **168.re** BPK, Berlin. Karikatur von Henry Meyer-Brockmann, "Simplizissimus", Nr. 20, 1956: "Es wird hier dauernd von Frieden gesprochen - meine Herren, der Friede bin ich!"; **169.li** Corbis (Ted Streshinsky), Düsseldorf; **169.re** Titelblatt der Zeitschrift "Krokodil", September 1990; **170.Q1** Gilsi, Hannes P. (René Gilsi), St. Gallen; **171.Q2** BPK, Berlin; **172. Q3** akg-images (Hilbich), Berlin; **173.Q6** akg-images (Tony Vaccaro), Berlin; **174.Q1** Karikatur aus der Hannoverschen Presse vom 10. Oktober 1947; **175.Q2** Karikatur aus der Zeitschrift "Krokodil", 1950; **176. Q5** Corbis (Bettmann), Düsseldorf; **176.Q6** Süddeutsche Zeitung Photo (Rue des Archives/Tal), München; **177.Q7** Bridgeman Art Library Ltd., Berlin; **178.Q1** NASA, Washington, D.C.; **178.Q2** Ullstein Bild GmbH (AP), Berlin; **179.Q3** Ullstein Bild GmbH (dpa), Berlin; **180.Q1** Corbis, Düsseldorf; **181.Q2** Süddeutsche Zeitung Photo (Daily Mail), München; **182.Q3** akg-images (AP), Berlin; **183.Q5** Corbis (Bettmann), Düsseldorf; **184. Q9** Ullstein Bild GmbH (dpa), Berlin; **185.Q10** Ullstein Bild GmbH (Reuters), Berlin; **186.D1** ddp images GmbH (defd), Hamburg; **188.Q1** H. E. Köhler, Wilhelm-Busch-Gesellschaft e. V., Hannover; **189.Q2** CCC, www.c5.net, Pfaffenhofen a.d. Ilm; **191.Q5** Picture-Alliance (dpa/Heinz Wieseler), Frankfurt; **192.Q1** Ullstein Bild GmbH (AP), Berlin; **193.Q2** Ullstein Bild GmbH (TopFoto), Berlin; **194.Q3** Corbis, Düsseldorf; **195. Q4** akg-images (Erich Lessing), Berlin; **196.Q8** Corbis (Alain Keler/Sygma), Düsseldorf; **197.Q11** CCC, www. c5.net (Horst Haitzinger), Pfaffenhofen a.d. Ilm; **199.Q1** Ullstein Bild GmbH (Meißner), Berlin; **201.Q4** CCC, www.c5.net (Klaus Stuttmann), Pfaffenhofen a.d. Ilm; **202.Q1** Corbis (Kapoor Baldev/Sygma), Düsseldorf; **203.Q2** Picture-Alliance (Hubert Boesl/dpa), Frankfurt; **205.D2** Erich Schmidt Verlag GmbH, Berlin; **206. Q6** CCC, www.c5.net, Pfaffenhofen a.d. Ilm; **207.Q9** Ullstein Bild GmbH (Bunge), Berlin; **208.Q1** Ullstein Bild GmbH (AP), Berlin; **209.Q2** Ullstein Bild GmbH (Waizmann), Berlin; **210.Q1** Süddeutsche Zeitung Photo (UPI), München; **211.Q2** Haus der Geschichte Baden-Württemberg (Peter Leger), Stuttgart; **213. Q3** culture-images (Photo12), Köln; **215.D3** Erich Schmidt Verlag GmbH, Berlin; **216.Q1** Süddeutsche Zeitung Photo, München; **216.Q2** Vicky (Victor Weisz), London Evening Standard 24.10.1962, www. cartoons.ac.uk, Solo Syndication, London; **218.li** Getty Images (Time Life Pictures), München; **218. re** Berliner Mauer-Archiv, Berlin; **219.0** Marquardt, Dajana, Berlin; **220.Q1** akg-images, Berlin; **221. Q2** Ullstein Bild GmbH, Berlin; **222.Q4** Ullstein Bild GmbH, Berlin; **223.Q9** Getty Images (Margaret Bourke-White), München; **224.Q1** Ullstein Bild GmbH, Berlin; **225.Q2** akg-images (Bildarchiv Pisarek), Berlin; **227.Q4** BPK (Hilmar Pabel), Berlin; **228.Q1** Ullstein Bild GmbH (dpa), Berlin; **229.Q2** Solo Syndication, Associated Newspaper Ltd.; **230.Q3** Ullstein Bild GmbH (ADN), Berlin; **231.Q4** Ullstein Bild GmbH, Berlin; **232.Q8** Haus der Geschichte, Bonn; **233.Q11** Werbeplakat von Heinz Völkel, Leipzig, 1945; **234.Q1** akg-images, Berlin; **235.Q2** Deutsches Historisches Museum, Berlin; **236.Q3** Ullstein Bild GmbH, Berlin; **237.Q6** Landesarchiv NRW Staats- und Personenstand (LAV NRW OWL, D 81 Nr.1586), Detmold; **238. Q1** Szewczuk-Zimmer, Ilona (Mirko Szewczuk), Hamburg; **239.Q2** akg-images, Berlin; **242.Q1** Axel Springer AG (Beuth), Berlin; **243.Q2** Ullstein Bild GmbH, Berlin; **244.Q3** Ullstein Bild GmbH, Berlin; **245.Q6** Ullstein Bild GmbH, Berlin; **246.Q9** Picture-Alliance, Frankfurt; **247.Q13** akg-images, Berlin; **247.Q14** CCC, www. c5.net (Fritz Behrendt), Pfaffenhofen a.d. Ilm; **248.Q1** Ullstein Bild GmbH (dpa), Berlin; **249. Q2** Bundesarchiv, B 145 Bild-P107546, o.Ang.; **250.Q3** Ullstein Bild GmbH, Berlin; **251.Q5** Ilona Szewczuk-Zimmer, Haus der Geschichte Bonn; **252.Q7** Wilhelm Busch - Deutsches Museum für Karikatur und Zeichenkunst (Hannover), Karikatur von H. E. Köhler; **253.Q10** BPK, Berlin; **254.Q1** © Wilhelm Busch - Deutsches Museum für Karikatur und Zeichenkunst (Hannover); **255.Q2** Ullstein Bild GmbH (Klöppel), Berlin; **256.Q7** CCC, www.c5.net (Blaumeiser), Pfaffenhofen a.d. Ilm; **257.Q8** Haus der Geschichte (Wolfgang Hicks (Künstler)), Bonn; **258.Q1** Picture-Alliance (dpa/UPI), Frankfurt; **259.Q2** Ullstein Bild GmbH (Sakowitz), Berlin; **261.Q5** Ullstein Bild GmbH, Berlin; **262.Q1** Uwe Schmid-Fotografie, Duisburg; **263.Q2** Das Fotoarchiv (Klaus Rose), Essen; **263.Q3** Dennis Meadows u.a., "Die Grenzen des Wachstums. Bericht des Club of Rome zur Lage der Menschheit" Copyright für das Cover © Rowohlt Verlag GmbH, Reinbek bei Hamburg; **264.Q4** BPK, Berlin; **265.D3** Erich Schmidt Verlag GmbH, Berlin; **266.Q1** Audi Medienzentrale @ picturesafe media/data/bank, Hannover; **268.Q1** Süddeutsche Zeitung Photo, München; **269.Q2** Süddeutsche Zeitung Photo, München; **269.Q3** Haus der Geschichte (Heinz Völkel), Bonn; **270.Q5** Süddeutsche Zeitung Photo (Probst), München; **272.Q1** Ullstein Bild GmbH (Hellgoth), Berlin; **273.Q2** Keystone, Hamburg; **274.Q3** Ullstein Bild GmbH (Rondholz), Berlin; **275.Q5** BPK (Manfred

Uhlenhut), Berlin; **276.Q8** Deutsches Historisches Museum, Berlin. © VG Bild-Kunst, Bonn 2012 [Erich Gerlach: Weiterbildung und Mütterlichkeit]; **277.D1** Picture-Alliance (dpa-infografik), Frankfurt; **278. Q1** Klett-Archiv (Martin Thunich), Stuttgart; **280.Q1** akg-images, Berlin; **281.Q2** Ullstein Bild GmbH (dpa), Berlin; **282.Q5** Süddeutsche Zeitung Photo (IMO Fotoagentur), München; **283.Q7** Picture-Alliance (dpa/ DB/Fabrizio Bensch), Frankfurt; **284.Q1** akg-images (Heinz Ducklau), Berlin; **285.Q2** Ullstein Bild GmbH (C.T. Fotostudio), Berlin; **286.Q3** CCC, www.c5.net (Horst Haitzinger), Pfaffenhofen a.d. Ilm; **287.Q6** Ullstein Bild GmbH (Reuters), Berlin; **288.Q1** Süddeutsche Zeitung Photo (AP), München; **289.Q2** Haus der Geschichte (Jupp Wolter), Bonn; **290.D1** Erich Schmidt Verlag GmbH, Berlin; **291.Q9** CCC, www.c5.net (Horst Haitzinger), Pfaffenhofen a.d. Ilm; **292.Q1** CCC, www.c5.net, Pfaffenhofen a.d. Ilm; **293.Q3** Henniger, Barbara, Strausberg;

Sollte es in einem Einzelfall nicht gelungen sein, den korrekten Rechteinhaber ausfindig zu machen, so werden berechtigte Ansprüche selbstverständlich im Rahmen der üblichen Regelungen abgegolten.